KB123511

서정범기념사업회총서 2

개정증보판

우리말의 뿌리

−韓國語 祖語의 再構와 語源研究−

서정범 지음·박재양 엮음

책머리에

20대에 국어학에 관심을 가지면서, 과연 우리말의 뿌리는 어디일까, 祖語는 再構할 수 있을까, 語源을 밝힐 수 있을까 하는 것이 나의 관심사였다. 대학에서 강의를 하면서도 이러한 꿈은 계속 이어졌다. 우리 학계에서는 高句麗語·新羅語·百濟語도 再構하지 못하고 있는데 祖語를 어떻게 再構할 수 있는가 하고 거의 절망적인 생각들을 가지고 있는 게 사실이었다. 더구나 消失語의 祖語는 꿈도 꿀 수 없었다.

그러나 나는 方法論의 한 가지로 特殊語에 대한 관심을 먼저 가졌다. 특수어 중에서도 隱語와 俗語에 관심을 가진 것은 그 말의 造語方法과 그 말을 만들어 내는 言語心理 등을 알아볼 수 있고 이러한 것들이 우리말의 祖語와 語源을 푸는 데 도움을 줄 것이라는 생각에서였다.

내가 巫俗에 대해 관심을 가진 지도 40여 년이 된다. 우리말의 뿌리를 캐고 語源을 캐는 것은 곧 우리 민족의 뿌리를 캐고 우리 민족의 思想과 精神史를 추구하는 작업이 된다. 그러한 면에서 우리 文化의 基層이라고 할 수 있는 巫俗을 통해서 語源 探究에 도움을 얻고자 하는 작업이었다. 이렇게 巫俗을 語學的인 면에서 탐구하는 동안 그 작업이 너무 재미있어 수필을 쓰게 된 동기도 되었던 것이다. 수필집『巫女의 사랑 이야기』는 日本語로 번역되어 日本에서『韓國의 샤머니즘』이란 표제로 책이 나오기도 했다.

나는 이러한 작업들이 나의 祖語 및 消失語 再構와 語源研究에 절대적인 도움이 되었다고 확언할 수 있다. 은어인 '토끼다'라고 하는 말은 '도망가다'라는 뜻인데 '토끼다'라고 하는 動詞의 語幹은 名詞가 되므로 名詞에서 動詞로 전성된 것이다. 따라서 動詞의 語幹은 名詞가 되고 名詞에서 動詞로 전성된다는 것이 나의 祖語再構와 消失語再構에 결정적인 법칙의 하나가 되었던 것이다. 뿐더러 巫俗에 대한 관심은 祖語時代의 언어적 성격을 이해하고 宗敎的 관계의 祖語 再構와 語源硏究에 길을 열어 주었다.

1987년 10월에는 日本語語源硏究會와 大阪外國語大學의 초청으로 「日本語의 源流는 韓國語」라는 내용의 學術講演을 한 적이 있었다. 이것이 현지 신문에 보도되어 日本 德間書店에서 그 내용을 책으로 내자는 제의를 해 왔고 1989년에『日本語의 源流를 거슬러 올라가다』라는 제목으로 日本에서 出刊하게 되었다. 그 내용도 이 책에 포함되어 있다.

일본에서 한 학술 강연에서 내가 정립한 '祖語 및 消失語 再構論'으로 日本語는 韓國語와 同系라는 것을 實證的으로 例示했다. 알타이諸語의 祖語 再構와 消失語 再構를 체계적으로 정립한 것은 이것이 처음 있는 일로서, 알타이諸語 硏究에 새로운 길을 열게 되었다. 뿐더러 韓·日語는 同系가 아니라는 주장을 펴는 日本 學界에 큰 충격이 될 것이다.

고려원에서 出刊한『우리말의 뿌리─韓國語 祖語의 再構와 語源硏究』는 祖語 再構論과 消失語 再構論으로 國語는 물론 알타이諸語의 祖語와 消失語 再構의 구체적인 例證을 보여 줌으로써 우리말의 뿌리를 알아보고자 저술한 것이다. 그러나 이 작업은 지금이 그 시작이지 완성된 것은 아니다. 나는 그 길을 열어 놓았을 뿐이다. 앞으로의 연구 과제가 산적해 있음을 솔직히 인정하지 않을 수 없다. 아울러 祖語가 再構됨으로써 지금까지 이룩해 놓은 國語學의 업적도 재조명해야 되리라고 본다. 또한 이 著書에서 祖語와 消失語가 再構됨으로써 語源이 저절로 풀린다고 하는 사실도 알게 될 것이다.

이 책을 내는 데 있어 校正을 맡아 준 朴在陽 先生에게 謝意를 표한다.

1989년 3월
경희대교수회관 206호에서
저자 씀

이번 개정판에서는 그동안 미진한 부분을 수정하고 보강했다. 앞으로도 새로운 자료가 나올 경우는 계속 보강하고 수정할 것이다. 이번에도 朴在陽 敎授가 校正을 도와주었다. 朴 敎授에게 謝意를 표한다.

1996년 2월
경희대학교 교수회관 203호에서
저자 서정범

차례

1. 여는 말

우리말의 뿌리는 어디일까? 사람, 사랑, 하늘 등의 語源은 무엇일까? 사람, 사랑, 하늘 등의 말이 처음부터 그렇게 불렸을까? 이는 우리말에 관심을 가지는 사람이면 누구나 한번쯤 생각해 볼 문제다. 아울러 우리말의 祖語는 再構할 수 있을까? '사람'이라고 하는 말은 아주 옛날부터 사람이고 다른 말은 없었을까? 말은 形成, 變化, 消失 등의 과정을 거친다고 보면 '사람'이라고 하는 말 외에 다른 말이 있어 사람이라는 뜻을 지니지 않았을까? 지금은 山이라고 하지만 옛날에는 '뫼'였다. 사람 외에 다른 말은 없었을까? 즉 소실된 말은 없을까? 소실된 말이 있다고 하면 이것을 찾아내는 방법은 없을까? 국어학자라면 누구나 구미가 당기는 문제가 아닐 수 없다.

祖語 再構와 消失語 再構를 하면 이것은 우리나라 國語學 研究의 발전을 위해서 혁명적인 일이고, 우리말의 뿌리를 이해할 수 있는 실마리가 될 수 있는 것이며, 국어학 연구의 새로운 활로를 열게 될 것이다. 아울러 우리 민족의 뿌리도 알아내는 길이 될 것이다. 그러나 新羅語나 高句麗·百濟語도 再構하지 못하고 있는 형편에서 그런 꿈은 절망적인 것이었다. 더구나 우리는 古文獻 資料가 거의 없기 때문에 그 실망은 큰 것으로, 祖語 再構나 消失語 再構는 어렵다는 것이 지배적인 견해였다. 사실 그렇다. 2천여 년 전의 高句麗語나 新羅語도 再構하지 못하고 있는데 그보다 몇천 년, 몇만 년 앞서는 先史時代의 祖語와 消失語를 어떻게 再構하느냐 하는 것은 문제일 수밖에 없다. 그러나 그렇게 절망적이라고 해서 손을 들고만 있을 것인가?

筆者는 祖語 再構와 消失語 再構 方法論을 畢生의 작업으로 여겨 오던 중 드디어 그 方法論을 발견하고 그 방법을 몇 가지 法則으로 體系化

하기에 이르렀다. 이 방법은 우리 국어의 音韻史的인 면과 語彙史的인 면에 기초를 둔 것인데, 이 방법이 알타이 諸語인 蒙古語群·터키語群·퉁구스語群은 물론 孤立語라고 해서 우리말과 別系라고 하는 漢語도 祖語를 再構하면 공통된다고 하는 사실도 밝혀 낼 수 있었다. 이는 우리 말이 건너가서 형성된 日本語에도 적용된다. 뿐더러 고아시아어라고 일컫는 길랴크語, 아이누語 등 抱含語도 이 방법이 적용된다. 따라서 이 방법은 東北아시아 諸語의 祖語와 消失語를 再構하는 데 적용되는 방법이라고 여겨진다.

이러한 方法論에 의해 膠着語인 알타이諸語와 孤立語인 漢語, 抱含語에 속하는 길랴크語, 아이누語 등에 대해 새로운 시각이 열리게 되었으며, '동북아시아 祖語'라는 새로운 용어를 만들지 않을 수가 없었다.

지금까지 인류의 발생을 東部 아프리카의 케냐로 보고 있었다. 英國의 考古學者 메리 리키에 의해 케냐에서 200만 년 전의 호모 하빌리스가 사용한 돌로 된 도구들이 발견되었다. 이리하여 100만 년 전에 이들이 유럽과 아시아로 이동한 것으로 생각했다. 그러고 나서 이들이 약 1만5천 년 전에 베링 해협을 거쳐 아메리카로 건너가 현재의 아메리카의 原住民이 된 것으로 여겨지고 있다. 日本의 아이누族도 3만 년 전에 日本으로 건너간 것으로 보고 있는 것이다. 그러나 1986년 소련의 考古學者 유리 모차노프는 시베리아에서 호모 하빌리스가 사용한 것과 비슷한 石器들을 발견했는데, 그 土壤이 地理學的으로 180만 년 전의 것으로 확인되었다고 한다. 따라서 아시아인들의 祖上을 케냐人이 아니라 시베리아人으로 생각하게 되었다는 것은 여러모로 시사적인 면이 있다. 美國에서 약 2만5천 년 전의 石器道具를 발견한 것이 보고되고 있다. 2만5천 년 전에서 1만 년 전 사이에는 아시아와 美國 사이가 폭 30km나 되는 陸路로 연결되었다고 보고 있다. 이 시기는 기온이 낮아서 얼음과 눈이 육지에 쌓여 있어 낮은 지역의 海面에는 水量이 적었다고 보고 있다. 이렇게 보면 1만5천 년 전이 아니라 이보다 1만 년 정도 더 소급되어 2만 5천 년 전에 아메리카에 건너갔다는 이야기가 될 것이다. 考古學者에 의하면 1만5천 년 전에 南美의 각지에 도달한 것이 보고되었다. 아메리칸 인디언의 조상 중 99%는 아시아에서 美國으로 건너간 사람들로 學界에서는 보고 있다.

사할린의 길랴크나 日本 本土의 아이누族도 3만여 년 전에 日本에 건너갔다는 이야기가 될 것이다. 이렇게 볼 때 알타이語族은 시베리아에서 발견된 호모 하빌리스의 후예들이라고 할 수 있을 것이다. 漢語도 祖語를 再構해 보면 國語와 상당한 부분이 일치되는데 身體語의 일치는 매우 중요한 의미가 있다고 여겨진다. 漢語도 國語와 같이 동북아시아 祖語에서 單音節語 時代에 南下하여 孤立語로 발달했다고 여겨지는 것이다. 이렇듯 漢語, 蒙古語, 터키語, 퉁구스語, 國語, 日本語, 길랴크語, 아이누語 등의 祖語를 이루었던 말을 '동북아시아 祖語'라고 일컫고자 한다.

筆者가 정립한 방법에 의해 우리말의 祖語를 再構하고, 잃어버렸던 消失語를 찾아내어 우리말의 뿌리와 語源을 밝히고, 아울러 우리 민족의 뿌리를 생각해 보게 하는 동시에 語源을 통해 우리 민족의 精神과 思想의 基層的인 뿌리도 아울러 살펴본다.

2. 祖語 再構 및 消失語 再構論

祖語와 消失語를 再構하는 방법을 우선 槪略的으로 설명하려고 하며 뒤에 가서는 이러한 방법을 통해 祖語와 消失語를 再構하면서 아울러 語源도 밝히려 한다.

2-1. 祖語는 單音節語로서 閉音節語다

祖語는 單音節語로서 閉音節語인데, 通時的으로 開音節化하고 있다. 國語의 身體語에서 눈, 코, 귀, 볼, 낯, 목, 멱, 뼈, 팔, 갖, 살, 피, 숨, 배, 손, 발, 그리고 좆, 젖 등이 單音節語다. 머리는 현대어에서는 二音節語지만 語根은 '멀'인 單音節語이다. 여기에 接尾辭 '이'가 붙어서 音節이 늘어난 것이다. 본디는 單音節語인 '멀'이었던 것이다. '다리(脚)'도 二音節語지만 語根은 '달'이다. 여기에 '이'가 붙어서 二音節語가 되었다. 본디는 單音節語였던 것이다. 天體語 해, 달, 별, 비 등이 單音節語고 별, 빛 등도 單音節語다. '구름'은 語根 '굴'에 접미사 '음'이 붙어서 二音節語가 되었으므로 祖語는 '굴(굳)' 單音節語였던 것이다. 數詞에선 둘, 셋, 넷, 열 등이 單音節語이나 그 밖의 數詞도 祖語를 再構해 보면 모두 單音節語가 되는 것이다. 이렇게 身體語, 數詞, 天體語 등에서 單音節語를 보여 준다는 것은 祖語가 單音節語였음을 시사하는 것이다.

'코'는 母音으로 끝난 開音節語다. '코'의 15世紀語는 '고'다. '코를 골다'라고 할 때 '골다'의 '골'이 名詞로서 코라는 뜻이다. '고'는 '골'의 末音 ㄹ이 탈락해서 이루어진 말임을 보이고 있다. 따라서 '고'는 '골'에서 ㄹ이 떨어진 말이고 '골'은 다시 '곧'이 祖語다. ㄹ音은 ㄷ에서 변한, 제2차적으로 생겨난 子音이기 때문에 ㄹ音은 ㄷ으로 再構된다. 따라서 '코'

는 開音節語지만 祖語는 받침이 있는 閉音節語다. '귀(耳)'도 開音節語다. '귀'는 '구이'가 줄어든 말이다. '구이'의 '이'는 接尾辭다. 接尾辭 '이'가 붙을 때에는 앞 音節의 末音이 子音일 경우에 붙게 된다. 그렇게 되면 '구'의 末音에 자음이 있다가 떨어졌다는 이야기다. kulak(耳)[터키], kolak(耳)[위구르]. kulak(耳)의 語根은 kul이다. kul에 接尾辭 ak이 붙었다. 語根 kul은 국어 '구'가 '굴'임을 보여 준다. '굴'에 接尾辭 '이'가 붙어서 굴−이>구이>귀로 변화했음을 보이고 있다.

국어에서 母音으로 끝난 開音節語의 祖語를 再構하게 되면 모두 閉音節語다. 國語가 閉音節語였다는 결정적인 자료가 있다. 古代의 主格 助詞는 '이'뿐이었는데 16세기에 이르러 '가'가 나타난다. 古代에 主格이 '이'뿐이었다는 것은 名詞가 閉音節語였음을 말하는 것이다. 主格 '가'는 語末音이 母音인 경우, '소가, 비가'와 같이 開音節 아래에 쓰이게 된다. '가'는 國語가 開音節化함에 따라 새로 생기게 된 것이다. 主格 '이' 외에 '에, 의' 등도 名詞가 閉音節語임을 시사하고 있다. 뿐더러 '은, 을'과 같이 格의 頭音이 母音이라는 것도 名詞가 閉音節語라는 것을 보여 준다. '는, 를'은 名詞가 開音節化함에 따라 새로 생겨난 것으로 頭音이 子音으로 나타난다. '나은, 나을'일 때에는 母音이 이어나기 때문에 '나는, 나를'과 같이 格에 子音 頭音이 생기는 것이다. 모음충돌회피현상과 强意化 현상의 하나다. '먹으니'의 '으', '집은'에서 '은'의 '으'를 媒介母音으로 볼 수 없게 된다.

2-2. 動詞의 語幹과 形容詞의 語幹은 名詞에서 轉成된 것이다

따라서 動詞와 形容詞의 근원적 語根은 名詞다.

신(靴) → 신다(履)
띠(帶) → 띠다
품(懷) → 품다

名詞가 그대로 動詞의 語幹이 되어 있음을 보이고 있다. 이러한 예를 더 들어 본다.

누비(衲) → 누비다
자(尺) → 자히다>재다
되(升) → 되다
뭇(束) → 뭇다>뭇>묶다
너출(蔓) → 너출다
발(足) → 밟다
꾀(謨) → 꾀다
낛(釣) → 낚다
절(拜) → 절다
틀(機) → 틀다
여물 → 여물다
울(音) → 울다(泣, 鳴)
뭉치 → 뭉치다
내(臭) → 내다

국어에서 名詞가 그대로 動詞의 語幹으로 轉成된 예다.
이러한 현상은 알타이 諸語에서도 보인다.

滿洲語의 경우
aga(雨) → agambi(비오다)
pono(雹) → ponombi(우박 오다)
use(種子) → usembi(씨뿌리다)

터키語의 경우
su(水) → sula~(물을 주다)
baş(頭) → başla~(시작하다)
boya(칠) → boya~(칠하다)

蒙古語의 경우

amisha(呼吸) → amishaho(呼吸하다)

soyoga(芽) → soyogalamui(發芽)

salhin(風) → salhilamoi(바람 불다)

日本語의 경우

hara(腹) → haramu(孕む)

kumo(雲) → kumoru(曇)

kata(肩) → katsugu(메다)

koto(言) → kataru(말하다)

아이누語의 경우

'okúma(小便) → 'okúma(소변 보다)

cinita(夢) → cinita(꾸다)

iták(言) → iták(말하다)

이상과 같이 알타이諸語는 물론 아이누語에서도 그러한 예가 보이는데 특히 아이누語에서는 名詞가 그대로 動詞로 쓰이고 있다고 하는 사실에 주목하게 된다. 이는 祖語時代에는 오늘날 名詞라고 하는 語彙가 動詞的 機能도 함께 지녔다는 사실을 보이는 것이다. 이렇게 動詞와 形容詞의 語幹이 名詞에서 轉成된 것이라는 사실을 전제로 하고 消失語를 찾아내 보자. '가지다(持)'라고 하는 動詞의 語幹은 '가지~'지만 語根은 '갖'이다. 이 語根'갖'은 뒤에 오는 '이' 때문에 口蓋音化되었음을 짐작할 수 있다. 즉 '갇'이 語根인데 接尾辭 '―이다'가 붙어서 '가디다'가 되고 다시 '가지다'로 변했을 가능성을 생각할 수 있다. 따라서 '가지다'에서 '갖'의 祖語形은 '갇'이라고 하겠다. 이 '갇'은 名詞라 하겠는데 무슨 뜻을 지닐까? '신, 신다'와 같이 '가지다'의 '갇'도 행동하는 主體와 관련되었을 것이다. 우리가 '가지다'라고 할 때는 손에 들어갔을 때를 말한다. 漢字 '持'를 보면 '手'변이 들어 있다. '갇'은 손일 가능성을 생각할 수 있게 된다.

gar(手)[蒙]

gara(手)[滿]

gol(手)[터키]

gol(手)[위구르]

　위 예에서 語根 gar, gal, gol을 얻을 수 있다. 國語 '갇'의 末音 ㄷ>ㄹ 화하면 '갈(gal)'이 된다. 그러니까 '갇'은 손이란 뜻을 지닌 蒙古語, 滿洲語, 터키語, 위구르語와 同系의 말임을 보이고 있다.

손가락(指)[國]

가락지(指環)[國]

골무[國]

　'손가락'은 '손'과 '가락'의 合成名詞다. '가락'의 語根은 '갈'이다. 이 '갈'이 본디는 손이란 뜻을 지닌 말이었는데 '손'이라고 하는 말의 세력에 밀려 의미가 축소되었다. '눈자위'의 '자위'는 核心이라는 뜻을 지니는 말로서 '눈동자'에서 '동자'의 의미를 지녔던 말이었다. 瞳子라고 하는 漢字語가 들어와 눈동자가 되니까 '자위'는 핵심이라는 뜻을 벗어나 동자의 가에 있는 흰 부분을 가리키는 뜻으로 轉義가 되었다. '숟갈'이라고 할 때 '갈'이 바로 손이란 뜻을 지녔던 말의 化石語다. '숟갈'은 사람들이 불을 쓰기 시작하고 쇠가 발견되어 끓여 먹은 후부터 생겨난 말이라 할 수 있다. 生食을 하는 시대에는 숟갈이 불필요했었다는 것은 두말할 것도 없다. '숟갈'이 손을 대행한다는 것도 마찬가지이다. 여기서 '숟갈'의 '갈'이 손이란 뜻임을 짐작하게 된다. 골무의 '골'도 손이란 뜻을 지니는 말이다. 가리키다(指)의 語根 '갈', 고르다·가르다의 語根 '골, 갈'이 손이라는 뜻이라고 하겠다. 그렇다고 하면 '숟갈'의 '순'은 무슨 말일까?

sazi(匙)[日]

　日本語에선 sazi(匙)인데 語根 saz의 祖語는 sat이 된다. 그러면 우리

나라의 '숟(sut)'과 sat은 母音差異만 나타난다. '숟갈'은 인간들이 鐵器를 사용한 이후 생겨난 말임이 틀림없다.

'쇠(鐵)'라고 하는 말은 '소이'가 합쳐진 말인데 '이'는 接尾辭다. 接尾辭 '이'가 붙을 경우는 윗말에 子音이 있었다는 말이 된다.

> sələ (鐵) [네기달]
> sələ (鐵) [오로크]
> sələ (鐵) [나나이]
> sələ (鐵) [滿]
> sələ (鐵) [올차]
> sələ (鐵) [우데헤]

퉁구스語群에서 語根 səl을 얻을 수 있는데 쇠(鐵)라는 의미를 지닌다. 국어 '쇠'는 '소이'에서 변한 것으로 '소'는 末音이 '솔'임을 보여준다. 즉 솔—이>소리>소이>쇠의 변화이다. '쇠'의 祖語形 '솔'은 다시 '솓'으로 再構된다. 우리말 ㄹ은 ㄷ에서 변한 音이기 때문에 모든 ㄹ音은 ㄷ으로 再構된다. 따라서 '쇠'의 祖語는 '솓'이다. 이것을 증명하는 것으로 밥해 먹는 '솥'은 본디 '솓'이었던 것이다. '소두방'이라고 할 때에는 語根 '솓'이 나타난다. '솥'은 鐵製이므로 '솓'은 '쇠'의 祖語다. 이 '솓'이 母音變異를 일으켜 '숟'이 된 것이다. '숟갈'의 原意는 鐵手라고 하겠다. 미장이의 용구에 흙손(土手)이 있다. 여기서 우리는 '쇠(鐵)'의 祖語가 '솓'이라는 것을 再構하고, '손'이라는 뜻으로 우리말 '간(갈)'이 있었는데 지금은 소실되었고, 손가락의 '갈', 숟갈의 '갈', 골무의 '골' 등에 그 化石語가 있다는 것을 알 수 있다. 아이들을 어를 때 '곤지곤지'하며 손가락으로 손바닥을 찍는다. '곤지'는 '고지'에서 변한 말이고 語根은 '곧'이다. 역시 손이란 뜻이다. 즉 '손'이란 뜻을 지닌 '간(갈)'이라고 하는 消失語를 하나 찾아내게 된다. 그러나 한편 '숟갈'의 '갈'도 '숟(匙)'과 同源語일 가능성도 있다. 터키어 kaşik(匙)이 있는데 어근은 kaş(kat)이다. 구리(銅), 거울(鏡)의 어근은 '굴, 걸'이라 하겠는데, 거울의 시초는 구리

거울이었을 것이다. '숟갈'이 철제 전에는 목재를 썼기 때문에 그 어원이 나무일 수도 있다. '가지(枝)'의 祖語 '갇(木)', '그루(株)'의 어근 '글'이 나무라는 본뜻이다. 뿐더러 '숟갈'이 異音同義語로서 나무라는 뜻을 지닐 수도 있다. '떡살'의 '살'이 나무라는 어원적 의미를 지닌다. '삿대(竿)'의 '삿'의 祖語形이 '삳'으로 나무란 뜻이다.

日本語의 動詞를 통해서 國語의 消失語를 再構할 수도 있다.

     motsu(持つ)[日]

日本語 motsu(持つ)의 語根은 mot이다. 국어는 '가지다'라는 뜻인데 '가지다'의 祖語形 '갇'이 손이란 뜻을 지녔었다는 것은 앞에서 지적한 바 있다. 따라서 mot은 名詞로서 손이란 뜻이다.

     mutor(手)[蒙]

蒙古語에서 gar이 손이란 뜻인데 mutor은 손의 尊待語로 쓰이고 있다. 語根은 mut이다. 日本語 motsu(持つ)의 祖語 mot과 일치하고 있는데 그것은 손이란 뜻을 지닌 名詞에서 轉成된 것이다. 즉 日本語 motsu(持つ)의 語根 mot은 古代 日本語에서 손이란 뜻을 지니고 있었는데 지금은 消失된 말이다. 國語에서는 손이란 뜻을 지닌 mot이 아직 발견되지 않는다. 그러나 動詞 '만지다, 만들다'에서 손이란 뜻을 지닌 名詞를 찾아낼 수 있다. '만지다'는 '마지다'에 ㄴ이 개입된 것이다. 더디다>더지다>던지다와 같이 ㅈ 위에서 ㄴ이 개입되고 있다. 그것은 방언에서 나타나는 고치다>곤치다, 까치>깐치 등에서도 보인다. '마지다'의 語根은 '맞'이지만 '맏'으로 소급된다. 만지는 행동은 손으로 하는 것을 생각할 때 '맏'이 손이란 뜻을 지니고 있음을 알 수 있다. '만들다'도 '마들다'에 이 ㄴ이 개입된 것으로 볼 수 있다.

     반되(螢)[國]
     hotaru(螢)[日]

日本語 hotaru는 potaru로 再構된다. ‘반되’는 日本語와 비교할 때 ‘바되’라는 것을 알 수 있으며, ‘바되’는 바돌이>바도이>바되가 되고 ㄴ이 개입되어 ‘반되’가 된 것을 알 수 있다.

‘만들다’의 祖語形 ‘맏’이 손이란 의미를 가진 名詞라는 것을 확인할 수 있다. 그러나 ‘만들다’의 ‘만’은 ‘맏’에서 ‘만’으로 변할 개연성도 배제하지 않는다. ‘빈대떡’의 ‘빈대’의 ㄴ도 ‘비대’에 ㄴ이 개입되었다. 語根 ‘빋’에 接尾辭 ‘애’가 붙어 형성된 ‘비대’에 ㄴ이 개입되어 ‘빈대’가 되었다. 語根 ‘빋’은 ‘비지’의 語根 ‘빚’의 祖語形 ‘빋’과 일치한다. 콩을 불려서 간 것을 비지라고 하며 두부를 짜 낸 찌꺼기도 비지다. ‘빋’은 본디 콩(豆)을 뜻한 말이다. ‘팥’의 祖語形은 ‘받’이다. 빈대떡은 ‘비대’, 즉 콩을 갈아서 만든 떡이라는 뜻을 지니는 名詞다.

> porčak(豆)[蒙]
> pirčaga(豆粉)[蒙]
> bezelya(豆)[터키]

語根 por, pir이 蒙古語에서 콩(豆)이란 뜻을 지니며 祖語形은 pot, pit이 된다. 南美 케추아語 purata(豆)는 참고가 될 만한 어휘다. 아메리카대륙의 原住民은 약 1만5천 년 내지 2만여 년 전에 베링 해협을 거쳐서 아시아에서 건너간 인종으로 보고 있기 때문에 국어와 비교가 가능하다고 보겠다.

2-3. 語根末音은 거의 ㄷ이다

2-3-1. ㄷ 末音語

韓·日 兩國語는 물론 알타이諸語는 그 語根末音이 거의 ㄷ音이 된다. 15세기 표기로는 ‘믈(水)’이지만 ‘물’로 변했다.

> midu(水)[日]
> namida(涙)[日]

日本語는 開音節化했기 때문에 midu의 u母音을 떼면 語根은 mid(mit)이 된다. namida(涙)의 na는 국어의 눈(眼)과 대응되며 mida(水)의 語根은 mid(mit)으로 語根末音 t音을 유지하고 있다. 이는 국어에서 '믈'이 '믇'으로 발음될 당시 日本에 건너갔다는 이야기가 되며, 따라서 이는 신라나 백제, 고구려가 건국되기 훨씬 전에 일본에 건너갔다는 이야기다. 국어에서 新羅나 百濟 등에서 초기에 '믈'이었다는 것으로 뒷받침된다. 국어에서 語根末音 ㄷ이 ㄹ화하고 있는데 日本語에서는 비교적 t音을 그대로 유지하고 있는 게 특징이다. 국어에서도 '몯(池)'은 '믈(水)'과 同源語라고 여겨지는데 末音 ㄷ을 유지하고 있다.

> müren(河)[蒙]
> mur(水源)[다구르]
> mil(水)[위구르]
> mura(大河)[부리야트]

語根 mür, mil, mur 등이 모두 국어 '물'과 同源語이며, 末音이 r을 유지하는 語彙群이다. 그러나 祖語形은 mut이다. 蒙古의 현대어에서 물(水)은 oso지만 合成語일 때에는 국어의 '믇(水)'과 同源語가 나타난다.

> nilmosun(涙)[蒙]
> nidön no nilmosun(涙)[蒙]

nilmosun(涙)은 nil(眼)과 mosun(水)의 合成語다. mosun(水)의 語根은 mos이고 un은 接尾辭다. 語根 mos은 祖語 mot으로 再構되는데 국어에서 末音 ㄷ>ㅅ화 현상과 같이 末音이 s화했다.

> muče in hobiŋ(水時計)[蒙]

hobiŋ은 時計란 뜻이고 muče는 물(水)이란 뜻이다. muče의 語根은 muč이고 祖語는 역시 mut이다. 末音 t가 č(ㅈ)화하고 있다. nilmosun(涙)의 nil은 눈(眼)이란 뜻인데 蒙古語에서 그냥 눈(眼)일 때에는 nidön이다. 語根은 nid(nit)인데 nil은 末音 t가 l화한 것이다. 이는 국어에서 ㄷ>ㄹ화하는 현상과 일치하고 있다.

      moreru(洩)[日]

日本語에서 midu(水)일 때에는 末音이 t이지만 moreru(洩)일 때에는 t>r화 현상을 볼 수 있다.

      muke(水)[滿]

滿洲語에서는 語根 muk을 얻을 수 있다. 이는 국어 '돌(石)'이 湖南方言에서 돍>독이 되듯 mul에 k가 첨가되어 mulk>muk이 되었다. 독(甕)도 돌, 돍, 독의 변화로 이루어진 말이다. 그러한 면에서 滿洲語 muke는 그 진화가 빠르다.

      izamak(涙)[蒙]
      izlmak(涙)[蒙]
      moko, muka(水)[나나이]

蒙古語 izamak(涙)의 mak이 물(水)이란 뜻을 지니는데 滿洲語와 대응되며 나나이語와도 대응되고 있다. 滿洲語, 나나이語 등에서도 祖語形을 찾아볼 수 있다.

      미르(龍)[國]
      muturi(龍)[滿]
      mederi(海)[滿]
      muduri(龍)[나나이]
      muduri(龍)[올차]
      muda(洪水)[라무트]
      mulz(汲水)[라무트]
      muda(洪水)[에벤키]

등의 語彙에서 語根 mut을 얻을 수 있는데 물(水) 祖語形의 모습을 그대로 나타내고 있다.

mu(水)[에벤키, 솔롱, 네기달, 오로치]

mï(水)[길랴크]

퉁구스語系에서는 mur의 末音 r 脫落形으로 나타난다. 高句麗 地名語에 물(水)이란 뜻으로 買, 勿 등의 雙形이 나타난다. 勿은 '믈'로 읽을 수 있으나 買는 末音 r 탈락으로 볼 수 있다. 만약 買를 '매'로 읽는다면 그것은 '믈(水)'의 母音變異로 '말'이 되고 接尾辭 '이'가 붙은 말이>마이>매의 변화로 二重母音 형성이 高句麗語로 소급된다는 이야기가 될 것이다(下降二重母音 형성 참조). 국어에서 '몰(池)'이 '못'으로 末音 t>s화 현상이 있다.

müsü(冰)[蒙]

어근 müs을 얻을 수 있는데 祖語形은 mut으로 소급된다. 蒙古語에서 보면 語根末音 t가 보이며, 이 t가 l, r, s, č(ㅈ)화하는 현상을 보여 준다고 하겠으며 국어에서는 ㄷ이 ㄹ, ㅅ화하는 현상이 있다. 국어에서 '몰(池)' 이외에 語根末音이 ㄷ임을 보이는 化石語가 있다.

그것은 '무지개(虹)'다. '무지개'의 語根은 '묻'이고 祖語形은 '묻(水)'이다. '묻(水)'에 '개'를 합친 말일 개연성이 있다. 여기서 우리가 하나 지적할 수 있는 것은 '물'의 祖語形 '묻'은 국어뿐만 아니라 滿洲語, 퉁구스語群, 蒙古語, 그리고 우리나라에서 건너간 日本語 등의 共通祖語가 mut이라고 하는 사실이며 우리말의 계통을 이해하는 데 중요한 하나의 열쇠다.

눈물(淚)[國]

namida(淚)[日]

namukta(淚)[퉁구스]

yasamuke(淚)[滿]

nilmosun(淚)[蒙]

izamak(淚)[蒙]

祖語 mut이 물, mida, muke, mosun, mak 등으로 나타나고 있다. 語根末音 t가 지역에 따라 각기 다른 音韻變化를 일으키고 있음을 보여준다.

별(星)[國]
hosi(星)[日]
hosin(星)[에벤키]
usiha(星)[滿]
pöul(星)[퉁구스]
odon(星)[蒙]
posin(星)[나나이]

국어의 '별'은 '벌'로 소급되며 '벋'이 祖語形이다. 국어 ㄹ음은 ㄷ에서 변한 子音이다. 日本語 hosi(星)는 posi(星)로 再構되며 語根은 pos이고 pot으로 再構된다. 日本語 ha, hi, hu, he, ho는 국어 pa, pi, pu, pe, po와 대응된다. 滿洲語 usiha는 husiha로 再構되며 다시 pusiha로 된다. 語根은 pus이고 put으로 再構가 가능하다. 蒙古語 odon(星)은 中世 蒙古語로 hodon이며 다시 podon으로 再構된다. 語根은 pot이 된다.

國語……벋
滿洲語……put
日本語……pot
蒙古語……pot

이렇게 보면 별(星)의 알타이 共通祖語는 pˇt形이라고 하는 사실을 알 수 있다. 아울러 語根末音이 t라고 하는 것을 재확인할 수 있다.

oso(水)[蒙]
於乙(泉)[國]
얼음(冰)[國]

蒙古語 oso(水)의 語根은 os이다. 祖語形은 ot이 된다. 국어 '얼(泉)'과

'얼(氷)'이 同源語다.

> arau(洗う)[日]

arau의 語根은 ar이고 名詞로서 물(水)이란 뜻이다. 씻을 때에는 물이 절대요소다. 따라서 日本語 arau(洗う)라는 動詞를 보면 日本 古代語에서 ar이 물(水)이었음을 알 수 있다.

> ase(汗)[日]

日本語 ase(汗)의 語根은 as이고 at으로 再構된다. 그렇게 보면 日本 古代語에서 at(水)의 末音이 s로 바뀐 as은 接尾辭 e가 붙으면 ase(汗)가 되고 語根末音이 r화하여 arau(洗) 動詞를 형성한다. 이러한 현상은 日本語에서도 末音 t가 s또는 r화한다는 것을 보이는 예다.

2-3-2. ㄹ 末音語

'걷다(步)', '걸어'라고 할 때 末音 ㄷ이 ㄹ화한 것을 알 수 있다. '牧丹峯'이 '모란봉'으로 ㄷ이 ㄹ화하는 것이 국어에서는 의심할 바 없는 현상이다. 그러나 ㄷ이 ㄹ은 되어도 ㄹ이 ㄷ으로 변하는 것은 아직까지 그 예가 발견되지 않는다. 따라서 ㄷ이 ㄹ화한다는 것은 의심할 수 없는 사실이고 ㄹ은 ㄷ화하지 않는다. 漢字音 末音 ㄷ도 국어에서는 모두 ㄹ화했다. 그래서 『訓民正音』에서는 '以影補來'라는 用語가 출현하기도 했다. '물(水)'이지만 국어 '못(池)'을 보면 '물'이 '묻'에서 변한 것을 알 수 있다.

> midu(水)[日]
> namida(淚)[日]

midu(水)의 語根 mid의 祖語形은 mit이고, namida(淚)는 na(眼)와 mida(水)의 合成語이다. 물(水)이란 뜻을 지니는 語根 mid의 祖語形은 mit으로 t音을 유지하고 있다. 국어에서 '믇(水)'을 발음할 때 日本에 건

너가고 국어에서는 ㄷ>ㄹ화했다.

　　moreru(漏れる)[日]

　moreru(漏れる)의 語根은 mor인데 국어의 물(水)과 같이 末音이 日本語에서도 r화한 것을 알 수 있다. 어쩌면 日本語 moreru(漏れる) 動詞는 국어에서 '믇'이 아니고 '믈'이라고 발음할 때 日本에 건너가서 動詞가 되었을 가능성도 생각할 수 있다.

　　mizo(溝)[日]

　mizo의 語根 miz의 祖語形은 mit으로서 mit-o>mido>mizo의 변화이다.

　　옻(漆)[國]
　　urusi(漆)[日]

　日本語 urusi의 語根은 ur인데 末音이 r이다. 국어 옻은 옫>옷>옻의 변화를 거쳤다. 국어에서 '다리(脚)'의 語根은 '달'이고 '닫'이 祖語形이다. '돋다(走)'의 語根 '돋'은 국어 '닫(脚)'과 同源語다. 『鷄林類事』에 '頭曰麻帝'란 표기가 있다. 語根이 '맏'임을 보여 준다. 즉 맏>말의 변화를 보여 준다.

　　斤乙(木)[高句麗]
　　그루(株)[國]
　　긷(柱)[國]
　　구유(槽)[國]
　　가지(枝)[國]

　'구유'는 '구슈'의 ㅅ 탈락형이고 語根은 '굿'이고 '굳'으로 再構된다. 語根을 보면 글(木), 글(株), 긷(柱), 굿(槽), 갖(枝) 등이 同源語의 語彙群으로서 나무(木)라는 뜻 '斤乙(글)'의 祖語形 '귿(木)'에서 분화한 말이라는 것을 알 수 있다. 同源語이지만 末音은 ㄷ, ㄹ, ㅅ, ㅈ 등으로 변화하고 있다. 이 말은 日本語 ki(木)와 同源語로 ㄹ晉은 ㄷ으로 再構하게 된다.

　　　nilmosun(涙)[蒙]

　nil은 눈(眼)이란 뜻이다. mosun은 물(水)이란 뜻이다. 合成語를 이룰 때 末晉 t가 l화한다. 그냥 눈(眼)이란 뜻으로서는 nidon이다. 語根은 nid(nit)이 된다. 末晉 t가 l화하고 있다. 국어에서 ㄹ이 頭晉으로 되는 固有語가 없다는 것은 祖語時代에는 ㄹ晉이 없었다는 것이 된다.

　　　meteŋ(淵, 池)[오스챠크]
　　　mereŋ(淵, 池)[오스챠크]

오스챠크語에서 met, mer의 雙形語가 쓰이고 있다.

　　　발(足)[國]
　　　pethe(足)[퉁구스]
　　　bacak(足)[터키]

'발'의 祖語形 末晉이 ㄷ임을 보이고 있다.

곧>골(型)	kata(型)[日]
벋>벌(蜂)	hatsi(蜂)[日]
돋>돌(等)	tatsi(達)[日]
어든>어른(成人)	otona(成人)[日]
곧>골>고래(鯨)	kudira(鯨)[日]
숟>술(匙)	sazi(匙)[日]
삳>살(矢)	satsi(矢)[日]
줃>줄(線)	sudi(線條)[日]

日本語에서는 t 末晉을 비교적 유지하고 있다.

　　　tanka(女)[길랴크]
　　　ranka(女)[길랴크]

길랴크語의 頭晉에서도 r晉은 t晉에서 변한 것임을 알 수 있다.

2-3-3. ㅅ 末音語

語根末音 ㅅ은 ㄷ에서 변한 것이다.

붇(筆)>붓	hude(筆)[日]
갇(笠)>갓	kasa(笠)[日]
낟(鎌)>낫	nata(鉈)[日]

등과 같이 국어에서는 語根末音 ㄷ이 ㅅ화하는 현상을 볼 수 있다. 日本語 hude(筆)는 pude의 再構가 가능하며 put이 祖語形이 된다. 그러나 kasa(笠)는 국어와 같이 ㄷ>ㅅ化했다. 국어는 '갓'으로 單音節語인 동시에 閉音節語이고 日本語에는 母音 接尾辭가 붙음으로써 kasa와 같이 二音節語가 되며 開音節化했다.

구리다(臭)[國]

'구리다'의 語根은 '굴'이다. '굴'은 名詞로서 '굳'이 祖語形이다. 즉 '구리다'의 祖語形은 '굳'이 된다. '구리다'의 '굳'은 名詞로서 똥(糞)이란 의미를 지닌다. 똥(糞)이 '구리다'의 대상물이 된다. '굳'이 똥(糞)이란 뜻이고 語根末音이 ㄷ이라는 것은 '구더기(蛆)'라는 名詞의 語根 '굳'에서도 볼 수 있다. '구더기'가 똥(糞)에 기생한다는 것은 두 말할 것도 없다.

kuso(糞)[日]

kusai(臭)[日]

kusaru(腐る)[日]

여기에서 語根 kus을 얻을 수 있다. kus은 다시 kut으로 再構되는데 국어 '구리다'의 祖語인 '굳(糞)'과 일치하고 있다. 古代語의 '굳'이 똥(糞)이란 뜻을 지니고 있었다는 것을 보이는 동시에 국어에서는 굳이다>구리다의 形容詞에서 그 化石을 볼 수 있고 '구더기'라는 名詞에서는 '굳'이 그대로 살아 있음을 알 수 있다. 日本에 건너갈 때에는 국어에서 '굳(糞)'이 건너가서 末音 t>s화하여 kuso, kusai, kusaru로 변화했다고 볼 수 있다.

kurt(蛆)[터키]

터키語 語根 kur은 kut이 祖語形으로 국어와 일치하고 있다.

nilmosun(涙)[蒙]

mosun(水)의 語根 mos은 祖語 mot 末音의 s화 현상이라고 할 수 있다.

oso(水)[蒙]

oso(水)의 語根 os 祖語形은 ot이다.

쓸개(膽)[國]
süsü(膽汁)[蒙]
silhi(膽)[滿]

국어 '쓸'은 '슬'로 소급되며 '슫'이 祖語形이다. 蒙古語 süsü의 語根 süs은 sut으로 소급되며 滿洲語 silhi의 語根은 sil이고 sit으로 소급된다. 국어 '쓰다(苦)'의 語根 '쓰'는 '쓸(膽)'의 末音 脫落으로 이루어진 말일 개연성이 있다. 그러나 漢字 '苦' 字를 보면 '쓰다'의 語根은 풀이란 뜻을 지닐 개연성이 있다. '잎새, 억새'의 '새'는 살>살이>사이>새의 변화로서 풀이란 뜻을 지니고 있다. '벗(友)'도 15세기 表記로는 '벋'이다. '벋'은 사람이란 뜻을 지니는 말과 同源語다. '혹부리, 악바리, 꽃비리' 등의 '부리, 바리, 비리' 등이 사람이라는 뜻이다. '붇, 받, 빋' 등이 祖語形이다. 日本語 hito(人)는 pito로 再構되는데 語根은 pit이다. '옷(衣)'도 平安道 方言에서는 '오티'다. 語根은 '옫'이 되고 '옫'이 祖語形이다.

əthukhu(衣)[滿]

滿洲語에 '옷'의 語根 ət이 있다.

반듯하다>반드타다
옷안>오단

合成語를 이룰 때 末音 ㅅ이 ㄷ으로 발음된다는 것은 ㅅ은 ㄷ에서 변한 것임을 시사하는 것이다.

nidon(眼)[蒙]

yasa(眼)[滿]

滿洲語 yasa는 nyasa<nasa로 소급된다. nasa의 語根은 nas이고 祖語形은 nat이다. 이는 蒙古語 nidon의 語根 nit과 末音이 일치한다. 滿洲語에서 yasa의 s는 t>s화한 것임이 분명하다.

amta, amsaguri(味)[蒙]

amtaktal(味)[蒙]

ses(音, 聲)[터키]

söz(語)[터키]

şarkı(歌)[터키]

국어 '소리(音, 聲, 歌, 語)'의 語根 '솔(솓)'은 ses, söz, şarkı와 同源語다. 蒙古語 amta가 amsaguri에서는 t가 s화했다. 터키語 ses(音, 聲)은 set에서 末音이 s화한 것이다. şarkı(歌)의 語根 sar은 sat으로 再構된다. 터키語에서도 語中에서 t>r화 현상이 있으며 ses의 祖語形은 set, 즉 末音이 t임을 보이고 있다. 이러한 일련의 사실들을 語根末音이 ㄷ에서 ㅅ화한다는 것과 末音이 t임을 보이는 동시에 末音 ㅅ은 ㄷ으로 再構할 수 있는 길을 열어 준다.

산>살(肌, 肉)　　　　sasi, sisi(肉)[日]

돋>돌(年)　　　　　tosi(年)[日]

붇>불>부리(嘴)　　　hasi(嘴)[日]

곧>골>왕―골, 꼴(生草)　kusa(草)[日]

맏>말(枡)　　　　　masu(枡)[日]

갇>갈>(대)가리(頭)　　kasira(頭)[日]

국어 末音 t가 日本語에서 s화한 현상을 볼 수 있고 국어에서는 ㄷ>ㄹ화 현상이 강하게 나타나는 것을 알 수 있다.

2-3-4. ㅈ(ㅊ) 末音語

ㄷ이 母音 'ㅣ'와 연결될 때 口蓋音化한다는 것은 익히 알고 있는 터다. 그러나 古代語에서는 母音 ㅣ와 관계없이 末音 ㄷ이 ㅈ화하고 있다.

구지돔(月曲 77)
구지람(月釋 17:85)
구짖다(釋 19:26)

'구지돔'은 '구짖다'의 語根 '구짖'에 接尾辭 '옴'이 붙었다. 15세기에 '구짇다, 구짖다'의 雙形이 있음을 보이고 있다. '구짖다'에서 '구짖'의 末音 ㅈ은 ㄷ에서 ㅣ 母音과 관계없이 ㅈ으로 된 것을 알 수 있다. 15세기 말에 '곶(花)'이 보이는데 合成語를 이룰 때 '곶안'이 '곧안'으로 발음되는 것은 '곶'의 末音 ㅈ의 祖語가 ㄷ임을 보여 준다.

kul(花)[위구르]

위구르語로 꽃(花)이란 뜻인 kul의 語根 kul은 kut이 祖語形이다. 국어 '곶(花)'의 祖語形이 '곧'임을 알 수 있다. 곶(花)의 어원은 풀이란 뜻을 지니는 말과 同源語다. 꽃은 풀에서 핀다. '골'은 왕골, 골풀과 같이 풀이란 뜻을 지니고 있다. 15세기 말에서는 '빋(債)'이었으나 '빚(債)'으로 바뀌었다.

para(金)[터키]
pakər(銅)[터키]

'빋(債)'은 터키語와 관련이 있다고 하겠으며 漢語 買·賣와도 同源語가 아닌가 한다. 한편 빌리다의 '빌(빋)'도 빋(債)과 同源語일 개연성이 있다. '우리 고장, 내 고장' 할 때 '고장'의 語根은 '곧'이고 '곧'이 祖語形이 된다. '곧(處)'과 同源語다. 日本語 夕(ta), チ(tsi), ツ(tsu), テ(te), ト(to)의 五音 중 チ(tsi), ツ(tsu)가 口蓋音이다. 국어 ㄷ音이 日本語 母音 i(이), u(으)와 합칠 때 口蓋音化한다. 이러한 현상은 日本語에서 口蓋音 ㅈ은 ㄷ에서 변한 子音이며 ㅈ은 2차적으로 형성된 子音이라는 것을 보인다.

日本語의 祖語가 국어라고 할 때 국어의 ㅈ音도 ㄷ에서 변한, 2차적으로 형성된 子音이다.

> 달(月)   tsuki(月)[日]

국어의 '달'이 日本語에서는 頭音 ㄷ이 口蓋音化하고 있다.

> tsutsi(土)[日]

日本語 tsutsi(土)는 頭音이나 末音이 모두 口蓋音化했다. 국어로 표기한다면 '듣'이 될 것이다. 이는 '땅(地)'의 祖語와 同源語다. 15세기 표기로는 '짜(地)'다. 국어의 祖語는 閉音節語이기 때문에 '짜'의 末音에 子音이 있었다. '응달, 양달'은 陰地, 陽地라는 뜻으로 '달'이 땅(地)이란 뜻을 지니고 있다. '짜'는 平音인 '다'로 소급되며 '달'로 소급된다. '달(地)'은 다시 '닫'이 祖語다. 국어 '땅'의 祖語 '닫(地)'이 日本에 건너가서는 口蓋音化하여 tsutsi(ツチ)가 되었다.

> 닫>달>다>짜>땅(地)
> 돈>돌(石)
> 든>들(野)
> 딛>딜(土)

頭音이 ㄷ이고 末音은 ㄷ인 것이 母音變異에 의해 어휘가 분화한 것을 알 수 있다. 기와(瓦)의 15세기 말은 '디새'다. 語根은 '딧'이고 '딛'으로 소급된다. 기와(瓦)는 흙으로 구운 것이기 때문에 '딛(딧)'은 흙(土)이란 뜻이다. '디새'는 語根 '딧'에 接尾辭 '애'가 붙은 名詞다. '두더쥐'는 '두더'와 '쥐'의 合成語다. '두더'의 語根은 '둔'이 된다.

> 새앙 쥐
> 살강 쥐
> 굴뚝 쥐
> 부엌 쥐

와 같이 冠形語는 그 쥐의 居處나 모습을 나타내고 있다. '두더쥐'는 땅속에 있기 때문에 '둗'이 곧 땅, 흙(地, 土)이란 뜻을 지니는 말과 同源語다. '두더쥐'는 地鼠 또는 土鼠라는 뜻이다. 따라서 日本語에서 口蓋音은 국어의 ㄷ音으로 再構하게 된다. 15세기 表記로 '졋(乳)'은 現代語에서 '젖'이다. 日本語에서는 tsitsi(チチ, 乳)다. 그렇게 되면 국어에서 頭音과 末音이 ㄷ이었다는 것을 보여 준다. 따라서 '졋'의 祖語形은 '덛'이라고 하는 것을 보여 준다. 국어의 頭音 ㅈ은 ㄷ에서 변한 子音이라는 것을 알 수 있으며 ㅈ音은 ㄷ音으로 再構할 수 있게 된다. '덛'의 어원은 물이라고 하겠다. 돌(渠)과 同源語다.

잔>잣(城)	siro(城)[日]
줃>줄(條, 線)	sudi(線條)[日]
주비(統首)	suberagi(皇)[日]
좆다(頻)	sikiri(頻り)[日]
ᄌᆞᆯ~(切斷)	soru(剃る)[日]
좁~(狹)	semai(狹い)[日]
ᄌᆞ다~>ᄌᆞ라~(育)	sodatsu(育)[日]
젹다(少)	sukosi(少)[日]

국어의 頭音 ㅈ이 日本語에서는 s와 對應하고 있다. 이렇게 보면 日本語는 국어가 어느 한 시기에만 건너간 것이 아니라 通時的으로 건너갔다는 것을 알 수 있다. '쥐(鼠)'는 주이>쥐가 된 말로서 '주'는 다시 줄<줃까지 소급되며 근원적인 祖語는 '둗'으로 소급된다. '다람쥐'는 15세기 말로는 'ᄃᆞ라미'다. 語根은 '둘'이 되고 '돋'으로 소급된다. '돋'이 '다람쥐'의 祖語形이 된다. 즉 '쥐'의 祖語다. '고슴도치(蝟鼠)'는 文獻에 '고슴돌, 고슴돗, 고슴도티' 등으로 나타나는데 '돌, 돗' 등이 '쥐'란 뜻이다. 즉 '돋'이 '쥐'의 祖語라는 것을 보여준다. 따라서 '쥐'의 祖語는 '둗'이된다.

2-3-5. ㄴ 末音語

국어 '눈(眼)'은 蒙古語 nidon(眼)의 語根 nid(t)과 同源語다. 국어 '눈 (眼)'은 눈>눈의 변화이다. 滿洲語 yasa(眼)는 nyasa, nasa로 소급되며 語根은 nas이고 祖語形은 nat이다. 결국 국어 '눈'의 祖語形 '눋'은 滿洲 語 yasa(眼)의 祖語形, 蒙古語 祖語形 nit과 同源語다. 국어 '눈(雪)'의 祖 語는 '눋'이다. '눋'의 末音이 r화하면 '누리(雹)'가 되고 末音 ㄷ이 ㄴ화 하면 '눈(雪)'이 된다.

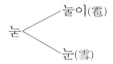

국어 '안(內)'도 祖語는 '앋'이다. 日本語 utsi(內)의 語根 ut과 同源語 다. 국어 '안(內)'의 祖語 '앋'이 ㄴ화한 것이다.

kani(蟹)[日]

kani의 語根은 kan이고 kat으로 再構된다. '가재(石蟹)'의 語根은 '갖' 이고 '갇'이 祖語形이다.

katuri(蟹)[滿]

滿洲語 katuri의 語根은 kat이고 이 祖語形 '갇'이 國語에서는 '가재 (石蟹)', 日本語에서는 kani로 末音 ㄷ>ㄴ화했다. 국어 '게(蟹)'는 '거이' 가 준 말로서 걷>걸>걸-이>거리>거이>게의 변화이다.

갇 → 걷>걸-이>거리>거이>게(蟹)[國]

갇>갖-애>가재(石蟹)[國]

kat>kan-i>kani(蟹)[日]

國語에서는 雙形으로 변했다고 보겠다. 즉 하나는 末音 ㄷ>ㄹ화하여 탈락하고 하나는 ㄷ>ㅈ화하여 그대로 유지되고 있다.

'etór(鼻汁)[아이누]

'esúm(鼻汁)[아이누]

'enkonrat(鼻汁)[아이누]

'etu(鼻)[아이누]

'enkor(鼻腔)[아이누]

'etúsu(鼻孔)[아이누]

'etu(鼻)의 語根은 'et인데 'en으로 나오는 게 있다. 이는 아이누語에서도 t>n화함을 보이는 예들이다.

nata(顔)[아이누]

nan(顔)[아이누]

낯(顔)[國]

국어 '낯(顔)'의 祖語形은 '낟(낱)'이다. 아이누語 nat>nan의 변화이다. 아이누語에는 nat과 nan의 雙形語가 있다.

yüz(顔)[터키]

yüz는 nyüz로 소급되어 nüz가 되며 祖語形은 nüt이 된다. 국어 '낯(顔)'과 同源語다.

hana(鼻)[日]

hana는 pana로 再構되며 語根은 pan이고 祖語形은 pat이 된다.

코를 풀다[國]

곳블(感氣)[國]

'풀다'의 語根 '풀'은 '불'로 소급되며 '붇'이 祖語形이다. '곳블(感氣)'의 '블'도 코(鼻)란 뜻을 지닌 名詞다.

purun(鼻)[터키]

語根은 pur이고 put이 祖語形이다. 따라서 '코'의 祖語形은 put이 된다. 日本語 hana는 국어 '붇~'의 pat>pan으로의 변화이다.

ha(刀)[日]

hari(針)[日]

hanor(針)[蒙]

국어 '바늘(針)'의 語根은 '반'이고 '을'은 接尾辭다. 日本語 hari(針)는 pari로 소급되며 語根은 par이고 pat이 祖語形이다. 蒙古語 hanor(針)도 panor로 소급된다. 결국 pat>pan으로서 末音 ㄷ이 ㄴ화한 것이다. 한편 '바늘'은 '바'와 '눌(刀)'의 合成語일 개연성도 있다. 高句麗語에 數詞 '難 隱(七)'이 보이고 日本語에 nana(七)가 있다. 語根은 nan이고 祖語形은 nat이다.

nadan(七)[滿]

滿洲語 nadan의 語根 nad(七)은 高句麗語 '難隱(七)'의 祖語形이 nat 임을 보이고 있다. 鄕歌의 '一等(一)', 『鷄林類事』의 '河屯(一)'은 語根이 '핟'이다. '하나'의 語根 '한'은 末音이 ㄷ>ㄴ화한 것이다.

kedi(猫)[터키]

국어에 '고넹이'가 있다. '고넹이'의 語根은 '곤'이고 祖語가 '곧'으로 再構되며 터키語 kedi(猫)의 語根 ked의 祖語形 ket과 同源語다.

sadon(愛人, 사랑스럽다)[蒙]

sanal(愛)[蒙]

蒙古語에서 '愛人, 사랑스럽다'라는 뜻을 지니는 sadon의 語根 sad의 祖語形은 sat이다. 그런데 사랑(愛)이라는 뜻으로는 sanal인데 語根은 san이다. sat>san의 변화를 볼 수 있다.

inu(犬)[日]

it(犬)[터키]

이리(狼)[國]

국어 '이리'의 語根은 '일'이고 '읻'이 祖語形이다. 터키語 it(犬)과 일치한다. 日本語에서는 t末音이 n화했다.

2-3-6. ㄱ 末音語

湖南 地方에서는 돌(石)을 '독'이라고 한다. 돌(石)은 돍>독의 변화이
다. 濟州道 方言에서는 '닭'이 '닥'으로 불려 ㄹ이 탈락하고 있다.

      tori(鳥)[日]

국어 닭은 '달'에 ㄱ이 나중에 첨가되어 '닭'이 되었다. 표기로는 '닭'
이지만 실제 발음으로는 ㄹ이 떨어진 '닥'이다. 이러한 일련의 사실은
ㄱ末音語는 ㄹ末音에 ㄱ이 첨가되어 ㄹ을 밀어내고 ㄱ이 末音으로 정착
했다고 볼 수 있다. 따라서 ㄱ末音語는 ㄹ을 밀어내고 末音이 된 것을
짐작하게 된다.

      국(湯) siru(汁)[日]
      죽(粥) kayu(粥)[日]

kayu(粥)는 karu>kau>kayu의 변화이다. 日本語 aruku(步く)가 ayumu
(步む)일 때에는 r音이 떨어지며 ayumu가 되었다. 日本語 kayu(粥)는 karu
로 再構되며 語根은 kar이다. 따라서 국어인 '국(湯)'은 '굴'에 ㄱ이 붙은
굵>국化한 것을 알 수 있다. 국어의 ㅈ音은 日本語 s音과 대응되고 있음을
앞서 지적한 바 있다. '죽'은 줄>즑>죽의 변화이다. 日本語 siru(汁)는
국어 '줄'과 대응된다.

술	sake(酒)[日]
달	tsuki(月)[日]
굴(蠣)	kaki(蠣)[日]
달(山, 達)	take(岳, 嶽)[日]
돌(渠)	taki(瀧)[日]
밀(麥)	mugi(麥)[日]
불알(睾丸)	huguri(睾丸)[日]

그리메(影)	kage(影)[日]
느릇(轅)	nagae(轅)[日]
눌(緯)	nuki(緯)[日]

이상은 韓·日語에서의 對應語라 하겠는데 국어의 末音 ㄹ이 日本語에서는 탈락하고 ㄱ이 들어갔다. 日本語 sake(酒)의 語根은 sak이고 e는 接尾辭다. 본디 閉音節語였는데 母音 接尾辭가 붙음으로써 開音節語가 됐다. 語根 sak은 sal>salk>sak-e의 변화이다. 그것은 국어의 '돌(石)'이 돍>독으로 되는 것과 같은 현상이다. '독(甕)'도 돌>돍>독의 변화이다. 달(地), 돌(石), 들(野), 딜(土) 등과 '독'의 祖語形 '돌(돋)'은 同源語다. '독(甕)'은 土類로 만든 것이다. 15세기어로 '났(釣)'이 보이는데 본디는 '낙'이고 ㅅ은 나중에 들어간 것이다. '낙'의 語根도 따져 보면 '날'에 ㄱ이 들어간 '낡>낙'이 된 것이다. '날'은 刃이라는 뜻이다. 지금도 '쌍낙, 외낙'이라고 할 때 '쌍났, 외났'으로 발음되지 않고 '쌍낙, 외낙'으로 발음된다. '낙'은 '날(刃)'에서 그 뜻이 분화한 말이다.

국어 '붉다(赤)'의 語根 '붉'은 '불(火)'에서 轉成된 것인데 形容詞로 轉成되면서 ㄱ이 첨가되었다. '맑다(淸)'도 '말(水)'에 ㄱ이 들어가면서 '맑다'가 되었다. '긁다(搔)'의 語根은 '긁'인데 ㄱ은 나중에 들어간 것이다. '글'이 本語根이 되는데 名詞다. '글'은 무슨 뜻을 지니는 말일까? 긁는 것은 손으로 하는 동작이다. 蒙古語 gar(手), 滿洲語 gara(手) 등에서 손이란 뜻인 gar을 볼 수 있고 '숟갈'의 '갈'이 손이란 뜻이다. 따라서 '긁'의 本語根 '글'은 손이라는 뜻이다.

フ리다(蔽)	kakusu(隱す)[日]
걸다(賭)	kakeru(賭る)[日]
날(川)	nagasu(流す)[日]
붇다(植, 潤)	hukurasu(脹)[日]
말다(卷)	maki(卷)[日]
놀다(遊)	nagomu(和)[日]

국어와 日本語의 用言을 보더라도 日本語에서 ㄱ이 더 들어갔음을 알 수 있다. 獨島는 돌섬(石島)이 독섬으로 변했고, 日本측에서는 독섬(石島)을 takesima(竹島)로 표기하고 있다. 이는 곧 독섬을 漢字語로는 獨島로 표기하고 日本에서는 takesima로 표기한 것이다. 이러한 일본측 표기를 보아도 독도는 한국의 땅임을 알 수 있다.

2-3-7. ㅁ 末音語

'님(主)'의 末音은 ㅁ이지만 이것은 接尾辭다. 『日本書紀』에 의하면 百濟에서 主嶋를 nirimu semu라고 했다는 기록이 있다. nirimu는 主에 해당되고 semu는 嶋에 해당된다. nirimu(主)의 末音을 떼면 nirim이 된다. 語根은 nir이 되고 im은 接尾辭다. nir은 nit으로 再構된다. 日本語에서 nusi(主)의 語根은 nus이고 nut(主)으로 再構된다. 新羅의 王稱 '尼叱今, 尼師今'의 '尼叱, 尼師'가 바로 '님(主)'의 祖語가 '닏'임을 보이고 있다. '尼叱今'은 主神이라는 뜻으로서 '님금(主神)'과 同義語다. '감(柿)'의 祖語形도 '갇'이다.

굴(蠣)	kaki(牡蠣)[日]
달(月)	tsuki(月)[日]
술(酒)	sake(酒)[日]
갈 → 감(柿)	kaki(柿)[日]

국어와 日本語의 비교를 통해서 國語 末音이 ㄹ일 경우 日本語에서 k가 첨가됨을 앞에서 언급한 바 있다. 따라서 日本語 kaki(柿)도 국어에서는 '갈'이었음을 알 수 있다. 濟州方言에서는 감물 들인 옷을 '갈옷'이라고 하는데 '감'의 옛말 '갈'이 그대로 살아 있다. '감'의 재래종을 '고욤'이라고 한다. '고욤'은 고옴>고욤의 변화이다. 接尾辭 '옴'은 앞의 末音이 閉音節語일 때 붙는다. 즉 開音節語일 때에는 '오다(來)'가 '옴'과 같이 그냥 ㅁ자만 붙지만 '얼음'과 같이 語根末音이 閉音節語일 때에는 '음'이 붙는다. '고옴'의 語根 '고'는 開音節語지만 '옴'이 붙는 것을 보면

원래 閉音節語였음을 보이는 것이다. 갇>갈>갈—암>가암>감(柿)의 변화를 이루었다. 그러니까 末音이 ㅁ인 것은 接尾辭가 나중에 들어간 것임을 보여 준다. 따라서 '감(柿)'의 祖語는 '갇'이 된다. 慶北 永川 地方 方言에 고욤을 '꼴감'이라고 하는데 '꼴'은 '골'로 소급되며 '감'의 조어가 갈(갇)임을 보이고 있다. '나모(木)'의 語根은 '남'이지만 祖語形은 '낟'이다. '널(板)'이 바로 '남(木)'의 祖語形 '낟'과 同源語다. 나무로 지붕을 이은 집을 '너새집'이라고 하는데 '너새'의 語根은 '넛'이고 '넏'이 祖語形이다. 넏>넛>너새의 변화이다. 낟>날>날—암>나람>나암>남(木)의 변화이다.

2-3-8. ㅂ 末音語

'앞'은 15세기 문헌에는 '앒'으로 나타난다. 慶尙道 方言에서 아래는 前이라는 뜻이다. '아래(前)'의 語根은 '알'이다. 15세기 文獻에도 '아래(前)'가 있다. 그러니까 15세기에 '아래(前)'와 '앒'의 雙形이 병존하고 있음을 보이고 있다. 語根 '알(前)'에 ㅂ이 첨가되어 앒>앞>앞의 변화를 이루었다. '밟다(踏)'는 '발(足)' 名詞에서 轉成된 것이다. 末音 ㄹ에 ㅂ이 첨가되었다. 15세기 文獻에 보이는 '넙다(廣)'도 語幹 '널'에 ㅂ이 첨가된 것이다. 널다>넓다>넙다의 변화이다. '졈다(少年)'도 졀>젊>졈의 변화이다. '넙다, 졈다'를 語根末音 ㅂ, ㅁ 앞에 ㄹ이 첨가된 것이라고 보기는 어려운 일이다. '넓다'가 現代語에 쓰이는 것은 '넓다, 넙다' 雙形語가 쓰이다가 '넓다'가 다시 세력을 얻었다. 子音이 첨가되는 것은 語根末音 다음에 첨가되는 것이지 語根末音 앞에 첨가된다고 보기는 어렵다.

> puda(飯)[滿]
> pudaga(飯)[滿]

滿洲語, 蒙古語에서 밥(飯)이란 뜻을 지닌 名詞의 祖語形은 put이다. 국어 '밥'은 받>발>밟>밥으로 변화했다고 본다. 한편 받>발>밥—압>바압>밥의 변화를 생각할 수 있다.

2-3-9. ᆪ 末音語

‘몫, 낛(釣)’ 등은 ㄱ 末音에 ㅅ이 다시 첨가된 것이다. ‘낛’의 末音 ㅅ을 떼면 ‘낙’이 된다. ‘외낙, 쌍낙’일 때에는 末音이 ㄱ뿐이고 ㅅ이 첨가되지 않는다. ‘낙’은 ‘날(刃)’에 ㄱ이 첨가된 것이다. 날>낡>낙>낛이다.

2-3-10. 人稱語의 末音

앋
아돌

otona(成人)[日]
oto-ko(男)[日]
oto-me(少女)[日]
ada(父)[터키]
adəm(人)[위구르]
'utari(親戚)[아이누]
ɔta(父)[우즈베크]

앗
아스(弟), 엇, 앗(母)

aso(吾兄)[日]
osu(雄)[日]

아숨(親戚), 아슴(親戚)

usi(大人)[日]
ask(弟)[길랴크]
asi(女)[나나이]
asi(女)[에벤키]

앚
아즈비(舅父), 아즈미(嫂)

ozi(叔父)[日]

아지(乳母), 아줌(親戚)

'ačapó(父)[아이누]
'áča(繼父, 叔父)[아이누]

알
아롬(私), 어른(成人)

erkek(男性)[터키]

올케, 오라비

안

아내(妻), 아낙네(女)　　　　　ani(兄)[日]

ono(己)[日]

anata(第2人稱)[日]

ane(姉)[日]

onna(女)[日]

ɔna(母)[우즈베크]

ənyə(母)[滿]

’unárpe(叔母)[아이누]

anne, ana(母)[터키]

’anún(他人)[아이누]

암

어미(母), 암(雌), 어머니(母)　amo(母)[日]

imo(妹)[日]

omina(女)[日]

emisi(蝦夷)[아이누]

ama(父)[滿]

eme(母)[滿]

eme(妻, 女)[蒙]

압

아비, 아범, 오빠　　　　　　oba(祖母)[日]

ebisi(男, 人)[아이누]

abu(父)[蒙]

악

아기, 아가씨　　　　　　　agai(吾君)[日]

okina(翁)[日]

'ekasí(祖父)[아이누]

'ak(弟)[아이누]

akkan(兄)[길랴크]

aka(兄)[우즈베크]

2-4. ㅑ, ㅕ, ㅛ, ㅠ 母音의 形成

ㅑ, ㅕ, ㅛ, ㅠ 등의 上昇二重母音은 祖語時代에는 없었던 母音으로 單母音에서 변화한 母音이다.[1) 語中에서의 ㅑ, ㅕ, ㅛ, ㅠ의 형성을 살펴본다.

　　駕羅 → 伽倻

語根 kal에 接尾辭 'a'가 붙은 kara가 r音의 탈락으로 kaa가 되고 모음 충돌회피현상으로 y가 介入하여 kaya(伽倻)가 되었다.

　　徐羅伐 → 徐耶伐

　　sərabəl>səabəl>səyabəl

語中 r音이 탈락함으로써 모음충돌회피현상이 일어나 y가 개입되고 있다. 夫餘도 purə>puə>puyə의 변화를 예상할 수 있으며 語根 pur을 얻을 수 있다.

　　비육(鷄雛)[解例用字]

'비육'은 日本語 hiyoko(雛)와 대응되는데 비룩>비욱>비육의 변화이다. 따라서 '비육'의 祖語形은 '빋'이다.

　　pi(種子)[아이누]

　　furi(子孫)[滿]

---

1) 朴在陽, 『韓國語 母音體系에 대한 研究』, 博士學位論文, 1988.

hüre(種子)[蒙]

붓(種)[月釋2:7]

語根 pi, hur, hür을 얻을 수 있으나 祖語形은 pir, pur이다. 語源은 種子라는 뜻이라고 하겠으며 병아리는 닭의 種에 해당된다고도 할 수 있다. 불알(睾丸)의 '불(붇)'과도 同源語다.

ㅂ얌(蛇)[龍7]

'ㅂ얌'의 語根은 'ㅂ'로서 接尾辭 '얌'이 붙은 것을 보면 'ㅂ'의 末音이 子音임을 알 수 있다. 'ㅂ'는 '불'의 末音 脫落이다. ㅂ람>ㅂ암>ㅂ얌의 변화를 했다. 接尾辭 '암'이 '얌'으로 변한 것을 알 수 있다.

가얌(榛子)[譯上55]

kuri(栗)[日]

'가얌'의 語根 '가'는 日本語 kuri(栗)와 비교할 때 語根이 '갈'임을 알 수 있다. 가람>가암>가얌의 변화이다.

가야미(蟻)[月18:39]

karǝnca(蟻)[터키]

터키語의 語根 kar과 비교한다면 '가야미'의 語根은 '갈'임을 알 수 있다.

닛므윰(齒齗)[訓諺]

'므윰'의 語根은 '믈'로서 '움'이 붙어 므룸>므움>므윰의 변화를 했다. 副詞形 語尾 '아, 어'가 '하야, 하여'와 같이 二重母音이 생기는 것도 y의 개입으로 이루어진다. 이러한 현상은 日本語에서도 볼 수 있는데 aruku(步く)의 語根은 ar인데 ayumu일 때에는 r音이 탈락하여 aumu가 ayumu로 된 것이다. 그것은 日本語 mayu(眉)가 maru>mau>mayu로 변화한 것과 같은 현상이다. 頭音 냐>야, 녀>여, 뇨>요, 뉴>유, 너기다>녀기다>여기다, 녛다>녛다>옇다와 같이 單母音이 重母音化하고 y音 위

에서 n이 떨어진다. 濟州語에서 農事가 '용시'로 변했는데 농사>농사>
용사>용시의 변화이다. 녀름(夏)>여름으로 되는데 '녀름'의 語根은 '널'
이고 이는 單母音 '널'로 소급되며 祖語形은 '넏'이다.

> nara(太陽)[蒙]
>
> natsu(夏)[日]

蒙古語에서 nara가 태양이란 뜻인데 語根은 nal이고 祖語形은 nat이
다. 日本語 natsu(夏)는 국어 '넏(夏)'과 대응되고 있는데 單母音임을 보
이고 있다. 국어에서 '넏'으로 발음할 당시 日本에 건너가 natsu가 되고
그 후 국어에서는 넏>널이 되고 接尾辭 '음'이 붙어 '너름'이 되고 녀름>
여름으로 바뀌었다.

> nidon(眼)[蒙]
>
> yasu(眼)[女眞]
>
> yasa(眼)[滿]
>
> 눈(眼)[國]

nidon(眼)의 語根 nid의 祖語形은 nit이고 이것이 滿洲語에서는 nasa>
nyasa>yasa로 변화했다. 滿洲語에서 頭音 ya, yo, yu도 국어의 형성과
일치하는 頭音에서의 重母音 형성을 볼 수 있다.

나리(百合)	yuri(百合)[日]
나(第一人稱)	yo(余)[日]
놈(者)	yatsu(奴)[日]
놀~(遊, 休)	yasumu(休む)[日]
눋~(蕉)	yaku(燒く)[日]
날(刃)	ya, yari(矢, 槍)[日]
낫~(優)	yasagata(優形)[日]
	yoi(良い, 吉い)[日]
눅~(安價)	yasui(安い)[日]

나조(夕)	yuu(夕)[日]
	yoru(夜る)[日]
	yoi(宵い)[日]
	yami(闇)[日]
누리(世)	yo(世)[日]
널(板)	yuka(床)[日]

국어 '나리'가 日本에 가서는 nuri>nyuri>yuri의 변화를 했다. 국어 '나(第1人稱)'의 祖語는 '낟'으로서 국어에서는 낟>날>나로서 末音 ㄹ이 탈락했다.

　　nare(汝)[日]

　　na(汝, 己)[日]

日本語 第2人稱 nare(汝)의 語根은 nar로서 국어 '너'와 비교된다. 넏>널>너의 변화이다.

　　naru(人)[오로크]

語根 nar이 사람(人)이란 뜻이다. yo(余)는 국어 '나'가 日本語에서 no>nyo>yo의 변화이다. '놈(者), 남(他), 님(主)'은 모두 人稱을 가리키는 말로서 祖語形은 nat(人)이다. 日本語 yatsu(奴)는 nat>nyatsu>yatsu의 변화이다. 국어 '놀~(遊, 休)'의 祖語形은 '놀'이다. 日本語에서는 nat>nyasumu>yasumu(休む)로 변화했다.

　　norosi(狼煙, 烽火)[日]

日本語 語根 nor이 불(火)이란 뜻을 지닌 말임을 알 수 있다. yaku(燒く)는 nal(火)에서 변화한 말이다. '날(刃)'은 日本語 nal>nya>ya(矢), nar>nari>nyari>yart(槍)의 변화이다. '날(刃)'의 祖語는 '낟'으로서 '낫(鎌)'과 同源語다. '살(矢)'과 槍끝에는 '날(刃)'이 있다. 국어 '살(矢)'은 나무(木)라는 의미다. '창살, 떡살'의 '살'도 나무(木)라는 뜻이다. yasagata(優形)의 yasa는 優라는 의미로서 nasa>nyasa>yasa의 변화이다. '눅~

(安價)'의 祖語形은 '눋'으로서 눌>눍>눅의 변화이다. yasui(安い)의 語根
은 yas로서 nas으로 소급된다. '나조(夕)'의 語根 '낮'은 '낟'으로 소급되
는데 태양이라는 뜻이다.

蒙古語에서 nara(太陽)의 語根은 nar이고 祖語形은 nat이다. 태양이
란 뜻에서 시간의 관념을 나타내는 어휘로 분화했다.

　　nasu(年)[蒙]
　　yul(年)[터키]
　　yas(歲)[터키]
　　yaz(夏)[터키]

터키語 yul(年)도 nul에서 nyul>yul의 변화로 볼 수 있다. 아울러 yas
(歲)도 nas>nyas>yas이고 여름(夏)이란 뜻이며 祖語形도 nat이다.

　　日本語에서는

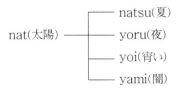

와 같은 분화를 볼 수 있다. 漢語 夜도 同系로서 nat에서 변한 말일 가능
성이 있다. 日本語 yume(夢)는 nume에서 변화했다. nume의 語根은
num으로서 祖語形은 nut이라 하겠는데 이 nut은 눈이라는 뜻이라고 여
겨진다. 국어 '꿈'의 祖語는 '굳'이고 여기에 접미사 '움'이 붙어 굳―움>
굴움>구움>굼>꿈의 변화로서 꿈은 시각적 현상이다. '꿈을 꾸다'라고

하는데 어근 '꾸'는 '구, 굴, 굳'으로 소급되며 '눈갈'의 '갈'과 동원어다. 꿈은 눈에 보이는 것이니 꿈의 祖語形 '굳'은 눈일 개연성이 있다. '눈갈'의 '갈'의 祖語形 갇(目)과 同源語다.

日本語 ita(板)는 nita의 頭音 n의 탈락으로 보이며, yuka(床)는 그 재료가 '널(板)'이다. 이렇듯 頭音에서 ㅑ, ㅕ, ㅛ, ㅠ는 子音 n에서의 변화이고 할→혀(舌)와 같이 頭音이 아닌 ㅑ, ㅕ, ㅛ, ㅠ 등은 어휘분화의 기능에 의해 생겨난 母音이다. 頭音에서의 n은 單母音에서 重母音으로 바뀌고 다음 단계에 y, i 위에서 n이 떨어진다.

上昇二重母音의 形成은 다음과 같은 세 가지 類型으로 나누게 된다.
1) 頭音의 ㅑ, ㅕ, ㅛ, ㅠ는 頭音 n에서 비롯된다.
2) 語中에서 ㅑ, ㅕ, ㅛ, ㅠ는 語中에 있는 子音이 떨어지기 때문에 모음충돌기피현상으로 單母音이 上昇二重母音으로 바뀐다. 語中에서 脫落되는 子音은 주로 ㄹ이고 ㅅ도 탈락한다.
3) 첫 音節語 볕(陽)과 같은 말은 '벋'에서 비롯된 말인데 벗(友), 벌(原), 벌(蜂) 등과의 意味分化의 기능에서 上昇二重母音이 생겨났다.

2-5. ㅐ, ㅔ, ㅚ, ㅟ, ㅢ 母音의 形成

2-5-1. 語根과 接尾辭

　　나리>나이>내(川)
　　잣>잣—이>자시>자이>재(城)
　　거이>게(蟹)
　　모시>모이>뫼(餌)
　　누리>누이>뉘(世)

등의 예에서 보이는 바와 같이 ㅐ, ㅔ, ㅚ, ㅟ 등이 母音은 ㅏㅣ>ㅐ, ㅓㅣ>ㅔ, ㅗㅣ>ㅚ, ㅜㅣ>ㅟ 등과 같이 두 母音이 줄었음을 알 수 있다. 따라서 ㅐ, ㅔ, ㅚ, ㅟ 母音은 ㅏ, ㅓ, ㅗ, ㅜ 母音보다는 뒤에 생긴 母音임

을 시사한다. 아울러 祖語의 母音 形成 時에는 ㅐ, ㅔ, ㅚ, ㅟ 등의 母音은 없었을 것이다. 잣>자─이>자시>자이>재(城)의 예를 보면 語根 '잣'에 接尾辭 '이'가 붙었음을 알 수 있다. '나리(川), 누리(世), 모시(餌)' 등의 낱말도 語根 '날, 눌, 못'에 接尾辭 '이'가 붙어서 '나리, 누리, 모시' 등의 二音節語로 되었다. 여기서 주목해야 할 것은 '나이, 누이, 모이' 등의 音節 사이에는 ㄹ, ㅅ 등의 子音이 끼어 있었다고 하는 사실이고, 이 子音이 탈락함으로써 縮約現像이 일어났다고 하는 사실이다. 아울러 '거이(蟹), 오이(瓜)'의 두 音節 사이에도 子音이 끼어 있었을 것이다.

2-5-2. 下降二重母音 形成의 실태

(1) 게(蟹)

'게'는 '거이'의 縮約形이다. 표준어는 '게'지만 '거이'로 발음되고 있다. '게'의 일종으로 '가재(석蟹)'가 있는데 語根 '갖'에 接尾辭 '애'가 붙었다.

> kani(蟹)[日]
> katuri(蟹)[滿]

日本語 kani의 語根은 kan이고 i는 接尾辭가 될 것이다. 日本語와 비교한다면 國語 '거이'는 '건'에 接尾辭 '이'가 붙은 건─이>거니>거이의 변화라고 하겠다. 따라서 '거이'의 잠정적 語根은 '건'이다. 滿洲語로는 katuri인데 語根은 kat이 되겠다. 滿洲語 kat, 日本語kan, 國語 kən 등이 語根이 되는 셈이다. 그런데 國語의 ㄴ末音語의 ㄴ은 ㄷ에서 변한 것이다. '흔든(一等)'의 語根은 '흗'인데 '흗'이 '흔'으로 변하여 '흐나(一)'라는 數를 나타낸다. '누리(雹)'의 語根은 '눌'이고 祖語는 '눋'이다. '눈'은 雪이라는 뜻으로 분화한다. 이러한 현상은 國語에만 나타나는 것이 아니라 알타이諸語의 공통적 현상이며 아이누語에서도 나타난다.

nata(顔)[아이누]

nan(顔)[아이누]

아이누語 nata의 語根은 nat이며 國語의 '늧'과 비교된다. 따라서 國語의 '늧'은 눋>늧의 변화임을 알 수 있다. 따라서 '늧'의 祖語는 nat이다. '긴'의 祖語도 '걷'이다. 국어에서는 걷>걸>걸—이>게의 변화를 거친 말이라고 볼 개연성이 강하다. ㄷ末音은 ㄹ, ㅅ, ㅈ(ㅊ), ㄴ 등의 子音으로 변하는데 그 調音位置가 모두 前舌子音이기 때문에 ㄷ>ㄹ, ㄷ>ㅅ, ㄷ>ㅈ, ㄷ>ㄴ 등으로 변한다고 보겠다. 따라서 '거이'는

걷>걸—이>거리>거이

걷>것—이>거시>거이

걷>건—이>거니>거이

등 세 가지로 생각할 수 있으나 日本語와 비교한다면 '걷'일 가능성이 있다. 그러나 국어에서는 '거니'보다는 걷>걸>걸—이>거리>거이일 가능성이 짙다. '가재(石蟹)'는 語根 '갇'에서 '갓'으로 변하여 바다에서 사는 '게(蟹)'와 민물의 돌 밑에 사는 '가재(石蟹)'로 어휘분화를 이루었다. 따라서 '게'의 祖語는 '걷(갇)'으로 語幹末音이 ㄷ이다.

(2) 외(瓜)

uri(瓜)[日]

日本語 uri의 語根은 ur이다. 따라서 國語 '오이'의 '오'는 語根 '올'을 再構하게 된다. 올>올—이>오리>오이>외의 과정을 거친 말이 된다. '올'의 祖語는 '옫'이다.

(3) 티(틔, 塵)

'틔'는 '듣글'이란 낱말과 비교할 때 '듣'에서의 변화이다.

tsiri(塵)[日]

toz(塵)[터키]

tsiri의 語根은 tsir이고 國語 '틔, 티'의 語根은 '듣'이다. 듣>들>들—
이>드리>드이>듸>틔, 티의 변화이다.

(4) 매(鞭)

mutsi(鞭)[日]

modo(木)[蒙]

maitu(棒)[滿]

minaga(鞭)[蒙]

日語 mutsi의 語根은 mut이다. modo(木)의 語根은 mod이다. 國語
'매'는 맏>말—이>마리>마이>매의 변화이다. '막대기'의 '막'은 맏>말>
맑>막의 변화일 것이다. '말뚝'의 '말'도 語源은 나무(木)라고 하겠다.

(5) 뫼(餌)

mesi(餌)[日]

mesi(餌)[아이누]

'뫼'는 '모이'로서 '모'의 어근은 '못', '몯'으로 再構된다. 몯>못>못—
이>모시>모이>뫼의 변화가 되겠고 日本語 mesi는 祖語 '몯'에서의 변
화일 것이다. mot의 末音 t가 日本語에서 s로 변했다. 日本語 motsi(餠)
의 語根은 mot인데 그것은 국어 밥(飯)의 祖語 '몯' 그대로다. '모시, 모
이, 뫼'는 飼料, 모이(餌)라는 뜻을 지니기도 한다.

(6) 배(비, 船)

hune(船)[日]

日本語 hune는 fune, pune로 再構되며 pun이 語根이 되고 祖語는

put이 된다. '배'는 '바이'로서, 받>발>발−이>바리>바이>배의 변화이다.

(7) 배(비, 腹)

　　hara(腹)[日]
　　honi(腹)[아이누]
　　harbiŋ(腹)[蒙]
　　hotogoto(腹)[蒙]

hon, har, hot 語根을 얻을 수 있는데, 末音이 n, r, t다. 아이누語 honi는 pot>pon이고 pot을 再構하게 된다. '배'는 받>발>발−이>바리>바이>배의 변화이다.

　　füilsü(臍)[蒙]
　　hüisü(臍)[蒙]
　　heso(臍)[日]

füil, hüis, hes 語根을 얻을 수 있는데 腹의 祖語 pat에서 分化한 말이다. 물고기의 배에 붙은 살을 '배래'라고 하는 것은 매우 시사적인 어휘다.

(8) 새(시, 間)

'시'는 '스이'로 가를 수 있고 祖語는 '삳(숟)'이 된다.

　　숟>슷>슷−이>스시>스이>시(間)
　　숟>섣>설>설−이>서리(間)

(9) 내(닉, 煙)

　　낟>날>날이>나리>나이>내(煙)
　　　　　　　　　nüle(火焰)[蒙]

negüresü(煤)[蒙]

nahan(구들)[퉁구스]

norosi(烽火)[日]

'내'의 명사에 'ㅂ다'가 붙어서 '냅다'의 形容詞가 생겨났다. '날'은 '낟'이 祖語가 되겠는데 國語 '눈~(蕉)'의 語幹이 그 증명이 된다. 語幹 '낟'은 불(火)이란 뜻이다.

(10) 쇠(鐵)

솓>솔>솔―이>소리>소이>쇠

    səl(鐵)[퉁구스]

    sele(鐵)[滿]

    šu(鍋)[아이누]

'쇠'는 '솓'이 祖語가 되겠는데 솥의 뚜껑 '소두방'의 '솓'이 바로 '쇠'의 祖語가 '솓'임을 보이고 있다.

(11) 뉘(世)

누리(世)   niyalma(人)[滿]

                naru(人)[오로크]

나(第1人稱)   nanai(地人)[나나이]

너(第2人稱)   na(名)[日]

                nere(名)[蒙]

'누리'가 動詞로 바뀌면 '누리다'다. '행복을 누리다, 태평을 누리다, 부귀를 누리다, 천수를 누리다'와 같이 '누리다'는 생활에서 좋은 점을 '즐기다'라는 뜻이다. 오로크語에서 naru가 사람이라는 뜻을 지니는데 語根은 nar이고 祖語는 nat이다. 國語의 第1人稱 '나'나, 第2人稱 '너'도 사람이라는 뜻을 지니는 '날'에서 분화한 말로 '날'에서 '나', '널'에서

‘너’로 末音 ㄹ이 떨어졌다. 『訓蒙字會』에서는 ‘누리 세(世)’인데 요즘은 ‘인간 세(世)’라고 한다.

(12) 개(犬)

『鷄林類事』에 ‘家稀’가 보인다. 가히>가이>개의 변화이다. ‘가히’의 ㅎ은 개입음이다.

갇>갈>갈—이>가리>가이>가히>가이>개
kuri(黎狗)[滿]
kanyn(犬)[길랴크]
köpek(犬)[터키]
ketamono(獸)[日]
gülige(小犬)[蒙]

日本語 inu(犬)는 語根이 in인데 국어 ‘이리’의 語根 ‘일’의 祖語 it에서 in으로 변화했다. 터키語에서 it은 개(犬)이라는 뜻이다. ‘고기(肉)’의 語源은 ‘갇(犬)’에서 비롯했을 개연성을 생각해 볼 수 있다. 인간에게 최초의 가축은 개였다. 그러니까 고기를 먹었다면 먼저 개부터 먹었을 것이라고 여겨진다. 갇(犬)에서 골>곪>곡>곡—이>고기의 변화일 개연성을 생각해 본다.

(13) 배(비, 梨)

folna(梨)[蒙]

folna의 語根은 fol이고 pot으로 再構된다. 받>발>발—이>바이>배의 변화이다.

(14) 비(뷔, 箒)

hōki(箒)[日]

puttʃis(箒)[길랴크]

put이 語根이 된다. 붇>불>불—이>부리>부이>뷔의 변화이다.

(15) 뉘누리(灘)

nada(灘)[日]

'뉘'는 누리>누이>뉘로 변한 것이며, '뉘'와 '누리'는 같은 말의 合成語다. '눌'의 祖語는 '눋'이 된다. 日本語 nada의 語根 nad이 '눋'과 비교된다.

(16) 새(鳥)

sibagu(鳥類)[蒙]

sagi(鷺)[日]

'솔·수리(鷲)'의 語根은 '솔, 술'이 되겠다. 鳥類 중의 王者는 '솔, 수리'다. 살>살—이>사리>사이>새의 변화이다.

(17) 대(竹, 竿)

take(竹)[日]

日語 take(竹)는 tar>tark>take의 형성이다. 닫>달>달—이>다리>다이>대의 변화이다. 語根 '닫'은 나무(木)란 뜻이다.

(18) 재(峴)

saka(坂)[日]

잗>잘>잘—이>자리>자이>재의 변화이다. 國語 ㅈ이 日本語에서 ㅅ으로 대응된다는 것은 앞서 지적한 바 있다.

(19) 베(布)

  벋>벌>벌-이>버리>버이>베

                    hata(布, 旗)[日]
                    püs(布)[蒙]
                    poso(布)[滿]
                    pancit(旗)[蒙]
                    pos(布)[길랴크]
                    bosu(布)[女]

베(布)를 漢語 '布'에서 비롯됐다고 보는 견해는 객관성이 없다.

(20) 대(듸, 處)

달(地), 돌(石), 들(野), 딜(土)을 보면, 달>달-이>다리>다이>대의 변화
이다.

      da(ta) …… 場所規定의 語尾[蒙]
      da(ta) …… 場所 表示[蒙]
      du(tu) …… 處格[터키]

'터(基)'도 덛>덜>더>터의 변화이다.

(21) 테(箍)

      taga(箍)[日]

祖語時代에는 有氣音이 없었을 것이므로 '데'에서의 변화이다. taga
의 語根은 tag이고 祖語形은 tat이다. tat은 tat>tar>tark-a>taga가 되
었을 것이고 '데'는 덛>덜>덜-이>더리>더이>데>테가 되었을 것이다.

(22) 뉘(쌀 속에 섞여 있는 벼)

눋>눌>눌-이>누리>누이>뉘의 변화이다. '눋'은 낟알(穀)이라는 뜻인

'낟'과 同源語다. '니뿔'의 '니'는 벼(稻)라는 뜻인데 '눈, 낟'과 同系의 말로서 닏>닐>니의 변화이다. 日本語 ine(稻)는 '닏'과 비교되며 nit>nina>ina>ine의 변화이다.

　(23) 위(上)

　　wesi(上)[滿]
　　us(上)[日]
　　üst(上)[터키]

'웃어른'이라고 할 때 '운어른'으로 발음된다는 것은 '우'의 말음이 ㄷ이었음을 보이는 것이다. 욷>울>울—이>우리>우이>위의 변화이다. '욷'의 反意語 '아래'의 語根은 '앋'일 개연성을 생각해 볼 수 있다. '앋'으로 再構되는데 '욷, 앋'의 母音差異에 의한 어휘분화가 아닐는지. 아래가 前이라는 뜻으로 쓰이고 앞(前)은 앎의 ㄹ탈락이다.

　(24) 새(新)

　　sara(更, 新)[日]
　　新良懸 本百濟 沙尸良懸[三國史記, 地理志]

　新에 해당되는 沙尸는 '샅, 살'의 표기다. 샅>살>살—이>사리>사이>새의 변화이다.

　(25) 귀(耳)

　　kulak(耳)[터키]
　　kisaru(耳)[아이누]
　　kiku(聽<)[日]
　　kolak(耳)[위구르]

　굳>굴>굴—이>구리>구이>귀의 변화이다.

(26) 뫼(山)

mulu(山)[滿]

mulon(山)[야쿠트]

mori(岡)[아이누]

mure, muru, moi(岡)[日·琉球]

mure, muro, moro, mori(山)[日]

『龍飛御天歌』에 山이란 뜻으로 '모로'가 보인다. 몯>몰>몰─이>모이>
뫼의 변화이다. 산모롱이의 '모롱'은 同源語다.

(27) 애(腸)

ena(胞衣)[日]

ena에서 보면 '안'이 再構된다.

안>안─이>아니>아이>애

앋>알>알─이>아리>아이>애

위 두 形의 변화를 생각할 수 있다. 한편 '애'는 古語에서 '肝'이라는
뜻이다. '애쓰다, 애탄다, 애간장'일 때 '애'는 간이라는 뜻이다. '애간장
을 다 녹인다'할 때 '애간장'의 '애'가 肝임을 시사하고 있다. 異音同義語
와의 合成語다.

(28) 재(城)

siro(城)[日]

잣>잣─이>자시>자이>재의 변화이다. 祖語는 '잗'이 되겠다. 국어의
ㅈ은 日本語에서 ㅅ으로 변하는데 siro(城)의 語根은 sir이고 sit으로 再
構된다. '잣'은 祖語가 '잗'임을 보이고 있다.

(29) 띠(뒤, 茅)

　　tsu(茅)[日]

日本語 tï(茅)의 語源的 語根은 tir이다. 日本語에 乙類 母音은 子音의 탈락으로 이루어지고 있다. 뒤의 語源的 語根은 '둘'이고 둘─이>두리>두이>뒤의 변화라 하겠고 '둘'은 다시 '둗'까지 소급된다. 뿌리째 캐낸 잔디를 '떼'라고 하는데 이 말도 '뒤'와 어원을 같이하는 말이다. '뒤'의 語源的 語根 '둘'에서 '덜'로 변하여 덜─이>더리>더이>데>떼의 변화이다. '잔디' '디'는 '둘'에서 변한 말이고 '잔'은 '잘다'의 관형어미가 붙어 '잔디', 즉 細茅의 原意를 지니는 말이다. 日本 古語에선 tsu(茅)가 보인다.

　　(30) 때(대, 時)

國語 뻬는 語頭 ㅄ을 제하면 '대'다. '대'는 '다이'가 縮約된 것으로 '다'는 '달(太陽)'이다. 달>달─이>다리>다이>대의 변화이다. 日本語에서 해(年)를 뜻하는 tosi는 '첫돌, 두 돌'이라고 할 때 '돌'의 祖語 '돋'에서 변한 말이다. '뻬'의 語源이 '달(太陽)'에 있다고 보면 語頭子音의 형성이 母音의 壓出로 이루어졌다는 종래의 舊說이 一考의 가치도 없음을 알게 된다. 日本語 tosi(年)는 해(年)라는 뜻이다. 국어의 '돌'과 同源語다. '햇볕을 쬐다'에서 '쬐다'의 語根 '쬐'는 '죄'로 소급되며 다시 '되'로 소급된다. ㅈ音은 ㄷ音에서 변한 子音이다. '되'를 다시 '도이'로 가르면 '이'는 接尾辭고 근원적 語根은 '돋(돌)'이 된다. '쬐다'는 태양과 관련된 어휘이기 때문에 '돋(돌)'은 태양이 原意다. '해돋이'의 '돋'이 곧 태양이란 뜻이다. '낮(晝), 나조(夕)'와 같이 태양이란 原意에서 시간과 관련된 어휘가 분화하는 것과 같이 태양이란 原意를 지니는 '닫'에서 달>달─이>다이>대로 변했다고 보겠다. 日本 琉球方言에 태양이 tuta, teta가 있다. '해가 돋다'에서 '돋다'의 語根 '돋'은 名詞로서 해라는 뜻이다.

(31) 대(ᄠᅵ, 垢)

　　turu(垢)[아이누]

　'대'는 '다이'로서 '이'는 接尾辭이며, '다'는 語根이 되겠는데 '달'로
再構할 수 있다. '두엄'은 둘엄>두럼>두엄의 변화인데 '둘'이 語根이 된
다. '더럽~(汚)'의 語根은 '덜'이다. '두엄'의 '둘'과 tur(垢)이 同系의 어휘
다. '똥(糞)'이라고 하는 말과도 同系다.

　'땅(地)'은 15세기 표기로는 'ᄯᅡ'이고, 『朝鮮舘譯語』에는 '대'로 표기
되어 있다.

　　tsutsi(土)[日]

　日本語 tsutsi(土)와 비교할 때 '닫'을 再構하게 된다. 닫>달>다>ᄯᅡ>
땅의 변화이다. 응달·양달이라고 할 때 '달'은 땅(地)이란 의미를 지닌
다. '똥'도 똥<쏘<도<돌<돈의 再構가 가능하다고 보겠다. '똥'의 '돌',
'두엄'의 '둘', '더럽~'의 '덜', 'ᄠᅵ'의 '달' 등이 모두 同系의 어휘다.

(32) 매(미, 野)

　　mitsi(路)[日]
　　모로(山)[國]
　　묻(陸)[國]

　'매'는 '마이'로서 맏>말>말—이>마리>마이>매(野)의 변화이다.

(33) 買(水)

　　買忽一云水域
　　南川懸一云南買
　　泉井口懸一云於乙買串
　　水域郡本高句麗買忽郡[史卷35 雜志第四 地理二]

買에 해당하는 말은 물, 내, 우물(水, 川, 井)이라는 뜻이다. 高句麗語에서 '믈(水)'이 買로 표기된다.

> midu>mizu(水)[日]
>
> namida(涙)[日]
>
> muduri(龍)[滿]
>
> mederi(海)[滿]
>
> mudike(水靈)[에벤키]
>
> muduli(龍)[올차]
>
> muduri(龍)[나나이]

등의 語根은 mid, mud이라 하겠는데 '믈'의 祖語가 mut임을 보이고 있다.

> mu(水)[퉁구스]
>
> mï(水源)[길랴크]

mu, mï는 mut>mur>mu로서 r의 탈락형이고 買는 말>말—이>마리>마이>매의 변화이다.

> muke(水)[滿]
>
> izilmak(涙)[蒙]
>
> zamak(涙)[蒙]
>
> mukel(出涙)[에벤키]

izilmak, izamak의 izil, iza는 '눈(眼)'이란 뜻이고 mak은 물(水)이란 뜻이다. muke, mak이 語根이 되겠는데 이 말은 mul에 k가 첨가된 mulk>muk의 변화이다.

> mura(大河)[부리야트]
>
> müren(河)[蒙]
>
> mil(水)[위구르]
>
> muru(大河)[다구르]

mür, mil, mur이 語根이 되겠는데 t>r형의 변화이다.

nilmosun(淚)[蒙]

mus(氷)[터키]

müsü(氷)[蒙]

mos, müs이 語根이 되겠는데 müt>müs의 변화이다.

müče in hobiŋ(水時計)[蒙]

müč이 語根이 되겠는데 müt>müč의 변화이다.

몯(淵)[國]

meteŋ(池・淵)[오스챠크]

mereŋ(池・淵)[오스챠크]

'몯(池・淵)'은 '믈' 祖語形의 化石이라 하겠으며 오스챠크語에서는 met, mer이 雙形을 유지하고 있다. '무지개(虹)'는 '묻―이개'의 형성으로서 '묻'이 語根인데 '묻'이 물(水)의 祖語形임을 알 수 있다. 이렇듯 ㄷ 音은 ㄹ, ㅅ, ㅈ 등으로 변했다. 高句麗語에서 買의 출현은 ㅐ 母音의 형성이 古代로 소급됨을 보여 준다. '장마(霖雨)'의 '마'가 15세기어에는 '마'로 나타나는데 '믈'에서의 변화이다. 한편 潮水의 干滿을 표현하는 말에 '매'가 보인다. 南西 多島海 지방에서는 한매(陰 11日), 두물, 세물과 같이 '물'과 '매'가 대응되고 있다.

德水懸 本高句麗 德勿縣[史卷35 雜志第4 地理二]

물(水)에 해당하는 勿이 보이고 있다.

(34) 뒤(後)

dui(後)<골디>

『朝鮮舘譯語』에는 '推迫'으로 나오는데 語根은 '둗'이다. 이 '둗'은 둗>둘>둘―웁>두룹>둡의 변화이다. '뒤'는 둗>둘>둘―이>두리>두이>뒤의 변화이다. 背라는 뜻으로 '등'이 있는데 後의 '둗'과 語源을 같이한다고 여겨진다. 닫>달>다>짜>땅(地), 돋>돌>도>쏘>똥(糞), 듣>둘>드>등(背)의 변화이다. 따라서 '둗'을 祖語로 해서 두 갈래로 변화했다고 보인다.

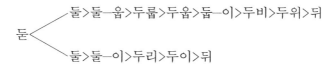

둗 { 둘>둘─옵>두룹>두웁>둡─이>두비>두위>뒤
둘>둘─이>두리>두이>뒤

등(背)의 祖語形 '듣'과 同源語라 여겨진다. 그러나 한편 뒤 北[字會中 4]을 보면 '둗'이 태양이라는 뜻을 지닐 수도 있다.

(35) 반되(螢)

　　hotaru(螢)[日]

hotaru는 potaru로 再構되며 語根은 pot이다. '반되'의 '되'는 '도이'의 縮約이라 하겠는데 반돌>반돌─이>반도리>반도이>반되의 변화이다. '반되'에서 '반'의 末音 ㄴ은 개입음이고 '바되'의 語根은 '받'이다. '받'은 虫類라는 뜻이다. 벌레(虫), 벌(蜂) 등과 同源語다. 한편 '반'은 빛(光), '되'는 벌레(虫)로 볼 수도 있다. '반짝반짝, 번개'의 '반, 번'이 빛(光)이란 뜻이다.

(36) 시위(絃)

시울>시울─이>시우리>시우리>시위의 변화이다.

(37) 해(히)

　　hi(陽)[日]
　　hiru(晝)[日]
　　gün, güneş(陽)[터키]
　　ken(陽)[길랴크]

kun(晝)[위구르]

gündüz(晝)[터키]

güneş, gün, kun, ken에서 末音 n을 발견할 수 있으며 頭音 k는 h에
서 변한 음이라고 보는 견해가 있으나 '해'는 별도의 말일 것이다. 따라
서 '해(히·陽)'는 핟>한>한―이>하니>하이>해, 핟>할>할―이>하리>하
이>해의 변화를 생각할 수 있으나 후자일 가능성이 짙다.

hi(陽)[日]

hiru(晝)[日]

gündüz(晝)[터키]

낟>날(日, 陽)[國]

낮(晝)[國]

나조(夕)[國]

'낮'이라는 뜻은 蒙古語 nara(陽)와 국어 '날(日)'의 祖語 '낟'에서 분화
한 것임을 알 수 있다. 따라서 '한(陽)'은 '할'까지 소급할 수 있다. '하늘
(天)'은 '한'이 語根이고 '올'을 實辭로 볼 수도 있다. 한편 '하늘'은 '하'와
'늘'로 가를 수도 있다. '하'는 '할'이고 '늘'은 '日'이란 뜻을 지니는 날
(日)과 同源語로서 해라는 뜻을 지니는 異音同意語가 합친 것으로 보인
다. '한쇼, 한새'의 '한'은 '하다'의 語幹 '하'에 冠形詞形 語尾 ㄴ이 붙은
것으로 보고 있으나 '한(陽)'에서 轉義된 말은 아닌지. 벌 중의 우두머리
는 왕벌, 개미 중의 우두머리는 왕개미라고 하듯 '한'은 陽 → 王 → 上
·大라는 뜻으로 轉義되었다. 日本語에서 hi(陽)는 '불(火)'에서 변한 것
으로 보고 있다. 日本語 hi(陽)는 '불(火)'에 語源이 있는 것이 아니라 국
어 '볕(陽)'에 있다. hiru(晝)도 국어 볕(陽)과 同源語이다.

(38) 샘(싑·泉), 새다(싀다, 漏)

살>살―이>사리>사이>새

살―임>사림>사임>샘(泉)
            syəri(泉, 泉水)[滿]
            su(水)[터키]
            sulamak(물을 주다)[터키]

'새(식)다(漏)'의 語幹 '새'는 샘(泉)이란 뜻을 지니는 명사 살>살―이>사리>사이>새의 變化形이 動詞로 轉成된 것이다.

2-5-3. 閉音節語의 開音節化

1) 國語의 ㅐ, ㅔ, ㅚ, ㅟ, ㅢ의 母音은 ㅏㅣ, ㅓㅣ, ㅗㅣ, ㅜㅣ, ㅡㅣ로 두 母音의 縮約으로 이루어진 母音이다. 이 모음은 祖語 形成期에는 없었던 母音으로 후대에 形成된 母音이다.

2) 頭音의 다음인 第二音節이었던 母音은 接尾辭며 앞 母音의 名詞 語幹末音은 子音이 있는 閉音節語이며 두 母音 사이에는 子音이 끼여 있다가 탈락하면서 母音의 縮約現像이 일어난 것이다. 두 母音 사이에 끼여 있던 子音은 앞의 語幹末音의 子音이었다.

3) 물(水)이라는 뜻으로 買를 표기한 것은 이미 高句麗 時代에도 母音의 縮約現像이 있었음을 나타내며 그 이전에도 縮約現像이 있었다고 보아야겠다. 이렇듯 下降二重母音의 형성은 通時性을 지니고 발달을 해 왔다. 平安道에서는 '가이, 사이, 오이, 거이' 등 縮約現像이 일어나지 않고 있음을 비해서 南部語에서는 '개, 새, 외, 게'와 같이 축약현상이 일어나고 있다.

4) 祖語를 再構하다 보면 語幹末音이 ㄷ으로 소급되는 것을 볼 수 있다. 이는 國語의 祖語뿐만 아니라 알타이諸語는 물론 日本의 原住民語인 아이누語나 길랴크語 등도 같은 현상이 일어나는 것은 매우 주목되는 사실이다.

이렇게 語幹末音이 ㄷ으로 소급되는 이유는 무엇일까? 우선 생각할 수 있는 것은 原始人들은 그리 많은 어휘가 필요하지 않았을 것이다.

기억하기 쉽고 단순하고 통일성 있는 語幹末音이었을 것을 생각할 수 있다. 이렇게 ㄷ末音을 가진 閉音節語가 생기게 된 것은 北方은 춥기 때문에 체온 유지상 공기를 막는 閉音節語가 생리적으로 필요했을 것이다. 반면 남쪽으로 내려갈수록 덥기 때문에 공기를 내보내는 開音節語가 발달했을 것이라 여겨진다. 이러한 현상은 유럽어나 아시아語의 공통적인 것이라고 여겨진다. 北方의 게르만語보다 南部의 라틴語가 더 開音節化가 돼 있으며 韓國語에서 갈라진 日本語는 開音節化했다. 그러니까 日本語도 祖語時代에는 閉音節語였다.

5) 調音位置別로 子音을 분류해 보면 다음과 같다.

> 兩脣音 ㅂ ㅁ
> 齒莖音 ㄷ ㅅ ㄹ ㅈ ㄴ
> 軟口蓋音 ㄱ ㅇ
> 喉音 ㅎ

調音位置에서 보면 前舌이 齒莖에 닿아 조음되는 것이 5개가 되고 그 밖의 것은 둘 또는 하나에 지나지 않는다. 이렇게 前舌에서 가장 많은 子音이 발음된다는 것은 前舌이 發音器官의 構造上 발음 기관의 가장 중심이 되는 調音體에 있음을 알 수 있으며 이러한 이유 등으로 해서 語幹末音 ㄷ이 기본음으로 되지 않았나 한다.

6) 원시인들의 의사소통에는 그리 많은 어휘가 필요하지 않았을 것이고 기초적인 名詞 형태의 어휘로서 單音節語이자 閉音節語였을 것이다. 人智가 발달하고 문명과 문화가 발달함에 따라 어휘의 수가 늘어나고 閉音節語에서 開音節語로 바뀌고 발음하기 쉬운 子音으로 末音이 변하게 되었을 것이며 同音異義語를 극복하기 위해 接尾辭가 붙게 되고 母音交替에 따라 어휘분화가 일어났을 것이다. 이러한 通時的인 추세로 語幹末音 ㄷ은 調音位置가 비슷한 ㄹ, ㅅ, ㅈ(ㅊ), ㄴ 등으로 바뀌게 된다. 따라서 ㄹ, ㅅ, ㅈ, ㄴ 등의 單音節語의 語幹末音은 祖語 語幹末音 ㄷ으로 再構하게 된다. ㅂ, ㅁ, ㄱ의 末音도 ㄹ의 末音 때 첨가되어 ㄹ탈락으

로 이루어진 末音이 된다.

2-6. 음(一ᵛm)系 接尾辭

2-6-1. 動詞派生名詞의 接尾辭

國語에서 '一ᵛm'은 動詞派生名詞의 接尾辭로, 動名詞의 語尾로 쓰이고 있음은 주지하는 사실이다. 일찍이 뽀뻬(Poppe)는 蒙古語에서 -1, -m, -n 名詞形을 말하고 있다[2]. 姜吉云(1976)은 터키語에서도, -1, -m, -n의 名詞形이 있음을 지적하고[3], 李基文은 -1, -m, -n이 動詞派生名詞의 接尾辭와 動名詞의 語尾는 알타이語의 공통적 특질이며 古代 國語에서 두루 쓰였음을 지적하고 있다[4]. 洪宗善도 現代 國語에서 用言이 名詞化 語尾가 첨가되어 사용되는 것은 古代國語로 소급될 수 있다고 하면서 古代·中世·現代 國語에 걸쳐 밝히고 있는데 古代 國語 이래로 '음(一ᵛm) 形'은 가장 강력한 일반적인 名詞化 語尾였다고 지적[5]하고 있다. 그러나 國語의 固有語 형성 시기로 소급해 올라가 보면 '一ᵛm'은 그러한 기능을 지니고 있지 않다. '아범(父), 어멈(母)'의 '엄', '읻히(翌年)·이듬히(翌年)'의 接尾辭 '음'은 名詞에 붙었음이 분명하다. 이러한 사실은 國語의 祖語를 再構하고 語源을 밝히는 데 중요한 의미가 있으며 國語의 通時的인 변화와 國語의 系統을 밝히는 데도 도움이 될 것이다.

---

2) N. Poppe, *Grammar of Written Mongolian*, Otto Harrassowitz(Wiesbaden : 1954), pp.44-49.

3) 姜吉云,「韓國語와 土耳其語의 名詞形成 接尾辭의 比較」,『論文集』3권 2號, 忠南大 人文社會科學研究所, 1976.

4) 李基文,『改訂 國語史槪說』, 民衆書館, 1974, 21쪽.

5) 洪宗善,「名詞化 語尾의 變遷」,『국어국문학』89, 1983, 31-52쪽.

2-6-2. 接尾辭 「음」의 실태

(1) ᄀᆞ름(江)

ᄀᆞ름(江, 河, 湖)[龍20]

ᄀᆞ롤(江)[杜初15:21]

걸(渠)[杜7:36]

거렁, 거랑[慶尙道 方言]

‘ᄀᆞ름, ᄀᆞ롤’에서는 語根 ‘ᄀᆞᆯ’을 추출해 낼 수 있다. ‘거렁, 거랑’에서는 ‘걸’을 추출해 낼 수 있다. ‘ᄀᆞ름’은 名詞 ‘ᄀᆞᆯ’에 接尾辭 ‘옴’이 붙었고 ‘ᄀᆞ롤’은 名詞 ‘ᄀᆞᆯ’에 接尾辭 ‘올’이 붙은 것을 알 수 있다. ‘ᄀᆞ름, ᄀᆞ롤, 거렁, 거랑’ 등의 어휘를 통해서 볼 때 ‘ᄀᆞᆯ, 걸’을 動詞의 語幹[6]으로 보기 어렵다. 따라서 ‘ᄀᆞᆯ·걸’이 名詞일 수밖에 없는데 다른 알타이諸語와의 비교에서도 名詞임이 증명된다.

gool(河)[蒙]

golo(河身)[滿]

göl(湖·澤)[터키]

등의 語에서 보이는 바와 같이 gol은 國語의 ‘ᄀᆞᆯ·걸’과 同系임이 분명하다. 따라서 國語의 ‘ᄀᆞᆯ·걸’은 動詞의 語幹이 아님이 분명하며 ‘ᄀᆞ름’의 ‘옴’이 動詞派生名詞의 接尾辭가 아님이 분명하다. 日本語에서는 ‘ᄀᆞ름’이 kawa인데 이 말은 ‘ᄀᆞᆯ·걸’이 kara>kaa>kaha>kawa로 r이 탈락된 말이다.

kaara(川)[日本·秩父의 方言]

kawara(川)[日本·隱岐·知夫郡]

---

6) 梁柱東, 『古歌研究』, 서울 : 博文出版社, 1943, 279쪽. “ㅁ尾名詞의 大部分은 用言의 名詞形이다. 例컨대 ᄀᆞ름·ᄇᆞ름·구룸·기름(江·風·雲·油) 等 語는 各히 「ᄀᆞᆯ·불·그울·길」(岐, 吹, 轉, 長) 等의 名詞形에 不外하다”고 했다. 그러니까 「ᄀᆞ름(江)」은 「ᄀᆞᆯ－(岐)」의 動詞에서 轉成된 것으로 보았다.

kaara(川)[日本・三中湖]

kara(水)[日本・愛媛縣 青ケ島]

등 日本語에서 kar˘형을 보이고 있는데 모두 kal과 연결되는 어휘들이다. '개'는 浦라는 뜻도 있지만 小川이란 뜻도 지닌다. 海邊이란 뜻으로 '갯가'라고 하는 말도 있다. 이 '개'는 '걸·굴'과 同系의 말로서 갈>가리>가이>개[7]의 변화이다.

(2) 바롬(托)

바롬 탁(托. 伸臂量物又手承物也)[字會下34]

현대어에서는 '팔'이지만 15세기어에서는 '볼'로 표기되고 있다. '새끼(繩)' 따위를 셀 때에는 '한 발, 두 발'이라고 하는데 이 '발'이 팔(臂)이란 뜻으로서 '발'이 有氣音化되지 않은 그대로 발음되고 있다. 그런데 '한 발, 두 발'의 '발'이 『訓蒙字會』에는 '바롬'으로 나온다. '발(臂)'에 接尾辭 '옴'이 붙었다고 하는 것이 분명하다. 慶尙道에서는 한 발, 두 발 재는 것은 '밟다'라고 한다. 결국 '밟다'는 '발(臂)'에서 轉成된 動詞라는 것을 보여 준다. 발다(발로 재다)의 동사도 문헌에 보인다.

(3) 구룸(雲)[8]

kumo(雲)[日]

kumo는 國語 '구룸'의 ㄹ이 탈락한 말이다. '구룸'의 語根은 '굴'이고 '움'은 接尾辭다. 굴>굴-움>구룸의 형성이다. kumo는 kur>kur-um>kuum>kum-o의 형성이다. 그것은 씨름의 日本語 sumo와 비교된다. sur>sur-um>suum-o>sumo의 형성이다. '구룸'이 아이누語와 비교되

---

7) 筆者, 「原始國語 再構를 위한 韓·日 兩國語의 共通祖語研究」, 『慶熙語文學』 第6輯, 1983, 20쪽.

8) 梁柱東, 前揭書. 구룸은 語幹 굴(轉)에 接尾辭 「움」이 붙어서 된 轉成名詞로 보고 있다.

는 것은 특기할 사실로서 國語의 계통을 밝히는 데 매우 시사적이다. 아이누語에서 '구룸'은 kuri인데 kur, kut까지 소급된다. 日語 kumo는 韓國을 거쳐 간 말이지만 그 祖語는 kut>kur로서 아이누語와 同系다. '구룸'의 語根 '굴'은 물(水)이란 原意를 지니는 말이라 여겨지며 國語 '걸(梁), フ롬(江)'의 語根 '귿'과 同源語다.

(4) 녀름(夏)

natsu(夏)[日]
nadzir(夏)[부리야트]
yaz(夏)[터키]

日語 natsu의 末音 u를 떼면 nat이 된다. '녀름'의 語根은 '녈'이고 접미사는 '음'이며, '녈'은 '녇'으로 소급되며 다시 '넏'까지 소급된다. 平安道方言에서 '너름(夏)'으로 발음되는데 너기다>녀기다>여기다와 같이 너름>녀름>여름의 변화를 거친 말이다. 國語 '녀름'의 nət과 日本語 natsu는 同源語다. 부리야트語 nadzir에서 nad을 얻을 수 있는데 이 말과도 비교된다. 터키語 yaz도 同系의 말이라 하겠는데 nat>nyat>yad>yaz로 변한 말이다. 터키語 末音에서는 t>d>z의 현상이 뚜렷하게 나타나는 것이 특징이다. 蒙古語에서 태양이 nara, naran인데 語根은 nar이 되며 이 말은 다시 nat까지 再構된다. 國語에서 '날'은 해(日)라는 뜻이며 이 '날'은 nat으로 再構다.

날(日)<낟(陽)>natsu(夏)[日]
낮(午)<낟(陽)>nət>nyərïm>yərïm[國]

'녀름'의 祖語 nət을 再構하게 된다. '녀름'은 태양의 계절이다.

nəlki, nəlkə(春. 早春, 解氷期)[에벤키]
nelxi(春)[솔롱]

와 같이 nəl이 퉁구스語에서 봄(春)이란 뜻을 지니고 있는데[9] 國語 '녀름'

의 語根 '널, 널'과 비교된다. 길랴크語에 tol, tolf, tolv, tolvan 등이 여름 (夏)이란 뜻인데, 國語의 '쬐다, 덥다'와 비교된다. tər>tər-əp>təəp>təp 의 형성이라 여겨진다.

(5) 보롬(望月)[10]

陰曆으로 15일을 보름이라 하고 그 달을 보름달이라고 한다. 정월 15일 아침에 잣, 호두, 밤, 은행 등을 깨무는 것을 '보름 깨문다, 부럼 깨문다, 부름 깨문다'고 한다. '보름, 부럼, 부름'으로 변하나 같은 뜻을 지니는 말이다. 이러한 열매를 사오는 것을 '보름, 부럼, 부름 사온다'고 한다. '보름, 부럼, 부름'이 여기에서는 열매(實)란 의미를 지니고 있다. '볼 (實, 種), 불(種)'과 同源語다. '볼(實, 種)'의 名詞에 接尾辭 '一ᵛm'이 붙어서 '보름'이 되었음이 분명하다. 달이 음력 15일이 되면 완전한 열매가 되는 날이다. 이것은 달을 열매의 하나로 본 古代人의 사고를 엿볼 수 있는 낱말이다. 그러나 '보름'이 열매(實)란 뜻이라고 볼 수 있지만 滿洲語 piya(月)가 根源的 語源이다. piya는 pal에서 pial>piya의 변화이다. 따라서 보름이 古代에는 달이란 뜻을 지니고 있었던 말이라 여겨진다. 한가위를 古代에 '嘉俳'라고 했는데 '俳'가 달이라는 뜻이라고 하겠으며 '嘉'도 또한 달이라는 뜻을 지니는 古語였다고 여겨진다.

(6) 고롬(膿)

고롬(膿)	kasa(瘡)[日]
곰~(膿)	kamu~(釀, 膿む)[日]
곰(곰팡이)	kabi(곰팡이)[日]

---

9) 金東昭, 『韓國語와 TUNGUS語의 音韻 比較研究』, 曉大出版部, 1981. 320-322쪽. 퉁구스語의 nəl이 國語에서 春>夏가 되었다 했다.

10) 梁柱東, 前揭書, 394쪽. 「보롬」은 「불~(明)」의 名詞形으로 보았다.

'고롬'의 祖語는 kot>kor이라 하겠으며 '옴'이 첨가되어 '고롬'이 되었다. 日語 kasa는 kat의 末音 t>s화한 말이다. 따라서 '곧>골'은 名詞임이 분명하다. '곪~'은 名詞 '골'이 그대로 動詞로 轉成되어 '골~'이 되고 여기에 末音으로 ㅁ이 개입하여 '곪~'이 되었다. 日本語kamu~는 korom의 r이 탈락하면서 korom → koom → kam>kamu~가 되었다. 日本語의 kamu-si도 名詞에서 轉成된 것이 분명하다. 國語 '곰팡이'의 '곰'도 곧>골>고롬>고옴>곰의 형성이다. '고롬(膿)'의 語根 '골'은 '골(膏)'과 語根을 같이하는 말로서 '골(膏)'에 '옴'이 붙어 어휘가 분화되었다.

(7) 어름(氷)

> 於乙(泉, 井)[高句麗]
> müsü (冰)[蒙]
> müsüdehö(凍)[蒙]
> muz(冰)[위구르]

'물'의 알타이 共通祖語 mut의 末音 t가 s로 변하면서 얼음(冰)이란 뜻을 지니는 müsü, muz로 바뀌었다. 위구르語는 mut>mud>muz의 변화이다.

> oso(水)[蒙]
> edör un teŋeri in hobiŋ(水時計)[蒙]

蒙古語 oso, ot이 語根으로서 末音 t가 s로 변한 말이며 高句麗語 於乙(泉)과 비교된다. '어름'도 名詞 '얼'에 接尾辭 '-m'이 붙어 '어름'이 된 것이다. '얼~(凍)'은 '얼(名詞, 冰)'에서 轉成된 動詞다. 그런데 '於乙'이 길랴크語 eri와 일치하고 있음은 매우 중요한 의미를 지닌다. 日本語 koori(冰, 凍)는 내, 강(川, 江, 河)이란 뜻을 지니는 'ㄱ룸, ㄱ룰, 걸(渠)' 그리고 蒙古語 gool과 비교되는 말이다. 아이누語에서 konru(冰)는 語根이 *kot>kon이다. 蒙古語에서 얼음조각(冰片)이란 뜻인 kabur이 있는데 이 말도 祖語는 kˇt>kˇl에서 비롯된 어휘다. 國語 '얼~(凍)'은 '얼(冰)'

의 名詞에서 轉成되었다.

(8) 몸(身)

'닛므윰(齒身)'의 '므윰'은 '므움'이 변한 것이고 接尾辭 '움'이 붙었다는 것은 '므'의 末音이 閉音節語임을 보이고 있다. 믈-움>므움>무윰의 변화이다.

mu, mi(身)[日]

mi(身)의 古形은 mu다. 이는 국어 mul>mu의 변화와 비교된다.

(9) 브람(風)

'불다(吹)'의 語幹은 '불'이다. '브롬(風)'은 語根인 名詞 '블'에서 轉成된 것이라 여겨진다.

불~(吹) → huku(吹く)[日]

抽象名詞 '불다'의 어휘가 먼저 생기고, 이 動詞의 語幹 '발'에 接尾辭 '-ⁿm'이 붙어서 '브람'이라는 名詞가 생겼다고는 볼 수 없을 것이다.

hue(笛)[日]

hue는 pue, pure로 再構되며 put이 祖語形이다. hue는 소리가 나는 것이다. 이 '붇'은 音이라는 뜻이다. 국어 '부르다(唱, 呼)'의 語根 '불'은 소리, 말(音, 聲, 語)이란 뜻이다. 平安道方言 '거짓부리'의 '부리'가 말이라는 뜻이다. 바람을 옛사람들은 청각적인 면에서 인식했다고 본다.

(10) 기름(膏)[11]

'기름'의 語根은 '길'이고 '음'은 接尾辭다. '골(膏)'과 語源을 같이한

---

11) 梁柱東, 前揭書, 279쪽. 기름(由)은 長의 「길~」에 接尾辭 「음」이 붙은 轉成名詞로 보았다.

다. 아이누語에서는 油가 kirpu이다. 현대어에서 '골빠진 사람'은 '힘이 빠진 사람', '진이 빠진 사람'이란 뜻을 지니는데 '골'의 原意는 膏에 있다. '골이 빠지도록 일을 해야 했다'에서 '골'은 膏라는 뜻이다. '기름 빠지도록 일을 해야 한다'다.

(11) 걸음(步)

'가롤(脚)'의 語根은 갈>갈로서 接尾辭 '올'이 붙었다. '걸음'의 語根은 걸>걸로서 '걸'은 '갈(脚)'과 語源을 같이하는 말이다. 따라서 '걸음'의 祖語形 '걸'은 名詞다. 걸>걸>걸음의 변화로 '걷다'의 語幹에서 轉成된 명사가 아님이 확실하다. '걸~'은 名詞 '갈(脚)'에서 轉成된 動詞다.

> köl(足)[蒙·現]
> koto(脚)[蒙]
> xel(足)[蒙·文]

köl의 語根은 köt이라 하겠고 國語의 '갈(脚)'과 語源을 같이하는 말이다. 다리(脚)라는 뜻으로 國語에서 '가다리, 가당이' 등이 있는데 語根은 '갈'이다.

(12) ᄌᆞ오롬

'ᄌᆞ오롬'은 'ᄌᆞ올'에 접미사 '옴'이 붙은 것이다. 'ᄌᆞ올'의 語根은 두말할 것도 없이 'ᄌᆞ'이다. 接尾辭 '올'이 붙은 것을 보면 'ᄌᆞ'의 末音이 子音이었음을 알 수 있다. 결국 'ᄌᆞ올'은 語根 '줄'에 接尾辭 '올'이 붙은 것이다. 'ᄌᆞ올다'의 動詞를 보면 'ᄌᆞ올'이 잠(寢)이란 뜻을 지니는 名詞였음을 짐작하게 한다. 졸>줄―올>ᄌᆞ롤>ᄌᆞ올―옴>ᄌᆞ오롬의 변화이다. 따라서 '자다(寢)'의 語根은 '잘'이고 末音 ㄹ이 탈락해서 '자~'가 되었다. 따라서 '잠(寢)'의 名詞는 '잔>잘>잘―암>자람>자암>잠'의 변화이다. 動詞 '자다'는 '잘~'의 末音 ㄹ이 탈락한 것이다. 'ᄌᆞ올~'은 '줄―올'이 ᄌᆞ롤>

ㅈ올로 되었고 'ㅈ올―옴'의 名詞가 형성된 것이다. 'ㅈ올>졸~'이 현대
어의 語幹이 되었다. 慶北方言에서는 자불다(졸다)가 있다. ㅈ올~은 '자
불~'의 변화일 개연성이 있다. 그러나 ㅈ올~의 '올~'을 實辭로 볼 수도
있다. '어지럽다'의 語根 '엊(얻)'은 눈이라는 뜻이다.

(13) 씨름

 bühe(씨름)[蒙]
 bariltoho bühe(씨름)[蒙]
 bariltoho(씨름하다)[蒙]
 bühe bariltoho(씨름하다)[蒙]

 팔의 15세기語는 '볼'이다. '팔'의 옛말에서는 '臂'라는 뜻만이 아니라
'손'이라는 뜻도 지니고 있었다. 받다(受)의 語根 '받'은 名詞로서 손이라
고 하겠다. 받는 것은 손 행위다. 蒙古語 bariltoho(씨름)의 語根 bar은
祖語 'pat'으로서 국어 '받(手)'과 同源語다.

 barim(握)[蒙]
 barino(取)[蒙]
 bari(捕)[蒙]
 bilčano(押)[蒙]
 basmak(押)[터키]

 語根 bar, bil, bas은 名詞로서 손이란 뜻이다. 握, 取, 捕, 押의 행동은
손에 의해 이루어진다. 따라서 손이란 뜻을 지니는 名詞다. 蒙古語에서
보면 씨름은 손 動作이다. 씨름은 '실음'으로 소급되며 語根은 '실'이고
'음'은 접미사다. '실'은 名詞로서 손이란 뜻이다. 손(手)의 祖語는 '솓'이다.

 sasageru(獻, 奉)[日]
 sasu(指す)[日]
 sürmek(押出)[터키]

sarvasaq(指頭)[카자흐]

日本語 sasageru의 語根 sas, sasu(指す)의 語根 sas은 sat이 祖語形으로서 손이란 뜻을 지니고 있는 말임을 알 수 있다. 日本語 sumo(相撲)는 한국어 '시름'의 변화형이다.

韓國語	日本語
구름(雲)	kumo(雲)
사람(人)	samo(人倭人)
시름(角觝)	sumo(角觝)

국어의 '시름'의 'ㄹ'이 脫落하면서 sumo가 되었다. 씨름에 해당하는 漢字를 보면 捽, 撲, 抵 字가 쓰이고 있는데 손 수(手) 변이다. 이는 씨름을 손 행위로 인식했다는 것을 알 수 있다. 따라서 '시름'의 語根 '실'은 손이란 뜻을 지니는 손(손)과 同源語다.

(14) 싸움

15세기 文獻에 '사호다'와 '싸호다'의 雙形이 나타나는데 사호다>싸호다의 변화이다. '사호다'는 사오다>사호다와 같이 모음충돌을 피하기 위해 ㅎ이 개입되었다. 嶺南 方言에 '시루다, 씨루다'라고 하는 말이 있는데 '서로 버티고 힘을 겨루다', '힘을 주다, 버티다'라는 뜻이다. '서로 버티고 힘을 겨루어 보라'는 '서로 시루어 보라'라고 한다. '꽤 오래 버틴다'는 말은 '디기 시루네'라고 한다. 결국 '씨루다'는 겨루다, 싸우다라는 뜻을 지니고 있는 말이다. 곧 '사오다'와 비교되는 말이다. 따라서 '사오다'의 語源的 語根은 '살'이다. 日本語 tatakau(戰う)의 語根 tat은 ta(手)의 祖語形이다. '살'은 '손(手)'의 祖語形 '손'과 同源語가 아닌가 한다. 일본어 sasageru(捧げる)의 語根 sas(sat)은 손이 原義다.

(15) 일훔(名)

　　15세기 문헌에는 '일훔'으로 나오는데 語根은 '일'이고 '훔'은 '움'에
ㅎ이 개입되었다. 일—움>일훔>일움>이름의 변화를 거친 말이다. 蒙古
語에서 nere가 이름(名)이란 뜻을 지닌 말이다. 國語 '일훔'의 '일'은
nere의 語根 ner과 비교된다고 보며 ner→nir의 頭音 n이 탈락된 ir에
接尾辭 um이 붙은 '일움'이 '일훔'으로 되었다. 日本語로는 na인데 그것
은 nar>na의 변화이다. 蒙古語 nere(名)와 비교된다. 터키語에서는 ad
(名)이다.

　　(16) 부람(壁)

　　　herem(壁)[蒙]
　　　hana(壁)[蒙]
　　　pikhitha(壁)[滿]

　　'부람'의 語根은 '불'이고 '암'은 接尾辭임이 분명하다. 蒙古語 herem
은 perem으로 再構된다면 語根은 per이고 em은 接尾辭다. 蒙古語에서
per은 pet으로 再構된다. 蒙古語 hana는 pana로 再構되며 語根은 pan
인데 이는 pat에서 변한 말이다. 滿洲語의 語根 pik도 蒙古語 pet, pat과
비교된다고 보며 國語의 祖語 '붇'과도 비교된다. 慶尙道 永川 지방에서
는 '별빡, 벼르빡'이라고 하는데 '빡'은 壁의 한자어가 변한 것이다. '바
람벽'의 '벽'은 壁의 한자어가 변한 것이다. '바람'만으로도 '벽'이라는
뜻을 지니는데 漢字語 壁이 더 붙었다. 慶尙道 方言 '별, 벼르' 등이 '바
람'의 語根 '발'과 비교된다. '밭(田), 벌(原)' 등의 原意는 흙(土)이다.

　　(17) 사람[12]

　　　사돈(姻戚)　　　　　　　　saton(愛人, 사랑스럽다)[蒙]

────────────────────
12) 梁柱東, 前揭書, 279쪽. 「사롬」을 動詞의 語幹에서 轉成한 名詞로 보았다.

	saton(親戚)[蒙]
	satun(親家)[滿]
	sargan(妻)[滿]
숟(丁)	sán(子孫)[아이누]

알타이語에서 接尾辭로서 n이 첨가되는 경우가 나타난다.

	nidü ： nidün(眼)[蒙]
	sara ： saran(月)[蒙]
	nara ： naran(陽)[蒙]
一等(ㅎ둔)	edu ： edun(風)[滿]

'ㅎ둔(一等)'의 語根은 'ㅎ돈'이고 '온'은 接尾辭다. 따라서 saton의 語根은 sat이고 接尾辭 on이 붙었다. sat의 末音 t가 r로 변하여 sar이 되고 여기에 接尾辭 '—ˇm'이 붙어 '사름(人)'이 되었다. 여기에서 '살'은 다시 sat으로 소급 再構된다. 滿洲語 sargan(妻)의 sar이 바로 sat과 비교되는 말이다. 國語의 '숟(丁)'은 sat의 末音 t>n으로 바뀐 말이다. 國語에서 胎라는 뜻으로 '삼'이 쓰이는데 '삼줄(胎), 삼터(出生地)', 삼바가지, 삼바라지, 삼신 등의 '삼'은 sat>sar>sar-am>saam>sam의 변화이다. '술 (肌)'도 바로 sat에서 파생된 말이다.

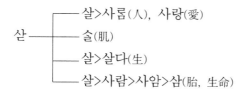

'살다(生)'의 動詞는 名詞인 '사람, 술' 등보다 훨씬 뒤에 생긴 말이다. '사람'이 '살다'라고 하는 語幹에 接尾辭 '—ˇm'이 붙어서 된 轉成名詞로는 볼 수 없다. '살다'라고 하는 抽象動詞보다는 '사람'이라고 하는 말이 먼저 생겼을 것은 두말할 것도 없다. 사람(人)의 基語는 '살'이고 다시 '삳'까지 소급된다. 名詞 '살'에 接尾辭 '—ˇm'이 붙어서 '사름'이 되고 名

詞 '살(人)'이 轉成되어 '살다(生)'라는 動詞가 되었다. 이러한 일련의 사실들은 動詞는 名詞에서 轉成된 것으로 名詞보다 動詞는 후대에 발달했다는 것을 보이고 있다. 國語 '삼신, 삼터, 삼바라지, 삼바가지, 삼줄' 등에서 '삼'이라는 뜻은 解産, 出生, 生命이며 '사람'의 탄생과 관련된 어휘다. 滿洲語에서 아내(妻)라는 뜻을 지니는 sargan의 語根 sar은 바로 sar(人)이다.

> saton(愛人, 사랑스럽다)[蒙]
> sanal(사랑)[蒙]
> sanagal(사랑)[蒙]

'愛人, 사랑스럽다'라는 뜻을 지니는 saton의 語根이자 祖語인 sat의 末音 t가 s로 바뀌면 san-al(사랑)이 된다. '사랑'[13]은 '살'에 接尾辭 '앙'이 붙어서 '사랑'이 되었다. '사랑'이 15세기엔 思·愛라는 뜻을 지니다가 나중에 愛라는 뜻으로만 쓰이게 되었다. 결국 사랑은 정신적인 속성임을 보이고 있다. 蒙古語 saton이 '愛人, 사랑스럽다'는 뜻을 지니듯 sat은 '愛人, 사랑스럽다'와 愛라는 뜻을 지녔던 말이라고 하겠다. 삳>살이 되고 여기에 접미사 '앙'이 붙어서 이루어진 말이다. '사랑, 사람'의 共通祖語는 sat이라 하겠으며 '사랑'과 '사름'의 祖語가 같다고 하는 것은 古代人들이 사랑을 사람의 속성으로 여겼음을 짐작할 수 있다.

> 맏(場)—앙>마당(庭)
> 삳>살>살—앙>사랑(愛)
> 곧(處)>고장(鄕)
> 곶(花)>고장(花)[제주도 方言]

위 예들은 名詞의 語根에 接尾辭 '앙'이 붙은 예들이다.

> 自稱其夫曰沙會[類事]

---

13) 上揭書, 253쪽, 「사랑」은 漢字語 思量의 轉이라고 했다.

사회(婿)[字會上32]
샤옹(夫)[月釋1:12]

'샤옹'의 語根은 '샤'고 '옹'은 接尾辭다. 接尾辭 '옹'이 붙었음은 '샤'의 末音에 子音이 있었음을 알 수 있다. '사회'의 語根은 '사'이고 '회'는 接尾辭 '외'에 ㅎ이 개입되었다. 결국 '사회'의 '사'나 '샤옹'의 '샤'는 '사람'의 語根 '살'과 語源을 같이하는 어휘다. '살다(生)'의 動詞는 '살(人)'이라고 하는 명사가 전성된 동사다. 살다(生)의 '살'은 '사람(人)'이 原義가 아니고 숨(息)의 祖語形 '숟'일 가능성이 있다. '살다'가 '生活하다'라는 뜻을 지닐 때에는 '살'이 해라는 본뜻을 지닐 것이다. 그러나 '사회'의 '회'를 實辭로 볼 개연성도 있다. 회는 '호이'가 줄어진 말로서 '혼>홀>홀이>호이>회'의 변화이며, 人稱複數接尾辭 '희'와 동원어로서 본디는 '사람(人)'이란 뜻이다. '살(人)'이 母音變異를 일으켜 '셜'이 되고 '잉태하다'라는 뜻을 지니는 '셜다'의 동사로 전성되었다. '아기가 셔다'라고 할 때 '셔다'는 立이라는 뜻이 아니고 '아기를 잉태하다'라는 뜻이 된다.

(18) 아슴, 아슴, 아즘(親戚)

aso(吾兄)[日]
asomi(朝臣)[日]

아스(弟), 앗, 엇(母), 아즈미(嫂), 아즈비(淑), 아슴(親戚) 등의 語根은 '앗, 엇, 앚' 등으로 볼 수 있으나 祖語는 '앋'이다. '앋'에 '올'이 붙으면 '아돌(子)'이 되고 '앋'의 末音 ㄷ이 ㅅ이나 ㅈ으로 바뀐다. '아스(弟)'는 '앗'에 接尾辭 'ᄋ'가 붙어서 이루어졌음은 두말할 나위도 없다. 日本語 aso(五兄)는 韓·日 양국어의 共通祖語 '앋'의 末音 t가 s로 바뀌어 aso가 되었다. 國語 '아슴(親戚), 아즘(親戚)'의 어휘도 接尾辭 'ㅡm'이 첨가되었음은 두말할 것도 없다.

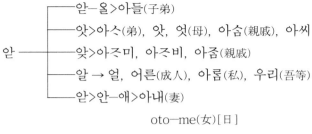

앝 ┬ 앋—올>아들(子弟)
   ├ 앗>아ᄉ(弟), 앗, 엇(母), 아ᄉᆞᆷ(親戚), 아씨
   ├ 앚>아ᄌᆞ미, 아ᄌᆞ비, 아줌(親戚)
   ├ 알 → 얼, 어른(成人), 아롬(私), 우리(吾等)
   └ 앋>안—애>아내(妻)

oto—me(女)[日]
oto—ko(男)[日]
oto—na(成人)[日]

日本語에서 '앝'은 末音 ㄷ이 그대로 유지되고 있다. 日本語에서 asomi는 朝臣이라는 뜻인데 國語 '아ᄉᆞᆷ(親戚)'과 비교된다. '어른'의 語根은 '얼'이고 '은'은 接尾辭다. 百濟語'於羅瑕'의 '於羅'[14]는 '얼'과 비교되며 '얼'은 成人·尊長者라는 뜻을 지니는 名詞다. 金閼智에서 閼智의 閼도 '얼'과 비교된다. '얼·알'의 祖語는 '앝'에서 비롯했을 것이다.

(19) ᄀᆞ슴(材料)

갓(物), 것(事物)

'ᄀᆞ슴'의 語根은 'ᄀᆞᆺ'이고 여기에 接尾辭 '옴'이 붙어서 ᄀᆞ슴>ᄀᆞ옴>감의 변화를 이루었다.

(20) 처섬(처엄, 初)

'처섬'의 語根은 '첫'이고 처섬>처엄>처음>첨의 변화이다.

(21) ᄆᆞ슴, ᄆᆞ롬(莊頭)

以丈夫爲宗ᄆᆞ롬又ᄆᆞ슴(華方)

---

14) 李炳銑,「乙支의 語源에 대하여」,『국어국문학』, 부산대학교, 1983, 83쪽. 乙支의 乙, 於羅瑕의 於羅, 閼智의 閼을 尊者의 稱號라고 했다.

'무슴·무룸'이 모두 丈夫라는 뜻을 지니고 있다고 했다. '무슴, 무룸'
의 語根 '뭇, 물'을 들 수 있겠는데 '뭍'이 祖語다.

뭍 〈 뭇—음〉무슴

뭍 〈 물—옴〉무룸

'뭍'은 長, 宗이라는 뜻이다. '머슴'은 丈夫라는 뜻에서 轉義되었다.
'뭍'은 근원적으로는 사람(人)이라는 뜻을 지니는 말이다.

(22) 사슴(鹿)

　　sika(鹿)[日]
　　sisi(鹿)[日]
　　sisi(肉)[日]
　　sogo(雌鹿)[滿]

'숡'[內訓2上31]은 살쾡이(狸)란 말로 語根은 '술'이고 '숟'까지 소급된
다. '사슴'의 語根도 '삳'까지 소급된다. 日本語에서 sisi(鹿)는 國語 '삳'
과 그대로 比較되며 살쾡이(狸)인 '숟'과도 比較된다. 日本語 sika는 '사
슴'의 語根 '*삳〉삿'이 sat〉sar → sirk〉sika가 되었다고 여겨진다. 日本
語 sisi(肉)는 國語 '사슴'과 同源語[15]로 보고 있다.

(23) 가슴(胸)

語根 '갓'에 接尾辭 '움'이 붙었다. 心岳城本居尸押[史記37, 鴨涤水 以
北]. 日本語 kokoro(心)는 ko와 koro의 合成語로서 국어 걸(居尸=心)과
比較된다.

---

15) 大野晉 外 2인 編, 『岩波古語辭典』, 日本 : 岩波書店, 1974, 604-605쪽.

(24) ᄆᄉᆞᆷ(心)

‘ᄆᄉᆞᆷ’의 語根은 ‘못’일 것이며 ‘못’은 다시 ‘몯’으로 소급 再構된다. ‘ᄆᄉᆞᆷ’의 語根 ‘못’은 ‘몯’으로 再構되며 ‘말(語)’의 祖語 ‘맏’과 同源語다. 마음은 곧 ‘말’이다. 人體語의 頭音을 子音別로 나누어 보면 다음과 같다.

ㄱ: 골(腦), 가슴(胸), 갈비(肋), 가드리(脚), 귀(耳), 갈(髮)

ㄴ: 낯(顏), 니(齒), 니마(額), 눈(眼)

ㄷ: 다리(脚), 등(背), 털(毛)

ㄹ: 마리>머리(頭), 목(首), 멱(頸), 몸(身), 무릎(膝)

ㅂ: 불(頰), 불(睾丸), 불(臂), 발(足), 배(腹), 보지(女陰)

ㅅ: 술(肌), 손(手)

ㅈ: 젖(乳), 좆(男根)

ㅎ: 허리, 허튀(腓, 踦), 혀(舌)

頭音의 初聲子音은 ㄱ, ㄴ, ㄷ, ㅁ, ㅂ, ㅅ, ㅈ, ㅎ의 8子音이다. ㅈ음은 ㄷ음의 口蓋音化에서 빚어진 것으로 보면 ㄱ, ㄴ, ㄷ, ㅁ, ㅂ, ㅅ, ㅎ의 7子音이 된다고 하겠는데 이 7子音이 國語의 祖語 形成 時의 基礎子音이었다고 여겨진다. 이는 天體語 해, 달, 별, 구름, 무지개, 날(日), 서리 등의 初聲 7子音과 일치한다. 이 人體語 중에서 接尾辭 ‘-ˇm’이 붙은 어휘는 ‘가슴, 몸, 니마’ 등을 들 수 있다.

mujilen(心, 精神, 心意)[滿]

mede(消息)[滿]

medege(消息)[滿]

medehe(消息)[滿]

mejige(消息, 傳事人)[滿]

medesi(送信人)[滿]

mujilen(心, 精神)의 muj는 mud으로 再構할 수 있다. mede(消息)> mejige(消息, 傳事人)로 mede가 meji로 변한 것을 알 수 있다. mujilen의

語根은 mut이다. '뭇옴'의 '뭇'은 '묻'으로 再構되는데 滿洲語 mut과 비교된다. 消息이란 뜻을 지니는 語根 met도 마음(心)의 語根 mut과 同系라본다. mut, met은 國語에서 말(語)이란 뜻을 지니는 말의 語根 '맏'과비교된다. 결국 '무숨(心)'은 말(語)의 語根 '맏'에서 분화된 어휘라고 하겠다. 우즈베크語에서 til은 혀, 말(舌, 語)이란 뜻인데, dil은 마음(心)이란뜻이다.

(25) 그슴(끝, 限定)

'그슴'의 語根은 '긋'인데 현대어 '끝(終)'의 原形이다.

　　kagiri(限)[日]

(26) 아춤(朝)

　　旦曰阿慘[鷄林類事]
　　asa(朝)[日]
　　아젹(朝)[松江18]

'아춤, 아젹'이 아침(朝)이라는 뜻으로 쓰이고 있는데 현재도 方言에'아젹'이 쓰이고 있다. 아줌>아춤으로 소급할 수 있는데 바로 '아젹'과비교된다. '아줌'이나 '아젹'은 語根 '앛'에 接尾辭 '-ˇm'이나 '-ˇk'이 붙어서 '아줌, 아젹'으로 분화한 말이다. 日語 asa는 '앛(朝)'이 건너간 말이다. 國語 ㅈ이 日本語에서 s로 발음된다.

잣(城)	siro(城)[日]
준>줄	sudi(線條)[日]
질(陶)	sue(陶)[日]
젹~(少)	sukosi(少)[日]

'앛(朝)'의 祖語는 다시 '앋'까지 소급할 수 있다.

(27) 무덤(墓)

묻(陸)	mitsi(道)[日]
미(野)	modon(道標)[蒙]
모로(山)	mif(陸)[길랴크]

　　語根 mod, mit을 얻을 수 있다. 語幹末音 t에 접미사 '—əm'이 붙었고 '묻~(埋)'은 '묻(陸)'의 名詞에서 轉成된 動詞다. '무덤'의 語根은 '묻'이고 名詞 '묻'에 接尾辭 '엄'이 붙은 것이지 '묻~'의 動詞 語幹에서 轉成된 名詞가 아니다. '묻다(埋)'는 '묻'에서의 轉成動詞다. '묻다(埋)'의 語根은 근원적으로는 흙(土)이란 의미를 지닌다.

(28) 이듬히(翌年)

　　'이듬히'는 '읻히(翌年)'의 語根 '읻'에 接尾辭 '음'이 붙었음을 알 수 있다. '이틀(2日)'의 語根 '읻'과도 같은 語源이다.

(29) 소곰(鹽)

　　sio(鹽)[日]
　　sippo(鹽)[아이누]

　　'소곰'의 語根은 '소'이고 '곰'은 接尾辭 '옴'에 ㄱ이 개입된 것이 아닐까. ㄱ은 흔히 ㄹ에 개입되기 때문에 '솔'이 語根이 된다.

　　　　솓>솔>솗+옴>소곰

　　日本語 sio는 siro>sio가 되었을 것이다.

(30) 거름(肥)

　　koe(肥)[日]

'거름'의 語根은 '걸'이고 接尾辭 '음'이 붙었다. 日本語 koe는 kore>koe의 변화라 하겠고 kor이 語根이 된다. '땅이 걸다'의 '걸다'는 '걸' 名詞에서 轉成되었다. '걸다'는 검다(黑)의 古語일 수도 있다. 땅이 검을 때 '걸다'라고 할 수 있지 않을까.

(31) 두엄

'더럽~(汚)'의 語根은 '덜'일 것이며 여기에 接尾辭 '업'이 붙어서 '더럽~'으로 되었다. '두엄'은 '둘'에 接尾辭 '엄'이 붙어서 '두럼'이 되고 ㄹ이 탈락한 말이다. ㅇ은 祖語 形成時는 없었던 音이고 우리나라 子音 중에서 가장 늦게 생겨난 음이라 여겨진다. 소아지>송아지, 짜>땅, 맏>마당과 같이 모음 충돌회피현상에서 ㅇ이 개입되고 母音으로 끝난 末音에 音의 諧調를 위해 또는 聽覺映像의 강화를 위해 첨가·개입된 음이다. 業, 月, 魚 등은 東國正韻式 表記에는 初聲이 ㅇ音으로 표기됐는데, 당시 現實音으로서는 ㅇ音이 初聲에 나지 않았다. 이렇게 初聲 ㅇ音이 國語에서 나지 않은 것은 原始國語에 ㅇ音이 없었다는 것을 말해 주며 ㅇ音의 生成 자체가 후대라는 것을 보이고 있다. '두엄'의 語根 '둘'과 '쏭'의 祖語 돈>돌은 같은 語源이다.

돈>돌>도>쏘>쏭(糞)
닫>달>다>짜>짱(地)

日本語 오줌(尿)이란 뜻인 sito를 '쏭'과 비교하고 있으나 日本語 sito는 滿洲語 sitembi(放尿하다)의 site와 비교되는 말이다.

dara(糞汁, 糞肥料)[日本·四國]

(32) ㅂ얌(蛇)

'ㅂ얌'은 ㅂ람>ㅂ암>ㅂ얌으로 변한 것이다. 母音의 語幹末音에 接尾辭 '암'이 붙는 예는 찾아볼 수 없다. 그러므로 'ㅂ얌'의 語幹으로 '볼'을

再構하게 된다. '벌레(虫)'의 語根은 '벌'이다. 虫은 蛇의 象形文字다. 中國人은 虫의 대표를 蛇로 파악하고 있음을 보여 준다. '벌레(虫)'의 '벌'은 'ᄇ얌(蛇)'의 祖語形 '볻(볼)'과 同源語일 것이다. 接尾辭 '암, 엄, 음'은 語末이 子音일 때 붙기 때문에 'ᄇ얌'은 '볼암'에서 변한 말임이 분명하다.

(33) 가얌(榛子) [譯上55, 同文, 下5]

'가얌'의 '얌'도 接尾辭 '암'인데 접미사 '암'은 先行語의 末音이 子音일 때 붙는데 가람>가암>가얌의 변화일 것인데 '갈'은 日本語 kuri(栗)와 비교되는 말이다. 호두의 재래종인 '가래(楸)'와도 비교된다.

(34) 두루미(鶴)

두루미(鶴)	tsuru(鶴) [日]
	tazu(田鶴) [日]
	turna(鶴) [터키]
기ᄅ마(鞍)	kura(鞍) [日]
	khur(鞍) [터키]
가마(轎車)	kuruma(車) [日]
	kosi(輿) [日]
	köske(運搬, 運送) [蒙古 文語]
	kösög(運送) [現代 蒙古語]
	kago(駕籠) [日]
가마귀(烏)	karasu(烏) [日]

'두루미'의 語根은 '둘'이고 '둔'이 祖語形이다. 日本語 tsuru의 語根은 tur이고 tut이 祖語形인데 국어와 일치한다. 한편 두루미의 '미', 기르마의 '마'가 實辭일 수도 있다. 즉 合成語일 것이다. '두루미'는 '두루'와 '미'의 合成語다. 올빼미의 '미'가 새라는 뜻이다. 日本語 tsubame(燕)의 me, kamome(鷗)의 me가 새라는 뜻을 지니고 있다. 이는 아마도 매(鷹)

와 同源語일 것이다.

(35) 님(主)[16]

主嶋(nirimusemu)[日本書紀 卷 26 武烈天皇]

主가 nirimu이고 嶋가 semu에 해당된다. 『日本書紀』에 의하면 主를 nirimu로 訓記했는데 百濟語에서 主가 nirim이었음을 알 수 있다. 결국 nim(主)이라고 하는 말은 nirim>niim>nim(主)의 변화임을 알 수 있다. 百濟語 nirim(主)의 語根은 nir이고 다시 nit까지 소급할 수 있다. 國語에 ㄹ音은 ㄷ에서 변한, 2차적으로 변화한 音이기 때문에 國語의 ㄹ音은 ㄷ으로 再構된다. 新羅의 王稱 尼師今, 尼叱今, 齒叱今, 爾叱今 등이 바로 主의 祖語가 nit임을 보이고 있다. 尼叱, 尼師, 齒叱 등이 바로 nit의 표기다. 따라서 尼叱今[17]은 主神이란 原意를 지니는 말이고 '님금'의 '님'도 역시 主라는 뜻을 지니지만 nit>nir>nirim>nim의 변화이다. 그러므로 尼叱今과 '님금'은 語源과 뜻에서는 같지만 그 '님'은 主의 祖語 '닏'에서 변한 어휘다. 여기서 '-m'이 動名詞의 派生接尾辭가 아님을 보이고 있다.

nusi(主)[日]

國語 nit의 末音 t가 日本語에서 s로 변한다.

kat(笠) → kasa(笠)[日]
맏>말(枡) → masu(枡)[日]
돋>돌(週) → tosi(年)[日]

따라서 '님'의 末音 接尾辭 ㅁ은 동사를 명사로 전성시키는 구실을

---

16) 梁柱東, 『國學研究論考』, 乙酉文化社, 1962, 251쪽. '<님>의 語源은 니마<前>라는 뜻이라 생각한다.'라고 했다.

17) 梁柱東, 『古歌研究』, 博文出版社, 1943, 86쪽. 尼叱今의 尼叱를 動詞 語幹으로 보고 있다. 繼君, 嗣君이라는 뜻으로 풀이하고 있다.

2. 祖語 再構 및 消失語 再構論　99

하는 接尾辭가 아님이 분명해진다. '놈(他), 놈'도 '님'과 같은 語形成으로서 母音交替에 의한 분화다. 滿洲語에서 nyalma는 사람(人)이라는 뜻인데 語根은 nyal이 된다. nal>nyal의 변화라 여겨지며 '님(主), 놈(他), 놈(者)'은 사람(人)을 뜻하는 nal과 同語源에서 분화된 말이다. 나나이語의 nai는 사람이란 뜻을 지니는 말인데 nar-i>nari>nai의 변화이다.

(36) 봄(春)

> haru(春)[日]
>
> habur(春)[蒙]
>
> on(春)[蒙古 文語]
>
> hon(春)[中世 蒙古語]
>
> fon(時·年)[滿]
>
> pahar(春)[터키]

日本語 haru(春)는 paru로 再構되며 末音 母音을 떼면 par이 된다. '봄'은 '볼'에 접미사 '옴'이 붙어서 보롬>보옴>봄(春)으로 변한 말이다. 蒙古文語 on은 中世 蒙古語 hon이며 pon으로 再構된다. por은 다시 pot으로 再構되는데 이는 알타이 共通祖語가 될 것이다. 이 pot은 末音 t가 n으로 바뀌면서 pon>hon>on으로 변해서 蒙古語 on이 된다. 末音 ㄷ이 ㄴ으로 변하는 현상은 固有語 形成過程에서 볼 수 있는데, '눈(眼)'의 蒙古語는 nidu다. nidu의 語根은 nid이 되고 國語에서는 nut>nun이 된 것이다. 이러한 것으로 미루어보면 봄(春)의 알타이 共通祖語는 pot이다.

(37) 꿈(夢)

'꿈을 꾸다'의 '꾸'가 語幹으로서 名詞다. '꾸다'의 '꾸'는 무슨 뜻을 지니는 말일까. 日本語에서 '꿈을 꾸다'가 yumewomiru(夢を見る)인데 yume는 '꿈'이란 뜻이고 miru(見る)는 '보다'하는 뜻을 지니는 말이다.

그러니까 일본어에서는 꿈을 시각적으로 인식했다는 것이 된다. '꾸다'가 古代에서는 보다(見)라는 뜻을 지녔을 개연성이 있다. '눈갈'의 '갈'은 고대어에서 눈이라는 뜻이다.

　　göz(目)[터키]
　　görmek(見)[터키]

　터키어에서 göz가 눈이란 뜻인데, 국어의 '눈갈'의 갈(갇)이 터키어와 同源語다. '꾸다'는 '굳>굴>구'의 변화로서 눈이라는 뜻이다. 꿈은 '굳>굴>굴움>구움>굼>꿈'의 변화를 거친 말이라 하겠고 기원은 눈이라는 뜻이다.

　(38) 밤(夜)

　　parïf(夜)[길랴크]

　parïf에서 語根 par을 추출해 낼 수 있다면 國語의 '밤'은 par>par-am>param>paam>pam이다.

　　들쥐(野鼠)
　　골무쥐(골무만한 쥐)
　　생쥐>새앙쥐(생강만한 쥐)
　　광쥐(광에 드나드는 쥐)
　　골방쥐(골방에 드나드는 쥐)
　　살강쥐(살강에 드나드는 쥐)
　　뒷간쥐
　　다람쥐
　　두더쥐(두더지)
　　박쥐

　'들, 골무, 새앙, 광, 골방, 살강, 뒷간' 등의 名詞와 쥐의 合成名詞이다. 이러한 語形成으로 봐서 '두더쥐'의 '두더', '박쥐'의 '박'도 名詞일 것이다.

> *닫>달(地)
> *돈>돌(石)
> *든>들(野)
> *딛>딜(土)

　國語의 ㄹ音은 原始國語에서는 없었던 子音이고 후대에 ㄷ에서 변한 子音이다. 國語의 固有語에 ㄹ音이 頭音으로 되는 말이 한마디도 없다는 것은 ㄹ音이 후대에 형성된 子音이라는 것을 알 수 있다. 達(山)·달(地)·돌(石)·들(野)·딜(土) 등의 어휘는 母音交替에 따라 어휘가 분화된 것이라 하겠으며 末音 ㄹ은 ㄷ으로 再構할 수 있다. '디새(瓦)'는 딜(土)+애>딧애>디새의 변화라 하겠는데 '딜'이 祖語가 '딛'임을 알 수 있다. 딜그릇>질그릇은 바로 '딜'이 흙(土)임을 보이고 있다. '땅(地)'은 15세기 文獻에는 '싸'로 나오고 『朝鮮館譯語』에는 '大'로 표기됐다. 그런데 日本語에서는 땅(地)이란 뜻으로 tsutsi가 있다. 日本語 tsutsi와 國語 '싸'를 비교할 때 '싸'의 祖語가 '닫'임을 알 수 있다.

> 닫>달>다>싸>쌍(地)

　陰달 陽달의 '달'이 바로 땅(地)이란 뜻인 닫>달임을 보이고 있다. '두더쥐'의 '두더'도 名詞로서 '닫(地), 딛(土)'과 語源을 같이하는 말로서 두더쥐는 地鼠, 土鼠라는 뜻을 지니는 말이다. '두더쥐'는 땅 속을 누비며 사는 쥐다. 이렇게 '두더쥐'의 '두더'가 '닫·딛'의 祖語形을 유지하고 있다고 하는 사실에 주목하게 된다. '박쥐'의 '박'은 語源이 무엇일까? '박쥐'는 밤에 날아다니는 쥐기 때문에 夜鼠라는 뜻을 지니는 어휘로 생각할 수 있다. 밤쥐>밝쥐>박쥐의 변화이다. 末音 ㄹ에 ㄱ이 개입되어 ㄹ音이 탈락되었다.

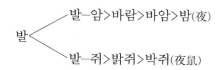

발 ── 발─암>바람>바암>밤(夜)
　　　　발─쥐>밝쥐>박쥐(夜鼠)

'다람쥐'가 15세기 文獻에는 'ᄃ라미'로 나온다. 語根은 '둘'이고 둘─
암>ᄃ람>ᄃ라미가 되었다. '다람쥐'의 쥐는 생쥐, 들쥐, 골무쥐와 같은
어휘의 유추에서 쥐와 合成語다. 'ᄃ람'이 곧 오늘날 '다람쥐'라는 뜻을
지닌 말이라 하겠으며 '둘'이 곧 '다람쥐'의 語根이 된다. 길랴크語에서
tar이 '다람쥐'를 뜻하고 있다. '쥐'라고 하는 말은 주이>쥐의 변화이다.
古代語에서 ㄹ흡은 ㄷ에서 변한 子흡이기 때문에 ㄷ으로 소급된다. 그
러므로 '쥐'는 둘─이>두리>두이>뒤 → 쥐가 되었다. 'ᄃ람'의 語根
'둘'이 바로 쥐의 語根이 되며 祖語의 末흡은 ㄷ이다. 鼠狼이 '쪽접이(農
家·月俗)'로 나온다. 그러나 한편 ᄃ라미는 '둘'과 '미'의 合成語로 볼 수
도 있다. 그럴 경우 '둘'은 山이라는 뜻을 지니는 말일 것이다. '밤(夜)'의
祖語形 '받(발)'의 근원적으로 태양이 原意다. 국어 '낮(晝), 나조(夕)'의
語源은 '날(낟)'인 태양이다.

(39) 감(柿)

kaki(柿)[日]

고욤(梬)

國語에서는 末흡 ㄹ에 ㄱ이 첨가되어 ㄹ이 탈락하는 경우가 있다.

둘>둙>닥(鷄)

칠>츩>칙(葛)

돌>돍>독(石)[全羅道 方言]

'닭(鷄)·츩(葛)'은 口頭語에서는 '닥이, 닥을, 닥은'과 같이 ㄹ이 탈락
되었고 '츩'도 역시 '칙이, 칙은, 칙을'과 같이 ㄹ이 탈락되었다.

돌(月)	tsuki(月)[日]
	teki(月)[日, 奄美]
達(山)	take(嶽)[日]
술(酒)	sake(酒)[日]

등과 같이 國語의 末音 ㄹ에 日本語에서는 k가 첨가되고 ㄹ이 탈락되어 tsuki(月), take, sake로 되었음을 알 수 있다.

| 걸~(掛) | kake-ru(掛る)[日] |
| 굴>ᄀ리~(蔽) | kaku-su(隱す)[日] |

등과 같이 ㄹ이 탈락하고 kake-, kaku- 등이 되고 있다.

| 굴(牡蠣) | kaki(牡蠣)[日] |
| 감(柿) | kaki(柿)[日] |

kaki(牡蠣)는 kul에 k가 들어가서 된 말이라 하겠으니 日本語[18] kaki도 kal>kalk>kaki로 볼 수 있다. 따라서 國語의 kam(柿)은 kal>kar-am>kaam>kam의 변화이다. 樗이라는 뜻으로 '고욤'이 쓰이는데 '고롬'에서 ㄹ이 탈락한 어휘이다. 따라서 '감'은 kat>kal>kar-am>kaam>kam의 변화이다. '고욤'은 갈→골-옴>고옴>고욤의 변화이다. 接尾辭 '옴'이 붙었다고 하는 것은 語根의 末音이 子音임이 분명하다. 濟州語에서 감물을 들인 옷을 '갈옷'이라고 하는데 '갈'이 바로 감의 祖語形이다. 한편 慶北 永川에서는 고욤을 '꼴감'이라고 하는데 골(꼴)이 바로 고욤의 祖語形임을 보이고 있다. 곶감일 때 '곶'은 '곧'으로서 '곶다'의 어간이 아니고 '감'의 祖語形일 것이다.

(40) 춤(舞)

國語 '다리(脚)'의 語根은 '달'이고 '닫'까지 再構된다. 15세기어 '돌

---

18) 朴炳采, 「古代三國의 地名語彙攷」, 『白山學報』 제5호, 64쪽. 日本語 sake(酒)는 salke 의 「1」脫落形이라고 했다.

(走)'은 바로 다리(脚)를 뜻하는 tat이 動詞로 轉成된 것이다. '뛰~(跳)'는 '두'와 '이'로 가르게 되는데 두이>뒤가 되었다. '두'는 '달(脚)'과 같은 語源으로서 '둘'이었을 것이다. 둗>둘>둘—이>뒤의 형성이다.

巫女들은 굿하는 것을 '뛰었다'라고 한다. 中國語로 巫를 跳神, 跳大神이라고 하는 것은 바로 國語 '뒤다'와 대비된다. 巫가 춤과 관련된다는 것은 두말할 것도 없다. *둗>둘>둘—움>두룸 → 주움 → 줌 → 춤(舞)의 형성이다. 춤의 어원은 발이다.

(41) 심(泉)

su(水)[터키]
sulamak(물을 주다)[터키]
sulu(물기가 있다)[터키]
syəri(泉)[滿]
seren(淺水不乾處)[滿]

seri의 語根 ser을 얻을 수 있고 이 말은 다시 set까지 再構된다. 술>술—암 → ᄉ람>ᄉ암>ᄉ얌>심(泉)의 변화이다.

ㅂ암>ㅂ얌>뱀(蛇)
ᄉ암>ᄉ얌>심(泉)

(42) 범(虎)

bars(虎)[蒙]
harbir(虎)[蒙]

語根 bar을 뽑을 수 있는데 國語의 '범'은 벋>벌>벌—엄>버럼>버엄>범의 변화이다.

(43) 숨(息)

‘숨’의 語根은 ‘수’이고 ㅁ은 接尾辭다. ‘숨을 쉬다’에서 ‘쉬다’의 語幹 ‘쉬~’는 ‘수이’로 가를 수 있다. ‘수’와 ‘이’ 사이에 子音이 끼어있음을 알 수 있다. 터키語에서 ‘숨쉬다’는 solumak이고 語根은 sol이다. 술이>수이>쉬의 변화이고 ‘숨’은 순>술>술―움>수룸>수움>숨의 변화이다. ‘生’이란 뜻을 지니는 ‘살다’의 ‘살’은 숨(息)의 祖語 ‘숟’과 同源語일 것이다.

(44) 춤(唾)

tsuba(唾)[日]

tükrük(唾)[위구르]

‘춤’의 語根은 tul>tul-um>tum → 줌>춤(唾)의 변화이다. 日本語에 tsu, tsi는 國語의 t가 日本 母音 i나 u와 합칠 때 口蓋音化한다.

čivəŋə(唾)[滿 現]

čifenggu(唾)[滿 文]

silüsü[蒙 文]

salya[터키]

滿洲語 čiveŋə, čifenggu의 頭音 č는 t에서 변한 것이다. 침의 어원은 물이다.

(45) 곰(熊)

kanyn(犬)[길랴크]

kesike(猫)[滿]

kedamono(獸)[日]

고니(猫)[國]

고라니(鹿)[國]

kede(猫)[터키]

köpek(犬)[터키]

이상에서 보면 語根 kˇt을 얻을 수 있다. kot>kor>kor-om>koom> kom의 변화이다. '두루미'는 '둘', '기르마'는 '길', '가마'는 갈>가람>가 암>감>감−아>가마, '거름'은 '걸'의 名詞에 '음'이 붙었다. 『鷄林類事』 에 표기된 '家稀(狗)'는 갇>가리>가이>가희의 표기다. '가이'에서 모음 충돌을 피하기 위해 ㅎ이 개입되었다.

숯(炭)	sumi(炭)[日]
결(理, 肌理)	kime(肌理)[日]
돌(靈)[百濟語]	tama(魂)[日]
갈(髮)	kami(髮)[日]
놀(生)	nama(生)[日]

sumi, kime, tama, kami, nama는 國語에서는 ㅁ이 첨가되지 않았지 만 日本語에서 −ˇm이 첨가된 말이다. 여기서도 −ˇm은 名詞에 첨가된 것이다.

(46) 금(검, 神)

시골에서 '집금'이라고 해서 구렁이, 족제비, 두꺼비 등을 들고 있는 데 '집금'은 家神이란 뜻을 지닌 말이다.

kami(神)[日]

kamui(神)[아이누]

kine(巫覡)[日]

kami, kamui는 國語 '금, 검'과 비교된다.

굿(巫儀)[國]

kesi(天福, 天恩)[滿]

kutu(幸福·運命)[퉁구스]

kut(好運, 帝王)[蒙]

kask(鬼神)[길랴크]

등의 어휘들을 보면 神과 관련된 어휘다.

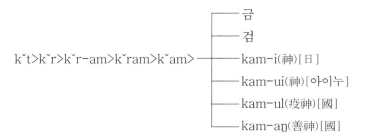

kʼt>kʼr>kʼr-am>kʼram>kʼam> ─── 금
─── 검
─── kam-i(神)[日]
─── kam-ui(神)[아이누]
─── kam-ul(疫神)[國]
─── kam-aŋ(善神)[國]

의 형성이라 여겨진다. 神이란 뜻을 지니는 祖語 '갈'은 말(語)이란 뜻이다. 古代人은 言靈的 思考를 가지고 있었다. 15세기 文獻에 보이는 '귓것'의 '것'은 固有語로서 鬼란 뜻이다.

(47) 남(木)

'나모'의 語根은 '남'이고 '오'는 接尾辭다.

ni(木)[아이누]

nikap(樹皮)[아이누]

niham(葉)[아이누]

아이누語에서 ni가 나무(木)란 뜻을 지니고 있다. 國語에서 板이란 뜻으로 '널'이 있다. 이 '널'이 木製라는 것은 두말할 것도 없다. '남'은 날>날-암>나람>남이 되었고 아이누語에서는 nir의 末音 r이 탈락한 말이다. 國語의 '닢(葉)'도 語源은 nar(木)인데 母音交替에 따른 어휘분화가 아닌가 한다. 日本 現代語에선 ki(木)인데 古形은 kï 또는 ku이다. 國語의 '긷(柱)'과 '그루(株)'는 語源을 같이하는 말이라 여겨진다. kit>kiri → kï>ki의 변화이다. 國語에서 '긷'이 木製라는 것은 두말할 것도 없다.

栗木群一云 冬斯肸[史記 地理4, 高句麗]

赤木縣一云 沙非斤乙[史記 地理4, 高句麗]

栗津群本高句麗栗木郡[史記 地理2, 栗津]

木은 肸·斤乙·津과 대응되는데 津을 川·梁의 訓으로 보면 '걸'일 것이고, 곱으로는 '힐(肸), 글(斤乙)'이 될 것이다. 이것이 國語의 '긷(株)', '그루(柱)'와 비교되며 日本語 ki(木)와도 연결된다. 나무를 셀 때에 '한 그루, 두 그루'의 '그루'가 株라는 뜻이다.

(48) 구무(穴·孔)

'구무'의 語根은 '굼'인데 이 말은 '굴'에 '움'이 接尾된 것이다.

구들(炕)[字會中9]

굳(坑, 窖)[月曲60]

굴(洞)[漢清27c]

굳>굴>굴—움>구움>굼의 형성이다. '구무, 구멍'은 '굼'에 接尾辭 '우, 엉'이 붙어서 된 名詞다.

(49) 고마(妾)

'갇(女, 妻)'의 祖語는 '갇'일 것이다. 갇 → 갈 → 골>골—옴>고롬>고옴>곰—아>고마의 형성이다.

갇나희(女子)[飜朴上45]

'갇나희'는 '갇'과 '나희'의 合成語가 되는데 '갇'이 곧 女라는 뜻을 지니는 祖語形이다. '나희'는 다시 '나'와 '희'의 合成語이며, '희'는 '호이'가 줄었는데 '혼>홀이>호이>희'의 변화로서 사람이 본뜻이다.

(50) 검다(黑)

15세기에 '졈~(幼·若)'이 나타나는데 이 말은 졀~>졂~>졈~으로 ㄹ

이 탈락한 형이 文獻에 나타났다. 現代語 '젊~'은 '졈~'에 ㄹ이 첨가된 것이 아니다.

졂一졂>졈~(死語)
졂~(現代語)

위에서 보는 바와 같이 '졈다'에 세력을 빼앗겼던 '젊다'가 다시 세력을 얻어 오늘날 자리를 굳혔다. 15세기 문헌에 보이는 '넙다'도 널~>넓~>넙~으로 되어 死語가 되고 '넓다'가 다시 세력을 얻어 그 자리를 굳힌 말이다.

곪~(膿) kamu-(醸, 膿む)[日]
살~(生) sumu(住む)[日]
긷~(汲) kumu(汲む)[日]

國語의 '곪~'이 ㄹ이 탈락되어 日語에서는 kamu-가 되었다. '살~, 긷~'에는 日本語에서는 m이 첨가되었다. 이러한 것을 전제로 할 때 國語의 '검~'도 걸>걸—엄>거엄>검의 변화를 예상할 수 있다.

kuro(黑)[日]
kara(黑)[터키]
kara(黑)[위구르, 야쿠트]
xara(黑)[蒙]

kuro, kara의 語根은 kur, kar이다. 國語의 形容詞 '검~'은 名詞 '걸~'에 '엄'이 接尾되어 걸>걸엄>거엄>검이 된 말이다. 그러니까 形容詞 '검~'도 名詞 '걸'에 '엄'이 첨가된 '검'이 形容詞로 轉成된 것이다.

가마귀(烏)   karasu(烏)[日]

日本語 kara는 黑의 名詞고 su는 國語 새(烏)와 비교되는 말로서 黑鳥라는 뜻을 지니는 말인데 國語에서는 '가마'가 黑이라는 뜻이다. 新羅 地名語에 '烏也山懸一云仇道'로 나오는데 烏가 仇道와 대비되며 '갈'의

祖語의 末音이 ㄷ임을 보여 준다. 검다(黑)의 '검'의 祖語 '걷'은 名詞로 서 불(火)이란 語源意味를 지닌다. 불(火)에서 그을음이 나오는데 검은 것이 된다. 蒙古語에 gal(火)이 있다.

2-6-3. 種族名

(1) 斯盧

na-nai(土地・人)
e-ve-nki(이・地方・人)
aynu(男・人)

aynu族, nanai族, evenki族 등은 사람을 의미하는 말로 그들의 種族 名으로 자칭하고 있다. 길랴크族을 소련학자들은 nivx라는 말을 쓰고 있는데 길랴크語로 사람을 뜻하는 말이다. 日本 aynu族의 aynu는 男 ・人을 가리키는 말이다. ezo도 사람(人)을 뜻한다. 이러한 면에서 볼 때 新羅의 斯盧・斯羅族은 사람(人)을 뜻하는 사람의 語根 '살'에 語源을 두 는 말이다. 퉁구스族 중에 solon族이 있는데 語根은 sol이다. 蒙古에서 는 韓國・高麗・朝鮮을 solongos라고 하는데 이 말은 斯盧를 그대로 蒙 古式으로 호칭하는 것이다. 東南亞에서는 '까오리', 구라파에서는 korea라고 하는 것과 비교된다.

(2) 扶餘

'扶餘'의 '餘'는 ㄹ이 탈락한 표기다. '伽耶'의 '耶'가 ㄹ이 탈락한 것과 비교된다. '扶餘'는 '부러'의 ㄹ이 탈락한 것이라 하겠으며, '扶餘'의 語 根은 '불'이라 하겠는데 이는 解慕漱의 아들 解夫婁와 비교된다. '扶餘' 의 建國處로 나오는 沸流는 매우 시사적이다. '불'은 國語에서 '부리'로 나오는데, 혹부리의 '부리'는 사람이란 뜻을 지니고 巫俗에서 '부리'는 祖上, 血統이라는 뜻이다. '불'의 祖語形은 '붇'인데 日本語 hito는 사람

(人)이라는 뜻이다. pito>hito의 변화이다. 따라서 '扶餘'는 사람(人)이란 뜻을 지니는 말에서 생겨난 말이다.

> put>pul(種·生殖器)[國]
>
> pot(女陰)[國]
>
> puri(祖上)[國]
>
> pito>hito(人)[日]
>
> pur(男便)[골디]
>
> puri(家族)[올차]
>
> furi(子孫)[滿]
>
> uri, üre(子孫種)[부리야트]

이상의 예들은 모두 '불(붇)'과 관련된 것으로 사람(人), 씨(種), 生殖器, 家族, 子孫 등의 뜻을 지니고 있음을 알 수 있다. 扶餘의 語根 '불'은 바로 위에 든 어휘들과 맥을 같이하는 말이라 여겨지며 '渤海'의 '渤'도 '불'과 연결된다. '불(扶餘)'과 '부리야트族'의 語根 '불'도 관련된다고 여겨진다. '혹부리', '악바리'라고 하는 말에서 '부리·바리'는 사람을 뜻한다.

(3) 百濟

百濟는 어떤 固有語의 音寫가 될 것이다. 古代語 子音에서는 ㅈ音은 ㄷ에서 변한 음인데 ㄷ이 변한 자음이 ㅈ이다. ㅈ을 ㄷ으로 再構한다면 濟는 '데'다. 百濟를 合成語로 볼 때에는 濟는 城이라는 뜻을 지니는 말이 아닌가 한다. '잣(城)'의 古形은 '닫'으로 再構된다. 百은 '박'으로 볼 때 '박'은 '불'과 語源을 같이한다. 불>붉>북과 비교한다면 발>밝>박이 된다. 그러나 百濟는 '부데', '바데'의 音借일 수도 있다. 語根은 '붇'이 된다. '붇'에 接尾辭가 붙은 것으로 볼 수 있다. 百濟에는 '붇'의 末音 ㄷ이 그대로 유지되고 扶餘에서는 붇>불이 되어 末音 ㄹ이 탈락한 말이다. 한편 百濟는 溫祚일 수도 있다. '온'은 百의 古語이고 '조'는 사람이라는 뜻이다. 님자(主人), 자네(二人稱)의 '자'와 '조'가 사람이란 뜻이다.

日本 琉球語에 '주'는 사람이란 뜻이다.

(4) 句麗·高麗

겨레(族)
kara(族)[日]
kara(族)[蒙]
hala(族)[滿]
kayas(親戚)[터키]
kur(人)[아이누]

駕洛·伽耶族의 kara는 族과 比較된다고 하겠으며, 古代 日本에서 韓國을 kara라고 한 것은 바로 種族名을 뜻한다. kara의 語根은 kar이며 kat으로 再構된다.

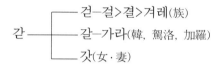

갇 ─┬─ 걷ー걸>결>겨레(族)
　 ├─ 갈ー가라(韓, 駕洛, 加羅)
　 └─ 갓(女·妻)

百濟를 日本에서는 kudara라고 하는데 이 말의 語根 kud의 祖語形은 kut이며 kat과 語源을 같이한다. 겨레(族)의 祖語形 kat, kət과 同系다. 駕洛도 사람(人)·겨레(族)를 뜻하는 種族名이다. 淸朝의 '愛親覺羅'는 文語에서 asin gioro인데 gioro는 國語 겨레와 比較된다. 따라서 句麗, 高麗도 '겨레'와 關聯된다고 보면 '사람'과 關聯된 種族名이 되고 이 種族名이 地名으로 된 것이다. 현재 바이칼호 주변에 사는 부리야트人들이 스스로를 kori라고 부르는데 이 kori도 句麗와 關聯된다고 여겨진다. 扶餘의 북쪽에 있었다는 kori族이 세운 kori國도 매우 시사적인 면이 있다. '장난꾸러기'에서 '꾸러기'의 語根 '굴'은 사람이란 뜻이다. 멍텅구리의 '구리'도 사람이란 뜻이다. 日本語에서 바보를 뜻하는 pongkura의 kura도 사람을 뜻한다. 아이누語에서 kuru가 사람이란 뜻이다.

(5) 朝鮮

　朝鮮이란 어휘는 『三國遺事』에서 '古朝鮮', '王儉朝鮮', '魏滿朝鮮' 등
의 말에 보이는 바와 같이 아주 古代에 사용되었던 말이다. 중국의 『管
子』라는 책에 '發朝鮮'으로 처음 나온다. 朝鮮이 固有語의 音寫라고 할
때 朝는 '도'가 될 것이며 鮮은 '선'이 될 것이다. 알타이諸語에서 末音
에 n이 接尾되는 현상이 두드러지게 나타난다. '선'의 末音 ㄴ은 接尾辭
이기 때문에 ㄴ을 떼면 '도서'다. 이 '도서'의 語根은 '돗'이 될 것이고
'돗'은 '돋'으로 소급할 수 있다. 돋>돗, 돋>돌의 변화를 예상할 수 있다.

　　突山高墟村 長曰 蘇伐都里[遺事 卷一, 始祖赫居世]

　都里가 古代부터 人名에 慣用된 것을 알 수 있다.

　　　딸(女息)[國]
　　　deleŋ(乳頭)[蒙]
　　　tane(種)[日]
　　　teni(男根)[日, 琉球 方言]
　　　좆(男根), 씨(核)[國]
　　　tsitsi(父)[日]
　　　toto(父)[日本의 小兒語]
　　　tari(種)[滿]
　　　totto(母)[아이누]

　이상 어휘들에서 보더라도 '돌'이 '사람'과 관련된 어휘임을 알 수 있
다. '고 또래'에서 '또래'의 語根 '돌'은 사람(人)을 뜻한다. 『日本書紀』에
의하면 弁辰 중 一國으로 '돌(啄)族'이 있는데 이는 達句伐(大邱 지방)을
가리키는데, 한 部族國家로 추정[19]된다. '돌(啄)族'이 있었다고 하는 것
은 朝鮮의 語根 *돋>돌, *돋<돗과 아주 가깝게 비교된다. 강대한 세력
을 지녔던 突厥族의 突厥은 türküt의 音寫라고 하겠는데 厥이 겨레(族)

---

19) 李弘植 編, 『國史大典』, 知文閣, 1968, 426쪽.

라는 뜻을 지니는 말과 비교된다고 하면 tür은 朝鮮의 돈>돌과 비교된다. 퉁구스族의 一族인 鞨鞨族의 '갈(鞨)'도 '겨레'와 同系라고 여겨진다.

이렇게 볼 때 斯盧, 扶餘, 句麗, 高麗, 加羅, 伽耶, 百濟, 朝鮮 모두가 '사람'과 관련된 名詞가 그대로 種族名으로 되었다. 키다리, 꺽다리의 '다리'의 語根 '달'이 사람이란 뜻을 지니며 또래, 두레 등의 語根 '똘(돌), 둘' 등이 모두 사람이란 본뜻을 지니는 말이 되며 人稱複數를 나타내는 '들(둘)'도 본디는 사람을 뜻하는 말이다. 이러한 일련의 사실들은 우리 先祖들이 "나는 사람이다"라고 하는 데서부터 하나의 種族이 형성되고 국가가 형성되고 지명이 고정되었다. 이로써 우리 先祖들의 인본주의적인 철학에서 우리 민족이 형성된 것을 알 수 있다.

2-6-4. 品詞 形成의 段階

國語의 固有語 形成過程에서는 '―̆m(음)'이 動名詞거나 轉成名詞의 구실을 하는 그러한 기능을 지닌 接尾辭가 아니었다.

固有語 形成過程에서 '―̆m(음)'은 名詞에 붙었는데 주로 末音 ㄹ에 接尾되었다.

末音 ㄹ은 ㄷ>ㄹ이 매우 불안정한 末音이기 때문에 '―̆m'이 接尾되어 單音節語를 二音節語로 만들어 안정감을 지니게 하고 聽覺映像을 높이며 한편으로는 語彙分化的 기능도 지니고 있다.

아슴, 아줌, 무덤 등 ㄷ末音 外 ㅅ, ㅈ(ㅊ), ㄷ 末音에도 '―̆m'이 接尾되어 單音節語를 二音節語로 만들었다.

末音이 母音으로 끝나는 名詞는 國語의 祖語에는 없기 때문에 음, 움, 옴, 엄, 암, 임 등의 接尾辭가 붙는다.

接尾辭 '―̆m'이 接尾된 어휘는 다음과 같은 類型으로 나뉜다.

ㄱ) nit>nir-im>niim>nim(主)

　　pot>por-om>poom>pom(春)

ㄴ) sat>sar-am>saram(人)

　　pot>por-om>porom(十五夜月)

ㄷ) tut>tur-əm>tuəm(肥)

ㄹ) ab-əm>abəm(父)

ㄱ) '님(主), 봄(春)'은 '니림, 보롬'과 같이 二音節語로 되었다가 ㄹ이 탈락되어 니임>님, 보옴>봄으로 다시 單音節語로 되었다. ㅂ얌>ㅂ얌>뱀(蛇), ㅁ숨>ㅁ음>마음>맘(心).

ㄴ) '사람, 보롬'과 같이 二音節語로 고정화되었다.

ㄷ) 두럼>두엄과 같이 ㄹ이 탈락되었지만 그대로 二音節語를 이루고 있다. 굳>굴>굴─움>구움>굼>굼─우>구무(孔穴), 굼─엉>구멍.

ㄹ) '아범(父)'은 語根 '압'에 接尾辭 '엄'이 붙은 것으로 이 '아범' 어휘의 형성은 그렇게 古代로까지 소급되지 않을 것이다.

接尾辭 '─ˇm'이 單音節語를 신장시키고 어휘의 안정감을 유지하게 되는 것은 ㄷ, ㅅ, ㄹ, ㅈ 등이 前舌子音이기 때문에 異化作用의 하나로서 兩脣音 ㅁ을 택하게 된다. 兩脣音 중 ㅁ이 有聲音이기 때문에 더욱 聽覺映像을 높이고 발음을 하는데도 滑調的인 기능을 지닌다.

名詞에 接尾된 接尾辭 '─ˇm'은 單音節語를 二音節語로 신장시켜 어휘의 안정감을 주는 동시에 單音節語에는 同音異義語가 많이 생기기 때문에 接尾辭 '─ˇm'은 語彙分化의 한 기능도 지녔다고 보겠다.

'─ˇm'은 名詞에만 接尾되었던 것인데 動詞가 새로 형성되면서 用言의 語幹에 '─ˇm'이 붙어 名詞的 기능을 지니게 되었다.

接尾辭 '─ˇm'을 통해 固有語의 형성 과정을 보면 다음과 같은 國語의 형성단계를 추정할 수 있다.

제 1단계 : 共通祖語가 처음으로 비롯할 때에는 單音節語인 名詞였다.

天體語 해, 달, 별, 굴(구름), 발(바람), 비 그리고 身體語에서 말(마리), 눈, 귀, 입, 발, 손, 젖, 볼 등이 單音節語로 되어 있다. 이는 祖語가

單音節語라고 하는 사실이 매우 시사적이다. 그리고 하나의 특징은 單音節語의 末音은 ㄷ 閉鎖音이 짙게 나타나고 母音 末音을 지니는 開音節語는 없었다. 末音 ㄷ은 前舌子音으로서 ㄹ, ㅅ, ㅈ(ㅊ), ㄴ 등으로 변하는 특질을 지니고 있다. 이러한 祖語時代의 單音節語는 名詞的 기능과 아울러 用言的 기능도 함께 지녔을 것이다.

제 2단계 : 音韻의 변화가 시작되고 어휘의 안정감과 聽覺映像을 높이기 위해 接尾辭가 첨가되어 音節이 신장되고 語彙分化가 이루어지며 閉音節語의 開音節化가 시작된다.

제 3단계 : 動詞, 形容詞가 생겨나는데 이 用言의 形成은 名詞에서 轉成된 것이 주종을 이룬다. 이때 格語尾와 活用語尾의 形成이 시작된다. 여기서 지적하고자 하는 것은 어휘 탄생의 제1단계인 單音節語 시대는 名詞가 주종을 이루지만 당시 名詞는 用言的 구실도 함께 지녔을 것으로 예견된다.

'사람'과 '사랑(愛)'의 語源이 같다고 하는 것은 사랑이 사람의 속성이었다고 하는 것을 보여주며 句麗(高麗), 駕洛(伽耶), 扶餘, 百濟, 斯盧, 朝鮮 등의 語源이 '사람'과 관련된다는 것에서 '나는 사람이다'라고 하는 人本主義的인 면을 볼 수 있다. '나는 짐승도 아니고 원숭이도 아니고 오직 사람이다'라고 하는 人間宣言을 듣는 듯하며 사람이라는 자각을 엿볼 수 있다.

國語의 系統으로 볼 때 基層語로서 고아시아어와 궤를 같이하고 있으며 아이누語와 길랴크語와 맥을 잇고 있음은 중요한 의미를 지닌다. 이렇게 고아시아어를 기층으로 한 國語는 알타이諸語와도 맥을 같이하고 있음이 분명하다. 알타이諸語와 고아시아어의 祖語時代 언어를 종합해서 '東北 아시아 祖語'라고 부르고 싶다.

'-ᵐm'의 頭音인 母音은 媒介母音이 아니라 國語가 閉音節語이기 때문에 接尾辭의 頭音에 母音이 오는 것은 자연스러운 것이다.

2-7. 을 (一ᆞㅣ)系 接尾辭

2-7-1. 을系 接尾辭

國語의 祖語를 再構하고 語源을 밝히는 데에 중요한 작업의 하나는 接尾辭를 밝혀내는 것이다. 筆者는 接尾辭 '一ᆞm'이 動名詞의 接尾辭가 아니라 名詞에 붙었다고 하는 사실을 밝혀낸 바[20] 있다.(2-6-2 參考) 여기에서는 ㄹ系 接尾辭를 추출해 내어 祖語의 再構와 語源을 밝혀 보려고 한다.

2-7-2. 을系 接尾辭의 실태

(1) ᄀᆞ롤(江)

　　민힛 두듥과 ᄀᆞ롨 蒲애 ᄀᆞ새 나ᄂᆞ니(側生野岸及江浦)[杜初15:21]

'ᄀᆞ롤'이란 어휘가 나온다. 'ᄀᆞ롬(江)'의 語根은 '굴'이고 여기에 接尾辭 '옴'이 붙었다. 'ᄀᆞ롤'은 語根 '굴'에 接尾辭 '올'이 붙었음이 분명하다. 'ᄀᆞ롤'의 語根 '굴'은 '걸(渠)'과 語源이 같다고 본다. 이렇게 보면 '굴'은 動詞의 語幹이 아니고 名詞였음을 알 수 있다.

　　gool(川)[蒙]
　　golu(河身)[滿]
　　göl(湖, 澤)[터키]

등에서 보이는 어휘의 語根은 gol임이 분명하고 gol이 動詞의 語幹[21]이 아니고 名詞임이 분명하다. 따라서 'ᄀᆞ롤'의 語根 '굴'이 江이란 뜻을 지니는 名詞였음이 확실하며 여기에 接尾辭 '옴'이 붙으면 'ᄀᆞ롬[22]', 接尾辭 '올'이 붙으면 'ᄀᆞ롤'이 된다. 日本語의 kaha(河)는 國語의 '굴'이

---

20) 筆者, 「國語의 祖語研究」, 『語文研究』 43號, 1984, 346쪽.
21) 梁柱東, 『古歌研究』, 「ᄀᆞ롬」의 「굴」을 動詞의 語幹으로 보았다.
22) 筆者, 「原始國語 再構를 위한 韓·日 兩國語의 共通祖語 연구」, 『慶熙語文學』 第6輯, 1983, 13쪽.

kara>kaa가 되고 여기에 h가 개입되어 kaha가 되었다. kaa에 h가 개입되는 것은 모음충돌회피현상에서 비롯되었다고 본다. 15세기 國語에서도 有聲音 사이에 ㅎ이 개입되는 경우가 많은데 나중에 가서 떨어진다.

(2) 바롤(海)

'바다'의 語根은 '받'이다. '바롤'은 받-올>바돌>바롤의 변화이다.

> wata(海) → wataru(渡)
>
> 海曲縣 本高句麗 波旦縣[三國史記, 地理]

海와 波旦이 대비되는데 patar 또는 patan이 되겠다. 일본어 wata(海)가 국어 pata(海)에서 변한 것으로 보는 일본측 견해가 있으나 나는 견해가 다르다. ata가 wata로 변했다고 보며 ata의 語根 at이 물(水)이란 뜻을 지니고 있다고 본다. ase(汗), arau(洗)의 語根 as, ar의 祖語形은 at으로서 물(水)이란 뜻을 지닌 말이다. patan일 때에는 接尾辭 an이 붙은 것이고 patar일 때에는 接尾辭 ar이 붙은 것이 된다. 滿洲語에서 河라는 뜻으로 pira가 있는데 '바롤'의 語根 '발'과 비교된다. '바롤'의 語根 '발'의 祖語는 '받'이 된다. 이 '받'은 비(雨)와도 同源語다.

(3) 가롤(脚)

> koto(脚)[蒙]
>
> köl(足)[蒙·文]
>
> kamá(足)[아이누]

'거름'의 語根은 *걷>걸이다. 高麗 <處容歌>에 '가롤(脚)'이 보이고 현대어에 '가랭이'가 있다. 모두 語根은 '갈'이고 祖語는 '갇'이 되겠다. 함경도, 평안도 方言에 '가당이, 가다리'가 나온다. 따라서 가랑이(脚)의 祖語는 kat이 되겠고 名詞다. '걷(步)'이라는 動詞도 가랑이(脚)라는 뜻을 지닌 名詞인 '갇·걷'이 動詞로 轉成되었다.

갇 → 걷(脚)>걸―음>걸음(步)

갇>갈―올>가롤(脚)

蒙古文語에서 köl(足)은 國語의 '갇·걷'과 비교된다. '가롤'은 語根 '갈'에 接尾辭 '올'이 붙었다. 『三國遺事』에 보이는 <處容歌> '脚烏伊'의 '烏'는 '鳥'의 誤記일 것이다. '가다리'가 될 것이다.

(4) 버들(柳)

fodoho(柳)[滿]

purgasun(柳)[蒙]

'버들'의 語根은 '벋'이고 여기에 接尾辭 '을'이 붙었다. fodoho, purgasun 등에서 語根은 fod, pur이고 祖語는 put임을 보이고 있다. 이 put은 國語 '버들'의 語根 '벋'과 비교된다.

(5) 구슬(玉)

'구슬'의 語根은 '굿'이고 '을'은 接尾辭다.

古斯(玉)[高句麗 地名]

kusiro(釧)[日]

gu(玉)[滿]

qas(玉)[蒙]

'古斯'를 그대로 읽으면 末音이 母音으로 끝났음을 알 수 있다. '古斯'는 '고사' 또는 '곳'의 표기라 여겨진다. 日本語 kusiro의 語根은 kus이고 여기에 接尾辭 ir이 붙어 kusir이 되고 여기에 다시 接尾辭 'o'가 붙었다. '구슬'의 語根은 '굿'이고 接尾辭 '을'이 붙었는데 kus의 祖語는 kut이 될 것이다.

(6) 寶妲(女兒)

『鷄林類事』에 보이는 '寶妲'은 '보달'로 읽을 수 있겠는데 語根은 pot
이고 接尾辭 al이 붙었다 하겠다.

     patala(女息)[골디]
     hoto(女陰)[日]
     poki(女陰)[아이누]
     beri(嫁)[蒙]
     fatali(女息)[올차]
     podi(女陰)[國]

語根 pot을 추출할 수 있다.

     pul(種·生殖器)[國]
     huguri(睾丸)[日]
     bötegen(睾丸)[滿]
     byraka(睾丸)[골디]
     beraka(睾丸)[골디]
     puri(家族)[올차]
     furi(子孫)[滿]

語根 *put>pur을 추출해 낼 수 있다. '寶妲'을 '보달'로 읽는다면 語根
은 pot이고 여기에 接尾辭 al이 붙었다. 그러나 '보달'을 異音同義語가
합친 것으로 볼 수 있다.

(7) 드틀(塵)

     tsiri(塵)[日]

'드틀'은 語根 '듣'에 接尾辭 '을'이 붙은 것이다. 日本語 tsiri와 國語
'듣'이 比較되며 '듣글'의 '듣'이 語根임을 증명하고 있다. '듣'의 語源은
흙이란 뜻이다. 漢字 '塵'을 보면 흙 토(土)가 있다.

(8) 거울

‘거울’은 ‘거’와 ‘울’로 가를 수 있다. 接尾辭 ‘울’이 붙은 것을 보면 ‘거’의 末音에 子音이 있었음이 분명하다. 옛날 거울은 銅鏡이었다. 그러한 면에서 銅과 鏡은 서로 관련될 것이다. 현대어에서 銅은 kuri지만 百濟語에서 ‘仇知’로 나타나는 것을 보면 ‘구리’의 祖語가 ‘굳’임을 알 수 있다.

> 걷>걸>걸—울>거룰>거울

‘거울’의 祖語 ‘걷(銅)’은 青銅器時代에 생겨난 말임을 알 수 있다.

(9) 오늘(今日)

‘올히(今年)’의 ‘올’이 수이란 뜻을 지니고 있다. ‘올’은 ‘온’이 祖語다. ‘온’은 근원적으로 태양이란 뜻이라고 여겨진다. 태양이란 原意를 지니는 말이 시간을 나타내는 말로 분화했다. ‘오늘’의 語根은 ‘온’이고 接尾辭 ‘올’이 붙음을 一次的으로 생각해 볼 수 있다. 온>온>온—올>오늘의 형성이다. ‘어제’의 ‘잊(얻)’은 ‘온’과 同源語다. 『鷄林類事』에 나오는 明日의 表記語 ‘轄載’는 ‘아제’의 표기라 보며 앋>앚아>아자+이>아제일 것이다. 日本語에서 asu(明日)는 ‘아제’와 비교되며 ‘아촘’도 앋>앛>앛—옴>아촘일 것이고 日本語 asa(朝)는 ‘아제’와 비교된다. ‘이제, 그제, 저제’의 ‘제’는 시간을 뜻하는 ‘적’과 語源을 같이하는 말로서 語源的으로 ‘때’의 祖語와 같다. ‘때’의 祖語는 ‘닫’이다. ‘닫’은 근원적으로 태양이란 原意를 지닌다. ‘때’는 달>다리>다이>대의 형성이다.

慶尙道 方言에서 ‘어제’ 앞날이 ‘아래’인데 앋>알—애>아래의 변화이며, 語根 ‘앋(알)’은 태양이라는 뜻이다. 한편 ‘오늘’은 ‘오’와 ‘늘’의 合成語로 볼 수 있다. ‘오늘’의 ‘늘’은 ‘日’이라는 뜻을 지니고 ‘오’도 ‘온, 올, 오’로서 근원적으로는 해라는 뜻이다.

(10) 푸서리

‘푸서리’는 잡초가 우거진 땅이란 뜻인데, 語根은 ‘풋’이고 ‘어리’는
接尾辭 ‘얼’이 될 것이다. ‘풋’은 다시 ‘푿’으로 再構되어 ‘플(草)’이 되고
ㄷ>ㅅ이 되어 ‘프서리’가 되었다. 플>풋—얼—이>프서리가 되었다. ‘플’
은 ‘붇’으로 소급된다. 상추를 ‘부로’라고 하는데 語根 ‘불’에는 풀(草)이
란 原意가 있다.

　　　부들손(蒜)[字會上8]
　　　부들포(浦)[譯下40]

語根 ‘붇’에 接尾辭 ‘을’이 붙었는데 ‘붇’은 풀(草)이란 原意를 지닌다.
그러나 풋어리의 어리를 實辭로 볼 수도 있다. 滿洲語에 ol(草)이 있다.

(11) 구들(坑)

‘구들’의 語根은 ‘굳’이고 接尾辭 ‘을’이 붙었다. ‘굳(窟, 坑, 坎)’과 비교
된다.

　　　kot(穴)[아이누]

아이누語에서 kot이 구멍(穴)이란 뜻을 지니는데 kut의 語根과 비교
된다. 구덩이의 語根 ‘굳’과 同源語다.

(12) 이슬(露)

‘이슬’은 高句麗語 샘(泉)을 뜻하는 ‘於乙’과 비교되는데 蒙古語에서
물(水)이 oso이니 비교된다. ‘이슬’의 語根은 ‘잇’이며 接尾辭 ‘을’이 붙
은 어휘다. ‘잇’은 ‘닛’의 頭音 ㄴ이 탈락했을 가능성을 생각할 수 있다.
‘닛’은 ‘낟(川·水)’과 同源語다. 그러나 ‘이슬’을 ‘이’와 ‘슬’의 合成語로
볼 수도 있다. 霜露皆曰率[類事]을 보면 서리나 이슬이 모두 솔(설)이었
음을 알 수 있다. 文獻을 共時的으로만 보면 ‘슬’에 ‘이’가 앞에 와서 ‘이
슬’이 된 것이다.

sirəŋgi(露)[滿]

sïləum(雲)[女]

語根 sir, sïl이 이슬이란 뜻이다. 日本語에서 i(井, 堰)가 있는데 본뜻은 물이다.

oso(水)[滿]

ura(江)[滿]

語根 os(ot), ur(ut)는 물이란 본뜻이다.

(13) ᄀᆞ술(秋)

'ᄀᆞ술'의 語根은 'ᄀᆞᆮ'일 것이며 祖語는 'ᄀᆞᆮ'일 것이다.

(14) 겨슬(冬)

kəš[터키]

'겨슬'의 語根은 '것'이고 '을'은 接尾辭다. 터키어 kəš과 국어의 '것'이 비교된다. '겨슬'은 '고드름'과 비교할 수 있다. 국어 '고드름'은 '곧'과 '얼음(氷)'의 합성어로 생각할 수 있다. 아이누어 konru(氷), 일본어 koori(氷)와 비교된다.

(15) ᄆᆞ술(村)

ᄆᆞ술(閭, 村)   mosir(國)[아이누]

마을(府)   moji(省, 州)[蒙]

                       muz(省)[蒙]

                       mura(村)[日]

                       matsi(町)[日]

'ᄆᆞ술'의 어근은 '뭇'이고 마을의 어근은 '맗'인데 여기에 각각 접미사 '올'이 붙었다. mosir(國)의 어근도 mos이고 여기에 접미사 ir이 붙은 것

을 알 수 있다. 일본어 mura는 '무술'의 어근 몯>못의 '몯'이 mut>
mur-a의 변화이다. 일본어 matsi의 어근은 mat인데 이는 국어에서 土
地의 면적단위인 '마지(기)'와 비교된다. 한 마지기는 한 말을 뿌릴 수
있는 면적단위이다. '마지기'는 '말(斗)'의 조어형 '맏'에서 생긴 말이다.
맏-이-기>마지기의 형성이다. '맏(斗)'은 일본어에서 masu(升)다. mat
의 末音이 t>s로 masu가 되고 국어에서는 mat>mal이 되었는데 '마지
기'에서는 末音 ㄷ이 유지됨을 알 수 있다. 사실 일본어 matsi(町)도 원
래는 토지면적 단위를 뜻했다. 따라서 일본어 matsi는 국어 '마지기'의
祖語 mat과 어원이 같다고 볼 수 있다. 황해도에서는 이웃에 놀러가는
것을 '몰간다'라고 하는데 충청도에서는 '마실간다'라고 한다.

    몯>못-올>   무올 → 몰(村)[黃海道 方言]

                     무슬 → 마실(村)[忠淸道 方言]

'미(野)'는 몯>몰>무리>무이>미의 변화이다. 국어 '묻다(埋, 무덤(墓)'
의 語根 '묻'은 흙(土)이란 뜻이다. '마지기'는 '말(斗)'과 관련된다고 하지
만, 그밖의 國, 省, 村 등의 뜻을 지니며, 흙(土)이란 뜻을 지니는 '묻'과
도 동원어다.

(16) 사투리(方言)

'사투리'의 語根은 '삳'일 것이며 '울'이 붙어 사둘-이>사두리>사투
리가 되었다. '울'의 祖語는 '울'으로서 '音, 聲, 語'란 뜻을 지닐 수 있다.

    sato(里)[日]

sato의 語根은 sat인데 國語의 '실(谷)'과 어원을 같이한다. '실'의 祖
語는 '싣'이다. '사투리'는 語源에서 볼 때 '谷' 즉 시골말이다. 아이누어
에서 sir이 土地, 곳(所), 山, 斷崖라는 뜻을 지니는 말과 비교다. 한편
'사투리'의 어근 '삳'은 '소리(聲, 語)', 숣다(說)의 語根과 同源語일 수 있
다. 한편 '사'와 '두리'의 合成語일 수도 있다. '사'는 土地라는 뜻이며

'두리'는 넋두리와 같이 말일 수 있다. 따라서 '地方語, 俗語, 里語'일 가
능성도 있다.

(17) 조ᅀ로이(要)

조ᅀ로이의 '조ᅀ'의 어근은 '좇'이다.

> deleng(乳頭)[蒙]
> celen(乳頭[蒙]
> tümüsun, doodu(睾丸)[蒙]
> tsinpo, tinko(男根)[日]
> tani(男根)[日, 琉球]
> tarimbi(播種)[滿]
> tari-(播種)[오로치]
> tare-(播種)[나나이]
> tarembi(播種)[에벤키]
> tarimui(播種)[蒙]
> taridu(種)[위구르]

國語의 山蔘採取人語에서 種을 '달'이라고 한다. 남근 '좇' 등은 모두
같은 語源에서 비롯된 말이다. 국어의 '좇, 좃' 등은 共通祖語 tvt의 頭音
ㄷ이 口蓋音化한 것이다. 따라서 ㅈ음은 구개음화되어 2차적으로 생긴
자음이며 원시국어에서는 없었다.

(18) 사슬(鐵鎖)

'사슬'의 語根은 '삿'인데 이 말은 '쇠'와 어원이 같다. '쇠'는 '소'와
'이'가 합쳐진 말로써 '이'는 接尾辭이며 '소'는 語根이 되는데 祖語는
숟이다. 숟>술>술-이>소리>소이>쇠의 변화이다.

> sələ(鐵)[蒙, 나나이, 오로크, 네기달]

səle의 語根은 səl이라 하겠는데 숟>술과 同系의 말이다. səl의 祖語는 sət이 되겠는데 末音이 t>s로 인하여 된 것이 '사슬'의 語根 '삿'이다. '서슬이 시퍼렇다'의 서슬(刃)의 語根 '섯'과 同源語이며 '을' 接尾辭가 붙었다.

(19) 마놀(蒜)

mira(蒜)[日]
mira(蒜)[日]

日本語 mari 語根은 mar이고 mat까지 再構된다. 國語 '마눌'의 語根은 '만'이고 다시 '맏'까지 소급된다. 日本語 mari는 mat이 mar로 변하고 母音 i가 붙은 것이다.

蒜山縣 本 高句麗 買尸達縣[史記, 地理2]

蒜의 對가 買尸고 山의 對가 達이다. 買尸는 '말'의 표기라 여겨진다. 여기서 蒜의 語根 買尸를 통해 蒜의 祖語가 '맏'임을 알 수가 있다.

maŋgehum(蒜)[퉁구스]
maŋgirsum(蒜)[蒙]

(20) 비두리(鳩)

hato(鳩)[日]

hato는 pato로 再構되며 語根은 pat이 된다. '비두리'의 語根은 '빋'이 되고 빋—울>비둘—이>비두리가 되었다. 그러나 '비두리'를 '비'와 '두리'의 合成語로 볼 수도 있다.

(21) 비탈(坂)

'비레(崖)[重杜解3:41], 벼로[譯上7]'로 文獻에 보이는데 *빋>빌로 再構된다. '비탈'의 語根이 '빋'임을 알 수 있다. 語根 '빋'에 接尾辭 '알'이 붙었다. 그러나 비탈은 '비'와 '탈(달)'의 合成語로 볼 수도 있다.

(22) 두듥(岸, 皋, 丘, 坂, 阪, 陸)

　　tsutsi(土)[日]

　　*닫>달>다>짜>땅(地)

　　*돋>돌>도>쏘>똥(糞)

日本語 흙(土) tsutsi는 tut이 口蓋音化한 것이고 國語 땅(地)의 祖語 '닫'과 比較된다. 닫>달의 '달'은 현대어 '음달, 양달'의 '달'이 땅(地)이란 뜻으로 살아 있는 말이다. 똥(糞)의 祖語는 '돋'이고 '두엄'은 祖語 '둗'에 서 둘−엄>두엄으로 변화하였으며, '둗'이 똥(糞), 肥科란 뜻을 지닌 말이 고 '더럽다(汚)'의 語根 '덜'과 同系의 말이다. 日本方言에 tara가 人糞, 下肥라는 뜻을 지니고 있다고 하는 사실은 '돋'이 똥(糞)의 祖語임을 보 이는 말이다.

　　닫>달>다>짜>땅(地)

　　돋>돌(石)>돍>독

　　듣>들(野)

　　딛>디새(瓦)

　　딛>딜(土)…… 딜그릇

등의 어휘는 母音交替에 의한 분화 작용이다. '두듥'은 語根 '둗'에 接尾 辭 '을'이 붙어 '두들'이 되고 다시 ㄱ이 接尾된 것이다. '둗'은 '두더쥐' 의 語根 '둗'과 같은 말로서 땅·흙(地·土)이란 뜻을 지니는 말이다. '두 던'은 '둗'에 接尾辭 '언'이 붙어서 된 말이다. '논두렁, 밭두렁'에서 '두 렁'의 語根은 '둘'이고 '둗'이 祖語임이 분명하다.

(23) 여듧(八)

　　yatsu(八)[日]

文獻에는 '여듧'[飜朴上11]으로도 나오는데 80을 '여든'이라고 하는
것을 보면 語根은 '열'임을 알 수 있고 日語에서 8이 yatsu라고 하는
것을 보면 '여듧'의 語根은 '열'임이 분명해진다. '열'에 接尾辭 '을'이 붙
어 '여들'이 되고 末音으로 다시 ㅂ이 첨가된 어휘다.

(24) ᄂᆞ물(菜)

나싀(薺)[訓蒙上14]

'나싀'의 語根은 '낫'이고 '낟'까지 소급된다. 낟>날>날−옴>나롬>나옴>
남>남−올>나물의 형성이다. 'ᄂᆞ물'[楞解6:99]은 祖語 'ᄂᆞᆯ'에 接尾辭 '옴'과
'올'이 붙었다. 낟>낫>나시>나이>내>냉>냉−이>냉이의 변화이다.

nasan(茱)[滿]
na(茱)[日]

그러나 ᄂᆞ물은 'ᄂᆞ'와 '물'의 合成語로 볼 수도 있다. 남새(茱)는 異音
同義語의 合成語다.

(25) 여울(灘)

nada(灘, 洋)[日]

'여울'의 語根은 '여'일 것이며 接尾辭 '울'이 붙은 것으로 보면 '여'의
末音에 子音이 있었음을 알 수 있다. '뉘누리(灘)'의 '뉘'는 누리>누이>
뉘의 변화로 된 말이다. '뉘누리'는 '뉘'와 '누리'가 합성된 말이다. 日語
nada의 語根은 nad임이 분명하다. '여울'은 널울>녈울>열울>여울의 변
화이다. '널'의 祖語形은 '넏'이다. 넝~>녕~>영~의 변천이 바로 널~>
녈~>열~의 변화를 시사하고 있다. 日語 nami(波)는 nat>nar−am>
naam−i>nami(波)의 변화이고 나리>나이>내(川)의 祖語도 nat이다.

(26) 바늘(針)

　hari(針)[日]
　hanol(針)[蒙]
　hathor(針)[蒙]

日語 hari는 pari로 再構되며 語根은 pat이다. '바늘'의 語根은 '반'이며 '받'으로 再構된다. 蒙古語 hathor(針)은 pator로 再構되며 語根은 pat이다. 한편 '바늘'은 '바'와 '늘'의 異音同義語의 合成語일 수도 있다.

(27) 마노라(上典)

　mat(女·妻)[아이누]

'마노라'는 15세기어에서 '주인, 존귀인'이란 뜻을 지니다가 '아내'[譯解補18]라는 뜻으로 轉義되었다. '마노라'는 '마놀'에 接尾辭 '아'가 붙은 것으로 '마놀'의 語根은 맏>말일 것이다. '모른(宗·棟·義), 몰, 뭇(最), 마디(上), 말(頭)' 등의 語根은 mat이다. 新羅의 王稱 '麻立干'의 '麻立'도 尊長者라는 뜻을 지니는 말이다.

　melik(王)[터키]

'마노라'의 語根은 '만'이고 여기에 接尾辭 '올'이 붙었다. '만'의 祖語는 '맏'이다. 그러나 '만'과 '오라'의 合成語일 수도 있는데 異音同義語다. 터키語 melik(王)의 語根은 mel이라 하겠는데 met으로 再構되며 '麻立干'의 '麻立'의 祖語도 '맏'임을 보이고 있다. 그러나 '麻立'은 頭, 宗이란 뜻이 아니라 '말(語)'과 관련될 것이다.

(28) 며늘>며느리

　mat(女·妻)[아이누]
　me(女)[日]
　melek(天使)[터키]

musuko(息子)[日]

musume(娘)[日]

日語 me(女)는 mat>mari>mai>me의 변화이다. '며늘'의 語根은 '면'이고 *먿>멷으로 再構된다. 먿>멷>면—을>며늘>며늘—이>며느리의 변화이다. 日本語 musu의 語根은 mus으로서 祖語形은 mut이다. 이 mut은 사람(人)이란 原義를 지니는 말이다. 며느리는 마노라와 同源語일 것이다. 한편 '면'과 '으리'의 合成語일 수도 있다.

(29) ᄀᄂ(그늘, 陰)

kur(影)[아이누]

kage(影)[日]

'그리메(影)'[月釋9:21]의 語根은 '글'이고 '귿'까지 소급된다. 귿>근—을>그늘의 변화이다.

귿>근—을>그늘(陰)

귿>글—임>그림(影)

語根 '글'은 해(日)라는 본뜻을 지닐 것이다.

(30) 시울(絃)

'시울'의 '울'은 接尾辭이고 '시'에 末子音이 있었음을 알 수 있다.

실(糸)—울>실울>시룰>시울(絃)

接尾辭 '울'이 붙음으로써 語義分化가 되었다. 滿洲語에서 絃樂器의 줄이 sirge인데 sir이 語根이고 ge가 接尾辭다. 滿洲語에서 siren은 끈이란 뜻을 지니는데 語根은 역시 sir이다. 그러나 '시울'의 '울'이 實辭일 수도 있다. 실 한 올 두 올 할 때 '올'이 實辭다. 끈을 '오래기'라고도 하는 方言이 있는데 語根 '올'이 끈이란 뜻이다.

(31) 시울(술가리)

시울>술로 되고 다시 '가리'가 붙어서 '술가리'가 되었다. '입시울'의 입은 입(口)이고 '시울'은 입술(唇)이 되겠고 현대어에서는 '입술'이다. '시울'도 실 울>시울의 변화라 여겨진다.

(32) 구실(公, 務, 稅)

'구실'은 語根 '굿'에 接尾辭 '일'이 붙었다. 百濟 地名語에 金이 仇知로 나타난다. 仇知의 語根은 kut일 것이다. kut>kur-i>kuri는 銅이란 뜻이다. 稅金을 銅으로 만든 돈으로 냈으니까 語源이 銅(kut)에 있지 않나 한다. 관리들은 세금을 거둬들이는 역할을 했으니 銅 → 錢 → 稅, 公이란 뜻으로 변한 것은 아닌가 한다.

(33) ᄂᆞ올(너울, 刑象)

　nan(顔)[아이누]
　netf(顔)[길랴크]

'ᄂᆞ올'은 'ᄂᆞ'와 '올'로 나눌 수 있다. 'ᄂᆞ'가 語根인데 末音이 子音임을 보이고 있다. 'ᄂᆞ올'의 語根은 ᄂᆞᆮ>눋이 될 것이다. '눋'은 얼굴(顔)이란 뜻을 지니는 '낯'과 語源을 같이한다. '낯'의 祖語는 '눋'일 것이다. 아이누語에서는 nan이 얼굴(顔)이다. 日本語 nou(能)는 '눋(顔)'과 語源을 같이한다.

눋 ⟨ 낯>낯(顔)
눋 ⟨ 눌>눌―올>ᄂᆞ올(形象)

한편 ᄂᆞ올은 'ᄂᆞ'와 '올'의 合成語일 수도 있다.

(34) 노올(놀, 霞)

'노올'의 語根은 '노'이다. 놀―올>노롤>노올이 되었다. '뉘누리'는 渦,

湍, 瀧이라는 뜻이다. '놀'은 물(水)이란 原意를 지닌다. 그러나 '노'와 '올'은 異音同義語일 수도 있다.

(35) 우믈(井)

'우믈'의 語根은 '움'이고 接尾辭 '울'이 붙었다. '움'은 다시 울>울—움>우움>움의 변화이다. 語根 '울'은 高句麗語에 보이는 '於乙'과 비교된다.

    edör, oso(水)[蒙]
    uli(江)[퉁구스]
    ur, ul(井)[오스챠크]
    eri(泉)[길랴크]
    ido(井戶)[日]
    ura(江)[滿]

'우믈'은 '우'와 '믈'의 異音同義語의 合成語일 수도 있다.

(36) 겨를(暇)

    koro(頃)[日]

'겨를'의 語根은 '결'이고 接尾辭 '을'이 붙었다. 'ᄢ(時), ᄢᅨ(時)'와 비교된다. 'ᄢ'도 母音 末音으로 끝나는 名詞가 아니라 'ᄢᆯ'의 末音 ㄹ이 탈락한 것임을 알 수 있다. '겨를'의 語源 '결'은 日本語 koro(頃)의 語根 kor과 비교된다. 語源的으로는 태양이란 原意를 지니는 말이다.

(37) 아돌

    丫妲(男兒)[鷄林類事]
    otoko(男)[日]
    otona(成人)[日]

etege(成人)[蒙]

ari(孫)[터키]

ekasí(父, 祖父)[아이누]

otome(女)[日]

ata(祖父)[터키]

ada(父)[터키]

'아들'의 語根은 '앋'임을 보이고 있다. 이 語根 '앋'은 人稱名詞의 基本祖語다.

앋>앗

앋>앗:엇(母), 아스(弟)(ㄷ>ㅅ)

　　　　　usi(大人)[日]

　　　　　ösu(雄)[日]

　　　　　asi(女·婦人·妻)[나나이]

　　　　　asi, asin(女)[솔롱]

　　　　　ask(弟)[길랴크]

앋>안(ㄷ>ㄴ)

아내[國]

아낙네[國]

언니(姉)[國]

　　　　　ana-ta(貴方)[日]

　　　　　onna(女)[日]

　　　　　ona(父)[아이누]

　　　　　unu(母)[아이누]

　　　　　ono(己)[日]

　　　　　ani(兄)[日]

　　　　　aynu(男·人)[아이누]

　　　　　'onnep(老人)[아이누]

알>알>알–압>아랍>아압>압·업(父)(ㄷ>ㄹ → ㅂ)

oba(祖母)[日]

ebisi(男·人)[아이누]

ab, aba(父)[蒙]

aba(父)[부리야트]

알>알>알–암>아람>아암>암(雌)(ㄷ>ㄹ → ㅁ)

엄(母)[國]

imo, imoto(妹)[日]

emisi(蝦夷)[아이누]

ami(父)[蒙]

amo(母)[日]

omi(臣)[日]

ami(父)[퉁구스]

eme(妻·女)[蒙]

앝>앛>앛>앛–온>아촌(ㄷ>ㅈ>ㅊ)

'acá(父)[아이누]

앝>앛(ㄷ>ㅈ)

아ᄌ미(嫂)[國]

아ᄌ비(叔)[國]

odi(祖父)[日]

ozi(叔)[日]

ezi(母)[蒙]

    ezo가 남자·사람(男·人)이란 뜻을 지니는 말이지만 日本 原住民인 蝦夷族名이 되었다. 蝦夷族을 emisi라고도 하는데 emisi도 역시 남자·사람(男·人)이란 뜻을 지니고 있는 말이다. 아이누語에서 ebisi가 남자

・사람(男・人)이란 뜻을 지니고 있어 ebisi와 emisi가 同源語다.

안>알(ㄷ>ㄹ)

어른[國]

우리(吾)[國]

아룸(私)[國]

오라비[國]

                        are(吾)[日]

                        irofa(母)[日]

                        ura(己)[日]

                        ur(아들)[솔롱]

                        ere(男・夫)[蒙]

‘아룸’은 ‘알−옴’의 형성이다. ‘아룸답다’는 아룸(私)−답다>아룸답다
의 형성이다. 地方에서는 서울 사람을 ‘京아리’라고도 하는데 ‘아리’가
사람이라는 뜻이다.

안>알>앍>악(ㄷ>ㄹ>ㄹ>ㄹㄱ>ㄱ)

아기

    丫加(兒)[鷄林類事]   okina(翁)[日]

                         axa(兄)[蒙]

                         oko(아이)[야쿠트]

                         ağabey(兄)[터키]

                         ’ak(弟)[아이누]

                         akkan(兄)[길랴크]

                         ’ókkayo(男)[아이누]

‘아둘’은 語根 ‘안’에 接尾辭 ‘올’이 붙었다.

(38) 途孛(二)

　　　juər(二)[골디]

　　　dju, ʒū(二)[오로치]

　　　djur, ʒur(二)[솔롱]

　　　diur, ʒūr(二)[에벤키]

　　　diuer(二)[나나이]

　　　juwe(二)[滿]

　　　du(二)[오로크]

　　　diuel, ʒuəl(二)[올차]

　　　dju, ʒū(二)[우데헤]

　　　diur, ʒūl(二)[네기달]

　　　ʒūr(二)[라무트]

　　　du(二)[아이누]

　頭音 t가 口蓋音化되지 않은 어휘만 추리면 du, djuel, djur을 들 수
있겠다. '途孛, 都卜' 등의 表記에서는 '두블'을 생각할 수 있다. 그러나
新羅의 鄕歌에는 二尸, 二肹隱으로 되어 '둘'의 표기임을 알 수 있다.
梁柱東 교수는 '두볼' 外에 '둘'형이 이미 오래전부터 있었다[23]고 했다.

　'途孛'의 祖語도 둔>둘>둘―웁>둡>둡―을>두블의 변화이다. 따라서
'途孛'의 祖語는 둔>둘>두릅>두웁>둡―을의 변화일 것이다. 그러나 '두'
와 '불'이라는 異音同義語의 合成語일 수도 있다. 日本語에서 hu(2)는
pu로 再構되며 put이 祖語가 되며 두블(二)의 '블'과 同源語일 수 있다.

---

23) 梁柱東, 『古歌硏究』, 459-460쪽.

다슴어미(繼母)

다슴ᄌ식(繼子)

다시어미(繼母)[慶尙道 方言]

‘다슴’은 다슴>다ᅀᆞᆷ>다음(次)으로 변했는데 語根은 *닫>닷이라 할 수 있으며 이 말은 ‘둘’의 ‘둗’과 비교된다.

(39) 酥孛(酒)

酥孛(酒)[類事]

數本(酒)[朝譯語]

‘수불’의 표기라고 하겠으며 語根은 ‘숩’이고 ‘울’은 接尾辭이다.

subu-būn(술이 취한 모습)[滿]

subu-mni(술이 깨다)[滿]

subu가 滿洲語에서 술(酒)이란 뜻이다.

sake(酒)[아이누]

sake-nan(酒宴의 騷音)[아이누]

sake-nauki(술마시며 노래하다)[아이누]

sake(酒)[日]

sasa(酒)[日]

아이누語나 日本語에서는 sake가 술(酒)이란 말이다.

sarhoç(醉)[터키]

터키語 sarhoç의 語根은 sar이 될 것이고 祖語는 sat이 될 것이다. 日本語 sake는 國語의 sar에 k가 첨가된 sarke가 sake로 r이 탈락한 것이라 여겨진다. 그래서 國語의 ‘술’의 변화는 두 갈래로 변화했다고 여겨진다.

순>술

순>술>술—웁>수릅>숩>숩—을>수블>수울>술

滿洲語 subu는 바로 순>술>술—을>숩의 변화이다. 한편 '수블'은 '수'와 '블'의 合成語일 수도 있는데 이때는 異音同義語다.

(40) 수플(林)

sigoi(林)[蒙]

숲(藪)[國]

'수플'의 語根은 '숲'이고 여기에 接尾辭 '을'이 붙어서 어휘가 분화되었다. 그러나 '숲'과 '울'의 合成語일 수도 있는데 異音同義語다.

(41) ㄱ불(色, 州, 郡, 縣)

kohori(郡)[日]

'ㄱ불'의 語根은 '골'인데 이 말은 다시 곧>골>골—웁>ㄱ룹>ㄱ웁>곱—올>ㄱ불의 변화이다. 文獻에는 'ㄱ을, 고올, 고을'의 二音節語와 '골'의 單音節語가 병존한다.

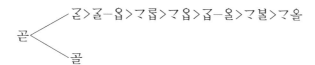

곧 ┬ 곧>골—웁>ㄱ룹>ㄱ웁>곱—올>ㄱ불>ㄱ올
　　└ 골

'곱초다(隱, 藏)'는 '곲다(藏, 險)'의 ㄹ이 탈락하며 형성된 말이다.

疊(重疊) → 겹(重)
　　　　 → 곱(倍)

과 같이 ㄹ이 탈락하며 '겹, 곱'이 되었다. '곲'의 末音 ㅂ은 후대에 들어간 子音이다. '곲'은 名詞인데 '곲다(並, 敵)'란 뜻을 지니며 '곱'도 名詞인데 '곱다'는 動詞다. 알>앒>압의 변화를 거쳤다.

다숫 굴본(五重)[楞10:76]

'굴본'의 名詞 語幹은 '곫'이 된다. 길랴크語에서 여름(夏)이란 뜻으로 tol, tolf, tolvan 등이 있는데 語根은 tol이 된다. 國語 '덥~(暑)'과 비교한다면 다음과 같은 변화를 했을 것이다. təl>təl-əp>təəp>təp~. '밥'의 滿洲語는 puta고 語根은 put이다. put → pat>par-ap>parap>paap>pap의 변화이다. 慶尙道 方言에서 때(時)라는 뜻으로 '답'이 있다. '저녁답'은 저녁 때라는 뜻인데 '때'의 祖語는 tat으로 tat>tar-ap>taap>tap으로 변화하였다.

> kuni(國)[日]
> koton(城)[에벤키]
> kotor(面)[아이누]
> kurun(國)[滿]
> kotan(村, 國)[아이누]

이상의 예에서 共通語根 kot을 추출하게 되는데 'ᄀ볼'의 祖語가 kot임을 보이는 예들이다. 國語에는 '곧(處)'과 '고장(鄕)'이 있다. '고장'은 곧>곳—앙>고장이다. 語根 '곧'은 근원적으로는 흙(土)이란 뜻이다. 'ᄀ볼'은 異音同義語의 合成語일 수도 있다.

(42) 니블

'니블'의 語根은 '닙'이고 '을'은 接尾辭다. '닙셩'은 옷이란 뜻인데 '닙'과 '셩'으로 가를 수 있고 '닙'이 '니블'의 語根 '닙'과 비교된다. '닙다(被衣)'의 語幹 '닙'은 '닙—셩, 니블'의 語根 '닙'에서 轉成된 것이다.

(43) 거플(皮)

'거플'의 語根은 '겊'이고 겊—을>거플의 변화이다. 바로 '접질(皮)'이라고 하는 어휘의 '겊'과 同源이 된다. '겊'의 語源的 語根은 갇>갖(皮)일 것이다. '갖'의 表記法이지만 '가죽'할 때에는 末音 ㅈ이 나온다. 갇>갖의 변화이다. 가풀>거풀은 갇>갈>갈─옵>가롭>가옵>갑─올의 변화라여겨진다.

(44) 나잘(半日)

語根 '낮'에 接尾辭 '알'이 붙은 말이다. '낮'은 晝라는 뜻이겠으나 祖語 '낟'에서 '낮'으로 변했다. '낮알'의 '알'은 日이라는 뜻을 지닐 수 있다.

(45) 벼슬(官)

'볏─을'의 형성이라 하겠는데 '볏'은 鷄冠이다. '벼슬'의 語根 '볏'은 '벗'으로 소급되며 '벗'은 다시 '벋'이 祖語形이다. 祖語形 '벋'은 머리 (頭)란 뜻이라고 여겨진다. 벼슬을 하게 되면 머리에 표시로 쓰는 帽子가 있다. 국어 '갇(笠)'도 근원적으로 머리(頭)라는 뜻이다. 벼슬의 祖語 '벋'과 '받'은 同源語다.

사슬(鐵, 鎖)[四解下28]

'사슬'의 語根은 '삿'이고 接尾辭 '올'이 붙었다. '삿'의 祖語는 '삳'이고 쇠의 祖語 '솓'과 同源語다. '머리로 받다'의 '받다'의 語根 '받'이 名詞로서 머리(頭)라는 뜻이다. 박치기의 '박'이 바로 머리(頭)라는 뜻을 지니며 받치기가 박치기로 변했을 수 있다.

(46) 하눌(天)

'하눌'의 語根은 '한'이라 하겠는데 이 '한'은 '히(陽)'와 同系語라 하겠으며 올接尾辭가 붙었다. '하눌'의 語根은 '한'이고 本意는 태양이다. '한올'의 '올'은 日이란 뜻을 지닐 수 있다. '히'의 語根 '흔'은 다시 '혼'으로 소급된다. 日本語 hiru(晝)는 日本語 hi(陽)와 비교되며 韓國語 '볕(陽)'과 비교된다. 한편 '하눌'은 異音同義語의 合成語일 수도 있다. 하눌의 눌

(日)은 태양이란 뜻이다.

2-7-3. 格語尾의 起源

1. 名詞에 接尾辭 '—ˇm'과 接尾辭 '—ˇl'이 붙음으로써 單音節語를 二音節語로 신장시켜 어휘의 안정감을 지니게 하고 聽覺映像을 높이는 구실과 아울러 어휘 분화의 기능도 했다.

2. 合成名詞가 아닐 경우 二音節語의 末音이 ㄹ로 나는 것은 接尾辭다.

3. 祖語의 末音은 거의 ㄷ이 되고 점차 開音節化했다. 祖語의 末音 ㄷ은 같은 前舌子音인 ㄹ, ㅅ, ㅈ(ㅊ), ㄴ 등으로 변한다.

4. 알타이諸語에서 이른바 動名詞形인 -n, -m, -l에 l이 포함되어 있는데 근원적으로는 動名詞形이 아니고 —ˇm과 함께 —ˇl은 名詞에 接尾되었던 것이다.

5. '河屯(一), 어른'의 어휘에서 보이는 末音 -n도 -m, -l과 같이 名詞에 接尾되었던 것이 된다.

6. 格語尾인 目的格 '을', 限定格 '은' 등은 根源的으로는 接尾辭에서의 형성이라 여겨진다.

主格 '이'도 接尾辭 '이'에서 변한 것이고, 處格 '에, 애' 등도 接尾辭가 그 기원이다. 이렇게 母音을 頭音으로 하는 接尾辭는 祖語가 閉音節語였음을 알 수 있다. 母音을 頭音으로 하는 格語尾는 接尾辭에서 轉用된 것이라는 推定이 가능하다.

3. 韓·日語의 祖語와 語源

東京大學 名譽教授이며 言語學者인 服部四郎은 言語年代學의 방법으로 日本語와 朝鮮語가 만약 같은 祖語에서 분열했다고 보더라도 그 분열의 시기는 지금으로부터 약 7천 년 이상 전이 될 것이라고 서술하고 있다(服部四郎, 『日本語の系統』, 岩波書店, 1959).

이러한 견해에 의하면 韓·日 兩國語의 祖語는 동일할 것이라는 것을 시사하고 있다. 한편 東京大學의 自然人類學者 埴原和郎은 기원전 3세기에서 기원후 7세기까지 약 천 년 사이에 韓國에서 日本으로 건너간 渡來人을 150만으로 추정하고 있다. 기원후 7세기의 繩文人과 渡來人의 비교에서는 渡來人이 9.6배에 이른다고 한다. 이는 당시 渡來人의 直系子孫의 비율이 先住民보다 압도적으로 많은 것을 뜻하고 있다. 뿐더러 渡來人과 日本의 古代人과의 混血關係를 조사했다. 즉 日本의 古墳時代(5~6세기) 日本人의 頭蓋骨에 대한 각종의 자료를 컴퓨터로 분석한 결과 大阪, 京都, 奈良 등 日本의 歷史的·文化的 中心地에 살고 있던 古墳人의 身體 骨骼이 渡來人과 닮았다는 것을 밝혀냈다. 이와 같이 日本側 學者의 견해를 보더라도 古代 日本語의 형성은 韓國語가 그 祖語라고 하는 것을 추정하게 된다. 특히 日本의 先住民인 아이누人이 外人, 즉 日本人을 '사모(samo)'라고 불렀다는 것은 주목할 일이다. 아이누人의 아이누는 사람이라는 뜻을 지니고 있다. '사모(samo)'도 사람이라는 뜻을 지니고 있을 가능성을 보이고 있다. 그러면 '사모'의 語源은 무엇일까? 나는 '사모'는 국어 '사람'의 '라'가 줄어든 말이라 생각한다. 구름 kumo(雲)[日], 씨름 sumo(相撲)[日]. 위 예는 '르'음이 줄어서 日本語 kumo(雲), sumo(相撲)가 형성된 것을 보이고 있다. 사람(saram, 人), 사모 (samo, 人). '사람'의 '라'가 줄어들었음이 확실하다고 보겠다. 이와 같은 현상은 아이누人이 최초로 본 外人, 즉 日本人은 한국 사람이었다는 것을 단적으로 보이는 것이다.

그런데 服部四郞 교수는 '彌生式 文化時代의 北九州의 日本人은 朝鮮南部의 언어에서 그 文法體系와 母音調和 등, 즉 言語的 核心部를 이루는 基礎語彙는 비교적 받아들이지 않았다고 보아야 한다.'라고 지적하고 있다. 1977년의『言語』9月號 特輯 <朝鮮語入門>에서 日本에서 韓國語 硏究의 권위자로 알려진 河野六郞은 다음과 같이 언급하고 있다.

'대체 同系의 言語 사이에서는 비교가 되는 基本的 語彙는 音韻法則의 여러 방면으로 살피지 않는다고 하더라도 직감적으로 대응되는 것을 알 수 있는데 日本語와 朝鮮語 사이에는 그러한 현상이 한눈으로 보아 인정되지 않으며 인정된다고 하더라도 억지로 맞추려는 것은 쓸 데 없는 노력'이라고 했다.

이렇듯 服部, 河野 두 교수는 韓·日 兩國語의 同系論에 대해 부정적인 견해를 피력했다. 이러한 日本人 學者들의 견해는 그들이 日本語의 祖語와 消失語 再構의 방법을 아직 발견하지 못했기 때문에 일어나는 현상이다. 고아시아의 抱合語에 속하는 아이누語, 길랴크語를 알타이 語系가 아닌 별개의 언어로 보는 견해도 있지만 韓國語의 祖語를 再構해 보면 共通祖語가 再構되는 어휘는 상당수다. 蒙古語과 아이누人의 齒牙를 비교한 埴原和郞에 의해 아이누人은 古蒙古人이라고 하는 것이 구명되었다. 아메리카 대륙의 原住民도 약 1만 5,000년 전 내지 2만 5,000년 전에 아시아에서 베링 海峽을 건너간 것으로 보고 있다.

日本의 學者는 日本語와 韓國語가 同系가 아니라는 것의 근거로 基礎語彙의 불일치를 지적하고 있다. 基礎語彙로는 身體語, 天體語, 數詞, 色彩語 등을 들고 있다.

머리(頭)   atama(頭)[日]
눈(眼)   me(眼)[日]

코(鼻)	hana(鼻)[日]
입(口)	kutsi(口)[日]
귀(耳)	mimi(耳)[日]

　　現代 韓國語는 現代의 日本語와 비교해 보면 일치하는 語彙가 하나
도 없다. 뿐더러 日本語에서는 머리를 뜻하는 단어가 atama 外에
kasira(カシラ), hatsi(ハチ), tsumuri(ツムリ), tsuburi(ツブリ) 등이 있는데 이
중에서도 우리말의 머리와 비교될 만한 것이 한 단어도 없다. 따라서
韓·日 兩國語는 同系가 될 수 없다는 것이 日本學者들의 주장인 것이
다. 그러나 이러한 견해는 앞에서 말한 바와 같이 일본 학자들이 祖語의
再構와 消失語의 再構 방법을 발견하지 못하고 있다는 데서 기인한다.
韓·日 양국의 祖語와 消失語를 再構해 보면 同系語라는 것이 확실히
드러난다.

3-1. 身體語

3-1-1. 우두머리

우두머리(頭)[國]	odo(頭)[오로크]
우두(頭)[三譯4:18]	adet(頭)[터키]
	uču(頭)[滿]
	atama(頭)[日]
	ütügüs(頭)[蒙]

　　국어 '우두(頭)'의 語根은 '욷'이고 滿洲語 頭라는 뜻 uču의 어근 uc이
ut으로 再構되면 국어의 '욷(頭)'과 語根이 일치한다. '욷'은 다시 蒙古語
ütügüs(頭)의 語根 üt, 터키語 頭 adet의 語根 ad, 오로크語 頭 odo의
語根 od과 同源語다. '우두머리'는 '우두(頭)'와 '머리(頭)'의 異音同義語
의 合成語다.

atama(頭)[日]

日本語 atama(頭)는 ata와 ma의 合成語로서 국어의 '우두머리'와 같은 語形成이다. ata는 국어의 '우두'에 해당되고 ma(頭)는 '머리(頭)'에 해당된다. 국어 '머리'는 '마리'에서 변한 말이다. 지금도 짐승을 셀 때에는 한 마리, 두 마리와 같이 '마리'가 쓰이는데 이는 '머리'의 옛말이 된다. '마리(頭)'의 語根은 '말'이다. 日本語 ma(頭)는 국어 '말'의 末音 ㄹ이 떨어진 말이 된다. 여기서 지적하고 넘어갈 것은 '머리'라고 하는 말이 쓰이기 전에는 '우두'가 '머리'라는 뜻을 지니고 있었다고 하는 사실이다. 뿐더러 국어의 '우두(頭)'가 滿洲語에선 uču(頭)로서 ㄷ이 ㅈ으로 口蓋音化했다는 사실이다. 현대어에서 ㄷ이 口蓋音化하는 것은 母音 i와 연결될 때 일어나는 것이 상례인데 滿洲語에서는 그러한 조건이 아니다. uču(頭)를 보면 ut이 u와 합하면서 uču가 되었다.

『鷄林類事』에는 '麻帝(頭)'가 있는데 語根은 mat이다. 이는 터키語 matte(頭)의 語根 mat과 일치하고 있다. '마리(맏)'가 터키語와 同源語라는 것은 매우 시사적인 면이 있다. 뿐더러 터키語에 머리(頭)라는 뜻으로 meraklə가 있다. mera와 klə의 合成語다. mera는 국어의 '마리(머리)'와 同源語이며 klə는 국어의 '대가리'의 '가리'와 同源語다. 따라서 국어 '우두머리'와 日本語 atama(頭)는 그 語形成이나 語彙面에서 同系의 語彙임이 분명하다.

3-1-2. 대가리

골(腦)[國]	kasira(頭)[日]
갈(髮)[國]	kelle(頭)[터키]
	kafa(頭)[터키]
	kalla(頭)[위구르]

국어 '대가리'는 '대'와 '가리'의 異音同義語의 合成語다. '대머리'도 두말할 것 없이 '대'와 '머리'의 合成語다. '대머리, 대가리'의 두 어휘를

놓고 볼 때 '대가리'의 '가리'는 '대머리'의 '머리'에 해당하는 것으로 머리(頭)를 뜻한다. 頭라는 뜻을 지니는 '가리'의 語根은 '갈'이고 '갇'이 祖語形이다. 위구르語 kalla(頭)의 語根은 kal이고 祖語形은 kat이다. 日本語 頭를 뜻하는 kasira의 語根은 kas이고 祖語形은 kat이다. 日本語 kasira(頭)의 祖語形 kat과 국어의 '가리(頭)'의 祖語形 '갇'은 일치한다. 국어에서 '머리'를 '갇'이라고 할 때 日本에 건너가서 kasira로 변했다. '머리ㅎ갈'의 '갈(髮)'도 語源은 '갇·갈(頭)'에서 비롯했다고 보며, 아울러 '갇(笠)'도 '갇(頭)'과 語源을 같이한다.

> kalpak(帽子)[위구르]
>
> paslək(帽子)[터키]
>
> paš(頭)[터키]
>
> mahala(冠)[滿]

위구르語에서 帽子를 뜻하는 kalpak의 語根 kal이 머리(頭)라는 뜻과 同源語다. 터키語에서 帽子를 뜻하는 paslək의 語根 pas은 터키語에서 머리(頭)를 뜻한다. 漢語 帽는 국어의 '머리'와 同源語라 여겨진다. '갇(笠), 갈(髮)'도 頭라는 原意를 지닌다. 日本語 kami(髮)의 祖語形은 kat이고 여기에 接尾辭 am이 붙어서 kar-am>karam>kaam>kam>kam-i의 변화를 했다. 국어 '갇(笠)'은 現代語에서는 '갓'이고 日本語에서는 kasa(笠)로서 開音節化했다.

> kaube(頭·首)[日]

日本語 kaube는 kau와 be의 合成語다. kau는 karu(頭)에서의 r音 탈락으로 kau가 되었다. 語根은 kal이고 祖語形은 kat이다. be는 역시 頭라는 뜻인데 日本語 hatsi(頭)의 祖語形 pat과 同源語라 여겨진다. 따라서 kaube는 頭라는 뜻을 지닌 異音同義語의 合成語다. 日本語 kammuri(冠)는 국어의 '갓(笠)'과 '머리(頭)'의 合成語라고 여겨진다. kasmuri>kammuri의 변화이다. 蒙古語에서 갓(冠)이라는 뜻으로는 malagal이 있다. 語根 mal은 국어

'머리(頭)'와 同源語다. malagal의 gal은 국어의 '갈'과 同源語일 것이다.

3-1-3. 머리로 받다

> hatsi(頭)[日]
> paš(頭)[터키]
> poš(頭)[우즈베크]
> pax(頭)[위구르]
> pake(頭)[아이누]

'머리로 받다'라고 할 때의 '받다'는 머리로 할 때에만 사용되는 動詞다. '받다'의 '받'은 語根으로서 名詞다. '받'은 머리라는 뜻을 지닌 名詞다. '박치기'라고 하는 말은 머리로 받을 때에만 쓰이는 名詞다. 語根 '박'이 머리(頭)라는 뜻이라고 하겠는데 '박'의 祖語는 '받'이다. '받'이 '발'로 되고 ㄱ이 붙어서 '밝'이 되고 ㄹ이 떨어져서 '박'이 된다. '박'은 곧 머리(頭)라는 뜻이다. 아이누語 pake(頭)의 語根 pak과 국어 '박'이 비교된다. 터키語 paš(頭)의 祖語形 pat은 국어 頭의 '받'과 일치하고 있다. 日本語에서 머리(頭)를 뜻하는 hatsi(頭)는 patsi로 再構되고 語根은 pat으로 국어의 '받'과 일치한다. 국어에서 '머리박, 이마박, 대갈박'이라고 할 때 '박'은 頭라는 뜻이다. 異音同義語인 두 단어가 合成되었다. 국어 '뿔(角)'은 머리(頭)라는 뜻을 지닌 '받'과 同源語다. 뿔이 頭部에 있다는 것은 두말할 것도 없다.

> kiraw(角)[아이누]
> murki(角)[길랴크]
> münggüz(角)[위구르]
> poynuz(角)[터키]
> tsuno(角)[日]

아이누語 뿔(角)을 뜻하는 kiraw는 국어 '가리(頭)'와 비교된다. 길랴크語 murki(角)는 국어의 '머리'와 비교된다. 터키語 poynuz(角)는 터키

語 paš(頭)과 비교된다. 이러한 일련의 사실들은 '뿔(角)'이란 名詞가 頭라는 뜻을 지니는 名詞에서 파생된 것임을 보이고 있다. 日本語 tsuno(角)의 祖語는 tut이다. 이는 국어 '대가리'의 '대'와 비교되는데 '대'의 祖語는 '닫'이며 머리(頭)라는 原意를 지니고 있다.

　　poyun(頸)[터키]

　poyun은 porun에서 r흡이 떨어져 poun이 되고 모음충돌회피현상으로 poyun이 되었다. 이 말의 語根은 por이고 祖語形은 pot이다. 터키語 paš(頭)의 祖語形은 pat이다. 터키語에서 보이는 바와 같이 목이란 뜻을 지닌 말은 머리라는 뜻을 지닌 말과 同源語라는 것을 알 수 있다. 日本語 kubi(頸, 首)와 kaube(頭), 그리고 kasira(頭)는 同源語이다. kubi의 bi, kaube의 be는 머리(頭)라는 뜻을 지니는 말로서 異音同義語의 合成語다. 國語 '목(首), 멱(頸)'도 머리(頭)라는 뜻을 지닌 '마리, 머리'와 同源語다. 말(頭)>몰>몱>목의 변화를 했다고 본다.

　'벼슬(鷄冠)'의 語根은 '볏'이고 '을'은 接尾辭다. 官職이라는 뜻 '벼슬'의 語根 '볏'은 '벗'으로 소급되며 祖語形은 '벋'일 것이다. '벋'은 頭를 뜻하는 '받'과 同源語다. 官職을 얻게 되면 머리에 쓰는 것으로 그것을 기호화하고 있기 때문에 '벼슬(官職)'의 祖語 '벋'은 머리(頭)라는 뜻이 있다. '벼개(枕)'의 語根 '벼'도 '벋'이 祖語形이며 머리(頭)라는 뜻이다. '벼개'는 머리로 베는 것이기 때문에 그렇게 볼 수가 있다. '벼다(베다)'의 語根 '벼'나 벼개의 '벼'나 같은 語源이다. 蒙古語 tere(枕)의 語根 ter은 국어 '대가리'에서 '대'의 祖語形 '닫'과 同源語일 것이다.

3-1-4. 대머리

　'대머리, 대가리'는 각각 '대'와 '머리, 가리'의 合成語다. '대'는 '다이'가 준 말이다. 사이>새(鳥), 오이>외(瓜), 거이>게(蟹)와 같이 '대'는 '다이'가 준 말이다. '다이'의 '이'는 接尾辭인데 이는 閉音節語일 경우에 붙는다.

> tologai(頭)[蒙]
>
> daraga(頭目)[蒙]

語根은 tol, dar이다. 따라서 '다이'의 '다'는 '달'일 것이며 여기에 接
尾辭 '이'가 붙어 달—이>다리>다이>대가 되었다. 즉 '달'의 末音 ㄹ이
탈락했다. '대'의 祖語形 '달'은 머리(頭)라는 뜻을 지닌 어휘였다는 것을
알 수 있다. 그러므로 '대'도 머리(頭)라는 뜻을 지닌 名詞였다는 것을
알 수 있다. '대'도 머리(頭)라는 뜻을 지닌 名詞였다.

> til(頭)[퉁구스]

'대머리'의 '대'는 본디 禿이라는 뜻이 아니고 頭라는 뜻이었다. '대가
리'나 '대머리'는 모두 異音同義語의 合成語다. 日本語 tsumuri(頭)는 국
어의 '대머리'다. 국어의 ㄷ音이 日本語에서는 i, u 위에서 口蓋音化한
다. 蒙古語 tologai나 daraga도 국어와 같이 異音同義語의 合成語라 여
겨진다. tol의 祖語形은 tot으로 국어 '대'의 祖語形 '달'과 대응되며 gai
는 국어 '대가리'에서 '가리'의 ㄹ탈락형이 된다. 國語에서 '대머리'는 禿
頭지만 日本語에서 tsumuri는 禿頭가 아니라 그냥 머리(頭)라는 뜻이다.
'대머리'는 본디는 머리(頭)라는 뜻을 지니다가 후에 가서 禿頭라는 뜻
으로 전의되었다.

> talambi(頭領이 되다)[滿]

語根 tal이 머리(頭)라는 뜻을 지니며 祖語形 tat은 국어 '대'의 祖語形
'닫'과 일치하고 있다.

> tane(頭)[터키]
>
> tɛl(頭)[에벤키]

터키語로 머리(頭)라는 뜻인 tane의 語根은 tan이고 祖語形은 tat이
된다. '족두리'에서 '두리'의 語根 '둘'이 '대머리'에서 '대'의 祖語形 '달

(頭)'과 同源語다. '달비, 다래'의 語根 '달'도 근원적으로는 머리(頭)라는
뜻이다.

3-1-5. 멀다

'멀다'의 語根 '멀'은 무슨 뜻을 지닌 名詞일까? '멀다'는 시각적인 것
이기 때문에 '멀'은 눈일 것이다. 擬態語 '멀뚱멀뚱, 말똥말똥'에서 '멀,
말'이 눈이란 뜻일 것이다.

> ma, me(目)[日]
> mayu(眉)[日]
> matsuge(睫)[日]

現代 日本語는 me지만 古代語는 ma다. mayu(眉)는 maru에서 r音이
떨어진 mau가 모음충돌회피현상으로 mayu(眉)가 되었다. mayu(眉)의
祖語形은 mat이다. matsuge(睫)에서 matsu의 語根은 mat이고 ge는 털
(毛)이란 뜻이다. matsuge를 ma(目), tsu(運體助詞) ge(生)로 보는 견해가
있다. 이럴 경우 ma가 語根이 되겠는데 mat>mar>ma의 변화이다. ge
(毛)는 국어의 '갈(髮)'과 '구레나룻'의 '구레'가 同源語다. 日本語 ma(眼)
의 祖語形이 mat임을 보이고 있으며 mat의 末音 r이 탈락하여 ma(眼)가
되었다. 日本語 擬態語 mačimači의 語根은 mac이고 mat으로 소급된다.

3-1-6. 눈갈

'눈갈'의 '갈'은 무엇일까? '눈갈'은 現代語에서 '눈'의 卑語的 성격을
지니고 있다.

> köz(目)[터키]
> köz(目)[위구르]
> kas(眉)[터키]
> kapak(眉)[위구르]

körmek(보다)[터키]
kor(盲人)[위구르]
kör(盲人)[터키]

터키語 köz(目)가 '보다'의 動詞로 전성될 때에는 末音이 1音으로 된다. 터키語 köz의 末音은 t>d>z의 변화이다. '눈갈'의 '갈'은 터키語, 위구르語에서 눈(目)이란 뜻을 지닌 語彙群과 同源語다. 따라서 古代에는 '갈'이 눈이란 뜻을 지녔던 말임을 알 수 있다. '눈을 감다'에서 '감다'의 '감'은 눈과 관련된 名詞다. '감'도 눈이란 뜻을 지닌 名詞다. '눈감다'의 '감'은 갇>갈>갈암>가암>감의 변화를 거친 말이다. 日本語 mekura(盲人)는 me와 kura의 合成語라 하겠는데 kura는 국어 '갈(目)'과 同源語다. kura는 사람(人)이란 뜻일 수도 있다. pong kura(바보)의 경우 kura가 사람(人)이란 뜻을 지니며 국어 멍텅구리의 구리와 同源語다. kura는 어두움(暗)이라는 뜻을 지닌 것이 아니라 語源에서 볼 때에 눈이란 뜻을 지닌 국어의 '갈'과 비교된다. 위구르語 kor(盲人), 터키語 kör(盲人)은 '눈'이란 語源을 갖는 말이다.

mayu(眉)[日]
kaş(眉)[터키]
kapak(眉)[위구르]

눈썹(眉)은 눈이라는 原意에서 분화한 말이다. 日本語 mayu(眉)는 maru>mau>mayu의 변화인데 語根 mar은 日本語 눈의 古語 ma의 原形이다. 국어 '눈썹'(眉)의 '썹'도 눈이라는 名詞일 가능성을 시사하고 있다. '눈썰미, 눈시울' 등의 語彙에서 '썰, 시울' 등이 눈이라는 뜻을 지닌 名詞일 가능성이 있다. 국어 '살피다'의 語根 '살'이 눈이라는 뜻을 지닌 명사임을 보이고 있다. 咸境道 慈城, 厚昌 地方 山蔘採取人의 隱語에 '살피개(眼)'가 있다.

soromu(盲人)[蒙]

soromu(盲人)의 語根 sor이 蒙古語에서 눈이란 뜻일 것이다.

sā(見)[女眞]

palai(盲人)[蒙]

女眞語에 sā가 있다는 것은 頭音이 s인 눈의 어휘가 있었음을 보여준다. 蒙古語에서 palai가 盲人이라는 뜻을 지니고 있는데 pal이 語根이고 祖語形은 pat이다. 蒙古語 palai(盲人)의 語根 pal, pat은 국어의 눈이라는 뜻 '붇'과, 터키語의 put과 同源語라 여겨진다.

pudak(目)[터키]

pudak의 語根 pud은 눈이란 뜻을 지니고 ak은 接尾辭일 것이다. 국어 '부라리다, 부릅뜨다'의 語根 '불'이 名詞며 祖語形은 '붇'으로 눈이란 뜻을 지니고 있다. 이는 국어에서 消失한 눈을 뜻하는 '붇'과 터키語에서 눈을 뜻하는 pudak의 語根 pud이 同源語가 됨을 말해 준다.

hidomi(瞳)[日]

日本語 hidomi는 hido와 mi의 合成語다. hido는 pido로 再構되며 국어에서 눈을 뜻하는 '붇'과 同源語이고 mi는 me(目)라는 뜻이다. 국어 '눈부텨(瞳)'의 '부텨'도 눈이란 原意를 지니는데 語根은 '붇'이고 눈이란 뜻이다. 雪嶽山 山蔘採取人의 隱語 '부르치(眼)'가 있다. 이러한 예들은 국어 '살피다'의 '살'이 눈이란 뜻을 지녔던 名詞며 눈썹의 '썹'이 눈이란 뜻을 지녔을 가능성을 시사하고 있다. 특히 漢語의 祖語도 국어와 同根인 동북아시아 祖語에서 南下한 것이라고 여기고 있는데 漢語의 視가 곧 눈이란 뜻을 지닌 名詞였음을 알 수 있다.

sik(眼)[아이누]

아이누語에서 눈을 뜻하는 sik은 매우 시사적이다. kyorokyoro는 日本語의 의태어로 눈알을 이리저리 굴리며 보는 상태를 뜻하는 말로 어근은 kyor인데 kor로 소급되며 祖語形은 kot이다. 국어 '눈깔'의 '깔'은 日

本語의 擬態語 kor과 同源語라고 여겨진다. 앞서 언급한 바 있지만 '말똥말똥'의 '말'이 눈이란 뜻을 지니며 日本語 古語 ma(目)의 原形이다.

mačimači to mitsumeru(주의 깊게 보고 있다)[日]

擬態語 mači의 語根은 mač이고 mat으로 소급된다. mat은 눈의 祖語形이다. 日本語의 시각적인 擬態語 patsipatsi의 語根 pat도 눈이란 뜻이다. 日本語의 視覺的 擬態語 kyorokyoro(キョロキョロ), mačimači(マチマチ), pastsipatsi(パチパチ) 등의 語根이 모두 눈이란 뜻을 지니고 있고 국어 視覺的 擬態語인 '말똥말똥'의 語根 '말똥'의 '말'이 눈이란 뜻을 지니고 있는 것과 그 擬態語 語形成이 공통된다. 이렇게 擬態語일 경우는 名詞가 거듭됨을 알 수 있으며 擬態語 形成의 기원적인 면을 보여 준다.

3-1-7. 눈물(涙)

　　　　nidön, nidö(眼)[蒙]
　　　　nilbusun, nilmosun(涙)[蒙]
　　　　izamak, izilmak(涙)[蒙]
　　　　yasa(目)[滿]
　　　　yasamuke(涙)[滿]
　　　　köz(眼)[터키]
　　　　yaš, kozyašə(涙)[터키]
　　　　köz(眼)[위구르]
　　　　yax, koz, yexi(涙)[위구르]
　　　　sik(眼)[아이누]
　　　　nupe(涙)[아이누]
　　　　nigax(眼)[길랴크]
　　　　yasï(眼)[女眞]

'눈(眼)'의 祖語形은 '눋'이다. 蒙古語 nidön(眼)의 語根은 nit이고 ön는 接尾辭다. 국어 '눈'의 祖語形 '눋'과 蒙古語 '눈'의 祖語形 nit은 同源

語일 것이다. 滿洲語 yasa(眼)는 nasa로 소급되며 語根은 nas이고 祖語
形은 nat이다. nat>nyasa>yasa의 변화이다. 咸境道 厚昌 地方 山蔘採
集人의 隱語에 yasa(眼)가 있다. 女眞語 yas(眼)도 滿洲語 yasa(眼)도 祖
語形이 같은 同源語일 것이다.

> namida(涙)[日]
>
> nupe(涙)[아이누]

日本語 namida(涙)의 na는 국어 '눈'과 대응되고 mida는 국어 '물'과
대응된다. namida(涙)의 na는 nal의 末音 l의 탈락으로 이루어졌다. 국어
에서 '노리다'는 시각적인 말인데 語根 '놀'은 눈의 祖語 '눈'과 대응된다.

> nerau(狙う)[日]
>
> niramu(睨む)[日]
>
> nozoku(覗く)[日]

視覺的인 語의 語根 ner, nir은 눈이란 뜻을 지닌 名詞로서 日本語
namida의 na가 nal에서 末音이 떨어진 na임을 보이고 있다. nozoku의
語根 noz의 祖語는 not이다. 아이누語 nupe(涙)는 nu와 pe의 合成語다.
nu는 국어의 '눈'과 대응되고 pe는 아이누語에서 물(水)이란 뜻으로 眼
水가 눈물(涙)이란 뜻이다. 사실 따지고 보면 nupe의 pe도 國語에서 물
(水)이란 뜻이다.

'물을 붓다'에서 '붓다'의 語幹 '붓'은 名詞로서 물이란 뜻을 지니며
'바다(海)'의 語根 '받'이 곧 물이란 뜻이다. 日本語 hutsi(淵)는 putsi로
再構되는데 語根은 put으로서 물이란 뜻을 지니며 비(雨)도 근원적으로
는 물이란 뜻이다.

> hora, poron(雨)[蒙]

hora는 pora로 再構되며 語根은 por이다. 日本語 amega huru(雨が降
る)의 huru는 puru로 再構되며 어근 pur이 곧 비라는 뜻이다. 따라서 국
어의 '비'가 본디는 閉音節語였음을 알 수 있다. 아이누語 pe는 물(水)이

란 뜻으로서 pét(川)이 보인다. 따라서 아이누語 pét(川), pe(水) 등은 蒙古語 poron(雨), 국어 '받(海), 붓(水)', 日本語 hutsi(淵) 등과 同源語다. 蒙古語에서 nibusun의 nil은 눈(眼), busun은 물(水)을 뜻한다. busun은 pusan으로 소급되며 pusun의 語根 pus(put)은 蒙古語에서 古代에 물(水)을 뜻했음을 알 수 있다. nilmosun의 mosun도 물(水)이란 뜻인데 語根은 mos이고 mot으로 再構된다. 이는 국어 '믈(水)'의 祖語形 '믇'과 同源語다. nil은 蒙古語 nidön(眼)의 語根 nit의 末音 t가 l음으로 되었는데 이것은 국어의 ㄷ>ㄹ화 현상과 같다. 蒙古語 izamak(淚)의 iza는 눈(眼)이란 뜻이고 mak은 물(水)이란 뜻으로 合成語이다. iza는 눈(眼)의 祖語形 nit의 nid>niza>iza로의 변화이다. 頭音 n이 母音 i 위에서 떨어지고 末音 t가 有聲音 d, z化한 것이다. mak(水)은 滿洲語 muke와 비교되는데 mal>malk>mak의 변화이다. 즉 mal(水)에 接尾辭 k가 첨가되어 l음이 떨어진 것이다. 이는 국어 돌(石)>돍>독의 현상에 비교되며 국어 '술(酒)'이 日本語 sake(酒)와 비교된다.

> neru(寝る)[日]
> nemuru(眠る)[日]

語根 ner은 日本語 namida(淚)의 na의 祖語形 nal과 비교된다. 아울러 日本語에서는 졸리고 자는 것을 시각적으로 인식하고 있음을 알 수 있다.

> mokór(자다)[아이누]
> mokónrusuy(졸리다)[아이누]
> mós(깨다, 腥)[아이누]
> mosóso(깨우다)[아이누]

아이누語에서 語根 mok, mós은 국어 '눈'의 古語 '맏', 日本語 눈(眼)의 古語 mat, mal과 同源語라 여겨진다. 자고 졸리는 것을 눈의 작용이라고 인식하고 있음을 알 수 있다.

nori(眼氣)[蒙]

　　norisaho(寢의 尊待語)[蒙]

語根 nor이 눈이란 뜻을 지니고 있음을 알 수 있다. 눈이 蒙古語에서 nidön인 것은 앞에서 언급한 바 있다.

　　umtaho(자다)[蒙]

　　umta(자다)[蒙]

　　hohotai(졸리다)[蒙]

umata는 humata로 再構되며 pumta로 소급된다.

　　hótke(눕다)[아이누]

語根은 hót이고 pót으로 再構된다.

　　ńigax(眼)[길랴크]

　　koinyn agan'ind(졸리다)[길랴크]

　　kuznd, kond(자다)[길랴크]

길랴크語에서 '눈'은 ńigax이지만 '자다, 졸리다'의 어휘는 頭音이 n이 아니고 k다. kuz, kon이 語根이고 祖語形은 kut, kot이다. 이는 국어의 '갈(眼)'과 터키語 köz(眼)와 同源語일 가능성이 있다. 따라서 국어의 '졸리다, 자다'도 同源語로서 '자다'의 '자'는 '졸리다'의 '졸'과 같이 末音 ㄹ을 가진 '잘'일 가능성을 보여 준다. 국어에서 ㅈ은 ㄷ에서의 변화라고 보면 '졸리다'의 語根 '졸'은 '돌', '자다'의 '자'는 '잘'로서 '달'을 再構하게 된다. 그러면 祖語形 '돈, 닫'이 눈이란 뜻을 지니고 있었는데 消失되었다는 것이다. 아직 '돈, 닫'이 눈이라고 하는 例證을 찾지 못했지만 국어에 눈시울에 난 부스럼을 '다래끼'라고 하는데 '다래끼'의 語根 '달'이 혹 눈이란 뜻을 지니고 있는 化石語가 아닐는지? '당달봉사'라고 할 때 '당달'의 '달'이 눈이란 뜻을 지니는 말이 아닐까. 깨닫다의 '닫'이 눈이라고 볼 수 있다. 국어 '눕다(臥)'의 語根 '눕'의 祖語形은 '눋'으로서 눋>눌>눌—웁>누룹>누—웁>눕의 변화라면 '눋'은 '눈(眼)'의 祖語

形 '눈'과 一致한다. 본디 '눕다'는 '자다'라는 뜻에서 눕다(臥)라는 뜻으로 전의되었다고 여겨진다. 눕는 것은 곧 자는 행위다. 국어 '엿보다'의 '엿'은 '넛'으로 再構되며 '넛'이 祖語形이다. '넏'은 눈(眼)이란 뜻이라 여겨진다. 넏>넛>녓>엿의 변화이다.

3-1-8. 보다(見)

    (눈을) 부라리다
    (눈을) 부릅뜨다
    보다
    (눈)부텨(눈동자)

'부라리다, 부릅뜨다'의 語根은 '불'이다. 이 '불'이 名詞가 되는데 무슨 뜻을 지니는 名詞일까? '부라리다, 부릅뜨다'는 눈으로 하는 동작이라 하겠으니 '불'은 눈이란 뜻을 지닌 名詞라는 것을 가정할 수 있으며 祖語形은 '붇'이 된다.

    pudak(眼)[터키]

터키語로 눈(眼)은 pudak인데 語根은 pud이다. 국어 '부라리다'의 語根 '불'의 祖語形 '붇'과 일치한다. 즉 '붇'은 눈(眼)이라는 뜻을 지닌 名詞라는 것을 알 수 있다. '보다(見)'라고 하는 動詞의 語幹 '보~'는 開音節語지만 '붇(眼)'을 볼 때 '볼(眼)'의 末音 ㄹ이 탈락한 것임을 알 수 있다. 日本語 miru(見る)의 語根 mir은 눈(眼)이란 뜻에서 '보다'라는 動詞로 전성된 것이다. 現代 日本語에서는 me(目)이지만 古語에서는 ma(目)인데 mar에서 r音이 떨어진 말이다. '눈ㅅ부텨'는 '눈瞳子'라는 뜻인데 '부텨'가 '瞳子'다. '부텨'의 語根은 '붙'이 되고 祖語形은 '붇'이 된다. '눈ㅅ부텨'의 祖語形 '붇'도 기원적으로는 눈(眼)을 뜻하는 '붇'이다.

    hidomi(瞳)[日]

hidomi(瞳)의 語根은 hid인데 pit으로 再構된다. 國語 ㅂ은 日本語의

h와 대응되고 있다. 즉 日本語 ハ(ha), ヒ(hi), フ(hu), ヘ(he), ホ(ho)는 國語 pa(바), pi(비), pu(부), pe(베), po(보)와 대응된다. 日本語 hidomi(瞳)의 語根 hid의 祖語形 pit은 國語의 '본(眼)'과 同源語다. hidomi의 mi는 日本語 me(眼)와 同源語다.

haruka(遙か)

haruka는 시각적인 표현으로서 '아득히'에 해당되는 말이다. haruka 의 語根은 har이고 祖語形은 pat이다. 곧 눈(目)이라는 原意를 지니는 名詞다. 日本語 擬態語에서 눈을 깜빡거리는 상태로 '目ヲパチパチトスル' 라는 말이 있다. '눈을 깜빡깜빡한다'라는 뜻인데 'パチパチ'가 擬態語다. 'パチパチ'의 語根은 pat인데 名詞로서 눈(眼)이란 뜻이라고 보겠다. 'パ チパチ'란 눈 동작이다. '설설 끓는다'에서 '설설'은 擬態語가 되는데 끓 는 것은 물이기 때문에 '설'은 물이라는 뜻을 지니는 名詞였다.

syəri(泉)[滿]
su(水)[위구르]
su(水)[터키]

語根 syər, su를 얻을 수 있는데 su는 末音 r의 탈락이다. syər도 원 래 sər 單母音일 것이다. 重母音은 後代에 발달한 것이므로 單母音으로 再構된다. sər, sur이 물(水)을 뜻한다.

싯다(洗)
설거지

'싯다'의 語根 '싯'은 名詞로서 물이란 의미를 지니는 名詞일 것이다. 씻는 것은 물로 한다. '싯'은 '싣'으로 再構된다. '설거지'의 '설'도 물이 란 뜻일 것이다. 그릇을 씻는 것은 물이기 때문이다. '싯다(洗)'의 '싣', '설거지'의 '설' 등이 물이란 뜻을 지님이 확실하다. 滿洲語 syəri, 위구 르語 su 등과 同源語라 여겨진다. '설설 끓는다'에서 '설'이 물(水)이란 뜻이라고 본다. 이렇게 擬態語는 述語와 관련되는 名詞가 거듭되는 현상을 엿볼 수 있다. '서리(霜)'의 語根 '설'도 근원적으로는 물(水)이란 뜻이다. 漢語도 祖語는 國語와 同系라고 보는데 水, 洗, 霜, 雪 등이 同系의 어휘다. 따라서 '붇(眼)'의 消失語를 찾아내고 그 化石語로서 '부라리다, 부릅뜨다, 눈ㅅ부텨' 등의 어휘를 찾아낼 수 있다. 慶尙道 方言에서는 지금도 老齡層에서 '부톄(瞳)'가 쓰이고 있다. '바라보다'에서 '바라'의 語根이 '발'이다. 이것도 名詞다. '바라보다'는 모두 시각적인 행위다. '발'은 '보다'의 語根 '보'의 祖語形 '볼(본)'과 同源語다.

3-1-9. (코를) 풀다

'풀다'는 코에만 해당되는 술어다. '풀다'의 語根은 '풀'이고 '불'로 소급되며 '붇'이 祖語形이다. 'ㅋ, ㅌ, ㅍ, ㅊ'이 'ㄱ, ㄷ, ㅂ, ㅈ'에서 변한 子音이라는 것은 다 아는 사실이다. '붇'은 名詞로서 무슨 뜻을 지닐까? '풀다'는 '코'에만 해당되지 다른 명사에는 해당되지 않는다. 그러니까 '붇'이 코일 가능성이 있다.

> purun(鼻)[터키]
> purun(鼻)[위구르]

purun의 語根은 pur이고 祖語形은 put이다. 국어 '풀다'의 祖語形 put과 일치한다. 그러니까 '풀다'의 祖語 '붇'은 터키語, 위구르語와 비교할 때 코라는 뜻을 지니는 名詞다.

> 곳블(感氣)[國]
> 곳블(鼻淵)[國]

'곳블'의 '블'이 코(鼻)라는 뜻을 지니는 名詞다. '곳블'의 '곳'은 두말할 것도 없이 코(鼻)라는 뜻을 지니는 名詞다. '코를 골다'에서 '골다'의 '골'이 '코'의 祖語形이다. '골'은 다시 '곧'이 祖語다. 곧>골>고>코의 변화를 이룬 名詞다.

hana(鼻)[日]

日本語 hana(鼻)의 語根은 han인데 pan으로 再構되며 祖語形은 pat 이 된다. pat의 末音 t가 n으로 바뀐 것이다.

inu(犬)[日]
iri(狼)[國]
it(犬)[터키]

日本語 inu(犬)의 語根은 in인데 接尾辭가 붙어서 開音節化했다. it의 末音 t가 日本에서 in이 되고 韓國語에서는 t>r化했다. 터키語에서는 그 대로 祖語形 it을 유지하고 있다. 日本語 hana(鼻)는 國語 put이 pat> han-a가 되었다. 따라서 '코'라고 하는 말이 國語에 쓰이기 전에는 '붇' 이 코라는 뜻으로 쓰였다고 볼 수 있다. '코를 풀다'라고 하는 動詞의 語根을 통해서 消失된 '붇(鼻)'을 찾아 낼 수 있다. 漢語 鼻와도 同源語 다. 국어 '곳블'은 감기라는 뜻인데 '곳(鼻)'과 '블(鼻)'의 異音同義語의 合成語다.

kaze(風邪)[日]

kaze의 語根 kaz은 kat으로 再構된다. 現代 韓國語에서는 '코'지만 15세기어에서는 '고'다. '코를 골다'에서 '골다'의 語根 '골'이 코의 原形 임을 보이고 있다. '코'의 祖語形 '곧'이 日本語 kaze(風邪)의 祖語와 同 源語다.

3-1-10. (잠)고대

현대 국어에서는 '입(口)'이지만 高句麗語에서는 '古次(口)'가 보인다. '잠고대'의 '고대'는 말이란 뜻이고 '고대'의 語根은 '곧'이다.

古次(口)[高句麗]   kutsi(口)[日]
고대(言)   koto(言)[日]
ㄱ로디(曰)   kataru(語る)[日]

가르치다(敎)

글(文)

굿(巫儀)

고래고래(語, 聲)　　　　koe(聲)[日]

　'古次(口)'는 '곧'이라 하겠고 日本語에서는 kutsi(口)다. '잠고대'의 '고대'는 말이란 뜻이고 語根 '곧'은 그대로 日本語 koto(言)다. 'ㄱ로더(日)'의 語根은 '귿'이고 祖語形은 '간'이다. '곧(語)'과 同源語라 하겠고 末音에서 ㄷ>ㄹ化했다. 이 '갇'이 母音交替를 일으켜 '글'이란 어휘를 분화시켰다. '가르치다(敎)'의 語根 '갈'은 역시 말(語)이란 뜻이다. 敎育은 말을 통해서 이루어지는 것이다. 巫俗에서의 '굿'은 손님과 무당, 그리고 神과의 言語 關係다. 손님의 소원을 무당이 신에게 祝願하는 것이다. '굿'은 語源的으로 말이란 뜻이다. '고래고래 소리 지른다'의 '고래'는 말, 소리(語, 聲)라는 뜻이다. 語根 '골'은 '곧'으로 소급된다. 日本語 koe(聲)는 kore에서의 r音 탈락이다. 파리—hae(蠅), 피리—hue(笛)와 고래—koe(聲)에서 音韻變化의 공통점을 볼 수 있다. 日本語 kataru(語る)에서 語根은 kat이고 국어 'ㄱ로더(日)'의 語根은 '귿'인데 국어에서 ㄷ>ㄹ화했고 日本語에서는 末音 ㄷ을 그대로 유지하고 있는 것이 특징이다.

　　ker(口)[길랴크]

　高句麗語 '곧(口)'과 길랴크語 ker은 同系의 어휘다. 漢語 口도 高句麗語 '곧(古次)'과 同源語다. '꾸역꾸역 먹는다'의 擬態副詞 '꾸역'은 '꾸럭'에서 ㄹ이 떨어진 '꾸억'이 다시 모음충돌회피현상으로 '꾸역'이 되는 과정을 거쳤다. '꿀'은 '굴'로 소급되며 祖語形은 '굳'이다. 이는 '곧(口)'의 母音交替에 의한 것이다. '꾸역꾸역'은 음식물이 입(口)으로 들어가는 상태를 나타내는 副詞다. 이렇듯 擬態副詞는 名詞가 거듭되어 이루어짐을 알 수 있다.

3-1-11. 부리(嘴, 口)

'부리'의 語根은 '불'로서 祖語形은 '붇'이다.

　　kutsibasi(嘴)[日]

日本語 kutsibasi(嘴, 口)의 basi는 국어의 '부리'와 대응된다. basi의 語根은 bas이고 祖語形은 pat이다.

　　부르다(呼)
　　부르다(唱)
　　불다(吹)

語根 '불'의 祖語形은 '붇'이다. '붇'은 소리, 말(音, 聲, 語)이란 뜻이다. 거짓말의 사투리 '거짓부리'의 '부리'가 말이라는 뜻이다.

　　kotoba(言葉)[日]

日本語 koto는 말(語)이란 뜻이며 ba도 말(語)이란 뜻이다. 異音同義語의 合成語다. kotoba의 ba는 bal의 末音 脫落으로 이루어진 말이다.

　　hanasu(話す)[日]

hanasu(話)는 panasu로 再構되며 語根은 pan이고 pat으로 再構되는데 kotoba의 ba와 同源語다.

　　말발
　　글발
　　말씀

'말발, 글발'의 '발'은 본디는 말이란 뜻을 지닌 말이었다. '글발'의 '글'도 말에서 분화한 말이고 '글발'은 異音同義語의 合成語다. 15세기에는 '말씀'으로 표기되는데 '말'과 '슴'의 合成語로서 異音同義語다. '사뢰다'의 語根 '살'에 接尾辭 '암'이 붙은 살—암>사암>삼의 형성이다.

　　söz(語)[터키]
　　ses(聲)[터키]

sarkə(歌)[터키]

ses(音)[터키]

şiir(詩)[터키]

söz(話)[터키]

sada(音)[위구르]

soz(語, 話)[위구르]

위의 예는 語, 聲, 歌, 音, 詩, 話 등의 뜻을 지니는 어휘가 同源語임을 보이고 있으며 국어의 '소리'가 音, 聲, 語, 歌 등의 뜻을 지니고 있는 것과 좋은 비교다. '숣다(獻言)'의 語幹 '숣'은 '술'로 소급되며 '숟'이 祖語形이다. 新羅 '詞腦歌'의 '詞腦'는 合成語로 보기는 어렵다. 古代로 올라갈수록 合成語는 드물다. '사내'의 語根은 '산'이고 '삳'으로 再構된다. '삳'은 두말할 것도 없이 '소리'와 同源語이고 '숣다, 사뢰다'의 '살(삳)' 과도 同源語다. 歌 또는 詩의 의미를 지닐 것이다.

satoru(悟る)[日]

日本語 satoru의 語根 sat은 국어 '삳'에서 비롯된 말이다. satoru는 精神的인 言語行爲다.

saman(巫)[滿]

saman의 語根은 sam이고 an은 接尾辭다. sam은 국어 '말숨'의 '숨'에 해당된다. saman은 神과 人間의 가운데 있는 言語의 仲介者다.

pár(口)[아이누]

puri(癖)[아이누]

아이누語에서 pár이 입(口)이란 뜻을 지니는데 국어의 '부리(嘴, 口)'와 同系다. 국어 '버릇'의 語根은 '벌'이고 '웃'은 接尾辭다. 버릇도 하나의 언어적인 현상이라고 하겠다.

kuse(癖)[日]

kuse의 語根은 kus이고 祖語形은 kut으로 日本語 koto(言)와 同源語다. 日本語 huri(習慣, 態度)는 puri로 再構되며 국어의 버릇과 비교된다.

kutsipiru(脣)[日]

kutsi(口)와 piru(口)의 合成語다.

밭다(吐)[國]

haku(吐く)[日]

'밭다(吐)'의 語根 '밭'은 '받'으로 再構되는데 '받'이 입(口)이란 뜻을 지녔던 어휘다. '젖을 빨다'에서 '빨다'는 吸, 吮, 喫이라는 뜻이다. 語根 '빨'은 '발'로 소급되며 '받'이 祖語形으로서 입(口)이란 本義를 지닌다. 결국 언어에 관한 語彙群의 基礎語는 發聲器官의 하나인 입(口)에 그 중심이 있다고 하겠으며 혀(舌)와도 관련된다. 日本語 haku(吐く)는 paku로 再構되며 祖語形은 pat이다.

3-1-12. 알다(知)

'알다'의 語根은 '알'이며 이 '알'은 말(語) 또는 입(口)이란 뜻이다. 아는 것은 말을 통해서 이루어진다.

아가리(口)[國]

anga(口)[滿]

agiz(口)[터키]

abur(口)[아이누]

ama(口)[蒙]

'아가리'의 語根은 '악'이다. 부엌 '아궁이'의 語根도 '악'이다. '악'은 앋>알>앍>악의 변화이다. 국어의 '앋(알)'이 古代에 입이란 뜻을 지녔던 말임을 알 수 있다. '울다(泣), 웃다(笑)'의 語根은 '울, 웃'이지만 모두 祖語形은 '욷'이다. 국어 '우레(雷)'의 語根은 '울'인데 소리(音)라는 뜻을 지니고 있음을 알 수 있다.

oto(音)[日]

uta(歌)[日]

utau(歌唱)[日]

日本語 oto(音)의 語根 ot, uta(歌)의 어근 ut은 모두 국어에서 소리(音)라는 뜻을 지니는 祖語形 '욷'에서 비롯한 말이다. 국어 '우레(雷)'와 女眞語 adia(雷)의 語根 '울'과 ad도 同源語로서 소리(音)라는 뜻이다. 국어 '웃다, 울다'도 사실은 소리를 내는 행위로서 청각적 인식임을 알 수 있다.

arzu(願望)[터키]

語根 ar은 국어의 '알'과 비교되며 말(語)이란 뜻에서 원망이란 뜻으로 전의되었다고 본다.

unaru(唸る)[日]

uso(嘘)[日]

unaru의 語根 un은 ut으로 소급되며 uso의 語根 us은 ut으로 소급된다. 모두 소리(音)라는 뜻인 국어 울다의 祖語 '욷'에서 비롯한 말이 된다.

odoroku(驚く)[日]

'놀라다'의 日本語 odoroku의 語根은 od이고 祖語形은 ot이다. ot은 소리(音)의 祖語形이다. 놀라는 것도 하나의 언어표현이다.

osorosi(恐しい)[日]

odosu(脅す)[日]

osorosi(무섭다), odosu(위협하다)의 語根 os, od도 근원적으로는 소리(音)라는 뜻이다. '무섭다, 위협하다'도 언어적인 한 표현이다. 국어 '무섭다'의 15세기 표기는 '므싀엽다'인데 '므싀엽다'가 原形이다. 語根은 '믓'이 되겠는데 '믇'으로 再構된다. 日本語 osorosi(무섭다)의 語根 os이 od으로 再構되는데 국어의 '믇'은 말의 祖語形 '묻'과 同源語다.

묻다(問)[國]

묻그리(占)[國]

무당(巫)[國]

의 語根 '묻'은 말의 祖語形이다.

mudan(音, 聲, 響)[滿]

滿洲語 mudan의 語根 mud과 국어의 '묻'이 一致하고 있다. 국어 '놀
라다(驚)'의 語根은 '놀'이며 국어 '노래(歌)'의 語根 '놀'과 同源語다.

nori(神意·神語를 表하다)[日]

norito(祝詞)[日]

noro(司祭者)[日]

語根 nor이 日本語에서 말이란 뜻을 지니고 있음을 알 수 있다.

šašəmak(놀라다)[터키]

korkutmak(무서워하다)[터키]

šašəmak(놀라다)의 語根 šaš는 터키語 ses(音), söz(語)와 同源語라 하
겠고 korkutmak(무서워하다)의 語根 kor은 국어의 '곧(語)', '가르치다
(敎)'의 '갈' 등과 同源語라 여겨진다. '놀라다'나 '무섭다' 등도 언어적인
한 표현이다.

türgiho(놀라다)[蒙]

tago(音, 歌)[蒙]

halosho(놀라다)[蒙]

hile(舌)[蒙]

hele(話)[蒙]

hogol(聲)[蒙]

halasiraho(무서워하다)[蒙]

蒙古語 halosho(놀라다), halasiraho(무서워하다)의 語根 hal이 혀(舌)를
뜻하는 語根 hil, 이야기(話)를 뜻하는 語根 hel 등과 同源語일 것이다.

3-1-13. 만지다

'만지다'는 '마지다'에 ㄴ이 개입된 것이다. '던지다(投)'도 더디다>더지다>던지다와 같이 ㄴ이 개입되었다.

　　고치다>곤치다
　　까치>깐치

와 같이 語中 ㅈ 위에 ㄴ이 介入된다. '마지다'의 語根은 '맞(맏)'이다. 만지는 행위는 손으로 하는 것이기 때문에 '맏'은 손일 것이다.

　　motsu(持つ)[日]

motsu의 語根은 mot이다. 가지는 것은 손이기 때문에 mot은 손이다.

　　mudol(手)[蒙]

蒙古語에서 손은 gar이지만 尊待語로서 mudol이 있다. mudol의 語根은 mud이다. mud이 蒙古語에서 손이란 뜻을 지닌 名詞다. 국어 '만지다'의 祖語形 '맏'은 蒙古語 손이란 뜻인 mud과 同系의 말이고 日本語 motsu(持つ)의 語根 mot과도 同源語다. '만들다'도 '마들다'에 ㄴ이 개입되었다.

　　hotaru(螢)[日]

hotaru는 potaru로 再構되며 語根은 pot이다. 국어 '반되(螢)'는 '바되'에 ㄴ이 개입된 것이고 어근은 '받'이다. '바되'의 '되'는 '도이'가 준 말로서 돌이>도이>되의 변화이다. 그것은 日本語 hotaru의 語根 hot에 接尾辭 aru가 붙은 것과 비교다. '반되'는 바돌>바돌이>바도이>바되>반되의 변화이다. 그러니까 語中에서 ㅈ과 ㄷ 위에 ㄴ이 개입된다. 따라서 '만들다'는 '마들다'에 ㄴ이 개입된 것으로 '마들다'는 語根이 '맏'이고 여기에 접미사 '을'이 붙어 '마들'이 되었다. 즉 '마들'이 고어에서는 손이란 뜻이었다. '본도기(蛹)'는 '보도기'에 ㄴ이 개입된 것으로 '보도기'의 語根은 '볻'이다. 이는 '벌레(虫), 벌(蜂)'의 祖語形 '벋'과 同源語다.

'빈대떡'의 '빈대'에 대해서는 여러 說이 있으나 '비대떡'에 ㄴ이 개입
된 것으로 볼 수 있다. '비대'의 語根은 '빋'이고 接尾辭 '애'가 붙었다.
'비대'의 語根 '빋'은 무엇일까? 두부 될 물을 짜낸 찌꺼기를 '비지'라고
한다. 그러나 꼭 두부 될 물을 짜낸 찌꺼기만을 '비지'라고 하지는 않는
다. 콩을 갈아서 거기에 김치나 고기 등을 넣어서 끓여먹는 것도 '비지'
라고 한다. 황해도 지방에서는 그것을 '되비지'라고 한다. 그러나 보통
은 '콩비지'라고 한다. 그러니까 '비지'의 語根 '빚(빋)'은 콩류에 속하는
豆類의 이름이다.

　　　porcak(豆)[蒙]
　　　pircaga(豆粉)[蒙]

　콩은 大豆, 팥은 小豆, 그밖에 綠豆가 있다. 팥(小豆)의 祖語形은 '받'
인데 '빋'과 同源語다. '받·빋' 등이 콩류에 속하는 穀物의 통칭이라 여
겨진다. 콩이라고 하는 말은 다른 알타이 諸語나 고아시아어와 비교되
지 않는다. '콩'이라고 하는 말이 쓰이기 전에는 '밭·빋'이 콩이란 뜻으
로 쓰이다가 콩이라고 하는 말이 세력을 얻자 그것으로 만든 음식물을
'빋이>비지'라고 부르지 않았나 한다. 그러니까 '빈대'의 語根은 '빋'인
데 漢字語가 아니고 固有語로 豆라는 뜻을 지녔던 말이라 여겨진다.

　　　mayan(肘)[滿]

　mayan은 maran>maan>mayan의 변화로서 祖語形 mat(mar)은 국어
의 消失語가 된 '맏(手)'과 同源語다.

　　　mahi(舞ひ)[日]
　　　maksin(舞踊)[滿]

　日本語 mahi(舞ひ)는 주로 상체의 율동을 뜻하고 odori(踊り)는 하체의
율동을 뜻하고 있다. mahi(舞ひ)의 祖語形은 mat>mari>mai>mahi의 변
화이다.

managaru(두 손으로 안다)[滿]

語根 man은 mat으로 소급되며 손이란 뜻을 지니고 있다. 안는 것은 손의 행위이기 때문에 man(mat)은 손이란 뜻이다.

itaku(抱く)[日]

itaku는 原形 nitaku에서 頭音 n이 탈락한 것이다. 日本語 消失語에 손이란 뜻을 지니는 nat이 있었다.

nigiru(握る)[日]
naderu(撫でる)[日]
naguru(毆る)[日]

語根은 nat인데 손이란 뜻일 것이다. nigiru(握る), naguru(毆る), naderu (撫でる)의 행위는 손으로 이루어진다. 국어 '누르다(押), 나르다(運)'의 語根은 '눌, 날'인데 역시 손이란 뜻이다. 누르고 나르는 것은 손 행위이기 때문이다. 국어에서 消失語 중에 손이란 뜻을 지닌 '낟'이 있었다는 것을 알 수 있다. 日本語 itaku(抱く)는 語源에서 볼 때에 손이란 뜻을 지니고 있었다. 日本語 頭音 n은 y, i 위에서 탈락하는 경우가 많다. 나나이語에 nala(手)가 있다.

tebgerlehö(안다)[蒙]
kucaklamak(안다)[터키]

蒙古語 tebgerlehö는 국어 '듣, 닫(手)'과 비교되는 듯하며 터키語 kucaklamak(안다)은 터키語 kol(手)과 비교된다. 국어 '안다'의 語根 '안'은 '앋'으로 再構되며 '앋'은 손이란 뜻이라고 보겠다. 터키語에 '손'이란 뜻으로 el이 있는데 祖語形 et과 비교됨직하다. 日本語 osu(押す)의 語根 os(ot)은 손이란 뜻이라고 하겠으며 국어 '안다'의 祖語形 '앋'과 비교된다. 국어 '밀다'의 語根 '밀'은 '믿'으로 再構되며 손이란 뜻이다. '만지다, 만들다'의 祖語形 '맏'과 비교된다. 그러나 '만지다'의 '만'이 '맏'에서 末音 ㄷ이 ㄴ化한 것이라 볼 수도 있다.

3-1-14. 뜯다(摘)·따다(摘)

‘뜯다’의 語根은 ‘듣’이다. 뜯는 것은 손으로 하는 행위다. 아울러 과일을 따는 행위도 손으로 한다. 따라서 ‘듣’은 손이란 뜻이라고 하겠으며 ‘따’는 開音節語지만 ‘듣’을 보면 同源語로서 ‘닫’으로 再構된다.

두드리다[國]

tataku(叩く)[日]

‘두드리다’의 행위는 손으로 이루어진다. 語根 ‘둗’은 손일 가능성이 엿보인다. 日本語 tataku(叩く)의 語根도 tat으로 손이란 뜻일 가능성이 있다.

ta, te(手)[日]

tak, tar(手)[에스키모]

tek(手)[아이누]

여기서 語根 tar을 얻을 수 있는데 祖語形 tat이 손이라는 뜻을 지니고 있음이 확실하다. 日本語 ta(手)는 tat>tar>ta의 변화이다.

tatakau(戰う)[日]

tatakau(戰う)의 語根은 tat인데 싸움은 주로 손으로 한다고 하겠으니 日本語 싸움의 語根 tat도 손이란 뜻을 지닌 말이다.

toru(取る)[日]

日本語에서 잡다(取)라는 말 toru의 語根은 tor인데 tot으로 再構된다. 잡는 행위도 손으로 한다. 日本語에서 tor이 손이란 뜻을 지니고 있었음을 알 수 있다. 日本學者들은 toru(取る)를 to가 語幹이고 ru가 語尾인 것으로 보고 있는데, 그렇지 않고 tor이 語幹이고 u가 語尾다. toru(取る), tori(取り), toreru(取れる) 등 tor이 語根임이 확실하다. totte(取て)라고 할 때에는 末音이 t인데 국어에서 ‘묻고(問)’라고 할 때에는 末音이 ㄷ이고 ‘물어’라고 할 때에는 ㄷ이 母音 위에서 ㄹ로 되는 현상과 같다.

日本語 ta(手)를 보면 국어 '듣'이 손이란 뜻을 지니고 있었음을 알 수 있다. '쥐다(握)'의 語幹은 '쥐'가 되는데 '주이'의 준말이고 '이'는 接尾辭다. 接尾辭 '이'가 붙는 것을 보면 '주'가 閉音節語였음을 알 수 있다. 아울러 ㅈ은 ㄷ에서의 변화라고 보면 '두'가 再構되며 아울러 '둔'을 再構하게 된다. '둔'은 곧 손이란 뜻을 지니는 名詞다. 잡다(捕)의 '잡'도 祖語形 '닫'을 再構하게 된다. '뜯다, 따다, 쥐다, 잡다' 등은 손이란 뜻을 지닌 名詞에서 파생된 用言이다.

> tabsi(臂)[滿]
> kala(手)[滿]

tabis의 語根은 국어 '듣(手)'과 同源語라고 할 수 있겠다.

3-1-15. (귀)머거리(聾者)

'먹뎡이'[月釋13:8]는 귀머거리를 뜻하는 말로서 '먹뎡이'의 語根은 '먹'이다. '귀먹다'에서 '먹다'의 語根은 '먹'으로서 名詞며 귀(耳)라는 뜻을 지니는 말이다. 귀가 '먹먹하다'의 '먹'이 바로 귀(耳)를 뜻하는 말이다. 지금은 '귀머거리'라고 하지만 옛날에는 그냥 '머거리'라고 했을 것이고 지금도 그냥 '머거리'라고도 한다. 귀(耳)라는 뜻을 지닌 '먹'의 祖語形은 '먿'이고 먿>멁>먹의 변화이다.

> mla(耳)[길랴크]

길랴크語 mla(耳)는 mala에서 a의 탈락으로 이루어진 말이 아닌가 여겨진다. 그렇게 보면 mal이 語根이 되고 mat이 祖語가 되는 셈이다. 日本語 mimi(耳)는 국어 '멀(耳)'에서 비롯한 말이다.

날(生)	nama(生)[日]
돌(靈)	tama(靈)[日]
돌(石)	tama(玉)[日]

국어 末音 ㄹ이 日本語에서 nal>nalam>naam>nama의 변화를 이룬다. 국어 頭音 ㅁ에 이어지는 母音은 日本語에서 母音 i로 되는 경우가 있다.

믈(水)	mizu(水)[日]
말(語)	mi(言 → 御)[日]
몸(身)	mi(身)[日]
믜(寶)	mi(寶)[日]
멀(耳)	mimi(耳)[日]

구어의 消失語에 먿>멀>멁>먹으로서 귀(耳)라는 뜻을 지닌 名詞가 있었다는 것을 알 수 있다.

syan(耳)[滿]
sagər(聾者)[터키]
tihi(耳)[蒙]
tutu(聾者)[滿]

3-1-16. 듣다(聞)

'듣다'의 語根은 '듣'이다. 名詞로서 귀라는 뜻이다. 듣는 것은 귀를 통해서 이루어진다. 日本語 kiku(聞)도 국어 '귀(耳)'와 同源語로 보인다. '귀'의 祖語形은 '굳'으로서 굳>굴−이>구리>구이>귀의 변화이다. 日本語 kiku는 굳 → kil>kilk>kiku의 변화이다.

čihi(耳)[蒙]
tutu(聾者)[滿]
tsumbo(聾者)[日]

頭音 t를 유지하고 있다. 滿洲語 tutu(聾者)의 語根은 tut이고 귀라는 뜻을 지니는 말이다. 漢語 聽도 국어 '듣'과 同源語라고 볼 수 있지 않을까?

sonosho(聽)[朦]

syan(耳)[滿]

syan(耳)은 saran>saan>syan의 변화이다. 語根은 sar(耳)이 된다. 蒙古語 sonosho(聽)의 語根 son은 sot이 祖語形이다. 滿洲語 syan(耳)의 祖語形 sat과 同源語다. '듣다(聽)'의 語根 '듣'은 국어에서 귀(耳)라는 뜻을 지니고 있었던 말이 소실되었다.

čiŋlaho(聽)[蒙]

dinlemek(聽)[터키]

頭音 t를 볼 수 있다. 몽고어 čihi(耳)와 同源語다.

3-1-17. 볼(頰)

hoho(頰)[日]

hacar(頰)[蒙]

huy(頰, 顔)[아이누]

日本語 hoho는 poho로 再構된다. 국어 por이 日本語에서 poro>poo가 되고 모음충돌회피현상으로 h가 介入되어 poho>hoho다. 국어 '뺨'은 '뺨'으로 再構되며 다시 '밤'이 되고 祖語形은 '받'이 된다. '볼'의 祖語形 '볻'과 同源語다. 琉球語에서 hu(頰), ho(頰)가 있는데 이는 hur, hor의 末音脫落이다.

3-1-18. 뼈(骨)

hono(骨)[日]

pono(骨)[아이누]

日本語 hone(骨)는 pone로 소급되며 語根은 pon이고 pot으로 再構된다. '뼈'는 '뼈, 버'로 소급되며 '벋'이 祖語다.

pirinç(稻)[터키]

patalan(稻)[梵語]

pərə(米)[滿]

語根 pir, pat을 얻을 수 있다. 국어 '벼(稻)'는 벋>벌>별>벼의 변화를 예상할 수 있다. '별(星)'은 벋>벌>별의 변화이다. 뼈(骨)의 祖語形도 벋>벌>별>벼의 변화이다. 第1音節語의 ㅑ, ㅕ, ㅛ, ㅠ 등 母音은 單母音에서 어휘분화적 기능에 의해 형성된 것이라고 앞서 말한 바 있다.

벋>벌>별>벼(稻)

벋>벌>별(星)

벋>벝>볕(陽)

벋>벌>별>벼>뼈(骨)

'뼈'의 祖語는 '벋'이고 日本語 hone의 語根 hon, 祖語形 pot과 同源語다.

3-1-19. 진(液)

'진'은 液이란 뜻이다. 상처에서 나온 붉은 것은 피라고 하지만 흰 액체는 '진'이라고 한다. 그래서 상처가 덧나서 흰 액체가 나올 때에는 '진이 물렀다'고 한다. 사람의 힘이 빠진 것을 '진이 빠졌다'고 한다. 이 '진'은 液이라는 뜻만을 지닌 것이 아니라 본디는 피(血)도 '진'이라고 했던 것이 아닌가 한다.

tsi(血)[日]

čisun(血)[蒙]

čop(血)[길랴크]

蒙古語 čisun(血)의 語根은 čis인데 čit으로 소급되며 국어 '진'의 祖語形 '짇'과 비교된다. '짇'은 다시 '딛'으로 소급된다.

3-1-20. 춤(唾)

현대어는 '침'이다.

> tsuba(唾)[日]
>
> tubi(唾)[퉁구스]
>
> topse(唾)[아이누]
>
> tumun(唾)[에벤키]

語根 tsub, tub, top, tum 등을 얻을 수 있는데 국어는 에벤키語 tumun과 비교된다. tumun의 語根은 tum이다. 국어 '춤'의 祖語形은 '듬'임을 보이고 있다. 듬>쯤>츰>침의 변화를 했다고 보겠다. 日本語 tsuba는 국어 '듬'으로 발음할 때 건너갔다. 日本語 tsi(チ), tsu(ツ)의 口蓋音은 國語音 ㄷ과 대응하고 있는데 국어 ㄷ이 日本語에서 母音 i나 u와 결합되면 'チ, ツ'로 口蓋音化하고 있다. '춤'의 祖語形 '듬'은 물(水)이란 뜻이라고 여겨진다. 침은 물이다.

> silun(唾)[蒙]
>
> salya(唾)[터키]
>
> tükürük(唾)[터키]

語根은 sil, sal, tük이 되는데 각각 原意는 물이라고 하겠다.

> 돌(渠, 溝)[國]
>
> taki(瀧)[日]
>
> tatsu(龍)[日]

'돌'의 祖語形은 '돋'이고 日本語 龍의 祖語 tat과 同源語로서 물이란 뜻이다. sil, sal도 국어 '설(水), 싯(신)' 등과 대응되며 물이란 뜻이다. '싯다(洗)'의 語根 '싯(신)'이 물이라는 뜻이고 漢語 水, 洗, 霜 등과도 同源語라고 여겨진다. 국어 '춤'은 듣>들>들—음>드음>듬>즘>츰의 변화를 거쳐 온 말임을 짐작할 수 있다.

3-1-21. 톱(爪)

'손톱'의 '톱'은 爪라는 뜻이지만 그냥 '톱'은 鋸라는 뜻을 지니는 名詞다.

tsume(爪)[日]

국어 '톱'과 日本語 tsume(爪)는 同源語인데 국어 末音 ㅂ이 日本語에서는 m과 대응된다.

톱은 爪나 鋸가 모두 切斷의 기능이 있다.

거붑(龜)	kame(龜)[日]
납(鉛)	namari(鉛)[日]

國語 末音 ㅂ은 日本語에서 m으로 대응된다. 'ㅂ얌(蛇)'은 'ㅂ'와 '얌'인데 '얌'은 接尾辭로서 암>얌이다. 'ㅂ'는 語根으로서 '블'이 祖語形이다. 불암>ㅂ얌>ㅂ얌의 변화로서, 'ㅂ얌(蛇)'의 祖語形은 '블'이 된다. 日本語는 hebi(蛇)다. 아울러 國語 '츰(唾)'은 日本語 tsuba와 대응된다.

3-1-22. 갗(皮)

'가죽(皮)'의 語根은 '갗'이다. '갗'의 祖語形은 '갇'이다.

kawa(皮)[日]

日本 現代語는 kawa(皮)지만 祖語는 kat에서 비롯한다. kat>kar-a>kara>kaa>kaha>kawa로 변했다. kara>kaa는 r音이 탈락하고 모음충돌회피현상으로 h가 개입되어 kaha가 되고 다시 kawa다.

káp(皮, 皮膚)[아이누]

kát>kár>kár-ap>kárap>káap>káp의 변화라 여겨진다.

3-1-23. 붓다(腫)

'붓다'의 語根은 '붓'으로서 名詞다. 붓는 것은 피부가 될 것이다. '벗다(脫)'의 '벗'도 名詞다. 옷을 벗는다는 것은 인류의 생활이 향상되었을 때고 그 이전의 '벗다'는 허물을 벗는 것이 될 것이다. '벗다'의 '벗'도 피부와 관련된다. 그러나 '벗다'의 '벗'은 옷일 것이다. '한 벌, 두 벌' 할 때 '벌'이 옷이란 뜻이다. 벌의 조어 벋>벌일 수 있다.

      hada(肌, 膚)[日]

hada는 pada로 再構되며 pad이 語根이 된다. 日本語 hadaka(裸)는 맨살일 때를 뜻한다. hadaka의 語根 had은 pat으로 再構되며 日本語 hada(肌, 膚)와 同源語다. 日本語 hare(腫れ)는 pare로 재구되며 pat이 祖語形으로서 hada(肌)의 祖語形 pat과 一致하고 있다. 국어 '붓, 벗'과 同源語다. 국어로는 '갗(皮)'이지만 肌, 膚라는 뜻으로 국어에도 '붓, 벗'의 祖語形 '붇, 벋'이 있었음을 보여 준다.

3-1-24. 밟다(踏)

'밟다'의 語根은 '밟'인데 ㅂ은 나중에 들어간 것이고 '발'이 語根이 된다. 발은 두말할 것도 없이 名詞다.

      humu(踏)[日]

humu의 語根은 hum이고 原語根은 hur로 祖語形은 put이다.

      hasiru(走る)[日]

日本語 hasiru의 語根은 has이고 祖語形은 pat이다. 日本語 hasiru (닫다)는 국어 '발'의 祖語形 pat에서 비롯되었다.

      빠르다(速)[國]

'빠르다'의 語根은 '빨'이고 平音 '발'이 原形으로 祖語形은 '받'이다. '빠르다'라는 形容詞는 '발(足)'이라는 名詞에서 전성되었다.

      hayai(빠르다)[日]

hayai(速)는 harai가 haai, hayai로 변한다. harai의 r音이 떨어져서 haai가 되어 母音 a가 두 개 겹치기 때문에 모음충돌회피현상으로 y가 개입되어 hayai다. 日本語 hayai는 국어 '빠르다'에서 비롯한 말이다.

> hül(足)[蒙]
> pacak(足)[터키]
> pəthə (足)[滿]

蒙古語 hül은 put으로 再構되며 터키語 語根 pac은 pat으로 再構되고 滿洲語 pəthə의 語根 pət인데 모두 국어 '받'과 同源語다. '팔딱팔딱 뛴다'라고 할 때 '팔딱팔딱'의 '팔'은 '발'로 소급되며 발(足)이란 原義가 있는 말일 것이다.

3-1-25. 혀(舌)

> 舌曰蝎[鷄林類事]

蝎은 '할'의 표기다. 15세기 표기로는 '핥다(舐)'가 나오는데 語根은 '핥'이고 原形은 '할'이다. 할—헐>혈>혀(舌)의 변화이다.

> 할다(訴)
> 할다(훼방하다)
> 할리다(참소당하다)
> 하리(참소)
> 하리다(참소하다)

語根 '할'은 名詞로서 原義는 혀(舌)이다.

> hile(舌)[蒙]
> hele(話)[蒙]
> dil(舌)[터키]
> dil(語)[터키]

蒙古語에서 hile(舌)와 hele(話)는 同源語이고 터키語에서 dil(舌)과

dil(語)도 同源語다. 입(口)이나 혀(舌)는 發音器官에서 중요한 부분이기 때문에 言語에 관한 語彙群의 基礎語로서 입과 혀가 있다. 국어의 '할다 (訴), 하리(참소)' 등의 語根 '할'도 名詞로서 혀(舌)라는 뜻을 지닌 '할'이 다. 漢語 話도 국어 '할(舌)'과 同源語라 여겨진다. 국어의 方言에 '혜대 기, 세, 세대기' 등이 혀(舌)이다. 이는 '혀'의 口蓋音化이다.

> sita(舌)[日]
> suda(舌)[日, 琉球]

漢語 '舌'을 보면 s를 頭音으로 하는 祖語形이 있었음을 시사해 준다.

3-1-26. 간(肝)

> karačiger(肝)[터키]
> fahun(肝)[滿]
> elige, sülsün(肝)[蒙]

국어 '간(肝)'은 漢語가 아니고 固有語라고 볼 수 있다면 '갇'으로 再 構된다. 그렇게 되면 터키語 karačiger(肝)의 語根 kar과 비교된다.

> kinop(肝)[아이누]
> kimo(肝)[日]

아이누語 kinop의 語根 kin은 국어 '간'과 비교가 됨직하다. 漢語 肝 과 國語 '간'은 同源語일 개연성을 생각해 볼 수 있다. '애쓰다, 애가 탄 다, 애먹이다'의 '애'는 肝의 古語다. '애간장이 탄다'일 때 '애간'은 異音 同義語다.

3-1-27. 팔(臂)

15세기 문헌에는 '불'이다. 현대어에서도 '한 발, 두 발'이라고 할 때 에는 平音인 '발'이다.

pugurak(腕)[蒙]

ude(腕)[日]

국어 '불'은 蒙古語 pugurak의 語根 pug과 비교된다.

hadaku(擊, 叩く)[日]

hadaku는 padaku로 再構되며 語根 pad이 나온다. hadaku의 행위는 손, 팔의 행위다. 국어 '안다(抱)'의 語根 '안'은 '앋'으로 再構된다. 안는 것은 손과 팔의 작용이 된다. 日本語 ude(腕)의 語根 ud과 국어 '앋'이 同源語다.

utsu(打つ)[日]

utsu(打つ)도 손의 作用이다. ut이 손이란 뜻이다.

3-1-28. 배(腹)

ㅐ, ㅔ, ㅚ, ㅟ 등 下降二重母音은 본디 ㅏㅣ, ㅓㅣ, ㅗㅣ, ㅜㅣ 등의 母音이 줄어든 것이다. 즉 두 개의 單母音이 한 개의 重母音으로 줄어든 것이다. ㅏㅣ, ㅓㅣ, ㅗㅣ, ㅜㅣ의 母音 ㅣ는 接尾辭다. 옛날에는 主格助詞로 '이'만이 쓰였는데, 그것은 국어의 名詞가 閉音節語였음을 보이고 있다. 主格 '가'가 16세기에 가서야 나타나는데 이는 국어가 閉音節化하면서 생겨나게 된 것이다. 따라서 接尾辭 '이'가 붙었다는 것은 名詞의 語幹末音이 母音으로 끝난 것이 아니라 子音으로 끝난 閉音節語였음을 보이는 것이다. 15세기 표기로는 '비'이다. '배'는 '바이'가 줄어든 것이고 '이'는 接尾辭이다. 따라서 '바'는 母音으로 끝난 것이 아니고 조어형은 子音임을 알 수 있다.

hara(腹)[日]

日本語 hara(腹)는 para로 再構되며 語根은 par이고 a는 接尾辭. 語根 par의 祖語形은 pat이 된다. 국어 '배'는 祖語가 '받'이며 받>발>발—

이>바리>바이>배의 변화를 거쳤다. 따라서 日本語 hara(腹)는 국어에서 '받'으로 발음될 시기에 日本에 건너가 hara로 변화한 것이다. '아기를 배다(孕)'에서 '배'는 腹이란 뜻을 지닌 名詞로서 '배다'라고 하는 동사는 받>밭>발─이>바리>바이>배로 변한 후에 생겨났다. 日本語 haramu(孕む)는 har에 接尾辭 am이 붙은 haram에 語尾 u가 붙어서 動詞가 되었다.

> hon(腹)[아이누]

pon, pot으로 再構된다.

> hotogoto, harbiŋ(腹)[蒙]
> həfriə(腹)[滿]
> xəfuli(腹)[女眞]

蒙古語 harbiŋ(腹)은 parbiŋ으로 再構되며 語根은 par로서 祖語形은 pat이다. 滿洲語, 女眞語의 頭音 h, x는 p로 再構된다.

> hara(腹)[日, 奄美]
> wata(腸)[日]
> wata(海)[日]

日本語 wata(海)는 국어 '바다(海)'와 대비된다. wata(腸), wata(海)도 pata로 再構한다면 日本語 hara(腹)의 祖語形이 pat임을 확인할 수 있다. 그러나 日本語 wata(腸, 海)는 pata에서 변한 것이 아니라 ata의 頭音 a가 wa로 변했다.

3-1-29. 비듬(雲脂)

'비듬'의 語根은 '빋'이고 接尾辭 '음'이 붙었다.

> pasirma(雲脂)[아이누]

아이누語 pasirma의 語根은 pas이고 pat으로 再構된다.

> huke(雲脂)[日]

huke는 puke로 再構되며 祖語形은 put이다. put>pur>pur-k>puk>
huk-e>huke의 변화이다.

3-1-30. 곱사

'곱사'의 '곱'은 日本語 kobu(瘤)와 대응된다. '곱'은 혹이란 뜻을 지니
는 말이다. '곱사'에 또 다른 말로 '곱사등이'가 있고, 平安道 方言에서는
'곱덩이, 곱등이' 등이 있다. '곱등이'의 '곱'은 혹이란 뜻이고 '등'은 두
말할 것도 없이 등(背)이란 뜻이다. '곱추'라고도 하나 '곱추'의 '추'는 背
椎의 '추'일 것이다.

> sərt(背)[터키]
> seger(背骨)[蒙]
> set'ur(背)[아이누]
> se(背)[日]

'곱사'의 '사'가 등(背)이란 뜻을 지니고 있음을 알 수 있다. 日本語
se(背)는 국어 '사'와 同源語다. 뿐더러 '복사뼈(距骨)'에서 '복사'의 '사'
도 등이란 뜻을 지니는 명사다. '복사뼈'는 발등에 있는 뼈다. '복사뼈'의
'복'은 발(足)의 祖語 '받'에서 비롯한 말이다. 받 → 볼>봄>복의 변화이
다. '사'의 祖語는 '삳'으로 삳>살>사의 변화이다. '귀따기' 또는 '귀때기'
를 '귓사대기'라고도 하는데, 여기서 '사'는 귀(耳)란 뜻으로 여겨진다.
'귓사'는 '귀+귀'이다. 滿洲語에서 syan(耳)이 있다. 慶北 方言에서 곱새,
곱사라 하며 등뼈를 등사등뼈라고도 한다.

3-1-31. 살(肌, 膚)

국어 '살'의 祖語는 '삳'이다.

> sisi(肉)[日]

日本語 sisi의 語根은 sis이고 sit으로 소급된다.

sasimi(刺身)[日]

sasimi를 sasi와 mi의 合成語로 보는 견해로 보면 sasi의 語根 sas의 祖語形 sat은 국어 '살'의 祖語形 '삳'과 일치한다. 日本語 sasimi에서 mi(身)는 肉身이라는 뜻이다. mi를 接尾辭로 보면 sasimi는 語根 sas에 接尾辭 am이 붙어 sasam이 되고 異化作用으로 sasim-i가 되었다. 蒙古語에서 miha(肉)가 있다.

basasi(馬肉)[日]

basasi(馬肉)의 ba는 말(馬)의 日本語이고 sasi는 肉의 日本語라 여겨진다. sasi의 語根은 sas이고 祖語形은 sat이다. 국어 '살'의 祖語形 '삳'과 일치한다. '살'의 祖語形 '삳'이 日本語에서는 末音 t>s화하고 母音 接尾辭 i가 붙어 閉音節化했다.

3-1-32. 몸(身)

'닛므윰(齒齦)'은 '니'와 '므—윰'의 合成語다. '므윰'은 齦이라는 뜻이다. '므윰'의 '윰'은 接尾辭로 본디는 '움'이다. '므움'이 모음충돌회피현상으로 '므윰'이 된 것이다. 接尾辭 '움'이 붙는 경우는 얼음, 울음과 같이 앞에 오는 末音이 子音일 경우이다. 따라서 '므'는 본디 開音節語가 아니고 閉音節語임을 알 수 있다. 결국 '므'의 祖語는 믇>믈>믈—움>므움>므윰의 변화를 했다고 여겨진다. 日本語 mi(身)의 古形은 mu(身)다. 국어 '몸(身)'은 몯>몰>몰—옴>모옴>몸의 변화이다. 日本語 mu(身)의 祖語形은 mut>mur>mu>mi의 변화이다. 『痘瘡經驗方諺解』에는 '닛무음'이 보인다.

3-1-33. 똥(糞)

국어 '땅'이 닫>달>다>짜>짱(地)의 변화를 거쳤다는 것은 앞에서 언급했다. 그러한 관점에서 보면 '쏭'도 그렇게 볼 수 있다.

닫>달>다>따>땅(地)　　daru(糞汁)[日本 方言]

돋>돌>도>또>똥(糞)　　dara(人糞肥料)[日本 方言]

듣>들>드>등(背)

日本 方言에서 보이는 똥(糞)이란 말 daru의 語根 dar이 국어 '돌(糞)'
과 대응된다. '더럽다(汚)'의 語根 '덜'이 名詞로서 똥(糞)이란 뜻이라고
여겨진다. 국어 '때(垢)'는 '따이'가 준 말로서 祖語形은 '닫(달)'이다.

turu(垢)[아이누]

국어 '달(垢)'과 아이누語 turu가 비교되는데 '돌(糞)'과 同源語일 것이
다. 국어의 平安道 方言에서 '띠, 찌'가 똥(糞)이란 뜻을 지니고 있다.

3-1-34. 가슴

'가슴'의 語根은 '갓'이고 '갇'으로 再構된다. '갇'은 무엇일까?

mune(胸)[日]

mi(身)[日]

mune(胸)의 語根은 mun이고 mut으로 再構된다. 국어 '몸(身)'의 祖語
形 '몯'과 日本語 mi(身)의 祖語形 mit이 관련될 가능성을 생각할 수 있
다. 그러니까 日本語에서는 mune(胸)와 mi(身)를 同源語로 볼 수 있다.

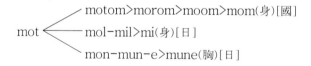

국어 「갇(胸)」도 身과 관련지어 생각해 볼 수 있다.

karada(體)[日]

日本語 karada의 語根 kar은 kat으로 再構된다. 국어 '가슴'의 祖語
形 kat과 비교된다. 국어에서 '갇'은 몸(身, 體)이란 뜻을 지니고 있었을
것이다.

kögös(胸)[터키]

meme(胸)[터키]

3-1-35. 부화(肺)

濟州 方言에 '북부기(肺)'가 있다.

huku(猪의 肺)[日, 鹿兒島]

huku(짐승의 肺)[日, 熊本]

'부화'의 祖語는 '붇'이라고 하겠다. 濟州 方言의 '북부기'는 '북'과 '부기'로서 '북'이 語根이다. 붇>불>붉>북의 변화이다. '북부기'의 '부기'는 '북'에 接尾辭 '이'가 붙었다. 日本 方言에 huku는 puku로 再構되며 語根이 puk이다. 漢語 肺는 同源語다. 가슴에 북받쳐 오른다고 할 때 '부화'와 '북'이 同源語일 수도 있다.

3-1-36. 가롤(脚)

'가롤'은 語根 '갈'에 接尾辭 '올'이 붙은 것이다. 국어 '걷다(步)'의 語根 '걷'은 '갈(脚)'의 祖語形 '갇'과 同源語다.

katsi(徒步)[日]

katsi(徒步)는 語根 kat에 接尾辭 i가 붙은 것인데 語根 kat은 국어 다리(脚)의 祖語形 '갇'과 일치하고 있다.

kake(驅け)[日]

keru(차다)[日]

日本語 語根 kar의 祖語形 kat이 국어와 同源語다.

kata(速步)[滿]

koto(脚)[蒙]

kesigun(肢)[蒙]

'가롤(脚)'의 語根은 '갈'이고 祖語形은 '간'이다.

3-1-37. 졎(乳)

'졎'의 母音은 上昇二重母音으로서 ㄷ을 口蓋音化시키는 작용을 한다. 따라서 '졎'은 '덪'으로 再構할 수 있으며 '덪, 덛'이 祖語다. 日本語는 'tsitsi(乳)'인데 국어의 ㄷ音이 日本語 母音 i, u 앞에서 'tsi, tsu'로 변한다. 日本語 'tsitsi'로 발음된다는 것은 국어의 祖語가 '덛'임을 알수 있다.

> tópe(乳)[아이누]
> tóto(乳房)[아이누]
> tónón(졎을 먹다)[아이누]
> tóttoki(졎을 먹다)[아이누]

'졎'의 語根은 tót임을 알 수 있다. tópe(乳)는 tó와 pe의 合成語로 tó는 졎(乳)이란 뜻이고 pe는 물(水)이란 뜻이다. 아이누語 nupe는 눈물이란 뜻인데 nu는 눈(眼)이란 뜻이고 pe는 물(水)이란 뜻이다. 졎(乳)의 語根은 무엇일까? 즉 tot은 무엇을 뜻하는 말일까? 아이누語 tópe의 語形成에서 보여 주듯이 pe는 물(水)이란 뜻이다. 졎을 소박하게 생각한다면 물이다. 국어 '돌(渠)'이 있다. '도랑(溝)'의 '돌'이 물이란 뜻이다.

> sün(乳)[蒙]
> süt(乳)[터키]

祖語形은 süt이 된다. 末音에서 t>l化하면 sül이 된다.

> syəri(泉)[滿]

語根 syər이 물(水)이란 뜻을 지니며 '서리(霜)'의 '설' 등이 물이란 뜻을 지니고 있다. '졎'의 語根은 물이란 뜻을 지니는 名詞라 할 수 있지 않을까? 비에 '졎다'의 語根 '졎'은 名詞로서 물이란 뜻이다. 乳飮이니까 졎은 身體의 部位名이 아니라 部位에서 나오는 액체를 가리키는 말이다.

süt(乳)[터키]

su(水)[터키]

sulmak(물을 주다)[터키]

sulu(물기가 있다)[터키]

터키語에서 su(水)지만 語源的 語根은 sul에서 末音이 탈락된 것이다. sul의 祖語形은 sut으로 젖(乳) süt과 同源語다.

3-1-38. 가렵다

'가렵다'의 語根은 '갈'이고 이것은 名詞가 될 것이다. 祖語形은 '갇'이다.

kayusi(痒)[日]

kasəntələ(痒)[터키]

日本의 kayusi는 karusi에서 r音이 떨어진 kausi가 모음충돌회피현상으로 kayusi가 되었다.

日本語 kayusi는 국어 '가렵다'의 '갈'과 語根 kar이 일치하고 있다. 아마도 祖語形 '갇'은 가죽이란 뜻을 지니는 명사가 아닐까? 가려운 부분은 피부가 되기 때문이다. '가죽(皮)'은 '갖'으로 소급되며 '갇'이 祖語形이다.

kaha(皮)[日]

日本語 kaha는 kara에서 r音이 떨어진 kaa에 모음충돌회피현상으로 h가 개입되어 kaha가 되었는데 祖語形은 kat이다.

3-1-39. 허리(腰)

'허리'의 語根은 '헐'이고 '헏'이 祖語形이다. 국어의 頭音 ㅎ이 日本語에서 ㄱ으로 반영된다는 것은 韓·日 兩國 學者가 인정하고 있는 터다. 그러므로 '헏'이 日本語에서는 kət이 되겠다. 日本語 kosi(腰)의 語根

은 kos인데 kot이 祖語形이다. 국어의 '헡'과 대응된다.

     kalča(腰)[터키]

터키語 kalča(腰)의 語根은 kal이고 祖語形은 kat이다.

3-1-40. 탈(假面)

     tala(面)[蒙]

     türi(外貌)[蒙]

     tərə(顔)[滿]

     turun(型)[滿]

     tsura(面)[日]

국어 '탈'은 '달'로 소급된다. 蒙古語 tala(面)의 語根 tal과 일치하며 滿洲語 tərə의 어근 tər과는 母音交替다. 日本語 tsura(面)는 국어 '달'에서 비롯한 말이다. '뺨따귀'의 略語라고 보는 '따귀'의 '따'는 국어의 '탈(달)'과 同源語다. '닫>달>다'의 변화이고 '귀'는 '구이'가 준 말로서 '굳>굳이>구이>귀'의 변화로서 古語에서 역시 얼굴(面 또는 顔), 뺨(頰)이란 뜻을 지니고 있었을 것이다. '뺨'의 祖語는 '받'이고 '볼(頰)'과 同源語다. 받>발>발-암>바람>바얌>밤>뺨의 변화를 이루었다. '뺨따귀, 볼따귀'는 異音同義語의 合成語다. '다르다(異)'의 語根 '달'은 名詞로서 顔面이란 뜻이 아닐까 한다. 古代人들에게 '다르다'는 개념은 顔面에서 비롯했으리라 여겨진다. '닮다'의 語根 '달'도 같은 의미를 지니는 말이다.

3-1-41. 낯(顔)

     yüz(顔)[터키]

     nigur(顔)[蒙]

     nan(顔)[아이누]

     notakam(頰)[아이누]

터키語 yüz는 nüz>nyüz>yüz의 변화이다. 아이누語 nan의 祖語形은 nat으로서 국어의 '낟'과 同源語다. notakam의 語根은 not으로서 末音 t를 보이고 있다.

　　　niru(似る)[日]

日語 niru의 語根은 nir인데 국어 '낯(顔)'의 祖語形 '낟'과 同源語다. 15세기 표기는 '낯'이다.

3-1-42. 본(女陰)

　　　hoto(女陰)[日]

hoto는 poto로 再構되며 語根은 pot이다. 국어 '보지, 보댕이'의 語根 '볻'과 일치한다.

　　　ütügüü(女陰)[蒙]
　　　fefe(女陰)[滿]
　　　pók(女陰)[아이누]
　　　pi(女陰)[日, 琉球]

種과 관련시켜서 본다면 국어 '뿌리(根)'의 前形 '붇', '불알, 불두덩'의 '불' 등과 同源語다. 蒙古語 ütügüü는 hütügüü로 再構가 가능하다면 다시 pütügüü로 再構되는데 語根은 put이다. 이렇게 국어와 日本語 사이에 生殖器語의 일치된 반영형이 존재한다는 것은 韓國語가 日本語의 祖語라는 뜻이며 韓族이 日本 民族의 先祖다라는 것을 보여 준다. 日本語에서 penčyo(女陰)라고도 하는데 penčyo에서 語中의 n은 개입된 것으로 pečyo가 본말이고 語根은 pec, pet인데 pot으로 再構가 가능하리라고 여겨진다.

3-1-43. 불알

사투리에 '부갈, 붕알' 등이 보인다. '부갈'은 불알의 '불'에 ㄱ이 개입

되어 불알>부갈, '붕알'은 불—알>부알>붕알로 모음충돌회피현상으로
ㅇ이 개입되었다.

　　huguri(睾丸)[日]

puguri로 再構되며 국어 '부갈'과 대응된다.

　　pügere(睾丸)[蒙]
　　pültögen(睾丸)[蒙]
　　붓(種)[國]

어근 pül이 추출되는데 국어 '불'과 同源語다.

3-1-44. 씹

　　sane(實, 核, 陰核)[日]

日本語 sane는 tane와 대가 되는 語彙로서 異音同義語다. sane의 語
根은 san이고 sat으로 再構된다. 국어 '씹'은 女陰을 뜻하고 있다. '씹'의
祖語形은 싣>실>실—입>시립>시입>십>씹의 변화를 거쳤을 가능성이
있다. 한편 '씨(種)'와 '입(口)'의 合成語로 볼 개연성이 있기는 하나 古代
로 올라갈수록 合成語는 적다. 그러한 면에서 보면 '싣(種)'에 接尾辭
'입'이 붙었다고 보겠다.

　　sáni(子, 子系, 血統)[아이누]

sani의 語根 san도 日本語 sane와 同源語일 개연성을 보이고 있다.
한편 日本語에서 女陰의 陰核을 뜻하고 있는 sane와 국어의 '씹'이 비
교된다. '씨'의 옛말은 '시'고 祖語形은 '싣'이다.

3-1-45. 좆

'좆'은 '돋'이 祖語다.

　　tani(男根)[日, 琉球]

tane tsuru(種蔓 → 血統)[日, 八丈島]

tane(種)[日]

日本 琉球語에 tani(男根)가 보인다. 語根은 tan이고 tane(種)와 同源語다. tan의 祖語形은 tat이다.

čumu(種)[蒙]

tohun(種)[터키]

tarimbi(씨 뿌리다)[滿]

滿洲語 tarimbi(씨 뿌리다)의 語根은 tar이고 種이란 뜻을 지니는 名詞다. tar은 두말할 것도 없이 tat이 祖語形이다. 日本語 tsinpo(男根)의 語根 tsin은 tit으로 再構된다. 국어 '좆'의 祖語形은 '돋'이고 語源으로 볼 때에는 種이란 의미를 지니는 말이라 여겨진다. 種과 男根이 同源語다.

3-1-46. 마렵다

便意의 形容詞 '마렵다'의 語根은 '말'이다. '말'이 名詞로서 糞, 尿라는 뜻을 지니고 있음을 짐작하게 된다. 15세기 문헌에 '몰(糞, 尿)'이 보이며 '몰보기'는 用便의 의미다.

mari(送糞)[日]

mari는 用便이라는 뜻을 지니고 있는데 mari의 語根 mar은 국어의 '말'과 일치한다. '마렵다'는 국어에서 形容詞인 데 반하여 日本語에서 mari는 動詞다. 日本語에서 omaru는 便器라는 뜻인데 o는 接頭語이고 maru가 국어 '말'의 語根과 일치한다.

3-1-47. 구리다

'구리다'의 語根은 '굴'이다. '굴'에 接尾辭 '이'가 붙어 '구리~'의 形容詞가 되었다. '굴'은 '굳'으로 再構되는데 '굳'은 무엇일까? 우리의 생활에서 구린 대상은 주로 똥(糞)과 방귀다. '굳'은 名詞로서 똥(糞)이란 뜻이다.

> kuso(糞)[日]
>
> kusai(臭い)[日]
>
> kusaru(腐る)[日]

語根 kus을 얻을 수 있는데 kus은 kut으로 再構된다. 국어의 末音 ㄷ 이 日本語에서도 s화한다.

> 갇(갓)(笠)　　　　　kasa(笠)[日]

따라서 日本語 kuso(糞)의 語根 kus은 kut으로 再構되어 국어 '구리 다'의 祖語 '굳'과 일치하고 있으며 古代 국어에서 '굳'이 똥(糞)이란 뜻이다. 국어에서 現代語는 똥이지만 옛날에는 '굳'이 똥(糞)이란 뜻으로 쓰이다가 消失되었음을 알 수 있다. 국어 '구더기(蛆)'의 語根은 '굳'이다. '굳'에 接尾辭 '억'이 붙은 것이 '구더기(蛆)'다. '구더기'의 語根 '굳'이 똥(糞)이란 뜻을 지니고 있는 化石語다. 消失語는 대개 어딘가에 化石語로 생생하게 살아남아 있다.

> kúr(尿)[아이누]
>
> kuzurat(糞)[터키]
>
> kurt(蛆)[터키]
>
> kurt(蛆)[위구르]

터키語에서 kurt의 語根은 kur이고 kut이 祖語形이다. 터키語에서 똥 (糞)이란 뜻 kuzurat의 語根은 kuz인데 kut으로 再構된다. 터키語에서 똥(糞)과 구더기(蛆)는 同源語임을 알 수 있는데 국어에서 '굳(糞)'과 '구 더기'의 語根 '굳'이 同源語라고 하는 것을 뒷받침해 준다.

> ütök(糞)[蒙]
>
> ütün(蛆)[蒙]

蒙古語에서도 ütök(糞)과 ütün(蛆)이 同源語임을 알 수 있다. 이렇게 본다면 日本語 uzi(蛆)는 본디 똥(糞)이란 뜻을 지닌 蒙古語 ütök와 비교된다. 日本語에서 語根 ut이 본디는 똥(糞)이란 뜻을 지녔음을 알 수 있다.

3-1-48. 맛(味)

ama(口)[蒙]

simta, amta(味)[蒙]

til(舌)[위구르]

təm(味)[위구르]

til(舌)[터키]

tat(味)[터키]

aŋga(口)[滿]

amathan(味)[滿]

蒙古語 ama(口)의 語根 am과 맛(味)의 語根 am이 일치하고 있다. 맛(味)은 입(口)과 그 語源이 同源語임을 알 수 있다. 위구르語, 터키語에서는 맛(味)이란 뜻이 혀(舌)라는 뜻과 同源語임을 알 수 있다. 蒙古語 amta(味)의 語根과 滿洲語 amarthan의 語根이 일치한다. 滿洲語도 맛(味)을 뜻하는 말은 입(口)을 뜻하는 말과 同源語일 가능성이 있다. 국어에서 '묻다'의 語根 '묻'은 '말'의 祖語다. '말(語)'은 입(口)과 혀(舌)가 그 基礎語다. '물다(咬)'의 '물'은 名詞가 되며 무는 것은 입으로 하는 것이기 때문에 '물'이 입이란 뜻을 지닌 名詞다. '물'의 祖語形은 '묻'이다. '물다'와 '묻다'의 祖語形은 '묻'이 되며 '묻'이 입(口)이란 뜻을 지닌 名詞라는 것을 생각할 수 있다. 漢語 味를 봐도 입 구(口) 변이 있으며 국어 '맛'과 同源語일 가능성이 있다.

ak(口)[國]   azi(味)[日]

                              ago(顎)[日]

국어 '알다(知)'의 語根 '알'은 名詞로서 입이란 뜻을 지닌 名詞일 가능성이 있다. '아뢰다, 알리다'는 말로써 하는 행위다. 국어 '악(口)'은 알>앍>악의 변화이다. '알'의 祖語形은 '앋'이 되며 입(口)이란 뜻이다.

따라서 日本語 azi(味)의 語根 az은 at으로 소급되며 국어 '앝(口)'과 일치한다. '주둥아리'의 '아리'가 바로 입이란 뜻이다. 아울러 '악아리'의 '아리'도 입이란 뜻이다.

3-1-49. 닫다(走)

'닫다'의 語根 '닫'은 名詞로서 '다리'의 語根 '달'의 祖語形 '닫'과 일치한다.

> tatsu(立つ)[日]

tatsu(서다)는 語根 tat에 語尾 u가 붙어 tatsu(立つ)라는 動詞다.

> tabahai(足)[蒙]
> tobu(跳ぶ)[日]
> dikilmek(立)[터키]

국어 '뛰다' 語根은 '뛰'인데 '뛰'는 '뚜이'가 준 말로 '뚜'의 祖語形은 '둗'이다. 둗>둘>둘—이>두리>두이>뒤>뛰의 변화이다.

3-1-50. 골(像, 面)

日本語 kaho>kao(顔)는 국어 '골(面, 像)'에서 비롯한 말이다. 골—karo>kao>kaho>kao의 변화를 이룬 말이다. 모음충돌회피현상으로 h가 개입되었다가 다시 떨어진다. 국어 '얼골'은 본디는 얼굴(顔)이라는 뜻이 아니고 용모란 뜻을 지녔던 말이다. 日本語 kata(形)의 語根 kat과 국어 '골'의 祖語形 '곧'은 同源語다.

3-1-51. 곤지곤지

아기를 어를 때에 머리를 좌우로 돌리면서 '도리도리'라 하고, 손을 폈다 쥐었다 할 때에는 '잼잼'이라 하고, 둘째손가락으로 왼쪽 손바닥을 찍을 때에는 '곤지곤지'라 하고, 아기의 양손을 잡고 양발로 아기를 서게 하는 것을 '따로따로'라고 한다. 이러한 것은 지방에 따라서 차이가 있다. 그런데 '도리도리', '잠잠', '곤지곤지', '부라부라', '따로따로'는 무슨 의미를 지니고 있을까? '잠잠'을 慶尙道 永川 지방에서는 '쪼막쪼막'이라고 한다. 주먹의 語根 '줌'이 '잠잠, 쪼막쪼막'의 '잠, 좀'과 同源語다. 현대어는 주먹이지만 古代語는 '줌'임을 보이는 동시에 어린이에게 '줌'이라고 하는 말을 가르치면서 또한 주먹을 폈다 쥐었다 하여 아이들에게 손가락 운동을 시키는 놀이라고 하겠다. '잠잠'의 '잠'은 주먹의 옛말이다. '도리도리'의 語根은 '돌'인데 머리를 좌우로 움직이는 것이니 '돌'이 머리라는 뜻을 지니고 있었다. '대머리, 대가리'는 둘 다 異音同義語의 合成語다. '대'는 '다이'가 준 말로서 接尾辭 '이'가 붙었다는 것은 '다'의 末音에 子音이 있었음을 알 수 있다.

　　　tolgai(頭)[蒙]

　　　daroga(頭目)[蒙]

蒙古語 tolgai는 tol과 gai의 合成語로서 국어의 '대가리'와 비교된다. '가리'의 語根은 '갈'로서 '갇'이 祖語形이며 日本語 kasira(頭)의 語根 kas(kat)과 일치한다. '대'의 祖語形은 '닫(닫)'이다. 닫>달>달이>다리>다이>대의 변화이다. 蒙古語 tolgai(頭)의 語根 tol과 국어 '달'은 同源語다. 여자들이 머리에 쓰는 '족두리'의 '두리'는 머리(頭)라는 뜻이다. 머리에 쓰는 모자(帽, 冠)라는 뜻을 지니는 名詞는 머리(頭)라는 뜻에서 전의된 말이다. 국어 '갇(笠)'도 '대가리'의 '가리'의 祖語形 '갇'과 일치한다. '곳갈(冠)'의 '갈'이 바로 대가리의 '가리'와 同源語다. '곳'도 근원적으로는 '곧'으로서 머리(頭)라는 뜻을 지닌 '갇'과 同源語다. 日本語 kammuri(冠)는 원래 kas과 muri의 合成語다. 원래 kas은 국어의 '갇(笠, 頭)'과, muri는 국어의 '머리'와 同源語다. kasmuri가 同化作用으로 kammuri가 되었다. '족두리'의 '두리'가 머리(頭)라는 뜻이라고 여겨진다. 아울러 '도리도리'의 '돌'이 머리(頭)라는 뜻이다. '돌'이 古代에 머리(頭)라는 뜻이었다는 것을 짐작할 수 있는 동시에 '족두리'의 '두리', '도리도리'의 '돌', 그리고 '대머리'의 '대'에 化石語로 생존하고 있다는 것을 알 수 있다. '도리도리'는 머리(頭)라는 말을 가르치며 어린이에게 목운동을 시키는 것이라고 하겠다. '달비, 다리'의 '달'이 머리(頭)라는 뜻이다. '부라부라'는 지방에 따라 '불무불무' 또는 '불매불매'라고 한다. '부라부라'는 발의 운동이니까 발을 가리키는 말이다. '불'은 발(足)에서 변한 말일 것이다. '발발'이라고 하면서 발이라는 말을 가르치고 발운동을 시킨다. '따로따로'는 어린이를 서게 하는 운동이다. '따로'의 語根은 '딸'이고 '달'로 소급된다. '달'은 다리(脚)다. '다리다리'하면서 다리라는 말을 가르치고, 서는 연습을 시킨다. 한 손에 양발을 올려 아기를 서게 할 때 '꼬두꼬두'라고 한다. '꼬두'의 語根은 '곧'인데 '가롤(脚)'의 語根 '갈'과 同源語일 것이다. '곤지곤지'는 '고지'에 ㄴ이 첨가된 것이다. 더디다>더지다>던지다와 같이 ㅈ 위에 ㄴ이 첨가되는 경우이다. '고지'의 語根은 '곶'이고 '곧'이 祖語形이다. 蒙古語에서는 손이 kar이고 滿洲語에는 kara(手)가 있으며 위구르語에서는 kol(手)이다. 語根은 kar, kol인데 kat, kot이 祖語形이고 손이란 뜻이다. 국어 '가지다(持)'의 語根 '갖(간)'이 곧 손이란 뜻을 지닌 말인 것이다. '손가락'에서 '가락'은 語根 '갈', '골무'의 '골' 등이 모두 손(手)이란 뜻이다. '곤지곤지'는 손이란 말을 가르치면서 손 운동을 시키는 것이다. '돌(頭), 곧(手)'이 국어에서 쓰였던 시대는 古代로 소급된다. 어린이에 대한 이러한 말의 교육과 운동은 先史時代로 소급된다.

3-2. 天體語

3-2-1. 돌(年)

'한 돌, 두 돌, 열 돌'이라고 할 때 '돌'은 年이라는 뜻이다. '돌'의 祖語形은 tot이다.

tosi(年)[日]

日本語 tosi(年)의 語根은 tos이고, tot이 祖語다. 국어 '돌(年)'의 祖語
形 tot과 日本語 tosi(年)의 祖語形 tot이 일치하고 있다.

nasu(年)[蒙]

語根 nas은 nat으로 再構된다. 이러한 말은 태양이란 原義에서 비롯
되었다. 국어에서는 '날(日)'이고, 蒙古語에서는 nara(太陽)이다. 국어의
'나이(年齡)'도 '날(日)'에서 날—이>나리>나이의 변화를 거쳤다. 국어의
'돌(年)'이나 日本語의 tosi(年)를 보면 tot이 태양이란 原義에서 비롯된
말임을 알 수 있다. '쬐다(曝)'의 語幹은 '쬐'로서 '쪼이'가 준 말이고, '이'
는 接尾辭다. ㅈ은 ㄷ에서의 변화라는 것을 전제로 하고 보면 祖語는
'돋'이 된다. '쬐다'는 햇볕을 쬐다, 볕을 쬐다와 같이 태양에만 해당되는
말이다. 달빛을 쬐다, 별빛을 쬐다와 같은 말이 쓰이는 경우가 없다는
것은 쬐다가 태양과 관련된 말임을 알 수 있다.

terasu(照す)[日]

terasu의 語根 ter은 tet으로 소급된다. tet이 日本語에서 태양이란
뜻을 지녔던 名詞라는 것을 알 수 있다.

teta(太陽)[日, 琉球]
ttiita(太陽)[日, 琉球]

琉球語의 teta(太陽)는 태양의 化石語다.

cúp(太陽)[아이누]
tókap(晝)[아이누]
tolf(夏)[길랴크]
tengeri(天)[蒙]
tanrə(神)[터키]

cúp(太陽)을 túp으로 再構하면 위 예문은 頭音 t를 지닌다. 해, 낮, 하

늘(陽, 晝, 天)이란 의미는 태양이란 原義를 지닌 말에서 파생한 말이다. 蒙古語 tengeri는 ten과 geri의 合成語라 하겠는데 geri는 蒙古語에서 빛이란 뜻이다. 그러나 原義는 태양이다. 국어 '깔'이 蒙古語 geri(光)와 비교된다. '갈'이 근원적으로는 태양이란 뜻이다. tengeri의 ten은 tet으로 再構되며 태양이란 原義를 지니는 말이라 여겨진다.

tilasa(太陽)[에벤키]

til이 語根으로서 태양이란 뜻이다. '해가 돋다'에서 '돋다'의 語根 '돋'이 태양이란 原義를 지니고 있음을 알 수 있다.

때(時)

'때'는 '다이'가 준 말로서 '이'는 接尾辭다. '다'의 祖語는 '닫'으로서 닫>달>달-이>다리>다이>대>때의 변화이다. '어느 덧'의 '덧'은 시간을 뜻하는 말로 祖語形은 '덛'이다. 漢字 時를 볼 때 '日' 字가 들어 있다는 것은 시간을 태양의 운행에서 인식했었음을 알 수 있다.

čak(時間)[蒙]
taka(暫時間)[滿]
toki(時)[日]

日本語 toki의 語根은 tok이고 祖語形은 tot이다. tot>tor>tork>tok-i>toki(時)의 변화일 것이다. 日本 學者들은 tsuki(月)와 toki(時)를 同源語로 보고 있지만 나는 toki(時)는 tsuki(月)와는 별개인 태양이란 뜻을 지닌 tot(太陽)에서 변화한 것으로 본다.

설(元旦, 歲)[國]

'설'이 15세기에는 元旦, 歲의 兩義를 지니고 있었다. 그 후 歲는 '살'로 바뀌었다. '날이 새다(曙)'에서 '새다'의 語根 '새'는 名詞로서 '사이'의 縮約이며 祖語形은 '삳'이고 이는 태양이란 原義를 지닌다. '시(東)'의 祖語 '솓'은 태양이란 原義가 있다. '햇살, 볕살'의 '살'이 태양이란 뜻이라고 본다. '설(歲, 元旦)'의 原義는 태양이다. 歲, 時, 曙, 暑 등을 태양의 '살'과 同源語로 생각해 볼 수 있다.

3-2-2. 볕(陽)

'볕'은 '벋'에서의 변화이다. '볕을 쬐다', '볕이 뜨겁다', '볕이 잘 들다'라고 할 때 '볕'은 태양이란 뜻이다. '햇볕'이라고는 하지만 '달볕, 별볕'이라고는 하지 않는다. '볕'은 태양이란 原義를 지닌 말이고, '햇볕'이라는 合成語가 될 때에는 陽光의 意味로 轉意된다. '햇볕'은 근원적으로 異音同義語다. '날이 밝아 온다'라고 할 때 '밝다'의 語根 '밝'은 '발'이 原形이며 '받'이 祖語가 되는데 태양이란 原義가 있다. '붉다(赤)'는 名詞 '불(火)'에서의 전성이며 '밝다(明)'는 名詞 '발(太陽)'에서의 전성이다.

> hare(晴)[日]

日本語 hare(晴)는 pare로 소급되며 語根은 par이고 pat이 祖語다. pat은 태양이란 原義가 있다.

> hi(陽)[日]

日本語 hi(陽)는 pi로 再構되며 hare(晴)의 祖語形 pat과 同源語다.

> hiru(晝)[日]

일본어 hiru(晝)의 語根은 hir이고 pit으로 再構된다. 日本語 hi(陽)는 pit에서의 변화이다. pit>hir>hi의 변화이다. 국어의 '날(日)'과 '낮(晝)'이 同源語이듯 日本語 hi(太陽)와 hiru(晝)는 同源語다. 사할린(樺太)의 아이누語에 paa(年)가 있다. paa(年)는 para로서 語根은 par이다. 年이란 뜻의 語源이 태양에 있다는 것을 전제로 할 때 아이누語 paa(年)에서도 태양이란 어휘를 발견할 수 있지 않나 한다.

> peyaz(白)[터키]

peyaz는 peraz로 再構되며 語根은 per이 된다. '희다(白)'는 '히(陽)'

에서 전성되었다. 白을 통해서 볼 때도 p 頭音을 가진 말이 태양을 뜻하고 있음을 알 수 있다. 古代語에서는 '붇'이 태양이란 뜻을 지니고 있었음을 알 수 있다.

3-2-3. 아침(朝)

15세기 문헌에 '아춤'의 표기가 있고 '아젹'도 아침(朝)이란 뜻을 지니고 있으며 現 慶尙道 方言에서 '아직'이 아침이라는 뜻으로 쓰이고 있다. 語根은 '앚(앛)'이지만 '앋'으로 再構된다.

> asa(朝)[日]
> ətə(明日)[위구르]
> ətə(朝)[위구르]

日本語 asa의 語根은 as이고 at이 祖語形이 된다.

> ača(明日)[日, 奄美]

ača가 明日이라는 뜻이고『鷄林類事』에서 '明日 曰 轄載'의 '轄載'가 '아재'임을 보이고 있다. '어제(昨日)'와 대가 되는 '아재(昨日)'가 국어에 있었음을 보인다. '어제, 아재'의 語根도 '엋, 앚'이며 同源語로서 祖語形은 '앋'이다. 이 '앋'은 무슨 뜻을 지니는 名詞일까? 국어 '날(日)'은 蒙古語에서 태양이란 뜻을 지니는 naran의 語根 nal과 同源語다. 이 '날'은 '날씨, 날마다, 나날이, 오늘날'과 같이 태양이란 뜻에서 數를 나타내는 日을 뜻한다. 국어 '나조(夕), 낮(晝)' 등도 '날(陽)'의 祖語形 '낟'에서 비롯한 말이다. '낟'의 末音 ㄷ이 ㅈ으로 바뀐 것이다. 日本語 hi(陽)와 hiru(晝)가 同源語가 되는 것은 국어 '날(陽)'과 '낮(晝)'이 同源語가 되는 것과 그 의미분화에서 同軌다.

> yuu(夕)[日]
> yohi(宵ひ)[日]
> yoru(夜)[日]

日本語 yuu는 국어 '날(日)'과 同源語이다.

nuru>nyuru>yuru>yuu(夕)
nyoru>yoru(夜)
nyori>yori>yoi>yohi(宵)

저녁, 밤(夕, 夜, 宵)이란 어휘들이 '날(日)'에서 비롯했음을 알 수 있다. 더구나 日本語 natsu(夏)의 語根 nat은 국어 '녀름(夏)'의 祖語形 '넏(넏)'과 同源語다. 이러한 면에서 볼 때 '아침(朝)'의 일본어 asa(朝)의 語根도 태양이란 뜻을 지닌 名詞에서 전성되었음을 예상할 수 있다. 국어의 '나이(年)'는 날이>나이의 변화로서 '날(日)'에서 비롯한 말이다. 蒙古語에는 nasu(年)가 있다.

anya(年)[滿]
an(年)[길랴크]

語根 an은 at으로 再構되며 at은 태양이란 뜻을 지닐 것이다. 시간을 나타내는 어휘는 태양이란 뜻을 지니는 어휘가 그 基礎語다.

ama(天)[日]

日本語 ama(天)는 頭音에 母音을 유지하고 있다. 국어의 '하늘(天)'은 語根 '한'에 '을'을 합쳤다. '히(陽)'의 祖語形은 '한(핟)'이 된다. '히'는 하늘의 태양이란 뜻을 지닌 말로서 곧 하늘을 뜻했다.

apkha(天)[滿]
əldən(光)[滿]
aptap(太陽)[위구르]
aurinko(太陽)[핀란드]

語根 ap이 하늘, 해(天, 太陽)의 語根으로 보이며 əl은 光이란 뜻을 지니고 있다. 이 말들의 祖語를 再構해 보면 at이 되며 이 at이 태양이란 뜻을 지니고 있었음을 알 수 있다. əldən(光)은 태양이란 뜻을 지닌 어휘에서 분화한 것이다. 국어의 '빛'은 태양이란 뜻을 지닌 '볕(陽)'과 同源語다. 日本語 ama(天)는 祖語 at>ar에 接尾辭 am이 붙어서 이루어진 것으로 짐작하게 된다. at>ar>ar-am>aram>aam>am-a(天).

서리(霜)	simo(霜)[日]
돌(靈)	tama(靈)[日]
갈(髮)	kami(髮)[日]
날(生)	nama(生)[日]
얼(泉, 永, 水)	ame(雨)[日]
구름(雲)	kumo(雲)[日]
씨름(相撲)	sumo(相撲)[日]
발(足)	humu(踏)[日]
골(口)	kamu(嚙)[日]
알(太陽, 日)	ama(天)[日]

日本語의 祖語 at(ar)이 태양이란 뜻이 있었음을 알 수 있으며 국어에서도 '앋'이 태양이란 뜻으로 祖語가 있었다는 것을 보이나 消失語다. 국어 '올해(今年)'의 '올'이 바로 태양이라는 뜻의 化石語가 아닌가 한다.

asman(天)[위구르]

tugmak(日·月이 솟다)[위구르]

asman의 語根 as은 at으로 再構된다.

3-2-4. 하늘(天)

'하늘'의 語根은 '한'이고 '올'과 합쳤다. '한'은 근원적으로 태양이란 뜻이다. '히(陽)'는 'ㅎ이'가 줄어든 말로서 '이'는 接尾辭다. 'ㅎ'는 본디 '홑'에서 '홀'로 변하고 '홀'에 接尾辭 '이'가 붙은 ㅎ리>ㅎ이>히의 변화를 거쳤다고 보겠다. '하늘'의 語根 '한'을 보면 '히'의 祖語形도 '핟'일 가능성을 생각할 수 있다. '핟'은 末音이 'ㄴ'으로 된 '한'이 '올'과 합치면 '하눌(天)'이 되고 '핟'이 末音이 ㄹ로 변하면 '할'이고, 해는 하리>하이>해(陽)의 변화이다. 따라서 '해'나 '하늘'의 祖語는 태양이란 뜻을 지니는 '핟'이 된다.

syun(太陽)[滿]

滿洲語 syun(太陽)은 국어 '해'의 祖語形 '핟'과 同源語로서 頭音 ㅎ이 ㅅ化했다. 그러나 滿洲語 syun(太陽)은 '삳(太陽)'이 語源일 것이다. 한편 '한올'의 '올'이 接尾辭가 아니고 太陽이라는 뜻을 지니는 명사일 개연성도 있다. '사올(3日), 나올(4日)'의 '올'이 日이라는 뜻을 지니는데 본디는 太陽이라는 뜻을 지녔을 것이다. 그렇게 본다면 '하눌(天)'은 '하'와 '눌'의 異音同義語의 合成語일 수도 있다.

3-2-5. 달(月)

tsuki(月)[日]

日本語 'チ, ツ'는 국어의 ㄷ이 日本語 母音 i, u와 합쳐질 때 난다. 그러므로 日本語 tsuki(月)는 tuki가 原音이 된다.

| 술(酒) | sake(酒)[日] |
| 굴(蠣) | kaki(牡蠣)[日] |

日本語 sake는 sal에 k가 첨가되어 salk-e>sake가 되었다. kaki(牡蠣)도 kal>kalk-i>kaki의 변화이다. 日本語 tsuki(月)는 tul에 k가 붙어 tulk-i>tuki>tsuki(月)가 되었다.

sasagoto(酒事)[日]

sasa(酒)의 語根은 sas으로 sat으로 再構된다. 日本語 sasa(酒)는 국어 '숟(酒)'이 건너가서 된 말이다. sake도 국어의 '술'이 건너가서 이루어진 말이다. 따라서 sasa(酒)가 sake(酒)보다는 훨씬 古語에 속한다.

3-2-6. 보롬(望)

표준어는 '보름'이다. 正月 보름, 2月 보름이라고 할 때에는 15日을 뜻하고 있지만 이날은 滿月이 되는 날이다. 15세기 문헌에는 '보롬(望)' 이 보인다. '보롬'은 15라는 수를 나타내기보다는 달에 관한 名詞다. '보롬'의 語根은 '볼'이고 '옴'은 接尾辭다. '볼'은 '볻'으로 再構된다.

> pya(月)[滿]
> pya(月)[女眞]

滿洲語로 달이란 뜻을 지니는 pya는 para로 소급되며 par로 再構되고 pat이 祖語形이다. pat>pal>pyal>pya의 변화이다. 따라서 국어 '보롬'의 '볼'은 滿洲語 달의 祖語形 pal(pat)과 同源語다. 그러므로 '보롬'의 語源은 滿洲語 pya의 祖語形 pal(pat)과 同源語다.

> pya(月)[滿]
> 볕(陽)[國]
> 별(星)[國]
> 빛(光)[國]
> 불(火)[國]

天體에 있는 pya(月), 볕(陽), 별(星), 빛(光) 등과 같은 光體에 속하는 名詞는 頭音 p를 지니고 있고 지상의 광체인 불(火)도 頭音 ㅂ을 유지하고 있음을 알 수 있다. '번개(電光)'의 '번'도 '벋'으로 再構되며 光體에 속하는 名詞다. '번쩍번쩍, 반짝반짝'의 '번, 반' 등도 光體에 속하는 語彙다.

3-2-7. 별(星)

'별'은 '벌'로 소급되며 '벋'이 祖語가 될 것이다.

> hosi(星)[日]
> usiha(星)[滿]

odon(星)[蒙]

日本語 hosi는 posi로 再構되며, 語根은 pos이고 pot으로 再構된다. 국어 '별'의 祖語形 '볕'의 반영형이다. 滿洲語 usiha는 husiha로 再構되며 pusiha로 소급된다. 語根은 pus이고 put이 祖語形이다. 蒙古語 odon은 hodon으로 再構된다. 『元祖秘史』에는 hodon인데 이는 podon으로 再構된다. odon<hodon<podon으로서 pot이 祖語形이다.

pət[國]

pot[日]

put[滿]

pot[蒙]

국어, 日本語, 滿洲語, 蒙古語의 祖語形은 同系의 同源語라는 것을 알 수 있다.

posin(星)[나나이]

posekta(星)[오로크]

posikta(星)[퉁구스]

이상의 語根은 pos으로서 頭音 p를 유지하고 있고 末音은 t>s화하고 있다. 祖語形은 pot이 된다.

pusi(星)[日, 琉球]

pusi는 頭音 p를 유지하고 있다. 유구국의 名瀬, 首里에서는 husi인데 pusi의 再構가 가능하다.

3-2-8. 봄(春)

'봄'의 祖語形은 '볻'이다. '볼'로 변하고 接尾辭 '옴'이 붙어 '보롬'이 되고 ㄹ이 탈락해서 '보옴', 同音省略으로 '봄(春)'이 되었다.

haru(春)[日]

日本語 haru(春)는 paru로 再構되며 語根은 par이고 祖語形은 pat이다. 日本語 haru(春)의 語根 hal(pal)은 국어 '봄'이 봄>볼의 과정을 거쳤다.

　　habur(春)[蒙]

　　páykar(春)[아이누]

páykar의 語根 páy는 pát으로 소급된다. 봄(春)의 祖語形 pot, pat은 국어에서 태양이란 뜻을 지닌 볕과 同源語다.

3-2-9. 개다

'날이 개다'에서 '개다'의 語根 '개'는 '가이'가 준 말로서 祖語形은 '갇'이다.

　　küneş, kün(太陽)[터키]

語根 kün은 küt으로 再構된다. 국어 '개다'의 조어형 '갇'과 比較된다.

　　kuyax, kün(太陽)[위구르]

kuyax는 kurax에서 r음이 떨어져 kuax가 되고 모음충돌회피현상으로 kuyax가 된 것이다. 語根 kur을 얻을 수 있다. 국어의 消失語에 태양이란 뜻을 지닌 '갇'이 있었음을 알 수 있다. 빛깔의 '갈'이 해라는 본뜻이다. 日本語에서 hikari(光)의 kari가 해라는 본뜻이다. 해거름(黃昏)에서 거름의 語根 '걸'이 해라는 뜻이다. 해거름은 異音同義語의 合成語일 것이다. 日本語 kureru(暮れる)의 語根 kur이 국어 해거름의 '걸'과 同源語다.

3-2-10. 여름(夏)

15세기 표기는 '녀름'이고 平安道 方言에서는 '너름'이다. 너름>녀름>여름의 변화이다. 語根은 '녈'이며 祖語形은 '녇'이다. 국어 '날(日)'의 祖語形은 '낟'이다.

naran, nara(太陽)[蒙]

語根은 nar이고 祖語形은 nat이다.

natsu(夏)[日]

日本語 natsu(夏)의 語根은 nat인데 이는 국어 '여름'의 祖語形 '넏'과 比較된다.

yaz(夏)[터키]

yaz는 nyaz, naz, nat이 祖語形이다. 이는 국어 '넏', 蒙古語 nat, 日本語 nat과 同源語다. 頭音 ya, yə, yo, yu 등 上昇二重母音은 頭音 n을 지니고 있으며 母音이 重母音化하면서 n이 탈락해 버리는 것이 특징이다.

yüz(顔)[위구르]
yagaq(木)[위구르]
yax(歲)[위구르]
yax(涙)[위구르]
yil(年)[위구르]
nur, yoruk(光)[위구르]

위구르語 yüz(顔)은 국어의 '낯(顔)', yagaq(木)는 국어의 '남(木)', yax(歲)는 국어의 '날(日)', yax(涙)는 국어의 '눈(眼)', yil(年)는 국어의 '나이(年)' 등과 비교된다. 특히 위구르語에서 빛(光)이란 뜻으로 nur과 yoruk의 雙形語가 있는데 yoruk은 noruk>noyoruk에서의 변화로 語根은 nor, 祖語形은 not이고 국어 날(日), 蒙古語 nar, nut(太陽)과 同源語다. 이렇게 頭音의 上昇二重母音化는 頭音이 n을 지니고 있었다는 것이 특징이 된다. 漢字語 年, 陽, 熱, 日 등이 태양이란 原意에서 분화한 것이다. 漢字語 夏(ha)는 국어 '히(陽)'와 대응된다. 여름은 봄과 같이 태양이라는 뜻을 지닌 말이었다. '낮(晝)'도 '낟(太陽)'에서 분화한 말이다. 낮은 태양이 있는 시간대다. '낮'의 末音 ㄷ이 ㅈ으로 변한 것은 母音과는 관계가 없이 변했다고 보겠다.

3-2-11. 겨울(冬)

方言 '겨슬(冬)'[경북]이 있다. 語根은 '겻'이고, '젓, 걷'으로 소급된다. '걷'은 무슨 뜻을 지니는 名詞일까?

> huyu(冬)[日]
> hi(氷)[日]

huyu는 puru로 再構되며 語根은 pur이고 put으로 再構된다.

> puz(氷)[터키]

puz의 祖語形 put과 日本語 겨울(冬) huyu의 祖語形 put이 일치한다. '눈보라'의 '보라'는 '눈'의 異音同義語로서 눈(雪)이란 뜻이다. 日本語 huyu(冬)의 祖語形과 국어의 '보라(雪)'가 同源語일 가능성을 보인다.

> purgal(大風雪)[에벤키]
> pülkü (粉雪)[라무트]
> pora(雪片)[나나이]
> puran(大風雪)[滿]
> purgana(雪降)[蒙]
> purga(雪降)[부리야트]

이상의 예에서 보는 바와 같이 語根 por, pur 등이 눈(雪)이란 뜻을 지니고 있음이 확실하다. 겨울은 눈(雪)이 오는 계절이므로 日本語 huyu(冬)는 그 語源이 눈(雪)이라고 하겠다. '겨울(冬)'의 祖語形 '걷'도 눈(雪) 또는 얼음(氷)이란 뜻을 지니고 있음을 생각할 수 있다.

> kar(雪)[터키]
> kave(雪)[길랴크]
> kónor(氷)[아이누]
> koori(氷)[日]
> 고드름(氷柱)[國]

日本語 koori(氷)는 korori>koori로서 語根 kor, kot이 祖語形일 것이다. 국어 '고드름'은 '곧'과 '어름'의 異音同義語의 合成語라 여겨진다. '곧'은 얼음(氷)이란 뜻이고 '어름'도 얼음(氷)이란 뜻이 된다. 국어 '겨울'의 祖語形 '걸'도 얼음, 눈(氷, 雪)이란 兩義가 있다. 北方民族은 古代에 계절을 二分法하지 않았나 한다. 遊牧民族에게 있어서 봄, 가을(春, 秋)의 두 계절은 중요한 의미를 지니지 않는다고 본다. 農耕社會가 발달함에 따라 씨를 뿌리는 봄과 거둬들이는 가을이 생겨나지 않았을까. 二分法에서 農耕社會가 발달함에 따라 四分法으로 되지 않았나 한다. 한편 '겨울'의 祖語 '걸'은 해라는 본뜻을 지닐 수도 있다. 계절은 해의 운행에 의해 좌우되기 때문이다.

3-2-12. 가을(秋)

方言에 '가슬(秋)'[강원]이 있는데 語根은 '갓'이고 '을'은 接尾辭다. '갓'은 '갇'으로 소급된다. '추수한다'를 '가을하다'라고 하며 곡물을 거둬들이는 것을 '가을걷이'라고 한다. 그러므로 '가을'의 祖語形 '갇'은 곡물이란 뜻을 지니고 있다고 여겨진다. '가을걷이'의 '걷'도 근원은 名詞라 하겠는데 역시 가을에 거둬들이는 곡물을 뜻한다. 漢字 秋를 보아도 '禾' 字가 있는 것을 보면 가을이라는 季節은 곡물로 인식하고 있었음을 알 수 있다.

> kusa(種)[日]
> 가지(種)[國]

語根 kus, 갓 등이 種이라는 뜻을 지니며 kut, 갇 등으로 再構된다. 漢字 穀도 국어 '갇'과 同源語라 여겨진다. 가을은 곡물을 거둬들이는 계절이라고 하겠다.

> aki(秋)[日]

aki(秋)의 祖語形은 at>al>alk-i>aki의 변화이다. 국어 '알'은 卵, 實,

粒, 核 등의 의미를 지니고 있다. '가을'은 알곡, 열매(粒, 實) 등을 추수하는 계절이다. 국어의 末音 ㄹ이 日本語 末音 k와 대응된다.

굴(蠣)	kaki(牡蠣)[日]
돌(梁, 渠)	taki(瀧)[日]
재(坂)	saka(坂)[日]
	čuk(秋)[아이누]
	tureh(實)[사할린 아이누]
	tilf(秋)[길랴크]

語根 ter, til 또는 tuk(čuk) 등을 얻을 수 있다.

tane(種)[日]

語根 tan은 tat으로 再構된다. 한편 가슬(秋)의 語根 '갓(갇)'은 해라는 본뜻을 지닐 것이다. 時間과 季節語의 語源은 太陽일 것이다.

3-2-13. 무지개(虹)

'무지개'는 語根 '묻'과 接尾辭 '개'의 合成語다. '안개(霧), 번개(電光)'의 '개'는 接尾辭라기보다는 實辭로 볼 수 있다. '안개'의 '안'은 '앋'으로 再構되며 '앋'은 물(水)이란 뜻이다. 이는 '얼(泉, 冰)'과 비교되며 日本語 arau(洗う)의 語根 ar과 同源語다. '번개'의 '번'은 '벋'으로 再構되며 '별(星)'의 祖語形 '벋', 볕(陽)의 祖語形 '벋' 등에서 볼 때 '벋'은 光體다. '무지개'의 祖語形 '묻'은 물(水)이란 뜻이다. 무지개는 태양 광선이 물방울에서 굴절을 일으킬 때 일어난다.

nyoron(虹)[滿]

alkım(虹)[터키]

滿洲語 nyoron의 語根은 nor인데 물(水)이란 뜻을 지니며, 터키語 alkım(虹)의 al도 물(水)이란 뜻이다.

nizi(虹)[日]

nizi의 語根은 niz이고 祖語形은 nit으로서 물(水)과 관련된다. 國語 내(川)의 古形은 '나리'로서 語根은 '날'이고 祖語形은 '낟'이다. 日本 方言에 무지개(虹)란 뜻으로 niri, neri 등이 있다. 특히 日本 方言에 moozi, myoozi가 있는데 頭音 m은 國語 '무지개'와 대응된다.

mimn(虹)[길랴크]

soloŋga(虹)[蒙]

蒙古語 語根 sol도 물과 관련된다. 國語 '싯다(洗)'의 語根 '싯(싣)'도 물이란 뜻이다. '물이 설설 끓는다'에서 '설설'도 原義는 물일 것이다. 무지개의 '개'는 갇>갈>갈이>가이>개의 변화로서 '갇'은 해라는 본뜻이다.

3-3. 人稱語

國語에서 人稱語는 대개 頭音이 母音이라 하겠는데 물론 예외도 있다. 어머니, 아버지, 아들, 아우, 아자비, 아자미, 어른, 아내, 앗(엇) 등의 頭音은 '아, 어' 등이다. '아'의 祖語를 再構하면 '앋'이 되겠다.

(1) 末音 ㄷ을 유지하는 어휘

아들(子息)[國]	ata(父)[터키]
	ate(第 1人稱)[日, 大阪, 東京]
	ada(第 1人稱)[日, 高知, 態本]
	otaa(父)[日, 山梨]

'아들'의 語根은 '앋'으로서 接尾辭 '을'이 붙었다. 日本 方言 第1人稱의 語根은 at이다.

otona(成人)[日]

otona(成人)의 語根은 ot이다. 國語에서는 '어른'으로 ㄷ>ㄹ화했으나

日本語에서는 그대로 t를 유지하고 있다. 국어에서 '어든(成人)'일 때 日本에 건너가 otona(成人)가 되었다.

> otouto(弟)[日]
>
> oto-ko(男)[日]
>
> oto-me(少女)[日]
>
> otodo(大殿, 大臣)[日]

語根 ot을 볼 수 있으며 接尾辭 o를 볼 수 있다. otouto(弟)는 oto와 hito(人)의 縮約으로 보는 견해가 있다. otoko(男)는 wotoko(男)로도 변한다.

> 바다(海)[國]
>
> wata(海)[日]

국어의 頭音 p가 日本語 頭音에서 w化하는 예로 보고 있으나 wata(海)는 ata에서 變한 것이다.

> wotori(踊り)[日]

wotori의 語根 wor은 ot으로 再構된다.

> worotsi(大蛇)[日]
>
> wono(斧)[日]
>
> wosi(食)[日]

worotsi(大蛇)의 語根 woro는 or로 再構된다. wono(斧)는 ono로 再構된다. wosi는 osi로 再構되며 os(ot)이 祖語形이다. 日本語 kutsibasi(口, 嘴)의 basi는 국어의 '부리(口)' 등과 대응된다. 國語의 頭音 p가 w化하는 예는 찾아볼 수 없다. 日本語의 wa, wo의 모음은 a>wa, o>wo의 변화에서 변한 母音이다.

> ate(貴)[日]
>
> atk, ytyk(祖父)[길랴크]
>
> ata(父)[터키]

語根 at이 人稱의 基本語라고 추정할 수 있다.

(2) 末音 ㄷ이 ㅅ화한 어휘

아ᄉ(弟)[重三綱, 孝27]
아ᅀᆞᆷ(親戚)[釋譜6:16]
엇(母)[鄕樂, 思母曲]
aso(吾兄)[日]
ase(兄)[日]
asomi(朝臣)[日]

以上의 語彙에서 보면 語根은 '앗'이고 '앋'에서 변화한 것이다. 日本方言에서 末音 s를 유지하는 예를 들어 본다.

asii(兄)[伊豆, 八丈島]
asa(父)[南島, 宮古島]
ase(汝)[三重縣]

語根 as을 얻을 수 있다. '아우(弟)'는 語根 '앗'의 末音이 탈락했고 '어이(母)'는 '엇이'의 末音 ㅅ이 탈락했다.

어버시(兩親)[宣賜內訓3:50]

'어버시'는 '업'과 '엇이'의 合成語로서 '업'은 父, '어시'는 母라는 뜻이다. 곡을 할 때 내는 소리, '어이어이'는 '엇이'의 ㅅ 탈락일 것이다. 하나의 母胎回歸 현상이다.

(3) 末音 ㄷ이 ㅈ화한 어휘

아ᄌᆞ미(嫂)[龍歌99]
아ᄌᆞ비(舅父)[譯解上57]
아주머니(叔母)[國]
아저씨(叔父)[國]

語根은 '앛'이고 '앝'에서 변화했다.

    ačia(私)[日, 富山縣]

    azii(祖父)[日, 喜界島]

    aziya(父)[日, 秋田]

    aziya(母)[日, 靑森]

    aziya(妻)[日, 秋田]

    aziya(汝)[日, 三重縣]

    uzi(氏)[日]

語根 ač, az은 at에서의 변화이다. uči의 語根은 uč이고 ut이 祖語形
이 된다.

(4) 末音 ㄷ이 ㄴ화한 어휘

    아내(妻)[國]

    ani(兄)[日]

    ane(姉)[日]

    onago(女子)[日]

    ono(己)[日]

'아내(妻)'의 語根은 '안'이고 '앝'이 祖語形이다. 日本語 ani(兄)의 語
根도 '안'이고 '앝'이 祖語形이다.

    ana(父, 尸主)[日, 秋田]

    anata(貴方)[日]

ana(父)의 語根은 an이고 at이 祖語形이다. 터키語에 ata(父)가 있다.
anata(貴方)는 ana와 ta의 合成語다. tar>ta 日語 hitori(一人), hutari(二
人), mitari(三人)의 tori, tari가 사람(人)이란 뜻이다.

(5) 末音 ㄷ이 ㄹ화한 어휘

우리(第1人稱複數)[國]   aruzi(主, 主人)[日]
어른(成人)[國]   iro(血族)[日]
아롬(私)[國]

日本 宮古 方言에서 aruzi(主, 主人)는 atuzi(主)다. 즉 t音을 그대로 유지하고 있다. '우리'는 複數를 가리키고 있으나 본디는 單數였을 것이라고 생각된다. iro(血族)는 niro에서 頭音 n이 떨어졌을 개연성이 있다.

(6) 末音 ㄷ이 ㄹ화하고 다시 ㄹ이 떨어지거나 변한 語彙

oya(親)[日]

oya는 ora에서 r이 떨어진 oa가 모음충돌회피현상으로 oya가 되었다.

ai(私)[日, 八丈島]
a(私)[日, 和歌山]
ae(私)[日, 和歌山]

ai는 ari에서 r音 탈락, a는 ar의 末音 r 탈락, ae는 are에서의 r音 탈락이다.

'utári(親族)[아이누]
uruk(親族)[蒙]
오라버니, 오라비[國]

語根 ur, or 등의 末音 ㄷ이 ㄹ화한 것이다. '오라버니'는 '올'과 '아버니', '오라비'는 '올'과 '아비'로서 '올'이 人稱語임을 보인다.

(7) 末音 ㄷ이 ㄹ화하고 ㅂ이 첨가된 어휘

국어 '앞'은 '앓'의 ㄹ이 떨어져 된 말이다. 慶尙道 方言에서 '아래'는 前이란 뜻이다. 前의 語根은 '알'인 것이다. '알'에 ㅍ이 첨가되어 앓>앞으로 변했다. 국어 '아비(父)'도 語根은 '압'이지만 祖語 '앋'에서 알>앓>

압>압—이>아비의 변화이다. 한편 '알'에 接尾辭 '압'이 붙은 알—압>아랍>아압>압의 변화로 볼 수 있다. 터키語 at(父)과 국어 父의 祖語形 '앋'은 同系다.

      aba(母, 祖母)[日本 方言]

abu는 南島에서는 어머니(母)란 뜻인데 日本 南島, 與那國島에서는 祖父라는 뜻이다.

日本 長崎, 壹岐에서는 母란 뜻인데 南島에서는 兄이란 뜻이다.

      aba(姉)[日, 南島, 首里]
      abo(母, 兄)[日, 鹿兒島, 九州]

abo가 鹿兒島에서는 母, 九州에서는 兄이라는 뜻이다. 이러한 변화는 祖語形 '알'이 지방에 따라 변화가 다른 데서 오는 현상이다.

  (8) 末音 ㄷ이 ㄹ화하고 다시 ㅁ이 붙은 語彙

    어미(母)[國]

    ama(尼)[日]

'어미'의 語根은 '엄'이고 '이'는 接尾辭다. '엄'의 祖語形은 '얻'으로서 '엇'이 보인다. 얻>얼>얼—엄>어럼>어엄>엄의 변화이다.

    amo(母)[日]
    ama(母)[日, 南島]
    ama(姉)[日, 三重]
    ama(祖父)[日, 岩手]
    ami(伯母)[日, 南島]

日本 岩手縣 中部에서는 ama가 祖父·老人 長崎에서는 男을 가리킨다.

  (9) 末音 ㄷ이 ㄹ화하고 ㄱ이 붙은 語彙

    agi(吾君)[日]

agi(幼兒)[國]

'áki(第)[아이누]

語根 at>ar>ar-k>ark-i>agi의 변화이다. 古朝鮮語에 '아디(閼智)'가 있다. 語根이 '앋'임을 보이고 있다.

	父	母	姉	兄
日本語			ane	ani
琉球語	aya	ayá	an'ə	anī
	asa	asē	asē	adza
	az'a	anna	abā	an'o

琉球語 aya는 asa의 s탈락에 의한 aa가 모음충돌회피현상으로 aya가 되었다. 한편 aya의 語根을 ar로 보고 ara>aa>aya의 변화로 볼 개연성도 있다. 이상의 예를 보아도 語根末音이 t에서 변화해 가고 있음을 알 수 있다. 韓·日 兩國의 人稱名詞에서 頭音이 母音 '아'이고 末音이 ㄷ이었다고 하는 공통적 사실을 볼 수 있다.

3-3-1. 사회(婿)

se(兄, 夫)[日]

sero(兄, 夫)[日]

사람(人)[國]

'사람(人)'의 語根 '살'은 '삳'으로 소급된다.

사돈(姻戚)[國]

'사돈'의 語根은 '삳'인데 '사람'의 祖語形 '삳'과 일치하고 있다. 日本語 kumaso(熊襲)의 so는 국어 '사람'의 語根 '살'에서의 변화라 여겨진다. 아이누人이 日本人을 samo라고 하는데 語根은 sam이다. 祖語形 sat>sar>sar-am>saam>sam-o>samo의 변화로서 국어 saram(人)에서 변화된 것을 알 수 있다. '사회(婿)'도 祖語形 '삳'에 接尾辭 '올'이 붙은 살―올>사롤>사울>사오리>사오이>사외>사회의 변화라 여겨진다. 모음충돌회피현상으로 '사외'에 ㅎ이 개입되어 '사회'로 되었다. 한편 사회는 異音同義의 合成語일 수도 있다.

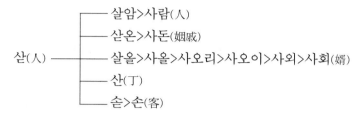

3-3-2. 나(第 1人稱)

na(第1人稱)[日]

nare(第2人稱)[日]

第2人稱 nare의 語根은 nar이고 nat이 祖語形이다. 第1人稱 na는 국어 '나'와 일치하고 있으며 末音이 모두 탈락한 것은 공통된다. nar>na의 변화이다. 국어 '나, 너, 누' 등도 末子音이 탈락했다. '날, 널, 눌'의 末音 ㄹ이 떨어진 것이다. nare(汝)의 경우가 末子音에 r音이 있음을 밑받침하고 있다.

nari(人)[오로크]

사람(人)이란 뜻의 語根 nar이 있다. 그러니까 人稱代名詞는 사람이란 뜻을 지니고 있었던 말이 그 基語라는 것을 알 수 있다.

nanai(地, 人)[나나이]

nanai의 na는 땅(地)이란 뜻이고, nai는 사람(人)이란 뜻이다. nai는 nari>nai의 변화일 것이다.

nyalma(人)[滿]

滿洲語로 사람(人)이란 뜻인 nyalma의 語根 nyal은 nynal로 소급되며 사람(人)이란 뜻을 지니는 語根이다.

pi(私)[蒙]

nataeče(나부터)[蒙]

natapar(나로서)[蒙]

nataluga(나와)[蒙]

nata(나에게)[蒙]

蒙古語에서 單獨形일 때에는 pi가 되지만 格語尾가 붙어 활용될 때에는 語根 nat이 보이는데 사람(人)이란 뜻이다.

yatsu(奴)[日]

yatsu는 nyatsu로 소급되며 語根은 nat이다. nat>nyat>yatsu(奴)의 변화이다. 결국 yatsu(奴)도 사람(人)이란 原義를 지니는 nat에서의 변화이다.

3-3-3. (혹)부리

'혹부리'의 '부리'는 사람이란 뜻이다.

꽃비리(花人)[國]

악바리(惡人)[國]

냉바리(과부), 비바리(處女)[濟州]

흥정바지(商人)[國]

慶尙道 方言에서 사춘기의 소년·소녀들을 '꽃비리'라고 하는데 '비리'는 사람(人)이란 뜻이다. '비리'의 語根은 '빌'로서 '빋'으로 再構된다.

hito(人)[日]

hito는 pito로 再構되며 語根은 pit이다. 따라서 日本語 hito(人)는 국어 pit에 그 語源이 있다. 아이누語에서 aynu가 사람(人)이란 뜻을 지니고 있다. 국어 '扶余'는 부러>부어>부여의 변화로 語根은 '불'로서 '붇'이 祖語形이고 사람(人)이란 뜻이다.

poyo(人)[에벤키]

poyo(人)[솔롱]

사람(人)이란 뜻인 poyo는 poro로 再構되며 語根은 por이다. poro>
poo>poyo의 변화이다.

pen(第1人稱)[터키]

pi(第1人稱)[滿]

pi(第1人稱)[蒙]

第1人稱語는 본디 사람(人)이란 뜻을 지녔던 말에서 형성된 말이라고
하겠다.

puri(夫)[골디]

puri(家族)[올차]

furi(子孫)[滿]

üri, üre(子孫, 種)[부리야트]

語根 pur은 사람(人)이란 뜻이라고 하겠다. 漢字 夫, 婦 등도 사람(人)
이란 뜻에서 형성된 것이다.

3-3-4. 키(丈)

15세기 표기로는 '킈(丈)'다. '크이'가 준 말로서 크리>크이>킈로 변
했다. '클'은 '글'로 소급되며 '글'이 祖語形이다. 키를 말할 때 '한 길,
두 길'이라고 하는데, '길'은 丈이라는 뜻을 지니며 '키'의 古形이다.

겨레(族)[國]

kara(族)[日]

hala(族)[滿]

xala(族)[골디]

'겨레'의 語根은 '결'로서 '걸'로 소급된다. 日語 kara(族)와 同源語다.
'한 길, 두 길'의 '길'은 '겨레'의 語根 '걸'과 同源語다. '키가 크다'에서

'크다'의 '크'는 '클, 글, 글'으로 소급된다. 역시 사람(人)이란 뜻을 지닌 말이다.

3-3-5. (키)다리

'키다리'의 '다리'는 사람(人)이란 뜻이다. 키가 큰 사람이라는 뜻이다. 人稱複數接尾辭 '둘(等)'도 근원적으로 사람(人)이란 뜻이다. 꺽다리의 '다리'도 사람(人)이란 뜻이다.

tatsi(等)[日]

日本語 tatsi(等)는 국어 '둘'의 祖語形 '돋'이 그 기원이 된다.

tare(誰)[日]

日本語 tare의 語根 tar의 語源은 사람(人)이다. 日本語 hitori(一人), hutari(二人), mitari(三人) 등에서 tori, tari가 사람(人)이란 뜻을 지니고 있다.

ta(第2人稱의 敬語)[蒙]
ci, cima(第2人稱)[蒙]
tsitsi(父)[日]
tozi(主婦·女性)[日]
ttal(女息)[國]

tsitsi(父)의 語根은 tit이라 하겠고 tozi의 語根은 tot이다. 국어 女息이라는 뜻인 '딸'과 同源語다. 朝鮮은 '도선'으로서 語根은 '돗'이고 '언'은 接尾辭다. '돗'은 '돋'으로 再構된다. '돋'은 사람(人)이란 뜻이다. 즉, 사람이란 뜻을 지니는 말이 그 부족을 대표한다고 볼 때 '돋'이 사람(人)이란 뜻을 지닐 가능성이 짙다. '突厥'의 '突'도 사람(人)이란 뜻을 지닐 가능성이 있다.

tono(殿)[日]

tomo(友)[日]

tsuma(妻)[日]

등의 語根은 ton, tom이고 祖語 tot을 再構할 수 있다.

tsure(運)[日]

同伴者라는 뜻이 있기 때문에 tur은 사람(人)이란 뜻이다. 國語 '데리고 간다'에서 '데리다'의 語根은 '델'인데 '덛'으로 소급되며 역시 사람(人)이란 뜻이다. '같은 또래'라고 할 때 '또래'의 語根 '돌'이 사람(人)이란 뜻이다. 朝鮮은 朝와 鮮의 合成語로서 사람(人)이란 뜻을 지니는 異音同義語다. 朝는 도, 鮮은 선으로서 손(丁)일 것이다.

3-3-6. 머니

'마노라'의 祖語形 '만', 어머니(母)의 祖語形 '먼'이 근원적으로는 사람이라는 뜻을 지니고 있다는 것은 앞서 언급했다. 어머니, 할머니의 '머니'의 語根은 '먼(멀)'이다. 日本『萬葉集』의 <東歌>에서 maro(麻呂)는 第1人稱이고 鹿兒島 宮崎方言에서는 第2人稱이다. maro는 본디는 여자에게도 쓰였다가 나중에는 남자에게만 쓰이게 되었으나 근원적으로는 사람이라는 뜻을 지녔었다.

	第1人稱 單數	第1人稱 複數
蒙古語	pi, min	pide, piden
퉁구스語	pi, min	pu, mun
滿洲語	pi, min	pe, men
터키語	pim, pen	min, men, piz

第1人稱語에 頭音 p, m의 兩形이 있다. 頭音 p는 국어 '분(人)'과 同系라 하겠으며 m은 국어 '만, 먼'과 同系의 말이라는 것을 말한다. 길랴크語에서 第1人稱 單數는 ni인데 複數는 nin과 muzn의 兩形이 있다. 두 사람(兩人)을 가리킬 때에는 mern, men이다. 아이누語에서는 사람을 가

리키는 말에 頭音 n과 m을 지니는 兩形이 있다. 第1人稱語·第2人稱語
는 본디 사람(人)이란 뜻을 지녔던 語彙다.

3-3-7. 기르다(養)

'기르다'의 語根은 '길'이다. '길'의 名詞는 어떠한 뜻을 지니고 있는
것일까?

  크다(成長하다)
  키(身長)
  길(丈)

'한 길, 두 길'이라고 할 때 '길'은 사람의 키를 뜻하고 있다. 네 길이
라고 할 때는 사람 키의 4배라는 뜻이다. 따라서 '길'의 原意는 사람이
라고 하겠다. '키'의 15세기 표기는 '킈'다. '크이'가 줄어든 것으로 '이'
는 接尾辭다. 클―이>크리>크이>킈의 변화이다. 平音으로 보면 글―이>
그리>그이>긔의 변화이다. '크다'라고 하는 말의 語根 '크'는 '클'에서의
末音脫落이다.

  take(丈)[日]

take(丈)의 祖語形 tat(tar)도 사람이란 뜻이다. hutari(二人)의 tari가
사람(人)이란 뜻으로서 語根은 tar(tat)이다.

  겨레(族)[國]
  kara(族)[日]

'겨레'의 語根 '결'은 '걸'로 소급된다. kara의 語根은 kar이다. '길(丈),
킈(身長)' 등의 原意는 사람이라는 것을 알 수 있다.

  sodatsu(育つ)[日]

sodatsu(育)의 語根은 sod이다. 키우는 것은 사람이 아니겠는가. 가
축도 키우는 것이지만 가축 이전에는 사람을 키우는 것으로 여겼을 것

이 아니겠는가. 日本語 sodatsu(育つ)의 語根 sod은 日本語 kumoso의 so(人)와 同源語다. 국어 '사람'의 語根은 '살, 삳'으로 소급된다. 日本語 sodatsu(育つ)의 語根 sod은 국어 '사람'의 語根 '살'의 祖語 '삳'과 同源 語다.

> yasinahi(養ひ)[日]

yasinahi는 nyasinahi, nasinahi까지 소급되며 語根은 nas이고 祖語 形은 nat이 된다.

> na(己)[日]
> nase(第1人稱)[日]
> nare(第2人稱)[日]

祖語形 nas, nat과 비교된다.

3-3-8. 겨레(族)

> kara(族)[日]
> ko(子)[日]
> kuru(人)[아이누]
> 갓(女, 妻)[國]

'겨레'의 語根은 '결'로서 '걸'로 소급되며 '걷'이 祖語形이다. 아이누語 에 kuru(人)가 보인다는 것은 매우 시사적이다. 터키語 kayas(親戚)는 karas에서 r音 탈락으로 kaas, 모음충돌회피현상으로 kayas로 변화했다.

> 仇斯(童子)[高句麗]

高句麗 地名語에 보이는 '仇斯(童子)'는 日本語 ko(子)와 대비다. '高 句麗, 高麗, 伽羅' 등의 語根 '곧, 갈' 등이 사람이란 뜻이다. '겨집'도 '겼'과 '입'으로 나뉘는데 '입'은 接尾辭다. '겼'은 '겻, 걷'으로 소급된다. 겨집을 '在家'로 보는 견해도 있으나 造語法에 무리가 있다.

3-3-9. 마노라

'마노라'는 尊長者에게 쓰는 尊稱語였다. '마노라'의 語根은 '만'이고 여기에 '올'이 붙고 나중에 다시 '아'가 붙었다. '만'은 '맏'으로 再構된다.

할미(祖母)[國]

할머니(祖母)[國]

'미'는 母라는 뜻을 지니고 '머니'도 母이라는 뜻이다. '머니'의 語根은 '먼'이고 '먿'으로 再構된다.

mat(妻)[아이누]

matak(妹)[아이누]

語根 mat을 얻을 수 있는데 국어 母의 祖語形 '먿'과 비교된다. '며느리'의 語根은 '면'이고 '먼'으로 소급되며 '먿'이 祖語形이다. '어머니'는 '엇(母)'과 '머니'의 異音同義語의 合成語다. '엇'은 두말할 것도 없이 母라는 뜻일 것이다.

me(雌)[日]

me(雌)는 국어 '먿'에서 비롯한 말이다. 漢字 母, 妹, 民 등과 국어 '먿'은 同源語다. 母國, 母國語, 母校와 같이 母는 여성을 뜻하는 것만은 아니다. '마노라'의 '맏'은 尊長者를 뜻하는 말이 된다. 그러나저러나 근원적으로는 사람이란 뜻을 지니다가 전의되었다. 그러나 '마노라'는 '마'와 '노라' 또는 '만'과 '오라'의 異音同義語의 合成이라고 볼 수도 있다. 심마니, 똘마니의 '마니'는 사람(人)이란 뜻을 지니는 말로서 할머니, 어머니의 '머니'와도 同源語일 것이다.

3-3-10. 어른

15세기 문헌에는 '얼운'[釋譜19:1]이다. '얼'은 名詞고 '운'은 接尾辭다. '얼'은 '언'으로 소급되는데 근원적으로는 사람(人)이란 뜻이다. 사람(人)의 基本語 '앋'과 同源語다. 日本語 otona(成人)는 국어 '어른'의 前形

'어든'과 同源語고 '얼다'는 '교배하다', '얼러'는 '교합하여'이라는 뜻이다. 교배, 교합은 사람(人)과 사람(人)의 교합이다. '얼리다(시집가다)'의 '얼'은 名詞다. '붙다'의 '붙'은 '붇'으로 소급되며 '붇다'는 사람(人)과 사람의 결합이라 하겠고 '붇'은 名詞다.

3-3-11. 주비(部, 類, 統首)

sumeragi(皇)[日]

日本語에서 sumeragi(皇)는 그 밖에 sume, sube, subera, subera-gi, sumerogi, suberogi 등으로도 일컫고 있다. 國語 ㄷ이 日本 母音 i, u와 결합될 때에는 口蓋音化(tsi, tsu)하는 것이 특징이다. 그런데 國語 ㅈ音은 日本語에서는 s로 반영되고 있다. 따라서 國語 '주비'는 日本語에서는 subi로 대응된다.

잣(城)	siro(城)[日]
죽(粥)	siru(汁)[日]
직(猿)	saru(猿)[日]

'잣(城)'은 '잗'으로 소급된다. 日本語에서는 頭音이 s고 末音 ㄷ이 r化했다. '죽(粥)'의 祖語形은 '줃'이고 줄>쥵>죽의 변화이다. '직(猿)'는 '즈이'가 준 말이고 '줄, 줃'이 祖語形이다.

sube(統べ)[日]

國語 '주비(統首)'는 日本語 sube와 대응한다. 日本語에서 sumerogi는 土地 최고의 男, 首長, 天皇을 가리킨다. sumekami(皇神)는 지역 최고위의 神, 皇神의 祖先神, 天照大神을 가리킨다. sumera(皇)는 天皇 또는 최고로 존경할 만한 행위다. 國語 末音 p가 日本語 m과 대응된다는 것은 앞서 언급한 바 있다.

3-3-12. 倭

古代에는 日本을 倭라고 했다. 倭는 사람(人)이란 뜻을 지니는 말이라고 하겠다. 앞서도 언급한 바 있지만 사람이란 뜻을 지니는 말이 그 部族을 대표하게 된다. 『龍飛御天歌』에는 倭가 '예'로 표기되어 있다. 新羅 鄉歌인 <慧星歌>에 倭軍을 '倭理叱軍'으로 표기하고 있다. 倭里가 倭에 해당되고, 叱은 사잇소리고 軍은 그대로다. '倭里'는 '어리'다. 어리>어이>에의 변화를 생각할 수 있으며 <龍飛御天歌>의 '예'와 연결된다. 新羅時代는 '倭'를 '어리'라고 불렀다고 하는 것이 확실하다고 보겠다. 어리는 벙어리, 귀머거리의 '어리'로서 사람(人)이란 뜻이다. '倭理叱軍'은 '어리ㅅ군'이라 읽었을 것이다. '어리'의 語根은 '얼'이며 '언'으로 再構하면 국어 人稱 基本語 '앋'과 비교된다. 따라서 '倭'의 祖上은 韓國에서 건너간 사람이라는 것을 알 수 있다. '어리, 어이, 에'를 '倭' 字로 音寫했다고 여겨진다. 日本語에서 사람을 부를 때 'oi'라고 하며 조카도 'oi'다. 倭는 『魏志 倭人傳』과 『後漢書』 '倭傳'에 보인다.

3-4. 물 關係語

3-4-1. 물(水)

　　　　muke(水)[滿]
　　　　muka(水)[나나이]
　　　　muwə(水)[女眞]
　　　　mu(水)[퉁구스]
　　　　midu(水)[日]

국어 '물(水)'의 祖語形은 '묻'이다. 국어로 '묻'일 때 日本에 건너가 midu>mizu의 변화를 했다고 본다. 滿洲語에선 muke(水)이나 龍이라는 뜻으로는 muduri(龍)가 있다. 語根은 mud인데 滿洲語 古語에선 mut이 물이란 뜻을 지니고 있었음을 알겠다. 물(水)을 뜻하는 語根 muk은 mul

에 k가 첨가되어 mulk>muk이 되었다. 女眞語 muwə는 murə가 muə> muwə의 변화를 했다고 본다. 역시 mur을 얻을 수 있다. 퉁구스語 mu 는 mur의 末音 r의 탈락이다.

oso(水)[蒙]

現 蒙古語에서는 oso(水)인데 語根은 os이고 祖語形은 ot이다. 이는 高句麗語 샘(泉)을 뜻하는 '於乙'과 同源語다. '얼(冰), 얼음(冰), 얼다(凍)' 의 '얼'이 '於乙', 蒙古語 ot과 연결된다. 그러나 蒙古語 合成語에서 국어 '물'과 同源語인 müče가 발견된다.

müce in hobiŋ(水時計)[蒙]

hobiŋ이 時計란 뜻이고 müce가 '물'이란 뜻이다. müče의 語根은 müč이고 조어형은 müt이다. 결국 蒙古 古語에 국어의 祖語와 일치하는 müt이 있음을 알 수 있다.

nilmosun(涙)[蒙]

蒙古語 nilmosun의 nil은 눈(眼)이란 뜻이고 mosun이 물(水)이란 뜻 이다. 蒙古語에서 눈(眼)이 nidon인데 語根은 nid이다. nit(眼)의 末音이 l로 변했다. 이는 국어의 ㄷ이 ㄹ로 변하는 현상과 같다. mosun이 물(水) 이란 뜻인데 語根은 mos이고 祖語 mot이 再構된다.

namida(涙)[日]

日本語 na는 눈(眼)이란 뜻이고 mida는 물(水)이란 뜻이다. 語根은 mit이다. 국어에서는 末音 ㄷ이 ㄹ로 변한 데 비해 日本에서는 t(d)를 유지하고 있고 蒙古語에서는 t가 c, s로 변했다.

manan(霧)[蒙]

語根 mar은 mat으로 再構되며 물(水)이란 原義가 있다. 국어에서도 末音 ㄷ을 유지하고 있는 化石語가 있다. 15세기어에 '몯(池)'이 있고 '무지개(虹)'가 있다. '묻이개'에서 '묻'은 물(水)이란 뜻일 것이다.

미르(龍)[國]   mudur(龍)[퉁구스]

                          muduri(龍)[滿]

                          mizutsi(蛟, 蛟龍)[日]

                          mudusə(龍)[女眞]

                          moduri(龍)[나나이]

                          mudur(龍)[솔롱]

龍이란 語彙가 mut 祖語形을 유지하고 있다. 따라서 물(水)이란 뜻을 지닌 알타이 共通祖語는 mut이라고 하는 결론이 나온다. 龍의 原意는 물(水)이라고 볼 때 日本語 tatsu(龍)도 물과 관련된다.

돌(渠, 溝)[國]   tere(川)[터키]

                          taki(瀧)[日]

                          taro, taru(瀧)[日. 靜岡縣]

국어 ‘돌’은 ‘도랑’이라고도 한다. 日本語 taki(瀧)의 語根 tak의 祖語形 tat은 국어 ‘돌’의 祖語形 ‘돋’과 同源語다.

買(水, 川, 泉)[高句麗]

買를 ‘매’로 읽는다면 ‘마이’가 준 말로서 祖語 ‘맏’이 맏>말-이>마이>매로 변화한 것이다. 이렇게 볼 때 高句麗語는 ‘물’ 語彙의 경우 상당히 변화가 앞섰다. 이미 高句麗時代에 맏>말>말-이>마리>마이>매의 변화를 이루었다고 하는 이야기다. 아울러 下降二重母音이 高句麗語에서 형성됐다는 이야기가 될 것이다. 당시 新羅語는 ‘물’이라고 볼 때 高句麗語는 新羅語보다 그 변화가 훨씬 앞선 것이 된다. 아울러 滿洲語, 女眞語 등도 muke, muk, mu 등을 볼 때 상당히 변화가 앞섰다고 볼 수 있다.

맑다(淸)
무르다(軟)
마르다(渴)
말다(물에 말다)

語根 '말, 물' 등도 물(水)이란 뜻에서 전성되었다.

> musu(蒸す)[日]
> moru(洩る)[日]

語根 mus, mor도 물(水)이란 原意를 지닌 말로서 moru의 語根 mor
은 mot의 末音 t가 日本語에서 r音으로 변한 예다. 만주어 muduri(龍)는
mu(水)와 duri(水)의 合成語일 수도 있다.

3-4-2. 땀(汗)

'얼음'의 語根 '얼'은 名詞이고 高句麗語에서 '얼(於乙)'이 샘(泉)이란
뜻이다.

> oso(水)[蒙]

現代 蒙古語에서는 oso(水)가 쓰이는데 語根은 os이고 ot으로 再構다.

> ase(汗)[日]

ase(汗)의 語根 as은 at으로 再構된다. at은 두말할 것도 없이 물이란
뜻이다.

> ter(汗)[터키]
> nei(汗)[滿]

국어 '땀(汗)'은 닫>달>달-암>다람>다암>담>땀(汗)의 변화로서 터키
語 ter(汗)과 비교된다. 滿洲語 net(汗)는 국어 '날(川)'과 비교된다. 땀이
라고 하는 말은 물이란 뜻을 지닌 말이 基礎語다. 日本語 arau(洗う)의
語根 ar이 名詞이며, 물(水)이란 뜻이다.

3-4-3. 서리(霜)

> simo(霜)[日]
> kəragə(霜)[터키]

hiragu(霜)[蒙]

kecen(霜)[滿]

táskor(霜)[아이누]

‘서리’의 語根은 ‘설’이다. 日本語 simo의 語根은 sim이고 祖語形은 sit이다. sit>sir>sir-im>siim-o>simo의 변화이다.

날(生)	nama(生)[日]
갈(刀)	kama(鎌)[日]

국어의 末音 ㄹ이 日本語에서는 m으로 대응되고 있다. 漢字 霜, 水, 洗 등은 국어 ‘설’과 同源語라 여겨진다. ‘물이 설설 끓는다’에서 ‘설설’은 擬態語이고 ‘설’은 물(水)이란 뜻이라고 여겨진다. ‘심(泉)’의 滿洲語는 syəri다. 語根 syər은 sər, sət으로 소급되며 물(水)이 原意이다. ‘서리’는 日本語 simo, 漢字 霜과 同源語라 여겨진다.

sosogi(濯)[日]

日本語 sosogi의 語根 soso와 국어 ‘서리’의 祖語形 ‘섣’은 同源語로서 原意는 물(水)이란 뜻이다.

3-4-4. 고드름(氷柱)

‘고드름’은 ‘곧’과 ‘어름’의 合成語다.

konru(氷)[아이누]

koori(氷)[日]

konru(氷)의 語根은 kon이고 kot으로 再構된다. koori는 korori의 r音이 탈락하여 koori가 되었을 것이다. 語根은 kor로서 kot이 再構된다.

gare(氷)[日, 山崎 羽作郡]

語根 gar을 얻을 수 있다.

müsü(氷)[蒙]

語根 müs은 müt으로 再構된다. 국어 '믈(水)'의 祖語形 '믇'과 비교된다. 국어 '얼음(冰)'의 '얼'은 샘(泉), 얼음(冰)이란 兩義를 지닌다.

puz(冰)[터키]

puz는 put으로 再構되며 put은 물(水)이란 原義가 있다.

3-4-5. 얼음(冰)

'얼음'의 '얼'은 高句麗語 '於乙(泉)'과 비교된다.

oso(水)[蒙]

語根 os은 ot으로 再構된다. 국어 '얼(泉)'의 祖語形 '얻'과 同源語다.

ase(汗)[日]
arau(洗う)[日]

語根 as, ar은 at으로 再構된다. ase나 arau 모두 물(水)이란 뜻이다. 日本語 ama(雨)의 語根은 am이고 祖語形은 at이다. at>ar-am>aram>aam-a>ama의 변화이다.

huru(降)[日]

huru는 puru로 再構되며 語根은 pur이다. pur은 비(雨)라는 뜻이다.

비(雨)[國]

蒙古語 poron(雨)의 語根 por이 비(雨)라는 뜻이다. 국어 '비'도 '볼·불'에서의 변화일 것이다. '비(雨)'도 본디는 開音節語가 아니라 閉音節語였던 것이다.

aga(雨)[滿]
udon(雨)[에벤키]

aga는 al, alk, ak-a>aga의 변화이다. aga의 祖語形은 at으로서 물(水)의 原意다. udon(雨)의 語根 ud이 비, 물(雨. 水)과 공통된다.

oso(水)[蒙]

現代 蒙古語의 oso는 물(水)이란 뜻이며 語根은 os(ot)이고 高句麗語 샘(泉)을 뜻하는 '얼(於乙)'과 비교되며 '얼음(水)'의 '얼'과도 비교된다. 現代 蒙古語에서 물(水)은 oso지만 古代語에서는 mosun, pusun 등이 물(水)이었다. 蒙古語에서 물(水)에 관한 語彙를 들어 본다.

pulak(泉)[蒙]

müren(河)[蒙]

oso(水)[蒙]

gool(川)[蒙]

talai(海)[蒙]

oson no saŋ(海)[蒙]

hoortai oron(海)[蒙]

nagur(湖, 沼)[蒙]

nagurmak(湖, 沼)[蒙]

noor(沼)[蒙]

müsü(冰)[蒙]

egüle(雲)[蒙]

müren(河), müsü(冰)는 국어 '물'과 비교되고, gool(川)은 국어의 '걸 (渠), ㄱ롬(江)'의 語根 '골'과 비교되며, nagur(湖, 沼), noor(沼)은 국어의 '나리(川)'와 비교된다고 하겠고, talai(海)는 국어의 '돌(梁)'과 비교된다. oso(水)는 앞서의 '얼(泉)'과 비교된다. 이렇듯 蒙古語와 국어에서 물(水)에 관한 語彙가 거의 대응되고 있음을 알 수 있다.

3-4-6. 바다(海)

'바다'의 語根은 '받'이고 물(水)이란 뜻을 지닌 말이다. '그릇을 부시 다'에서 '부시다'의 語根은 '붓'이고 부시는 것은 씻는 것으로 '붓'은 물 이란 뜻이다.

pe(水)[아이누]

puz(冰)[터키]

pulut(雲)[터키]

pira(河)[滿]

pira(河)[女眞]

hutsi(淵)[日]

nilbusun(淚)[蒙]

語根 pe, puz, pul, pir 등을 얻을 수 있는데 물(水)이란 의미를 지니는 語彙群이다. 日本語 hutsi(淵)는 putsi로 소급되며 語根은 put이 된다. 蒙古語에 눈물(淚)이란 뜻으로 nilmosun과 nilbusun 雙形이 보인다. nil이 공통되는데 눈(眼)이다. nidon(眼)의 語根 nid의 祖語形 nit의 末音 t가 l화했다. mosun은 물(水)이고 語根 mos은 mot으로 再構되며 국어 물의 祖語 '묻'과 同源語다. pusun의 語根은 pus이고 put으로 再構되는데 국어 '받, 붇'과 같은 語彙群이다. 국어 '비(雨)'도 같은 語彙群에 속한다고 보겠다.

3-4-7. 구름(雲)

'구름'의 語根은 '굴'이고 '음'은 接尾辭다.

kumo(雲)[日]

국어 '구름'의 ㄹ이 떨어지면 kumo다. '구름'의 '굴'은 名詞로서 물(水)이란 뜻이다. 국어 '걸(渠, 溝), ᄀᆞ롬(江)'의 語根 '굴' 등이 물(水)이란 뜻이다.

kool(川)[蒙]

kaha(河)[日]

日本語의 kaha는 kar-a>kara>kaa>kaha로서 모음충돌회피현상으로 母音 사이에 h가 개입되었다. 語根은 kar로서 물(水)이 原義이다.

pulut(雲)[터키]

pulut(雲)[위구르]

niskur(雲)[아이누]

터키語 pulut(雲)의 語根은 pul인데 물(水)이 原義이다.

붓다(注)[國]

pét(川)[아이누]

poron(雨)[蒙]

hutsi(淵)[日]

語根 pus, pét, por, hut 등은 모두 물(水)이 原義이다. 아이누語
niskur(雲)의 nis도 물(水)이 原義다.

nari(川)[國]

nay(川)[아이누]

語根 nar은 nat으로 소급되며 물(水)이 原義다.

kerou(霜)[퉁구스]

kiri(霰)[日]

語根 ker, kir 등도 물(水)이 原義다.

안개(霧)[國]

'안개'의 語根은 '안'이고 '앋'이 祖語形이다. '앋'은 물(水)이 原義이다.

於乙(泉)[高句麗]

얼음(冰)[國]

'얼'이 샘, 얼음(泉, 冰)이란 뜻이나 原義는 물(水)이다.

sis(霧)[터키]

語根 sis은 역시 물(水)이 原義다. 이렇듯 구름, 안개, 서리, 샘, 내(雲,
霧, 霜, 泉, 川) 등은 물(水)이 原義다.

kar(雪)[터키]

국어 '곤(冰)'과 kar(雪)은 同源語다.

3-4-8. 눈(雪)

국어 '누리(雹)'의 語根은 '눌'이고 '눋'으로 再構된다.

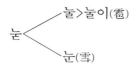

'누리'나 '눈'의 祖語는 '눋'으로서 근원적으로는 물(水)이란 뜻이다.

yuki(雪)[日]

국어나 日本語에서 頭音 ya, yə, yo, yu 등은 頭音이 n이다. yuki는 nuki>nyuki>yuki의 변화이다. 語根 nuk은 nut으로 소급된다. nut>nul> nulk-i>nuki>nyuki>yuki의 변화이다. 昌原 方言에서 '눈(雪)'을 '윤'이 라고 한다. 이는 눈>늄>윤의 변화이다.

nimaŋgi(雪)[滿]

časun(雪)[蒙]

upas(雪)[아이누]

kar(雪)[터키]

'눈(雪)'과 比較되는 말은 滿洲語 nimaŋgi와 日本語 yuki(雪)이다. '눈' 의 祖語形 '눋'도 근원적으로는 물(水)이란 뜻이다.

3-4-9. 씻다(洗)

'씻다(洗)'의 語根은 '씻'이고 '싯, 싣'으로 소급된다. 씻는 것은 물로 하는 것이기 때문에 '싣'은 물이다. 15세기 표기로는 '싯(泉)'은 '스임'으 로 가를 수 있고 '임'은 接尾辭다. '스'가 語根인데 술—임>스임>싯의 변 화이다.

syəl(泉)[滿]

suw(水)[우즈베크]

sut(牛乳)[우즈베크]

su(水)[터키]

sulu(水壺)[터키]

sulamak(물을 주다)[터키]

터키語에서 물의 語根이 sul임을 알 수 있다. su(水)는 sul의 末音 l이 떨어진 것을 알 수 있다. 결국 터키語에서도 sul이 물이란 뜻임을 알 수 있다. 국어 '서리(霜)'의 '설'도 물(水)이란 뜻이다. 漢字 水, 洗, 霜 등도 同源語라 여겨진다.

susugu(濯ぐ)[日]

語根 sus이 국어 '설(설)'과 同源語다. '씻다(洗)'의 語根 '싣'과도 同源語다.

3-5. 地理語

3-5-1. 땅(地)

千字文에는 '짜'로 되어 있다. 末音 ㅇ은 나중에 들어간 것이다. '짜(地)'는 平音 '다'로 소급된다. '음달, 양달'의 '달'이 땅(地)이란 뜻이다. 따라서 '다'는 '달'로 소급되고 祖語形은 '닫'이다.

tsutsi(土)[日]

日本語 tsutsi(地)의 語根은 tut이다. 이는 국어 '닫(地)'과 同源語다. 日本語에서 母音이 u, i일 때에 국어 ㄷ음이 口蓋音化되는 것이 특이하다. 국어의 경우 現代語에 있어서는 母音이 i일 때에 口蓋音化되는데 日本語에서는 母音이 u일 때도 口蓋音化다.

toy(土)[아이누]

toprak(土)[터키]

아이누語 toy는 tor에서의 변화이다. '두더쥐'는 '두더'와 '쥐'의 合成
語다. '두더쥐'의 '두더'가 관형어로 두더쥐의 속성을 나타낸다. '두더'의
語根은 '둗'이다. 이 '둗'은 '닫(地)'과 同源語다. 그러므로 '둗어쥐'는 땅
속에 사는 쥐다. '두더쥐'는 地鼠라는 뜻이다.

닫>달(地)

돋>돌(石)

듣>들(野)

딛>딜(土)

땅(地)을 뜻하는 語彙群이다. 국어 '디(處)'는 돌이>ᄃ이>디의 변화이다.

to(處, 所)[日]

日本語 to는 tor에서 末音 r의 탈락이다.

tala(野)[蒙]

tala(野原)[위구르]

tariya(田)[蒙]

語根 tal은 국어 tal(地)과 同源語라고 하겠으며 日本語 ta(田)도 국어
'달(地)'에서 비롯한 말이다.

3-5-2. 돗귀(斧)

'돗귀'는 石器時代부터 사용된 것이다. '돗귀'는 기원적으로 보면 재
료가 '돌'이라고 하겠다. '돌'의 祖語는 '돋'이다. '돗귀'는 '돋(石)'과 '귀'
의 合成語다. '귀'는 '구이'가 줄어든 말로서 '이'는 接尾辭고 '구'의 祖語
形은 '굳(굴)'이다. 굳>굴─이>구이>귀다. '굳(굴)'은 '갇(刀), 끌' 등과 同
源語다. '귀'는 '돌(石)'보다는 나중에 생겨난 말이라 여겨진다. 국어 '돗
귀'는 '도최'로도 표기된다. 語根은 '돗'으로서 '돌, 돋'으로 소급되며,

'의'는 接尾辭이다.

> tatsi(大刀)[日]
>
> dosu(短刀)[日]

語根 tat, dos은 同源語다. 근원적으로는 돌(石)이란 뜻을 지니는 '돈 (돌)'이다. 石器時代에 돌칼(石刀)이 사용되었다고 하는 사실에 주목하게 된다.

> tsurugi(劍)[日]

tsurugi(劍)의 語根은 tur이다. 이는 tatsi(大刀), dosu(短刀)의 語根과 同源語다. 末音 t가 r화했다는 것을 알 수 있다. 돌도귀(石斧), 돌칼(石刀) 등은 물론 돌로 만든 톱(鋸) 등을 볼 때 tsurugi의 tur은 돌(石)이 語源이 다. tsurugi(劍)의 gi도 칼(刀)이란 뜻이라고 하겠는데, 국어의 '갈(刀), 끌 (鑿)' 등과 同源語다. 日本語 katana(刀)에서 kata의 語根 kat도 국어 '갈' 의 祖語 '갇'과 일치한다.

> tatsu(斷, 切)[日]

tatsu(斷, 切)의 語根 tat도 tatsi(大刀)의 語根 tat과 일치하고 있다. 국 어 '자르다(斷)'의 語根은 '잘'인데 '달·닫'으로 소급하면 日本語 tatsu (斷)의 語根 tat과 일치한다.

> kiru(切)[日]

日本語 kiru(切)의 語根 kir은 kit으로 소급되는데 국어 '갈(刀)', 日本 語 katana(刀)의 語根 kat과 同源語다. 국어 '돈(錢)'은 '돋'으로 再構된 다. '돋'은 돌(石)이 祖語라고 보는데 古代人에게 돈(錢)에 해당되는 것은 보석이라고 하겠다. 보석도 돌(石)의 일종이다. 漢字 刀, 切, 斷 그리고 銅, 鐵도 돌의 일종이다. 漢字 銅, 鐵도 '돈(돌)'과 同源語라 여겨진다.

> tám(刀)[아이누]
>
> tsakko(刀)[길랴크]

語根 tas은 tat으로 再構되며 근원적으로 '돌(石)'이란 뜻에서 분화한 말이다.

    taş(石)[터키]
    tax(石)[위구르]
    čil(石)[蒙]

등은 국어 '돌(石)'과 같은 語彙群이다. 漢字 錢은 cien, chen이지만 국어 '돈(錢)'과 같은 語彙群에 속한다.

3-5-3. 길(路)

    kawara(瓦)[日]
    kaki(垣)[日]
    골(谷)[國]
    isikoro(石)[日]
    kabe(壁)[日]
    kame(甕)[日]
    kure(塊)[日]

日本語 kawara는 karara>kaara>kawara로 변했는데 語根은 kar이다. '기와'는 흙으로 굽는 것이기 때문에 kar은 흙이라고 하겠다. 현대 국어에서는 '기와'지만 15세기어로는 '디새'다. 語根은 '딧'이고 祖語形은 '딛'이다. '딛'은 '질그릇'의 祖語 '딛'과 같은 어휘로서 흙이란 뜻이다. 국어 '바람(壁)'의 語根 '발'은 흙이란 뜻이다. 日本語 kaki(垣)는 kal에 k가 들어가서 kaki가 되었고 kal은 두말할 것도 없이 흙이란 뜻이다. 국어 '독(甕)'은 '돌(石)'에서 돍>독의 변화이다. 日本語 kame(甕)의 祖語形은 kat이고 kar에 接尾辭 am이 붙은 karam이 karam-e>kaam-e>kame의 변화를 거친 말이다. 日本語 kabe(壁)도 kat>kar>kar-ap>karap>kaap>kabe의 변화를 거쳤다. 국어 '골(谷, 邑, 州)'이 滿洲語에서는 kurun(國), 日本語에서는 kuni(國)다. kur이 흙, 땅(土, 地)이란 뜻이다.

漢語 國도 kut(土, 地)과 同源語다. 日本語 isikoro는 異音同義語의 合成語가 되는데 koro가 돌, 덩이(石, 塊)와 同源語다.

고랑(畔)[國]   kuro(畔)[日]

kur, 골 등이 모두 흙, 땅(土, 地)이라는 뜻을 지니는 말이다. '길(路)'도 흙, 땅(土, 地)과 同源語다. 日本語 mitsi(路)는 국어 '묻(陸, 土)'과 同源語다.

3-5-4. 뫼(山)

'뫼'는 '모이'가 준 말로서 語根은 '모'고 祖語形은 '몯'이다. 몯>몰>몰—이>모리>모이>뫼의 변화이다.

　　mulu(山)[滿]
　　mosir(산등성이)[아이누]
　　mulon(山)[야쿠트]

語根 mul, mos 등은 국어 '몰'과 同源語다.

3-5-5. 오름(岳)

濟州 方言에만 보이는 '오름(岳)'의 語根은 '올'이다.

　　alin(山)[滿]
　　uro(山)[퉁구스]
　　aula(山)[蒙]
　　오르다(登)[國]

국어 '오르다(登)'의 語根 '올'은 '오름(岳)'의 語根 '올'과 일치하고 있다. 따라서 古代國語에서 '올'이 山이라는 뜻을 지니고 있었는데 消失語가 되었고 濟州 方言 '오름'과 '오르다'라고 하는 動詞에서 그 化石語를 발견할 수 있다.

　　oro(峰)[日]

日本語 oro(峰)의 語根 or이 국어 '올(山)'과 同源語라는 것을 짐작하게 된다. 이러한 '올'도 滿洲語 alin, 蒙古語 aula 등과도 同源語다.

3-5-6. 갈(刀)

'갈(刀)'의 祖語形은 '갇'이다.

katana(刀)[日]

日本語 katana는 kata(片)와 na(刀)의 合成語로 보고 있는데 kata의 語根 kat은 국어 '갈(刀)'의 祖語形 '갇'과 일치하고 있으며, na는 국어 '날(刃)'의 末音이 탈락한 것이다. katana는 국어 '칼날'에 해당된다. 국어에서는 末音 ㄷ이 거의 ㄹ화하고 있는데 日本語에서는 r화하는 것은 극히 적고 거의 ㄷ音을 유지하거나 母音 u, i일 때 口蓋音化하고 있다.

가새(鋏)[國]

'가새'는 語根 '갓'에 접미사 '애'가 붙었다. '갓'의 祖語形은 '갇'이다. '가새'의 경우는 末音 ㄷ>ㅅ화한 것이다. '갈(刀)'의 祖語形과 같은 語彙群이다. 칼과 가위의 재료는 같은 것이다.

hasami(鋏)[日]
ha(刃)[日]

hasami의 語根은 has이고 pat으로 再構된다. 日本語 ha(刃)는 pa로 再構되며 祖語形은 pat이 된다. pat>har>ha(刃)의 변화를 했다고 본다. 語根 has에 接尾辭 am이 붙어 hasam-i가 형성되었다.

베다(刈)[國]
닛발(齒)[國]

'베다'의 語根 '베'는 '버이'가 준 말로서 벋>벌>벌-이>버리>버이>베의 변화이다. 15세기 文獻에는 '버히다(斬, 割, 刈)'가 있다. 버리다>버이다가 되고 모음충돌회피현상으로 '버히다'가 되며 다시 버이다>베다가 되었다. 결국 '벋'은 날(刃)이라는 뜻을 지니고 있다.

> hasaha(鋏)[滿]
>
> xasïxa(鋏)[女眞]
>
> xanma(劍)[女眞]

語根 has, xas, xan은 모두 pat이 祖語形이다.

> karu(刈る)[日]
>
> kiru(切る)[日]
>
> kama(鎌)[日]

語根 kar, kir은 국어 '칼(刀)'의 前形 '갈'과 同源語다. kama(鎌)의 語根은 kam이고 祖語形은 kat이다. kat>kar>kar-am>karama>kaama>kama의 형성이다. kama(鎌)의 祖語形 kat은 국어 '칼'의 祖語 '갇'과 同源語다. 국어 '가르다(割分)'의 語根 '갈'도 名詞로서 근원적으로는 칼(刀)이란 의미를 지닌다. '갓다(削)'의 語根 '갓'은 '갇'이 祖語形으로서 칼(刀)이란 뜻이다. '갈(刀)'은 靑銅器時代에 만들어진 것으로 볼 수 있다.

> 구리(銅)[國]   kaoli(銅)[蒙]
>
>   kagori(銅)[蒙]

蒙古語 kaoli는 karoli에서 r音이 떨어진 것이라고 보면 語根이 kar이다. 국어 '구리(銅)'와 同源語다.

> pakər(銅)[터키]

日本語 hasami(鋏)의 祖語形 pat과 터키語 구리(銅)의 語根 pak은 대응된다. pak은 pal>palk>pak의 변화이다.

> kana(金)[日]

語根 kan은 kat으로 再構된다. 百濟語에 '仇知(銅)'가 있는데 '구리(銅)'의 祖語形 '굳'과 일치한다.

> 거울(鏡)[國]

'거울'의 '울'은 接尾辭고 語根 '거'는 '걸'으로 소급된다. '거울'은 靑銅器時代에 처음 만들어졌을 것이다. '구리(銅)'의 '굴'과 '거울'의 '걸'이 同源語다.

kusiro(釧)[日]
구슬(球玉)[國]

語根 '굿'은 '굴'으로 소급된다. 거울이 처음에는 銅鏡이었다고 하는 것은 다 아는 사실이다. 鏡 字를 보아도 金 字가 들어 있다.

puleku(鏡)[滿]

語根 pur은 거울, 돈(銅, 錢)이란 뜻을 지니는 터키語와 비교된다.

pakər(銅)[터키]
para(錢)[터키]

터키語에 거울이란 뜻으로 ayna가 있다. ayna는 金이란 뜻을 지니고 있는 말과 비교된다.

altən(金)[터키]
asin(金)[퉁구스]
antsun(金)[女眞]

語根 al, as이 보인다. 女眞語 antsun은 atsun에 n이 개입된 것이라 여겨진다. 따라서 語根은 as이고 at으로 소급된다. 金의 共通語根은 at 이다. 터키語 ayna의 語根 at도 金이란 뜻과 同義語라 여겨진다.

kagayaki(輝き)[日]

kagayaki는 kagaraki의 r音이 탈락하여 kagaaki가 kagayaki로 변했다. 語幹은 kagar이었고 語根 kag에 接尾辭 ar이 붙었을 것이다. 본디는 kagar이 거울이란 뜻을 지니고 있었지 않았나 한다. 語根 kag은 kal에 g가 들어가서 kalg>kag의 변화를 거쳤다고 본다. 語根 kal은 국어 '거울'의 祖語形 '걷(걸)'과 同源語다. 본디는 kagara가 거울이란 뜻을 지니는데 여기에 接尾辭 ki가 붙어 kagaraki>kagayaki가 되었다고 여겨진다. kagami는 kagar에 接尾辭 am이 붙어 kagaram>kagaam>kagam-i의 변화를 했다고 여겨진다. kagami(鏡)의 kaga를 kage(影)로 보는 日本側 견해가 있다.

> kage(影)[日]
>
> 그르메(影)[國]
>
> kur(影)[아이누]
>
> kölge(影)[터키]

語根은 kag, 글, kur, köl 등이 된다. 국어 '그르메(影)'는 語根 '글'에 接尾辭 '음'이 붙은 '그름'에 接尾辭 '에'가 다시 붙어 '그르메'가 되었다. 국어 語根 '글'과 日本語 kage(影)의 語根 kag이 비교된다. kage(影)의 語源은 빛과 관련되지 않을까? 빛과 그림자는 모두 태양 빛에 의해 생기는 것이다. 국어 '그르메'의 語根 '글'은 蒙古語 kerel(光)과 同源語다.

3-5-7. 마을(村)

15世紀 표기로는 'ᄆᆞᄉᆞᆯ'이 보이는데 方言을 고려한다면 'ᄆᆞᄉᆞᆯ'이 존재한다. '마살'의 語根은 '맛, 맏'으로 再構된다. '마을'은 결국 흙, 땅(土, 地)과 관련된다. 따라서 '맏'은 흙(土)이란 뜻이다. 국어 '뭍(뭍, 陸)'과 '마당(庭)'의 語根 '맏'은 흙(土)이란 뜻을 지니는 말이다. 日本語 mura(村)를 보면 語根이 mur이고 mut이 祖語形이 된다. 국어 '마을(村)'의 祖語形 '맏'과 同源語다.

> mosir(島)[아이누]

mosir의 語根은 mos, mot으로 再構된다. 아이누語에서 mosir은 흙(土)이란 뜻도 있지만 나라(國)라는 뜻도 지니고 있다. 우리말 마술[初杜解8:3]도 관청이란 뜻도 있다.

> 무덤(墓)[國]

'무덤'의 語根 '묻'이 흙(土)이란 뜻을 지니고 있음이 분명하다.

　　모로(山)[國]

　　mudun(山路)[滿]

　　mulu(山頂)[滿]

mor, mut 등이 語根이 되는데 이는 山이란 뜻을 지니며 흙, 땅(土, 地)과 같은 語彙群에 속한다.

　　섬(島)[國]　　　　　　　　sima(島)[日]

'섬'은 '셤'으로 소급되며 祖語形 '섣'이 '설'이 되고 설-엄>서럼>서엄>섬의 변화를 거쳤다. 蒙古語엔 siroi(土)가 있고 국어엔 흙으로 만든 '시루(甑)'가 있다. 결국 '섬'도 本義는 흙(土)이란 뜻에서 비롯한 말이다. 日本語 mura(村)의 語根 mur(mut)은 국어 마실(村)[慶尙方言]의 語根 '맛(맏)'과 同源語일 것이다.

3-5-8. 쇠(鐵)

'쇠'는 '소이'가 줄어든 말이고 '이'는 接尾辭다. '소'의 祖語는 '솓'이다. '숟갈'의 '숟'은 '솓(鐵)'의 母音交替로 분화한 말이다.

　　sərə(鐵)[滿]

滿洲語에서 sərə의 語根은 sər이고 祖語形은 sət이다.

　　suzu(鈴)[日]

suzu는 鐵 내지 銅으로 만들어진 것이다. suzu의 語根은 suz이고 祖語形은 sut이다. 국어 '솓(鐵)'과 같은 語彙群이다. 결국 suzu(鈴)의 語源은 鐵이란 뜻이다.

　　sai(小刀)[日]

　　suki(鋤)[日]

sai는 鐵製다. sai는 sari에서 r音 탈락형이고 語根은 sar이다. suki
(鋤)의 語根은 suk이고 sur에 k가 붙어서 형성된 말이다. '사술(銷)'의 語
根 '삿'은 鐵이란 原意가 있다.

3-5-9. 높다(高)

語根 '높'은 '놉'으로 소급되며 名詞이다. '놉'은 무슨 뜻을 지니는 名
詞일까?

> 달(山)[高句麗]
> take(岳, 嶽)[日]
> takai(高い)[日]

日本語 takai(高い)는 taka가 名詞로서 山이란 의미를 지닌다. 구체적
으로 말하면 岳, 嶽이라는 뜻이다. 日本語 take는 국어 tal에 k가 들어간
talk, tak-e로 된 것이다. 日本語 takai의 tak이 山이란 뜻이라고 보면
국어 '놉'도 山이란 뜻이다.

> noboru(登る)[日]

語根은 nob이 되겠는데 山이란 뜻이다. 오르는 것의 대상은 山이 된
다. 국어 '오르다'의 語根 '올'도 山이란 뜻이다.

> 오름(岳)[濟州語]
> arin(山)[滿]
> alin(山)[女眞]

'오름(岳)'의 語根 '올', 滿洲語 山 arin의 語根 ar, 국어 '오르다'의 語
根 '올'이 山이란 뜻을 지니는 名詞에서 전성된 것임을 알 수 있다. 따라
서 국어의 '놉'이나 일본어 noboru(登る)의 nob이 공통적으로 산이란 명
사라는 것을 알 수 있다.

> nupuri(山)[아이누]
> nufu(高地)[滿]

nufu(高地)는 nubu로 소급된다면 滿洲語에서도 nup이 山이란 뜻이다. 아이누語에 山이 nupuri인데 語根이 nup이다. 따라서 국어 '놉'이 山이란 뜻을 지니고 있다는 것을 확인하는 동시에, 아이누語와 국어 '놉'이 同源語라고 하는 것은 아이누語의 祖語와 국어의 祖語가 同系일 가능성을 보이는 중요한 예다.

yama(山)[日]

日本語 yama는 nama로 再構된다. 語根은 nam이고 국어 '놉'과 비교된다. 日本語에 noboru(登る) 語彙가 있다고 하는 것은 日本 古代語 nobo가 山이라는 뜻이었다는 것을 보인다.

놉 → nobo(山) → noboru(登る)

日本語 yama(山)는 nama로 소급되며 nam(nama)이 語根이 된다. 국어 末音 b가 日本語 m과 대응되고 있다.

돕>톱(瓜)	tsume(瓜)[日]
거붑(龜)	kame(龜)[日]
납(鉛)	namari(鉛)[日]
칩~(寒)	samui(寒い)[日]
놉(山)	nama>nyama>yama(山)[日]

日本語 yama(山)는 국어 '놉'과 同源語임이 확실하다.

3-5-10. 바람(壁)

15세기 표기로는 'ᄇᆞ롬'[釋譜9:24]이다. '바람'의 語根은 '발'이고 祖語形은 '받'이다. 결국 壁은 옛날에는 흙으로 발랐으니까 '받'은 흙이란 뜻을 지니고 있다. 'ᄇᆞᄅ다'[釋譜6:38]가 있는데 語根은 '발'이다. 古代人들이 바른 것은 흙이다. 塗자를 보더라도 土가 들어 있다. '바르다(塗)'의 語根 '발(받)'은 흙이란 뜻이다.

nuru(塗る)[日]

nagaho(塗)[蒙]

sirdehö(塗)[蒙]

sürčihö(塗)[蒙]

poyamak(塗)[터키]

日本語 nuru(塗る)의 語根 nur은 名詞로서 흙(土)이란 뜻이다.

na(地)[滿]

나라(國)[國]

nai(地震)[日]

語根 nal이 땅, 흙(地, 土)이란 뜻이다. 따라서 日本語 nuru(塗)의 語幹 nur은 흙(土)이란 뜻이며 名詞다. 蒙古語 sirdehö, sürčihö는 모두 塗라 는 뜻을 지니는데 語根은 sir, sür이다. 蒙古語에서 siroi가 흙(土)이란 뜻이다. 터키語 poyamak(塗)의 poya는 pora에서 변한 말이고 語根이 por이다. 역시 por은 흙(土)이란 뜻이다.

poihon(土)[滿]

poho(土)[女眞]

pigan(夜)[滿]

밭(받, 田)[國]

hata(畑)[日]

日本語 hata는 pata로 再構되며 語根은 pat이다. 이는 국어 '밭(田)'과 일치하고 있다. 국어 '바람(壁)'의 '발'도 흙(土)이란 뜻을 지니고 있음이 뚜렷해진다. 漢字 壁도 실은 국어와 同語彙群에 속해 있는 말이다.

hizi(土)[日]

日本 古語에서 hizi는 pizi로 再構되며 祖語形은 pit이다. 日本語에서 hizi는 地名이나 姓에도 쓰이고 있다. 일본어 hina, hena, hega등은 粘 土라는 뜻이다. hina의 語根은 hin이고 pit으로 再構된다. 日本語 hara

(原)도 para로 再構되며 語根은 par로서 국어의 '벌(原)'과 同源語다.

　　hani(赤土, 土)[日]

　日本語 hani의 語根은 han이고 祖語形은 pat이 된다.

　　ba(場)[日]

　　pa(處)[滿, 蒙]

　pa는 par의 末音 r이 탈락된 것이다. 국어 '파다(掘)'의 語根 '파'는 '받'으로 再構된다. 파는 것은 흙이다.

　　horu(掘る)[日]

　日本語 horu(掘る)의 動詞 語根 hor은 por로 再構되며 pot이 祖語形으로 국어 '파다'의 祖語形 '받'과 일치한다. 日本語 hani(赤土)는 ha와 ni의 異音同義語일 수도 있다.

3-5-11. 골(谷, 洞, 邑, 州)

　　kurun(國)[滿]

　　kuni(國)[日]

　　고랑(谷)[國]

　국어 '골'은 谷, 洞이라는 뜻도 있지만, 邑, 州라는 뜻도 지닌다. 滿洲語 kurun(國)의 語根 kur과 국어 '골'은 같은 語彙群이다. 日本語 kuni(國)는 국어 邑, 州라는 뜻을 지니는 '골'의 祖語形 '곧'에서 비롯했다고 본다. '곧'의 末音이 ㄴ화하면서 이루어졌다. kot → kut>kun>kun-i>kuni의 형성이다. 日本語 方言에서 kuro(國), kura(斷崖) 등이 보인다. 語根 kur은 흙, 돌(土, 石)이란 의미다.

　　isikoro(石)[日]

　isikoro는 isi(石)와 koro(土塊)의 同音異議語의 合成語다. tokoro(所)의 koro도 isikoro의 koro와 같다.

kaya(岩)[터키]

kaya는 kara>kaa>kaya의 변화로서 語根은 kar이다. 日本語 isikoro 의 koro가 日本 古代語에서 돌(石)이란 의미다.

갓(岸, 邊)[國]
길(路)[國]
kisi(岸)[日]
kotan(國)[아이누]
고장(村)[國]

語根 갓, 길, kot 곳 등은 모두 同源 語彙群이다. 日本學者들은 kuni (國)를 ku와 ni의 合成으로 보고 있는데 古代로 올라갈수록 合成語의 형 성은 없다. 合成語는 人智와 文化가 어느 정도 발전된 다음에 이루어졌 다고 본다.

kame(甕)[日]
독(甕)[國]

kame(甕)는 흙으로 구운 것으로 그 재료가 흙이다. kame의 語根은 kam이고 祖語形은 kat이다. kat>kar>kar-am>karam>kaam>kam-e의 변화이다. 국어 '독(甕)'도 '달(土), 돌(石), 들(野), 딜(地)'과 同源語가 되 고, '돌'에 ㄱ이 첨가돼 돍>독으로 변하였다.

뜰(庭)[國]
마당(庭)[國]
horiya(庭)[터키]
pahče(庭)[터키]

국어 '달(土), 돌(石), 들(野), 딜(地)'은 같은 語彙群이다.

실(谷)[國]

국어 地名語에 '○○실'과 같이 끝말에 '실'이 붙는 곳이 많다. '실'의 祖語形은 '싣'이다.

sato(里)[日]

sato의 語根은 sat이다. 국어 '싣(谷)'과 같은 語彙群이다.

siroi(土)[蒙]

蒙古語 siroi(土)의 語根 sir은 국어 '실(谷)'과 同源語다. 떡을 찌는 시루가 있는데 '시루'는 흙으로 구운 것이다.

tani(谷)[日]

旦(谷)[高句麗]

tani의 語根은 tan이고 tat으로 再構된다. tat은 땅(地)의 祖語形 tat과 같은 語彙群이다. 국어 '뜰(庭), 달(土)'과 同源語라 하겠으며, '마당(庭)'의 語根 '맏'은 '뭍(묻)'과 同源語가 되고 'ᄆᆞᅀᆞᆯ(村)'[釋譜6:23]과도 同源語다. 'ᄆᆞᅀᆞᆯ'의 語根은 'ᄆᆞᆺ'이다.

na(地)[滿]

na(地)[女眞]

non(畓)[國]

no(野)[日]

nai(地震)[日]

나라(國)[國]

高句麗語에서는 土壤이라는 뜻으로 內, 腦, 奴 등의 표기가 나온다. 日本語 nai(地震)는 nari>nai의 변화로 語根이 nar이다. '나라(國)'의 語根 '날'도 근원적으로 올라가면 흙, 땅(土, 地)이란 뜻이다.

niha(庭)[日]

日本語 niha는 nia, nira로 소급된다. 語根은 nir이고 接尾辭 a가 붙으면 nira다. nia에 모음충돌회피현상으로 h가 개입되어 niha다. 근원적으로 niha는 땅(地)이란 뜻이다.

3-5-12. 바람(風)

'바람'의 語根은 '발'이다. '바람이 불다'에서 動詞 '불다'의 語根 '불'은 名詞로서 '바람'의 '발'과 同源語다. '발, 불'은 무엇을 뜻하는 말일까? 名詞 '바람'을 옛사람들은 시각적인 면에서 인식했을까, 아니면 청각적인 면에서 인식했을까? 바람은 밤이나 어두운 곳에서도 실내에서도 청각에 의해 식별이 가능하기 때문에 청각적으로 식별했을 가능성이 크다. 바람을 청각적으로 인식했다면 音과 관련된 名詞일 것이다.

hue(笛)[日]

hue는 pue, pure로 再構되며 put이 祖語形으로서 국어 '피리(笛)'와 同源語다. 日本語 hue(笛)는 pur>pur-e>pue>hue의 변화이다. 祖語形 put은 소리(音)라는 뜻이다. 국어 '부르다(唱, 呼)'의 語根 '불·붇'은 소리(音, 聲)라는 뜻이다. 平安道 方言에서 거짓말을 '거짓부리, 거짓부레기, 거짓부렁' 등으로 사용하는데 '부리, 부레기, 부렁' 등이 말(語)이란 뜻이다.

kutsibasi(嘴)[日]

日本語 kutsibasi는 kutsi(口)와 basi(嘴)의 合成語다. 국어 '부리(嘴)'의 祖語形 '붇'과 日本語 basi가 同源語다. 그러니까 '붇'은 부리, 소리, 말(嘴, 音, 聲, 語)이란 뜻이다.

salhin(風)[蒙]
edu(風)[滿]

蒙古語 salhin(風)의 語根 sal은 국어 소리, 말, 노래(音, 聲, 語, 歌)라는 뜻을 지닌 '소리'와 同源語가 아닌가 한다. 滿洲語 edun(風)의 語根 ed은 국어에서 소리(音)라는 뜻인데 日本語에서는 ot-o(音)가 있어 비교된다. 이러한 일련의 사실들은 '바람'은 소리(音)가 語源이다. '바람'의 '발', '불다'의 '불'은 語源에서 볼 때 소리(音)라는 뜻이다.

3-5-13. 배다(滅, 亡)

배다의 語幹 '배'는 '바이'가 줄어든 말이다. '바이'는 받>발>발—이>바리>바이>배의 변화이다.

　　　horobiru(亡びる)[日]

horobiru의 語根은 hor이고 pot로 再構된다. 국어 '배다(滅)'의 祖語形 '받'과 同源語다. '배다(滅)'의 祖語 '받'은 具體的인 名詞였을 것이다. 옛날에 '滅하다, 亡하다'는 무엇을 뜻하는 것이었을까? '받'은 죽음(死)이란 뜻이기보다는 파괴적 의미가 있다.

　　　palgasun(城)[蒙]
　　　hoto(城)[蒙]

語根 pal, hot은 pot으로 再構되는데 城이란 뜻이 있다. '배다'는 결국 城이 깨지는 것이 아닐까? 地名에서 高句麗의 丸都城, 高麗의 開城·漢城 등에는 城이 들어 있다. 新羅 '徐羅伐'의 '伐'도 城이란 뜻을 지니고 있다. 新羅를 日本에서는 siragi라고 하는데 gi는 城이란 뜻임에 주목하게 된다. 慶北 永川 方言 '세상을 베리다'의 '베리다'가 '죽는다'라는 뜻이다. 한편 '베리다'는 '망치다'라는 뜻도 된다.

3-5-14. 지붕

'지붕'은 '집'에 접미사 '웅'이 붙었다. 지붕은 짚으로 이엉을 만들어 씌우기 때문에 생긴 말이다.

　　　yane(屋根)[日]

日本語의 지붕은 yane라고 하는데 nane로 再構되며 語根은 nan이고 祖語는 nat으로 再構된다. nat은 名詞로서 무슨 뜻을 지닐까? nat은 지붕을 씌우는 재료이다.

　　　너새(나무지붕)[國]

나무쪽으로 지붕을 씌운 집을 '너새집'이라고 한다. '너새'의 語根은 '넛'이고 '넏'이 祖語形이다. '넏'이 국어에서 나무(木)라는 뜻을 지닌 名詞였다. '널(板)'이 바로 그것이고 '나모(木)'의 祖語形은 '낟'이다. 낟> 날>날―옴>나롬>나옴>남의 변화이다. 日本語 yane는 국어 '넏(板), 너 새(木)'가 건너간 말이라 여겨진다. 日本에서 지붕을 씌우는 板을 kure 라고 하는데 이는 ki(木)의 祖語形을 찾아볼 수 있는 중요한 자료다. 한 편 日本語에서 껍질이 그대로 있는 材木을 kure라고도 하는데 이것은 국어 '글(木), 그루(株), 구유(槽)' 등과 同源語다. 서까래(椽木)의 까래와 도 비교된다. 국어에서 '기와'를 古代에는 '디새'라고 했다. '디새'의 語 根은 '딧'이고 이는 흙이란 뜻을 지니는 말이다. 디새(瓦)의 '새'는 독립 된 實辭일 수도 있다. 瓦當은 '막새'라고 한다.

3-5-15. 때다(焚)

'불을 때다'에서 '때'는 名詞로서 불(火)이라는 뜻을 지닐 가능성이 높 다. 때는 것은 불의 작용이라 할 수 있다. '때'는 '다이'가 줄어든 것으로 '다'는 달>달―이>다이>대>때의 變化다. 국어 '다스다(溫)'[兒學下1]의 語 根은 '닷'이고 '닫'으로 소급된다. '타다(燒)'의 語根 '타'는 '다'로 소급되 며 '닫'이 祖語形이 된다. 雪嶽山 山蔘採取人의 隱語에 '달(火)'이 있다.

tuwa(火)[滿]
thowo(火)[女眞]
thai(火)[契丹]

tuwa는 tura>tua>tuwa의 변화라 하겠고 語根은 tur이 되는데 국어 '때다'에서 '때'의 祖語形 '닫'과 同源語일 것이다. 달구다, 다리다의 語 根 '달'이 불이란 뜻이다.

atsui(暑い)[日]
atatakai(溫かい)[日]

語根 at을 얻을 수 있다.

　　ateş(火)[터키]
　　ot(火)[위구르]

터키語系에서 at은 불(火)이란 뜻을 지니고 있다.

　　ape(火)[아이누]
　　aču(뜨겁다)[滿]

3-6. 色彩語

3-6-1. 붉다(赤)

　　ulagan, ulan(赤)[蒙]
　　fulgiyan(붉다)[滿]

'붉다'의 語根은 '붉'이고 '블'에 ㄱ이 나중에 첨가되었다. 祖語形은 '블(火)'이다. 赤은 불빛(火色)이다.

　　al(붉다)[터키]
　　ateş(火)[터키]

al은 at으로 소급되며 불(火)을 뜻하는 ateş의 語根 at과 일치하고 있다. 불(火)이란 名詞가 붉다(赤)라는 形容詞로 되었다.

　　akai(赤い)[日]

日本語 aka의 祖語形은 at으로서 al, alk-a>aka(赤)의 변화이다. 근원적으로 터키語 al(붉다), ateş(火)와 同源語다. 그렇다고 해서 日本語 akai(赤い)가 韓國을 거치지 않고 터키語가 건너뛰어 가서 생긴 말이라고는 볼 수 없다. 국어 '울긋불긋'이란 擬態語에서 '울긋'과 '불긋'은 同義語다. 따라서 '울긋'과 '불긋'은 異音同義語다. '알락달락'에서 '알락'의 語根 '알'과 '울긋'의 어근 '울'은 赤이란 의미다. 옛날에 국어에서

'울'이 赤이란 의미를 지녔었는데 그때 日本으로 건너가 akai(赤い)가 되었다. 蒙古語 ulagan은 hulagan으로 소급되며 語根 hul은 put으로 再構된다. 滿洲語 fulgiyan(붉다)의 語根 ful은 pul, put으로 再構되며 불(火)이라는 뜻을 지닌 국어 '블(火)'과 同源語다.

kal(火)[蒙]

kal(火)은 kat으로 再構된다. '울긋'의 '긋'은 蒙古語 불(火)의 祖語 kat과 대응될 가능성을 생각해 볼 수 있다. '울긋' 자체가 '울'과 '긋'의 異音同義語의 合成語다. '알락달락'에서 '알'은 불(赤)이란 뜻이고 '달'도 實辭로 불(火)이란 뜻이다.

tuwa(火)[滿]

tuwa는 tura로 再構되며 語根 tur이 불(火)이다.

tülü(焰)[蒙]

蒙古語 tülü(焰)의 語根 tül이 불(火)임이 확실하다.

다리다, 달구다, 때다(焚)[國]   taku(焚く)[日]

국어 '불때다'의 '때'는 '따이'로서 '다이'가 古形이며 '이'는 接尾辭고 '다'는 語根으로서 '닫' 祖語를 소급할 수 있다. 때는 것은 불이라 하겠으니 '때다'의 祖語形 '닫'은 불(火)이다. 日本語 taku의 語根 tak은 祖語가 tat이다. '알락알락'의 '알, 달'은 근원적으로 불(火)이란 뜻에서 붉다(赤)라는 의미를 지니게 되었다. 국어에서 '붉다(赤)'와 '밝다(明)'를 同源語로 보고 있으나 '밝다'의 '발'은 태양이 原義다. 앞서도 지적한 바 있지만 日本語 hare(晴)의 語根 har은 par로 再構되며 pat이 祖語形이다. 국어 '볕(陽)'의 古形은 '벋'으로서 태양이란 뜻이다. '날이 밝다'는 '태양이 솟아오르다'라는 뜻이다.

beni(紅)[日]

beni의 語根은 ben으로서 bet으로 再構가 가능하다. 국어 '붉다(赤)'에서 '불'의 祖語形은 '붇'이다. 末音 t>n화한 것이다.

3-6-2. 희다(白)

'희다'의 어근은 '희'로 태양이 原義다. '희'는 두말할 것도 없이 'ㅎ'와 '이'가 합쳐진 말이다. '이'는 接尾辭고 'ㅎ'는 본디 閉音節語였다. '하늘(天)'의 語根 '한'도 역시 原義는 태양이다. '하늘'은 '홀'의 末音 ㄷ이 ㄴ으로 바뀌었고 '희'일 때에는 혼>홀>홀―이>ᄒ리>ᄒ이>희의 변화를 했다.

> šarakabi(髮)[滿]
> šaraka(白髮頭)[滿]
> šarambi(희어지다)[滿]
> sanggian(희다)[滿]
> šira(白)[蒙]

語根 sar, sir 등이 白이라는 뜻이다.

> syun(太陽)[滿]

滿洲語 šarambi(희어지다)의 語根 šar은 태양이란 原義가 있는 말이다. 한편 '살'이 태양이라는 뜻이다. '햇살'의 '살'이 바로 태양이란 뜻이라고 볼 때 '삳(太陽)'이 祖語다. '새다(曙), 시(東)'는 '살'이 祖語形이며 태양이란 뜻이다. '살(歲)'의 古形 '설'도 태양이 原義며 元旦이라는 뜻 '설'도 同源語다. 노을을 慶北方言으로 '뿔새'라고 하는데 이때 '새'가 곧 太陽이다.

3-6-3. 누렇다(黃)

語根이 '눌'이 되며 '눋'으로 소급된다. 『千字文』에 '天地玄黃'이 있는데, 地는 黃으로 묘사되어 있다. 따라서 '눌'은 흙, 땅(土, 地)이란 의미를 지니는 名詞다. 高句麗 地名語에 內, 臘, 奴가 土壤이란 의미다. '내, 뇌'

는 '나이, 노이'가 준 말로 '이'는 接尾辭다. '나라(國)'의 語根 '날'이 곧 흙, 땅(土, 地)이란 뜻에서 비롯한 말이다. 날이>나이>내(內), 놀이>노리>뇌(腦)의 변화이다.

   sarə(黃色의)[터키]
   sira(黃)[蒙]
   siroi(土)[蒙]

黃의 語根 sar, sir은 蒙古語 흙(土)이란 뜻의 語根 sir과 同源語다. 『三史』卷37. 地理志에 息(土)이 보인다. 국어에서 떡할 때 쓰는 '시루'의 語根 '실'은 흙이 原義다. '시루'는 흙을 구워 만든 그릇이다. '사래'는 이랑인데 묘지기나 산지기가 지어 먹는 논밭을 뜻하기도 한다. nanai語에서 na가 흙, 땅(土, 地)이란 의미인데 na는 nal에서의 r音 脫落으로 이루어진 말이다. 日本語에서 no(野), ni(土)가 보인다. 日本語에서 nai는 地震이라는 뜻이다. '누렇다, 노랗다'의 語根 '눌, 놀'은 흙, 땅(土, 地)과 관련된 名詞일 것이다.

   仇知(金)[百濟]
   구리(銅)[國]

金이라는 뜻을 지니는 '굳'과 銅의 語根 '굴(굳)'과는 同源語다.

   kurun(國)[滿]
   kuni(國)[日]

滿洲語 kurun(國)은 語根이 kur이고 un은 接尾辭다. 日語 kuni(國)의 語根은 kun이고 祖語形은 kut이다. 국어 '골'의 祖語形도 '곧'이다. 日本語 kuni(國)의 語根 kun은 祖語形 kut의 末音에서 t>n화로 된 것이다. 국어 '나라(國)'도 본디는 흙, 땅(土, 地)이란 뜻에서 전의한 것이다. 이러한 일련의 사실에서 볼 때 kuni(國)는 본디 흙, 땅(土, 地)이란 뜻일 것이다. 따라서 日本語 ki(黃)는 흙, 땅(土, 地)이란 뜻인 kut에서 전의된 것이다. kuri>kui>ki의 변화이다. '노리끼리하다'의 '끼리'의 語根 '길'도 黃

이다.

3-6-4. 검다(黑)

'검다'의 語根은 '검'이다. '검'이 본디는 黑이란 뜻의 名詞였는데 形容詞로 전성되었을 것이다. '검'은 祖語形은 '걷'이고 걷-엄>거럼>거엄>검의 변화이다.

kuro(黑)[日]

kara(黑)[터키]

xara(黑)[蒙]

이상 語根 kur, kar, xar 등이 黑이다. 日本語 kuro(黑)는 국어 '걷(걸)'이 건너가서 kuro가 되었다. 국어 '걸(黑)'은 터키語 kar과 同系語라 하겠으며 蒙古語 xara도 同系다.

블(火) → 블다>붉다(赤)

플(草) → 프르다(靑)

히(陽) → 히다(白)

놀·눌(地, 土) → 누렇다(黃)

kur, kar, har 등도 色을 뜻하는 어떠한 名詞였을 것이다. 黑 字를 보면 '불(火)'과 관련되어 있다. 'ᇚ'는 불을 뜻하고 있다는 것은 두말할 것도 없다. 불이 타면 그을음이 생긴다. 그을음의 古形은 '그스름'이다. 黑字는 그을음이 창을 타고 올라가는 상형이다. 蒙古語에서 gal(火)이 있다. '검다'의 祖語形 '걷(걸)'은 불이란 뜻을 지니는 蒙古語와 同源語다. 黑은 '밤(夜)'과 관련될 것이다.

kúnne(夜)[아이누]

kece(夜)[터키]

karasu(鳥)[日]

가마괴(鳥)[國]

日本語 karasu는 kara와 su로 가를 수 있는데 su는 국어 새와 대응되며 kara(黑)는 국어 '가마'와 대응되고 있다. karasu는 黑鳥란 의미를 지닌다. 국어 '가마괴'의 '괴'는 '고이'가 준 말이고 '이'는 接尾辭다. '고'의 祖語形은 '곧'으로서 곧>골>골—이>고리>고이>괴의 변화이다. 日本語에서 gara는 새(鳥)란 의미를 지니고 있다. yamagara는 山雀의 의미를 지닌다. gara는 雀이라는 뜻이다. 滿洲語 katha(鳥), kaha(烏) 등을 보면 語根 kat을 얻을 수 있다. 15세기 표기어에 '곳고리(鶯)'가 있는데 '고리'가 새(鳥)라는 뜻이다. 따라서 국어 '가마괴'는 黑鳥라는 뜻이다.

3-7. 植物語

日本學者 가운데는 韓·日語는 同系가 아니라는 주장을 하며 植物語가 대응되지 않는다고 지적하고 있다.

나무	ki(木)[日]
풀	kusa(草)[日]
꽃	hana(花)[日]
열매	mi(實)[日]

現 兩國語를 비교하면 하나도 대응되는 것이 없다. 그러나 消失語를 再構해 보면 모두 同系라는 것이 밝혀지게 된다.

3-7-1. 구유(槽)

'구유'는 '구우'로 소급된다. '구우'의 '우'는 接尾辭고 '구'는 語根이다. 方言에 '구수'가 있는 것을 고려한다면 '굿'이 語根이고 祖語形은 '굳'이다. '굳'은 名詞로서 무슨 뜻을 지닐까? '구유'는 소의 먹이를 담아주는 나무 그릇이다. 그러므로 '나무(木)'라는 뜻을 지니고 있다고 생각할 수 있다. '한 그루(株), 두 그루'의 '그루'는 나무를 세는 단위다. 본디는 名詞며 나무라는 뜻을 지니고 있다. '그루(株)'의 語根은 '글'이고 '글'

이 祖語形이다. 高句麗 地名語에 '斤乙(木)'이 보인다. '글'이 나무란 뜻이다. 따라서 나무란 뜻인 祖語形 '굳·글'을 얻을 수 있다. '긷(柱)'의 語根 '긷'도 나무라는 뜻이다.

ki(木)[日]

日本語 ki(木)는 국어 '나무'라는 뜻인 '굳·글·긷'이 祖語形이다.

고(杵)[國]   kine(杵)[日]

국어 '고'는 곧>골>고의 변화이다. '고'는 나무로 만든다. 日本語 kine의 語根은 kin이고 kit이 祖語形이다. kit>kin-e의 변화이다.

kara(板, 莖)[日]
kai(櫂, 橈)[日]
kabu(柱)[日]

kara(板, 莖)는 나무라는 뜻을 지니는 말에서 분화한 것이다.

kayək(櫂, 小舟)[터키]

kayək의 語根은 kar이라 하겠고 櫂나 小舟는 모두 나무로 만든다. 語根 kar은 kat이 祖語形으로 同源語다.

ki(棺)[日]

日本語 ki(棺)도 근원적으로는 나무가 원래의 뜻이다.

널(板)[國]

국어 '널(板)'은 棺이란 의미도 지닌다. 棺은 나무로 만드는 것이기 때문이다. 잘 마르지 않은 장작을 '희나리'라고 하는데, 이때 '나리'도 나무(木)이다. 국어 '나무(木)'의 語根 '남'의 祖語는 '낟'으로서 '널'과 同源語다. '너까래'는 '널'과 '가래'의 合成語라 하겠으며 '가래'의 語根 '갈'이 나무(木)라는 뜻이다.

3-7-2. 매(鞭)

'매'는 '마이'가 준 말로서 '이'는 接尾辭고 '마'가 語根이 된다. 맏>말>말-이>마리>마이>매의 형성이다.

mutsi(鞭)[日]

日本語 mutsi(鞭)의 語根은 mut이다. 국어 '매'의 祖語形 '맏'과 日本語 mutsi의 祖語形 mut은 同源語다.

mod(木)[蒙]

maitu(棒)[滿]

蒙古語에서 나무를 뜻하는 mod의 祖語形 mot과 국어 '매'의 조어형 '맏'과는 同源語다. 국어 '막대기(棒)'의 '막'도 맏>말>맑>막의 변화로서 原義는 나무이다. 漢字 木도 同源語다. '몯(釘)'도 근원적으로는 나무(木)를 의미한다. 鐵物 못이 나오기 전에는 木製 못이 사용되었으며 지금도 배를 만들 때에는 나무못을 쓰는 경우가 있다. 국어 '못'이 나무(木)에 語源이 있다고 볼 때 日本語 kugi(釘)도 日本語 ki(木)와 同源語일 것이다.

3-7-3. 프다(發, 開)

프다(發)[月曲158]

'프다'의 語根은 '프'고 '브'로 소급되며 祖語形은 '븓'이다.

곬픔(蘆花)[三綱 孝1]
눈ㅅ발(雪花)[同文上12]

'곬'은 갈대(蘆)에 해당되고 '픔'이 꽃(花)이란 뜻이다. '픔'의 祖語形은 '붇'이다. 붇>불—움>부룸>부움>붐>픔의 변화이다.

hana(花)[日]

日語 hana의 語根은 han이고 pan<pat으로 소급된다. 국어 꽃(花)의 祖語 '붇'과 日語 hana(花)의 祖語 pat은 同源語다. 15세기 표기로 '곳

(花)'이 있다. 祖語形은 '곧'이다.

> kül(花)[위구르]
>
> küzel(아름답다)[터키]

kül(花)의 祖語形은 küt이다. 국어 '곶'의 祖語形 '곧'과 同源語다. 터키語의 '아름답다'에 해당되는 단어 küzel의 語根 küz은 위구르語에서 꽃(花)이란 뜻을 지니는 kül(küt)과 同源語다. 국어 '곱다(奸, 麗)'의 語根 '곱'은 '곧(花)'에서 轉義되었다. '곧(花)'은 골>골—옵>고롭>고옵>곱의 변화이다. 국어 '꽃봉오리'의 '봉오리'는 '보오리'에 ㅇ이 첨가되어서 봉오리가 되었다. '보오리'는 '보로리'로 소급되며, '보로리'의 語根은 '볼'이고 '볻'이 祖語形이다. '볻'은 본디 꽃(花)이란 뜻이다. 봉오리의 '오리(올)'도 고대어에서 꽃(花)이란 뜻이다.

3-7-4. 기장(黍)

'기장'의 語根은 '깃'이고 接尾辭 '앙'이 붙었다.

톨(粒)	tsubu(粒)[日]
그르(株)	kabu(株)[日]
혹(瘤)	kobu(瘤)[日]
긴(깃)(黍)	kibi(黍)[日]

국어 '날(生)'이 日本語에선 nama(生)다. 日本語 tsubu(粒)는 국어 '톨(粒)'의 原形 '돌'에서 비롯한 말이다. '돌'에 接尾辭 '옵'이 붙은 tor-op>to-op → tsubu의 변화이다. 국어 '앞(前)'의 15세기 표기는 '앒'인데 ㄹ이 탈락하여 압(앞)이 되었다. 국어 '앞'과 같이 日本語에서도 接尾辭 p가 붙는다. 日本語 kobu(瘤)도 kol에 接尾辭 b가 붙은 것이다. kibi(黍)도 kil에 接尾辭 b가 붙었다. 국어 '손'의 消失語 '갇(갈)'은 日本語 kobusi(拳)와 同源語다.

3-7-5. 뉘(稻)

쌀에 섞여 있는 벼를 '뉘'라고 한다. '뉘'는 '누이'가 준 말이고 '이'는 接尾辭로 祖語形은 '눋'이다. 慶尙道에서 벼를 '나락'이라고 하는데 語根은 '날'이고 '악'은 接尾辭다. '날'의 祖語形은 '낟'이다.

　　　yona(米)[日]

yona(米)는 nona로 소급되며 語根은 non이고 not이 祖語形이다.

　　　ine(稻)[日]

日本語 ine는 nine에서 頭音 n이 탈락되어 ine가 되었다. 따라서 祖語形은 nit이다. 국어 稻米라는 뜻으로 '니술'이 있다. 사잇소리 ㅂ이 개입되어 '닙쌀'이 된다. 본디는 '니술'로서 '니'는 본디 벼(稻)란 뜻이다. 祖語는 '뉘(稻)'와 同源語인 '닏'이다. 닏>닐>니의 변화이다. '나달(穀物)'의 語根 '낟'은 곡물이란 뜻이다.

3-7-6. 밀(麥)

　　　mugi(麥)[日]
　　　maisa(麥)[蒙]
　　　muddi(小麥)[골디]

日本語 mugi(麥)의 語根 mug은 祖語形 mut>mul>mulk-i>mugi의 변화이다. 국어 밀도 古形은 '물'이다. 漢字 麥도 同源語가 아닐까?

3-7-7. 피(稗)

　　　hie(稗)[日]
　　　hifə(稗)[滿]
　　　fefe(稗)[퉁구스]

日本語 hie는 pire로 再構되며 語根은 pir이다. pir-e>pire>hie의 변화이다. 국어 '피'도 祖語形은 '핃·빋'으로 소급된다. 漢字 稗도 同源語다.

3-7-8. 골(草)

'꼴'의 前形은 '골'이고 祖語形은 '곧'이다.

    kusa(草)[日]

kusa의 語根은 kus이고 祖語形은 kut이다. '꼴'의 祖語形 '곧'과 同源語다. 국어 '왕골'의 '왕'은 莞에서 변한 것이고 '골'은 풀(草)이라는 뜻이다. '왕골'은 漢字語로는 莞草이다. 완골>왕골의 변화이다. '골'이 국어에서 풀이란 뜻을 지녔을 때 '플'의 어휘가 세력을 얻자 '골·꼴'은 그 의미가 축소되어 生草 또는 소(牛)들에게 주는 풀이란 뜻만을 지니게 되었다. 日本語 kusa(草)는 국어에서 '곧(草)'으로 쓰일 때 日本에 건너갔다.

3-7-9. 뫼(祭飯)

'뫼'는 '모이'가 준 말로서 '이'는 接尾辭다. 祖語形은 '몯'이다. '모시(飯)'의 語根은 '못'이고 '몯'으로 再構된다. 모시>모이>뫼의 변화이다. '맛(食品)'이 15세기 문헌에 보인다.

日本語 mesi(飯)의 語根은 mes이고 祖語形은 met이다. 국어에서도 '몯'이 밥이란 뜻을 지니고 있음을 알 수 있는 것은 뫼가 祭飯이라는 뜻을 지니고 있다는 것으로 알 수 있지 않을까? 古代에는 '몯'이 밥이란 뜻이었는데 밥이라고 하는 말의 세력에 밀려 '뫼(祭飯), 모시(餌)'라는 뜻으로 그 흔적을 보이고 있다.

    motsi(餠)[日]

motsi(餠)의 語根은 mot이고 밥(飯)이란 原意에서 전의된 말이다. 日本語 mesi(飯)와 대비다. motsi(餠)는 mesi(飯)로 만드는 것이다.

    밥(飯)[國]
    puda(飯)[滿]
    pudaga(飯)[蒙]

滿洲語, 蒙古語의 語根은 pud이다. 국어 '밥'은 받>발>발―압>바랍>바압>밥의 변화이다. 漢字 飯, 餠도 同源語다.

3-7-10. 감(柿)

고욤(梬)[國]

'고욤'은 감의 재래종으로서 고옴>고욤의 변화이다. '고옴'의 '옴'은 接尾辭로서 '고'가 語根이 되겠는데 祖語形은 '곧'이다. 곧>골>골―옴>고옴>고욤의 변화이다. 국어 '감(柿)'은 갇>갈>갈암>가람>가암>감의 변화이다.

굴(洞, 窟)	kuki(洞)[日]
굴(蠣)	kaki(牡蠣)[日]
달(山)	take(岳, 嶽)[日]

kaki(牡蠣)는 국어 '굴'에서 비롯되었다. 日本語 kaki(柿)도 祖語形은 kat>kal>kalk-i>kaki(柿)의 변화이다. 濟州 方言에서 감물을 들인 옷을 '갈옷'이라고 한다. 慶北 永川地方에서 고욤을 '꼴감'이라고 하는데 '꼴감'의 '꼴'이 '골'로 소급되며 고욤이 祖語形이다. 곶감의 '곶'도 '곧'이 祖語形이고 '감'의 조어형 '갇(곧)'과 同源語다. .

3-7-11. 가얌(榛子)

국어 '가얌'은 '가암'으로 소급되며 '암'은 接尾辭다. 祖語形은 '갇'이다.

kuri(栗)[日]

日本語 kuri(栗)의 語根 kur은 국어 '가얌'의 祖語形 '갇(갈)'과 同源語다. 한편 '밤'을 국어에서 '꿀밤'이라고도 하는데 꿀밤의 '꿀'은 蜜이라는 뜻이 아니라 日本語 kuri(栗)와 同源語다.

굴밤(졸참나무 열매)[同文下42]

'굴밤'의 '굴'은 국어 '가얌'의 祖語 '갇'과 日本語 kuri(栗)와 同源語다.

3-7-12. 며주(醬麴)

> mas(豆)[위구르]
> 며주(醬麴)[訓蒙中21]
> misun(醬油)[滿]
> miso(된장)[日]

'며주'는 '머주'로 소급되며 語根은 '멎'이고 '먿'이 祖語形이다. 滿洲語 misun, 日本語 miso의 語根은 mis이고 mit으로 再構된다. 며주, misun, miso는 모두 콩이 주원료다. 먿, mit 등이 콩의 옛이름이었을지도 모른다. 위구르語 mas(豆)는 mat가 祖語形이다. 그중 日本語에 mame(豆)가 있는데 語根은 mam이고 祖語形은 mat으로서 국어 '며주'의 助語 '먿'과 同源語다. mat>mar-am>maram>maam>mam-e>mame의 변화이다. 국어에서는 '먿'이 콩(豆)이란 뜻을 지녔으며 '멀(豆)'이 日本에 건너가 mame(豆)가 되었을 것이다.

3-7-13. 가래(楸)

'가래'의 語根은 '갈'이다. 이 '갈'은 日本語 kurumi(胡桃)의 kuru와 同源語다. '가래'는 胡桃의 재래종이다. kurumi(胡桃)는 語根 kur과 mi(實)의 合成語다. 日本語 kuruma(車)도 kur과 ma의 合成語다.

> 두루미(鶴)[國]
> tsuru(鶴)[日]
> tazu(鶴)[日]

국어 '두루미'는 語根 '둘'과 '미'의 合成語다. 日本語 tsuru는 국어 '둘'이 건너간 것이다. 즉 국어에서 '둘'이라고 할 때 日本에 건너가고 그 후 국어는 '둘'과 '미'의 합성어가 됐다. 올빼미의 미와 同源語로서

鳥類가 뜻이다. 日本語 kurumi의 mi는 열매(實)란 뜻을 지닌 말과 合成語를 만든다. 日本語 kuri(栗)와도 同源語일 것이다.

3-7-14. 열민(實)

'열민'는 '열'과 '민'의 合成語다. '열'은 넏>널>녈>열의 변화이다.

> yemiş(果物)[터키]
> yala(實)[女眞]
> narimono(生物 → 果物)[日]
> nari(生り)[日]
> idegen(實)[蒙]

국어에서 '널(넏)'이 '열매'라는 뜻이다. 蒙古語 idegen은 nidegen의 頭音 n이 탈락한 것이라 본다면 語根 nit을 再構할 수 있다. '열민'의 '민'는 'ᄆᆞ이'가 줄어든 것이고 'ᄆᆞ'의 祖語形은 'ᄆᆞᆮ'이다. ᄆᆞᆮ>ᄆᆞᆯ>ᄆᆞᆯ—이>ᄆᆞ리>ᄆᆞ이의 변화이다.

> miyaza(種子)[蒙]
> meyle(果物)[터키]
> mi(實, 果實)[日]
> minori(實り)[日]

日本語 minori(實り)의 語根은 min이고 mit으로 再構된다. 국어 '열민'는 異音同義語의 合成語다.

3-7-15. 바(大繩)

'바'는 짚이나 麻로 꼰 큰 줄을 뜻한다.

> halat(繩)[터키]

halat은 palat으로 再構된다면 語根은 pal이고 祖語形은 pat이다. 국어 '바'도 받>발>바의 변화이다.

himo(紐)[日]

himo의 語根은 him이고 pim으로 再構되며 祖語形은 pit이다.

노(繩)[國]

nawa(繩)[日]

日本語 nawa는 nara에서 r音이 떨어져 naa가 되고 모음충돌회피현상으로 naha가 되었으며 다시 nawa가 되었다. 따라서 日本語 nawa의 語根은 nar이고 nat이 祖語形이다. 국어 '노'는 논>놀>노의 변화이다.

3-8. 動物語

3-8-1. 반되(螢)

'반되'의 '되'는 '도이'가 준 말로서 '이'는 接尾辭다. 따라서 '반도이'가 '반되'가 되었다. 그러나 원래는 '반돌이'에서 반도이>반되가 되었다.

hotaru(螢)[日]

hotaru는 potaru로 再構되며 語根은 pot이고 aru는 接尾辭다. 국어 '반돌이'도 日本語와 비교할 때 '바돌이'로 재구된다. 즉 '반'의 末音 ㄴ은 개입음이다. 따라서 '바돌이'의 語根은 '받'이고 '올이'가 接尾辭다. 日本語 hotaru는 국어 '바돌'이 건너가서 되었다. '빈대떡'의 '빈대'에 대해서는 여러 설이 있지만 '비대'가 原形이고 '빈'의 末音 ㄴ은 개입한 것이다. 語根 '빋'은 콩의 옛말이다. '비지'는 두부를 할 때 두부물을 짜낸 찌꺼기지만 그냥 콩을 간 것도 '비지'라고 한다. 결국 '비지'는 豆類를 뜻하는 말이다. 빈대떡은 주로 綠豆를 갈아서 하는 것이니 豆類의 떡이라고 하겠다. '빈대떡'은 '비대떡'에 ㄴ이 개입된 것이고 原意는 콩떡이다.

porčark(豆)[蒙]

pakla, pezelya(豆)[터키]

fasulye(豆)[터키]

pilčage(豆粉)[蒙]

語根 por, pez, fas, pil 등이 콩(豆)이란 뜻을 지닌 말이다. 국어 '비지'
의 祖語形 '빋'도 콩이란 뜻이다. '콩팥'에서 '팥'의 祖語形은 '받'이다.
결국 '비대'의 '빋'은 콩이란 뜻을 지닌 말이다. '비지땀 흘린다'를 慶北
永川에서는 '땀을 콩죽같이 흘린다'라고 한다. 여기서 '비지'가 콩임을
알 수 있다.

3-8-2. 외양(廐)

15세기 표기로는 '오히양'[月釋2:46]이다. '오히양'은 '오이양'에 ㅎ이
개입된 것이다. '오이양'은 다시 '오리양'으로 소급되며 語根은 '올'이다.
'올'은 '옫'이 祖語形이다. '오히양'은 오이양>외양으로 바뀌었다. 祖語
形 '옫'은 무엇일까? '외양'은 소나 말의 거처다. 그러므로 '외양'은 牛馬
라는 뜻을 지닐 가능성이 짙다.

usi(牛)[日]

日本語 usi(牛)의 語根은 us이고 祖語形은 ut이다. 국어 '옫'과 日本語
ut(牛)이 同源語다. 소에 관한 語彙는 알타이諸語에서 頭音에 s가 오는
것과 母音이 오는 것이 있다.

inek(雌牛)[터키]
öküz(去勢牛)[터키]
üher(牛)[蒙]
ihan(牛)[滿]
səgər(牛)[터키]
소(牛)[國]

日本語 usi(牛)는 頭音이 母音이다. 국어 '외양'의 祖語 '옫(牛)'을 보면
국어에서도 소(牛)라고 하는 말이 쓰이기 전에는 '옫(牛)'이 쓰였음을 알
겠고, 日本語 usi(牛)는 국어 '옫(牛)'이 건너가 형성된 것이다.

at(馬)[터키]

ma(馬)[日]

日本語 uma의 語根은 um이고 祖語形은 ut이다. 터키語의 at(馬)과 同源語라 여겨진다. ut>ur>ur-um>uum>um-a>uma의 변화이다. 소를 부릴 때 가라고 할 때는 '이랴!', 서라고 할 때는 '워'라고 하는데 이는 일본어 usi(牛)와 비교된다.

3-8-3. 닭(鷄)

'닭'의 祖語形은 '닫'으로 '달'에 ㄱ이 첨가된 것이다.

tori(鳥)[日]

日本語 tori(鳥)는 국어 '달(鷄)'과 同源語다. 現 方言에서는 '닭'은 '달' 또는 '닥, 다크'로 변화하여 ㄹ音이 탈락하고 있다.

3-8-4. 두루미(鶴)

tsuru(鶴)[日]

tazu(鶴)[日]

日本語 tsuru의 語根은 tur이고 tut이 祖語일 것이며 tazu의 語根은 taz이고 tat으로 소급된다. 국어 '두루미'의 語根은 '둘'이고 '둗'이 祖語形이다. '두루미'의 '미'는 實辭로 새라는 뜻을 지닌 말이다.

tokoro(鶴)[퉁구스]

togoru(鶴)[蒙]

turna(鶴)[터키]

語根은 tok, tog, tur이고 祖語形은 tot이다. tol에 k가 介入되어 tolk>tok이 되었다. 터키語 turna의 語根 tur이 국어 '둘'과 일치한다. 이로 보아 鶴의 共通祖語는 tut이었다고 하는 사실을 알게 된다.

3-8-5. 벌(蜂)

> pal(蜂蜜)[蒙]
>
> pal(蜜)[터키]
>
> hatsi(蜂)[日]

日本語 hatsi(蜂)의 祖語形은 pat이다. 국어 '벌'의 祖語形 '벋'과 同源語다. '벼룩(蚤)'의 語根은 '별'이고 '욱'은 接尾辭. '별'은 '벌'로 재구된다. 피를 빨아먹는 '빈대'의 원형은 '비대'다. '빈'의 末音 ㄴ은 첨가음이다. '비대'의 語根은 '빋'이다. '벌'의 祖語形 '벋', '벌레(虫)'의 祖語形 '벋', '벼룩'의 祖語形 '벋', '빈대'의 祖語形 '빋' 등이 모두 同源語다. '번데기'의 15세기어는 '본도기'[救急下72]다. '본도기'에서 '본'의 末音 ㄴ도 개입음이다. 원래는 '보도기'이며 語根은 '볻'이고 '오기'는 接尾辭이다. '본도기'의 祖語形 '볻'도 '벌'의 祖語形 '벋'과 同源語라고 하겠다. 漢字語에서 '虫'은 '뱀(蛇)'의 象形文字다. 漢字에서는 뱀이 虫의 대표라고 여겼던 것이다. 이것을 참고로 한다면 국어 'ᄇ얌(蛇)'의 祖語形 '볼(볻)'이 '벌레(虫)'의 '벌'과 同源語일 가능성이 있다.

3-8-6. 이리(狼)

'이리'의 語根은 '일'이고 '읻'이 祖語形이다.

> it(犬)[터키]

터키語 it(犬)은 국어 이리의 祖語形 '읻'과 일치한다.

> inu(犬)[日]

日本語 inu(犬)의 語根은 in이고 祖語形은 it이다. 국어 '이리'의 祖語形 '읻'과 일치한다. 現在 국어에서는 '개'지만 개라고 하는 말이 세력을 얻기 전에는 '읻(일)'이 개(犬)라는 뜻으로 쓰였다. 漢字 狗, 犬은 국어 '개'와 同源語다.

3-8-7. 병아리(雛)

'병아리'는 '벼'에 '아리'가 붙은 '벼아리'가 모음충돌회피현상으로 ㅇ이 첨가되어 '병아리'가 되었다. '벼'는 實辭로서 '버'로 소급되며 '벋'이 祖語形이다.

비육(雛)[訓正 用字]

'비육'의 '육'은 接尾辭로 '욱'에서 변했다. 즉 비욱>비육이다. 接尾辭 '욱'이 붙었다는 것은 '비'에 末音이 있었다는 것을 알 수 있다.

hiyoko(雛)[日]

hiyoko는 국어 '비육'이 그대로 日本으로 건너간 것이다. hiyoko는 hiroko, piroko로 소급된다. pit이 祖語形이다.

hina(雛)[日]

hina의 語根은 hin이고 pit으로 再構된다. 국어 비육의 조어 '빋'과 일치한다. 일본어 조어형 pit은 日本語에서 hiyoko, hina의 雙形으로 변화했다. '병아리'의 '아리'는 接尾辭라기보다 實辭의 하나라고 본다. '종아리, 종다리'의 '아리, 다리'는 다리(脚)라는 의미를 지니고 '항아리'의 '아리'는 입(口)이란 뜻이다. '병아리'의 '아리'는 '강아지, 송아지'와 같은 '아지'일 것이라고 여겨진다. '아지'의 語根은 '앚·앋'이다. '아리'의 語根은 '알'로서 '앋'으로 소급되며 '아지'의 祖語形 '앋'과 같다.

3-8-8. 비둘기

비둘기, 비두로기[鄕樂, 維鳩曲], 비두리[月釋21:65], 비들기[倭解下21], 비둘기[朴解下5] 등으로 문헌에 나타난다. 語根이 '빋'으로 나타나는 것은 공통된다.

hato(鳩)[日]

日本語 hato는 pato로 再構되며 語根 pat이 再構된다. 비둘기의 '기'

는 '비두로기'를 보면 '기'는 實辭다. '갈매기, 장끼'의 '기'와 同源語로서 '새'라는 뜻이다. 비둘기는 한편 '비'와 '둘기'의 合成語일 수도 있다.

3-9. 宗教

3-9-1. 무당(巫)

'묻다(問)의 語根 '묻'은 名詞로서 말(語)이란 뜻이다. 묻는 것은 언어적 행위다. '묻그리'[釋譜9:36]는 15세기 문헌에서 占이란 뜻이며 '묻'과 '그리'의 合成語다. '묻'은 두말할 것도 없이 말(語)이란 뜻이고 '그리'도 말(語)이란 뜻으로 異音同義語다. '글(文), ㄱ로더(日)'의 語根 '굴'은 말(語)이란 뜻이다. 'ㄱ로더(日)'는 '말하다'란 뜻이다. 그러니까 '묻그리'는 異音同義語의 合成語다. '묻그리', 즉 占은 손님이 무당에게 묻고 무당은 神에게 물어 그 답을 손님에게 전해 주는 구실을 한다. '무당(巫)'의 語根 '묻'은 말(語)이란 뜻이고 '앙'은 接尾辭다. '말'의 祖語는 '묻'이고 '묻'이 '말'로 변한 것이다.

　　　　mudan(音, 聲, 響)[滿]

語根 mud과 국어 '묻'이 일치한다. 퉁구스語에 saman(巫)이 있다. saman의 語根은 sam이고 an은 接尾辭다. sam은 말(語)이란 뜻이다. '말씀'[圓覺序13]의 '씀'과 퉁구스語 sam은 同系의 말(語)이라 하겠는데 '말씀'은 異音同義語의 合成語다.

　　　　소리(音, 聲, 語, 歌)[國]
　　　　사뢰다(아뢰다)[國]
　　　　사내(詞腦, 詞內)[新羅]

語根은 '솔, 살'이다. '숣다(白)'의 語根은 '숣'이다. '사내'의 語根은 '산'이고 '살'이 祖語形이다. 살>산─애>사내의 변화이다.

söz(語)[터키]

sarkə(歌)[터키]

söylemek(歌)[터키]

語根 söz, sar 등은 소리(音)가 本義다. 국어 '솔, 살'과 同系의 말이다. 漢字 聲, 信, 誠, 識도 국어 '솔'과 同源語다. '말씀'에서 '씀'은 祖語形은 '삳'이며 삳>살>살─암>사암>삼의 변화이다. 퉁구스語 saman의 sam은 국어 '씀'의 형성과 同軌다. 국어 '무당(巫)'의 '묻'이 말(語)이란 뜻이듯 saman의 sam도 말(語)이란 뜻이다. 漢字 巫도 국어 '묻(語)'과 同源語다. 무당이 하는 祭儀인 '굿'은 근원적으로는 말(語)을 뜻한다. 잠꼬대의 '고대'는 말(語)로 잠꼬대는 寢語다. '꼬대'는 '고대'로 소급되고 語根은 '곧'이다. 日本語 koto(言)와 일치한다. '곧'은 高句麗語에서 입(口)이란 뜻을 지닌 口次와 같다. '굿'은 '곧(言)'에서 분화한 말이다. 굿이란 神에게 問議하고 所願을 기원하는 행위이다. 新羅의 王稱 '麻立干'의 '麻立'을 '말'로 보면 麻立干은 語王을 뜻하며, 巫란 뜻이다. 王稱 '次次雄, 慈充'이 巫라는 뜻이다. 祭政一致社會에서는 祭司長이 사회적인 지도자라는 것은 두말할 것도 없다.

matsuri(祭)[日]

matsuri의 語根은 mat이다. 말(語)의 祖語形도 mat이다. 日本 matsuri도 神과의 言語行爲라고 할 수 있다. 日本 常陸, 下野, 千葉, 埼玉 등의 方言에서는 matsu(祭)라고 한다. 역시 語根은 mat이다. 무당이 내림굿을 할 때 가장 중요한 것은 말문이 열리느냐에 달려 있다. 말문이 열리지 않으면 내림굿을 다시 해야 한다. 말문이 열린다, 말문이 터졌다고도 하는데 이는 神語를 가리킨다. 이른바 空授를 일컬음이다. 이렇게 空授하는 능력은 내림굿을 할 때 말문이 열려야 그 후 가능한 것이고 巫로서의 자격을 얻는다. 그러니까 巫란 言語의 呪術師라고 할 만하다. 그런데 '말'의 語源은 무엇일까? '말'의 祖語가 '묻'이라는 것은 앞서 언급한 바 있다. 현대어는 '입'이지만 古語에서는 '묻'이 입(口)이다. '물다 (咬)'의 語根은 '물'이고 祖語形은 '묻'이다. 이 '묻'이 입(口)이란 뜻을 지 닌 名詞였다. '말'은 그 發聲器官인 '묻(口)'을 그 基語로 해서 분화했다.

3-9-2. 놀다

무당들은 그들이 굿하는 것을 보통 '놀다'라고 한다. 굿을 하는 것을 '놀다, 일했다, 뛰었다' 등으로 표현하지 굿을 했다고는 말하지 않는다. '놀다'의 語根 '놀'이 名詞다. '놀이(遊), 노래(歌), 노릇(戲)' 등의 語根 '놀' 이 공통되는데 노래(歌)라고 하는 말이 있는 것을 보면 '놀'이 소리, 말 (音, 聲, 語)이란 뜻임을 알 수 있다.

> uta(歌)[日]
> oto(音)[日]

uta(歌)의 語根 ut과 oto(音)의 語根 ot은 同源語다. 국어 '울다, 웃다' 의 語根은 '울, 웃'이 되고 祖語形은 '욷'이다. '우레(雷)'의 語根 '울'은 소리(音)라는 뜻을 지니고 있으며 祖語形은 '욷'이다. 이 '욷(音)'이 日本 에 건너가 uta(歌), oto(音)가 되었다. 국어 '뜯(志)'은 본디 '말'이란 뜻에 서 분화한 말이다. 日本語 tou(問)는 toru>tou로서 語根은 tor이고 祖語 形은 tot이다. 묻는 것은 언어적 행위다. norito(祝詞)는 nori와 to의 異音 同義語의 合成語고, 日本語 kotoba도 koto와 ba의 異音同義語의 合成 語다.

> yomu(讀む)[日]

yomu는 nyomu<nomu로 再構되며 語根은 nom이고 祖語形은 not이 다. not>nor>nor-om>norom>noom>nom-u가 되었다. 日本語 norito (祝詞)는 nori와 to의 合成語로서 그것은 koto와 ba가 합친 kotoba와 같 다. norito의 to가 역시 말(語)이란 뜻이다. 국어 '넋두리'의 '두리'가 말 (語)이란 뜻이다.

뜯(志)[國]   söz(語)[터키]

                            til(舌語)[蒙]

                            til(舌)[위구르]

                            tsugeru(告る)[日]

                            tou(問)[日]

                            tago(音, 歌)[蒙]

                            ses, seda(音)[터키]

                            şarkı(歌)[터키]

蒙古語에서는 소리(音)와 노래(歌)가 同音語이고 터키語에서는 소리,
노래, 말(音, 歌, 語)이 同源語다.

        kelime(語)[터키]

        külmek(웃다)[터키]

터키語에서 '말(語)'과 '웃다'의 語根이 同源語다. 이는 '웃다'를 청각
적인 것으로 인식한다는 것을 알 수 있다.

        nori(神意를 표하다)[日]

        norito(祝詞)[日]

        noro(司祭者)[日, 琉球]

語根 nor이 말(語)이란 뜻을 지니고 있음이 확실하다. 말(語)이란 뜻을
지닌 무당, saman과 같이 司祭者 noro의 nor이 말(語)이란 뜻을 지니고
있다. 따라서 국어 '놀'이 日本語하고 비교할 때 말(語)이란 뜻을 지니고
있음이 분명하다.

        니ᄅ다(謂)[國]

        닑다(讀)[國]

語根 '닐'은 말(語)이란 뜻 '놀'에서 분화한 것임을 볼 수 있다. '니ᄅ
다'나 '닑다'는 모두 소리, 말(音, 聲, 語)에서 비롯된 것이다.

narasu(鳴)[日]

naku(泣)[日]

語根 nar이 국어 '놀'과 同源語임을 알 수 있다. 국어 '넓다'의 語根 '닐'과 좋은 대비다. 日本語나 국어나 頭音에 오는 ya, yə, yo, yu 등 重母音은 頭音 n을 유지하고 있다. 더구나 日本語 ya, yo, yu는 국어에서 頭音 n을 확실하게 유지하고 있다. 이러한 ya, yə, yo, yu가 그 頭音 n을 유지하고 있는 것은 韓·日 兩國語뿐만 아니라 다른 알타이 諸語에도 적용되는 현상이다.

나리(百合)	yuri(百合)[日]
놀~(遊, 休)	yasumu(休む)[日]
눋~(焦)	yaku(燒く)[日]
날(刃)	ya(矢), yari(槍), yumi(弓)[日]
낫~(優)	yasakata(優形)[日]
	yoi(良い)[日]
눅~(安)	yasui(安い)[日]
나조(夕)	yuu(夕)[日]
	yoru(夜)[日]
	yohi(宵ひ)[日]
	yami(闇)[日]
누리(世)	yo(世)[日]
널(板)	ita(板)[日]
	yuka(床)[日]
너(第2人稱)	yo(汝)[日]
	noirmak(夢)[蒙]
	yume(夢)[日]

국어 '나리'가 日本에서 nuri>nyuri>yuri의 변화를 했다. 국어 '놀다'의 語根 '놀'은 '놑'으로 소급된다. 놑 → nat>nyas>yas-umu의 변화를 했다.

국어 '눈다(焦)'의 語根 '눈'은 名詞로서 불(火)이란 뜻을 지니고 있다.

　　nüle(焰)[蒙]

　現 蒙古語에서의 '불'은 kal이나, nüle(焰)의 語根 nül도 불(火)이란 뜻을 지니고 있음을 알 수 있다.

　　norosi(烽火, 狼煙)[日]

　語根 nor이 불이란 뜻을 지니고 있음을 알 수 있다. yaku는 nat>nalku>nyaku>yaku의 변화이다. yaku의 祖語 nat은 국어 '눈'과 대비된다. 닉다(熟)의 '닉'도 어원적으로는 불이란 뜻이다. 15세기 표기로는 '너(煙)'인데 '나이'가 준 말로서 祖語形은 '낟'이다. 국어 '눈다'의 語根 '눈'과 同源語다. 국어 '날(刃)'이 日本語 katana(刀)의 na에 그 化石이 있다. ya(矢)는 nat>nar>nya>ya의 변화이다. ya(矢)의 끝에 날이 있는 것은 두말할 것도 없다. yari(槍)도 nari>nyari>yari(槍)의 변화이다. yumi(弓)도 numi>nyumi>yumi의 변화이나 祖語形은 nut이다.

　　numo(弓)[蒙]

　蒙古語 numo(弓)의 祖語形은 nut일 것이다. nut>nur>nur-om>nuom>num-o의 변화이다.

　　yay(弓)[터키]

　터키語 yay(弓)는 nar>nyar>yay의 변화이다. '낫(優)'은 日本語 yasa-kata의 yasa에 해당된다. nasa>nyasa>yasa의 변화이다. yoi(良, 吉)도 nori>nyori>yori>yoi의 변화이다. 日本語 yasui(安)도 nasui>nyasui>yasui의 변화이다. '나조(夕)'의 語根 '낮'은 '낟'으로 소급되며 '낟'은 태양이란 뜻이다. '낮(晝)'의 祖語도 '낟'이고 태양이란 原意가 있다. 末音 ㄷ이 母音 i와 관계없이 ㅈ化하는 현상을 본다. yoru(夜)도 noru>nyoru>yoru로 語根은 nor이고 祖語形은 not이다. yohi(宵)는 nori>nyori>yoi>yohi의 변화이다. yami(闇)는 nami>nyami>yami의 변화이지만 祖語形은 nat

이다. '누리(世)'는 日本語 nori>nyori>yo의 변화이다. ita(板)는 nita>ita
의 변화로서 頭音 n이 탈락되었다. yuka(床)는 널(板)로 만든다. nuka>
nyuka>yuka의 변화이다. yo(汝)는 국어 '너'와 대비되며 no>nyo>yo의
변화이다. 이렇게 日本語 頭音 ya, yo, yu 등의 母音은 국어에서는 ㄴ을
유지하고 있다. 어휘분화에 의해 n 아래에 母音이 重母音化함으로써 n音
이 y 위에서 탈락한다. 日本語 yume(夢)는 nume로 再構되며 祖語形은
nut이다. 꿈은 視覺的인 것으로 어원은 눈이다. 祖語 nut은 nori(神意를
표하다), norito(祝詞)의 語根 nor과 同源語다.

> 너기>녀기다>여기다
> 너름>녀름>여름(夏)
> 넣다>녛다>옇다[方言]
> 눈>뉸>윤(雪)[昌原 方言]

국어에서도 頭音 重母音은 ㄴ이 탈락해서 이루어졌다.

> yasa(眼)[滿]
> yaz(夏)[터키]

滿洲語 yasa(眼)는 nasa>nyasa>yasa의 변화로 語根은 nas이고 nat
으로 再構된다.

> nidon(眼)[蒙]

nidon의 語根 nid이 눈(眼)이란 뜻이다. 국어는 눋>눈(眼)으로서 末音
ㄷ>ㄴ화했고 滿洲語에서 nat>nasa>nyasa>yasa의 변화이다. 터키語
yaz(夏)는 nat으로 祖語가 再構되는데 蒙古語로 태양이란 뜻인 naran의
語根 nar의 祖語形 nat과 일치한다. 여름(夏)이란 뜻을 지닌 名詞는 태
양이 原意다.

3-9-3. 넋(魂)

'넋'의 原形은 '넉'이고 '넉'의 祖語는 '넏'이다. 넏>널>넑>넉>넋의 변

화이다. '넏'도 역시 말이라는 뜻을 지니는 말과 同源語다.

니르다(謂)[國]

놀애(歌)[國]

국어 '너기다'는 생각하다는 뜻인데 語根은 '넉'이다. '넉'은 생각(思)이라는 뜻을 지닌 名詞. '마음(心)'은 '말'의 祖語形 맏>맛-옴>마슴>마음>마음의 변화이다. '넋'은 '넉'에 ㅅ이 나중에 첨가된 것이다. '넉'은 생각(思)이라는 뜻에서 魂이라는 뜻으로 전의되었다.

너그럽다(溫和, 寬容)[國]

'너그럽다'의 語根 '넉'도 역시 생각(思)이라는 뜻을 지닌 名詞. 온화하고 관용적인 것은 정신적 행위다.

kamunagi(巫)[日]

kamu는 神, nagi는 무엇일까? nagi도 근원적으로는 말이란 뜻이 아닐까?

nori(神意를 표하다)[日]

norito(祝詞)[日]

noro(司祭者)[日]

nogi, nagosi(和)[日]

nagusa(慰)[日]

nagoyaka(和)[日]

語根은 nor, nog, nag이고 祖語形은 nat이다. nat>nal>nagu로 변하며 和, 慰의 행위는 말로 한다. 무당(巫)은 神語를 손님(客)에게 전하는 언어의 중개자다. 日本語 kamunagi(巫)는 '神을 위로하다'라는 뜻을 지니고 있다. 입담이 좋은 것을 일컬을 때 '넉살 좋다'라고 한다. '넉'이 말(語)이란 뜻을 지니고 있음을 보이고 있다. '넉살'의 '살'도 역시 말(語)이란 뜻을 지니는 소리(聲, 語)와 同源語다. '너스레를 떤다'라고 할 때 '너스레'가 말이란 뜻으로 語根은 '넛'이다.

3-9-4. 가물

巫俗에서 '가물'이라고 하는 말은 邪神, 邪靈이란 뜻으로 쓰이고 있다. '조상가물'하게 되면 조상 중 한 영혼이 그 사람에게 실려 건강을 해친다거나 재수가 없게 한다고 여기고 있다. '신가물'도 '조상가물'과 같아서 미치게 하거나, 앓게 하거나, 일마다 안 되게 하는 神으로 여기고 있다. 이는 무당이 되기 전 그 사람에게 '신가물'이 여러 가지 시련을 주는 하나의 시험 과정이다. '신가물'이 씌었다고 해서 다 무당이 되는 것은 아니다. '가망'은 善神이다. 장군가망, 山神가망, 용궁가망, 군웅가망, 대신가망 등 邪神의 대가 되는 善神이다. '가물, 가망'의 語根은 '감'이고 接尾辭 '울'과 '앙'의 差가 있을 뿐이다.

> kamui(神)[아이누]
> kami(神)[日]
> kamul(邪神)[國]
> kamaŋ(善神)[國]

以上의 例를 보면 kam이 語根임을 알 수 있다.

> kamul(邪神)[國, 巫]
> kamaŋ(善神)[國, 巫]
> kam-i(神)[日]
> kamui(神)[아이누]

아이누語 kamui는 kamuri에서 r畜이 탈락했다. 이는 국어 '가물'과 좋은 對比다. 神의 語根 kam의 語源은 무엇일까? kat>kar>kar-am>karam>kaam>kam의 변화이다. 日本學者들은 tama(玉)와 tama(靈)를 같은 어원으로 보고 있으나 나는 견해를 달리한다. tama(玉)는 寶石의 일종이다. 따라서 寶石과 관련된 語源으로 본다. 寶石도 따져 올라가면 하나의 '돌(石)'이다. 寶石의 石이 바로 돌이다. 국어 '돌(石)'이 日本語 tama(玉)의 語源이다. tama(靈)는 '돌(石)'이 아니다. 百濟語 '突(靈)'이 있

다. 百濟語 '돌(靈)'의 語源은 말(語)이다. 巫들의 空授는 곧 神語며 言靈
이다.

　　　　kine(覡)[日]

　　語根은 kin이고 kit으로 再構된다. 日本語 koto(語)와 국어 '곧(語)'은
同源語다.

　　　　kelime(語)[터키]
　　　　kisun, kisurən(言, 語)[滿]

　　語根 kis은 kit으로 再構되며 국어 '곧(語)'과 日本語 koto(語)는 同源
語고 kine(覡)의 祖語 kit과도 同源語다. 巫儀는 말로써 神에게 의사를
전달하고 소원을 축원하고 화를 물리치게 하는 언어행위다.

　　　　yufuke(夕占)[日]

　　yufu는 저녁(夕)에 해당하고 ke가 占에 해당된다. 국어 '굿(巫儀)'과
'묻그리(占)'의 '그리'가 同源語다.

　　　　ura(占, 心)[日]

　　ura의 語根은 ur이고 ut이 祖語形이다. 국어 '묻그리(占)'와 비교한다
면 ut도 말이다.

　　　　알~(知)[國]
　　　　악아리(口)[國]
　　　　아뢰~(말씀드리다)[國]
　　　　우레(雷)[國]

　　語根은 '알, 울'이다. 이는 소리, 말(音, 聲, 語)이란 뜻이다. 악아리의
'악(口)'의 祖語形은 '앋'이고 알>앍>악의 변화이다. 日本語 ura(占)의 語
根 ur은 국어의 '알'과 同源語다. 따라서 日本語 ura(占)의 ur은 말이 原
義다. 漢字 占字를 보아도 口와 어우른 字이므로 占은 言語行爲로 인식
했음을 알 수 있다. 巫俗에서 내림굿을 할 때 巫의 자격을 얻으려면 '말

문이 열려야 한다'. 말문이 열린다고 하는 것은 神語가 巫의 입에서 나오는 것을 뜻한다. '말문이 터졌다'라고도 한다. 이 '말문'은 '공수, 공반, 공줄'이라고도 한다. 희랍의 神託에 해당되고 基督敎에서 일컫는 이른바 方言과 비슷하다. 日本語 nori(神意를 표하다)에 해당된다. 내림굿을 할 때 말문이 열리지 않으면 다시 내림굿을 한다. 말문이 열릴 때에는 내림굿을 하는 주인공에게 들어오는 神의 이름을 부르게 된다. 대개 내림굿을 해 주는 神母나 神父가 모시고 있는 神들이 巫에게 옮겨 가는 경우가 대부분이다. 古代人의 言靈觀을 고려한다면 神은 말과 同源語가 될 것이다. '감'은 갇>갈>갈-암>가람>가암>감(神)의 변화이다.

곧(口次, 口)[高句麗]   koto(語)[日]
잠꼬대, 곧(語)[國]   koe(聲)[日]
글(文)[國]   kataru(말하다)[日]
굿(巫儀)[國]
고래(聲)[國]
ᄀᆞᄅ~(말하다)[國]

語根 kot, kat, kor, kul, kut 등이 말이란 뜻을 지니고 있음을 알 수 있다. '감(神)'은 갇>갈>갈-암>가람>가암>감의 변화로서 祖語는 말(語)이다. 15세기 문헌에 '귓것'이 있는데 異音同義語로서 '것'이 鬼다. '넋(魂)'의 語源이 말(語)이다. '넉살'의 '넉'이 곧 말이란 뜻이다.

3-9-5. 무덤(墳)

'무덤'의 '묻'이 語根이다. '묻다(埋)'의 語根과 일치한다. '묻'은 名詞로서 흙, 땅(土, 地)이란 뜻이다.

mudun(山路)[滿]
mulu(山頂)[滿]
뭍(陸)[國]

語根은 mut이고 陸, 山이다. 한자 墓도 국어와 同源語다.

　　haka(墓)[日]

haka는 paka로 소급되며 語根은 pak이다. 소급하면 祖語는 pat이다.
결국 祖語인 pat은 흙, 땅(土, 地)이란 뜻이다.

　　hüsü(墓)[蒙]
　　pumpa(墓)[蒙]
　　pumpa(碑)[蒙]
　　mezar(墓)[터키]

語根 hüs은 püs으로 소급되며 püt이 祖語形이고 흙(土)이란 뜻이다.
터키語 mezar(墓)의 語根 mez의 祖語形 met과 국어 '묻'은 同源語다.

　　hüsür(床, 土間, 地盤)[蒙]
　　pumi(土地, 地方, 國)[蒙]
　　pumige(地神)[蒙]

蒙古語에 墳墓는 흙(土)과 관련 있음을 알 수 있다.

　　바독(碁)[國]
　　벼르(崖)[國]
　　바위(岩)[國]

'바독'은 語根 '받'에 接尾辭 '옥'이 붙었다. '벼르'는 '버르'로 소급되
며 語根은 '벌'이고 '벋'이 祖語形이다. '바위'는 받—울이>바우이>바위
의 변화이다. '발울'은 異音同義語일 것이다. 語根 '받'은 흙, 땅(土, 地)이
란 뜻을 지닌 말과 同根語다.

3-9-6. 뎔(寺)

'뎔'은 '덜'에서의 변화이며 '덛'이 祖語다.

tera(寺)[日]

tairan(寺)[女眞]

taira(寺, 廟)[女眞]

語根 ter을 얻을 수 있는데 국어 '뎔'과 同源語다. 語根 '뎔'은 古代人의 言靈觀을 생각한다면 말이란 의미를 지닌다. 절은 佛經을 외우고 眞言, 陀羅尼經 등을 외우고 말하는 곳이다. 말이란 말로 국어에 뜻(志)이 있고 위구르語에 til(心, 氣分), 터키語에 til 등이 있다. 志도 근원은 말이란 말에서 전의되었다. 日本語 tou(問)는 toru>tou의 변화이다. 祖語 tot은 말(語)이란 뜻이다. 국어 '넋두리'의 '두리'가 말(語)이란 뜻이다.

4. 數詞의 祖語

4-1. 系統과 數詞

系統研究에서 基礎語彙가 되는 數詞의 祖語를 再構할 수 있다면 그 言語의 계통을 밝히는 데 중요한 열쇠가 된다. 國語 數詞의 祖語를 再構해 본다.

4-2. 數詞의 變化過程

4-2-1. 하나(一)

一等[禱千手觀音歌]

河屯(一)[類事]

'一等, 河屯'의 語根은 '홀'이고 여기에 接尾辭 '온'이 붙은 것이다. 名詞에 n接尾辭가 붙는 것은 알타이諸語의 공통적인 현상이다.

nara : naran(陽)[蒙]

sara : saran(月)[蒙]

morin(馬)[滿]

몰(馬)[國]

어른(成人)[國]

과 같이 名詞에 接尾辭 'ˇn'이 붙고 있다. '셜혼'이란 數詞에서도 接尾辭 'ˇn'이 붙었다. 짐승의 나이가 세 살일 때 '사릅'이라고 하는데 이것은 語根 '살'에 接尾辭 '읍'이 붙은 것이다. '셜혼'의 語根은 '셜'이고 여기에 接尾辭 '은'이 붙었다. '셜'은 '셋'의 祖語 섣>셜>셜이다. 3의 語根 '셜'에 接尾辭 '은'이 붙어 30이란 數詞를 형성했다. '셜은'이 '셜혼'인 것은 '셜'

과 '은' 사이에 모음충돌회피현상으로 ㅎ이 개입되었다. 'ㅎ둔'의 語根 '홀'의 末音 ㄷ이 ㄴ으로 바뀌면 '흔'이다. 여기에 接尾辭 '아'가 붙어서 'ㅎ나'다. 그러므로 홀>흔>흔—아>ㅎ나의 변화이다. 알타이諸語의 공통적인 현상으로 末音 ㄷ>ㄴ화 현상이 있다.

> nidu(眼)[蒙]···눈(眼)[國]
> kede(猫)[터키]···鬼尼(猫)[高麗語]
> nadan(七)[滿]···難隱(七)[高句麗語]
> kaduri(蟹)[滿]···kani(蟹)[日]
> at(人稱의 祖語)···ani(兄)[日]···안애(妻)[國]
> 샅(人의 祖語)···손(客)[國]

따라서 홀>흔의 末音 ㄷ>ㄴ화[1] 현상을 증명할 수 있다. 'ㅎ르(一日)' 의 語根은 '홀'이고 '흘'으로 再構된다. 'ㅎ르'는 語根 '홀'에 接尾辭 '♀' 가 붙은 것이다.

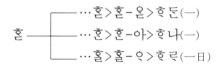

'하릅'은 짐승의 나이 一歲를 뜻하는데 語根 '할'에 接尾辭 '읍'이 붙어서 형성된 語彙다. 高麗의 數詞를 기록했다는 일본 측 자료인 <二中歷>에 katana(一)가 보이는데 'ㅎ둔'을 日本人이 katana로 표기했을 것이라 여겨진다.

4-2-2. 둘(二)

> juwe(二)[滿]
> dεο(二)[女眞]

---

1) 筆者, 「原始國語 再構를 위한 韓·日 兩國語의 共通祖語 研究」, 『慶熙語文學』 제6輯, 1983, 46-47쪽.

du(二)[오로크]

ʒuər(二)[골디]

djuel, ʒeəl(二)[올차]

duu, zu(二)[오로치]

dju, zu(二)[우데헤]

djur, zur(二)[솔롱]

diur, zul(二)[네기달]

duöröči(二)[올차]

djur, zur(二)[에벤키]

zur(二)[라무트]

diuer(二)[나나이]

duh(二)[아이누]

頭音 t가 口蓋音化되지 않은 語彙만 추리면 du, djuel, djur을 들 수
있다.

途字[類事]

都卜二[朝鮮館譯語]

이는 tubul로 생각할 수 있다. 그러나 新羅의 鄕歌에는 '二尸, 二股隱'이
보이는데 '둘' 또는 '둘흔'으로 생각할 수 있다. '둘흔'은 '둘'에 格語尾
'은'이 붙은 '둘은'에 ㅎ이 介入되어 '둘흔'이 되었을 것이다. 그러므로 國語에
는 '둘', '두블'의 두 形이 있었다. 梁柱東은 '두볼' 외에 '둘' 形이 이미
오래 전부터 있었다[2]고 했다. '두블'은 '둘'에 接尾辭 '웁'이 붙은 '둘웁'이
두룹>두웁>둡으로 되고 여기에 接尾辭 '을'이 붙어 '두블'이 되었다.

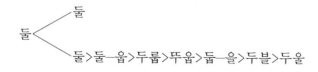

둘

둘
둘>둘―웁>두룹>뚜웁>둡―을>두블>두울

---

2) 梁柱東, 『古歌硏究』, 博文出版社, 1943, 459-460쪽.

의 雙形으로 형성되었다. 그러나 '두블'은 '두'와 '블'의 異音同義語의 合成語일 수도 있다. 日本語 huta(二)는 puta가 原形이다. 짐승의 나이를 나타내는 '사릅(三歲), 나릅(四歲), 다습(五歲)'은 각각 語根 '살, 날, 닷'에 接尾辭 '읍, 읍'이 붙었음을 알 수 있다. 吏讀에 冬音으로 표기되어 있는 것도 '두름'이라고 읽을 수 있다. 이 말은 乾魚나 野菜를 두 줄[3]로 엮은 것을 의미한다. '두름'은 語根은 '둘'이고 여기에 接尾辭 '움'이 붙었다. 'ᄒᆞᄫᆞᅀᆞ(單)'의 語根은 'ᄒᆞᄫᆞᆺ'이다. 이 'ᄒᆞᄫᆞᆺ'은 數詞 一의 祖語 '홀'에 '읍, 웃'의 두 개의 接尾辭가 붙은 것이다. 方言에 '호블아비, 호블어미'가 있는데 '호블'은 接尾辭 '읍, 을'이 붙은 것이다. 그것은 '途字'의 형성과 같다. '아홉(九)'의 '홉', '닐굽(七)'의 '굽'은 접미사 '웁, 움'이 붙었는데 '홉'은 ㅎ이 개입되었고 '굽'은 ㄱ이 개입되었다. '여듧'의 末音 ㅂ도 첨가된 것이다. '이틀(二日)'의 語根은 '잍'이고 接尾辭 '홀'이 붙었다. '홀'은 근원적으로는 '을'인데 여기에 ㅎ이 개입되어 '홀'이 되었다. '잍홀'의 '잍'은 '잍히(翌年), 이듬히(翌年)'의 語根에 해당되며 '잍홀'의 語根은 翌日이란 뜻을 지닌 말이다.

4-2-3. 셋(三)

> 셜흔(三十)[月釋2:27]
> 사올(三日)[龍67]

'사올'의 語根은 '사'고 '올'은 接尾辭다. 語根 '사'가 母音으로 끝났다면 '사'가 되겠지만 接尾辭 '올'이 붙는다는 것은 '사'에 子音 末音이 있었음을 알 수 있다. '셜흔'의 語根 '셜'을 보면 '사'의 末音은 ㄹ일 것으로 여겨진다. 살-올>사롤>사올>사홀의 변화이다. 따라서 '셋'의 語根도 '셜'이다.

---

3) 崔鶴根, 「國語 數詞와 Altai語族 數詞의 共通點에 對하여」, 『趙潤濟博士華甲紀念論文集』, 595쪽.

打戎(五)[類事]

打色(五)[譯語]

다슷(五)[龍86]

'다슷(五)'은 語根 '닷'에 接尾辭 '웃'이 붙었으며, '여슷(6)'은 語根 '엿'에 接尾辭 '웃'이 붙었다. 數詞에서 接尾辭 ''s'가 붙은 것으로는 '여슷, 다슷'과 '셋, 넷'이 있다. 짐승의 나이 '사롭(三歲)'은 語根 '살'에 接尾辭 '읍'이 붙었다. 섣>설-잇>서릿>서-잇>셋의 변화이다.

　　섣>설>설-이>서리>서이>세

　　섣>설>설-잇>서릿>서잇>셋

'사올'은 살올>사롤>사올인데 여기에 ㅎ이 개입되어 '사홀'이 되었다. 사올(三日), 나올(四日)의 올(日)이 日이라는 뜻을 지니는 語彙일 수도 있다.

　　三陟郡本悉直國[高句麗 地名]

三과 悉이 대응되는데 '설'의 표기로 보인다.

4-2-4. 넷(四)

나롭(四歲)[짐승 나이]

나올(四日)[釋11:31]

마순(四十)[月釋2:41]

麻忍(四十)[類事]

'나올'의 語根은 '나'이고 날>날로 再構된다. '나롭'에서 語根 '날'이 추출된다. 그러므로 '넷'은 '다슷, 여슷'과 같이 널>널-잇>너잇>넷, 널>널-이>너리>너이>네로 변화했다.

nukyr(四)[길랴크]

dürben[蒙]

durube[다구르]

dügün[퉁구스]

duin[滿]

‘넷’은 알타이 諸語에서 頭音 d를 유지하고 있으며 語根이 dur이다. 그런데 國語에서는 ‘넷’으로 頭音이 n이다. 길랴크語에서도 4는 nukyr 로 頭音이 n이다.

nuuryn(人을 셀 때)

nuur(數, 鳥, 魚를 셀 때)

nuwux(指를 셀 때)

nux(眼球, 石, 貨幣 등을 셀 때)

nuur(衣服을 셀 때)

nurax(紙, 布 등을 셀 때)

이상의 예들4)은 길랴크語에서 4를 뜻하는 語彙가 대상물에 따라 다른 형태이다. 위의 예에서 語根 nuk, nu, nur 등을 추출할 수 있는데 nur이 語根이 될 것이며 이는 nut까지 再構된다. 이는 國語 ‘넷’의 祖語 ‘넏’과 비교된다. 이는 또한 國語의 數詞 ‘넏(4)’이 길랴크語와 맥을 잇고 있음을 알 수 있는 것으로 國語의 系統을 밝히는 데 매우 중요한 의미가 있다.

nuur muxon(四十)[길랴크]

길랴크語에서 40은 nuur muxon인데 muxon은 10이란 數詞다. 국어 ‘마흔(四十)’과 비교된다.

4-2-5. 다숫(五)

다습(五歲)[짐승의 나이]

닷쇄(五日)[救簡6:77]

쉰(五十)[月釋2:58]

---

4) 服部健, 「ギリヤ―ク語」, 『世界言語槪說』, 東京硏究社, 770쪽.

'다숫'은 語根 '닷'에 接尾辭 '옷'이 붙었다. '다습(五歲)'의 語根은 '닷'이고 여기에 接尾辭 '읍'이 붙었다. 이 語根 '닷(五)'은 '닫'으로 再構할 수 있다. 語根 '닷(五)'은 '닫'으로 再構할 수 있다.

> 숟(間)>숫(間)>숫-이>ᄾ시>ᄾ이>싀(間)
>
> 설(間)>설-이>서리(間)

'숟'의 末音 ㄷ이 ㅅ으로 변한 '숫'이 있고 ㄹ로 변한 '서리'가 있다. '다숫'은 '닫'의 末音 ㄷ이 ㅅ으로 변한 것이다. '쉰'은 '수인'이 합친 말이라 하겠고 '인'은 接尾辭[5]다. '셜흔', '마ᅀᆞᆫ'의 '은, ᄋᆞ'은 같은 계통의 接尾辭다.

> tabun(五)[蒙]
>
> taau(五)[다구르]
>
> tunga(五)[퉁구스]
>
> sunja(五)[滿]
>
> tokyr(五)[길랴크]

'닷(五)'은 알타이諸語와 비교된다. '여쉰(六十)'의 語根은 '엿'이고, 接尾辭는 '윈'이다. '닐흔(七十)'의 '은'은 接尾辭고, '여든(八十)'의 '은'도 接尾辭다. 따라서 '쉰'은 '수인'의 '인'이 接尾辭다.

> sunja(五)[滿]
>
> susai(五十)[滿]

'쉰'은 滿洲語와 비교된다. sunja(五)의 sun이 '쉰'과 비교된다. 그러나 滿洲語에선 sun, sus이 語根으로서 語源的 語根은 sut이다. 국어에서 sut>sur-in>surin>suin의 변화이다.

4-2-6. 여슷(六)

> 여쐐(六日)[月釋7:71]

---

5) 서정범, 앞의 글, 18-26쪽.

여쇄(六日)[杜初10:4]
여쉰(六十)[月釋2:58]

'여슷'의 語根은 '엿'이고 '웃'은 接尾辭다.

'닷쇄(五日)'와 같이 '엿쇄'도 '쇄'가 오는 것이 특징이다. '쇄'는 '소애'가 준 말로서 語根은 '솓'이다. '솓'이 日이라는 뜻을 지니는 祖語形이된다. 漢字 歲 그리고 국어 '설(年旦, 歲)'과도 同源語다. 4, 5日을 '나달'이라고 하는 것을 보면 닫>달로 되었을 것이다. '여쉰'의 語根은 '엿'이고 넏>넛>엿의 변화이다.

4-2-7. 닐굽(七)

nadan(七)[滿]
nana(七)[日]
難隱(七)[高句麗]
닐웨(七日)[月曲103]
닐흔(七十)[龍40]

'닐굽'의 語根은 '닐'이고 接尾辭 '움'에 ㄱ이 개입되어 '닑움'이 형성되었다. 滿洲語 nadan의 語根 nad의 祖語形은 nat인데 末音 t가 國語에서는 l로 변했다. '닐흔(七十)'의 語根은 '닐'이고 接尾辭 '은'에 ㅎ이 개입되었다.

4-2-8. 여듧(八)

여드래(八日)[月釋2:35]
여든(八十)[釋6:25]

'여듧'의 語根은 '열'이고 여기에 接尾辭 '을'이 붙어 '여들'이 되고 다시 ㅂ이 첨가되어 '여듧'이 되었다. '여드래'는 '여들'에 接尾辭 '애'가 붙었다. '여든(八十)'도 語根 '열'에 接尾辭 '은'이 붙었다.

naiman(八)[蒙]

nayan(八十)[蒙]

nayan은 naran에서 r音의 탈락으로 naan, 모음충돌회피현상으로 y
가 개입되어 nayan이 되었다. 여덟의 祖語形은 nət다. 한편 여드래(八
日)는 '여둘'과 '애'의 合成語일 수도 있다. '애'는 앋>알>알이>아이>애
의 변화로서 日이란 뜻이다.

4-2-9. 아홉(九)

鴉順(九十)[類事]

아ᄒ래(九日)[釋9:31]

'아ᄒ래'의 語根은 '아홀'이며 이 '아홀'은 '아올'에 ㅎ이 개입된 것이
다. '아올'의 '올'은 두말할 것도 없이 接尾辭다. '아홉'은 '아옵'에 ㅎ이
개입되었다. '옵'은 接尾辭고 '아'의 末音이 子音이었음을 시사하고 있
다. '鴉順(九十)'은 '아순'일 것이며 語根은 '앗'이고 '운'은 接尾辭다. '아
홉'은 앗—옵>아솝>아옵>아홉의 변화이다. '앗'은 '앋'으로 再構된다.

4-2-10. 열(十)

열흘(十日)[杜初16:31]

'열흘'의 語根은 '열'이고 '흘'은 接尾辭 '을'에 ㅎ이 개입되었다. '열'
은 '엳'으로 再構된다. '열'은 다시 '녈, 넏, 넏'의 祖語까지 소급된다. 열
흘(十日)의 흘(을)은 日이란 뜻을 지니는 實辭일 수도 있다.

4-3. 日稱數詞와 接尾辭

ᄋ(ᄒ르), 을(이틀), 올(사올), 올(나올), 쇄(닷쇄), 쇄(엿쇄), 웨(닐웨), 애(여
드래), 올—애(아ᄒ래), 을(열흘). 日稱數詞 接尾語로 'ᄋ, 을, 올, 쇄, 웨, 애'
등을 추출해 낼 수 있다. 이 接尾語는 '日'이란 뜻이다. 온(ᄒ른), 잇(넷),

옷(다섯), 웃(여숫), 웁(닐굽), 웁(아홉)과 같이 '온, 잇, 옷, 웃, 웁, 웁' 등의 接尾語를 추출할 수 있다.

　　　bir(一)[터키]

　　國語의 '비롯(始)'과 터키語 bir이 比較되는데, '비롯'의 語根은 '빌'이고 '옷'은 接尾辭다. 따라서 '비롯'이 國語의 數詞였음을 시사하고 있다. 15세기 문헌에 'ᄒᆞ올로'와 'ᄒᆞ오ᅀᅡ'가 있다. 'ᄒᆞ오ᅀᅡ'는 'ᄒᆞᄫᅵᅀᅡ'가 있으니 'ᄒᆞᄫᅵᅀᅡ'는 우선 'ᄒᆞᄫᅵ'이 語根이 될 것이다. 'ᄒᆞ올로'의 '로'는 助格이므로 'ᄒᆞ올'이 語根이 된다. '호블아비, 호블어미'의 方言이 있는 것으로 보아 'ᄒᆞ올'도 'ᄒᆞ블'이 語根이 된다. 따라서 'ᄒᆞᄫᅵ'과 'ᄒᆞᄇᆞᆯ'의 雙形을 추출할 수가 있다. '호블, ᄒᆞᄫᅵ'은 모두 獨, 單, 一이라는 뜻을 지니고 있으므로 'ᄒᆞ나'의 祖語 'ᄒᆞᆯ'과 比較된다. 그것은 'ᄒᆞ든'이 語根 'ᄒᆞᆯ'에 接尾辭 '온'이 붙어 'ᄒᆞ든'이 되어 一이라는 뜻을 지니기 때문이다. 여기서 '호블'은 語根 'ᄒᆞᆸ'과 接尾辭 '을'로 나눌 수 있고 'ᄒᆞᄫᅵ'은 'ᄒᆞᆸ'과 接尾辭 '옷'으로 나눌 수 있다. '옷'이나 '을'은 모두 數詞에 통용되는 接尾辭다. 'ᄒᆞᆸ'은 다시 'ᄒᆞ'와 'ㅂ'으로 나눌 수 있다. 'ᄒᆞᆯ'을 祖語로 본다면 ᄒᆞᆯ>ᄒᆞᆯ-ᄋᆞᆸ>ᄒᆞ롭>ᄒᆞᄋᆞᆸ>하릅>ᄒᆞᄋᆞᆸ>ᄒᆞᆸ-을>ᄒᆞ블, ᄒᆞᆯ>ᄒᆞᆯ-ᄋᆞᆸ>ᄒᆞᄇᆞᆸ>ᄒᆞᄋᆞᆸ>ᄒᆞᆸ-옷>ᄒᆞᄫᅵ의 변화이다.

4-4. 基本數詞의 接尾辭

　　　ᄒᆞ든…온
　　　두블…웁, 을
　　　셋…잇
　　　넷…잇
　　　다숫…옷
　　　여숫…웃
　　　닐굽…웁
　　　여듧…을ㅂ

아홉…옵

열>엿…웃

닏>닐…웁>닐굽

열…을>여들>여듧

앋>앗…옵>아숩>아웁>아홉

열>열

語根 홀(1), 둔(2), 섣(3), 넏(4), 닫(5), 엳(6), 닏(7), 엳(8), 앋(9), 엳(10) 등이 모두 末音 ㄷ을 유지하고 있음이 특징이다.

基本數詞의 語根

홀—온

둔>둘

둔>둘—웁>두룹>두웁>둡—을>두블

섣>설—잇>서릿>서잇>셋

섣>섯—잇>서싯>서잇>셋

섣>설—이>서리>서이>세

넏>널—잇>너릿>너잇>넷

넏>널—이>너리>너이>네

닫>닷—옷

넏>넏>엳—웃>여슷

낟 → 닏>닐—웁>닐굽

넏>넏>엳>언>여덜>여듧

앋>앗—옵>아숩>아웁>아홉

넏>넏>엳>열

4-5. 10單位 數詞의 接尾辭

은(셜흔)

온(마순)

인(쉰)
윤(여순)
은(닐혼)
은(아혼)

이상 接尾辭의 특징은 모두 末音 '−ˇn'[6]을 취하고 있다는 것이다. 20
을 뜻하는 '스믈'[龍32]은 接尾辭가 '−ˇn'이 아니고 '−ˇl'이다.

둘	스믈
셋	셜혼
넷	마순
다섯	쉰
닐굽	닐혼
여듧	여든
아홉	아혼

'셜혼, 닐혼, 여든, 아혼'은 基本數詞의 語根이 쓰이고 있는데 '스물,
마순, 쉰'만이 基本數詞의 語根과 다르다. '마순'은 語根 '맛'과 接尾辭
'온'으로 가를 수 있는데 '넏(넷)'과 대응이 된다. n : m의 대응을 인정한
다면 '마순'의 語根 '맛'은 '넏(四)'에서의 변화라 하겠으나 속단은 삼간
다. '쉰'은 '수인'으로 가르며 '인'은 接尾辭고 '수'는 語根이 된다. 滿洲
語에서 sunja(五), susai(五十), 골디語에서 sosi, 올차語에서 susaj가 있
다. 語根은 sun, sus, sos이 되겠는데 sun은 sut에서 변한 것이라고 보
며 語根이 공통된다. '쉰'의 語根 '수'는 sut으로 되며 순>술−인>수린>
수인>쉰 또는 순>숫>숫−인>수신>수인>쉰의 변화이다. '스물'은 '슴−
을'로 가를 수 있고 '슴'은 다시 '스음'으로 소급된다. '스음'의 語根 '스'
는 '슬'로 再構된다. 슬−음>수름>수음>숨−울>수물의 변화이다. 國語의
'둘(二)'은 滿洲語의 juwe와 비교되는데 滿洲語에서는 t>j화한 것이다.

---

6) 崔鶴根, 前揭論文, 585쪽.

崔鶴根은 '셜흔, 닐흔, 아흔'의 接尾辭 '흔, 흔'의 原形은 gwan, gan이었다고 보고[7] 있다. '마순(四十)'의 경우는 마순+gan에서 '마슨흔'을 거쳐 '마순'형으로 변했다고 보고 있다. 全羅南道 順天, 光陽, 求禮 등지의 方言에 agan(九十)이 존재한다는 데서 그런 판단을 내린다고 했다. '아흔'의 語根은 '아'고 이 '아'는 다시 語根 '앗'으로 再構할 수 있다. 『鷄林類事』에 '鴉順(九十)'은 '아순'의 표기로서 語根 '앗'이 추출된다. 그러므로 아순>아운이 되고 여기에 모음충돌회피현상으로 ㅎ이 개입되어 '아흔'이 되었다.

　　　사올(三日)[杜初15:36]
　　　사홀(三日)[杜初上55]
　　　사흘(三日)[松江1:6]

　15세기에 '사올'로 쓰이다가 16세기 초부터 '사홀'로 쓰이고 있음을 알 수 있다.

　　　나올(4日)[月釋7:71]
　　　ᄂᆞ할(4日)[三綱 忠8]

과 같이 ㅎ이 후대에 개입된 것을 알 수 있다. 따라서 '아흔'은 아+gan에서의 변화형이 아니라고 하겠다. 國語에서는 ㄱ>ㅎ화 현상보다는 ㅎ>ㄱ화 현상이 두드러진다.

　　　혀다(引)>켜다
　　　바회(輪)>바퀴
　　　도리혀>도리켜

　ㄱ과 ㅎ은 調音位置가 가깝기 때문에 서로 위치가 바뀌는 경우가 있지만 ㅎ이 ㄱ화하는 현상이 강하다. 그러나 濟州方言의 경우 곱다>홉다, 골고로>골호로, 거뜬하다>허끈ᄒ다와 같이 ㄱ>ㅎ화 현상[8]이 나타

---

7) 上揭論文, 577쪽.

나고 있으나 전반적인 濟州方言에서는 ㅎ>ㄱ화 현상이 강하게 나타난
다. 따라서 아흔>agan으로 변할 가능성이 方言에서는 충분히 있다. '마
순(四十)'의 語根은 '맛'이고 여기에 接尾辭 '은'이 붙었다.

4-6. 日本 數詞와의 비교

비롯(始)	hito(一)[日]
蜜(三)[高句麗]	mi(三)[日]
于次(五)[高句麗]	itsu(五)[日]
難隱(七)[高句麗]	nana(七)[日]
여듧	ya(八)[日]
넏(四)	yo(四)[日]
德(十)[高句麗]	to(十)[日]

　高句麗 地名語에 보이는 蜜(三), 于次(五), 難隱(七), 德(十)이 日本語와
비교된다.9) 이 예로 高句麗語와 日本語의 관계를 말하고 있는데 ya(八)
도 國語 '여듧'과 비교되고 있다. 日本語 yo(四)는 國語 넏(四)>널>너가
nyo>yo로 변했다고 여겨진다. 한편 '여슷'의 語根 '엿'은 頭音이 탈락했
을 가능성이 있다. 上昇二重母音 ㅕ, ㅑ, ㅛ, ㅠ 등의 위에 오는 子音이
탈락되거나 口蓋音化되는 것도 國語의 특징이 된다. 國語의 數詞는 퉁
구스語 계통과 보다 가깝다고 여겨지는데 原始 퉁구스語에서는 6이
nöŋün이고, 滿洲語에서는 niggun이다. 골디語에 nuŋgun, 올차語에서
nuŋu이고 네기달語에서 nuqun이다. 퉁구스語에서 16은 nihun, nilhun,
nulxun이며, 語根은 ni 또는 nil, nul이 된다. 國語 '여슷'의 語根은 '넛'

---

8)　筆者, 『音韻의 國語史的 研究』, 集文堂, 1982, 187-189쪽, 193쪽.
9)　內藤湖南, 『日本滿洲交通略說 1』, 1907. 당시 東京大學 中國史 敎授가 高句麗語와
　　日本語 數詞를 처음으로 지적했다.
　　新村出, 「國語及び朝鮮語の數詞について」, 『言葉の歷史』, 19-48쪽.

이고 이것이 넛>엿으로 변한 것이다. 이 '넛'이 日本語에서 mu(六)로 변할 가능성이 있다. 國語의 n이 日本語에서 m으로 변하는 예증이 있다.

任那	mimana[日]
nis-(咽)	mus-咽(むせ)ふ[日]

의 경우를 들 수 있다. '엿'의 祖語形 넏>넛이 日本語에서 m으로 변하여 mu가 되었다고 가정해 본다. 國語 '넷'의 助語 '넏>널'과 '마슨(四十)'이 비교되는데 n : m의 대응도 그러한 면에서 볼 수 있을 것이다. 高句麗語 '難隱'은 日本語 nana와 그대로 비교되는데 滿洲語에서 nadan이 보인다. 難隱의 祖語는 滿洲語 nadan의 語根인 nad이다. nad>nan이 高句麗 地名語에서 보이는 '難隱'이다.

비롯(始)	hito(一)[日]
버굼(다음), 버금(次)	huta(二)[日]
蜜(三)[高句麗]	mi(三)[日]
넏>널>너잇>넷(四)	yo(四)[日]
于次[高句麗]	itsu(五)[日]
넏>넛>넛>엿>여슷(nːm)	mu(六)[日]
難隱[高句麗]	nana(七)[日]
열>여들>여듧(八)	ya(八)[日]
德(十)	to(十)[日]
	pir(一)[터키]
	pir(一)[우즈베크]

語根 pir은 pit으로 再構된다. 日本語 hito(一)를 國語 '비롯(始)'과 비교해야 되리라 본다. '비롯'은 語根 '빌'에 接尾辭 '옷'이 붙었다. '빌'은 다시 '빋'으로 再構된다. 따라서 日本語 hito(一)와 연결된다. '다음'이라는 뜻으로 '버금'이 있다. '버금'의 語根은 '벅'이고 祖語形은 '벋'이다. 日本語 huta는 puta로 再構되며 語根은 put이 되는데 국어 '벋(次)'과 同源語다.

hoyar(二)[蒙]

hoyar은 porar로 再構되며 por이 語根이다. porar>hoar로 r音이 떨어지고 모음충돌회피현상으로 y가 개입되어 hoyar이 된다. pot이 蒙古語에서 二라는 뜻을 지니는 祖語다.

버금(次)   pütusiga(次)[蒙]
                          hoyar(二)[蒙]

蒙古語에서 다음(次)이란 뜻을 지니는 pütusiga의 語根 püt과 二라는 뜻을 지니는 hoyar의 祖語形 pot은 同源語다. 국어 번(次), 日本語 put(huta), 蒙古語 pot(二) 등은 同源語다. '버금'의 語根은 '벅'이고 '음'은 接尾辭다. '벅'의 助語는 벋>벌>벍>벅움의 변화이다. 따라서 日本語 huta는 '버금'의 祖語 pət에서 변한 語彙다.

高句麗語 '德(十)'은 日本語 to와 비교된다. 國語의 '열(十)'은 '녈'으로 再構되나 二重母音인 '여'를 고려할 때 어떤 子音이 頭音에서 탈락했을 가능성이 있다. 滿洲語에서 juwan이 10인데, Ramstedt는 滿洲語에서 動詞 juan(열다)이 juwan으로 되었다고 보았다. 그는 두 손을 열면 손가락이 열 개라고 하는 데서 數詞 juwan은 動詞의 語幹 juan에서 왔다고 했다. 이러한 사고로 본다면 10이라고 하는 숫자는 '열다'라는 動詞가 생긴 지 훨씬 후에 생겼다고 하는 말이 되겠는데 실제로 그러한 사고는 설득력이 적다. 아울러 動詞의 語幹이 곧 名詞가 되는 경우는 거의 없다. 그는 國語 '열(十)'일 경우 '열다'의 語幹이 數詞가 되었다고 보았는데 國語에서 動詞의 語幹이 그대로 名詞가 되는 경우는 거의 없다. 國語는 名詞의 語幹이 그대로 動詞로 전성되어 動詞의 語幹이 되는 현상이 있다. 滿洲語 juan의 語根은 ju고 an은 接尾辭다. 에벤키語로는 jan(十)이다. 알타이諸語에서 j音은 t音에서 변한 음이라고 본다. 때문에 ju는 tu로 再構할 수 있다. '열'의 末音 ㄹ을 염두에 둘 때 tu는 다시 tur로 再構된다. 국어에서 첫 모음이 ㅑ, ㅕ, ㅛ, ㅠ일 때에는 頭音 ㄴ을 유지하

고 있었다. 너름>녀름>여름. 너기다>녀기다>여기다. '눈(雪)'의 昌原 方言은 '윤(雪)'이다. 그렇게 볼 때 '열'의 祖語形은 '널'일 가능성이 있다.

4-7. 오로크語와의 비교

orok族은 사할린(樺太)의 幌內川 하류에서 來加湖에 걸쳐서 사는 주민으로서 東海岸 Tym'川 河口 地方에 주로 거주한다. 오로크語는 올차 方言에 가깝다고 보고 있다. gɛɛda(一), dee(二), ilaa(三), jiin(四), tunda(五), nuŋu(六), nada(七), jakpu(八), xuju(九), joon(十). 國語와 비교가 가능하다고 여기는 것은 gɛɛda(一), dee(二), tunda(五), nuŋu(六), nada(七), jakpu(八), xuju(九), joon(十) 등이다. 國語 '하나'의 祖語 '혼'의 頭音 ㅎ이 ㄱ화한 것으로 본다면 gɛɛda의 gɛɛ와 비교될 것이고 gɛɛda의 da는 接尾辭다. dee(二)도 國語의 '둘(二)'과 비교된다. tunda(五)의 da는 接尾辭고 tun이 語根이다. 國語 '다슷'의 語根은 닫>닷이고 末音 t>n화한 것이 tun이다. nuŋu(六)의 語根은 nu인데 國語 '여슷'의 語根 '엿'은 넏>넛>넛>엿의 변화이다. 터키語에서 altə(六)[10]가 있는데 百濟 地名語에 '阿老'가 보인다.

      碣島縣本百濟 阿老縣今六昌縣[三史, 卷第37]

六이 阿老와 대비된다. 터키語 altı(六)의 語根은 al이기 때문에 百濟語 阿老와 터키語 al이 대비된다. 이 al의 祖語形 at과 '엿'이 대비가 될 듯도 하지만 오로크語와 비교하면 nu에서 변한 것이 된다. nada(七)는 국어 '닐굽'의 語根 '닐'과 비교되며 jakpu(八)의 語根은 jak이며 頭音 n을 再構할 수 있다. 그렇게 된다면 國語 '여듧'의 祖語 '녈'은 넏>녈>열의 변화이다. '열(十)'의 語根 넏>열도 오로크語 joon과 비교하면 '열'을

---

10) 姜吉云, 「三韓語・新羅語는 土耳其語族에 屬한다」, 『국어국문학』 68・69 合併號, 478쪽.

再構하게 된다.

> ilan(三)[滿]
> ilaa(三)[오로크]

　國語 셋의 祖語 sət이 滿洲語와 오로크語에서 頭音 s가 母音 i에 의해
탈락한 것이라고 본다. 그러나 개연성은 희박하다. 오로크人은 사람(人)
을 naru라고 하는데 이는 國語의 '나, 너, 누'의 祖語가 '날, 널, 눋'임을
보이는 例다. 滿洲語 nyalma(人)의 nyal이 오로크語 naru와 비교된다.

4-8. 基本數詞의 祖語

　'하나'는 'ᄒᆞ둔'의 'ᄒᆞᆯ'이 祖語고 '온'은 接尾辭다. '둘'의 祖語는 '둗'이
고 滿洲語 juwe와 비교된다. 에벤키語에 jur이 있는데 j는 國語 ㄷ의 反
映形으로 滿洲語나 에벤키語는 頭音에서 t>j化한 것이다. '셋'의 祖語는
'섣'이다. '넷'의 祖語는 '넏'이다. '다섯'의 祖語는 '닫'이고 蒙古 文語의
tabun, 퉁구스語 tunga와 비교된다. '여섯'의 祖語는 '엳'이고 語源的으
로는 넏>넛>녓>엿이 되었다고 보겠다. 퉁구스語 nöŋün과 滿洲語
niggun을 비교하면 넛>녓>엿으로 변화했다. '닐굽'의 祖語는 '닏'이고
滿洲語 nadan(七)과 비교된다. '여듧'의 語根은 '엳'인데 語源的 語根은
'넏'이고 넏>넏>엳으로 변화했다고 본다. 부리야트語 naim(八)이 있는
데 narim에서 변했다고 본다면 語根은 nar(nat)이다. '아홉'의 祖語는
'앋'이라 하겠는데 <二中歷>에 etari가 보인다. etari의 語根은 et이고
接尾辭 ar이 붙은 것을 알 수 있다. '열'의 語根은 '열'인데 <二中歷>에
etu가 보인다. 高句麗語 '德'은 日本語 to, 퉁구스語와 滿洲語 juwan과
비교된다. 그러나 열은 '열, 녈, 녇'으로 再構된다.

5. 國語의 祖語 再構와 아이누語

5-1. 序言

日本학자들은 日本 原住民語인 아이누語와 日本語의 對應語에 대하여 日本語가 아이누語에 借用된 것도 있지만 대부분 아이누語가 日本語에 침투된 것으로 보고 있다. 그러나 日本語의 祖語가 韓國語와 공통된다고 보는 筆者는 그 견해를 달리한다. 國語의 祖語再構 過程에서 아이누語와 비교해 볼 때 國語와 아이누語의 祖語가 同系라고 하는 사실을 알고 놀람을 금하지 못했다. 지금까지 아이누族은 알타이族과 별개라고 생각하고 있었으나 최근 일본의 埴原和郎 교수가 이(齒)를 비교한 결과, 아이누人이 古蒙古族이라고 하는 사실을 밝혀내었는데, 이는 國語와 아이누語가 同系일 가능성을 강력히 보여 준다. 사실 따지고 보면 아이누라고 하는 말도 國語와 同系의 말이며 일본을 倭라고 하는 것도 國語와 동계의 말이라고 여겨진다. 日本語는 開音節語지만 아이누語는 閉音節語다. 閉音節語의 子音을 보면 국어와 매우 유사함을 짐작할 수 있다.[1]

---

1) ㄱ) 여기에 사용된 아이누語 자료는 服部四郎 編, 『アイヌ語方言辭典』에 의함.
　　ㄴ) 이 논문은 다음과 같은 필자 논문과 연결된다.
　　① 「原始國語 再構를 위한 한·일 兩國語의 共通祖語 研究」, 『慶熙語文學』 6輯, 1983.
　　② 「國語의 祖語研究—ㄹ系 接尾辭를 中心으로」, 『慶熙大論文集』 13, 1984.
　　③ 「國語의 祖語研究—ㅁ系 接尾辭를 中心으로」, 『語文研究』 42·43, 1984.
　　④ 「數詞의 祖語研究」, 『慶熙大論文集』 13, 1984.
　　⑤ 「祖語 再構를 위한 二次母音 形成研究」, 『國語學新研究』, 塔出版社, 1987.

5-2. 身體語

5-2-1. tó, tótto(乳房)

> tópe(乳)[아이누]
> tótonum, tónum(乳頭)[아이누]
> tónon, tótto ki(젖을 먹다)[아이누]
> tótto(乳房)[아이누]

tó, tóp, tón의 語根을 얻을 수 있는데 祖語形은 tót이라 하겠고 國語의 祖語 '덛(乳)'과 비교된다. ㅈ은 ㄷ에서 변화한 2차적 子音이다. 따라서 '젖'은 '덛'으로 再構된다. tótonum(乳頭)의 語根은 tót이다. tópe(乳)는 tó와 pe로 가를 수 있는데 pe는 물, 시내(水·川)란 뜻이다. 原意를 따지면 젖, 물(乳·水)이다. tó는 tót>tór>tó의 변화이다.

5-2-2. nan(顔)

nan은 nat에서의 변화이며 國語의 '눛(眼)'과 비교다. 國語의 '낯'은 낟>낮>낯의 변화이다. 아이누語에서는 nat>nan의 변화이다. 末音 t>n화하는 알타이 諸語의 공통적 현상이 아이누語에서도 나타난다. '눈(雪)'은 '눋'으로 再構된다. '눋'의 末音 ㄷ이 ㄹ로 변하면 '누리(雹)'다. 末音의 차이에 의해 語彙가 분화했다.

> yüz(顔[터키]

yüz는 nüt으로 再構된다. nüt>nyüt>yüt → yüd>yüz의 변화이다. 알타이諸語에서 頭音 ya, yə, yo, yu는 祖語 頭音이 na, nə, no, nu다. 터키語에서는 末音 t가 d>z화 현상이 나타나는 것이 특징이다. 한편 아이누語에서 t>n화하는 예를 들어 본다.

> 'etór(鼻汁)[아이누]
> 'esúm(鼻汁)[아이누]
> 'enkonrat(鼻汁)[아이누]

語根 'et, 'es, 'en을 얻을 수 있는데 祖語形 'et에서 'es, 'en으로 변했다.

> 'etu(鼻)[아이누]
> 'enkoro(鼻腔)[아이누]
> 'etúsuy(鼻孔)[아이누]

'코'의 語根 'et이 'en화한 것이 보이며 末音에서의 t>n화 현상도 있다.

5-2-3. nupe(淚)

nupe는 nu와 pe로 가를 수 있는데 pe는 물·시내(水·川)라는 뜻이다. nupe의 nu가 國語 '눈(眼)'과 비교된다. '눈물(淚)'은 '눈(眼)'과 '물(水)'의 合成語다. nun의 祖語는 nut으로 蒙古語 nidön(眼)이 있는데 이 nidön의 語根 nit과 비교된다. nut>nul>nu의 변화이다. 日本語 namida(淚)의 mida는 물(水)이며, 國語 '믈'의 祖語 '믇'이 日本語에서 開音節化했다. 日語 namida(淚)의 na가 國語의 祖語 nut(nun)과 비교된다. 國語의 '노리다, 노리어 보다'의 語根은 '놀'인데 이는 '눈'의 祖語 '눋'과 同源語에서 변화했다고 여겨진다. 日本語 nerau(狙う), niramu(睨む)의 語根 ner-, nir-이 눈(目)이란 뜻을 지니고 있었음을 알 수 있다.

> nukár(보다)[아이누]
> nukareraye(노려보다)[아이누]

아이누語 nu는 nur의 末音 r의 탈락이라고 보인다. 현대 아이누語 눈(眼)은 sik이다. '노려보다'는 sik-keruru가 있는데 모두 語根은 sik으로서 눈(眼)이란 뜻이다. 국어 '살피다'의 '살'과 漢字 視도 연결된다. 보다, 엿보다, 노리다(見, 睨, 狙) 등의 動詞는 눈(眼)이란 뜻을 지니는 名詞에서 전성된 것임을 알 수 있다. 아이누語에 nukár(見), nukareraye(睨)의 動詞가 있다는 것은 아이누族의 古代語에 nut이 눈(眼)이란 뜻으로 쓰였음을 보이는 동시에 sik(眼)의 新進勢力에 밀려 소실되고 다만 動詞에 그 흔적이 남아 있음을 알려준다. 따라서 아이누語에서 눈(眼)이란 뜻으로

nut을 再構하게 된다. 국어의 末音 t가 아이누語에서 탈락되는 현상이 나타나는데 이러한 현상은 국어와 알타이諸語의 공통적인 현상이다. nut>nur>nu의 변화이다.

polak(泉)[蒙]
poron(雨)[蒙]
pi(雨)[國]

語根 pol, por은 물(水)이란 뜻을 지니며 아이누語 pe와 비교된다.

둘(二)	tup(二)[아이누]
덛(乳)	tópe(乳)[아이누]
글>ᄀᄅ(粉)	kó(粉)[아이누]
날>날–이>나이>내	nay(川)[아이누]
바다(海), 부시다(洗), 비(雨)	pet(水)[아이누]
븓>불	pi(種)[아이누]
잣, 좆	ci(男根)[아이누]
날>날암>나암>남(木)	ni(木)[아이누]
발, 불(人)	po(子)[아이누]

국어의 '코(鼻), 소(牛)'처럼 祖語 '곧, 솓'에서 末音 ㄷ이 ㄹ화한 후 ㄹ이 탈락하는 현상이 아이누語에도 나타난다. 아이누語도 祖語는 閉音節語였는데 通時的으로 開音節化했다.

n'igax(目)[길랴크]

길랴크語에서 n'igax가 눈(目)인데 蒙古語, 국어, 아이누語, 日本語 등과 연결된다.

5–2–4. mot(目)

아이누語에서 mot이 눈(目)이라는 뜻으로 쓰이지는 않지만 動詞에 그 흔적이 보인다.

mokór(자다)[아이누]

mokónrusuy(졸리다)[아이누]

mós(깨다)[아이누]

mónak(깨어 있다)[아이누]

여기서 語根 mo, mós, món을 얻을 수 있으며 祖語는 mot이 되겠다. 國語에서 '눈멀다'의 '멀'이 名詞로서 멀이>머리>머이>메가 되는데 日本語에 me(目)가 있어 비교된다. 國語 '멀다'의 '멀(먿)'이 눈(目)이란 뜻을 지니고 있었음을 보이는 동시에 이 mot이 아이누語와 日本語에 그 흔적을 뚜렷이 남기고 있다. 日本語 mayu(眉)는 maru>mayu의 변화이며 maru의 祖語形은 mar(mat)이 된다. 日本語에 mat이 보이는데 matsuge(睫)에서 matsu의 語根이 mat으로서 눈(目)의 祖語形을 日本語에서 볼 수 있는 자료다. matsuge의 tsu를 日本學者들은 運體助詞로 보고 있다. 국어 '자다'의 '자'는 '닫'으로 소급된다. '닫'은 눈이란 뜻인데 소실되고 '자다, 졸다'의 語根에 그 흔적을 남기고 있다. 이는 漢字의 瞳과 비교된다. 日本語 neru(寢る)의 語根은 ner인데 nerau(狙う)의 ner과 同源語로서 국어 '눈'의 祖語形 '눋'과 비교된다. '자다'라고 하는 말은 눈과 관련되어 있음을 보이고 있다. 따라서 아이누語에서 '자다'라는 뜻인 mokór의 mok이 눈이란 뜻을 지니고 있다고 여겨진다.

5-2-5. kisa'r(耳)

kulak(耳)[터키]

kolak(耳)[위구르]

kisa'r의 語根은 kis이고 kit으로 소급된다. kulak, kolak의 語根은 kul, kol이고 kut, kot으로 소급된다. 국어 '귀'는 굳>굴—이>구리>구이>귀의 변화이다. 터키語와 위구르語가 비교된다는 것이 아이누語가 터키系의 말을 借用한 것이 아니라 이른바 동북아시아 祖語에서 분리된 것은 아닌가 생각하게 한다.

5-2-6. par(口)

> pátoy(唇)[아이누]
> parúnpe(舌)[아이누]
> pápus(唇)[아이누]

祖語形 pat(par)을 얻을 수 있다. 國語에 '부리(嘴)'가 있다. '부르다(唱·呼)'의 語根은 '불(붇)'인데 아이누語와 비교된다. 平安道 方言에서 '거짓부리, 거짓부렁이, 거짓부레기' 등이 있는데 '부리, 부렁이, 부레기' 등의 語根은 '불(붇)'로서 말(語)이란 뜻이다. '거짓부리'는 虛言이라는 뜻을 지니는 말이다. parúnpe(舌)의 語根은 par(pat)인데 입(口)이란 뜻을 지니는 par과 語源이 같다. '불다(吹)'의 語根 '불(붇)'은 소리(音)라는 本義에서 변화한 말인데 근원적으로 국어의 '불(붇)'은 입(口)이란 뜻을 지녔음을 알 수 있다. 日本語 kutsibasi(嘴)의 basi는 국어의 '부리'와 연결된다.

5-2-7. caro(口)

> caro, caru(口)[아이누]

語根 car을 얻을 수 있다. 아이누語에서 입(口)이란 뜻으로 par과 car의 雙形이 공존하고 있다. car은 tat(tar)으로 再構된다. 國語의 '넋두리'에서 '두리'가 말(語)이란 뜻이다. 아이누語 car의 古形 cat과 비교된다. '짖다(吠), 지저귀다, 소리지르다'에서 '지르다'의 語根 '짓(짇)'과 아이누語 car(口)이 그대로 비교된다. 따라서 아이누語도 單一語系가 아님을 보이고 있다. 국어의 '떠들다, 들에다' 등의 '더들, 들' 등이 아이누語와 연결된다. 입(口)이란 뜻으로 아이누語에는 par系와 car系 雙形語가 있다고 하겠으며, 국어 '들에다'의 '들' 등이 소리(音, 聲)라는 뜻을 지니는 말로서 근원적으로는 입(口)이란 뜻을 지녔다. 국어의 '뜯(志·心)'도 근원적으로는 입(口)이란 뜻에서 말이란 뜻으로 변화했다. '주둥아리'의 語根 '줃'은 '둗'으로 소급된다.

5-2-8. nimak, imak(齒)

國語 '니(齒)'의 祖語形은 '닏'인데 이 '닏'은 '눌(刃)'과 同源語다. 原始 人들이 切斷을 할 때 쓴 것은 이(齒)였을 것이며 '날(刃)'은 이(齒)에서 비롯한 말일 것이다. nit(齒), 눌(刃), 낫(鎌)은 모두 同源語다. 아이누語에 noták(刃)이 있는데 語根은 not으로서 國語의 '눌'과 同源語임을 보이고 있다. '낫(鎌)'도 '눌'과 同源語다. nimak의 語根은 nim인데 nit>nir> nir-im>niim>nim이 되고 여기에 接尾辭 ak이 붙은 것이다. 아이누語에 nirus(齒莖)이 있는데 語根이 nir(nit)이다. 국어 '니(齒)'의 祖語形 '닏'과 비교되며 '날(刃)'과도 비교된다.

5-2-9. ték, téke(手, 腕)

    téknum(拳)[아이누]

    tékpet(指)[아이누]

國語에 손(手)이란 뜻으로 '닫'이 있었는데 이것은 日本語 ta>te(手)와 同系다. 日本語 tataku(叩く)의 語根 tat은 國語 두드리다의 語根 tut과 비교되는데 '둗'은 손(手)이란 뜻이다. '두드리다'는 손의 작용이다. ték 은 tat(手)에서 비롯한 말인데 아이누語에서 語根末音 t가 k화하는 현상 이 있다.

    *sit>sik(目)[아이누]

    *at>ák(弟)[아이누]

    *tat>ták(塊)[아이누]

아이누語에서 t가 k화하는 현상이 보인다.

    sisnum(眼球)[아이누]

    sittámaha(眼球)[아이누]

    siknum(眼球)[아이누]

語根이 sis, sit, sik이 되겠는데 sit에서 sis, sik으로 변했다고 보겠다. 祖語形 sit에서 sik으로 변했다.

> nóthew(顎)[아이누]
> nótkir(顎)[아이누]
> nókkir(顎)[아이누]

not>nok의 현상을 볼 수 있다. 末音 t가 k화했다.

> mótarap(鰭)[아이누]
> mókap(鰭)[아이누]

語根 mót, mók의 對應形이 나타난다.

> retársisnum(白目)[아이누]
> retársittámaha(白目)[아이누]

retár은 희다(白)라는 뜻이고 눈(目)이란 뜻으로 sisnum, sittámaha가 있는데 눈(目)의 語根 sit, sis을 얻을 수 있으며, 여기서는 sit이 祖語形 이라 하겠고 sis의 末音 s는 t에서 변화했다. 이러한 末音의 t>s형은 아래에서도 보인다.

> sittoki(肘)[아이누]
> sistoh(肘)[아이누]

아이누語에서는 t>k화 현상이 나타난다. 이러한 k화 현상은 母音이 성대에서 나기 때문에 前舌子音인 t를 성대에서 가까운 後舌子音 k로 이끌어 들인다.

> yátupok(脇)[아이누]
> yárpok(脇)[아이누]

yát>yár화 현상이 있다. 이러한 t>r화 현상이 나타나는 것은 국어와 같은 현상이다. 그러나 에스키모語에서 손(手)이란 뜻으로 tar, tak의 雙 形이 있는데 tar>tark>tak의 변화이다.

5-2-10. kar(摘)

kár(作)[아이누]

kisma(握)[아이누]

kár의 祖語形은 kát이다. 國語 '가지다(持)'의 祖語形 kat과 비교되는데 kat은 손(手)이란 뜻을 지닌 말이었다. 蒙古語의 gar, 滿洲語의 gala가 손(手)이란 뜻을 지니는 말이다. 아이누語에 tek(手)이 있지만 이 말이 쓰이기 전에 kat(kar)이 손(手)이란 뜻을 지니다가 動詞에만 남고 名詞로서는 tek의 세력에 밀려 소실되었다.

gar(手)[蒙]

gala(手)[滿]

gol(手)[위구르]

아이누語 kiki(搔)는 국어의 '긁다'와 비교되는데 '긁다'의 語根 '글'은 손(手)이란 뜻인 kar과 비교된다.

5-2-11. 'osóma(大便)

'osóma는 '大便'이라는 뜻도 되지만 그대로 '大便을 누다'의 動詞的 기능도 지니고 있다. 名詞가 그대로 動詞로 쓰인다.

'osóyen(小便을 누다)[아이누]

'otónpuy(肛門)[아이누]

'osórpuy(肛門)[아이누]

語根 'os, 'ot을 얻을 수 있는데 祖語는 ot이다. 語根 'ot의 말음 t가 s로 변하고 여기에 接尾辭 oma가 붙었다. 국어 '오좀'의 語根은 '옷'이고 '옫'으로 再構된다. 그렇게 보면 국어의 '옫'과 아이누語의 'os, 'ot이 일치한다고 보겠다. 語根 ot은 근원적으로는 물(水)이란 뜻이다. 蒙古語에 oso(水)가 있고 국어에 '얼(泉)'이 있고 다시 '얼(冰)'이 있다. 아이누語에서는 名詞가 그대로 述語로 쓰이는 예가 'osóma 외에도 있다.

'etór(코) 'etór(골다)[아이누]
'iták(말) 'iták(말하다)[아이누]
hum(소리) hum(소리내다)[아이누]
húp(부스럼) húp(붓다, 腫)[아이누]
mónrayke(일) mónrayke(일하다)[아이누]
tápkar(춤) tápkar(춤추다)[아이누]
nipék(빛) nipék(비치다)[아이누]

이러한 일련의 현상으로 國語도 祖語時代에는 單音節語가 名詞的 기능과 述語的 기능을 함께 지니고 있었음을 알 수 있다.

5-2-12. keyoroh(腦髓)

keyoroh의 keyo는 kero의 변화라 하겠고 語根은 ker이 된다. 국어의 '골(腦)'과 비교된다.

5-2-13. térke(跳)

국어 '닫다(走)'는 '뛰다(跳)'와 비교되며 '다리(足)'와 同系의 말이다. '뛰다'의 語幹은 '뛰'고 돋>둘>둘—이>두이>뒤의 변화로서 語源的으로는 '닫(다리)'에서 비롯한 말이다. térke의 語根은 tér로서 국어의 '닫', 日本語의 tobu(跳ぶ)·tatsu(立つ)와 비교되며 漢字 跳·踏·足·走와도 연결된다.

5-2-14. kinop(肝)

국어 '간(肝)'은 kinop의 語根 kin과 비교된다.

kimo(肝)[日]

kimo의 語根 kim은 kit>kir>kir-im>kiim>kim-o의 변화이다. 漢字 肝과도 연결된다.

5-2-15. pone(骨)

pon이 語根이고 pot으로 再構된다. 국어 '뼈'는 벋>벌>별>벼>뼈의 변화이다. 그것은 할 → 헐>혈>혀(舌)의 변화와 비교된다. 日本語 hone 는 語根이 hon이고 hot, pot으로 再構된다.

5-2-16. paráwre(足)

語根은 par인데 국어의 '발'과 비교된다.

>hoyúpu(走)[아이누]
>'oyúpu(走)[아이누]

porúpu>hoyúpu로 변화했다. 日本語 hasiru(走る)는 pat(足) pasiru> hasiru로 변화했다.

>kema(足)[아이누]
>cikir(足)[아이누]
>térke(跳)[아이누]
>cas(走)[아이누]

頭音을 보면 k系와 c系가 있다. 國語에서 '발(足), 다리(脚), 가랑이 (脚)'의 세 語彙系가 있다. 이는 蒙古語에서 hül(足), tabahai(足), goto(脚) 의 3系가 있는 것과 비교된다. hül은 pül<put으로 再構된다. cikir(足)과 térke(跳)를 보면 cikir은 頭音 t에서 口蓋音化한 것이다. cas(走)을 보면 tat의 再構가 가능하다. 국어의 '달(달, 脚)'과 비교되고 kema는 국어의 '갈(脚)'과 비교된다.

5-2-17. pókinsr(女陰)

語根 pók은 pót>pól>pólk>pók의 변화이다.

>retársisnum(白目)[아이누]
>retársittámaha(白目)[아이누]

retársiknum(白目)[아이누]

sik이 눈(目)인데 흰 눈(白目)일 경우 語根은 sis, sit, sik이 된다. sit>sis·sit>sil>silk>sik의 변화임을 보이고 있다. 아이누語 pókinsr의 祖語 pot은 國語 女陰의 祖語 pot과 그대로 일치하며 日本語 hoto는 國語의 pot이 pot>hot>hot-o로 변화한 것이다. 한편 pot→pok의 변화로 볼 수도 있다. 남자끼리 하는 性行爲인 '비역'은 '빌억'에서 변화되었으며 語根은 '빋(빌)'이다.

5-2-18. ci, ciyéhe(陰莖)

cisapa는 陰莖 龜頭 부분을 除한 부분을 가리킨다. 語根은 cis이라 하겠으며 cit으로 再構된다. ci는 ciyéhe>ciye>ci의 形으로 나타난다. 語根 cit은 국어의 čoč, čači와 비교되는데 語根은 čat, čot이 되며 tat, tot으로 再構된다.

5-2-19. púri(習慣)

국어 '버릇'의 語根 '벌'과 그대로 비교된다. '버릇'의 '벌'은 말(語)이란 뜻을 지니는 말이다. 국어 '부르다'의 語根 '불'이 소리·말(音·聲·語)이란 뜻이다. 국어 '버릇'의 語源은 '말'이라 하겠고, 아이누語 púri도 국어와 연결된다.

5-2-20. túr(垢)

국어의 '때'는 tat>tar>tari>tai>tɛ>ttɛ의 변화이다. '더럽다'의 語根 '덜', '두엄'의 祖語 '둘', '똥(糞)'의 祖語 '돋'과 비교된다.

5-2-21. pasirma(雲脂)

pasirma의 語根은 pat으로 再構되며 국어의 '비듬'과 비교된다.

5-2-22. rék(수염)

rék은 rék의 頭音 t가 r화한 것이다. 사할린에서는 tetara(白)인데 다른 지방에서는 retara로 頭音이 r音이다. 아이누語에서는 t音이 頭音에서 r화한다고 보겠다. téke로 볼 때 國語의 '털(毛)'과 비교된다. 아이누語에서 頭音 r은 t>r화 현상이 있다. 즉, retara(희다), tetara(희다)의 雙形이 보이는데 이는 頭音 t가 r音화한 例證이 된다. 아이누語에서도 r音은 頭音에 없었던 것이고 後代에 t音에서 변한 음이다. 語根 tat은 태양이란 뜻을 지니는 말일 것이다.

5-2-23. kúy(尿)

'구리다'의 語根 '굴(굳)'과 비교된다. '굳'이 古語에서는 똥(糞)이란 뜻을 지녔던 말인데 日本語 kuso(糞), kusai(臭い), kusaru(腐る)는 국어 kut(糞)과 연결된다. '구더기(蛆)'의 語根은 '굳'인데 '굳'이 똥(糞)임을 알 수 있다. kúy는 kuru에서 변화일 것이다.

5-2-24. káp(皮)

kát>kár>kárp>káp의 변화이다. 국어의 갇(皮) → 갗의 祖語形과 일치한다고 보겠다. 아이누語 북(鼓)이란 뜻 kaco의 語根은 kac(kat)이다. kap(皮)은 祖語 kat의 kat>kar>kar-ap>kaap>kap(皮)으로 변화했다.

5-3. 人稱關係語

5-3-1. sisam, samó(他族의 人稱)

sisam, samó(아이누人 外의 日本人)[아이누]
sán(子孫)[아이누]
sáni(血統)[아이누]

sisam의 語根은 sis, samó의 語根은 sam, sáni의 語根은 sán이며, sis은 sit, sán은 sát으로 再構된다. samó는 국어 saram(人)에서 r音이 탈락하고 ssaam>saam-o>samo로 변화했다. 아이누人이 본 他族의 人 稱은 韓國語 '사람'이 saram(人)>saam>sam-o의 변화를 했다. 이는 고 대 일본어는 韓國語가 그 뿌리가 되고 있음을 보이는 예가 되며 日本族 은 韓國 民族이 그 조상이 된다는 것을 단적으로 보여 준다.

> sinrit(先祖)[아이누]
> sánmitpo(曾孫)[아이누]
> sinécise'únuta(家族)[아이누]
> sinrit'utar(親)[아이누]
> sikonte'unu(繼母)[아이누]
> sápo, sa(姉)[아이누]

sin, sán, sik, sá 등의 語根을 얻을 수 있는데 sit, sát의 語根에서 祖語形 sát이 再構되는데 국어 '사람'의 祖語形인 '살'과 비교된다. 蒙古語 에서 sene, sena가 겨레(族)라는 의미인데 '사람'의 '살(삵)'과 비교된다. sisam(人)은 si와 sam의 合成語로 si도 根源的으로는 사람(人)이란 語源 을 지닌 말이다. 異音同義語다.

> mát(妻)[아이누]
> mátak(妹)[아이누]

'며느리'의 語根은 '면'이다. '면'은 '멀·먿'으로 再構된다. '할머니'에 서 '머니'의 語根은 '먼'이고 '먿'으로 再構되는데 母란 뜻이다. 아이누語 mát(妻)과 同系의 말이다. 日本語 me(女)는 國語 '먿'이 멀>멀-이>머 이>메의 변화로 된 말이다. 漢字 母·妹·民과 연결된다.

5-3-2. 'utára(人人)

> 'utára(人人)[아이누]

'utari(親戚)[아이누]

'utar(同族)[아이누]

'utári(家族)[아이누]

'acá(父·叔父)[아이누]

'unárpe(叔母)[아이누]

語根 'uc, 'ac, 'un을 얻을 수 있는데, 국어의 人稱 祖語形 '앋, 얻'과 비교된다.

'ak(弟)[아이누]

'ak을 'at으로 再構하면 국어의 '앗(얻, 弟)'과 비교된다. 日本語 oya (親)는 ora>oya의 변화로서 or(ot)이 語根이 된다. 국어에서 '아롬(私), 우리(吾等), 어른(成人)'의 語根은 각각 '알, 울, 얼'이다. 'utára의 語根 'ut 은 국어 '앋, 얻'과 비교된다.

5-3-3. kuru(人)

kuru(人)[아이누]

'utára(人人)[아이누]

tonó(上人)[아이누]

tono'utha(偉人)[아이누]

kuru(人)는 국어 '겨레(族)'의 語根 '걸(결)'과 비교된다. '심술꾸러기, 장난꾸러기'에서 '꾸러기'의 語根 '굴(人)'이 사람(人)의 化石語다. '갇 (갓)'이 女, 妻라는 뜻을 지니며 '겨집(女)'과도 비교되는데 '겿입'의 형성 으로 본다면 '입'은 接尾辭다. '겿'은 '겯'으로 '겨레'의 결>견과 일치하 고 있다. tonó의 語根은 ton이고 tot으로 再構된다. '쫄(女息), 달(種)'과 비교된다. 'aynu나 'utára는 국어의 人稱 祖語 '앋'과 비교된다. 멍텅구 리의 '구리'와 비교된다.

5-3-4. 'aynu(人)

아이누語에 사람(人)이란 뜻을 지닌 말로 kur(人)이 있고 'utára(人人)가 있는데 'utára는 사람들이라는 복수를 나타낸다. 'utára의 語根은 ut이고 -ara는 接尾辭이다. anun(他人)의 語根은 an이고 un은 接尾辭다. an은 다시 at으로 再構된다. 아이누語에서 t가 n화하는 경우가 있다는 것은 앞에서 말한 바 있다. nata(顔)와 nan(顔)의 兩形이 있는데 이는 nata의 語根 nat의 末音 t가 n화하여 nan이 된 것이다. 'utára의 語根은 ut으로서 末音 t를 발견할 수 있다. 'aynu, 'aino의 兩形이 있다. a와 y, i의 사이에는 子音이 있다가 탈락했다. at>ar-un>ayn-u의 변화이다. at은 人稱의 祖語라고 할 수 있는데 父란 뜻 aca가 있다. 이 aca의 語根 ac은 at으로 再構된다. 터키語에서 ata는 父란 뜻이다. at은 人稱名詞로서 알타이諸語의 공통적인 祖語가 되는데 국어에도 at이 祖語가 되어 人稱名詞의 어휘가 분화되었다. arunu가 'aynu로 되는 것은 ru가 y로 변한 것이다. 'utúuruke(추워 떨려서)가 uyúyke(추워 떨려서)로 변하는데 uru가 uy로 변했다. 'usuúsuke (추위 떨려서)도 同意語인데 us의 祖語는 ut이다. ut>us의 변화이다. ut>uru>uy의 변화이다. arunu가 'aynu로 변하는 例證이 된다.

> altan(金)[蒙]
> altın(金)[터키]
> aisin(金)[滿]
> aisin(金)[골디]
> ais'an, aiz'an, aiz'in(金)[길랴크]

altan이 가장 古形을 유지하는 것이며 語根은 al이고 at으로 再構가 가능하다. altan이 길랴크語에서는 ais'an, aiz'an인데 al이 ai로 변했음을 보이며 aiz'in의 경우도 al이 ai로 변했다. 따라서 arunu가 'aynu로 변화했다고 여겨진다. arunu의 nu도 根源的으로는 사람(人)이란 뜻을 지니는데 국어 '나, 너, 누'와 同源語다. arunu는 사람(人)이란 뜻을 지니는 異音同義語다.

5-3-5. po(子)

> hito(人)[日]
>
> puri(男便)[골디]
>
> puri(家族)[올차]
>
> furi(子孫)[滿]
>
> uri, üre(子孫, 種)[부리야트]

국어에서 '불(種, 卵)'은 性器名으로는 '불, 볼'이 되고 '뿌리(根)'도 동의어이다. 국어 '떡보, 국보, 밥보' 등의 '보'는 사람(人)이란 뜻을 지닌 말이다. po는 pot>por>po의 변화이다. 한편 po는 人稱接尾辭 구실도 한다.

> 'acá(父, 叔父)[아이누]
>
> 'acapó(父)[아이누]
>
> mánepo(少女)[아이누]
>
> mat(妻)[아이누]
>
> hápo(母)[아이누]

5-3-6. 倭

'예'[龍52, 字會中4]는 倭人을 뜻하고 있다. 新羅의 <慧星歌>에는 '倭理叱軍'이 있는데 '倭理'가 倭를 가리킨다. 15세기의 '예'를 보면 倭理는 '어리'다. 語根은 '얼'이다. 얼>얼-이>어이>에>예의 변화이다. 따라서 '예'의 祖語는 '얻(얼)'이 된다. 이는 國語의 人稱 祖語 '앋(언)'과 일치한다. 따라서 倭는 아이누人이 渡來族인 日本人을 가리키는 말이다. 'aynu는 사람·남자(人·男)라는 뜻인데 이 말의 祖語는 at이다. at>aru-nu>arunu>'anyu의 변화이다. 따라서 당시 아이누語에서 사람을 뜻하는 ar, ər이 있었고 ar에 接尾辭 un이 붙어 arunu>'aynu의 변화를 했다. 퉁구스語에 속한다고 볼 수 있는 olcha, orok의 ol, or 등도 사람(人)이란 뜻을 지니는 말로 aynu의 祖語 ar(at), 倭의 祖語 '얼(언)'과 비교된다고 하겠으며 예(濊)族과도 관련된다. 이러한 일련의 사실들은 아이누族이 퉁구스族과 同系의 사람이었다고 하는 사실을 보이는 것이라고 볼 수 있지 않을까?

5-4. 自然關係語

5-4-1. mosir(島)

語根은 mos이고 mot으로 再構된다. 日語의 mutsu(陸)와 국어의 '뭍(陸)'이 비교된다. 국어 '마술(村)'의 語根 mas, mat과도 비교된다. 日本語 mura(村)는 '마술'의 語根 mat의 변화이다. 아이누語에서 mosir은 나라(國), 世界라는 뜻도 있다. 아이누人이 사는 섬이 곧 세계가 되기 때문에 섬(島)과 世界는 同義語다. mosir은 한편 넓은 土地라는 뜻도 있다. 그러므로 mosir은 섬(島), 世界, 廣野라는 뜻이 있다. 이는 알타이諸語에서는 뭍(陸)이란 의미를 지니다가 섬으로 건너와서 섬의 환경에 맞는 의미로 전의된 현상이라고 하겠다. maciya는 都라는 뜻인데, 이 말도 mat에서 비롯된 것이다.

5-4-2. kotan(國)

> kotan(國)[아이누]
> kotánkes(시골)[아이누]
> sép kotan(넓은 마음)[아이누]
> páse kotan(東京, 都)[아이누]
> poro kótan(町)[아이누]
> kotán(町)[아이누]
> kotán(村)[아이누]

語根 kot에 接尾辭 an이 붙었다. kot은 國語의 谷, 洞, 邑, 州라는 뜻을 지니는 '골'의 祖語形 '곧'과 일치하고 있다. 日本語 kuni(國)는 kut>kun-i의 변화고, 滿洲語에 kurun(國)이 있다.

5-4-3. núp(野)

국어의 '나라(國), 날(壤)' 등의 語根은 '날'이다. 日本語 no(野)도 같은 語源에서 비롯한 말이다. núp(野)은 nut>nur>nur-up>núp의 변화이다.

5-4-4. ni(木)

nituman(幹)[아이누]
nikap(木皮)[아이누]
nitáy(森)[아이누]
nitay(林)[아이누]

語根이 nit, nik 등이 되겠는데 祖語形은 nit이 되겠다. 국어의 '낡(木)'은 낟>날>날-암>나암>낡의 변화를 했는데 nat은 아이누語 나무(木)의 祖語形 nit과 비교된다.

5-4-5. póru(洞, 穴)

póru의 語根은 pór(pót)이다. 국어 '포다(掘)'의 語根 '포, 폴(폳)'과 비교된다.

군 포고 블 퓌우니[月曲上22]
폴 굴(掘)[類合下32]

'포'의 祖語形 '폴(폳)'은 名詞로서 洞, 穴의 의미를 지녔었음을 보이고 있다.

5-4-6. pét(川)

내(川)란 뜻으로 nay와 pét의 雙形이 있다. nay는 국어의 '날(川)'과 비교된다. '물을 붓다(注)'의 語根 '붓'은 '붇'으로 소급되는데 '붇'이 물(水)이란 뜻이다. '물이 붇다'의 '붇'과도 연결된다. 이는 '비(雨)'의 祖語形 '빋'과도 연결된다.

horaboron, poron, hora(雨)[蒙]

hor, por이 語根인데 pot이 祖語形이 된다.

5-4-7. nay(谷川, 小川)

국어 '내'의 祖語形 날>날-이>나이>내의 변화형 '나이'와 일치한다.
'ᄂᄅ(津)'의 '눌'과도 연결된다.

> tóy(土)[아이누]
> tóy(泥)[아이누]
> tóy(地面)[아이누]
> tóy(田)[아이누]

tóy는 tót으로 再構되며 국어의 '닫(地)'과 비교된다. 닫>달>다>짜>짱
의 변화이다. 日本語 tsutsi(土)는 국어의 '닫'으로 발음하던 시기에 일본
으로 건너갔다. tot>tori>toy의 변화이다.

5-4-8. nupuri(山)

국어 '높다'의 語根 '높'은 '놉'으로 소급된다. 古代人에게 '높다(高)'의
인식은 山이었을 것이라는 짐작을 할 수 있다. '낮다(低)'의 인식은 땅
(地)이었을 것이다. 壤이라는 뜻으로 高句麗語에서 內, 腦, 奴 등으로 표
기되고 있는데 '날(낟)'이 語根이 된다. '나라(國)'의 語根 '날(낟)'도 땅
(地)이란 뜻이었을 것이다. 日本語 takai(高い)는 take(岳, 嶽)의 名詞에서
전성되었다. 高句麗語에 達(山)이 있다. nupuri(山)의 語根은 nup인데 국
어의 '놉'과 비교된다. 日本語의 yama(山)는 nop → nap>nama>nyama>
yama의 변화이다.

> hebi(蛇) : hemi
> ebisi(蝦夷) : emisi
> thop(爪) : tsïme

nap(鉛) : namari

日本語 noboru(登る)의 語根 nob도 山이란 뜻이다. '오르다(登)'의 語根은 '올'인데 濟州 方言에서 '오름(岳)'이 있고 滿洲語에 arin(山)이 있다. 國語에서 '놉'이 고대에는 山이란 뜻을 지니고 있었음을 보인다. 아이누人이 대륙에서 3만 년 전에 건너갔다고 보면 국어 계통에서 적어도 '놉'이 山이라는 뜻으로 쓰인 것은 3만 년 전으로 소급된다.

5-4-9. tó(湖, 沼, 池)

국어의 '돌(梁·渠)'과 비교된다.

5-4-10. só(瀧)

só는 sót에서의 변화일 것이다. 국어 '소(潭)'와 비교된다. 국어의 '싯다(洗), 솟다(湧)'의 語根 '싯(실), 솟(솔)'은 물(水)이란 뜻을 지니는 말이다. '설설 끓는다'라고 할 때 '설'이 물(水)이란 뜻이다. 漢字 水, 洗, 霜, 沼 등과 연결된다.

5-4-11. 'atúy(海)

> mədəri(海)[滿]
>
> muduri(龍)[滿]

'물'의 祖語形 '묻'과 滿洲語 məd, mud이 비교된다. 국어에서 물(水)이란 뜻을 지니는 말이 滿洲語에서는 바다(海), 龍이란 뜻이다. 滿洲語에서 물(水)인 muke는 물>묽>묵의 변화이다. 아이누語 바다(海)의 語根 at은 국어 '於乙'(泉)과 '얼음(氷), 얼다(凍)'의 '얼'과 同系이 말이다. 日本語 arau(洗う)의 語根 ar은 물(水)이란 뜻이다.

5-4-12. kónru(氷)

kónru의 語根은 kón이고 kót으로 再構된다. 국어 '고드름'의 '곧'과 연결된다.

5-4-13. kóy(波)

국어 '결(波)'의 祖語形은 '걸(걷)'인데 이는 '걸(渠, 溝)'과 비교되며 'ᄀᆞ 롬(江)'의 語根과 同系의 말이다. kóy는 kór-i>kóy의 변화이다.

5-5. 衣食住 關係語

5-5-1. 'úru(衣)

> ur(毛皮 外套)[아이누]

국어 '옷'의 祖語形 '옫'과 비교된다. ur은 ut에서의 변화이다. 平安道 方言에서는 '오티(衣)'다.

5-5-2. ke'r(靴)

> kulha(草地)[滿]
> kutul, kutusun(靴)[蒙]
> kutsu(靴)[日]

國語에서는 '신'이 쓰이기 전에는 kut, kutu가 쓰였다. 日本語에는 kutsu가 있다. 滿洲語 kulha의 語根은 kul이고 祖語形은 kut이다. 日本語에 kutsu가 있다는 것은 滿洲語·蒙古語가 韓國을 거쳐서 日本으로 간 것을 짐작하게 한다. 우리나라에서 日本으로 건너간 kutu가 다시 우리나라에 들어와 皮靴라는 뜻을 지니게 되었다.

5-5-3. pi(種)

국어의 '붇(불)'과 同系語다. pi는 pir에서 末音 r의 탈락이다. 즉 pir>pi다.

5-5-4. kirpu(脂肉)

語根 kir은 국어 '기름(油)'의 語根 '길'과 비교된다.

5-5-5. tétteri(粥)

  rúr(汁)[아이누]

  káyko(粥)[아이누]

tétteri의 語根 tét은 rúr(汁)의 祖語 tút과 비교된다. 이는 국어의 '죽(粥)'과도 비교된다. káyko의 語根 káy는 kár, kát으로 소급된다. 국어의 '국(汁)'은 굳>굴>굵>국의 변화이다. '국'의 祖語形 '굳'과 비교된다.

5-5-6. cisé(家)

  cisé kár(집을 짓다)[아이누]

  cisékarkur(木手)[아이누]

  túnpu(방)[아이누]

cisé의 語根은 cis이고 cit으로 再構된다. 국어의 '집'과 비교된다.

5-6. 其 他

5-6-1. páykar(春)

páy가 語根이고 pár, pát으로 再構된다. 국어 '봄'의 祖語形 '볻(볼)'과 비교된다. 국어에서 '볼'은 태양이라는 뜻이다. 日本語 haru(春)는 paru<par<pat으로 소급된다.

5-6-2. mána(먼지)

15세기 문헌에는 '몬지(埃)'가 보인다. '모지'에 ㄴ이 개입되어 '몬지'가 되었다. '모지'의 語根은 '몰(몯)'이다. mána의 祖語形은 mát으로 국어의 '몯'과 비교된다.

5-6-3. kimi, kumi(곰팡이)

국어 '곰팡이'의 '곰'과 kum-i가 그대로 비교된다. 그러나 국어의 '곰'은 곧>골>곪>곰의 변화이다.

5-6-4. kúr(影)

국어 '그르메(影)'의 '글'과 비교된다. kuri'an은 '그림자가 비치다'라는 뜻이다.

5-6-5. sónko(소식)

> súnke(噓)[아이누]
> sónno(眞實)[아이누]

語根 son은 sot으로 再構된다. 국어 '소리'의 語根 '솔(솓)'과 비교 된다. 新羅의 詞腦는 '삳, 산애'의 변화로서 말 또는 노래라는 뜻을 지닌 말이다.

> sinótca(歌)[아이누]

sin이 語根이고 sit으로 再構될 것이다. 국어에서 '숣다(白)'의 語根 '술(숩)'은 소리, 말(音, 語)이란 뜻을 지닌 말이다. 지금 숣>습은 존대를 나타내는 先行語尾가 되었다.

5-6-6. rúy(숫돌 砥石)

rúy는 rúl(túk)로 再構된다. 국어의 '돌(돋)'과 비교된다.

5-6-7. 'árka(痛)

'árka의 語根은 'ár이고 'át으로 再構된다. 國語 '앓다, 알프다'의 語根 '알'과 비교된다. '알'은 人稱名詞의 祖語 '앋'과 비교된다. 앋>알다>앓다로 변화했다.

5-6-8. núre(알리다)

語根은 núr일 것이다. 국어 '니르다(謂)'의 語根 '닐'과 비교된다. '놀애(歌)'의 '놀', 日本語의 nori, norito의 語根 nor과 비교된다. 日本語 naru(鳴る), narasu(鳴す) 등의 nar도 국어의 nor과 語源을 같이한다.

5-6-9. nukár(만나다)

nukár의 nu는 국어 nun의 祖語 nut과 비교된다. 국어 '맞다(迎)'의 語根 '맞'은 '맏'으로 再構되며 mat은 국어 눈(眼)이란 뜻 '먿(멀)'과 同源語다. '마중'은 視覺的인 면에서 생긴 말이다. '마중'의 語根 '맞(맏)'은 눈(眼)이란 뜻을 지닌 말이다.

5-6-10. pitáta, pitá(解)

pitá(解)[아이누]

kut pita(解)[아이누]

pitá의 語根은 pit이다. 국어에서 묶었던 것을 '풀다(解)'의 '풀'과 비교된다. '풀'은 '불'로 소급되며 '바(大繩)'와 비교됨직하다. '바'의 祖語形은 '받'일 것이다.

5-6-11. pére(壞)

peré(破)[아이누]

pérke(割)[아이누]

語根 per은 pet으로 再構된다. 국어에서 '그릇을 부수다(碎)'의 '붓'과 비교된다.

5-6-12. kút(帶)

국어의 '끈'과 비교되는데 '끈'은 '귿'으로 祖語를 再構할 수 있다.

5-6-13. 'an(있다)

'an은 'at이 祖語形으로서 국어 '잇다'의 語根 '닏'과 비교되며 日本語 aru(有る)의 語根 ar(at)과도 비교된다.

5-6-14. sini(쉬다)

sin이 語根이고 sit으로 再構된다. 국어 '쉬다'의 '쉬'는 숟>술>술-이>수이>쉬의 변화이다.

5-6-15. 'ás(立)

祖語形은 at이다. 日本語 asi(足)의 語根 as과 일치되며 국어 '종아리'의 '아리'와도 비교된다. '아리(足)'의 語根은 '알'로서 '앋'이 祖語形이다.

5-6-16. cikap(鳥)

chiri(鳥)[아이누]

chiri의 語根은 cir이고 tit으로 再構된다. 국어의 '둘(둙)'과 비교되며 日本語 tori(鳥)와 비교된다. 아이누語에서는 鳥라는 뜻을 지니는 말로 cikap과 chiri의 雙形이 있다.

5-6-17. má(泳)

語根 má는 már에서 r音의 탈락이다. 국어의 '믈(水)'과 同系라 하겠고

漢字 沐과도 연결된다. 日本語 oyogu(泳ぐ)는 orogu에서 변한 것이고 語根 or은 물(水)이란 原義를 지닌다. arau(洗う)의 原語 ar과 비교된다.

5−6−18. retar(白)

tetar>retar이 되는데 語根은 tet이다. 사할린(樺太) 아이누語에서는 tetara(白)로서 頭音이 t다.

　　to(日)[아이누]

　　cúp(太陽)[아이누]

tet는 tot(日)과 비교되며 to는 tot>tor>to의 변화이다.

5−6−19. nuy(焰)

　　norosi(烽火, 狼煙)[日]

語根은 nor이고, 이는 불(火)이란 뜻을 지니는 말이다. 국어 '눋다(蕉)' 의 語根 '눋'과 日語 nor이 비교된다. nuy는 nury>nuy의 변화라 할 수 있다.

5−6−20. ninum(胡桃, 實)

　　yám(栗)[아이누]

　　yámni(栗木)[아이누]

　　núm(胡桃)[아이누]

　　nésko(胡桃木)[아이누]

ninum의 num이 열매(實)라는 뜻이다. nam>nyam>yam의 변화이다. ni는 나무(木)라는 뜻이다. ninum은 合成語다. 국어 '여름(實)'의 語根 '열'은 널>녈>열의 변화로서 아이누語와 비교된다.

5-6-21. ’iták(言)

語根은 ’it이고 국어의 ‘입(口)’과 비교된다. 잇>일>일입>이립>이입>입의 변화이다. 日本 東北 地方의 itako(巫)는 아이누語 ’iták에서의 변화이다. 한편 국어 ‘니ᄅ다(謂)’의 語根‘닐’의 祖語形 ‘닏’과도 관계될 것이다. 국어의 ‘입(口)’도 ‘닙(口)’의 頭音 ㄴ이 탈락한 형이다.

5-6-22. at(紐)

국어 ‘올’과 비교된다.

5-6-23. kúnne(黑)

語根은 kún이고 kut으로 再構된다. 日語 kuroi(黑い)의 語根은 kúr(kút)인데 아이누語 kúnne의 祖語形과 일치한다. 국어 ‘검’은 걷>걸>걸엄>거럼>검엄>검의 변화이다. 국어 ‘검~’의 祖語形 ‘걷(걸)’과 비교된다. 국어 ‘검’의 祖語 ‘걷(걸)’의 語源意味는 구멍(穴)이다.

5-6-24. rupús(얼다)

rupús의 頭音 r은 t에서의 변화이다. tupús으로 再構하면 語根이 tup이 된다. 국어 ‘돌(渠, 溝)’과 비교되며, 日本語 taki(瀧)와도 비교되고, 日本語 tatsu(龍)의 語根 tat은 물(水)이란 뜻을 지니는 말이다. 국어의 ‘얼다’는 ‘얼(泉), 얼다(凍), 얼음(冰)’이라는 뜻이다.

5-7. 國語의 基層語와 抱合語

1. 日本의 原住民語인 아이누語와 國語의 共通祖語 再構를 시도해 본 결과 상당한 부분의 語彙에서 일치를 보인다. 특히 身體語에서 共通祖語 再構가 가능하다는 것은 韓國語와 아이누語가 기원적으로는 同系였을 가능성을 보이는 증거다.

2. 아이누族이 古蒙古人이라고 하는 것도 아이누語가 蒙古語의 基層語라는 것을 의미한다고 보겠다. 아이누語가 蒙古語와 상당한 부분에서 일치되고 있다는 것은 바로 抱合語인 고아시아어가 蒙古語의 基層語라고 하는 점을 말하는 것이 아닌가 한다.

3. 아울러 滿洲語를 비롯한 퉁구스諸語, 터키語 등도 그 基層語는 아이누語와 同系일 가능성을 배제할 수 없을 것이다.

4. 시베리아에서 발생한 이른바 고아시아어, 즉 아이누語와 길랴크語 등의 母語가 되는 基層語가 東, 南, 西로 퍼져 나갔다고 여겨진다. 알래스카, 캐나다 原住民語가 퉁구스語와 비교된다는 것은 매우 중요한 의미를 지닌다. 고아시아어의 母語가 알래스카를 거쳐 캐나다 北美, 南美까지 내려갔다고 여겨진다.

5. 한편 시베리아를 거쳐 사할린, 北海道, 日本 본토로 남하하여 길랴크語, 아이누語가 형성되었다. 韓國語는 滿洲를 거쳐 고아시아의 基層語가 남하했다고 여겨진다. 터키語, 蒙古語도 고아시아어에서 퍼져 나간 것이라 여겨지며 고아시아의 祖語인 單音節語가 中國 大陸으로도 남하하여 孤立語로 변화했을 수도 있다. 터키語의 경우는 바이칼 호의 남쪽에 있던 語族 一部가 古代에 西쪽으로 이동했고 13세기경 징기스칸에 밀린 같은 語族이 야쿠트 쪽으로 江을 타고 北上했다고 여겨진다. 이리하여 터키語가 兩分됐다고 여겨진다.

6. 고아시아 祖語가 적어도 2만5천 년에서, 3만 년을 전후하여 퍼져나가 그 지역의 기후와 自然條件, 生活環境 등의 차이에 의해 母語인 동북아시아 祖語인 單音節語가 音韻·形態·文法的인 면에서 특수한 변화를 했다고 여겨진다.

7. 길랴크語, 아이누語 고아시아어의 原住民語는 抱合語的인 문법으로 변화하고 알타이諸語는 抱合語를 거쳐 膠着語로 변화했다고 여겨진다.

8. 아이누語는 길랴크語와 아메리칸 인디안語 그리고 에스키모語 등과 더불어 抱合語다. 이는 동북아시아에서 南下, 移動할 때 이미 抱合語的

인 文法을 지니고 있었다고 여겨진다.

9. 膠着語는 抱合語[2]에서 변한 것이라 여겨진다. 그것은 알타이 祖語인 單音節語가 多音節化하면서 抱合語로 변화하고 다음 단계인 膠着語로 변화했다고 여겨지는 것이다.

10. 중국어에는 상당한 부분의 알타이諸語가 침투되어 있음을 발견할 수 있다. 이는 아마도 東北 아시아의 原始祖語인 單音節語가 그대로 孤立語的인 문법으로 변화하지 않았나 한다.

11. 따라서 국어의 基層語는 고아시아어의 母語인 길랴크語, 아이누語와 同系인 基層語에서 비롯되었을 가능성을 생각할 수 있다. 뿐더러 터키語나 蒙古語, 통구스語 등도 근원적으로는 同系의 祖語에서 변화했다고 볼 수 있지 않을까 한다. 아이누語의 消失語 再構를 통해서 볼 때 아이누語가 어느 한 시기에만 日本에 건너간 것이 아니라 通時性을 지니고 건너갔다고 보며 아이누語系와 다른 言語도 건너가 혼합되었다. 東北 아시아 祖語에서 분화한 아이누語는 日本이 섬이기 때문에 대륙 안에 있는 다른 알타이諸語보다는 부분적으로 보수성을 지니고 있다.

---

2) 姜吉云, 「韓國語는 알타이語가 아니다」, 『朴恩用博士回甲記念論文集』, 1987, 23-63 쪽. 韓國語는 고아시아어와 同系라고 보고 있다.

6. 消失語 再構와 合成語

6-1. 合成語

合成語는 문자 그대로 名詞와 名詞가 합쳐져 이루어진 名詞다. '까마귀(鳥)'는 15세기어로 '가마괴'인데 이 단어가 合成語라고 하는 사실을 모르고 있다. 이것은 아직도 合成語의 語形成에 대한 연구가 부족한 탓도 있겠지만 消失語 再構가 지금까지는 불가능했기 때문이다. 더욱이 合成語를 이룰 때에는 異音同義語의 합성 현상을 아직도 우리는 通時的인 면에서 구명하지 못하고 있는 실정이다.

'驛前앞, 草家집, 電球알' 등 現代語에서 異音同義語의 合成語를 볼 수 있는데 이러한 語彙들은 그 品詞의 語意가 분명히 드러나지 않아 後行語를 接尾辭로 다루는 경향이 있다. 예를 들면 '눈갈'은 '갈'을 接尾辭로 보고, '눈(眼)'의 비어로 보고 있다. 그러나 '눈갈'은 '눈'의 異音同義語의 合成語이다.

본론에서는 消失語를 再構함으로써 異音同義語로 형성된 合成語의 여러 실상을 밝혀내는 것이 그 주제이다.

6-2. 異音同義語와 合成語

6-2-1. 숟갈

'가지다'의 語根은 '갖'이고 祖語形은 '갇'이다. '갇'은 名詞가 되겠는데 그 의미는 무엇일까?

> gar(手)[蒙]
> gala(手)[滿]

蒙古語와 滿洲語에서 손이란 뜻을 지니는 名詞의 語根은 gar이고 gat으로 再構된다. '가지다(持)'의 語根 '갇'은 古代에는 손이란 뜻으로 사용되었지만 지금은 소실되고 '가지다'라고 하는 動詞의 화석으로 남아 있다. 국어 '손가락'에서 '가락'의 語根은 '갈'이고 본디는 손이란 뜻을 지녔었다고 본다. '골무'의 '골'도 역시 손이란 뜻이다. '눈즈ᄉ(瞳)'의 'ᄌᄉ'가 본디는 核이란 뜻이었는데 瞳子라는 한자어가 쓰임에 따라 'ᄌᄉ'는 核이란 뜻에서 의미가 축소되어 눈자위와 같은 눈의 흰 부분을 가리키게 되었다. '숟갈'은 '숟'과 '갈'의 合成語다.

sazi(匙)[日]

日本語 sazi의 語根은 saz이고 sat이 祖語形으로서 국어 '숟갈'의 '숟'과 비교된다. '숟갈'의 '숟'만으로도 숟갈이란 뜻을 지녔음을 日本語 sazi와 비교해서 알 수 있다. '숟'의 語源은 무엇일까? 숟갈이 사용되기 시작한 것은 사람들이 불을 이용해서 끓여 먹기 시작한 후부터라고 하겠다. 바꿔 말하면 鐵器를 사용한 후 숟갈이 생겨났다. '쇠(鐵)'는 '소이' 가 준 말이고 '이'는 接尾辭며 '소'에는 末音 ㄹ이 있었다. 즉 솔이>소이>쇠의 변화이며 '솔'의 祖語形은 '솓'이다. 밥을 해먹는 '솥'과 同源語인데 '솓'이 祖語形이다. '소두방'도 '솓'이 語根이다. '쇠'의 祖語形 '솓'에서 母音變異를 일으킨 것이 '숟'이다. '숟갈'의 '숟'은 쇠(鐵)의 原義를 지니고 있다. '숟갈'의 '갈'은 손이란 뜻을 지니는 말로서 '숟갈'의 原義는 鐵手, 즉 '쇠손'이라는 말임은 앞에서도 설명하였다. 미장이들이 쓰는 '흙손'이 있는데 '土手'다.

6-2-2. 눈갈

'눈갈'의 '갈'은 눈(目)이란 뜻이다.

göz(眼)[터키]

gör-mek(見)[터키]

koz(眼)[위구르]

kor(盲人)[위구르]

kör(盲人)[터키]

터키語, 위구르語에서 보면 어근 göz, kör이 눈이란 뜻을 지니고 있다. 日本語 mekura(盲人)의 kura가 어둠(暗)이란 뜻이 아니라 눈(眼)이란 뜻이다. 따라서 mekura(盲人)도 同音異議語의 合成語다. 따라서 '눈갈'의 '갈'이 눈(眼)이란 뜻을 지니고 있는 名詞다. 그러나 日本語 mekura(盲人)의 kura가 사람(人)이란 뜻을 지니고 있을 수도 있다.

6-2-3. 빛갈

hikari(光)[日]

日本語 hikari는 국어 '빛갈'에서 비롯한 말이다. '빛갈'은 '빛(光)'과 '갈(光)'이라는 異音同義語의 合成語다.

gere(光)[蒙]

gün, güneş(太陽)[터키]

蒙古語에 gere(光)가 있는데 국어 '빛갈'의 '갈'과 대응된다. '빛갈'은 빛(光)이란 뜻을 지니는 異音同義語의 合成語다.

6-2-4. 혹부리

'혹부리'는 혹이 달린 사람을 뜻하는데 '부리'가 사람(人)이란 뜻이다. '악바리(惡人)', '군바리(軍人)' 등의 '바리'가 사람(人)이란 뜻을 지니는데 語根은 '발'이다. 慶北 永川 方言에서 사춘기의 남녀를 '꽃비리'라고 하는데 '비리'가 사람(人)이란 뜻으로 花人이라는 뜻이다. 濟州 方言에서 '비바리(處女), 냉바리(과부)' 등의 '바리'가 사람(人)이란 뜻이다. 扶余는 '불'이 語根으로서 불─어>부어>부여의 변화로 '불'은 사람(人)이란 뜻이다. 고대에는 사람이란 뜻을 지닌 名詞가 그 部族名을 대표하고 있다. '渤海'

의 '浡'도 사람이 原義이다. '떡보, 먹보, 홍보, 놀보' 등의 '보'도 사람(人)
이란 뜻을 지니며 '볼, 볻'으로 소급된다. 즉 볻>볼>보의 변화이다.

　　　hito(人)[日]

日本語 hito(人)는 pito로 再構되며 pit이 祖語形이 된다. 日本語 hito
(人)는 국어의 '붇(人)'에서 비롯한 말이다. 학생들 속어에는 '학비리'가
있는데 이것은 '學비리'로서 학생들을 뜻하는 말이다. '홍정바지'는 상
인이라는 뜻인데 '바지'가 사람(人)이란 뜻이다. 語根은 '받'이 된다. '바
지(工), 바지(匠)'의 '바지'도 原義는 사람(人)이다.

6-2-5. 곱사

　　　so, se(背)[日]
　　　sərt(背)[터키]
　　　setur(背)[아이누]
　　　sirt(背)[위구르]

'곱사'는 '곱'과 '사'의 合成語로 '사'는 등(背)이란 뜻이다. 터키語 sərt
의 語根 sər, 아이누語의 語根 set 등은 국어 '사'의 祖語가 삳>살>사의
변화임을 보이고 있고, 日本語 so, se도 국어 '삳'에서 비롯했음을 짐작
할 수가 있다. '곱사'의 '곱'은 일본어 kobu(瘤)와 대응되는데 국어의 '혹'
이란 뜻이다. '곱사'는 原意대로 한다면 瘤背라는 뜻이다. 국어로 하면
'혹등'이란 말이다. 平安道에서는 '곱덩이, 곱뎅이' 등으로 부르는데 '덩
이, 뎅이'는 '등(背)'에서 변한 말이다. 慶尙道에서 '곱사, 곱사등이, 등사
등이'라고 하는데 모두 '등'이나 '사'라는 말의 同音異議語가 겹쳐 있음
을 알 수 있다. '곱사'는 日本語에서는 semusi(傴僂)라고 한다. 국어 '복
사뼈'에서 '복사'의 '복'은 발이란 뜻이고 '사'는 역시 등이란 뜻이다. 복
사뼈는 발등에 있는 뼈다. '복사'의 '복'은 발(足) → 볼>볽>복의 변화고
복사뼈의 原義는 足背骨이다. 국어 '등'은 '드'에 ㅇ이 첨가된 것이고 祖

語形은 '듣'이다. '뒤(後)'는 '두이'가 준 것이고 '이'는 接尾辭며, '듣'이 祖語形이 된다. '듣(後), 듣(背)'은 同源語다.

　　siri(尻)[日]

日本語 siri(尻)는 日本語 so, se(背)와 同源語가 아닐는지. so는 sor의 末音 r의 탈락이다. 따라서 siri(尻)의 語根 sir과 同源語임을 짐작하게 한다. 日本語 semusi(偏僂)의 musi는 무슨 뜻을 지니는 말일까? 국어 '몸(身)'의 祖語는 mot이다. musi의 語根은 mus이고 祖語形은 mut이다. 국어 '몸(身)'의 祖語形 '몯'과 日本語 musi의 祖語形 mut이 同源語라면 背身이라는 뜻을 지니는 말이 된다. 한편 '귓대기'를 '귓사대기'라고도 한다. '뺨을 때린다'를 '귓사대기를 갈긴다'라고도 한다. 여기에 나오는 '사'는 귀(耳)라는 뜻이다.

6-2-6. 닛발(齒)

　　imak, nimak(齒)[아이누]
　　ngaxs'ir(齒)[길랴크]

'닛발'은 '니(齒)'와 '발(齒)' 同音異議語의 合成語다. 原始人들에게 있어 자르는 도구는 '이(齒)'였다고 생각되며 鐵이 생긴 후로는 '날(刃)'이 이(齒)의 사용을 대신했다고 보겠다. '니(齒)'와 '날(刃)'은 同源語라 여겨진다.

　　katana(刀)[日]

kata(刀)와 na(刃)의 合成語다. 국어 '칼'은 '갈, 간'으로 소급되며 kata가 국어의 '간(刀)'에 해당되고 na는 국어 '날'의 末音 탈락이다.

　　ha(齒)[日]
　　ha(刃)[日]

日本語의 ha(齒)와 ha(刃)는 국어의 '니(齒)'와 '날(刃)'이 同源語인 것

과 같이 동원어다. ha는 pa로 再構된다. 국어 '닛발'의 '발'에서 비롯했다고 보면 日本語 pa는 pal, pat으로 再構된다.

6-2-7. 깃발(旗)

'깃발'은 '기(旗)'와 '발'의 合成語고 '깃'의 末音은 사잇소리다. '기'는 漢字語이고 旗라는 뜻을 지닌 固有語는 '발'이다. 국어 '베'는 '버이'가 준 말이고 祖語形은 '벋'이다. 벋>벌>벌-이>버이>베의 변화이다.

> pos(布)[길랴크]
> poso(布)[滿]
> pusu(布)[오로치]
> poso(布)[골디]
> hata(旗, 幡)[日]
> hada(帛, 服, 繪, 奏)[日]

日本語 hata(旗)의 語根 hat은 pat으로 再構된다. 국어 '발(旗)'의 祖語形 '받'과 일치하고 있다. 漢語 布의 祖語形은 pot임을 퉁구스語와 비교해서 알 수 있다. 따라서 국어 '베'는 漢語 布에서 유래된 것이 아니고 祖語 pot에서 변화한 것이다. 옷을 셀 때의 한 벌, 두 벌의 '벌'이 옛말에서 옷이라는 뜻을 지니고 있음을 보이고 있다. 漢語 服, 布는 同源語라 여겨진다.

6-2-8. 말발

'말발'은 造語法에 있어서, '말씀'이 '말(語)'과 '슴(語)'이란 異音의 異音同義語의 合成語인 것과 마찬가지로 '말(語)'과 '발(語)'도 異音同議語의 合成語다. 平安道 方言에 '거짓부리'가 있는데 '부리'가 말(語)이란 뜻을 지니고 있다. '부르다, 불다'의 語根 '불'이 名詞며 소리, 말(音, 語, 聲)이란 뜻을 지니고 있는데 日本語 hanasi(話)의 祖語形 pat이 말(話)이란 뜻이다. 따라서 '말발'이라고 할 때 '말'이 말(語)이란 뜻임을 보이고 있

다. '글발'의 '발'이 곧 말(語)이란 뜻을 지니고 있음을 확증한다. '글(文)'
도 근원적으로는 말이라는 뜻이다. 글이란 말을 기호화한 것일 뿐이다.

6-2-9. 빗발

'비(雨)'와 '발(雨)'의 合成語다.

　　poron(雨)[蒙]

蒙古語 poron(雨)의 語根 por이 비(雨)라는 뜻을 지니며 on은 接尾辭다.

　　huru(降る)[日]

日本語 huru(降る)의 語根은 hur이고 pur로 再構되며 pur은 비라는
뜻이다. 국어 '뿌리다'는 15세기 표기로는 '쓰리다'이고 '물 쓰리다, 비
쓰리다'에 쓰이고 있다. 語根 '블'이 물, 비(水, 雨)란 뜻을 지니고 있음을
알 수 있다. '붓다(注), 부시다(洗)'의 語根 '붓'은 '붇'으로 소급되는데 물
(水)이란 뜻이다. 비가 현대어에서는 開音節語지만 고대에는 閉音節語
였음을 보이고 있다. '빗발'의 '발'이 비(雨) 또는 물(水)이란 뜻을 지니고
있음을 알 수 있다. '눈발'의 '발'도 궤를 같이하는 말이다. '서리발'의
'발'도 同源語다.

6-2-10. 빛발

'빛발'의 '발'도 빛(光)이란 뜻이다. '볕, 별, 빛' 등의 語彙는 모두 光體
다. '볕'은 '벋'으로 再構되며 아울러 '별(星)'도 '벌, 벋'이 祖語形이다.
'불(火)'은 지상에서의 광체이고 '해, 달, 별'은 천상에서의 광체다. '번개'
의 '번'은 '벋'으로 再構되며 역시 빛(光)이란 뜻을 지니며, '반짝반짝, 번
쩍번쩍'의 '반, 번'도 '받, 벋'으로 再構되며 모두 광체를 뜻하고 '햇발'의
'발'도 同源語다.

6-2-11. 배꼽

'배꼽'은 15세기 문헌에는 '빗복'으로 나오고 18세기 문헌에는 '빗곱'으로 나온다. '빗복'은 '비'와 '복'의 合成語고 '빗곱'은 '비'와 '곱'의 合成語다.

> heso(臍)[日]

語根은 hes이 되고 het으로 소급된다. 日本語 hara(腹)의 語根은 har이고 祖語形은 pat으로서 heso(臍)의 祖語形과 同源語다. 국어 '비(腹)'는 祖語形이 '받'이다. 日本語 祖語形 pat과 同源語며 日本語 heso도 국어 '받(腹)'과 同源語다.

> həфəri(腹)[滿]
> urəŋgu(臍)[滿]
> halbiŋ, hotogoto(腹)[蒙]
> hüiüs (臍)[蒙]
> karən(腹)[터키]
> göbek(臍)[터키]

蒙古語에서 배(腹)라는 뜻으로 halbiŋ과 hotogoto가 있다. hotogoto는 hoto와 goto의 合成語다. hoto는 poto로 再構되며 語根 pot은 국어 '배'의 祖語形 '받'과 同源語라고 하겠고 halbiŋ의 語根 hal은 pal, pat으로 再構된다. goto도 배라는 뜻으로서 터키語 karən(腹), 위구르語 karin의 語根kar, 그의 祖語形 kat과 비교된다. 蒙古語에서 gedesu가 배(腹)란 뜻이다. 따라서 hotogoto는 異音同義語의 合成語다. 蒙古語 hüisü(臍)는 hotogoto(腹)와 비교할 때 語根이 hü고 hüt으로 再構된다. 터키語 karən(腹)의 語根은 kar이고 祖語形은 kat이다. göbek(臍)은 매우 시사적인 면을 알 수 있다. 국어 '빗복'의 '복'도 異音同義語라고 보인다. '비'는 두말할 것도 없이 '배(腹)'다. '복'은 '배'의 祖語形 볻 → 볼>볽>복일 가능성을 생각할 수 있다. 漢語 腹은 국어의 祖語形 '받'과 同源語다. '빗곱'의 '곱'도 터키語 göbek과 비교됨직하며 터키語 karən(腹)과 비교될 가능성을

생각할 수 있다. 국어에서 '비ㅅ구레'[漢淸文鑑5:53]의 '구레'가 배(腹)라는 뜻이다. 이렇게 보면 곧>골>골-옵>고옵>곱의 변화를 생각할 수 있다. '복사뼈(距骨)'의 '복'은 발(足)에서 변화한 것이다. 국어 '곱(脂)'이 문헌에는 '골(脂)'로도 보인다. '골(脂)'은 '기름(油)'과 同源語다.

6-2-12. 풀ㅅ독(肘)

풀ㅅ독은 '팔(腕)'과 '독'의 合成語다. 현재는 팔뚝이다. '뚝'은 팔의 異音同義語다.

> diresk(肘)[터키]
> tohoi(臂)[蒙]
> tapsi(臂)[滿]
> mayan(肘)[滿]
> te'k(腕)[아이누]
> te'k(手)[아이누]
> tomax(肘)[길랴크]
> ta, te(手)[日]
> toru(取る)[日]

국어 '뜯다(摘), 따다(摘)'의 語根은 '뜯'인데 '듣'이 原形이다. '듣'이 국어에서 손이란 뜻을 지닌 말이다. '풀ㅅ독'에서 '독'의 原意는 손, 팔(手, 腕)이다. 돋>돌>돍>독의 변화이다. 팔뚝을 口語에서는 '팔때기'라고도 한다.

6-2-13. 녑구레(脇)

> 녑爲脇[解例合字]
> 녑익胺[類合上21]
> 右脇은 올흔 녀비라[月2:17]

‘녑구레’는 ‘녑’과 ‘구레’의 合成語로서 ‘녑’만으로도 옆구리라는 뜻이다. 그렇다고 하면 ‘녑구레’의 ‘구레’는 무엇일까?

　　녑구레(脇)[字會上25]

문헌으로는 『訓蒙字會』에 처음 나타난다.

　　구레강(腔)[字會上28]
　　구레광(眶)[字會上28]

‘구레’는 ‘허구리’ 또는 ‘허구레’라고 한다. ‘허구리’는 허리의 양쪽 갈비 아래의 빈 부분을 가리키는 말이다. ‘허구리, 허구레’는 ‘허리구리, 허리구레’의 준말이다. 결국 ‘구레’는 갈비 부분은 아니다.

　　빗구레(肚囊)[漢淸1486]
　　빗구레 느러지다(肚子下來了)[漢淸4396]

‘비’와 ‘구레’의 合成語다. ‘비’는 두말할 것도 없이 배(腹)란 뜻이고 ‘구레’도 同義語라는 것을 짐작하게 된다. 즉 ‘구레’도 배(腹)라는 의미를 지닌다. 慶尙道 方言에 배가 나왔다는 뜻으로 뱃구레가 나왔다는 말이 있다.

　　karən(腹)[터키]
　　karin(腹)[위구르]
　　kosak(腹)[위구르]

語根 kar, kos을 얻을 수 있다. ‘빗구레, 녑구레’의 ‘구레’가 原義는 배(腹)라는 의미를 지닌 말이다.

6-2-14. 입시울(唇)

　　kutsibiru(唇)[日]

日本語 kutsibiru는 kutsi(口)와 biru의 合成語다. biru는 국어 ‘부리(口, 嘴)’와 同源語다. 그렇게 보면 국어의 ‘입시울’도 ‘입’은 물론이고 ‘시

울'도 입(口)이란 뜻이다. '시울'의 '울'은 接尾辭로서 '시'가 고대에는 開音節語가 아니라 閉音節語였음을 보이고 있다. 싣>실>실—울>시울의 과정을 거쳤다. 그렇게 본다면 '싣(실)'이 고대 국어에서 입(口)이란 뜻을 지녔다고 볼 수 있다. 국어의 '소리, 사뢰다, (가라)사대' 등의 語根 '솔, 살, 삳' 등과 관련된다.

> siru(知る)[日]
> söz(語)[터키]
> ses(音, 聲)[터키]
> şarık(歌)[터키]
> surho(배우다)[蒙]
> sargaho(가르치다)[蒙]
> sarasu(智識)[滿]

語根 sar은 소리, 말, 노래(音, 語, 歌)라는 뜻을 지니며 蒙古語에서는 敎習, 滿洲語에서는 지식이라는 뜻이다. 모두가 언어적 행위다.

> sasayaku(소곤거리다)[日]
> sasohi(꾀다)[日]
> syaberu(지껄이다)[日]

語根 sas은 sat으로 소급된다. 語根 sas은 소리, 말(音, 聲, 語) 등 言語의 행위를 뜻한다. 꾀는 행위도 언어로써 이루어진다는 것은 두말할 것도 없다.

6-2-15. 눈시울

'눈'과 '시울'의 合成語다. '시울'의 '울'은 接尾辭고 '시'가 閉音節語였음을 보이고 있다. '눈썰미가 좋다'라고 할 때 '썰미'의 '썰'은 '설'로 소급된다. '설미'의 '설'이 눈(眼)이란 뜻을 지니는 말이다. 국어 '살피다'는 시각적 행위가 되는데 語根 '살'이 눈이란 뜻이다. 아이누語에서 sik은 눈이란 뜻이다. '눈시울'은 눈이란 뜻을 지니는 異音同義語의 合成語다. '시울'이 '활시위, 활시위 줄'이라 하여 줄이란 뜻으로 쓰이는데 이 말은 '실(絲)'에 接尾辭 '울'이 붙어 실—울>시울이 되고 '시위'는 시울>시울—이>시우리>시우이>시위의 변화이다.

　　göz(眼)[터키]

　　görümek(見)[터키]

터키語 görümek(見)의 gör은 눈이란 뜻을 지니는 göz의 祖語形 göt에서 변했다. 국어 '보다'의 '보'도 '볼(眼)'에서 ㄹ이 탈락한 것이다.

　　sabie, sa(見)[女眞]

語根 sa는 눈(眼)이란 뜻이고 祖語形은 sat일 것이다. 국어 '살피다'의 '살(살)'과 同源語다.

6-2-16. 몰골

　　maske(面)[터키]

　　miriyan(貌樣)[蒙]

　　mayak(貌樣)[蒙]

아주 볼품없는 모양새를 '몰골'이라 한다. '몰골'은 '몰'과 '골'의 合成語다. '모습'의 語根은 '못'이고 接尾辭는 '읍'이다. '못'의 祖語形은 '몯'이다. '몰골'에서 '몰'의 祖語形과 일치한다. '몰'은 모습이라는 뜻이다. '몰골(形樣)'은 『同文類解』(上17)에 보인다. '골'은 15세기 문헌에서 꼴(像, 面)이란 뜻이다. 따라서 '몰골'은 異音同義語의 合成語에 속한다.

6-2-17. 볕뉘

'볕뉘'의 '뉘'도 '볕(陽)'과 同義語다.

　　naran(陽)[蒙]

蒙古語에서 태양이란 뜻인 naran의 語根은 nar이고, 국어에서는 '날마다, 나날이, 오늘날, 날씨' 등의 '날'이 해(日)라는 뜻을 지니고 있다. 국어 '여름(夏)'은 너름>녀름>여름의 변화로서 語根은 '널'이고 祖語形은 '널'이다. 日本語 natsu(夏)의 語根 nat은 국어 '널'에서 비롯되었다.

yaz(夏)[터키]

국어 '여름'의 祖語 '널'이 태양이란 뜻인 것처럼 터키語 yaz도 태양과 관련될 것이라고 짐작을 할 수 있다. 터키語에서도 頭音 y는 頭音 n에서 비롯되었다고 본다. 국어에서의 널>널>널―음>녀름>여름의 변화와 같은 궤다. yaz(夏)는 nyaz, naz로 소급되며 nat이 祖語形이다. 터키語에서 末音 z는 t>d>z의 변화이다. 위구르語에서 nur(光), yoruk(光)이 보인다. 국어에서 平安道 方言에서는 '너름(夏)'이고 서울에서는 '여름(夏)'인 경우처럼 頭音 y가 n에서 비롯된 것임을 위구르語에서도 볼 수 있다. '볕뉘'의 '뉘'는 '누이'가 준 말이고 눋>눌>눌―이>누리>누이>뉘의 변화이다. 위구르語의 nur(光)은 국어 '뉘'와 同系임을 보인다. '눋'은 해(太陽, 日)라는 뜻을 지니는 名詞라 하겠고 날(日)과 同源語다. '볕(陽)'도 '벋'으로 소급되며 태양이 原義다. '볕을 쬔다'라고 할 때 '볕'도 태양이란 뜻이다. '별볕, 달볕'이라고는 하지 않는다. '햇볕'은 태양이란 뜻을 지니는 異音同義語의 合成語다.

hi(陽, 日)[日]
hiru(晝)[日]

hi(陽)와 hiru(晝)는 同源語로서 hiru의 語根은 hir이고 pir, pit으로 再構된다. 국어의 '벋(太陽)'에서 비롯된 것이 日本語 hi(陽), hiru(晝)다.

hare(晴)[日]

日本語 hare(晴)의 語根도 har이고 hat>pat으로 祖語가 再構된다. hare(晴)는 구름에 가렸던 태양이 보이는 과정이다. 日本語에서 古代에 pat>har이 태양이란 뜻을 지니고 있었으나 소실되었고 국어에서도 '벋

(太陽)'은 소실되고 '볕(陽)'이 化石으로 남아 있다.

6-2-18. 눈보라

눈보라는 '눈'과 '보라'의 合成語다. '눈(雪)'의 祖語는 '눋'으로서 말음
ㄷ이 ㄹ로 바뀌면 '누리(雹)'가 되고 末音 ㄷ>ㄴ化하면 '눈(雪)'이 된다.
'누리(雹)'의 語根은 '눌'로서 祖語形은 '눋'이 되는데 '누리'와 '눈'은 末音
ㄷ>ㄹ, ㄷ>ㄴ化함에 의해 語彙가 분화했다. '보라'도 본디는 눈(雪)이란
의미다.

> purgal(大風雪)[에벤키]
> purku(粉雪)[라무트]
> pora(雪片)[나나이]
> puran(大風雪)[滿]
> purgana(雪降)[蒙]
> purga(雪降)[부리야트]

語根 pur이 눈(雪)이란 의미다. 현재 蒙古語에서 '눈'은 časun, času인
데, purgana는 '눈이 내리다'라는 뜻이다. 語根 pur이 국어 '보라'와 同
源語다. 즉 pur이 蒙古語에서 눈(雪)이란 의미를 지니고 있었으나 času
가 세력을 얻음에 따라 名詞로서의 위치는 상실하고 降雪의 의미일 때
만 pur이 보인다. 눈이나 얼음은 語源이 물을 뜻하는 名詞다.

6-2-19. 돗귀(斧)

'돗귀'는 '돗'과 '귀'의 合成語다. '돗'은 '돋'으로 再構되는데 돌(石)이
原義다. 石器時代에 절단기구의 소재는 돌이다. 이 돌로 石刀, 石斧를
만들었다. 그 '돌'의 祖語形은 '돋'이다.

> tsurugi(劍)[日]

日本語 tsurugi의 tsuru는 '돌'이라고 하는 말이 日本語에서 口蓋音化

한 말이다. '돗귀'의 '귀'도 절단기구의 하나다. '칼'의 古語는 '갈'이고 祖語는 '갇'이다.

katana(刀)[日]

日本語 kata는 국어의 '갇(刀)'이고 na는 국어의 '날(刀)'이다. 국어의 '끌'은 '갈(刀)'에서 분화한 말이다. '갈'의 祖語 '갇'은 '구리(銅)'의 祖語 '굳'과 同源語다.

갓괴(鐯鏵)[國]

'갓괴'의 '갓'은 칼(刀)이란 뜻이고 祖語形은 '갇'이며 '괴'는 '돗귀'의 '귀'와 同源語다. '귀'는 '구이'가 준 말이고 굴—이>구리>구이>귀의 변화이다. '끌'과 '굴'은 同源語로서 쇠로 만든 기구이다. '돗귀'에서 '귀'의 祖語形은 '굳'으로 굳>굴>굴—이>구이>귀로 변화하였고 근원적으로는 '갈(刀)'과 同源語에서 분화한 말이다. 따라서 '돗귀'는 合成語로서 '귀'는 그냥 接尾辭가 아니라 하나의 名詞다.

6-2-20. 힛귀(暉, 旭)

'힛귀'의 '귀'도 名詞로서 빛(光)이란 뜻이다. '빛갈'의 '갈'이 빛(光)이란 뜻을 지니고 있는데 '귀'의 祖語形은 '굳'으로 굳>굴>굴이>구이>귀로 변화하였고 빛(光)이란 의미를 지닌 名詞다. '갈'은 근원적으로는 태양이란 뜻이다.

6-2-21. 뫼아리

『杜詩諺解』初刊本(15:9)에는 '뫼ᅀᅡ리(響)'가 나온다. 그러나 重刊本(15:9)에는 '뫼아리'로 나온다. '뫼ᅀᅡ리'는 '뫼사리'와 '뫼아리'의 雙形語가 당시 있었음을 보여 준다. ᅀ이 ㅅ維持形과 脫落形 사이에서 意圖的으로 사용되었다는 것은 이미 다 아는 사실이다.[1] '뫼'는 두말할 것도 없이 山이고 '사리'는 '소리(音)'라는 뜻이다. 뫼소리 → 뫼사리>뫼아리의 변화를 이루었다고 본다. 따라서 '뫼아리'의 '아리'는 흡이란 뜻을 지닌 實辭였음을 보이고 있다.

6-2-22. 병아리

비육(鷄雛)[解例用字]

hiyoko(雛)[日]

日本語의 hiyoko는 piyoko로 再構되며 국어의 '비육'에서 비롯한 말임을 보이고 있다. 국어의 '비육'은 '비'와 '육'으로 가를 수 있고 '육'은 接尾辭로서 '욱'이 모음충돌회피현상으로 '육'이 되었다. 接尾辭 '욱'이 붙는 名詞라면 語幹末音이 子音임을 알 수 있다. 日本에서 hina(雛)라고도 하는데 hina의 語根은 hin이고 pin으로 再構되며 pit이 祖語形이다. 국어 빈>빌>빌—욱>비룩>비우>비육의 변화이다. 한편 현대어 '병아리'는 '벼아리'에 ㅇ이 개입되었다고 보면 語根이 '벼'가 될 것이다. '벼'는 '버'로 소급되며 '비육'의 祖語形과 同源語라고 본다면 번>벌>별>벼의 변화이고 여기에 '아리'가 합쳐졌다. '강아지, 송아지'에서 '아지'의 語根은 '앚'이고 '앋'이 祖語形이다. '아리'의 語根 '알'은 '앋'이 祖語形으로서 '아지'의 祖語 '앋'과 일치한다.

alkan(芽)[滿]

滿洲語 alkan(芽)의 語根 al은 '병아리'의 '아리'와도 비교된다.

6-2-23. 종아리

pəthə(腿, 발)[滿]

polbo(종아리)[滿]

holhon kiraŋgi(小腿骨)[滿]

hin kiraŋgi(腿椓, 정강뼈)[滿]

---

1) 筆者, 『音韻의 國語史的 研究』, 集文堂, 1982.

위의 예는 『漢淸文鑑』에 나온 것인데 국어의 '정강뼈'에서 '정강'이 腿라는 뜻을 지니고 있음을 보이고 있다. 국어에서 '종아리'는 小腿를 뜻하고 있다. '정강'의 '정', '종아리'의 '종' 등은 腿라는 뜻을 지니고 있는 名詞다. 滿洲語 hin kiraŋgi(腿樑)는 정강뼈를 뜻하는데 滿洲語로 kiraŋgi는 뼈(骨)라는 말이고 hin은 腿라는 뜻이다. 이렇게 보면 '종아리'는 '종'에, 腿라는 뜻이 있는 '아리'가 붙었다는 말이다. '아리'의 語根은 '알'이고 祖語形은 '앋'이다.

　　　asi(足)[日]

asi의 語根은 as이고 祖語形은 at이다. 日本語 aruku(步)의 語根은 ar 인데 祖語形은 at이다. asi(足)의 祖語形과 일치한다.

　　　ayak(足)[터키]

터키語 ayak은 arak에서 r音이 탈락한 aak이 모음충돌회피현상으로 ayak이 되었다. 語根은 ar이며 祖語形은 at이다. 따라서 국어의 '종아리'는 異音同義語의 合成語다.

　　　後行 小아리 八足 大아리 二足[靑. 9. 10]

아리가 발(足)이란 뜻이다.

6-2-24. 주둥아리

ㅈ은 ㄷ에서 변한 子音이라고 볼 때 '주둥이'는 '두둥이'가 되고 語根은 '둗'이 된다. '지르다, 짖다'의 語根은 '질, 짖'인데 祖語形은 짇<딛이다. 국어의 '뜻'은 근원적으로는 '듣'인데 입(口)이란 뜻에서 말, 뜻(語, 意)이란 뜻으로 분화했다. '들에다(떠들다)'의 語根 '들'의 祖語形은 '듣'이다. '듣'이 뜻, 말, 소리(意, 語, 音, 聲)라는 뜻을 지니고 있음을 알 수 있다.

　　　til(語)[터키]
　　　til(舌)[터키]

tago(歌, 音)[蒙]

터키語에서는 til(舌)이 그대로 말(語)이란 뜻이다. 말(語)은 發聲器官인 입(口)에서 나오는 것이기 때문에 말(語)의 근원적 語源은 입(口)이란 뜻을 지닌 말이다. 국어에서 '주둥이'를 보면 '둔'이 말(口)이란 뜻을 지닌 名詞였음을 짐작할 수 있다. '주둥아리'의 '아리'도 입(口)이란 뜻을 지닌 말이다. '알다(知)'의 '알'은 '앋'이 祖語形이다. '앋'은 말(語)이란 뜻이다. 위구르語에서 til은 혀, 말, 마음(舌, 語, 心)이란 뜻이다. '울다, 웃다'에서 '울, 웃'의 祖語形은 '욷'이고 소리(音)라는 뜻이다. '울에(雷)'의 '울'이 소리(音)라는 뜻이고, 울고 웃을 때 소리가 난다. 日本語 oto(音), uta(歌)의 語根 ot, ut 등은 소리(音)라는 뜻을 지니고 있음을 보이고 있다. 소리, 말, 노래(音, 聲, 語, 歌)의 근원적 語源은 發聲器官인 입(口)과 혀(舌)에 있다. '아가리'의 語根은 '악(口)'인데 알>앍>악의 변화이다. '악(口)'의 祖語形은 '앋'이다. '주둥아리'의 '아리'는 입(口)이란 뜻이어서 주둥아리는 異音同義語의 合成語다. '아가리(口)'의 '악'과 '아리'도 입(口)이란 뜻을 지닌 合成語로 볼 개연성이 있다. '항아리'의 '아리' 또한 입(口)이다.

6-2-25. 가마괴

karasu(鳥)[日]

日本語 karasu는 kara와 su의 合成語다. kara는 검다(黑)란 뜻이고, kuro도 검다(黑)란 뜻이다.

kara(黑)[터키]
xara(黑)[蒙]
kara(黑)[위구르]
kuro(黑)[日]

국어 '검다(黑)'의 語根은 '검'인데 名詞다. '검'의 祖語는 '걷'이고 걷>걸-엄>거럼>거엄>검의 변화이다. 日本語 karasu의 kara는 검다(黑)이

고, su는 새로서 黑鳥라는 말이다. '가마괴'의 '가마'는 검다(黑)라는 뜻
이고 '괴'는 새라는 뜻이다.

kaha(烏)[滿]

kata(烏)[滿]

日本語에 yamagara(山雀 곤줄박이), higara(日雀 진박새), kogara(小雀
쇠박새) 등에서 gara가 새(雀)란 뜻이다. 15세기 표기에 '곳고리(鶯)'가
있는데 '곳고리'의 '고리'가 새라는 뜻이다. '곳'은 黃이라는 뜻이다.

ki(黃)[日]

仇知(金)[百濟]

구리(銅)[國]

kagoli(銅)[蒙]

kurun(國)[滿]

kol(邑, 州)[國]

日本語 ki(黃)는 국어 '仇知(金), 구리(銅)'의 祖語形 '굳'에서 비롯한 말
이다. '누렇다(黃)'의 語根은 '눌'인데 名詞다. '눌'은 땅(地)이란 뜻이다.
『千字文』에서 '天地玄黃'을 보면 地는 黃으로 인식하고 있다.

sar(黃)[터키]

sira(黃)[蒙]

siroi(土)[蒙]

터키語 黃의 語根 sar과 蒙古語 黃의 語根 sir은 蒙古語 흙(土)의 語根
sir과 공통된다. 터키語, 蒙古語에서도 黃色의 語源은 흙(土)인 것을 알
수 있다. 특히 『三國史記』 高句麗 地名에 '息(土)'이 나타난다.

suna(砂)[日]

語根은 sun(sut)으로 흙(土)과 同系의 말임을 짐작하게 된다. 떡 해 먹
을 때 쓰는 '시루'는 흙으로 만든 토기다. 국어 '시루'의 語根 '실'은 흙이
란 뜻이다.

仇知(金)[百濟]

구리(銅)[國]

金이라는 뜻을 지니는 '굳'과 銅이라는 뜻을 지니는 語根 '굴(굳)'이 同系의 語根임을 보인다.

kurun(國)[滿]

kuni(國)[日]

kol(邑, 州)[國]

滿洲語 kurun(國)의 語根은 kur이고 日本語 kuni(國)의 語根은 kun인데 kut이 祖語形이다. 土, 金, 銅의 色이 黃이다. 日本語 ki(黃)는 국어 '굳'에서 비롯한 말이다. '곳고리'의 '곳'도 실은 '곧'으로서 黃이라는 뜻을 지니고 '고리'는 새라는 뜻을 지니는 말로서 '곳(黃)'과 '고리(鳥)'의 合成語다. 日本語 kogane(黃金)의 ko가 黃이란 뜻을 지니는 말이다. '가마괴'의 '괴'는 곧>골>골—이>고이>괴로서 祖語 '곧'은 새라는 뜻을 지니는 말이다. 그러니까 '가마괴'는 黑鳥라는 말인데 이러한 語形成은 日本語 kara(黑)+su(鳥)의 語形成과 같다. '가마괴'의 '괴'는 接尾辭가 아니라 實辭인 새라는 뜻을 지니는 말이다.

quš(鳥)[우즈베크]

kux(鳥)[위구르]

kus(鳥)[터키]

kus은 kut으로 再構된다.

6-2-26. 왕골

'꼴(蒭, 生草)'은 풀이란 뜻을 지니고 있다.

kusa(草)[日]

giya(草)[위구르]

日本語 kusa(草)의 語根은 kus이고 祖語形은 kut이다. '꼴'의 原形은 '골'이고 '곧'으로 再構된다. '왕골'의 '왕'은 漢字語다. '왕골'의 '골'은 풀(草)이다. '왕'은 莞의 音 '완'이 '골' 위에서 '왕'으로 변했다. '감기(感氣)'는 '강기'로 변한다. 국어의 '곧'이 日本語에서는 kusa(草)이고 국어에서는 '골' 또는 '꼴'로 그 化石을 생생하게 남기고 있다. '풀(草)'이라고 하는 말이 세력을 얻자 '골(草)'은 生草라는 뜻인 '꼴, 왕골' 등에 그 化石만 남기고 있다. '왕골'은 漢字語 '莞'과 국어 '골(草)'의 合成語다.

6-2-27. 열미(實, 果實)

'열미'는 '열'과 '미'의 合成語로서 異音同義語다. 『龍飛御天歌』의 '곶 됴코 여름 하ᄂᆞ니'에서 '여름'이 열매(實)란 뜻을 지니며 語根은 '열'이고 '음'은 接尾辭다. '열'이 곧 열매(實)라는 뜻을 지니는 名詞다. '열'은 넏>널>녈>열의 변화이다. 국어 母音 ㅑ, ㅕ, ㅛ, ㅠ는 頭音 ㄴ을 유지하던 語彙였는데 單母音이 二重母音化하면서 頭音 n은 떨어진다.

    yemeş(果物)[터키]
    nari(生り)[日]
    narimono(生物 果物)[日]
    idegen(實)[蒙]

日本語 nari(生り)의 語根 nar은 名詞로서 열매(實)란 뜻을 지닌 名詞에서 전성했다. 蒙古語 idegen(實)은 nidegen의 頭音 n이 母音 i 위에서 탈락하여 형성된 어휘다. '열(實)'의 祖語가 '넏'임을 보이고 있다. '열미'의 '미'도 두말할 것도 없이 열매(實)라는 뜻을 지니는 名詞다. '미'는 'ᄆᆞ이'가 줄어든 것으로 祖語形은 '몯'이다. 몯>몰>몰—이>ᄆᆞ리>ᄆᆞ이>미의 변화이다.

    miyaza(種子)[蒙]
    meyve(果物)[터키]

mi(實, 果物)[日]

minori(實り)[日]

日本語 minori의 語根은 min이고 mit으로 再構된다. 日本語 mi(實)는 mit>mir>mi의 변화이다. 국어 '미(實)'와 日本語 mi(實)는 同源語다. 국어 '여름(實)'도 너름>녀름>여름의 변화로 語根은 '널'이다.

나달(穀物)[國]

나락(稻)[國]

뉘(稻)[國]

니(稻)[國]

語根 '낟, 눋' 등이 穀物이란 뜻을 지니며 아울러 열매(實)라는 뜻도 지닌다.

6-2-28. 말뚝(橛子)

'말뚝'은 '말독(橛者)'[譯下20]이 보이는데 '말'과 '독'의 合成語다.

이본 나모와(與彼枯木)[龍歌89章]

橛은 말히라[楞8:85]

국어 '말'은 '매(鞭)'와 同源語다. '매'는 '마이'가 준 말로서 祖語形은 '맏'이다. 日本語 mutsi(鞭)가 증명한다. mutsi의 祖語形은 mut이다. 蒙古語에서 板을 habtasu, habtagai modon이라고 하는데 habtagaimodon의 경우 modon이 나무(木)이다. modon의 語根은 mod이다. 滿洲語에 moo(木)가 있고 漢字 木도 同源語다. 국어 '막대기'의 '막'도 '말'이 語源이다. 맏>말>맑>막의 변화이다. 鐵物이 나오기 전에는 나무못을 썼다고 보면 '몯(釘)'의 語源도 '몯(木)'이지 않나 한다. '갈막대(刀杖)'[法華7:53]에서 '막대'의 '대'는 '다이'가 준 말로서 '다'의 祖語形은 '닫'이다. '닫'이 나무(木)라는 뜻을 지니고 있었던 말임을 보이고 있다. 따라서 '말뚝'의 '뚝'은 語源이 나무(木)라는 뜻을 지니고 있었던 말이다. '막대기'는 '막대'에 '기'

가 붙었다. 대(竹)의 祖語는 '닫'으로서 닫>달>달―이>다이>대의 변화이
다. 日本語 take(竹)는 국어 tat이 tal>talk>take로 변한 것이다.

6-2-29. 굴밤(졸참나무 열매)

졸참나무 열매를 굴밤이라고 한다. '굴밤'은 '굴'과 '밤'의 合成語라고
하겠다. '굴밤'의 '굴'도 밤이란 뜻을 지니므로 異音同義語의 合成語라
할 수 있다. '굴'은 日本語 kuri(栗)와 同源語다고 하겠으며 '가얌(榛子)'
의 祖語形 '간(갈)'과도 同源語다.

6-2-30. 말슴

'말슴'은 '말'과 '슴'의 合成語다. '슴'도 '말'과 同義語다. '슳다, 사뢰
다'의 語根 '슐'에 接尾辭 '옴'이 붙은 슐―옴>ᄉ옴>슴의 변화이다. 이는
국어 '소리(聲, 音, 語, 歌)'의 語根 '솔'과 同源語다.

saman(巫)[滿]

巫라는 뜻 saman의 語根 sam이 곧 국어 '말슴'의 '슴'과 같은 뜻이다.
saman이란 神과 人間의 중간에서 言語의 仲介者다. 국어 '무당(巫)'의
語根 '묻'은 곧 말(語)이란 뜻이다.

6-2-31. 묻그리(占)

'묻그리'는 '묻'과 '그리'의 合成語다. '묻'은 말(語)의 祖語다. '묻다
(問)'의 語根 '묻'이 곧 말의 祖語가 되며 말(語)이란 뜻이다. '무당(巫)'은
'묻(語)'에 接尾辭 '앙'이 붙어 형성되었다. 무당은 神과 사람의 중간에서
言語의 仲介者 구실을 한다. 滿洲語에서 mudan은 소리(音, 聲, 響)라는
뜻을 지니는데 語根은 mut이다. '묻그리'의 '그리'도 근원적으로는 말이
란 뜻이다. '잠꼬대'의 '꼬대'는 말(語)이란 뜻인데 '곧'이 祖語形이다. 무
당을 漢字語 巫堂으로 볼 수도 있다.

6-2-32. 말겿(말투)

‘말겿'[新語9:17]의 ‘겿'은 ‘걷'에서 변화한 말이다. ‘입겿'의 ‘겿'과 同源語로서 ‘걷'은 ‘잠꼬대'의 ‘곧(語)'과 同源語다. ‘ᄀᆞᆯ다(曰), ᄀᆞᆯ치다(敎)'의 어근 ‘ᄀᆞᆯ'이 말(語)이라는 뜻이다. 動詞나 形容詞는 대개 名詞가 그대로 動詞나 形容詞의 語幹이 된다. ‘글(文)'도 ‘ᄀᆞᆯ(語)'에서 분화한 말이다. ‘글(文)'이란 말로 이루어졌다. ‘묻그리'의 ‘그리'는 바로 ‘글(文)'과 同源語로서 본다는 말이란 뜻이다. ‘말귀, 글귀'의 ‘귀'도 ‘굴'에 ‘이'가 붙어 굴-이>구리>구이>귀의 변화로 이루어진 말이다. 漢字語 句도 ‘굴(語)'과 同源語다. ‘고래고래 소리 지른다'에서 ‘고래'의 語根 ‘골'도 말, 소리(語, 聲)라는 뜻을 지닌 말이다. 日本語 koe(聲)는 kore>koe로서 語根은 kor이고 國語 ‘고래'와 同源語다. ‘묻그리(占)'는 말(語)이라는 뜻을 지닌 異音同義語의 合成語다.

6-2-33. 짓나비(猿)

‘지'와 ‘나비'의 合成語다. ‘짓'의 末音 ㅅ은 合成語일 때 들어가는 이른바 사이시옷에 해당된다.

납爲猿[解例用字]

‘나비'는 語根 ‘납(猿)'에 接尾辭 ‘이'가 붙어 二音節語가 되면서 開音節化했다. ‘지'도 ‘납(猿)'과 同義語다. ‘지'는 ‘ᄌᆞ이'가 줄어든 것이고 ‘이'는 接尾辭다. 졷>줄>줄이>ᄌᆞ이>지의 변화이다.

saru(猿)[日]

語根은 sar이고 sat으로 祖語 再構가 가능하다. 國語의 ㅈ音이 日本語에서 ㅅ音으로 대응된다. saru를 國語로 표기한다면 ‘자루'가 될 것이다. ‘지(猿)'의 祖語形 ‘졷'과 비교된다.

serbecin(猿)[蒙]
sarmacin(猿)[蒙]

蒙古語에서 語根 sar은 국어와 좋은 대조다. 蒙古語에서는 macin만으로도 원숭이(猿)란 뜻이다. sarmacin은 sar과 macin의 異音同義語가 합성된 名詞다.

6-2-34. 고디머리(禿頭)

'고디'가 禿과 대응되는데 근원적으로는 머리(頭)라는 뜻이다. '대머리'와 '대가리'의 '대'는 외형은 같지만, '대머리'의 '대'는 禿이라는 뜻을 지니고 '대가리'의 '대'는 禿이라는 뜻을 지니지 않는다. '대'는 닫>달>달—이>다리>다이>대의 변화이다.

    thologai(頭)[蒙]

語根 thol(頭)과 국어 '대'는 同源語이며 漢字語 頭와도 연결된다. 따라서 '고디머리(禿頭)'[譯上61]의 '고디'도 머리(頭)라는 뜻이다. '고디'의 語根은 '곧'이다. 『月印釋譜(2:55)』에 '디고리(頭)'가 나온다.

    kasira(頭)[日]

日本語 kasira의 語根 kas은 kat으로 再構된다. 국어 '곧'과 日本語 kasira의 祖語 kat과 同源語다. '고디'는 '고'와 '디'의 合成語다. '고디'의 '디'는 '디고리'의 '디'와 一致하고 있다. '고디머리'도 역시 異音同義語의 合成語다.

6-2-35. 넋두리

'넋두리'의 '두리'는 말이란 뜻을 지닌 말이다.

    til(舌, 語)[터키]
    들에다(떠들다)[國]
    뜻[國]

'til, 들, 듣(뜻)' 등이 소리, 말(音, 聲, 語)이란 뜻을 지니고 있음을 알 수 있다. '넋두리'라고 할 때 '넋(魂魄)'을 쓰는데 '넋'이 아니고 '넉'이라고 하겠다. '너덜거리다'라고 하는 말은 주제넘은 말과 짓을 야단스럽게 하다라는 뜻이다. '너덜거리다, 너덜대다'의 語根은 '넏'인데 이 '넏'은 말(語)이란 뜻을 지니고 있다. '노래(歌)'의 語根 '놀'은 '녿'으로 再構되며 소리, 말(音, 聲, 語)이란 뜻을 지니고 있다. 日本語 norito(祝詞), nori(神意), noro(司察者)의 語根은 nor이고 not이 祖語形이다. 국어 '니ᄅ다(謂)'의 '닐'이 곧 말(語)이란 뜻이다. 그러므로 '넋두리'의 '넋'은 혼백이라는 뜻을 지니는 말이 아니고 근원적으로는 말(語)이란 뜻을 지닌 말이다. '넉살 좋다'라고 하는 말에서 '넉살'의 '넉'이 말(語)이란 뜻을 지니며 '살'도 말(語)이란 뜻이므로 '넉살'은 異音同義語의 合成語다. '넉두리'의 '두리'가 말(語)이란 뜻이라고 볼 때 '넉'도 말(語)이란 뜻으로 볼 수 있다. 즉 異音同義語다. 넏>널>넋>넉의 변화이다. 어쩌면 넋도 말(語)이란 뜻을 지니는 原義에서 전의되었을 가능성을 생각할 수 있다. 샤만에게는 死者의 넋이 실려서 死者가 말을 하기 때문에 넋을 하나의 言語的인 면에서 이해했을 가능성을 생각할 수 있다. '넉살'의 '살'은 국어의 '소리, 사뢰다'와 同源語다. 日本語 pongkura(바보)의 kura가 사람(人)이란 뜻이다.

6-2-36. 고드름(垂氷)

『漢淸文鑑1.14』의 '곳어름'은 '고더름'이다. '곳어름'은 '곧'과 '어름'의 合成語다. '곧'은 얼음(冰)이란 뜻이다.

> koori(冰)[日]
> gare(冰)[日, 石川縣 羽作郡 方言]
> kar(雪)[터키]

語根 koor, gar 등은 국어 '곧(冰)'과 同源語다.

6-2-37. 쇠사슬(鐵鎖)

'쇠사슬'은 '쇠'와 '사슬'의 合成語다.

사술(鐵鎖)[四解下28]

'사술'의 語根은 '삿'이고 '올'은 接尾辭다. '삿'의 祖語形은 '산'으로서 鐵의 祖語 '솓'과 同義語다. '사슬'은 근원적으로는 철제이기 때문에 쇠의 祖語 '솓'이 그 語源이 된다.

6-2-38. 멍텅구리

'구리'는 사람(人)이란 뜻이다.

> kara(族)[日]
>
> kuru(人)[아이누]

국어 '겨레'의 語根 '결'은 '걸'로 소급된다. '장난꾸러기, 심술꾸러기' 에서 '꾸러기'의 語根 '꿀(굴)'이 사람(人)이란 뜻을 지니고 있음이 분명하다. 사람(人)이란 뜻을 지니는 말이 그 종족을 대표한다고 볼 때 句麗, 高麗, 駕羅 등의 語根 '굴, 골, 갈' 등도 사람(人)이란 뜻을 지니고 있음을 짐작하게 된다. '거란(契丹)'의 語根 '걸'도 사람(人)이란 뜻을 지닌 '굴, 골, 갈'과 同源語다.

6-3. 消失語 再構

消失語와 祖語를 再構함으로써 지금까지 애매하게 다루었던 語彙들이 異音同義語의 合成語라는 것을 밝혔다. 이로써 語彙目錄은 늘어난다. 이렇게 異音同義語가 合成語를 이루는 것은 强意化 現象의 하나며 言語의 교체에 따른 새로운 세력을 얻은 語彙가 주로 先行語가 되고 消失過程에 있는 語彙가 後行語가 된다. 이러한 合成語의 形成은 신세력과 구세력의 言衆이 同時에 쉽게 理解하기 위해 필요해서 만든 것이다.

7. 國語의 祖語와 中國語의 祖語

7-1. 中國語의 位置

中國語는 孤立語로서 膠着語인 알타이諸語와 계통이 다른 것으로 여겨 왔다. 고아시아어라고 일컫는 抱合語인 아이누語와 길랴크語도 알타이諸語와 별개의 것으로 여겨 왔으나 筆者가 祖語를 再構한 바에 의하면 아이누語와 길랴크語도 알타이祖語와 공통되는 요소가 다분히 있음을 발견할 수 있었다. 蒙古人과 아이누人의 齒牙 比較研究에 의해 아이누人이 古蒙古人이라고 하는 사실이 日本學者에 의해 밝혀졌다.[1]

아메리카 대륙의 原住民인 아메리칸 인디언도 약 2만5천 년 전(1만5천 년 전으로 보는 이도 있다)을 전후해서 아시아에서 베링 해협을 거쳐서 건너간 것으로 보고 있다. 中國의 서쪽은 蒙古語·위구르語圈이고 북쪽은 퉁구스語圈인데 유독 中國만 알타이語가 남하할 수 없는 지역일까? 中國語의 특징은 單音節語다. 알타이祖語와 中國語를 비교하면 單音節語[2]라는 것이 공통된다. 알타이祖語와 中國語를 비교하여 中國語의 祖語가 알타이祖語와 同系라는 것을 밝혀보려고 한다.

7-2. 身體語

7-2-1. 頭

'대가리'는 '대'와 '가리'의 合成語다. '대가리'의 '가리'도 머리(頭)라

---

1) 植原和郎 : 東京大學 理學部 敎授, 自然人類學者.
2) 市河三喜·服部四郎 共編, 『世界言語槪說』, 東京 : 研究社, 783쪽. 現代 中國語(標準語)를 조사한 바에 의하면 語彙 中 1音節語가 50~60%, 2音節語가 35~40%, 3音節語가 5~8%, 4音節語가 1% 이하로 中國語는 상식적인 의미에서 單音節語는 아니라고 했다.

는 뜻을 지닌 말이다.

  kasira(頭)[日]

  kasira의 語根은 kas(kat)이다. 국어 '가리'의 語根 '갈(갇)'과 일치한다. '대'3)는 닫>달>달─이>다리>다이>대의 변화이다.

  tologai(頭)[蒙]
  tʃonkr(頭)[길랴크]

  tologai의 語根은 tol인데 이의 祖語形 tot은 국어 '대'의 祖語形 tat과 비교된다. 中國語 頭와도 연결된다.

  t'ou(頭)[北京]
  t'au(頭)[廣州]
  látóur(老頭)[中國]

  頭가 頭音일 때에는 tóu이지만 頭音이 아닐 때에는 tóur로 末音 r音이 발음된다. 한편 네팔·타밀語와도 비교된다.

  tauko(頭)[네팔]
  talai(頭)[타밀]

  국어 '족두리'의 '두리'가 머리(頭)라는 뜻이라고 여겨지며, 유아들에게 머리를 좌우로 움직이게 할 때 '도리도리'라고 하는데, 이때 '도리'의 語根 '돌'도 머리(頭)라는 뜻이다.

7-2-2. 目, 眉, 眸

  눈이 '멀다'의 '멀'은 눈이란 뜻을 지니는 말이다. '멀뚱멀뚱', '말뚱말뚱'의 '멀, 말'이 바로 눈이란 뜻을 지니고 있음을 뒷받침하고 있다. '눈 멀다'의 '멀'은 遠, 冥이라는 뜻을 지니는데 눈의 작용이다. 국어 멀>멀─

---

3) 筆者, 「祖語研究를 위한 二次母音形成研究」, 『國語學新研究』, 塔出版社, 1986, 864-883쪽.

이>머이>메는 日本語 me(目)와 연결된다.

miru(見る)[日]

miru의 語尾 ru는 근원적으로는 末音 r에 接尾辭 u가 붙어서 형성된 語尾라 여겨진다. 근원적으로는 mir이 語根이 된다. mir-u가 mi-ru로 되었다.

mu(目)[現 中國語]

muk(目)[廣東]

mak(目)[廈門]

mik(目)[티벳]

myessi(目)[미얀마]

mát(目)[베트남]

m˘k形과 m˘t形을 볼 수 있는데, 祖語形은 m˘t形일 것이며 국어의 '멀(멀)'과 비교된다.

ma, me(目)[日]

mayu(眉)[日]

matsuge(睫)[日]

눈썹을 뜻하는 mayu는 maru>mayu의 변화로서 語根 mar을 얻을 수 있는데 국어 '멀'과 비교된다. 日本語 눈(目)의 古代語 ma는 mar의 末音 r의 탈락형이다. matsuge의 mat은 ma, me의 祖語形임을 보이고 있다.

mat(目)[梵語]

日本語 me는 mat>mar>mari>mai>me의 변화이다. 中國語 目(mu, mor), 眉(mei, mi), 眸(mou), 盲(mang) 등은 모두 同系의 말이다.

7-2-3. 見

göz(目)[터키]

gör~(見)[터키]

국어 '눈깔'의 '깔'은 '갈'로서 터키語 göz과 gör~이 비교된다. '갈'은 근원적으로 눈(眼)이란 뜻을 지니는 말이다. 눈을 '감다'의 '감'은 갈>갈암>가람>가암>감의 변화이다. 中國語 見(chien)과 연결된다. chien은 中國語에서 12~13세기에 口蓋音化로 k>ch가 되었다고 볼 수 있다.

7-2-4. 視

    sik(眼)[아이누]

    silu(眼)[美, 인디언]

'살피다'의 語根 '살'과 비교된다. '살피다'의 '살'은 눈(眼)이란 뜻이었다. 아이누語에 있어서 눈(眼)이란 뜻으로 sik, sis 兩形이 있는데 sik은 北海道 아이누語에 속하고 사할린(樺太) 아이누語에는 sis形이 있다. 국어 '눈설미(눈썰미)'에서 '설미'의 '설'과 관련된다.

7-2-5. 口

    kot(古次)[高句麗]

    kutsi(口)[日]

高句麗 地名語에 '古次(口)'가 보이는데 日本語 kutsi(口)와 대응된다. '잠고대(잠꼬대)'에서 '고대'의 語根은 '곧'인데 말(語)이란 뜻이다. 日本語의 koto(言)와 일치한다. 'ᄀᆞᄅ다(曰), ᄀᆞᄅ치다(敎)'의 語根은 '곧'으로서 말(語)이란 뜻인 '곧'에서 분화한 말이다. 日本語 kataru(語る)와 국어의 'ᄀᆞᄅ다(曰)'는 同系의 형성이다. 국어의 '글(文)'도 'ᄀᆞᄅ다'의 語根 '굴'과 同源語다.

    hergen(文, 文字)[滿]

    hele(啞)[滿]

    hendumbi(말하다)[滿]

    holo(噓)[滿]

語根 her, hel, hen, hol 등을 얻을 수 있으나 모두 말(語)이란 뜻을 지니는 hˇt에서의 변화이다. 蒙古語에서 dago는 소리·노래(音·歌)라는 兩義를 지닌다. 日本語 oto(音), uta(歌)는 각각 ot,ut이 語根인데 모두 국어 '울다, 웃다'의 語根 '울, 웃'의 祖語形 '욷'에서 변화한 것으로 '욷' 은 근원적으로 입, 소리(口, 音)라는 뜻을 지니는 말이다. 이러한 것들을 고려할 때 입(口)은 喝, 歌, 敎, 講, 喫, 吃 등과 연결된다. '굶다(飢)'라고 하는 말도 '굴(口)'에서의 전성이다. 中國語 飢도 국어의 '굴(口)'과 연결 된다.

7-2-6. 志

'뜯(志)'의 祖語形 '듣(志)'은 말(語)이란 뜻을 지니는 말이다. '마음(心)' 은 '말'의 祖語形 맏>맛―음의 변화이다.

> dil(舌, 語)[터키]
> til(舌)[위구르]

국어 '들에다'의 '들'은 소리, 말(音, 語)이란 뜻을 지닌 말이다. '떠들 다, 떠들썩하다, 떠벌이' 등 '떠'는 '덛'에서 변화한 것이다. 中國語 志와 연결된다. 국어 '넋두리'는 '넋'과 '두리'의 合成語다. '넋'과 '두리'는 각 각 말(語)이란 뜻이다. '넋'도 '넉'이 原形이고 祖語形은 널<넏으로서 말 (語)이란 뜻이다.

7-2-7. 問, 文, 聞, 巫

'묻다(問)'의 語根은 '묻'이다. 묻는 것은 말로써 하는 행위다. 15세기 어에서 '묻그리'는 占을 치는 것을 말한다. '묻그리'의 '묻'도 말이란 뜻 이며 '그리'도 말이란 뜻일 것이다. 'ᄀᆞᆯ다'의 語根은 '귿'이고 말이란 뜻이다. '묻그리'는 말이란 뜻을 지니는 異音同義語의 合成語다. 占이라 고 하는 것은 결국 말 행위다. '무당(巫)'의 語根 '묻'도 말(語)이란 뜻을

지닐 것이다. 결국 무당은 손님의 물음을 신에게 전하고 신의 말을 손님
에게 전하는 말의 중개자다.

mudan(音, 聲, 響)[滿]

mud이 語根이 되는데 국어의 '묻'과 연결된다. 말의 祖語는 '묻'이라
하겠고 묻>말의 변화이다. 中國語 巫, 問, 文, 聞과 연결된다.

7-2-8. 鼻

'코를 풀다'에서 '풀다'의 語根 '풀'은 '불', '붇'으로 再構된다. '풀다'
라고 하는 말은 코에만 해당되는 술어다. '풀'은 코라는 뜻을 지니고 있
는 말이다.

purun(鼻)[터키]

purun(鼻)[위구르]

語根 pur은 국어의 '불'과 비교된다.

hana(鼻)[日]

hana의 語根은 han이고 pan, pat으로 再構된다. 국어의 '붇'과 비교
된다. 日本語 hana는 국어의 '붇'이 그 語源이 된다. put → pat>han>
han-a>hana의 변화이다. 中國語 鼻(pi)와 연결된다.

7-2-9. 話, 噓, 諧, 謔, 喜, 嬉

'핥다(舓)'의 語根은 '할(핟)'이다. 할 → 헐>혈>혀의 변화이다.

舌曰蝎[鷄林類事]

hilf(舌)[길랴크]

kele, hile(舌)[蒙]

hele(話)[蒙]

中國語 話, 噓, 諧, 謔, 喜, 嬉 등과 연결된다. 喜字의 壴는 鼓字의 略

字이다. 북을 치고(壴) 입(口)으로 즐기는 것을 喜라고 생각하였다. 喜를
청각적인 면에서 인식하고 있다. '깃다(喜)'의 '깃'을 말로 본다면 '곧(語)'
에서 분화한 말이다.

> kisu(語)[滿]

기쁜 표시는 말로 하며 정신적인 것이다.

> hendu(말하다)[滿]
> həndumbi(말하다)[滿]
> hele(啞)[滿]
> helgen(文, 文字)[滿]
> holo(噓)[滿]
> hotal(噓)[蒙]

語根 hen, hən, hel, hol, hot은 모두 말(語)이란 뜻을 지니는데 혀(舌)
라는 뜻을 지니는 '할'과 연결된다.

7—2—10. 聲, 信, 誠, 說, 詩, 書, 舌

'숨다'의 語根은 '술'이고 '숨'으로 再構된다. '말씀'의 '씀'은 '숨'으로
서 '말ㅅ숨'의 표기다. 語根 '술'에 接尾辭 '옴'이 붙은 스롬>스옴>숌의
변화이다.

> sur-ɣa(가르치다)[蒙]
> sur~(배우다)[蒙]
> siru(知る)[日]
> söz(語, 話)[터키]
> ses(音, 聲)[터키]
> şarkı(歌)[터키]
> sarasu(知識, 아는 것)[滿]
> sarašambi(즐겁게 놀다)[滿]
> sambi(알다)[滿]

sarku(모르다)[滿]

sembi(말하다)[滿]

sere(…라고 하다)[滿]

serebumbi(알리다)[滿]

語根이 sur, sar 등임을 알 수 있다. 가르치는 것이나 배우는 것 그리고 아는 것은 모두 말을 통해 이루어지는 것이다. '말하다'라는 뜻을 지니는 sambi의 語根 sam은 sal>sar-am>saam>sam의 변화이다. 巫를 saman이라고 하는 것은 sam-an으로서 an은 接尾辭고 sam은 말(語)이란 뜻을 지닌 말이다. 국어 '쓰다(書)'의 '쓰~'도 同源語라고 여겨진다. 中國語 聲, 信, 誠, 說, 詩, 書, 舌 등과 연결된다.

鄕歌를 詞腦라고 하는데 이는 산(音, 聲, 語, 歌)>산—애의 변화이다. 한편 詞腦는 '사'와 '뇌'의 合成語일 수도 있는데, 이때도 말이란 뜻을 지니는 異音同義語다.

7-2-11. 筆

bitgan(文字)[길랴크]

bithe(文字)[滿]

bitxö(文字)[골디]

語根은 bit이 된다. 국어 '부르다(呼, 唱)'의 語根 '불'은 말(語)이란 뜻이다. 平安道 方言 '거짓부리'에서 '부리'가 말(語)이란 뜻이다. 국어 '글'은 'ᄀᆞ르다(曰)'의 語根 '굴'에서 분화한 말이다. 이러한 일련의 사실들을 종합해 보면 국어의 '불(語)'과 中國語 筆이 연결된다. 국어의 '붇(筆)'은 '불(語)'과 연결된다. '붇(筆)'은 결국 말을 적는 도구다. '글발'이라고 할 때 '발'은 말(語)이란 뜻을 지니는 '불'과 語源을 같이 하는 말이다.

'글을 베끼다'에서 '베끼다'의 語根 '벗'은 文字라는 뜻이며 原意는 말(語)이다.

7-2-12. 摘, 打, 鬪, 戰

'뜯다(摘), 따다(摘)'의 語根은 '듣, 닫'가 되는데 '닫'는 '돋'[4]에서의 변
화이다. '뜯다, 따다'는 손으로 하는 동작이다.

　　　te(手)[日]
　　　tek[아이누]
　　　tour(取る)[日]
　　　tsumu(摘む)[日]
　　　tutmak(取)[터키]
　　　tutak(摘)[터키]

日本語 toru(取)의 語根은 tor이고 tottemo yoi(取해도 좋다)일 때에는
tot이 語根이 된다. 日本語 te의 祖語形은 tˇt임을 알 수 있다.

　　　tar, tak(手)[에스키모]

에스키모語에서 tar, tak의 雙形이 있는데 tar은 tat으로 再構된다.
tak은 tar>tark>tak[5]의 변화이다. 국어 '두드리다'의 語根은 '둗'이고 손
이란 뜻을 지닌 말이다.

　　　tataku(叩く)[日]

tataku의 語根 tat이 日本語 손(手)의 祖語形이 된다. 日本語 tatakau
(戰う)의 語根은 tat인데 손(手)이란 뜻이다. 戰은 손동작이다. 국어 '때리
다(打)'의 語根 '딸'은 '닫'으로 再構되며 때리는 것도 손 作用이다. 中國
語의 摘, 打, 鬪는 바로 손이란 뜻을 지니는 tat과 연결된다.

7-2-13. 撫, 舞, 捬

　　　mutor(手)[蒙]

---

4) 筆者, 「消失語再構論」, 『語文論叢』 第二輯, 12-13쪽.
5) 筆者, 「原始國語 再構를 위한 韓·日 兩國語의 共通祖語研究」, 『慶熙語文學』 6집,
　　1983, 38-42쪽.

蒙古語에서 mut이 손(手)의 祖語形이다. '므지다'는 '므지다'에 ㄴ이 개입되었다. '므지다'의 語根은 '몿(몯)'이다. '만들다'도 '마들다'에 ㄴ이 개입되었다. '마들'이 語幹이고 '맏'이 語根이 된다. '만지다'나 '만들다'[6]는 모두 손 작용이다.

　　　motsu(持つ)[日]

mot은 語根으로서 국어 '맏(手)'과 비교된다.

　　　mahi(舞ひ)[日]

日本語에서 손을 주로 하여 춤추는 것을 mahi라고 하는데, ma가 곧 손이란 뜻을 지닌 mot에서 비롯된 말이다.

　　　mon(手, 일)[아이누]
　　　mongo(손일)[아이누]
　　　simon(右手)[아이누]

mon은 mot으로 再構된다. 아이누語에서 mot(mon)이 손이란 뜻을 지니고 있는 말임을 보이고 있다.

　　　maksin(舞踊)[滿]

中國語 舞, 撫와 연결된다.

　　　mayan(腕)[滿]

mayan은 maran에서의 변화이며 mar이 語根이 된다.

7-2-14. 腹

'배가 부르다'에서 '부르다'의 語根은 '불'로서 배(腹)라는 뜻을 지닌 말이다. 'ㅂ'는 붇>불>불−이>ㅂ리>ㅂ이>ㅂ[7]의 변화이다.

---

6) 筆者, 「消失語再構論」, 前揭書, 11-12쪽.
7) 筆者, 「祖語再構를 위한 二次母音 形成 研究」, 前揭書, 862쪽.

hara(腹)[日]

heso(臍)[日]

haramu(孕む)[日]

語根 har, hes을 얻을 수 있는데 har은 pat으로 再構되며 국어 '배'의
祖語形 '볻'과 비교된다. 中國語 腹과 연결된다.

7-2-15. 肝

日本語 '간'은 kimo(肝)인데 kit>kir>kir-im>kiim-o>kimo의 변화이
다. 국어 '간'의 祖語形은 '갇'이다. 갇>간으로 中國語 肝과 연결된다.

kinop(肝)[아이누]

語根 kin과 '간'이 연결된다.

7-2-16. 步

bethe(脚)[滿]

bacak(脚)[터키]

hül(足)[蒙]

paraware(足)[아이누]

蒙古語 hül은 put에서의 변화이다.

hasiru(走る)[日]

hasiru의 語根은 has이고 pat으로 再構된다. 국어 '발(받)'과 비교된
다. '밟다(踏)'는 '발(足)'에서의 전성이다. '팔딱팔딱 뛴다'의 '팔'은 발,
즉 足이라는 뜻이다. 中國語 步와 관련된다고 여겨진다. 發도 '발(足)'에
서 비롯했다.

7-2-17. 足, 踏, 跳, 立, 走

tabahai(足)[蒙]

tatsu(立つ)[日]

日本語 tatsu(立つ)의 語根 tat은 국어 '다리'의 祖語 '닫'과 연결된다. 국어 '닫(脚)'은 닫다(走)의 動詞로 전성된다. '셔다(立)'는 蒙古語 다리 silbi와 연결된다. 따라서 中國語 足, 踏, 跳, 立은 국어 '닫'과 연결된다.

7-2-18. 脚, 驅, 去

koto(脚)[蒙]

kesigun(足)[蒙]

kesigün(肢)[蒙]

koto는 다리(脚)라는 뜻이며 語根은 kot이 된다. 국어 '걷다(步)'의 語根은 '걷'인데 '가랭이'의 語根 '갈(간)'과 비교된다.

7-3. 天體語

7-3-1. 夏, 熙

'녀름(夏)'의 語根은 '널'이고 '널, 넏'으로 소급된다. 이는 蒙古語 태양 nara의 語根 nar(nat)과 비교된다. 日本語 여름(夏) natsu의 語根은 nat인데 국어의 '넏', 蒙古語 nar(nat)과 同源語다. 中國語 夏는 國語 '히(陽)'의 祖語인 '핟'과 비교된다. 熙는 태양이란 뜻을 지니는 말과 연결된다.

7-3-2. 年, 陽, 熱, 日

nis(天)[아이누]

nis이 語根이 되는데 祖語形 nit은 태양이란 뜻을 지니는 nat과 비교된다. 국어의 '나이(年)'는 태양이 原義인데, nat>nar>nar-i>nari>nai의 변화이다. '올해, 지난해'에서 '해'는 '히(陽)'라는 原義에서 年이란 뜻으로도 轉義되었다. 年, 陽, 熱도 nat(太陽)과 연결된다. 國語의 '낮(晝)'은

'낟(陽)'에서 비롯한 말이고 日本語 hiru(晝)도 태양이란 原義를 지닌 국어 '한(陽)'과 비교된다. 蒙古語에서 nasu(歲, 年齡)의 語根은 nas이고 nat으로 소급된다.

7-3-3. 歲, 時

15세기어에서는 '설(歲, 元旦)'인데 '살'은 歲라는 뜻으로 분화되고 '설'은 그대로 元旦이라는 뜻이다. 섣(陰 12月)달의 '섣'과 '설(歲, 元旦)'은 語源이 같다. 이 '설'은 태양이라는 뜻을 지닌 '살'과 同源語다. 햇살의 '살'이 태양이라는 뜻을 지닌 말이다. 歲月이라고 할 때 태양이 시간이란 뜻을 지니게 된다.

nasu(歲, 年齡)[蒙]

nasu의 語根은 nas(nat)인데 蒙古語 태양 nara의 語根 nar(nat)과 일치한다. 국어의 '나이(年齡)'는 蒙古語 nara(太陽)와 비교되는데 낟>날>날-이>나이의 변화이다. 日本語 tosi(年)는 국어 '돌(期)'[兒學下1]의 祖語 '돈'에서 비롯한 말이다. 中國語 歲는 sal(日)에서 비롯되며 국어의 '살, 설'과 맥을 같이한다고 보겠다. 滿洲語 se(歲)와도 연결된다.

7-3-4. 白

'볕(陽), 별(星), 빛(光)'은 모두 光體가 되며 pˇt이 祖語다. 滿洲語에선 pya가 달(月)이다. 아마도 이는 para>pya의 변화이다.

7-3-5. 天, 照, 東

to(日)[아이누]
tokap, tokes(晝)[아이누]
tly, tlə(天)[길랴크]
tolf(夏)[길랴크]

cup(太陽)[아이누]

juwari(夏)[滿]

julergi(南)[滿]

doǧ-u(東)[터키]

길랴크語 tolf(夏)의 語根 tol의 原義는 태양이다. 아이누語에서 cup (太陽)과 to(日)를 보면 cup은 tup으로 再構된다. 그렇게 보면 tup, to가 되는데 原義는 태양으로서 tˇt를 再構할 수 있다. 아이누語 tokap, tokes 의 語根 to도 tup, to와 연결된다. 하늘(天)은 태양이라는 原義를 지니는 말과 語源이 공통되는 경우가 있다. 길랴크語의 tly, tlə는 tˇl의 母音 脫 落으로 이루어진 말이라 여겨진다. tˇly, tˇlə에서 母音이 탈락된 것으로 추정된다. 결국 tˇl이 太陽과 하늘(天)의 兩義를 지닌 말이 된다. 滿洲語 juwari(夏)의 juw는 아이누語 cup(太陽)과 연결되며 tup으로 再構된다. '쬐다(曝)'의 語根 '쬐'는 죄<조이<졸이<존까지 소급되고 '돋'으로 再構 된다. 결국 '돋'이 태양이란 뜻이다. 日本語 terasu(照す)의 語根 ter이 곧 태양이란 뜻이다.

tenkeri(天, 神)[蒙]

teŋger(天)[오르도스]

taŋri(天)[古 터키]

tanrə(神)[現 터키]

təngri(神)[위구르]

tenkeri는 ten과 keri의 合成語다. kere[8]는 蒙古語에서 빛(光)이란 뜻 이다. kere(光)는 태양이란 原義에서 전의되었다. 터키語에서 güneş가 태양인데 gün이 語根이다. kere(光)는 gün(太陽)과 同源語다. ten은 中 國語 天과 비교된다. 아울러 照도 연결된다. tenkeri(天, 神)는 태양의 빛 또는 태양이란 뜻을 지닌 두 단어의 合成語다. 中國語 東도 天, 照와 연

---

8) 국어 「빛갈」의 「갈」은 蒙古語에서 빛(光)이란 뜻을 지닌 kere와 同源語라 여겨진다.

결되며 同源語다. 日本 琉球 지방에서 tsuda가 태양이란 뜻이다.

7-3-6. 曙, 暑

'햇살'의 '살'은 태양이란 뜻이다. '새다(曙)'의 語根 '새'는 祖語가 '살'
으로서 태양이란 뜻이다. 설(元旦), 살(歲)의 어원이 해(日)이다. 日本語
sora(天, 穴)의 어근 sor이 국어와 同源語다.

7-4. 自然語

7-4-1. 刀, 土, 地, 處, 垈, 銅, 鐵, 錢, 道, 路, 島

국어에 '돗귀(斧)[月印上38], 도치(斧)[初杜解7:26]'의 雙形이 있는데 語
根은 '돗, 돛'이 되며, '돋'으로 再構된다. 石器時代에 도끼(斧)는 돌로 만들
었다. 石器時代의 유물로 石斧가 나온다. 支石墓의 學術用語가 dolmen인
데 국어의 '돌멩이'와 연결된다.

> žolo(石)[오로촌]
> tul(石)[추바시]
> čilu(石)[蒙]
> taş(石)[터키]
> tazi(石)[위구르]

語根 tol, tas을 얻을 수 있는데 共通祖語 tˇt을 얻을 수 있다. 돈(錢)은
'돌(石)'의 末音 ㄷ>ㄴ화로 '돈'이 되었다. 옛날엔 보석이 돈의 구실을 했
다. 錢도 국어의 '돈'과 어원을 같이한다.

> zengin(金持)[터키]
> zer(金)[터키]

zengin의 zen이 '돈'이란 뜻을 지니는데 ten으로 소급된다. 金은 zer
인데 ter로 소급되며 돌(石)과 연결된다. 漢字語 刀, 錢, 鐵은 '돌(돈)'에

서 비롯된 말이다.

　　닫>달>다>따>짱(地)

　　돈>돌(石)

　　든>들(野)

　　딛>딜(土)

'닫(地)'은 漢字語 土, 地, 垈와 연결된다.

　　temür(鐵)[蒙]

　　toy(土)[아이누]

　　tusir(墓)[아이누]

toy와 tus의 祖語는 tut으로 국어의 '닫(地)'系와 비교된다.

　　tam(刀)[아이누]

　　tzakko(刀)[길랴크]

　　dosu(短刀)[日]

　　tatsi(大刀)[日]

　　tsurugi(劍)[日]

語根 tam, tos, tat, tut 등을 얻을 수 있는데 모두 돌(石)이란 原意인 tot(tol)에서 비롯된 말이라 하겠고 漢字語 刀와도 연결된다.

7-4-2. 金

石器時代를 거쳐 靑銅器時代로 접어든다. 百濟語에서 金이 '仇知'로 나오는데 語根은 '굳'일 것이고 구리(銅)와 同源語다. '굳(銅)'에서 '갇(刀), ㄱ새(鋏)' 등이 생겼다. 日本語 kane(金)는 국어의 '굳(銅)'과 연결되는 말이다. kat>kan-e>kane의 변화이다. 中國語에서 金, 劍 등과 연결된다. 日本語 kane(鐘)도 연결된다.

7-4-3. 砂, 石

siroi(土)[蒙]

surugu(砂)[퉁구스]

高句麗 地名語에 '息(土)'이 보인다. 中國語 石, 砂와 연결된다.

7-4-4. 峯

pal(山)[길랴크]

poro(頂)[퉁구스]

hada(峰)[蒙]

'봉오리'는 본>볼>볼─올이>보로리>보오리>봉오리의 변화이다. 中國語 峯과 연결된다. '볼'과 '오리'는 異音同義語라 여겨진다.

7-4-5. 川, 流, 龍

'돌(梁, 渠)'이 국어에서 물(水)이란 뜻이다.

tatsu(龍)[日]

日本語 tatsu(龍)의 語根은 tat이고 국어의 '돌(渠)'과 연결된다. '미르(龍)'는 '믈(水)'에서 분화한 말이다.

muduri(龍)[滿]

mut이 語根이고 물(水)이란 뜻을 지니는 말이다. 龍이란 단어는 물(水)이란 뜻을 지니는 말에서 분화했다. 中國語 川, 流, 龍과 연결된다. 流, 龍 등의 頭音 r音은 t音에서의 변화이다. 中國語에서도 祖語時代에는 r音이 頭音에는 없었다. 뿐더러 末音에도 없었고 나중에 t>r화했다고 여겨진다. 알타이諸語에서 頭音 r은 나중에 t>r화한 것이고 末音에 있어서도 t>r화한 것이다. 末音에서 t>r화가 먼저 일어나고 頭音에서 t>r화는 훨씬 뒤의 일이다.

7-4-6. 海, 河, 湖

'흐르다(流)'의 語根은 '홀'이고 물(水)이란 뜻을 지니고 있는 말이다. 中國語 海, 河, 湖와 연결된다. '흐르다'의 語根 '홀'은 국어에서는 물(水)이란 뜻이었는데 소실되어 '흐르다'의 '홀'에서만 물(水)의 흔적을 찾아볼 수 있다. 아메리칸 인디언語에 hito(川)가 있음은 좋은 대조가 됨직하다.

7-4-7. 水, 洗, 霜, 雪

'싯다(洗), 솟다(湧)'의 語根은 '싯(싣), 솟(손)'이다. 씻고 솟는 것은 물의 작용이다. 소(澤)는 손>솔>소의 변화일 것이고 물(水)이란 뜻이다.

seri(泉)[滿]

語根 ser을 얻을 수 있는데 '싐'의 語根은 '숟'이 된다. '서리 (霜)'의 語根 '설'은 물(水)이란 뜻을 지니는 말이다. 성애는 설애>서애>성애의 변화이다. '물이 설설 끓는다'라고 할 때 부사 '설설'은 물(水)이란 뜻을 지니는 말이다. 中國語 水, 洗, 霜, 雪 등과 연결된다.

7-4-8. 江, 溝, 渠

'ᄀ롬, ᄀ룰'의 語根은 '굴'인데, '걸(渠)'이 있다.

kawa(河)[日]
gool(河)[蒙]

日本語 kawa는 kara에서 변화했다. '그릇을 가시다, 가싯물' 등의 '가시다'에서 '가시'의 語根은 '갓(갇)'이다. '갓(갇)'은 물(水)이란 뜻이다. 中國語 渠, 溝, 河와 연결된다.

7-4-9. 雨, 飮, 雲

oso(水)[蒙]
aga(雨)[蒙]

ame(雨)[日]

'於乙(泉), 얼다(凍)'의 '얼', '안개'의 '안(안)' 등이 모두 물(水)이란 뜻을 지닌 말이다. 中國語 雨, 飮, 雲과 연결된다.

7-4-10. 沒

muduri(龍)[滿]
mederi(海)[滿]
muke(水)[滿]
mizu(水)[日]
müce in hobiŋ(水時計)[蒙]

müce in hobiŋ의 hobiŋ이 時計이고 müce가 물(水)이란 뜻을 지닌 말이다. müce의 語根은 müc이고 müt으로 再構된다. 결국 국어 '믈' 祖語形 '믇'과 연결된다. 中國語 沒은 '믈(水)'과 연결된다.

7-4-11. 氷

peh(水)[아이누]
buz(冰)[터키]
bulut(雲)[터키]
bira(河)[滿]

국어 '눈(雪)'의 祖語形은 '눋'이다. 末音 ㄷ>ㄴ화되면 눈(雪)이고 ㄷ>ㄹ화되면 '누리'로서 雹이라는 뜻이다. 이 '눋'은 국어의 날>날-이>나이>내(川)와도 同源語다. 이렇게 물(水)이란 뜻을 지닌 말이 雨, 雲, 霜, 冰 등의 뜻을 지니게 된다. '얼(泉)'이 '얼다(凍), 얼음(冰)' 등에서 보인다. '그릇을 부시다'와 '비가 내려 강물이 불었다'에서 '부시다'의 語根 '붓', '불다'의 語根 '불(붇)'이 물(水)이란 뜻을 지니며 바다(海)의 語根 '받'과도 同系의 말이라 여겨진다. 中國語 冰과도 연결된다. 日本語 huyu(冬)와도 연결된다.

7-4-12. 凍

'얼다(凍)'에서 '얼'은 高句麗語에서 샘(泉)이란 뜻을 지니며 蒙古語에서는 oso(水)가 보인다. 물(水)이란 뜻을 지니는 말에서 雨, 川, 雪, 冰 등의 語意가 분화하고 있다.

casu, casun(雪)[蒙]

語根 cas은 tat으로 再構된다. 국어에 '돌(渠)'이 있고 日本語에는 tatsu(龍)와 taki(瀧)가 있다. 中國語 凍과 연결된다.

7-4-13. 木

mod(木)[蒙]
moo(木)[蒙]
maitu(棒)[滿]
mutsi(鞭)[日]

국어 '매(鞭)'는 맏>말>말-이>마이>매의 변화이다. 국어 '막대기'의 '막'은 맏>말>맑>막의 변화이다. 국어에 '말(橛)'이 있다. 中國語 木과 연결된다.

7-4-14. 松

sada(松葉)[滿]
shushu(松)[아이누]

솔(松)은 中國語 松과 연결된다.

7-4-15. 竹, 箸, 笛, 尺

take(竹)[日]

'대(竹)'의 祖語形은 '닫'이다. 닫>달>달-이>다이>대의 변화고 日本語 take(竹)는 tal>talk>tak-e>take의 변화이다. 箸, 笛, 尺은 모두 竹製

品이다. 獨島를 日本에서는 takesima(竹島)라고 표기한 것은 국어 독(獨)을 take로 표기했고 섬(島)을 sima로 표기한 것이다.

7-5. 食品語

7-5-1. 麥, 米

maisa(麥)[蒙]
muci(小麥)[蒙]
mɛsu(麥)[蒙]
muddi(小麥)[골디]
mərə(메밀)[滿]

語根 muc, mɛs, mud, mər 등을 얻을 수 있는데 mˇt形이다. 국어의 '밀'과 비교되며 '미시(麨)'의 語根과도 비교된다. 아울러 中國語 麥, 米와 연결된다. '맛(食品)'의 祖語는 mˇt이다. 즉 麥類에서 모시>모이>뫼(餌, 모시)>모이>뫼(祭飯)의 변화이다.

mot>mosi → mesi(飯)[日]
mot>motsi(餅)[日]

등의 祖語形은 mˇt形에서의 변화이다. 따라서 味, 美와도 연결된다.

7-5-2. 粟, 實

syusyu(黍)[滿]
sali(米)[蒙]

'씨(種), 쌀(米)' 등이 同源語라 하겠으며 粟, 實과 연결된다.

sane(實)[日]

語根은 san(sat)으로서 中國語의 實과 연결된다.

7-5-3. 稲

　　tuturga(稲)[蒙]

　　cyə(栗)[滿]

국어의 '조(栗)', 滿洲語 cyə 등의 祖語形은 tˇt이다. tuturga(稲)의 語根 tut과 연결된다. 벼(稲)의 祖語形은 tot이다.

7-5-4. 稗

　　piksə(稗)[오로크]

　　hefe(稗)[滿]

　　pisi(稗)[퉁구스]

　　hie(稗)[日]

中國語의 稗와 연결된다. 우리말에 '피'가 보인다.

7-5-5. 穀

'가을걷다'는 추수하다라는 뜻인데 '걷'은 穀이란 뜻을 지니는 名詞다. kusa(草)<日>의 語根 kus(kut)도 역시 穀과 연결된다. 'ᄀᆞᄅ(粉)'의 語根 '곧(ᄀᆞᆮ)'도 역시 穀과 연결된다. 中國語 穀과도 연결된다.

7-5-6. 飯, 餅, 粉

　　pogotai(小麥)[蒙]

　　pulə(米)[女眞]

　　pirinc(米)[터키]

　　pele(米)[滿]

국어 '보리(麥)'의 語根 '볼'과 비교된다. 滿洲語에서 쌀(米)이 pele라는 것은 滿洲에서 穀物의 대표가 pele라는 것을 보이고 있다.

　　puta(飯)[滿]

putaga(飯)[蒙]

語根은 put이 되는데 麥類의 祖語形 pot과 比較된다. 國語 밥은 받>
발>발-압>바랍>바압>밥의 變化이다. 飯, 餠, 粉 등과 連結된다.

7-6. 人稱語

7-6-1. 母, 妹

國語 '할미, 할머니'에서 '미, 머니'가 女라는 뜻이다. '아주머니'에도
'머니'의 例가 나타난다. '아즈미(姑)'의 '미'도 女이다. '며느리(婦)'의 語
根은 '면'이고 면<멀으로 遡及된다. '할머니'에서 '머니'의 語根은 '먼'이
고 '멀'으로 遡及된다. '할매'는 할마니>할마이>할매의 變化이다.

mat(妻, 女)[아이누]
mataka(妹)[아이누]

語根은 mat으로서 妻·女라는 뜻이다.

mama(祖母)[滿]

國語 '마님, 마나님'에서 '만'이 語根임을 보이고 있는데 '할마니'의
'마니'와 同系의 말이다.

otoko(男)[日]
otome(娘)[日]
mei(姪)[日]

日本語에서 me가 女라는 뜻을 지니고 있다. 母, 妹, 民과 連結된다.

7-6-2. 我, 吾, 愛

ači(孫)[蒙]
ečige(父)[蒙]
ehe, eči(母)[蒙]

人稱祖語 '앋'과 同源語일 것이다. 간사한 서울 사람을 '京아리'라고 하는데, '아리'는 곧 사람을 뜻한다.

7-6-3. 士, 師

    sadon(愛人, 親戚)[蒙]
    sadun(親家)[滿]

'사람'의 語根 '살(삳)'과 비교되며 士와 연결된다.

7-6-4. 男, 女

    naru(人)[오로크]
    nare(汝)[日]
    nanai(地方·人)[나나이]

nanai의 nai가 사람(人)이란 뜻으로서 nai는 nari>nai의 변화이다. 男, 女와 연결된다. 국어 '나, 너, 누'와 同系의 말이다.

7-6-5. 生, 姓, 性

    sadon(愛人, 親戚)[蒙]
    sadun(親家)[滿]
    sadun(姻戚)[國]

語根 sat이 祖語가 되고 '살다(生)'의 '살'이 사람(人)이란 뜻을 지니는 말이다. 生, 姓, 性 등과 연결된다.

7-7. 動物語

7-7-1. 狗, 犬

    kasi(犬子)[퉁구스]

kuri(黎狗)[滿]

it, köpek(犬)[터키]

kanyn(犬)[길랴크]

語根은 kas, kur, kan이고 kat이 祖語形이다. 갇>갈>갈─이>가이>개
의 변화이며 中國語 狗, 犬과 연결된다.

kəu(狗)[北京音]

kau(狗)[廣州音]

7-7-2. 兎

tulai(兎)[蒙]

turcaxi(兎)[솔롱]

taksa(兎)[우데헤]

toksa(兎)[나나이]

'톳기'[楞解1:74]의 語根은 '톳'이고 '돋'으로 再構된다. 兎와 연결된다.

7-7-3. 豚

'돈(豚)'의 末音이 ㄷ>ㄴ화하면 中國語 豚과 그대로 比較된다. 돈>돌>
도>도─아지>도아지>도야지>돼지의 변화로서 윷놀이 할 때 1點을 '도'
라고 하는 것은 돈>돌>도의 변화이다. 平安道 方言에서 똘(1具)이라고
하는데 '돌, 돈'으로 소급된다.

7-7-4. 馬

morin(馬)[蒙]

morin(馬)[滿]

mur(馬)[길랴크]

語根 mor, mur 등이 國語의 '말'과 比較되며 中國語 馬와도 연결된다.

7-7-5. 蜂

  pal(蜂)[蒙]

  pal(蜜)[터키]

  hatsi(蜂)[日]

국어 '벌'의 祖語形은 '벋'이다. 日本語 hatsi는 patsi로 再構되고 語根
도 pat이다. 蜂과 연결된다.

7-7-6. 鷄

  kalagun(雁)[蒙]

  kus(鳥)[터키]

  kux(鳥)[위구르]

  katha(鳥)[滿]

거위, 까치, 까마귀, 갈매기, 꿩, 꾀꼬리 등 頭音이 ㄱ으로 시작되는
鳥名이 많다. 鷄(닭)와 연결된다. 까마귀의 '귀', 갈매기의 '기', 비둘기의
'기' 등도 새라는 본뜻이 있다.

7-7-7. 鳥

  tori(鳥)[日]

  tatiya(酉)[蒙]

'닭'의 祖語形 '닫(달)'과 鳥가 연결된다.

7-8. 其 他

7-8-1. 燈, 灯

  tugur(火)[길랴크]

  taulan(煙)[길랴크]

  tuwa(火)[滿]

語根 tug을 얻을 수 있다. '달이다(煎, 熨)'의 語根 '달'이 불(火)이란 뜻이다. 雪嶽山 山蔘採取人의 隱語에서 '달'은 불(火)이란 뜻이다.

7-8-2. 剖, 伐

    hari(針)[日]
    ha(刃)[日]
    hanor(針)[蒙]

語根 har, ha, han을 얻을 수 있는데 har>pat으로 再構할 수 있다. 국어 '버히다(斫, 割, 析, 斷)'의 語根 '버'는 벋>벌>버>버히다의 변화이다. ᄇᆞ리다(剖)와 연결된다. 국어 '바늘(針)'은 '바'와 '늘'의 合成語로서 異音同義語다.

7-8-3. 布

베(布)는 벋>벌>벌—이>버이>베의 변화이다.

    hata(帛, 服, 繪)[日]

hata의 語根은 hat이고 pat으로 再構된다.

    poso(布)[滿]
    pos(布)[길랴크]
    posu(布)[女眞]
    poso(布)[골디]

語根 pos을 얻을 수 있다. 中國語 布와 연결된다. 국어에서 옷의 단위를 말할 때 한 벌, 두 벌 하는 '벌'이 있는데, 이 '벌'이 옛말에서는 '옷'이라는 뜻을 지니고 있다. 漢語 服과 연결된다.

7-8-4. 絲

    sirgek(絲)[蒙]

sicim, şerit(絲)[터키]

sirä(絲)[퉁구스]

語根은 sir이 되는데 국어 '실'과 공통된다. 국어 솜(綿)과도 연결되며 漢語 絲와 연결된다.

7-8-5. 埋, 磨

국어 '묻다(埋)'의 語根은 '묻'으로 '뭍(陸)'과 함께 흙, 땅(土, 地)이란 의미를 지닌다. 국어 마당(庭)의 語根 '맏', '미(野), 모로(山)'의 語根 '몰, 몯' 등도 同源語에서의 분화다. '모래, 모새(砂)' 등의 語根 '몰, 못'도 同源語라 여겨지며 '맷돌'의 '매'도 同源語다. 결국 맷돌은 異音同義語다.

7-8-6. 火

국어 '횃불(炬火)'의 '홰'는 불(火)이란 의미를 지닌다. '불이 활활 탄다' 할 때 '활활'이 불(火)이란 뜻을 지니는 말이다.

7-8-7. 風

'바람이 불다(吹)'에서 '불다'의 語根 '불'이 바람(風)이란 뜻을 지니는 말이다. 바람(風)의 語根은 '발'이고 接尾辭는 '암'이다. '발'이 곧 바람 (風)이란 의미인데 소리(音)라는 뜻도 더해졌다. '거짓부리'의 '부리'는 말이란 뜻을 지니며 '부르다(唱·呼)'의 語根 '불'은 소리, 말(音, 語)이란 뜻이다.

pora(暴風)[터키]

국어 '눈보라'의 '보라'는 風雪이라는 뜻이다. 風과 연결된다. 甲骨文 에서는 風이 鳳 자로 假借되어 있다.

7-9. 祖語의 同系性

이렇게 中國語의 祖語가 알타이諸語와 공통요소가 있다는 것을 우리는 어떻게 이해할 것인가? 우선 中國語族도 알타이語族과 同系라는 것을 예상할 수 있다. 1986년 소련의 考古學者 유리 모차노프가 시베리아에서 호모 하빌리스가 사용한 것과 비슷한 것을 2,500여 점 발견하여인류의 기원에 대한 새로운 학설을 제기하였다. 이러한 돌 도구들이 발견된 土壤이 지리학적으로 180만 년 전의 것으로 확인되었다고 한다. 따라서 아시아인들의 조상은 종전의 說인 케냐人이 아니라 시베리아人일 수 있다는 것은 여러모로 중요한 면이 있다.

美國에서 2만1천 년 전의 石器道具를 발견한 것이 보고되었다. 2만5천년 전에서 1만 년 전 사이에는 아시아와 아메리카 대륙이 폭 30km나되는 육로로 연결되었다고 보고 있다. 이 시기는 기온이 낮아서 얼음과눈이 육지에 쌓여 있어 낮은 지역의 해면에는 수량이 적었다고 보고 있다. 이렇게 보면 1만2천 년 전이 아니라 1만 년 정도가 더 소급되어 2만5천년 전에 아메리카에 건너갔다는 이야기가 될 것이며, 考古學者들에 의하면 1만2천 년 전에 南美의 각지에 도달했다고 한다. 아메리칸 인디언조상의 99%는 아시아에서 아메리카로 건너간 것으로 학계에서는 보고있다.

사할린의 길랴크나 아이누도 약 3만여 년 전에 日本으로 건너갔다는이야기가 될 것이다. 이렇게 볼 때 알타이語族은 시베리아에서 발견된호모하빌리스의 후예들이라고 할 수 있을 것이다. 알타이 諸語와 中國語가 연결된다는 것은 中國語의 祖語가 알타이祖語와 공통된다는 것을알 수 있다. 그런데 알타이諸語 중에서도 韓國語와 더 가깝다고 하는것은 주목할 일이다. 더구나 身體語에 있어서 거의 일치하고 있다고 하는 것은 中國語族과 韓國語族이 보다 친밀성을 지니고 있었다고 하는이야기가 될 것이다. 아메리칸 인디언, 에스키모·아이누·길랴크人 등이 아시아에서 남하한 시기를 2만5천 년 전에서 1만2천 년 전 사이로 보고 있는데 이 시대의 알타이語圈은 抱合語的인 것이었다. 이러한 抱合語的인 문법을 지닌 語族이 남하하여 通時的인 의미에서 오늘의 抱合語를 이루었다고 여겨진다.

알타이 諸語는 單音節語 時代에 多音節化하면서 初期的 抱合語로 변화하고 이어서 膠着語的인 言語로 변화했다고 추정된다. 中國語는 單音節語에 接尾辭 등이 첨가되지 않기 때문에 多音節化하지 않고 孤立語를 유지했다고 여겨진다. 이러한 孤立語的인 변화는 다수의 同音異議語가 생기게 되어 單母音이 二重母音化하고 母音音節이 늘어나며 아울러 聲調가 발달하였다고 여겨진다. 例를 들면 頭는 tot(tor)이 tóur, tóu와 같이 母音이 늘어나고 末音이 탈락하게 된다. 이로 말미암아 中國語는 극심한 音韻變化를 초래하게 되었다고 여겨진다. 中國語도 그 祖語時代에는 알타이諸語와 같이 單音節語이고 末音 t를 유지하고 있었다고 여겨진다. 이러한 單音節語가 接尾辭, 토씨 등이 形成되지 않았기 때문에 同音異議語가 많아지게 된다. 意味分化를 꾀하기 위해 單母音이 二重母音化하고, 長母音化하며, 音節이 늘어나고 아울러 聲調가 생기게 된다. 뿐더러 頭音의 子音과 末音 t의 변화가 심하다. 二重母音化 함에 따라 末子音이 탈락하여 開音節化했다. 아울러 다른 알타이諸語에 비해 頭音이나 中聲(母音), 末音의 변화가 가장 심하다. 이러한 현상은 單音節語를 그대로 유지하고 있기 때문에 語義分化를 위해 불가피한 현상이 된다. 中國 音韻이 古代로 올라갈수록 單音節語이고 末音에 있어서 入聲이 많았다고 하는 것은 바로 알타이 諸語의 祖語가 中國語의 祖語라고 하는 견해를 뒷받침하는 것이다. 現在 北京音에선 末音이 母音과 子音으로서는 n, ŋ, r뿐이다. 그러니까 中國語는 開音節化가 비교적 많이 이루어졌다.

우리나라에서 구석기시대의 유물이 발견됨으로써 20여만 년 전에 사람이 살았다고 하는 것이 확실하다. 이 구석기시대는 單音節語 時代였

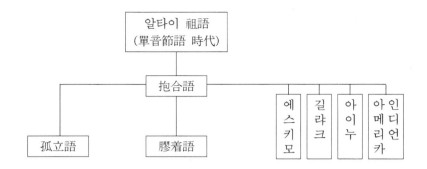

고 이때는 品詞가 미분화 상태였으며 名詞가 述語的 기능을 함께 지니고 있었다. 그러나 通時的인 면에서 多音節化하고 북방에서 계속 남하하는 語族과 더불어 초기적 抱合語를 거쳐 膠着語에 이르렀음을 추정해 본다.

앞으로 알타이 諸語 研究의 과제는 祖語가 몇 개의 집단에서 이루어 졌는가를 밝히는 작업과 그 集團語의 目錄을 작성함으로써 알타이諸語의 形成史를 보다 확실하게 밝히는 데 있다.

이러한 작업은 각 알타이諸語의 消失語를 再構함으로써 가능한 작업이기 때문에 무엇보다도 시급한 것은 각 알타이諸語의 消失語를 再構해야 되리라고 본다. 國語에서 消失語를 再構하면 '손'에 관한 語彙가 '손 (손), 만, 닫, 한, 받, 갇, 앋, 낟'의 8계열의 語彙가 보인다. 이것은 우리나라가 적어도 8개 이상의 語族이 교체되거나 혼합되었음을 알려준다. 알타이諸語에서 태양에 관한 語彙도 hat(har), nat(nar), pat(par), tat(tar), at(ar), sat(sar), kat(kar), mat(mar) 등 8개의 語彙群을 찾아낼 수 있다. 이렇게 태양이란 語彙로 8개를 찾을 수 있다는 것은 알타이祖語 형성 집단이 적어도 8개 집단 이상이 된다는 것을 알 수 있다. 이러한 8개 이상의 집단에서 祖語가 형성되었으며 이러한 집단의 語彙들이 상호 교체·혼합되어 각각 또 하나의 集團語를 이루었다.

8. 古代 琉球語의 形成

8-1. 머리말

아메리카의 先住民은 아시아에서 건너간 이른바 아메리카 인디언이다. 콜럼부스가 미 대륙을 발견한 후 백인들이 배를 타고 와서 무력으로 원주민을 몰아내며 제압하고 오늘의 아메리카가 형성됐다. 일본의 先住民은 아이누族이다. 외부에서 배를 타고 온 사람들이 그들을 몰아내고 제압하여 오늘의 일본 민족을 형성했다. 일본어의 發祥地가 北九州인데 北九州와 가장 가까운 곳은 한국이다. 한국에서 배를 타고 간 사람들이 아이누族을 몰아내고 오늘의 일본을 형성했고 日本語는 古代韓國語가 틀이 되어 형성되었다. 琉球語의 形成은 어떠할까. 다음 경로를 생각해 볼 수 있다.

① 鹿兒島(九州)에서 南下한 일본어
② 남쪽에서 올라온 南方語
③ 中國에서 온 中國語
④ 북에서 남하한 한국어 등을 想定할 수 있다.

일본어가 조류를 타고 琉球에 본격적으로 남하한 것은 1609年에서 비롯된다. 薩領時代로서 本土語의 영향이 奄美島에 파급되었다. 1879年 沖繩縣 設置로 인해 縣政時代로 들어가 日本公通語化가 급진적으로 전개되었다. 그러나 1609年 前에도 日本 本土語의 남하가 부분적으로 있었을 가능성이 있다. 중국이나 남쪽의 언어가 琉球語의 胎動時期에 영향을 주었다고 볼 흔적이 별로 발견되지 않는 것으로 일본학계에서는 보는 듯하다.

필자는 일본 본토어의 祖語가 韓國語이듯 琉球語의 祖語에도 韓國語

의 영향이 컸을 것이라는 생각을 가지고 있다. 즉 古代韓國語가 日本語의 祖語가 되듯 琉球語에도 韓國語가 내려가서 原琉球語 形成에 主潮를 이루지 않았는가 하는 생각을 조심스럽게 하게 되는데, 그것은 琉球語에는 日本語보다도 더 古代語인 古代韓國語가 지금도 생생히 살아 있기 때문이다.

필자가 臺灣과 접하고 있는 与那國島에 갔을 때 그곳의 民俗品을 전시해 놓은 곳을 방문했었다. 전시실 벽에 '与那國歷史'라고 쓴 꽤 큰 직사각형 현판이 걸려 있었다. <1>하고 쓴 내용은 다음과 같다. 15세기에 조선시대 제주도에서 서울로 가던 배가 풍랑을 맞아 与那國에 2명이 표류했다. 두 사람이 与那國에 3개월쯤 있다가 沖繩를 거쳐 본국으로 돌아갔는데 그분들이 본 与那國의 풍물에 대해 말하는 것이 조선실록에 기록되어 있다. 그것이 与那國에 대한 역사기록으로서는 최초의 것이라고 붓글씨로 써 있었다. 그것을 보면서 朝鮮朝에만 조류에 따라온 것이아니고 高麗, 新羅, 高句麗, 그리고 先史時代에 살던 韓國人이 내려왔다고 볼 수 있지 않을까 하는 생각이 들었다.

沖繩 玉城村 奧武에 新羅人이 표류하다가 上陸한 지점에 비석이 있다는 말을 듣고 물어물어 해안가에서 찾아냈는데 비석은 초라하지만 만져보니 감개무량했다. 신라가 형성되기 이전에도 표류해 오지 않았을까. 어쩌면 한국에 사람이 살기 시작하면서부터 배를 탄 사람들은 풍랑을 만나면 琉球의 여기저기 상륙했을 것이라는 생각이 들었다. 原琉球의 宮古島에 갔을 때 들은 바에 의하면 요즘도 한글이 써 있는 浮游物이 해안에서 가끔 발견된다는 말을 들었다. 琉球語 硏究에 一生을 바친 中本正智(日本列島言語史の硏究 p.137)는 '韓半島 南部에서는 해상 遭難한 사람의 영혼을 불러들이기 위해 살아있는 닭을 바다에 띄우는데 이 風習이 与那國의 풍습과 같다'고 하면서 韓國語가 琉球에 흘러들어 갔음을 알 수 있다고 했다.

琉球語를 큰 덩어리로 나누면 奄美諸島, 沖繩本島, 宮古諸島, 八重山

諸島, 与那國 등으로 나뉘는데 고대 한국어가 琉球의 거의 全地域에 通時的으로 들어왔을 것이다.

1501年에 申叔舟가 쓴『海東諸國記』에 실려 있는 것 가운데 琉球에서 온 사람에게 琉球語를 채록한 것이 '語音飜譯'이다. 이 '語音飜譯'이 朝鮮朝 初이기는 하지만, 유구어에서 고대한국어의 모습을 볼 수 있다.

琉球와의 交流는 古代로 소급되며 先史時代에도 韓國人이 배를 탄 채 風浪과 潮流에 밀려 琉球의 여러 섬 이곳저곳에 漂流하다 도착하여 古代의 琉球語 形成에 영향을 주었을 것이라는 것이 이 論文의 主題다.

8-2. 語彙

8-2-1. 天體語

(1) teta(太陽)[omoro]

teta의 語根은 tet이다. '해가 돋다(日昇)'에서 '돋다'의 어근 '돋'은 해라는 뜻을 지니는 명사다. 때(時)의 古形은 '닫'으로서 달>달+이>다이>대>때가 되었다. 돌(周年)은 '돋(太陽)'에서 末音이 ㄷ>ㄹ이 되면서 意味分化가 이루어졌다.

> 돋 → tosi(年)[日]
> 돌 → toki(時)[日]
> 돋 → teta(太陽)[琉球]

日本語 terasu(照す)의 語根 ter(tet)은 太陽이란 뜻으로 古形은 'tet'일 것이며 '돋'과 比較된다.

> ma → me(目)[日]
> ta → te(手)[日]
> tata → teta[琉球]

'닫/돋(太陽)'이 琉球語에서 teta가 되었다.

dɪlatsa(太陽)[오로촌]

dʒuga(夏)[에벤키]

dʒulidə(南)[에벤키]

dʒurəlgi(南)[滿]

dʒuwari(夏)[滿]

어근 dɪl, dʒul을 얻을 수 있는데 dʒul도 dul로 소급된다. '여름·남쪽(夏·南)'의 어원적인 의미는 알타이어권에서는 거의 太陽이란 뜻을 지니는 말에서 비롯된다. 이는 teta(太陽)가 北方系인 알타이제어와 同源語임을 보여준다.

(2) kaha(太陽)

terukaha(照る日 → 太陽)[omoro]

teru(照る)의 語根은 ter인데 祖語形은 tet이다. omoro에서 太陽이란 뜻으로 teda(teta)가 나온다. 語根은 tet이 되는데, 太陽이란 뜻 tet의 末音 t가 r로 변하면서 ter-u(照る)의 動詞가 되었다. kaha는 고형 kara에서 r音이 脫落하며 kaha가 되었다.

kal(水, 川, 江)>kara>kaha>kawa(河)[日]

날(緯)>nara>naha>nawa(繩)[日]

nal(土)>nira>niha>niwa(庭)[日]

kaha의 語根은 kal이다. 개다(晴)의 語幹은 '개'로서 名詞가 되는데, 개는 것은 太陽의 作用이다. 따라서 '개'는 太陽이란 뜻이다. '개'는 '가이'가 줄어든 것이고, 갇>갈>갈+이>가이>개의 變化로서 祖語形 kat(kal)도 太陽이 原意다.[1] 몽골어에 gere(光)는 빛깔의 '갈'과 同源語고 語源的 意味는 太陽이다. 해거름(黃昏)과 tasogare(黃昏)가 있는데 '거름'의 語根 '걸', gare의 語根 gar은 모두 語源的 意味는 太陽이다. 'mega kureru(目が

---

1) 필자, 『國語語源辭典』, 보고사, 2000, 33-34쪽.

暮れる)'에서 kureru의 語根 kur도 語源的인 意味는 太陽이고 kurasu(暮す)
의 語根 kur도 語源的인 意味는 太陽이다.

　　　guyak(太陽)[위구르]
　　　gün(太陽)[터키]
　　　gök(天)[터키]

　guyak의 古形은 gurak이라 하겠고 語根 gur(gut)이 太陽이란 뜻을 지
니고 있음을 알 수 있다.[2] omoro에 kaha가 있다는 것은 ka보다는 더
古形이라 하겠고 日本에서 내려간 말이라기보다는 韓國에서 내려간 古
形일 가능성이 있다. '빛깔'의 '갈'의 어원적인 의미는 태양이다.

　(3) sira(太陽)

　沖繩의 官城島와 八重山諸島의 波照間에서는 sina로 나타난다. 국어
햇살의 '살, 설(元旦), 설·살(歲)'의 어원이 태양이란 뜻을 지니는 말이다.
琉球語에 sira, sina의 형태로 태양이란 뜻을 지니고 있다는 것은 한국
의 고대어가 유구어 형성에 깊은 영향을 주었다는 것을 보인다. 일본어
에서는 sora(天, 空)의 어근 sor, sarasu(晒す)의 어근 sar이 태양이 어원
이다. omoro에서 terusino가 있는데 太陽, 日神이라는 뜻이다. sina,
sino가 古形이라고 볼 수도 있다.

　　　syun(太陽)[滿]

　그렇게 볼 경우 sira는 sina에서 변했다고 보아야 할 것이다.

　(4) teni(天)

　어근 ten은 tet이 祖形일 것이다. teta(太陽)의 어근 tet의 말음이 n화
하면 ten이 된다.

---

2) 徐廷範, 『日本語の源流と韓國語』, 日本, 三一書房, 1996, 112쪽.

tengeri(天)〔蒙〕

tengeri(天)는 ten과 geri의 합성어다. ten은 ten이 g 위에서 ŋ化한 것이다. 몽골어에서도 ten이 하늘(天)이란 뜻이다. geri의 어근은 ger(ged)인데 본뜻은 태양으로서 하늘(天)이란 뜻으로 바뀐다. 몽골어에서 gere가 빛(光)이란 뜻을 지니는데 빛(光)의 본체는 태양이다. 몽골어에서 하늘(天)이란 뜻을 지니는 말은 태양이란 뜻을 지니는 異音同義語의 合成語다. 중국어 tiān(天)과도 비교됨직하다. 그러나 고대한국어에서 태양이란 뜻을 지니던 '돋'이 琉球에 가서 'ten'으로 변했을 것이다.

(5) obotsu(天上, 天上神의 在所)

omoro에 나타나는 어휘로 obotsu는 o와 botsu로 나뉜다. o는 接頭語(尊稱, 美稱, 恭遜)이며 botsu의 어근은 'bot'이다. 이 bot은 국어 '볕(陽)'의 고형 '벋'과 同源語다. 빛·비추다의 語根은 語源的으로 하나라는 뜻을 지니는 말이다. 해라는 뜻을 지니고 있다. 하늘에 있는 태양도 하늘이란 뜻을 지니고 있다. '하눌(天)'은 '하'와 '눌'로 나뉘는데 모두 태양이란 뜻을 지니는 異音同義語로 '天'이란 뜻이다. 일본어 sora(空, 天)의 어근 sor은 국어 햇살의 '살', 설(元旦), 설(歲) 등의 어원적인 의미와 同源語다. botsu의 어근 bot와 국어 '벋(陽)'은 同源語다. obotsu의 o를 接頭語로 보지 않을 경우는 해라는 뜻을 지니는 實辭일 수도 있다. ama(天)는 한국 고대어 '알(陽)'이 어원이다. asa(朝), asu(明日)의 어근 as는 at로 소급되며 at>al로 바뀐 것이다. o를 태양이라는 뜻을 지니는 實辭로 볼 수도 있다.

(6) atsa(明日)

atsa의 어근은 'at'이다.

明日曰 轄載〔類事〕

昨日曰 訖載[類事]
前日曰 記載[類事]

訖載, 記載는 같은 말로 '그제'가 될 것이다. 轄載를 '후제'로 풀이할 수도 있다. 현대 한자음으로는 '할재'이지만 琉球語 atsa와 연결되지 않을까 한다.

어제(昨日)
오늘(今日)
아제(明日)
어제 : 아제는 모음 차이로 의미분화를 했다.
asu(明日)[日]

일본어 asu의 어근 as는 at로 소급되며 아제(明日)의 어근 '앚(앋)'과 同源語이다. 그렇게 본다면 明日이라는 뜻으로 '아제'가 있었다. '語音飜譯'에서는 明日이 '아쟈'다.

아촘(朝)[釋6:3]
아적(朝)[仁宣王后諺簡]

아촘, 아적의 어근이 '앚·앛'이나 祖語形은 '앋'으로서 태양이란 뜻이다.
asa(朝)[日]
asu(明日)[日]

한국어 '앚'이 일본에서 asu로 반영되는 것으로 보아 고대한국어에 明日이라는 뜻으로 '아재(제)'의 어휘가 있었다는 것을 알 수 있다. ata(明日)系가 宮古島, 多良間島에 나타난다. 이는 atsa(明日)의 어근이 'at'임을 분명하게 한다.

(7) t'uki(月)

日本語에서는 tsuki(月)로 나오는 데 비해 유구어는 t'uki로 頭音이 t音이고 日本語는 ts의 口蓋音이다. 韓國語로는 '달'이다. 奄美大島 南部

村 喜界島에 tʼuki형이 있다.

한국어	일본어
달	tsuki
술	sake
굴	kaki(蠣)

위와 같은 對應을 보이고 있는데 琉球語에서는 tʼuki라 頭音 t가 그대로 나타나고 있다. 韓國語의 末音 ㄹ이 日本語에서 k로 對應되는데 琉球語에서도 ㄹ:k의 대응을 보이는 것은 日本語와 共通된다. sïki(月)形도 있는데 南琉球의 石垣島, 黑島, 鳩間島, 波照間島에 나타난다. 南琉球語에 tsuki와 sïki가 共存하고 있다. ts가 s로 변했는지 그렇지 않으면 어원이 s인지 확실하지 않으나 몽골어에 sara(日)가 있으므로 tsuki가 sïki로 頭音이 변했을 가능성이 많다.

(8) pusï, pusi(星)

琉球語에서는 頭音 p를 유지하고 있다. 별(星)의 古形은 '벌'인데 祖語形은 '벌'이다. pˇt이 日本語에서는 p>f>h化했고 琉球語에서 p를 그대로 유지하고 있는 것으로 보아 音韻에서 部分的으로는 日本語보다 古形을 유지하고 있다. 南琉球語에 pusï系가 주로 쓰이고 있다. 이로 보아 南琉球語도 北方系 알타이어족의 祖語일 가능성이 있다.

(9) biru(晝)

biru系가 거의 全島에 使用되고 있다. 일본어에서는 hiru다. 일본어에서 韓國語 頭音 b가 h로 나타나는데 비하여 琉球語에서는 頭音 b가 그대로 발음되고 있다. 그러나 일부 島嶼에서는 h로 나타나고 別個인 sir형도 보인다. sir형은 고대한국어 '살·설(陽·元旦)'과 同源語라고 여겨진다. 琉球語에서 일본어 hi가 bir로 모든 섬에 쓰인다는 것은 고대한국어가 同時에 日本과 琉球로 들어간 것을 보인다. 琉球語에서는 頭音 b가 그대로 유지되어 있다는 것은 日本語보다 음운에 있어서 保守性을 지니고 있음을 알 수 있다. duru, tiru(晝)의 어근 tir의 古形은 tit이다. 琉球語에서 tiita(太陽)의 語根 tit과 同源語가 되며 古代韓國語 '돌(돈)'과 同源語다.

(10) sa(歲)[omoro]

　　살(歲), 살(太陽), 설(元旦)[國]

　　sal>sari>sai(歲)[日]

omoro의 sa는 한국어 sal의 末音脫落形이다.

(11) hae(南)

　hae系는 全 琉球에 퍼져 있다. 본토인 九州, 中國, 四國 등에서도 쓰이고 있는 말이다. 일본어를 南方系로 보는 학자들은 hae가 南方系語라고 보고 있지만 그렇지 않다. hae계는 pai, pe의 형으로 나타나 語頭에 p를 알 수 있다. hae는 bae에서 변한 말이고 bae는 bare의 r음이 탈락한 말로서 語根은 bar(bat)이다. bat은 한국어 '볕(볕)'과 同源語이며, 일본어 hi(日)는 bi에서 변한 것으로 한국어 '볕(볕)'과 同源語이다. 한국어 '알'은 太陽이라는 뜻을 지니는 말로서 '앏'이 되며 '前, 南'이라는 뜻도 지닌다. 앞(前)이 前이라는 뜻과 南이라는 뜻도 지니고 있는 말이다. 동, 서, 남, 북의 방위는 태양의 운행에 의해 생긴 말이다. '새(東)'는 '사이'가 줄어든 말로서 '살이'의 '살'이 語根이다. 햇살, 설(歲), 설(元旦)의 '살, 설'이 태양이라는 뜻에서 의미가 변한 것이고 '새'의 어원적인 의미도 '해(太陽)'인 것이다. 따라서 hae의 고형인 bare(bat)도 '해'라는 뜻에서 南 또는 前이라는 뜻을 지니게 된 것이다. 德之島에서 siri(南)가 있는 것은 특이하다. 어근 sir은 고대한국어 '살, 설'과 同源語일 것이다. 일본어 mae(前)의 고형은 mare로 r음 脫落形이다. mar(mat)의 어원적인 의미는 '해'다. 모레(再明日)의 어근 '몰(몬)'이 해의 語源的인 意味를 지닌다. mae가 '南'이라는 뜻으로 쓰이는 곳도 沖繩久米島, 沖繩北部, 德之島 여기저기에 있다.

> d₃ulidə(南)[에벤키]
> d₃uliləə(前)[에벤키]
> emüne(南)[蒙]
> emüno(前)[蒙]
> d₃yurəlgi(南)[滿]
> d₃yurəri(前)[滿]

몽골어, 만주어, 에벤키어 등에서 '南, 前'의 어원도 同源語로서 해(日)다. 일본 측에서는 mahe(前)는 ma(目)와 he(方)의 合成語로 보고 있으나 mare>mahe>mae로 변한 것으로 어근 mar(mat)이 태양이란 뜻이다. minami(南)는 mi가 겹친 것으로 minato(港)와 같이 (mi(水) no(連體助詞), to(戶)) minomi가 minami로 되었을 것이다. mimi(耳)는 mi(耳)가 겹친 것 같이 南쪽은 태양이 강렬한 쪽이니까 태양이란 뜻을 겹쳤다. 유구어에 쓰이는 hae(南), siri(南), mae(南)는 모두 祖語가 古代韓國語다.

(12) agari(東)

agari(東)

agari는 a와 gari의 合成語다. a는 古代韓國語 a(太陽)와 同源語일 것이다. gari도 거의 태양이라는 뜻을 지니는 '갈'과 同源語다. 알타이제어의 方向語는 거의 태양이란 뜻을 지니는 말이라는 것이 공통된다. 일본어 hikari(光)의 kari가 古代韓國語 '갈'과 同源語일 것이다. 일본어 kure(暮)의 語根은 kur이다. tasogare(黃昏)의 gare는 태양이 原義다. 일본어 higasi(東)의 gasi의 어근은 gas인데 祖語形은 gat이고 gat의 말음 t가 변한 것이다. higasi의 hi는 pi가 古形인데 한국어 볕(陽)의 고어 '벋'과 同源語다. 일본 측에서는 agari를 '오르다'로 풀이하고 있다. 한국어

'새(東)'는 '사이'가 줄어든 말로서 祖語形은 '살(삳)'이다. 햇살의 '살', 설(歲, 元旦)의 어원적인 의미는 태양이고 일본어 sora(天, 空)와도 同源語이다.

(13) hadi(風)

kade(風)가 琉球語의 主潮를 이루고 있지만 hari, hadʒi系 등이 있다. 주로 沖繩北部에서 與論島, 沖永良部島에 걸쳐 分布되어 있다. 이는 韓國語 바람(風)의 語根 '발(받)'과 同源語일 것이다. hari는 hadi가 hari로 변한 형이다. kade(風)가 hadi로 頭音 k가 h로 변했을 수도 있다.

(14) kure(雨)

ame와 kure系가 主潮를 이루고 있다. 일본어 ama, ame는 고대한국어 '알(水)'과 同源語다.

날(生)	nama(生)[日]
앋(水)>알	ama(雨)[日]
아리水(漢江)	umi(海)[日]
	ase(汗)[日]
	arau(洗)[日]
돌(石)	tama(珠)[日]

琉球語 kure는 原琉球語로서 ame가 들어오기 전에 쓰였던 말일 것이다. 가람(江), 냇갈, 결(渠)과 유구어 kure의 어근 kur은 同源語일 것이다.

ka:ra(川)[琉]

ka:(川)[琉]

어근 kar을 얻을 수 있다. 구름(雲)의 어근 '굴'은 물(水)이란 뜻을 지니는 말로서 고대어에서 '굴'이 비(雨)라는 뜻도 지니고 있었을 것이다.

(15) purjun(降)

全域에 걸쳐 分布되어 있다. 명사 pur에서 전성된 동사다. 日本語 huru는 pur에서 전성한 동사다. puru의 語根 pur은 名詞인데 비, 물(雨, 水)의 原意를 지닌다. 韓國語 비(雨)의 古形은 '블'일 수 있다. 日本語 huru의 古形 pur이 비(雨)의 古形일 것이다.

바다(海)
붓다(注)
bira(河)[滿]
hutsi(淵)[日]

hutsi는 putsi가 古形이고 語根은 put이다.

(16) ina(早, 곧)

그때에 곧, 지체함이 없이 바로라는 뜻이다.

이내 므슴애 더욱 웅노이다[月曲上61]

'이내'는 '이나이'가 준 말이다. 副詞인 '이나이(이내)'와 琉球語 ina가 同源語라는 것은 주목할 일이다.

8-2-2. 身體語

(1) mimburu(頭)

與那國 方言인 mimburu는 mim과 buru의 合成語로 본다. mim의 語根은 mi인데 한국어 머리(頭)와 同源語이고 buru도 머리(頭)라는 뜻이다. 한국어 받다(突)의 語根 '받'이 名詞로서 머리(頭)라는 뜻을 지니는 말로서 터키어 baş(頭)와 同源語이다. tsïburu(頭)는 八重山 川平의 方言인데 tsï와 buru의 合成語로서 몽골어 tologai(頭)의 語根 tol과 同源語이고 몽골어 daragu(頭)의 dara와도 同源語이다. 琉球語 tsï는 '돌·둘'과 同源語다.

dɪlï(頭)[에벤키]

dɪli(頭)[오로촌]

語根 dɪl과도 同源語다. 奄美方言 kamatsi는 ka와 ma와 tsi 三個 어휘의 合成語로서 머리(頭)라는 뜻을 지니는 異音同義語다. ka는 kasira의 ka와 同源語인데 이 말은 古代韓國語 '대가리'의 '가리'의 語根 '갈'과 同源語이다. 'ma'는 마리(頭)의 語根 '말'과 同源語고 tsi는 역시 머리(頭)이라는 뜻이다.[3] 德之島, 與論島方言에는 karadʒi(頭)系가 있다. 이 karadʒi系語에 대하여 中本正治는 kasira(頭)가 琉球列島에서 音位轉倒를 일으킨 語形으로서 이는 古語 kasira와 對應된다고 했다.[4] 그렇다고 하면 kamatsi(頭)의 tsi는 어떻게 볼 것인가 하는 문제가 야기된다. karadʒi는 kasira의 音位轉倒가 아니라 kara는 韓國語 '대가리'의 '가리'의 語根이 그대로 kara가 되고 dʒi는 kamatsi의 tsi와 同源語다. 宮古大神 方言에서의 karakï(髮)의 kara가 kara(頭)와 同源語로 kï가 털(毛)이라는 말 ke(毛)이다. 日本 古語인 tsuburi의 tsu와 同源語다. 宮古島方言에는 kanamari(頭)가 있다. 이에 對해 中本正智[5]는 kana에 對하여 '奈良朝期 加奈鋺' 金屬性의 鋺과 同源語로 보고 있다. 그것은 tsuburu와 같은 발상으로 보고 있다. '鋺'의 中央語에 奈良朝期에 mari(萬利), 中世에 magari가 있다. 琉球에서는 椀의 諸方言形에 kamai, mahai, makadʒi가 있는데 makari에 소급된다. 宮古에서는 makadʒï이기 때문에 kanamari의 mari, mai, maɪ과는 語中의 部分이 구별된다. kanamari가 熟語로서 器物과 함께 移入한 것이라는 見解를 펴고 있다. 中本正智는 kanamari의 kana는 頭가 '鋺'의 형태고 mari도 mara(丸, 圓)로서 머리가 그릇과 같이 둥글다는 語源을 지녔다고 보는 것이다. 이렇게 보는 근거는 tsuburu(頭)의 buru가 tsubu(粒), tsubo(壺)와 同源語로 본다는

---

3) 필자, 「原琉球語와 古代國語와의 關係」, 『語源研究 4』, 5-6쪽.

4) 中本正智, 『琉球語彙史의 研究』, 三一書房, 43-44쪽.

5) 中本正智, 『圖說琉球語辭典』, 金鷄社, 42-43쪽.

데서 出發한 것이다. 우선 tsuburu에 對한 語源부터 잘못보고 있는 것이다. 한국어에는 '대머리'가 있는데 日本 古語에는 tsumuri와 tsuburi의 双形이 있다. tsuburi의 buri는 tsubo(壺)와는 關係가 없는 말로서 머리(頭)라는 뜻을 지닌 말로서 국어 '대머리'의 '대'에 해당되는 말인 것이다. tsuburi의 buri를 壺로 본다면 tsumuri는 어떻게 해석할 것인가. tsumuri는 한국어 '대머리'로서 muri는 韓國語 머리(頭)와 同源語인 것이다. buri도 語源的으로는 머리(頭)라는 뜻을 지니는 말로서 異音同義語인 것이다. '머리를 받다'의 어근 '받'이 명사로서 머리(頭)라는 뜻을 지니며 터키어 baş(頭)와 同源語인 것이다. buri는 琉球 全島에 걸쳐 분포되어 있다.

tsuburu(頭)[八重山川平]
mimburu(頭)[與那國]
tsiburu(頭)[沖繩奧武]
tsïburu(頭)[奄美湯灣]

kana mari의 mari는 한국어 머리(頭)의 古形 '마리'와 同源語다. kana는 韓國語 대가리의 '가리'의 語根 '갈(갇)'과 同源語이다. '갈(갇)'의 '갇'이 일본어에 와서는 'kas-i'로 變하고 kasi에 ra 接尾辭가 붙어서 kasira다. 語根 kat(頭)이 일본어에서 kat가 kan으로 變한 것이다. 與那國에서는 털(髮)이라는 뜻을 지닌 kanan이 있는데 kan이 kat에서 變한 것을 보이고 있다.[6]

갇(蟹)	kani(蟹)[日, 琉球], katuri(蟹)[滿]
받→배(船)	hune(舟)[日, 琉球]
닫(地, 山)	tani(谷)[日, 琉球]
긷(絹)	kinu(絹)[日, 琉球]
갇(頭)	kana(頭)[琉球]

6) 中本正智, 『琉球語彙史の硏究』, 41쪽.

'語音飜譯'에는 '頭 가난수'다. mari(頭)도 韓國語 머리의 古語 마리(頭)와 同源語다. 그러니까 kana muri는 '銚丸'이라는 뜻이 아니라 頭라는 뜻을 지니는 異音同義語의 合成語다. 波照間石垣 方言에 amasïkurï, 石垣에서는 amadʒi가 머리(頭)라는 뜻을 지닌다. amasïkurï의 kurï는 국어 대가리의 '가리'와 同源語이며 tologai(頭)의 gai에 해당하는데 gai는 gari가 原形이고 gar이 語根이다. amusï의 musï의 語根도 mus인데 祖形은 mut이다. 韓國에 대한 12世紀 기록인 『鷄林類事』에서는 '麻帝(頭)'로 表記되는데 語根이 '맏'임을 알 수 있다. amusï의 'a'는 日本語 atama의 語根 at에 해당되는데 古代韓國語에 '우두(頭)'가 있다. 日本語 atama는 韓國語 utu(頭)와 마리(頭)의 合成語로서 異音同義語다. amadʒi의 a는 amasü의 'a'에 해당되고 madʒi와 musï는 同源語다. '맏'에서 madʒi, musï로 變化했다. 琉球語에서도 宮古大神과 주변도서에 tsuburu가 分布되어 있다. 이것으로 보아 머리(頭)라는 뜻을 지니는 말이 kamatsi, akamatsi, amusï, karadʒi, kanamari, tsuburi 6개의 形態로 나타난다. 日本語의 影響을 그대로 받은 것이 tsuburu고 나머지 5개 어휘는 韓國語의 영향을 더 짙게 받았다. 이는 琉球語 形成에서 日本語보다 古代韓國語 勢力이 더 컸다는 것을 보인다.

(2) kara(髮)

karakï(髮)[宮古大神]
karadʒi(髮)[沖繩奧武]

karakï는 kara와 kï의 合成語인데 kï는 ke(毛)를 뜻한다. kara는 韓國語 '갈'에서 비롯한 말이다. 머리ㅎ갈의 '갈', '갈기의 갈'이다. 日本語에서는 kami(髮)이다.

갈(髮)	kami(髮)
날(生)	nama(生)
알/얼(水)	umi(海), ama(雨)

'語音飜譯'에는 '頭髮 카시라'다. kasira(頭)라는 뜻이 머리카락(髮)으로 意味推移가 일어났다. kasira의 語根 kas(kat)의 末音 t가 日本에서는 kas이다. 한국어 '대가리'의 '가리'의 語根 '갈(갇)'에서 비롯한 말이고 kasira의 ra는 接尾辭다.

hasi-ra(柱) hasira
kudʒi-ra(鯨) kudʒira
kasi-ra(頭) kasira

몽골어 tologai(頭)의 gai에 해당되는데, gai는 gari에서 r音이 탈락한 형이다.

(3) amako(眼)[omoro]

amako는 ama와 ko의 합성어로서 눈이란 뜻을 지닌 말의 異音同義語다. ama의 어근은 am으로서 祖語形은 at이다.

靑黃赤白이 섯거 어즈러우며[楞6:47]
어즐ㅎ다 : 어즐 현(眩), 어즐 황(恍), 어즐 홀(惚)[類合下35, 12]
사ᄅ미 귀누늘 어즐케 ㅎ야(徒眩人之耳目)[金三2:19]
어즐病 어더서 갓과 쎠만 나마[靑p.122]

'어즐, 어즐병, 어즈럽다 어즐ㅎ다'의 '어즐'은 '정신이 얼떨떨하다'와 '모든 것이 제자리에 있지 않아 어수선하다'라는 뜻을 지니지만 그러한 현상도 시각적으로 느끼는 현상이다. 어즐 현(眩). 눈이 어질어질하다. 눈이 아물아물해서 잘 보이지 않는다. 여기서 어근 '엇(얻)'과 '암'을 가려낼 수 있다. 고대어에 눈이란 뜻을 지닌 말에 '언, 암(앋)' 등이 있었음을 알 수 있다. 古代韓國語에 '앋(알)'이 눈이란 뜻을 지니고 있었을 것이다.

알(眼)   ama(目)[琉球]
날(生)   nama(生)[日]
알(水)   ama(雨)[日]

al(太陽)   ama(天)[日]

ko도 눈이라는 뜻이다.

göz(目)[터키]

görmek(見)[터키]

卑語에 '눈깔'이 있는데 '깔'이 고대어에서 눈이란 뜻을 지니고 있었던 말이다. '깔보다'의 '깔'도 고대어에서 눈이란 뜻이다. amako의 ko도 눈이란 뜻을 지닌 고대어다. '보다'의 '보'도 명사로서 고대에는 눈이란 뜻을 지닌 말이었다. 부릅뜨다, 부라리다, 보다의 語根 '불, 보(본)' 등이 눈이란 뜻을 지닌 명사였다.

(4) mï:(目)

琉球 全 地域이 mï, mi라고 할 수 있는데 日本語 ma, me와 同源語다. 現代韓國語는 눈(目)인데 消失語에 '말, 멀'이 있다. 멀다(遠), 멀다(冥)의 '멀'이 명사로서 눈이란 뜻이다. 멀뚱멀뚱, 말뚱말뚱의 '멀, 말'이 눈이란 뜻이다. 古代韓國語에서 '말, 멀'이 日本과 琉球에 同時代에 건너갔음을 보여준다. 琉球語 mï, mi는 日本語 ma, me에서 온 것이 아니라 古代韓國語가 日本과 琉球에 두 갈래로 건너갔다는 이야기다.

(5) mirjun(見)

全琉球語가 mirjun, mi:l 系라고 하겠으나 奄美大島, 德之島와 沖繩本島의 북부에 있는 伊平屋島, 伊是名島, 伊江島는 njun, nu:n系가 쓰이고 있다. njun은 miumu에서 mjun과 njun을 파생해서 德之島나 奄美大島에 njun이 많다고 했다.[7] 그러니까 mjun이 niun으로 變했다는 이야기가 될 것이다. mjun이 부분적으로 나타나는 것이 아니라 特定한 地域에 나

---

7) 中本正智, 『圖說沖繩語辭典』, 金鷄社, 50쪽.

타나는 것으로 보아 njun, nuːn은 mi(目)와 別個의 語源을 지닌다. 눈(目)이란 뜻을 지니는 miː는 琉球 全域에 걸쳐 使用되고 있다. mintsi가 與那國의 一部에 나타나나 이는 mitsi에 n이 介入되는 것으로 miː와 同源語다. nada(淚)도 全 琉球에 쓰이고 있으나 久米島의 nara(淚)는 t가 t>r로 된 것으로 파악된다. nada는 namita의 mi의 省略이라고도 볼 수 있으나 全域에 걸쳐서 쓰인다고 하는 것을 통하여 볼 때 琉球에서 형성된 어휘일 가능성이 있다. nada는 na와 da의 合成語로 이해된다. nada의 na는 namita의 na와 同源語고 da는 mita(水)와 같이 물(水)이란 의미를 지니는 말이다.

(6) njun, nuːn(見)

nuːn系는 伊平屋島, 伊是名島, 與那國島에 한해서 쓰인다. njun系는 伊江島, 德之島, 奄美大島에 걸쳐 쓰인다. 이는 국어 '눈(目)'이 유구어에 나타나는 것으로 보인다. nːdʒun, n'dʒun계는 눈의 祖語形 '눋'과 同源語일 것이다. 일본어 miru(見)의 어근 mir은 일본어 ma, me와 동원어로서 ma, me의 祖語가 mar(t)임을 보인다. 한국어 보다(見)의 語根 '보'도 명사로서 고대어에서 눈이란 뜻이다.

(7) tsura(顔)

tsura의 語根은 tsur로서 古形은 tul(r)일 것이다. 日本語에서 tsura는 낯(面), 뺨(頰)이란 뜻이다. tsura는 古代韓國語 달(顏)인데 琉球語에 가서는 낯(顏), 日本語에서는 얼굴(面), 뺨(頰)으로 되었다. 탈(假面)의 古語는 '달'일 것이다.

　　　dərəl(顏)[에벤키]
　　　dərə(顏)[滿]

'탈'의 古語 '달'과 에벤키, 만주어의 얼굴(顏)이란 뜻인 dərə의 語根

dər은 한국어 '달'과 同源語다. 韓國現代語에서는 '낯(顔)'인데 낯 전에는 '달'이 얼굴(顔)이라는 뜻을 지니다가 現在는 '탈'로서 假面을 뜻한다. 韓國語 '달'이 日本語에서는 tsura, 낯(面), 뺨(頰)이라는 뜻이고 琉球語에서는 얼굴(顔)이라는 뜻이다.

'탈'의 古形 '달'이 고대어에서는 낯(顔)이라는 뜻을 지니고 있었음을 알 수 있다. '닮다'의 어근 '닮'은 '달'이 古形일 것이고 '달'이 낯(顔)이라는 뜻이다. '닮다'의 대표는 '얼굴(顔)'이다.

(8) hanaburu(鼻)

hanaburu는 hana와 buru의 合成語로서 異音同義語다. 뒤에 오는 buru가 原琉球語다. 즉 hana의 신세력어가 들어오기 전에 buru(鼻)가 與那國語로 사용되었다. buru는 古代韓國語에서 '코'라는 뜻을 지닌 명사였다.

곳블(感氣)[分瘟4]

곳블은 '고'와 '블'의 合成語로서 '코'라는 뜻을 지닌 異音同義語다. '코를 풀다'에서 '풀다'의 어근 '풀'은 '블'로 소급되며 '코'라는 뜻을 지닌 말이다.

burun(鼻)[터키]

어근 bur은 국어 '블'과 同源語다.

(9) misikurumin(耳)

南琉球의 波照間島에서만 misikurumin으로 나타나는 것은 특이하다. 다른 지방에서는 거의 mimi(耳)의 변형 min으로 나타나고 있다. misikurumin을 분석해보면 misi와 kuru와 min으로 구분되는데, 모두 異音同義語다. 한편 misi를 mi와 si로 나누면 kuru와 mi 등 4단어로 나눌 수도 있다. 마지막으로 나타나는 min은 全琉球語에 걸쳐 분포되고

있다. misikuru만 남는다. kuru는 古代韓國語 '굴(耳)'과 同源語다. 굴>
굴+이>구이>귀의 변화로서 '굴'이 祖語形이다. kulak(耳)[터키어]의 어
근 kul은 한국어 '귀'의 조형 '굴'과 同源語고 波照間島에 건너간 사람이
'굴'을 쓰던 사람이었을 것이다. misi를 한 단어로 볼 수도 있다. 한국어
'귀먹다, 귀머거리'의 '먹'은 '귀'라는 뜻으로 祖語形은 '멀(먼)'인 것이
다. '먿'이 가서 misi로 변했을 것이다. 그러나 mi와 si로 가를 수도 있
다. mimi는 본시 mi라고 하는 말이 겹쳐 mimi가 되었다.

미(耳)[語音飜譯]

si도 귀(耳)라는 뜻이다. 한국어에 '귓사대기'라는 말이 있는데 귓사대
기는 '귀'와 '사'와 '대기'의 合成語다. '사'가 고대어에서 '귀'라는 뜻이다.

syan(耳)[滿]

syan의 고어는 san이고 祖語形은 sat(sar)이다. misi의 si가 '귀'라는
뜻을 지니는 명사일 수 있다. misikurumin의 mi, si, kuru, min의 4단어
가 합친 異音同義語다.

(10) sukun(聞)

sukun, sïkun, sikïn, sikun, sitsun 등은 주로 南琉球인 與那國島, 西
表島에서만 사용되고 있다. 다른 지역에서는 kikun계가 주류를 이루고
있는 데 비해 南琉球에서도 두 섬에서만 쓰이는 것이 특이하다. kikun
은 日本語 kiku(聞)와 同源語다. sukun은 su와 kun으로 가를 수 있는데,
後行語 kun은 kikun의 後行語 kun과 일치하고 있다. 先行語인 'su'가
특이하다. 일본어 kiku(聞)의 어근 ki는 한국어 귀(耳)의 祖語形 '굴(굳)'
과 同源語다. 따라서 su도 귀(耳)라는 뜻을 지니는 명사로 보인다. 한국
어 '귓사대기'의 '사'가 古語에서 '귀'라는 뜻을 지니는 말로서 만주어
syan(耳)은 san으로 소급되며 祖語形은 sar(sat)이다.

(11) katamusï(肩)

　　katamusï(肩)[宮古大神]
　　katamusï(肩)[伊良部島伊良部]
　　katamusï(肩)[平良市西原]
　　katamusï(肩)[城辺町福里]
　　kataburutʃi(肩)[與那國]

katumusï의 musï와 burutsï는 接尾辞로[8] 보고 있다. katumusï를 필자는 異音同意의 合成語로 본다.

　　mürü(肩)[蒙]
　　merən(肩)[滿]

語根은 mür, mer이다. 메다(擔)의 語根 '메'는 '머이'가 줄어든 말이고 먿>멀>머리>머이>메의 변화로서 '먿(멀)'이 祖語形이다. 조어형 '먿'과 musï의 祖語形 mus은 mut으로 소급되며 同源語다. '엇게'의 '게'의 祖語形 '걷'이 日本語에서 kata가 되었다. '엇게'는 同音異義語이다. '엇(얻)'도 어깨(肩)라는 뜻을 지닌다.

　　ürgünö(擔)[蒙]
　　algara(肩)[카자흐]

ür, al과 '엇(얻)'은 비교된다. 터키어에서 omuz(肩)는 omuzda가 되면 動詞다. 한국어 '메다(擔)'도 '메'의 祖語形은 '먿'으로서 어깨(肩)라는 뜻을 지녔고 日本語 katsugu(擔)의 어근 kat은 kata(肩)의 語根 그대로다. 與那國 kataburutsi의 buru는 muru에서 변했다고 보는데, 琉球語에서 '메다(擔)'의 동사가 관심을 끌게 된다. m과 b의 交替形이다. 全 琉球에 걸쳐 몽골어 nilmosun(淚)과 nilbusun(淚) 같은 m, b 交替形이 공존하고 있다.

---

8) 中本正智, 『琉球語彙史の研究』, 三一書房, 1983, 57쪽.

뱀(蛇)- hebi(蛇)[日]

납(鉛)- namari(鉛)[日]

거붑(龜)- kame(龜)[日]

katamin, katamiru, katumin이 分布되고 있다는 사실이다.[9] kata는 물론 어깨(肩)의 日本語가 될 것이고 min, miru, mi가 '메다'에 해당된다고 보겠는데, mürü(肩)[蒙], merən(肩)[滿]의 語根 mur, mer과 비교가 되며, '메다'의 '메'의 祖語形 '멀(먼)'과 同源語라고 하는 사실을 통해서 볼 때 musï(肩)와 miru의 勢力이 原琉球語時代는 强力했었다는 것을 보인다.

(12) munudari(腿)

munutari(宮良 黑島)

munundari(小浜島)

muntara(西表島祖內)

mundarisï(波照間島)

南琉球에서는 munudari系가 주로 分布되어 있다.[10] munu는 momo의 變化이고 'dari'가 後行語로 붙는 게 특징이다. '다리'는 韓國語 '다리(脚)'의 意味를 지니고 있다. dari는 韓國語 dari가 南琉球에서 使用하던 原琉球語다.

madabusu(股)[與那國]

madabai(股)[宮古大神]

matabusï(股)[奄美湯灣]

busu, bai, busï는 한국어 '발(받, 足)'과 同源語일 것이다. 일본어 sarumata(猿股)는 saru와 mata의 합성어다. saru는 국어 '샅(股)'과 同源

---

9) 中松竹雄, 『美しい沖繩語辭典』, 沖繩語文化硏究所, 2001, 122쪽.

10) 상게서, 122쪽.

語고 mata는 한국어 ‘무릎’과 同源語다.

(13) bada(腹)

wata系와 bada系가 주로 쓰이고 있다. wata(腹)는 일본어 wata(腸)와 비교된다. wata는 한국어 ‘애(腹)’와 비교된다. ‘애’의 祖語形은 앋>알로 서 알+이>아이>애의 변화이다. ‘앋’이 일본어에서 wata로 변했다고 본다. bada는 한국어 배(腹)의 祖語形 ‘받’이 그대로 琉球에 건너가 bada 가 되었다.

(14) pai(足)〈西表島〉

pai는 pari의 r音 탈락이다. 語根 par은 한국어 발(足)과 同源語다. pagi, padʒi系가 있는 것으로 보아 語根이 pat임을 알 수 있다. ‘발’의 古形은 bat이다. 일본어 asi(足)는 한국어 아리(足)와 同源語다. ‘아리’의 語根은 ‘알(앋)’인데 ‘앋’이 asi(足)로 변한다. aruku(步)의 어근 ar은 ‘알’ 과 同源語고 ‘앋’은 asi(足)로 변했다.

(15) da:bura(脚)[11]

竹富町小浜島에서는 다리라는 뜻으로 da:bura가 쓰이고 있다. da:bura는 dabura가 될 것이고 da와 bura의 合成語다. da는 韓國語 다 리(脚)의 語根 tal에서 末音이 脫落한 形이다. bura는 韓國語 발(足)과 同源語다.

(16) karasuni(脚)[12]

karahadʒi(平良市西原)

---

11) 상게서, 126쪽.
12) 상게서, 126쪽.

karadʒni(竹富島)

karasïni(平良市下里. 城辺町福里)

karasuni는 kara와 suni의 合成語로서 suni는 sune에서 변한 말이다. kara는 韓國語 '갈'과 同源語이다.

가롤(脚)[樂學軌範. 處容]

걷다(步)의 '걷'은 名詞로서 '다리(脚)'라는 의미를 지닌다. '가랭이'의 語根은 '갈'이다. 古代 原琉球語가 合成語가 될 때에는 거의 後行語가 되는데 여기서는 kara가 先行語가 된 것이 特異하다.

(17) me:(肉)

琉球 全域에 걸쳐 sisi系인데, mi:(肉)[西表島祖內], me:(肉)[波照間島]의 두 곳만 me:系다. 몽골어에 miha(肉)가 있다. 일본어 sasimi(刺身)의 mi가 몸(身)이란 뜻이 아니라 고기(肉)라는 또 하나의 古語인 mi(肉)라 하겠는데 몽골어와 비교된다. 일본어에 mi(肉)가 있다는 것은 古代韓國語에 고기(肉)라는 뜻으로 mi系가 있었다는 것을 시사한다. sasi의 語根은 sas인데 古形은 sat이다. 살(肉)의 古形은 '삳'인데 末音에서 t>s化 현상이 있다. basasi(馬肉)의 sasi를 보면 고기(肉)라는 뜻임을 알 수 있다. 일본어 sasimi는 '고기(肉)'라는 뜻을 지닌 異音同義語의 合成語다.

(18) butu(男根)

mara, tani, huguri, tama, soi系가 있고 与論島와 久米島의 鳥島에서만 butu系가 쓰이고 있다.

불(卵子)[譯上35]

불(卵胞)[同文上17]

불이 부어 크닌(陰囊浮大)[痘經64]

'불·블'의 古形은 '붇, 븓'이다. 琉球語 butu는 國語 '붇'과 同源語다. 女陰 poi는 日本語 hoto의 古形 poto와 比較되며 韓國語 女陰의 語根 pot에서 비롯한 말이다.

(19) wodoru(踊)

琉球語에는 wodoru, buduru, moːrum의 3系가 있다. wodoru는 日本語 그대로다. 与那國島에서는 buduru로 변한다. 이는 두음이 wa, wo일 경우는 wodoru가 boduru다. 宮古島, 石垣島, 八重山 등에서 wa, wo가 두음일 경우 ba, bo로 변한다. moːrun系는 沖繩에 집중하고 있는데 일본어 mahi(舞)계다.

　　　koneri(踊), noyoru(踊), yori(踊)[omoro]

yori는 nyori, nori에 소급된다. 어근이 nor이겠는데 어원적인 의미는 '손'일 것이다.

　　　나르다(運搬)
　　　누르다(押)

어근 '날, 눌'이 '손'이란 뜻이다.

　　　naală(手)[오로촌]
　　　nara(手)[나나이]
　　　naliho(打)[蒙]

고대한국어에 nar이 손이란 뜻을 지닌 말이 있었다. nayori는 na와 yori의 合成語다. yori는 nori로서 같은 뜻을 지니는 말이 겹쳤다. 따라서 yori의 어근 nor은 '손'일 것이다. koneri도 ko와 neri의 合成語다. ko의 祖語形은 kot(r)일 것이다. 한국어 가지다의 어근 '갇(갖)'은 손이란 뜻이다.

　　　gora(手)[滿]
　　　gar(手)[蒙]
　　　kol(手)[터키]

gaji(가져오다)[滿]

gajimbi(가져오다)[滿]

gajibumbi(가져오게 하다)[滿]

gajireo(가져와 받고 싶다)[滿]

어근은 gat, got인데 koneri의 ko와 同源語다. go(手), neri(手)로서 異音同義語의 合成語다.

8-2-3. 人倫

(1) kiyo(人)[omoro]

kiyo는 kiro가 古形일 것이다.

kara(族)[日]

겨레(族)[韓]

xara(族)[滿]

kişi(人)[터키]

xun(qun)(人)[蒙]

장난꾸러기에서 '꾸러기'의 語根 '꿀'도 '굴'로 소급되며 사람(人)이란 뜻이다. 멍텅구리의 '구리'도 사람이란 뜻을 지니며, 日本語 boŋkura의 kura도 사람이란 뜻이다. 멍텅구리는 멍청한 사람이란 뜻으로 '구리'가 사람이란 뜻이다. 바닷고기에 '뚝지'란 것이 굼뜨고 바보스럽다고 하는 데서 뚝지를 멍텅구리라고도 한다. '끼리끼리'의 語根 '길'은 겨레의 古形 '결(걸)'과 같이 사람이란 뜻이다. 古代韓國語 '걸'과 kiyo는 同源語일 것이다. kiro>kiyo다.

(2) koro(男)[omoro]

bongkura(멍텅구리)[日]

멍텅구리[韓]

bongkura의 kura와 멍텅구리의 '구리'는 동원어로서 사람이란 뜻이다.

    kori(人)[부리야트]

    kara(族)[日]

    겨레(族)[韓]

일본어 ko(子) 등과 같이 어근이 사람이란 뜻을 지니는데 琉球語에서는 男子란 뜻이다. 일본어 ko(子)도 kor의 末音脫落語로서 어원적인 의미는 '사람'이다. 나라의 이름 monggor, dagul, uigul의 gor, gur이 사람이란 뜻이다. 일본어 kora는 사람을 얕잡아서 이르는 말인데 kora(子等)에서 변한 말일 것이다.

(3) itsuko(兵士, 兵卒)[omoro]

itsuko는 itsu와 ko의 合成語다. ko는 koro(男), itsu의 語根은 it으로서 칼(刀)이란 뜻이다. 沖繩語에서 itana(鎌)가 있는데 ita의 어원적인 의미는 칼(刀)이다. itsuko의 어원적인 의미는 '刀男' 또는 '刀子'라고 하겠다.

(4) tsu, ttsu(人)

tsu와 ttsu의 古形은 tu, tur이고 tut이 祖語形이다. 韓國語 키다리, 꺽다리, 꾀도리의 '다리, 도리'가 사람이란 뜻을 지니는데 語根은 '돌, 달'이고 조어형은 '돋, 닫'이다. 日本語에서도 hitori(一人), hutari(二人)의 tori, tari가 사람이라는 뜻을 지니는 말과 同源語다. 日本의 古語에서 tori, dari가 사람이란 뜻을 지니고 있지만 hito(人)로 대체되었다. 琉球語에서 tur이 tsu, ttsu로 변했다.

(5) kuwa(子)[omoro]

일본어 ko(子)의 변화형으로 생각할 수 있으나 ko(子)가 들어오기 전에 사용했던 말이라 여겨진다. kuwa는 kura>kua>kuwa로 변했다고 보이며 어근은 kur이었다.

　　koro(男)[omoro19-17]

　어근은 kor인데 kuwa(子)의 조어형 kur과 同源語다. 한국어 멍텅구리의 '구리'가 사람이란 뜻이다. 멍텅구리는 멍청한 사람이다. kuwa(子)는 kora(男)와 同源語일 것이다. 일본어 boŋkura(멍텅구리)의 kura가 사람이란 뜻이다.

　(6) so, syo, syu(人)[omoro]

　사람(人)이란 뜻으로 形式名詞로 사용되고 있다. 한국어 사람의 어근 '살(산)'과 同源語다. 南九州의 蕃族에 kumaso(熊襲)가 있으며 hayato(隼人)도 同族으로 보고 있다. 南九州의 球磨라고 하는 지역과 so라는 지역에 살고 있었던 種族이라고 보고 있다. kumaso의 'so'는 '사람(人)'이란 뜻으로 '사람'의 어근 '살'과 同源語이다. 역사상 같은 종족이라고 보는 hayato(隼人)의 'to'도 사람(人)이란 뜻을 지니고 있는 말이다. 한국어 꾀돌이의 '돌이'의 어근 '돌'이 사람(人)이란 뜻이다. '키다리, 꺽다리'의 '다리'가 사람이란 뜻이다. kuma는 高句麗, so는 사람(人)이란 뜻으로 고구려인이 된다. hayato의 haya는 bara로 소급되며 어근 bar이 사람(人)이라는 뜻이다. 부여(扶余)가 haya로 변했다고 보면 扶余人으로 볼 수도 있다. 그런데 haya를 bara로 재구하면 한국어 악바리, 軍바리, 혹 부리 등 '바리, 부리'와 同源語가 되는데 hayato를 '人人'이라는 뜻으로 풀이해 볼 수도 있다.

　(7) nasa(父, 接司)[omoro]

　nasai형도 보인다. nasa의 어근 'nas'은 한국어 '나으리'의 고형 '나슥리[中宗實錄7:54]'와 同源語일 수 있다.

　　進賜 나으리 堂下官尊稱也[吏讀便覽]

進賜 나으리 當官通稱進賜[古今釋林]

나으리(나으리) 進賜 나으리[東韓]

'나으리'는 '나'와 '으리'의 합성어다. '나'는 '나, 너, 누'의 어원적인 의미인 '사람(人)'과 같다. '우리'도 '아리'로 보면 사람이란 어원적인 의미를 지닌다. '님'의 조어형 '닏(主)'과 同源語일 수도 있다.

우리(吾等), 어른(成人), 아룸(私)

'엇(얼, 父母)'은 어근 '울, 얼, 알, 언' 등과 '으리'는 同源語다. 사람이란 뜻을 지니는 異音同義語의 합성으로 존칭자라는 뜻이다. 나으리의 古形은 '나으리'에서 '나아리'로 변했다고 보며 琉球에는 '나스리'일 때 내려가서 nasari>nasai가 있고 i가 줄어서 nasa가 되었다. 유구어 nasa 는 접사도 nasa라고 한다.

nise(敬稱接尾辭)[omoro]

尼叱今, 尼師今은 '닏금'으로서 '主君'이란 뜻이다.

nusi(主)[日]

어근 nus(主)와 한국어 '닏'과 nise(敬稱接尾辭)와 同源語일 것이다. 일본어 kimi(君)는 고대어 尼師今의 '今'과 동원어일 것이다. kimi(君)는 일본고대어에서 天子, 地方豪族의 尊稱, 主君 등이라는 뜻이다.

(8) ase(母)

ase계는 主로 奄美大島 여기저기 분포되어 있다. ase의 어근은 'as'이다.

엇 思母曲 俗稱 엇노리[時用, 思母]

어싀(母)[月曲142]

어싀(父母)[時用, 思母]

'어싀'의 어근은 '엇(엉)'으로 어머니라는 뜻을 지니고 있다. 유구어

ase는 한국어 '엇, 어시(母)'와 同源語일 것이다.

asa(父, 親, 마을어른, 尊敬者의 尊稱)[omoro]

asa(父)와 ase(母)는 '엇(母, 兩親)'과 同源語일 것이다.

(9) ama(母)

母를 뜻하는 ama, amu系는 北琉球를 中心으로 分布되어 있고 宮古
大神島, 八重山에 點在하여 있다. 한편 abu(母)系도 있어 amu, abu의 雙
形이 分布되어 있다. 한국어 어미(母)와 同源語일 것이고 abu는 국어
'父'와 비교되나 amu, abu는 m:b의 交替形이다.

(10) ujaburi(祖上)

uja는 어버이(親)란 뜻이다. buri는 韓國巫俗語에서 祖上이란 뜻이다.
burikamaŋ(祖上神)의 kamaŋ은 神이란 뜻이고 buri가 祖上이란 뜻이다.
이렇게 buru系語를 봐도 古代韓國語가 原琉球語 形成 時 重要한 基語
가 되고 있음을 알 수 있다.

(11) hara(兵)[omoro]

hara의 古形은 bara이다.

악바리(惡人), 군바리(軍人)
혹부리(瘤人)
꽃비리(思春期兒)

'바리, 부리, 비리'가 사람이란 뜻이다. 琉球語에서는 사람이란 뜻을
지니던 말이 bara로서 명사다. 몽골의 수도 ulan bator의 후행어 bator이
영웅, 용사라는 뜻을 지니는데 어근 bat은 한국어 '받(人)'과 同源語다.

(12) ?ora, ?uri, ?ura, ?ure, ?ui(第二人稱)

北琉球語의 德之島, 與論島에서 uri, ura系가 쓰인다. 日本語에서 are(一人稱), ore(二人稱)인데 語根은 ar, or이다. 韓國語 우리(吾等), 어른 (成人), 아룸(私)[內訓2上22]의 어근 '울, 얼, 알' 등이 日本語 are, ore와 比較되며 琉球語 ur과 比較된다. 한편 na:, nan, na:mi系와 奄美大島 喜界島, 沖繩良部島, 沖繩本島에 分布되어 있다. na:系는 국어 '나, 너, 누' 와 同系語로서 어원적인 의미는 '사람(人)'이다.

nyalma(人)[滿]

nala(人)[나나이]

nyalma는 nyal과 ma의 合成語로서 nyal의 고대어는 nal로서 '사람 (人)'이란 뜻이다.

(13) nasun(낳다)[13]

日本語는 umu(産)인데 琉球語에서는 umu系가 없다. nasun, nasu:, nasu, nasi, nafun, na:si 등이 主潮를 이루고 있다. 韓國語 낳다(産)와 同源語인데 古形은 '나ᄒ다'라 할 것이다. '나'의 조형은 '낟'으로서 사람 이란 뜻이다.

낟(人)→nasun(産)

nafun系가 久米島具志川에, naifun은 小浜島에 있다. 語根 nas, nuf 은 '낳다(産)'의 語根과 同源語다. '나ᄒ다'의 어근 '나'는 명사로서 어원 적인 의미는 '사람'일 것이다. '나, 너, 누'와 일본어 na(一人稱), nare(二 人稱), '나, 너, 누'는 어근이 '날, 널, 눌'일 것이다.

nyalma(人)[滿]

nyalma는 nyal과 ma의 合成語다. nyal도 nal일 것이고 ma도 사람이

---

13) 中松竹雄, 『美しい沖繩語對照辭典』(2), 212쪽.

란 뜻을 지니는 말이다. nyalma는 사람이란 뜻을 지니는 異音同義語의 合成語다.

(14) maru(接尾敬稱辭)[omoro]

貴人의 이름 밑에 붙는 接尾敬稱辭 maru(丸)를 붙이는 사람의 前歷은 막연하지만 아마도 外來者라고 생각된다. 『岩波古語辭典(p.1207)』에 의하면 ① 남자의 이름 아래에 쓰이는 말 ② 男子의 自稱 ③ 女子의 自稱이라고 되어 있다. moro나 maru가 사람이라는 본뜻을 지니고 있음을 시사하고 있다. 한국어 마름, 머슴의 어근 '말, 멋'의 어원적인 의미가 사람이다.

　　　nyalma(人)[滿].

nyal과 ma로 나뉘는데 nyal의 고형은 nal이다. 한국어 '나, 너, 누'의 고형 '날, 널, 눌'과 同源語다. ma도 한국어 '말(맏), 멋(먿)'과 同源語다. nyalma는 사람이란 뜻을 지니는 말의 異音同義語의 合成語가 된다. 뒤에 오는 ma가 nyal보다는 舊勢力語가 된다. 한국어 마노라, 며느리, 마님의 '마'가 사람이라는 뜻을 지니는 말이다. '노라, 느리'도 동원어로서 '날'인 사람이란 뜻을 지니는 말로 同源語다. 일본어 maro나 琉球語 maru는 同源語로서 한국어 사람이란 뜻을 지니는 '말(맏), 멋(먿)'과 同源語가 되며 만주어 nyalma(人)의 ma와도 同源語다.

(15) kasagi:n(孕)

haramun系가 全域에 分布되어 있는데 kasagi:n系가 보인다.

　　　kasagi(孕)[久米島仲里]
　　　kasagi:n(孕)[那覇市首里, 座間味村, 久米島具志川]

語根 kas은 kat이 古形일 것이고 배(腹)라는 뜻이다. '갈비'의 '갈'은 배(腹)라는 뜻을 지닌 古語다. karin(腹)[터키]의 語根 kar이 배(腹)라는

뜻이다.[14]

> 비골ᄒ며[內二上16]
> 빈골ᄑ거든[南明上10]
> 빈고프디 아니ᄒ니[救要3]

어근 '골'은 배라는 뜻을 지니고 있다.

(16) utama(子)

utama는 南琉球語의 波照間島에서만 나타난다. utama는 uta와 ma 의 合成語일 것이다. uta는 韓國語 아돌(子)과 同源語일 것이고 ma의 어원적인 의미는 '사람(人)'일 것이다. 머슴, 마름의 어근 '멋, 말' 등이 사람이란 뜻이다.

> nyalma(人)[滿]

nyal과 ma의 合成語다. nyal의 古形은 nal로서 nat이 祖語形이다. '나, 너, 누'와 同源語다. nyalma의 ma도 사람이란 뜻이다. 일본어 yamato(大 和)는 yama와 to의 合成語다. yama는 다시 ya와 ma로 가른다. ya는 nya, na, nal로 소급되며 ma도 mal<mat으로 소급된다. 사람이라는 뜻을 지니는 異音同義語다. '耶馬台'의 '耶馬'는 nyalma(人)>yalma>yama고 일본의 고대명 '台'는 'to'로 사람이라는 뜻이다. 일본어 hitori(一人), hutari(二人)의 tori, tari가 사람이란 뜻을 지니는데, 국어 '꾀돌이'의 '돌', 둘(人稱複數), 키다리의 '다리'와 '달'이 사람이라는 뜻이다. 고대 말갈족(靺 鞨)의 '말갈'이 사람이란 뜻을 지니는 異音同義語다. 말갈족도 고구려에 속했다가 고구려가 망하자 大祚榮이 세운 발해에 예속되었고 일부는 신 라에 들어왔다. 발해가 거란에 망하자 여진이 되고 금나라를 세운 것은 여진의 aguta(阿骨打)였다. 거란(契丹) 어근 '걸'도 겨레(族)의 어근 '걸(걷)'

---

14) 筆者, 『國語語源辭典』, 보고사, 2000, 27쪽.

과 同源語다.

8-2-4. 自然(土地, 木, 水)

(1) gusuku(城)

新羅를 日本에서는 siragi라고 하는데 gi가 城이란 뜻이다. 이 gi(ki) 는 百濟語에 城이란 뜻을 지닌다.

潔城郡 本百濟結己郡[史記卷34: 地理3]
悅城郡 本百濟悅己郡[史記卷34: 地理3]

『三國史記』에는 百濟에서 城이라는 뜻으로 '己'가 쓰인 것이 보인다.

xot, got, kotun(城)[蒙]
xoton(城)[滿]
xətʃəni(城)[女]
kutun(城)[오로촌]
xoton(城)[에벤키]

蒙古語系에서 xot, got, kotun[15] 등이 보이는데 語根은 got, kot이 되 겠다. 滿洲語에서는 xoton, 女眞語에서는 xətʃəni(城)인데 頭音 x는 祖 語形 k에서 변했다. gusuku는 gusu와 ku의 合成語다. gus은 祖語形이 gut이 된다. 百濟語에서 ki(城)의 祖語形이 몽골어 kot과 同源語가 되며 kot이 琉球에 와서는 gus로 변했다고 보인다. gusuku의 ku도 본디는 城이라는 뜻을 지니는 말로서 同意語의 合成語라 여겨진다. gusuku가 城(城塞)이 아니고 聖所, 拜所라는 뜻도 지니고 있다. 그렇게 볼 경우 한 국어 굿(祭儀), 유구어 ku는 城 또는 곳(處)이란 의미를 지닐 개연성도 있다. gusuku는 祭儀處라는 뜻이다.

---

15) 『蒙古語族語言詞典』, 靑海人民出版社, 1995, 368쪽.

(2) pataki, pata(田)[16]

語根은 pat인데, 韓國語 '밭(밧)'과 同源語다. paru, pari 형도 있는데 한국어 '밭'의 末音이 ㄹ로 변하는 현상이 琉球語에 나타나는 것은 매우 흥미 있는 현상이다. 일본어 hatake(田)는 batake가 고형일 것이고 bata 는 한국어 '밭(밧)'과 동원어고 ke도 밭(田)이란 뜻으로서 이음동의어의 합성어다. bata의 어근 bat은 한국어 밭(田), 볕(景)과 ke는 한국어 곧 (處), 고장(里), 굴(窟), 길(路), 골(邑, 州), 골(谷) 등과 비교된다.

(3) mita(土)

琉球 全域에 걸쳐 分布되어 있다. 日本語 tsutsi와는 別個의 語源을 지니는 말이다. 韓國語 뭍(陸)의 古語는 '묻'이다. 묻다(埋)의 語根은 '묻' 으로서 흙(土)이란 뜻이다. 무덤(墓)의 語根 '묻'도 흙(土)이란 뜻이다. 마 당(庭)의 語根 '맏'도 語源的 意味는 흙(土)이다. ᄆᆞᄉᆞᆯ(里)[杜初7:39]의 古 形은 'ᄆᆞ솔'일 것이며 語根은 '못(몯)'이고 마을(村)의 古形은 '마솔'일 것 이며 語根은 '맛(맏)'이다. 語源的 意味는 흙(土)이다. 모로(山)[龍4:21]의 語根 '몰(몯)'도 語源的인 의미는 흙일 것이다. 琉球語에 tsuti(土)와는 別個로 分布된 mita를 보면 tsutsi(土)의 古代韓國語가 日本으로 건너가 기 前에는 mita가 琉球에서 相當한 勢力을 지니고 있음을 보여준다. 琉 球語 miya(庭)가 있는데 古形은 mira>miya의 변화로 語根 mir(mit)이 흙(土)이라는 뜻을 지니며 原琉球語다. 일본어 mitsi(路)의 어근 mit은 고대한국어와 同源語다.

(4) ka:ra(川)

全島에 걸쳐 거의 ka:ra系가 主潮를 이루고 있다. 日本語 kawa도 kara의 r音이 脫落하면서 h가 介入하여 kaha>kawa로 변한다. 일본어

---

16) 中本正治, 『圖說沖繩語辭典』, 金鷄社, 250-251쪽.

에도 ka:ra가 나타난다. 古代韓國語에 ᄀ름(江)의 '골', 걸(梁), 냇갈의 '갈' 등이 江, 川이라는 뜻이다. 琉球語 ka:ra가 主潮를 이루고 있다는 것은 日本語보다 古形을 유지하고 있다는 사실을 알 수 있다. 일본어보다 고형이 곧 原琉球語의 一部를 담당하고 있다.

(5) na(庭, 所, 廣場)

omoro에 atsumena(廣庭)의 na가 뜰(庭)이란 뜻을 지니고 있다. 나라(國)[國], na(地)[滿], 논(沓), no(野)[日] 등과 同源語로서 어원적인 의미는 '땅·흙(地·土)'이라는 뜻을 지닐 것이다. 일본어 niwa(庭)도 nira>niha>niwa의 변화이다. 沖繩도 okinara에서 nara가 nara>naha>nawa로 변했을 것이다. 어근 nat[17]이 祖語다. '沖에 있는 地'란 어원적인 의미를 지니고 있다.

(6) sïma(島)

全 琉球語에 共通的으로 sïma系語가 쓰이고 있다는 것은 중요한 의미가 있다. sïma는 自然語로서 기초어휘에 속하기 때문이다. 고대한국어에서는 '셤'이다. '셤'에서 sima(日本), sïma(琉球)로 변화했다.

(7) mui(山)

jama가 琉球語에서는 樹木이 密生하는 곳을 가리키는 말이다. 平地거나 골짜기거나 관계없이 수목이 우거진 곳을 일컬으며 반드시 地形이 높은 곳을 가리키는 것이 아니다. mui는 地形이 높은 곳이고 수목이 우거진 것과는 관계가 없다. mui는 muri에서 변한 말로서 語根은 mur일 것이다. 祖語形은 mut이며 이는 한국어 '뭍(陸地)', 묻다(埋)의 '묻'과 同

---

17) naha, nawa로 혼동해서 부르던 것을 naha로 한 것은 日本放送委員會에서 決定했다. 『日本의 地名』, 新人物往來社, 2003.4., 232쪽.

源語이며 土地라는 뜻이다.

　　모로(山)[龍4:21]
　　미(野)[字會上4]
　　몯>몰>몰+이>모이>뫼(山)

(8) makiyo(部落, 村)[omoro]

makiyo는 ma와 kiyo의 合成語다. ma는 일본어 mura(村)의 mur과 同源語고 국어 마을(村)의 조어 '맏(맛)'과 同源語다. kiyo는 kiro가 古形일 것이고 어근은 kir이 되겠다. 이 말은 골(洞, 谷), 굴(窟), 길(路), 고장(里), 곧(處), 고랑(畦)의 어근 '골, 굴, 길, 곧' 등과 同源語일 것이다. huta는 buta로 소급되며 어근은 but이 된다. 벌(野)·밭(田)의 조어 '번, 받'과 同源語일 것이다. kudu의 어근은 kud이다.

(9) nari(實)[18]

mi:는 與論島와 伊是名島에서 쓰이고, nari系는 全 琉球에 골고루 分布되어 있다. nari의 語根은 nar로서 古形은 nat이다.

　　낟(穀)[字會下3]

'낟'이 낟알(穀)이라는 뜻이지만 열매(實)라는 뜻도 지니고 있다.

(10) nibari(根)

nibari系는 南琉球에 分布되어 있다.[19] nibari는 ni와 bari의 合成語로 ni는 ne(根)에서 변한 말이다. bari는 또 다른 하나 '뿌리(根)'라는 뜻을 지니는 名詞다. bari는 古代韓國語 불휘(根)[字會下3]의 語根 '불'과

---

18) 中松竹雄, 앞의 책, 236쪽.
19) 中本, 『圖說琉球語辭典』, 174-175쪽.

同源語다. ne(根)는 日本에서 내려온 新勢力語고 bari는 ne가 내려오기 전 當地에서 쓰이던 뿌리(根)의 意味를 지닌 舊勢力語 즉 原琉球語다. nemoto系가 喜界島에 많고 沖繩 八重山에 散在해 있다.[20] nimutu는 ni 와 mutu로 나뉘는데 異音同義語가 될 것이다. ni는 ne(根)가 변했다. moto(mutu)의 語根은 mot이다. ne(根)의 語源은 나무(木)라는 뜻을 지닌 말이었다. 韓國語 나모(木)의 古形은 '낟(날)'이라 여겨지는데 現代 韓國 語에서 널(板)이 있다. 그렇게 본다면 moto도 뿌리(根)라는 뜻을 지니지 만 語源的 意味는 나무(木)일 것이다. 말(橛)의 古形은 '맏'인데 原意는 '나무(木)'일 것이고 '맏'과 mot은 同源語일 것이다. moto는 原琉球語고 ne(ni)는 日本에서 내려온 新勢力語다.

(11) yuri(穀靈)

宮古島에서 穀靈을 뜻한다. yuri는 nuri에서 변한 말이다. nuri의 語 根은 nur로서 nut이 古形이다.

> 낟爲穀[解例合字]

韓國語 '낟(穀)'이 琉球에서 nut>nuri>nyuri>yuri로 변했다. 쌀에 섞 인 벼를 '뉘'라고 하는데 '뉘'는 '누이'가 줄어진 말로서 祖語形은 '눋'이 다. 어쩌면 벼의 古形 '눋'이 눌>눌+이>누리>뉴리>유리로 변했다. 穀物 의 代表는 벼다.

> 니(稻)[靑丘永言]
> 니 빠롤 봇가(救簡 1:86)
> 닛딥(稻草)[譯下10]

(12) pu:ri(豊年祭)

주로 宮古, 八重山 地方의 豊年祭를 일컬음인데 p'hu:tsu, phu:tsu,

---

20) 中本, 앞의 책, 174-175쪽.

phu:ri라고 한다. 韓國 巫俗에서 굿을 할 때 보통 12거리가 있는데 처음에 '不淨푸리' 그리고 중간에 '살푸리' 그리고 맨 나중에 하는 굿을 '뒷전거리' 또는 '뒤푸리'라고 한다. '푸리'는 풀다(解)의 어근 '풀'에 '이' 接尾辭가 붙은 '풀이'일 것이다. 굿을 시작할 때는 모든 不淨을 풀어서 없애버리고 깨끗한 聖域을 만든다는 의미가 있고, 살풀이는 역시 그 가정에 사람을 해치는 '살'을 풀어낸다는 것이고, 뒤풀이는 마지막으로 모든 구속과 속박과 不淨厄이 되는 것을 다시 한 번 풀어버린다는 의미가 있다. 이렇게 풀어(解)야 淸淨한 聖域이 되어서 神과 意思疏通이 잘되어 所願成就다는 것이다. 豊年祭도 豊年이 들려면 모든 厄이나 惡鬼 등을 풀어서 없애야 豊年이 들 것이라는 意味가 있다고 할 것이다. 豊年祭 p'u:ri의 말은 한국 무속에서 일컬는 '풀이'와 比較된다.

(13) kadʒi(耕)

南部 琉球 地域에서는 거의 kadʒi系인데 ka:su, kadʒï形으로 나타난다.[21] '갈다(耕)'의 語根 '갈'의 祖語形은 '갈'인데 kadʒi系와 比較된다. 日本語는 tagayasu(耕)인데 古語는 takahesi(田返し)로 보고 있다. 琉球語 kadʒi(耕)와 한국어 '갈(간)다'의 어근이 同源語라는 것으로 原琉球語 形成에 미친 고대한국어의 영향을 알 수 있다.

(14) sakugome(米)

조(粟)의 原産地는 동아시아 地域으로 여겨지고 있는데 繩文時代에 韓國을 거쳐 일본에 移入되었다. 보리(麥)도 繩文晩期에서 彌生前期에 한국을 거쳐 일본으로 갔다. 수수(黍)의 原産地는 아시아 中央에서 東部에 걸친 溫帶地域으로 推定되는데 韓國을 거쳐 移入되었다. 渡來時期는 벼(稻), 조(粟), 보리(麥)보다 늦게 들어왔다고 한다.

---

21) 中松竹雄, 『美しい沖繩語對照辭典』, 沖繩言語文化硏究所, 2002.

니(稻)[救簡1:86]

콩(大豆)의 原産地는 中國 東北部에서 시베리아 아무르江 流域으로 推定하고 있는데, 紀元前 3~7세기에 아시아 全 地域에 퍼졌다. 日本의 穀物을 볼 때 韓國을 거쳐 日本에 移入된 것을 볼 수 있다. 稻作이 日本에서는 北九州에서 시작되었다는 것은 韓國에서 건너갔음을 알 수 있는 强力한 例證이 되며, 九州의 南部인 鹿兒島에서 稻作이 먼저 시작되었다면 琉球列島를 거쳐 日本에 移入되었다고 볼 수도 있을 것이다. 琉球列島에 sakugome(米)가 奄美, 沖繩, 八重山 方言에 보인다는 것은 매우 중요한 의미가 있다. saku는 韓國語 '살(米)'과 比較된다[22].

> 술(酒) → sake(酒)
> 굴(蠣) → kaki(蠣)
> 갈(柿) → kaki(柿)
> 달(月) → tsïki(月)
> 달(山) → take(岳)
> 그리메(影) → kage(影)
> 살(米) → saku(米)

琉球語에서 saku는 韓國語 '살'에서 비롯된 말이다. 이에 對하여 中本正智[23]는 九州南半, 琉球列島에 걸친 sakugome의 saku는 한국어 '살(米)'과 연결될 것이라고 했다. 韓國語 '살(米)'이 全 琉球語에 있다는 것으로 韓國의 古代語가 移入된 것을 알 수 있다. 일본의 歷史發展은 農耕社會에 접어들면서 벼의 流入과 日本民族의 成立과도 관련된다. 벼의 原産地는 中國南部의 雲南에서 印度 最東部의 아쌈에 걸친 地域으로 推定하는 것이 共通的인 視覺이다. 벼가 日本에 어떠한 경로로 流入되었는가를 살펴보면 民族은 물론 日本言語의 形成 過程을 알 수 있는

---

22) 필자, 『國語語源辭典』, 29쪽.
23) 中本正智, 『日本列島言語史の研究』, 59쪽. 九州南半, 琉球列島에 걸쳐서 퍼져 있는 sakugome(米)의 saku는 조선의 saru와 이어질 가능성이 크다고 함.

길이 될 것이다.

日本에는 몇 가지 說이 있다.

① 中國大陸 北部를 거쳐 直接 또는 韓國을 통하여 九州에 上陸했다.
② 中國大陸 南部를 거쳐 琉球列島를 통하여 九州에 上陸했다.

크게 두 가지 經路를 생각할 수 있는데 日本列島의 稻作은 繩文時代
의 晚期에 移入하여 九州에서 시작되었다. 列島에서 稻作은 北九州에서
시작하여 全 列島에 波及되었다는 것이 日本學界의 總論이다.[24] 따라
서 벼는 물론 穀物의 言語學的인 考察은 文化史的 意味의 側面을 밝혀
보는데 중요한 의미가 있다. 日本語 kome(米)가 '和名抄'에는 yone(與
禰)라고 했다. 日本語 ya, yo, yu는 韓國語에서 na, no, nu에서 변했
다.[25] yone는 none로 소급되며 語根은 non이다. non은 not으로 소급된
다. 日本語에서 語末音 n은 t에서 변했다.

　　　日本語 inu(犬)
　　　韓國語 iri(狼)
　　　터키語 it(犬)

inu(犬)의 語根 in의 祖語가 it임을 알 수 있다. 古代韓國語에서 it일
경우 日本에 건너가서 in-u가 된 것을 알 수 있으며, 韓國語에서 it이
it>ir-i가 된 것을 알 수 있어 古代語에서 it일 때 日本에 건너간 것을
알 수 있다.[26] 따라서 yone(米)의 祖語形은 not이 된다. 쌀에 섞인 벼
를 '뉘'라고 한다. '뉘'는 '누이'가 준 말이고 '누리, 눌, 눈'까지 소급된
다. 그렇게 본다면 yone(米)의 祖語 not과 한국어 '눋(稻)'은 同源語일
것이다.

---

24) 中本正智, 『日本列島言語史の研究』, 48쪽, 56-61쪽.
25) 필자, 『國語語源辭典』, 33쪽.
26) 필자, 『國語語源辭典』, 26-27쪽.

(15) umi(海), tumar(海)

거의 두 形이 全域에 걸쳐 分布되어 있다. im, inai 등은 umi의 變化形이다.

umi(海)는 古代韓國語 '얼, 알'이 祖語形이다.

韓國語	日本語
얼/알(水, 泉, 氷)	umi(海)
	ama(雨)
날(生)	nama(生)
갈(刀)	kama(鎌)
알(太陽)	ama(天)
돌(石)	tama(珠)

日本語 arau(洗)의 語根 ar(at), ase(汗)의 語根 at(as), arau(洗)의 語根 ar은 名詞고 祖語形은 at이다. 알/얼(水, 川, 氷, 泉)에서 umi(海), arau(洗)[日], ama(雨), ase(汗)[日]와 umi(海)[琉]로 변했다. tamar(海)은 ta와 mar의 合成語이다. mar은 韓國語 물(水)과 同源語이며, ta는 韓國語 '돌(梁, 渠)'과 同源語이다. 古代語에서는 물(水)이란 뜻을 지녔다. 琉球語에서는 거의 母音 o는 u이다. tol>tul>tu. 日本語에서는 taki(瀧), tatsu(龍)의 어근은 tat이다.

술	sake(酒)
달	tsuki(月)
굴	kaki(蠣)
갈(柿)	kaki(柿)
달, 돌(水)	taki(瀧)

tamar은 물(水)이란 뜻을 지니는 말의 異音同義語의 合成語이다. 중요한 것은 琉球語에 mar과 같이 語末에 母音이 붙지 않는 어휘가 있다는 것은 주목할 일이다.

takiya(海)[omoro]

　　taniru, tariro, tariru(바다 저쪽의 理想鄕)[omoro]

어근 tar이 물(水)이란 뜻이다.

　　okuto(大海)[omoro]

oku(奧)와 to(海)의 合成語다. okuniru, okuriro, okuriru의 niru, riro, riru는 바다(海)라는 뜻이다.

　　(16) miyoumio(海深所, 水脈)[omoro]

국어 '믈(水)'과 同源語다.

　　(17) koda(古代集落)

일본어 sato(里)의 語根 sat은 한국어 '실(谷)[三國遺事 卷2], 스래(畔) [靑丘永言], 싀골(鄕村)[正俗12]'의 어근 '실, 살, 슬'과 同源語인데 어원적인 의미는 흙이다. siroi(土)[蒙]의 어근 sir이 흙이란 뜻이다. 마을(鄕村, 里)의 방언은 '마실'이다. 어근 '맛'은 '맏'으로 소급되며 흙이란 뜻이다. 마당(庭), 무덤(墓), 묻다(埋)의 '맏, 묻' 등이 흙이라는 뜻이다. koda(集落) 의 어근의 어원적인 의미도 흙일 것이다. 골(谷), 골(邑, 州), 굴(窟), 고장 (鄕村), 곧(處), 고랑(畦), 길(路)의 어근 '골, 굴, 곧' 등의 어원적인 의미는 흙일 것이다. 琉球語에서 koda는 한국어가 건너간 것이다.

　　(18) miya(庭)

omoro에는 na(庭), niha(庭)와 miya(庭)가 있다. na는 주로 場所, 廣場 이라는 뜻이고, niha는 뜰(庭)이라는 뜻이고, miya는 주로 神祭의 뜰(庭), 首理城의 뜰(庭)이란 뜻이다. na는 nara에서 r音 脫落으로 naa가 되고 na로 축약된 것이다. niha는 nira>niha의 형성이고, miya는 mira의 r音 의 脫落으로 miya가 됐다. nar이나 mir이나 모두 異音同義語의 합성어

로서 어원적인 의미는 흙이다.

(19) takiya, to(海, 海峽)[omoro]

ta, to는 한국어 돌(渠, 梁)의 末音脫落形과 同源語일 것이다.

dere(河, 川)[터키]

(20) c'inburu(頂上)

c'in은 '頂'에 해당되는 말이고, buru는 上이라는 뜻이다. 頂上에 오른 다고 할 때는 最高, 最高峯, 絶頂이라는 뜻이다. buru는 峯이라는 뜻을 지닐 것이다. 봉우리(峯)의 祖語形은 '볼'이고 볼>볼+오리>보오리>봉오 리로서 '볼'이 祖語形으로 나타난다.[27] 볼(峯)이 与那國에서 buru로 남 아있는 語彙다.

(21) inago(沙)

isago, suna系는 日本語의 反映形이다. inago는 原琉球語에 屬한다. 韓國語 土類라는 뜻을 지니는 it(il)이 琉球에서 in으로 변했다. 이랑(畦) 의 어근 '일(일)'이 명사고 흙이란 뜻이다. 日本語 inu(犬)는 韓國語에서 iri(狼)지만 터키어에서는 it이 개(犬)라는 뜻이다. 일본어 isi(石), iso(磯), iwa(巖) 등의 조어형 it과 동원어다.

8-2-5. 草木類

(1) isoko(舟, 大船)[omoro]

omoro에는 배라는 뜻으로 itakiora도 있다. itakiora의 ita는 널(板)이 란 뜻이며 일본어는 ita(板)이다. kiora도 어원적인 의미는 '나무(木)'다.

---

27) 필자, 『國語語源辭典』, 316쪽.

일본어에서 ki, ko가 나무(木)라는 뜻이다.

　　斤乙(木)[고구려]

　　그루(株), 고(杵)

거루, 거룻배는 돛을 달지 않은 배다. '거루'의 어근 '걸'이 나무라는 뜻이다. isoko의 ko는 '거루'와 同源語다. '木船'이라는 어원적인 의미를 지니며 itakiora도 '木船'의 어원적인 의미를 지닌다. isoko는 itsuko형도 나타나는 것을 보면 어원적인 어근은 'it'이다. ita(板)의 어근 it과 同源語다. 한국어 비(船)[龍歌20장]는 '부이'가 줄어든 형인데, 볻>볼>볼+이>비의 변화이다. '발(볼)'의 어원적인 의미는 나무일 것이다. 보(樑)의 어원적인 의미는 나무다. '볻'이 祖語形이다.

(2) kï(木)

琉球 全島에 걸쳐 kï가 壓倒的으로 使用되고 xi가 一部에서 使用되는데 xi는 ki에서 변한 것으로 보아 kï가 古形이다. 이것은 日本 本土語와 比較된다. 그렇다고 해서 日本語에서 南下한 것이냐 하는 것은 문제가 있다. 古代에 九州를 거쳐서 내려간 것으로도 볼 수 있고 韓國에서 接한 것으로도 볼 수 있다. 韓國 高句麗語에 斤乙(木)이 있고 그루(株), 구슈(槽)[類合上27], 고(杵) 등을 보면 귿>글, 굳(굿), 곧 등이었다고 보겠다. 高句麗語로서 文獻에 보이니까 高句麗語가 南下한 것이라고 볼 수 있다. 그렇지만 고구려 文獻에는 나타나지 않는 그루(株), 구유(槽), 고(杵) 등의 어휘를 보면 고대에 나무라는 뜻을 지닌 말이었음을 알 수 있다. 고구려가 건국되기 이전의 부여어도 고구려어와 거의 같았다고 여겨진다.

(3) dai(竹)

daki, de가 주류를 이루고 있다. daki는 한국어 '대'의 祖語形 '달'과 同源語다.

한국어	일본어
*달(竹)	take(竹)
달(月)	tsuki(月)
술(酒)	sake(酒)
달(山)	take(岳)
돌(水)	taki(瀧)
굴(蠣)	kaki(蠣)
갈(柿)	kaki(株)

한국어 말음 ㄹ이 일본어에서 k와 대응된다. 술 → sal>salk-e>sake 의 변화이다. 琉球語 de(竹)는 일본어와는 별도로 한국어 대(竹)와 동원 어다. 한국어에서 '대'는 竹, 笒, 木이란 뜻이다. 돛대, 삿대, 지렛대, 막 대의 '대'의 祖語形은 '닫(달)'인데 달>다리>다이>대의 변화이다. 다리 (橋), 사다리(梯)의 '다리'의 어근이 '달'이다. 사다리의 '사'도 나무라는 뜻이다. 창살, 화살, 떡살, 살강의 '살'이 나무라는 뜻이다. 德之島에서만 gara(竹)가 쓰이는데, 사다리는 나무다리(木橋)라는 원 뜻이다. 한국어 斤乙(木)[고구려], 그루(株), 가지(枝), 긷(柱), 거룻배(돛을 달지 않은 작은 배)의 어근 '귿, 긷, 걸, 갇' 등이 나무라는 뜻이다.

ko(木)[日] ki(木)[日]

gara는 한국어 나무라는 뜻을 지니는 '귿, 긷, 걸, 갇'과 동원어다.

(4) pasïra(柱)

para(柱)

pasïra와 para系가 中心이 되고 있다. pasïra는 pasï에 ra接尾辭가 붙 었다. pasï의 語根은 pas(pat)이다. 日本語 hayasi(林), hari(樑), hasi(橋) 등은 모두 bayasi, bari, basi가 古形이고 語根은 bar, bas이다. bayasi 는 barasi에서 변했다. 語根은 bar로서 bari와 同源語다. hasi(橋)나

hari(樏)나 hayasi(林) 등은 모두 나무(木)라는 의미를 지닌다. 韓國語 보
(樑)의 祖語形은 '볻(볼)'이다. 바지랑대(竿)의 語根은 '받(받)'으로서 古語
에서 나무(木)라는 의미를 지닌 말이었다. pasira는 일본어에서 내려온
말이고 para는 한국어에서 일본을 거치지 않고 직접 내려간 말이라 추
정된다.

(5) nebari, nibari(根)

北琉球語에는 한 곳도 나타나지 않는다. 南琉球의 伊良部島, 与那國
島 두 곳에만 나타난다. 古代韓國語 '불휘(根)'의 '불'과 比較된다. '불휘'
의 어근은 '불'이다. 일본어에서 ne(根)다. 이 ne(根)는 한국어 널(板)과
同源語다. 나무의 祖語形 '낟(날)'과 同源語다.

(6) tsiyau, tsiya(門)[omoro]

tsiya의 古形은 tiya가 될 것이며 tira로 소급되는데, 어원적인 語根은
tit(tir)이 될 것이며 '돋(門)'과 同源語다. 돌쩌귀, 돌(門), 들다(入)의 어근
'들'은 門이란 뜻이다.

    to(門)[日]
    오래 문(門)[石千·27]
    orolta(門)[蒙]

'오래'의 語根 '올'과 몽골어 orolta의 or과는 同源語다.

(7) tabai(束)

tabai는 tabari에서 r音脱落으로 tabai가 되었다. 주로 풀을 벤 묶음을
셀 때 쓰이는 말로서 与那國에서 쓰이는 말이다. 韓國語 다발(束)과 그
대로 比較된다. tabal>tabari>tabai(束)의 변화이다.

(8) hudogiba(筬刃)

hudogiba는 hudo와 giba의 合成語이고 giba는 칼날(刃)이란 뜻이다. hudo는 budo가 古形이다. 八重山方言에서는 pudugi다. hudo가 pudo로 나타난다.

실바더(絲團子)[譯解補39]
바듸(筬)[柳物三, 草]

'바더, 바듸'가 琉球에 살아있음을 알 수 있다. giba는 gi(牙)와 ba(齒)의 合成語로서 이(齒)라는 뜻이다. 바디를 하나의 이(牙齒)로 표현한 것이다. 바디날(筬刃)이 본뜻이다.

(9) kai(匙)

全域에 걸쳐 sadʒi系가 分布되어 있는데 kai系도 나타난다.

kai(匙)[黑島]
akai(匙)[小浜島, 西表島 古見]
gai(匙)[西表島 上原…祖內]
hakkai(匙)[石垣島 宮良]
suruakai(匙)[石垣島 宮良]

위 예를 살펴볼 때 kai를 抽出할 수 있다. kai는 kari에서 r音 脫落形이고 語根은 '숟갈'의 '갈'과 一致하고 있음을 알 수 있다. suruakai의 suru는 한국어 '한 술, 두 술'의 '술' 그대로이고 祖語形은 '숟'이다. '갈'의 어원적인 의미는 나무(木)다. 최초로 숟갈을 만든 것은 나무이므로 '木匙'였을 것이다.

그루(株)
斤乙(木)[고구려]
가지(枝)

어근 '글, 갇, 긷' 등의 어원적인 의미는 '나무(木)'일 것이다. 거룻배의 '거루'도 나무로 만든 것이다. '거루'의 어근 '걸'도 나무라는 뜻이다.

　　　kai(櫂)[日]

kari>kai. kar은 한국어 '글, 갈'과 同源語다. 일본어 ki(木), ko(樹)도 kir, kor에서 변했다.

8-2-6. 生物

(1) wa:(豚)

琉球의 全地域에 걸쳐 wa:이고 buta는 喜界島에만 나타난다. '語音飜譯'엔 '우와', '琉球館譯語'엔 '猪, 烏哇', 『音韻字解』에는 '猪, 哇'다. 八重山方言에서는 o:이다. 語源에 대해서는 '猪'를 나타내는 wu:에 접미사 a가 붙은 것으로 'wu:a'로 보는 견해와 台灣의 中國音 'oa'와 同源으로 보는 두 가지 見解가 보인다.[28] 家畜인 usi(牛), uma(馬), inu(犬), tori(鷄)의 語彙가 모두 日本語인데 唯獨 wa:(豚)만 南方系의 語彙이겠냐 하는 의문을 가질 수 있다. 日本語 usi(牛)는 韓國語 소(so), uma(馬)는 韓國語 말(mal), inu(犬)는 韓國語 이리(iri, 狼), tori(鷄)는 韓國語 달(닭)과 同源語이다. usi(牛), uma(馬)의 頭音語 'u'는 尊貴라는 뜻을 지니는 接頭語다. 當時로서는 소(牛), 말(馬)은 매우 貴하고 재산이며 힘의 상징이기 때문에 'u'가 붙었다.

古代韓國語에 '오래'가 돼지(豚)라는 뜻이다. 돼지에게 먹이를 줄 때 '오래, 오래'라고 부른다. 滿洲語에서 ulgyan(猪), alda(半大猪)인데 語根 'ul, al'을 얻을 수 있다. wa:의 語形으로 oha, owa가 있다는 것은 '우와'의 古形이 '우라'였다는 것을[29] 시사하고 있다.

---

28) 『沖繩古語大辭典』, 角川書店, 92쪽.
29) 筆者, 『國語語源辭典』, 보고사, 2000, 193쪽.

(2) inukwa(犬)

inukwa系는 喜界島, 沖繩本島, 南宮古島, 石垣島에 나타난다. inukwa
는 inu와 kwa로 나뉜다. kwa도 개(犬)라는 뜻이라고 하겠으며 原琉球語
다. inukwa는 innukwa, iŋgwa 등으로 나타난다. 한국어 '개(犬)'의 祖語形
'갇(갈)'과 同源語다.

> kuri(黎狗)[滿]
>
> 犬曰 家稀[遺事]

한자어 犬, 狗도 알타이諸語와 同源語다.

(3) guru(猫)

guru系는 奄美大島, 喜界島에서 주로 쓰인다.

> 猫曰 鬼尼[類事]
>
> 猫 고양이[柳物1, 獸族]
>
> 괴(猫)[楞8:122, 字會上18]

'괴'는 '고이'가 줄어든 말로서 祖語形은 '골(곧)'이 될 것이다. 유구어
guru와 同源語다. 사투리에 '고냉이'가 있다. '고'와 '냉이'의 合成語인데,
어원으로는 異音同議語다. '鬼尼'도 鬼와 尼의 합성어다. 일본어 neko도
ne와 ko의 합성어로서 異音同義語다. neko의 ko는 고대어에서 고양이
(猫)라는 뜻을 지니는데 '괴(猫)'의 祖語形 '골'과 同源語일 것이다.

> kedi(猫)[터키]
>
> mil(猫)[蒙]
>
> migui(猫)[蒙]

gui가 한국어 '골'과 同源語일 蓋然性이 있다. 범의 새끼를 '갈가지'라
고 하는데 '갈, 갇'과 同源語일 개연성이 있다. 범은 고양이과에 속한다.
neko의 ne는 고니, 고냉이의 '니, 냉이'와 同源語다. '냉이'는 '낭이'로
소급되며 고낭이>고냉이>고양이의 변화이다. '낭'의 祖語形은 '날(낟)'

이다.

> kəsikə(猫)[滿]
> kisk(猫)[길랴크]

어근 kəs, kis와 한국어 '골'은 同源語일 것이다. 유구어 guru(猫)는 한국어 골(猫), neko의 ko와 同源語가 되며, guru는 原琉球語로서 한국어 kor가 건너갔다. neko의 ko는 指小辭가아니라 고대어에서는 고양이(猫)라는 뜻을 지니는 명사였다. 'ne'도 두말 할 것도 없이 고양이(猫)라는 뜻을 지니는 명사다.

(4) wentsu(鼠)

wentsu와 ujaʒa는 沖繩과 八重山을 중심으로 분포되어 있다. wentsu는 wen과 tsu, ujaʒa는 uja와 ʒa로 나뉘는데, 뒤에 오는 tsu, dʒa도 쥐라는 뜻을 지니는 말로서 異音同義語다. tsu, dʒa는 한국어 쥐의 고형 '줄'과 同源語다. 쥐의 祖語形은 '둘(둔)'이라 할 것이다. 多良間島에서는 weda라고 하는데 뒤에 오는 da가 바로 쥐의 祖語形 '둘(둔)'과 同源語다. 박쥐의 방언으로 '발쥐'가 있다. 밤쥐(夜鼠)라는 뜻이고 경상도에서는 '발찌'라고도 한다. '찌'는 '쥐'가 변한 말이다. 밤(夜)이라고 하는 말의 祖語形은 '받(받)'로서 해의 어원적 의미를 지닌다. 밤낮도 해의 운행에 의해 이루어진다. 볕(陽)의 祖語形은 '벋'이다.

(5) ikimusi(動物)

日本語는 kedamono에 비해 ikimusi는 琉球語의 特性을 나타내는 말이다. ikimusi는 iki(生)와 musi(虫)의 合成語일 것이다. 日本語도 musi(虫)지만 琉球語도 musi다. 古代韓國語는 '멀(머리)'이었으나 祖語形은 '먿'이다. 현대어 거머리(蛭)는 '거'와 '머리'의 合成語로서 水虫이라는 뜻이다. 現代韓國語는 벌레(虫)지만 古代語는 머리(虫)가 사용되었음을 알 수 있다.

　　나마리(잠자리)[경기도 이천, 설성]

　'나마리'는 '나'와 '마리'로 나뉜다. 나마리의 '마리'가 '거머리'의 '머리'와 同源語로 벌레(虫)이라는 뜻이다. '나'는 날개(羽)의 '날'이다. '날개가 달린 벌레'라는 뜻이다.

　(6) aniko(蟻)

　aniko 외에 aniŋgwa가 있고 aiko, ajaka 등이 있다. aniko는 ani와 ko의 合成語로서 異音同義語일 것이다. ko, gwa, ka 등도 개미(蟻)라는 뜻을 지니는 것으로서 原琉球語가 될 것이다.

　　가야미(蟻)[月釋18:30, 杜初8:8, 字會上23]

　가야미는 갈아미>가아미>가야미로 변화되었을 것이다. '아미(蟻)'가 더 고대어로서 일본어 ari(蟻)와 同源語다. '아미'의 祖語形은 '알'이다. 알+암>아람이>아라미>아아미>아미가 고대어에서는 개미라는 뜻을 지녔다. 일본어에서는 ari는 개미라는 뜻이다. ani는 조형 at에서 an으로 변했을 것이다.

　　karinca(蟻)[터키]

　어근 kar은 한국어 '갈'과 同源語다.

　(7) kura(雀)

　沖繩本島를 中心으로 分布되어 있다. 日本語에서는 yamagara(山雀. 곤줄박이), tsubakura(燕. 제비)의 gara, kura 등이 새(鳥)라는 뜻이고 hesokuro와 같이 kuro도 보인다.[30] 이는 韓國語에서도 딱따구리, 꾀꼬리, 왜가리 등 고리, 구리, 가리 등이 새라는 뜻을 지니는 것과 같다.

---

30) 中本正智, 『圖說琉球語辭典』, 金鷄社, 1981, 160-161쪽.

kasha(鳥)[滿]

kuş(鳥)[터키]³¹⁾

(8) sui(鳥)

沖繩 北部의 佐手, 宇嘉에 sui가 보인다. tui(鳥)는 tori가 변한 것이다. 새(鳥)는 北韓에서는 sai라고 한다. sai와 同源語일 것이다. 일본어 uguisu, karasu와 같이 su는 한국어 새의 조어 '산(살)'과 동원어가 되는 데, su는 단독으로 쓰이지 않으나 琉球語에서는 한국어와 같이 sui가 단독으로 쓰이고 있다. 한국어에서 북쪽에는 '사이'라고 하지만 남쪽에서는 '새'다.

(9) hure(群)

omoro에 huresima(群島), huretaka(群鷹)가 보인다. horehosi(群星)에서는 hore가 보인다.³²⁾ hore나 hure는 bore, bure로 소급되며 日本語에서는 發見할 수 없다. omoro에는 hure, horo가 보이고 기타 문헌에는 burebosi(群星), buremahi(群舞) 등이 있다. bur(but), bor(bot)이 무리(群)라는 原意를 지닌다.³³⁾

batə(群)[滿]

borsaŋ(群衆)[蒙]

語根 bat, bor이 무리(群)라는 뜻을 지니는데 琉球語 bur(群)과 同源語다. 韓國語에서는 bor(群)系 어휘를 찾을 수 없지만 이 말도 韓國을 거쳐 琉球에 갔을 것으로 추정된다.

---

31) 필자, 『國語語源辭典』, 보고사, 2000, 117쪽.

32) 『沖繩古語大辭典』, 角川書店, 1995, 587쪽.

33) 仲原善忠, 外間守善 著, 『omoro soosi辭典』, 角川書店, 1967, 255-256쪽.

(10) dʒuː(尾)

沖繩 本島는 거의 dʒuː系의 語彙다. wo(尾)와는 別個의 어휘다.[34]

　　꼬리(尾)[字會下6]
　　초리(尾)[譯下30]
　　kuyuk(尾)[터키]

꼬리, 초리의 雙形이 文獻에 나타나는데 現代語로서는 꼬리가 쓰이고 있다. 초리(尾)의 語根 '촐'은 '졸, 돌'로 소급된다. '졸'로 발음할 시기에 琉球에 흘러 들어갔을 수 있다.

　　sei(蝦)[中本, p.131][35]
　　사ᄫᅵ(蝦)[解例用字]
　　새요(蝦)[字會上20]

古代語 '사ᄫᅵ'와 琉球語 sei가 比較된다.

8-2-7. 火類

(1) matsu(火)

宮古, 奄美 漱戶地方에서는 현재도 쓰이고 있다. matsu(火)의 語根은 mat이다. 古代韓國語에 '몯'이 '불(火)'이란 뜻을 지니고 있다.

　　무회다(熰)[法華2:127]

무회다의 語根은 '무'인데 祖語形 '묻'이 '불(火)'이란 뜻을 지니는 명사다. '모닥불'은 '모다'와 '불'의 合成語이다. '모닷불'이 '모닥불'로 사잇소리 ㅅ(ㄷ)이 ㄱ으로 변했다. 사잇소리가 들어가는 것으로 보아 '모다'는 명사라는 것이 分明하다. '모다'가 '불(火)'이란 뜻을 지니는 名詞로서 語根이 '몯'이다.[36] 日本語 moeru, moyasu(燒)는 韓國語 'mot'에

---

34) 『日本列島方言叢書33』, 琉球語考6 沖繩本島, mayuni書房, 2001, 346쪽.

35) 中本正智, 『日本列島言語史の研究』, 大修館書店, 1990, 131쪽.

서 변한 것이다. moyasu는 morasu에서 變한 것으로 語根은 mor이고 mot이 祖語形이다. 이렇게 matsu가 불(火)이란 뜻을 지니는 말이 奄美, 宮古에 쓰이고 있다는 것은 古代韓國語가 琉球에 살아있다는 것을 보이는 例證이 된다.

> umatsu(焰)[喜界島]
> matsu(焰)[奄美笠立町]
> macnifi:(焰)[與論島]
> umatsï(焰)[伊良部島伊郎部一國仲, 宮古島西原一下里]

불꽃(焰)도 matsu(火)와 同源語라는 것은 hi(火)보다는 强力한 言語勢力을 지니고 있었음을 알 수 있다. 德之島에서는 meebïr(焰)의 mee는 matsu와 同源語고 bi는 hi(火)의 古形이다. 与論島에서는 matsihi:인데 matsi는 matsu와 同源語고 hi는 두말할 것도 없이 불(火)이다. 異音同義語의 合成語를 보이고 있다.

(2) kibusi(煙)

石垣島 川平에서 kimusi이고 琉球 全域이 kibusi系가 分布되어 있다. kemuri(煙)의 古形이 keburi다. keburi가 kemuri로 變한 것으로 보고 있다.[37] 그러나 kemuri와 keburi를 變化形으로 볼 수 있으나 bur과 mur을 別個의 語彙로 볼 수 있다. buri는 韓國語 '불'과 同源語로 여겨진다. muri는 韓國語 古語에 불(火)이라는 뜻으로 '물(묻)'이 있었다.[38] 琉球語에서 matsu(火)의 語根 mat과도 比較된다. buri나 muri 앞에 오는 ke, ki는 '氣'라는 뜻이다. 불이 타면서 생기는 氣가 '煙氣'가 아닌가. busi는 韓國語 불의 祖語形 '븓'과 비교된다. '븓'의 末音이 ㅅ으로 바뀌

---

36) 필자, 『國語語源辭典』, 보고사, 2000, 255쪽.
37) 『岩波古語辭典』, 451쪽.
38) 필자, 『國語語源辭典』, 255쪽.

면 but>bus-i다.

(3) karapai(灰)

全域에 걸쳐 pai(灰)系가 우세하게 分布되어 있으나 宮古島의 西原, 下里, 福里 그리고 伊良部島의 伊良部, 國仲에서 karapai로 나타난다. 日本語 hai(灰)는 pari에서 변한 것으로서 語根 par은 韓國語 불(火)과 같은 語源이다. 재는 불에 탄 나머지라고 할 수 있고 나중에는 불이 꺼지고 색이 변하지만 탈 때는 불 그대로다.

> kal(火)[蒙]
> kulgin(焰)[滿]
> kurambi(불내다)[滿]
> küru(灰)[터키]

터키어 재(灰)라는 뜻을 지니는 küru가 불(火)의 語源的 意味를 지닌다.[39] 韓國語 재(灰)도 古代語 불(火)이란 뜻을 지니는 달(火)에서 변했다.[40] karapai의 kara도 語源的인 意味는 불(火)이다. karapai는 異音同義語의 合成語다. 滿洲語 furəŋgi(灰)의 어근 fur은 pau(火)로 소급된다.

(4) akakotsa(火神)[omoro]

akakutsï도 있는데 '赤口'로 보고 있다. serumama가 火神을 뜻하는데 mama는 한국어에서 존장자를 뜻한다. 상감마마, 아바마마 등이 쓰인다. seru는 국어 사르다(燒)의 어근 '살'과 同源語다. akakutsi, akakutsi의 kotsi, kutsi를 '입(口)'이란 뜻으로 풀이하는 것은 무리고 神이란 뜻으로 풀이해야 될 것이다.

> 귓것(鬼神)[字會中2]

---

39) 필자, 『國語語源辭典』, 486-487쪽.
40) 필자, 『앞의 책』, 486-487쪽.

'것'이 神이란 뜻으로 '걷'으로 소급된다. kotsi, kutsi는 한국어 '걷 (神)'이란 뜻을 지닌 말과 동원어일 것이다. aka(赤)의 어원은 불(火)이란 뜻이다. 울긋불긋, 알락달락의 '울'과 '알'이 빨강(赤)이란 뜻이다.

　　ateş(火)[터키]

　　al(赤)[터키]

터키어에서 ateş(火)의 어근 at이 al로 말음이 변하면 빨강(赤)이란 뜻이다. 한국어 붉다(赤)의 어근 '블'은 '불(火)'이란 뜻이다.

　(5) serumama(火神)

seru와 mama의 合成語다.

　　술　쇼(燒)[字會下35]

'술다'의 語根은 '술'로서 名詞인데 술다(燒)는 불에 의한 작용이기 때문에 어근 '술'은 고대어에서 불이란 뜻을 지니는 名詞였다. 日本語 susu(煤)의 語根 sus은 sut로 소급하여 '술'의 古形 '숟'과 同源語라 하겠으며 sumi(炭)는 韓國語 숯(炭)의 古形 '숟(술)'과 同源語일 것이다.

　　syərəmbi(燒紅)[滿]

　　sirano(燒)[蒙]

'술'이 琉球語에 와서 seru로 되었다. 마마는 尊稱語로서 上監마마, 아바마마, 어마마마 등과 같이 쓰이고 巫俗에서는 天然疫神을 尊稱해서 '마마'라고도 한다. seru(火) mama(神)는 고대한국어에서 건너간 것임을 알 수 있다. girumama, geramama形이 보이는데 語根 gir, ger도 古代 韓國語에서 불이란 뜻을 지닌 말이다. 그슬리다, 그스름(焔)의 語根 '긋' 이 名詞로서 불이란 뜻이다. 몽골어에 gal(火)인데 gir, ger과 同源語다. 日本語 kuriya(廚)의 語根 kur이 불(火)이란 뜻이다.[41]

---

41) 상게서, 『沖繩語大辭典』, 371쪽.

(6) houara(火)

omoro에는 hotera tsihe(火照)가 있다. hotar(火)와 hoteratsihe의 語根 ho는 공통된다. 後行語 tar와 teratsihe의 어근 tar, ter은 同源語다. 선행어 'ho'는 일본어, hi(火)와 동원어이며 이 hi, ho는 한국어 블(火)의 祖語形 '블'과 同源語다. 後行語 tara도 불(火)이란 뜻이다. 八重山 yakujaimabusi에 akara patara가 있는데, 불이 붉게 타는 모양을 표현한 의태어다. akara는 빨강(赤)이란 의미고 patara가 불(火)이란 뜻이다. 어근 patara는 pa와 tara로 나뉘는데 모두 불이란 뜻을 지니는 異音同義語다. tara가 불이란 뜻을 지니는 原琉球語다. 때다(焚), 다리다(煎)[救急上51], 다리다(熨)[救急上34]의 어근 '달'이 불이라는 뜻을 지니는 명사다. 고대한국어에 '달(닫)'이 불이란 뜻을 지니는 명사로 있었음을 알 수 있다. hotara(火)의 ho는 新勢力語, 後行語인 tara는 舊勢力語로 불이란 뜻을 지니는 명사다.

8-2-8. 武器

(1) idana, irana(鎌), kama(鎌), gagi(鎌)

idana와 kama형이 主潮를 이룬다. 琉球語에 idana, irana가 있다는 것은 아주 놀라운 사실이다. 한국으로서는 先史時代의 古形이 일본에는 없는 것이 유구어에 상존하고 있다고 하는 것만으로도 고대유구어 形成過程을 연구하는 데 있어 아주 중요한 의미를 지닌다. 한국어 '이기다(승)'의 어근은 '익'으로서 명사다. '익'은 읻>일>읽>익의 변화를 겪었다. '익'의 의미는 칼(刀)이란 뜻이다. 고대인들의 승패는 刀劍類로 판별된다고 생각했다.

il(刀)[蒙]
ildo(刀)[蒙]
ilaho(勝)[蒙]

蒙古語 il이 칼이다. '이기다'라는 뜻을 지니는 ilaho의 語根 il이 칼이란 뜻을 지니고 있다. 이기다의 어근 '익'의 祖語形이 '일(잇)'이라 하겠는데, 蒙古語 il과 同源語임을 보이고 있다. 北琉球의 沖繩島에 idana, irana가 분포되어 있는데, 이는 琉球語의 祖語를 알아내는 데 중요한 의미가 있다. idana는 ida와 na, irana는 ira와 na의 合成語다. ida는 古代韓國語 id(t), ir과 同源語가 되고 na는 韓國語 nal(刀)과 동원어다. katana(刀)는 kata와 na의 合成語인데 kata는 고대한국어 '갇(刀)', na는 '날(刀)과 同源語다. idana(鎌)의 어근 id(it)의 어근이 일본어에는 ik으로 반영된다.

> ikusa(軍戰)[日]
> ikutatsi(大刀)[日]

일본 측의 해석은 iku를 生으로 보고 있는데, 이는 궤도를 벗어나고 있는 풀이다. ikusa의 iku는 칼이란 뜻이고 sa는 살(矢)의 末音이 탈락한 말이다. 고대인의 싸움은 칼과 활의 싸움이었다. 한국어 이기다(勝)의 어근 '익'은 고대한국어에서 칼이란 뜻을 지닐 때 일본에 건너가 iku(刀)로 반영된 것이다. ikutatsi(大刀)는 iku(刀)와 tatsi(刀)의 異音同義語의 合成語다. 돗귀(斧) '돗'의 祖語形은 '돋'인데 어원적 의미는 '칼'이었다. 이 '돋'이 일본에 tatsi(刀)로 반영된 것이다. 한국어에서 '익'으로 쓰이기 전에는 it이 쓰였다는 것을 보여주며 ik의 祖語形 it이 琉球語에 현재 살아있다는 것은 유구에 ida가 흘러갔다는 것이며 시기적으로는 선사시대였을 것이다.

몽골어에서 ilaho가 '이기다(勝)'라는 뜻인데 il이 칼이란 뜻이다. 일본어 katsu(勝) 어근 kat은 한국어 칼의 祖語形 kat이 건너가서 동사가 된 것이다. 南琉球語에는 gagi형이 있다. 한국어 '갈'이 유구어에서 특수하게 변한 말이다. 우선 ga는 ka가 유성음화한 것이 특징이다.

한국어	일본어
술	sake(酒)
달(山)	take(岳)
돌(渠, 水)	taki(瀧)
감(柿)	kaki(蠣)

한국어에서나 일본어에서도 gagi形은 없는데, 琉球語에만 있다. 한국어나 일본어에서 볼 수 없는 gagi는 南琉球의 특수한 변화이다. 그러니까 kama-hama는 奄美諸島, idana-irana는 沖繩諸島에, gagi는 八重山諸島에 분포되고 있다. 奄美諸島의 kama는 日本語에서 남하했거나 아니면 '갈'이 유구에 건너가서 일본어와 같은 변화를 거쳤을 것으로 본다. idana, irana形은 沖繩諸島에 고대한국어 idana, irana가 건너가서 상존하고 있다. gagi形은 it보다 뒤에 고대한국어 '갈'이 건너가서 南琉球에서 변화한 형태다.

(3) midoro(弓)[omoro]

　midara(弓)

　guramaru(弓), gurama(弓)

midoro, midara의 mi는 존경과 공손이라는 뜻을 지닌 접두어(御)와 doro의 어근 dor은 활을 만드는 재료인 나무(木)라는 뜻이다. 활(弓)과 쾌(樻)[字會中14]의 어원은 동궤다. 쾌는 '화이'가 줄어서 쾌가 되었다. '화이'는 활이>화이>쾌, '활'은 할>활의 변화이다.

　한쇼>황소

　한새>황새

회초리의 '회'도 나무라는 뜻을 지니는 同軌語일 것이다. doro는 횃대의 '대'와 同源語이다. 달>달이>다이>대(竿, 竹). 다리(橋), 사다리(梯)의 어근 '달'이 나무라는 뜻이다. 달(竹)-take(竹)[日]. 滿洲語 bəri(弓)의 어근은 bər이다. 보(樑), 배(舟). 일본어인 hasi(竿), hayasi(林), hasigo (梯). guramaru(弓)는 gura와 maru의 합성어인데 異音同義語이다. gura 는 일본어 ki(木), ko(樹), 斤乙(木)[고구려], 그루(株), 긷(柱), 가지(枝)의 어근 '글, 갈(갇)'과 同源語이다. 농기구의 하나인 고무래의 '고'도 나무 라는 뜻을 지닌 同源語일 것이다. maru도 나무라는 뜻을 지니는 同源語 이다. 말(橛), 매(鞭), 고무래의 '무래'와 同源語이다.

> modo(木)[蒙]
> moo(木)[滿]
> yumi(弓)[日]
> numo(弓)[蒙]

yumi의 고형은 numi이기 때문에 몽골어 numo와 비교된다. numo와 yumi가 비교되는 것을 보면 古代韓國語에 numo가 있었을 것을 추정할 수 있다. 일본어 刀劍類의 어휘가 모두 고대한국어가 건너간 것을 보면 yumi가 몽골어와 직접 관련된다는 것은 좀 문제가 있다. 몽골어 numo 와 고대한국어 numo는 같은 말이었다. tatsi(太刀), tsurugi(劍), katana (刀), ikusa(軍, 兵), ya(矢, 箭), satsi(矢) 등은 모두 고대한국어와 비교된 다. 특히 화살의 '살'의 조어 '삳'이 일본어에서는 그대로 satsi(矢)다.

8-2-9. 巫

(1) noro(巫), yuda(巫)

琉球語에 巫라는 뜻으로 noro와 yuda가 있다. noro는 祝女, 神女, 巫라 는 뜻을 지니는데, 마을의 神祭를 管轄하고 이 noro는 中央政府에서 辭令 을 받았다. noro는 섬에 따라 nu:ru라고 발음하는 곳도 있다. 나는 우리나 라의 단골과 같아서 祭儀를 주로 하는 巫人들이라고 본다. shaman은 巫라는 뜻으로 滿洲語 saman(巫)이 그 語源이다. saman의 語根은 sam인 데 言語라는 뜻이다.

말숨(言)[杜初8:35]

말쏨(言)[訓諺]

'말씀'은 같은 言語라는 뜻을 지닌 말이 겹쳤다. '말'이 쓰이기 前에는 '숨'이 言語라는 뜻을 지닌 말이었다.

巫는 겨집심방이오 祝는 男人심방이라[楞8:117]

심방의 '심'이 '말숨'의 '숨'과 같은 어원을 지니는 말로서 言語라는 뜻이다. '심방'의 '방'은 비렁방이, 앉은방이 등 방이는 사람(者, 人)이란 뜻이다. 심방은 言者, 言人이란 뜻이다.

묻그리(占)[釋9:36]

'묻그리'는 '묻'과 '그리'의 合成語로서 둘 다 言語라는 뜻을 지니는 말이다. 韓國의 降神巫일 경우 내림굿을 할 때 '말문이 열린다'라고 하는 말이 있는데 신령이 巫의 몸에 실려 입을 통해서 말하는 것을 이름이다. 따라서 noro나 yuda나 어원은 言語라는 뜻을 지닐 개연성이 있다. 日本語에서 nori(告)는 神意 또는 神語라 할 수 있고 norito는 祝辭로서 사람이 神에게 所願을 비는 것을 뜻한다. 語根 'nor'이 言語라는 뜻이다. 노래(歌), 놀이(遊), 노릇(戲)의 語根은 '놀'로서 語源的으로 意味는 言語이다. 니르다(謂)의 '닐'이 言語라는 뜻을 지니며 '놀'과 同源語다.

巫人들이 祭儀인 굿을 하는 것을 '놀다'라고 하는데 神과 놀았다는 뜻으로 '神遊'다. 노는 행위는 노래와 춤과 祝願과 辭說이 必需的이다. 굿이란 행위는 言語化 行爲다. 따라서 琉球의 noro(巫)는 古代韓國語가 건너가서 巫라는 뜻을 지니는 말이 되었다. noro는 祭儀를 담당하는 公的인 巫라 한다면 yuda는 個人的인 所願을 기원하는 巫라 할 것이다. yuda는 nuda가 古形이고 nut이 祖語形이라 할 것이다. noro의 語根 nor의 祖語形 not과 같은 어원이 된다.

日本語에서는 miko(巫), itsiko(巫) 등으로 부르고 있는데 反하여 琉球에서는 noro, yuda(nuda)이므로 別途로 발달했다고 보겠는데, 그 어원이 韓國語 nol(not)과 同源語라는 것은 琉球의 巫가 韓國的인 影響을 받았다는 것을 시사한다고 볼 수 있다. noro는 우리나라로 본다면 제의적인 '단골'이고 yuda는 降神巫다. 한편 saman은 '薩滿'으로 표기하는 경우도 있는데 salman이 될 것이다. sal과 man의 合成語일 개연성도 생각해 봄직하다. man은 사람이란 뜻이다. 심마니, 똘마니의 '마니'가 사람이란 뜻이다. sal은 言語라는 뜻을 지니는 '살, 소리(솔)' 등과 同源語일 것이고 sal(言)과 man(人)의 합성어로서 巫라는 뜻이다. 巫는 神과 人間의 중간에서 언어의 중개자 구실을 한다.

(2) sedʒi(不可視의 靈力, 靈的인 힘)[omoro]

同義語에 sihi, sei, ke, keo 등이 있다. '靈'자를 보면 '巫'자를 받친 글자인데 무당이 빌어서 비를 오게 한다는 뜻을 지니는 자이다. '巫'는 神과 言語를 同意 槪念으로 파악하고 있다. 말문이 열려야 巫가 되는데 말문이 열린다는 것은 신이 巫의 몸에 실려 입을 통해서 말하는 것을 의미한다. 따라서 신의 존재를 확인하는 것은 입을 통해서 나오는 말이 自意的인 것이 아니고 他意的인 神語라고 하는 데서 神은 말이요, 말은 곧 神이라는 생각을 가지고 있다. 점을 치는 것은 손님의 말을 무당이 神에게 전하여 그 답을 얻는 것으로 巫는 神과의 언어 중개자 구실을 하는 것으로 인식하고 있다. 그러니까 呪力을 발휘하는 것은 言語로 이루어진다. 언어가 없이는 神과의 관계를 이룰 수 없다. 따라서 영력이란 언어를 통한 呪力이라고 여기는 것이다. 따라서 sedʒi의 어원을 言語로 이해하는 것이 객관성을 띈다.

사뢰다(奏), 소리(言, 聲, 音)의 어근은 '살, 솔'이 되겠는데 고형은 '삳, 솓'이 된다. omoro에 등장하는 sedʒi의 어근은 sed으로서 국어 '삳, 솓'과 동원어다. 同義語 sei는 seri에서 r음 脫落形이다. 일본어 serihu(台詞)의 seri가 言語라는 뜻이다. 한편 '숨을 쉬다'의 '쉬다'의 어근은 '쉬'로서 祖語形은 '숟'이다. 숟>술>술+음>수음>숨(息)의 변화이다. 살다

(生)의 어근 '살'도 숨(息)과 同源語일 것이다. 숨을 쉬느냐 쉬지 않느냐에 의해 生死가 갈라진다. 따라서 '삵, 숨'은 명사로서 氣力, 靈力이라는 뜻을 지닐 개연성도 있다. 따라서 sebʒi의 어근 set과 同源語일 것이다. 또 태양의 靈力으로 볼 수도 있다. 햇살, 설(元旦, 歲)의 '살, 설'이 태양이란 뜻을 지니고 있다.

　　　sora(天, 空)[日]
　　　sarusu(晒す)[日]

　어근 sor, sar은 한국어 '살, 설'과 同源語다. 祖語形 '솓, 삳'이 sedʒi로 변했을 것이다.

　(3) kami da:ri(神疾)

　da:ri가 疾病이라는 뜻인데 dar이 古形일 것이다.

　　　간 곳마다 탈잇다(到處有蹤)[譯補60]
　　　탈 어더 분명이 나롤 죽이고져 혼 거시라[三譯4:21]
　　　後긋 疾탈ᄒ고[三綱忠9]

　국어에서 탈은 疾, 事故, 트집이라는 뜻이다. '배탈'일 때는 '배의 병'이란 뜻이다. '탈'의 古形은 '달'이다. 이 '달'이 琉球語에 가서 疾病이라는 뜻을 그대로 유지하고 있다. 巫들의 神疾이 병이란 뜻으로 쓰인다는 것은 유구어의 巫俗도 한국에서 건너갔을 것이라는 것이다. 무속에서 神疾을 '신탈'이라고도 한다.

　(4) serasu(奏, 신에게 告하다)[omoro]

　사뢰다, 숣다, 소리(聲) 어근 '살, 술, 솔'과 sarasu(奏)의 어근 sar은 同源語다.

　　　serihu(台詞)[日]

어근 ser과도 同源語다.

(5) nːiri(神歌)

宮古島에서는 매년 여름에서 겨울에 이르기까지 몇 곳에서 親新祭를 지내는데 이때 神女가 부르는 노래를 nːiri라고 한다. niːri는 niri가 늘어난 말일 것이고 niri는 noro(巫女)와 同源語다. noro(巫女)의 어원적인 의미는 말이란 뜻이다.

> nori(天皇, 神의 意向)
> norito(呪詞)

어근 'nor'은 '詞, 語'라는 뜻이다. 한국어 노래, 놀이, 노릇의 어근 '놀'과 동원어다. 니르다(謂)의 어근 '닐'과 niri와는 형태상으로 같다.

(6) neriya(龍宮)

奄美大島에서는 neɲya라고 하는데 海中에 있는 저승을 뜻한다. neriya는 neri와 ya의 合成語로서 ya는 꼬리(尾)라는 뜻이다. neri는 바다(海) 또는 물(水)이란 뜻을 지닐 것이다. 日本語 tatsu(龍)의 語根은 tat으로서 물(水)이란 뜻이다.[42]

> 돌(渠, 溝)
> taki(瀧)[日]
> tatsu(龍)[日]
> 미르(龍)[字會上20]

미르의 語根은 '밀'로서 믈(水)과 同源語이다.[43] 따라서 龍宮 또는 水宮이란 뜻을 지니는 neri도 물(水)이란 뜻이다.

---

42) 필자, 『우리말의 뿌리』, 유씨엘, 2005, 180쪽.
43) 필자, 『國語語源辭典』, 276쪽.

나리(川)[動動]

느릇(津)[龍1:39]

語根 '날, 눌'이 neri의 ner과 같은 語源일 것이다.

(7) oni(鬼)

oni의 어근은 on으로서 祖語形은 ot이다.

orolan(鬼)[蒙]

ali(通天鬼)[蒙]

語根 or, al이 oni의 祖語形 ot과 同源語이다. '가위'는 '가'와 '위'의
합성어로서 '위'는 '우니'가 합친 것으로 '울이, 울, 욷'으로 소급된다. 따
라서 古代韓國語에 '울(鬼)'이었다. '가위'의 '가'도 鬼라는 뜻이다.

귓것 귀(鬼)[字會中2]

'것'이 固有語로서 鬼라는 뜻이다.

(8) turu(洞窟墓)[奄美]

tera(洞窟內의 石棺部)[喜界島]

do:rumi(石墓 또는 洞窟)[沖水良那島]

어근 tur, ter, dor은 국어 '돌(石)', '돌멩이'와 同源語일 것이다.

8-2-10. 其他

(1) kipara(衣)

沖永良部島와 與論島에 한해서 kipara系가 쓰이고 있다. kipara의 ki
는 ki(着)고 para는 옷(衣)이란 뜻을 지니는 말이다. para의 語根은 par
로서 pat이 古形이다. 韓國語 한 벌, 두 벌의 '벌'이 古代語에서 옷(衣)이
란 뜻을 지닐 것이다. '벌'이 琉球語에 para로 남아 있다. ki는 日本語가

南下한 것이고 para는 古代韓國語가 琉球에 내려간 어휘다. para(衣)는 ki보다 琉球에 있었던 原琉球語가 되는 셈이다. 베(布)는 벋>벌>벌+이>버이>베의 변화이다.

　　boso(布)[滿]
　　bosu(布)[女]
　　bos(布)[니브흐]

어근은 bos, bus이지만 祖語形은 bot, but이다.

(2) pattsi(脫)[44]

琉球의 北部 奄美와 中部인 沖繩은 nugu系이고 pattsi系는 주로 南琉球地方에 分布되어 있다. pattsi의 語根은 pat이다. 韓國語 벗다(脫)의 語根은 '벗'으로서 '벋'이 古形이고 名詞로서 衣類라는 뜻이다. 옷의 單位인 한 벌, 두 벌의 '벌'이 옷(衣)이란 뜻이며, 古形 '벋'이 옷(衣)이란 뜻이다. 琉球 南部는 nugu系가 아니고 別途로 形成된 古代韓國語가 쓰이고 있다는 것이다.

(3) kasa(帽子)[45]

bo:si(帽子)系와 다른 kasa系가 八重山地方에 分布되고 있다. bo:si는 일본어가 내려간 것이지만, kasa는 古代韓國語 '갓(갇)'이 내려 간 말일 것이다.

　　갇(笠)[解例用字]
　　갓(大帽)[物譜, 衣服]

---

44) 中松竹雄, 『美しい沖繩語辞典』, 沖繩語文化研究所, 2001, 170쪽.
45) 中松竹雄, 앞의 책, 174쪽.

(4) je, jedzu, kata, jekata(繪)

琉球語에서는 그림이라는 뜻으로 4系가 있다. je는 일본어 e와 비교되고 jedzu, jekata의 先行語는 모두 e와 비교된다. 原琉球語라고 할 수 있는 kata가 주목된다. 한국어에는 '그림을 그리다'가 있는데 그림은 명사고 '그리다'는 동사가 되는데, 어근은 '글'이고 '글'이 祖語形이다.

nirugan(그림)[滿] dʒurag(그림)[蒙]
nirumbi(그림)[滿] dʒurax(그리다)[蒙]
그림[國]
그리다[國]

한국어, 만주어, 몽골어에 공통되는 것은 명사인 그림이란 뜻을 지니는 말이 동사로 전성되었다고 하는 사실이다. 일본어의 그림이란 명사는 'e'인데 동사는 kaku, kaki로서 공통되지 않는다. kaku는 ka와 ku로 구별할 수 있지만 kak-u, kak-i로 어근이 ka, kak으로 볼 수 있다. ka의 조어형은 'kat'으로서 고대일본어에 kat이 그림이란 뜻을 지닐 것이다. '그리다'의 어근 '글'은 '글'이 祖語形이고 일본어 'kat'과 동원어일 것이다. 琉球語에 kata가 있다는 것은 우리나라 고대어가 건너갔을 것이다. '그리다'의 어근 '글(글)'은 '금을 긋다'의 '긋(글)'과 同源語일 것이다.

韓國語에 그림(繪)[釋譜24:10]·그림(影)[東韓], 그르메[月印上6]·그르매(影)[重杜解2:28], 그림제[月釋2:55]·그림재[誠初9]·그름제[百聯3]·그름재(影)[百聯21] 등이 있다. 日本語 kage(影)를 보면 국어 '글'과 비교가 되며 南琉球와 沖繩 一部에서 보이는 kata(繪)와 비교됨직하다. 韓國語에서는 '그림을 그리다'와 '글을 쓰다'의 '그리다(畫)'와 '쓰다(書)'가 구별되는데, 日本語에서는 kaku는 畫·書의 兩意를 지닌다.

(5) isi(優, 秀, 巧, 好)[omoro]

琉球語 isi는 일본어와 같이 사용된다. isi는 국어 '일~'과 同源語다.

이든 우루믈 우러[月釋8:14]

이든 工巧흔 말로 골히야[法6:67]

이드며 골 업소믈(妍醜)[南明下28]

븕고 이드며(明妙)[金삼 2:62]

'일다'는 善, 好, 秀, 優이라는 뜻이다. 일본어 oisi는 '맛있다'라는 뜻인데 o는 접두어고 isi가 뜻을 지니는데 국어 '일다'의 형용사가 건너간 것이다. 일>is-i.

(6) asamui(朝食)

asamui는 asa와 mui로 나뉜다.

motsi(餠)[日]

mesi(飯)[日]

몰>몰+이>모이>뫼(飯)[國]

못>못+이(飯) → 모시(餌)

asaban(朝食)의 ban은 한자어 飯일 수도 있으나 밥(飯)과 동원어일 수도 있다. 밥의 조어형은 '받'이다.

buda(飯)[滿]

budaga(飯[蒙]

어근 but과 '받'은 同源語다.

nïsari(朝食)

nï와 sari로 나뉜다. sari는 국어 '살(米)'과 同源語다. nï는 국어 벼라는 뜻을 지니는 '니', '뉘'의 祖語形 '눋'과 同源語일 것이다. asamui의 mui는 국어 '모이'와 同源語다. 모시>모이>뫼(祭飯)의 변화를 보면 '모시'가 고어에서 밥이란 뜻을 지녔을 것이고 일본어에서는 mesi가 밥이란 뜻이다.

(7) kwei(鍬)

琉球列島 全般에 걸쳐 kwei라고 하며 젊은 층에서는 kei라고 한다. 日本語 kuwa(鍬)는『古事記』에 '木久波'라고 나오는데 '久波'를 보면 原形이 kuba라고 볼 수 있다. kuwa는 kuba: → kuΦa: → kuΦe: → kuwe: 로 변한 것이기 때문에 九州의 方言, 琉球語 文獻語는 祖語形 kupa에서 변한 것이라 보았다.[46] 韓國語에서는 古語에 '광이[譯解下8]'가 있고 현대어에는 '괭이'가 있다. '광이'의 語根은 '광'인데 '광'의 末音 ㅇ은 나중에 들어간 것으로 보면 '과'에 소급되고, '과'의 모음 '와'는 '오이'가 줄어 된 것이기 때문에 '고아'가 되고 '고아'의 고형은 '골아'고 語根은 '골'로서 祖語形은 '곧'이다. '괭이'는 처음에는 木製였다고 생각되므로, '곧(골)'은 나무(木)라는 의미를 지닌다고 보인다. 日本語 kuwa는 文獻語에 kuba가 나온다. kura>kuha>kuwa의 變化로 된 말이다. 語根 kur(kut)은 日本語에서 ki(木), ko(樹) 등이 보이므로 kir, kor의 末音脫落 전의 형태라 할 수 있다.

gasana(鍬)[蒙]

八重山에서는 pai(鍬)系가 있다. pai는 pari의 r音 脫落形으로 語根은 par이고 祖語形은 pat이다. pat(par)은 古代韓國語와 比較된다.

버히다(伐)[光千5]
바눌(釘)[龍歌52章]
balta(斧)[터키]
bargu(錐)[터키]
bičmek(刈)[터키]
pasaq(刀)[터키]
pudzaq(刀)[카자흐]
pudzaq(刀)[西, 裕固]

---

46) 中本正智,『琉球語彙史の研究』, 三一書房, 1983, 24쪽.

버히다<버이다>버리다<벌<벋. '벋'은 名詞로서 刀刃類라는 뜻이다. 베는 것은 刀劍類로서 이루어진다. 日本語 ha(刀)는 pa로 소급되며 古代 韓國語 '벌/받'과 同源語이고 hari(針)는 pari의 r音脱落形이다. 이렇게 琉球語에 pai系, koitsï系 to:guwa系 4系의 方言이 있다. to:guwa의 to: 는 '唐'를 일컬음이다. 日本語와 밀접한 것은 kwei뿐이고 pai는 古代韓 國語와 밀접하다는 것을 알 수 있다.

(8) okinawa(沖繩)

okinawa는 oki와 nawa의 합성어다. oki는 일본어 沖에 해당되는 말 로서 바다, 호수, 못 등이 뭍에서 떨어진 먼 곳을 뜻한다. okinawa란 말은 琉球人들이 만들어 낸 말이 아니고 日本人이 만들어낸 말이라고 보는데 okinawa는 日本에서 보면 '멀리 떨어진 곳'이란 뜻을 지니는 말 이라고 하겠다. nawa는 nana에서 변한 말이다. nana의 조어는 nat으로 서 nar-a>nara가 되고 nara의 r가 떨어지며 nana가 되었다가 다시 nawa로 변했다. nara는 한국어 나라(國)라는 뜻으로서 나라의 어근은 '낟(날)'이다. '낟(날)'은 '땅(地)'이란 뜻이다.

na(地)[滿]
나라(國)[國]
논(畓)[國]
no(野)[日]
ni(土)[日]

nawa의 어근 nat(nar)도 土, 地, 國이라는 뜻이다. 沖の土, 沖の地, 沖 の國이라는 뜻이다. 沖のある地, 沖にある島, 沖にある國이라는 뜻이다. 沖 繩에 대한 地名이 記錄으로 나오는 것은 8세기로 소급된다.

ㄱ) 阿兒奈波島:(唐太和上東征伝 779. 753年) 遣唐大使 藤原淸河 등의 一行 唐僧 鑑眞과 함께 歸朝의 途次, 그 배 阿兒奈波島

에 漂着했다고 한 기록이 처음이다.

ㄴ) 惹急拿: 陳促使錄, 1534.

ㄷ) おきなは: せらざ森碑, 1554.

ㄹ) おきなわ: おもろそうし, 1623.

ㅁ) 惡鬼納: 泥效驗集, 1711.

ㅂ) 屋鬼惹: 中山伝言錄, 1722.

ㅅ) 沖繩: 新井白石의 南島志, 1719.

以上의 日本側 文獻을 통해서 볼 때 沖繩이란 地名은 日本側에서 붙인 이름일 것이라는 추정을 하게 되는 것이다.

8-3. 死後世界

(1) nirai kanai(死後世界)

girai kanai

琉球의 民俗을 보면 사후세계를 뜻하는 nirai kanai와 girai kanai가 등장한다. nirai kanai는 girai kanai와 같고 口語로는 niree kanee, giree kanee라고 한다. girai kanai는 명사로서 문장에 儀來河內로 나오는데, 바다의 저편(彼方)에 있다고 믿는 저승(常世)을 뜻한다고 보고 있다.[47] nirai kanai와 girai kanai가 저승의 세계를 뜻한다고 보는 것은 모두 일치된 견해이나 과연 저승이 어디냐 하는 것은 논의가 다르다. 沖繩國, 頭那大宜味村의 noro(祝女, 巫)의 葬送 noro(巫歌)를 小野重朗이 採集한 것이 있는데 국어로 옮겨본다.

今日, 祝女님이시여 애이애이
달의 낭떠러지(崖)를 넘으시고

---

47) 전게서, 『沖繩語辭典』, 國立國語研究所編, 1975, 190쪽. 酒井卯作, 『琉球列島の死靈祭祀の構造』, 弟一書房, 1987, 255쪽.

태양의 낭떠러지를 넘으시고
타는 널(板)에 타십시오
쪼갠 널에 타십시오
돌문(石門)으로 보냅시다
금문(金門)으로 보냅시다

琉球의 巫女 장송가(葬送歌)인데 널을 타고 저승문으로 들어가는 광경을 읊은 것이다. 어휘가 좀 다르지만 우리나라 무녀들의 장송곡과 내용면에서 공통된다. 타는(乘) 널(板)은 곧 배가 될 것이다. 돌문, 금문으로 보낸다고 하는데 이는 龍宮을 뜻하는 것이며, 子宮을 뜻하는 것이다. 사후세계가 태어난 母胎라는 것을 의미하며 모태 회귀현상의 표현이다.

遺老說傳(43)에는 善繩大屋子가 '죽어서 사라지는 게 아니라 '八儀來河內'에서 놀다(遊)'라 했다. 遺老說傳(102)에는 산에서 神歌(巫歌)를 부르던 여자가 갑자기 자취를 감추었다가 3년 후에 해상에 표류하고 있는 것을 낚싯배가 구조했다. 이때 그녀는 그동안 용궁에서 놀았다는 것을 말하고 있다. 결국 저승은 용궁이며 자궁이라는 것을 알 수 있다. nirai kanai, girai kanai의 語源에 대해서는 여러 說이 있다.

1) nirai의 ni는 土. ra는 iru(入)의 縮約語. kanai는 疊語法으로서 意味가 없는 後體語로 보고 있다. nirai의 어원적 의미를 '흙에 들어간다'라고 보고 있다.[48]

2) ne(根) no kuninone(根) nirai의 ni는 ne(根)라는 뜻이다.[49]

3) nirai의 ni는 柳田說의 ne(根)에 贊同. ra는 所. i는 方. kanai는 伊波說에 贊同.[50]

4) nirai의 古形은 miruja. nirai는 niruja인데 土屋이고 太陽神의 居所를

---

48) 伊波普猷, 「amamiya考」, 『日本文化の南漸』, 樂浪書院, 1939.

49) 柳用國男, 「海神宮考」, 『民族學硏究』, 1950, 2-15쪽.

50) 外間守善, 'nirai kanaiの語源と語義', 『日本語の世界9』, '沖繩の言葉', 中央公論社, 1981.

뜻한다. nirai의 ni는 mi(土)가 변했다. ra는 連體助詞고 ja는 '屋'이라는 뜻이다. kanai의 ka(日) na는 no ja(屋)로서 miraja(土の屋)는 hinoja(日の屋)이라는 뜻이라고 보았다.[51]

5) nirai kanai는 黃泉이라는 뜻이 겹친 말이다.[52]

日本學者들의 견해는 nirai kanai가 土入, 根國이라 했고 中本正智만이 nirai는 土屋, kanai는 日屋으로 보았다. 筆者의 '黃泉'의 해석과는 상당한 거리가 있는 해석이다. 일본 측 伊波普猷, 柳田國男는 民俗學者고, 言語學者로서는 外間守善, 中本正智의 說이 있는데 琉球語 專門學者인 中本正智의 한 견해에 대해 살펴보기로 한다.

우선 일본 측 학자들은 nirai kanai를 해석할 때 同義語인 girai kanai를 도외시하고 있는 것이 문제점이다. nirai의 ni가 土, 根, 土, 日이라는 뜻이라면 girai kanai의 gi도 그와 같은 뜻을 지닌 것으로 보아야 할 것이다. girai에 대해서는 일본학자들은 전연 언급이 없다. 우선 中本正智의 mi(土)가 ni(土)로 변했다고 보는 것은 言語를 共時的인 視覺에서 보는 결과다.[53] 일본어의 조어는 한국의 고대어다. 韓日兩國 土地類語를 比較해 본다.

뭍(陸)	mutsu(陸奧)[日]
묻다(埋)	mitsi(路)[日]
무덤(墓)	mita(土)[琉球, 首里, 八重山]
모래, 모새(砂)	mitsia[omoro]
뫼(모로)(山)	
나라(國)	ni(土)[日]
논(畓)	no(野)[日]

---

51) 中本正治, 『日本列島 言語史の硏究』, 大修書館, 1990. 872-897쪽.
52) 徐廷範, 「原琉球語와 古代國語와의 關係」, 『語源硏究』 4, 韓國語源硏究所, 2001. 15쪽.
53) 徐廷範, 『日本語の源琉をさかのぼる』, 德間書店, 1989.

na(地)[滿]	*nama>nyama>yama(山)
	nitsa(土)[琉, 德之島]
닫(地)>달>다>짜(地)	tsutsi(土)[日]
돋>돌(石)	doro(泥)[日]
듣>들(野)	tsuka(塚)[日]
딛>딜(土)	tutsi(土)[琉, 喜界]
	duru(土)[琉, 粟國]
	tsutsi(土)[琉, omoro]
	tera(石棺)[琉, 喜界]
	toːro(동굴묘)[奄美]
읻>일>이랑(畝)[字會上7]	it>is-o(磯)[日]
얻>언(堤)[字會上6]	it>is-i(石)[日]
	it>is-ago(砂子)[日]
	aze(畔)[日]
	it>ir>ira>iha(岩)[日]
실(谷)	
스래(畦)[靑p.50]	sato(里)[日]
siroi(土)[蒙]	suna(砂)[日]
골(谷, 洞)	ko(處)[日]
	ka(處)[日]
골(邑, 州)	kisi(崖)[日]
곧(處)	tokoro(所)
굴(窟)	
고장(鄕里)	
밭(田)	hatake(畑)[日]
벌(原)	hizi(泥)[日]

boihon(土)[滿]   pa(場)[日]

boxo(土)[女]   bara(原)[日]

以上 7개의 語彙群을 共時的인 音韻變化로 볼 수 있겠는가. 이렇듯 7개의 語彙群을 볼 수 있다는 것은 한국어는 적어도 7개 이상의 語彙가 섞여 있다는 것을 보이는 것이라 하겠고 이러한 韓日語 관계는 고대한 국어가 어느 한 시기에 일본에 건너간 것이 아니라 通時的으로 건너갔 다는 것을 예증하는 것이다. 고대한국어가 일본에 건너가 일본어의 祖 語가 되었다. 그 후 한국은 북에서 새로운 언어를 쓰는 세력이 남하해 서 일본어와 어휘상에 차이가 생기게 되었다. 琉球에 mita(土)계와 nitsa(土)가 병존하고 있다. 이는 mi가 ni로 변했다고 보는 것이 아니라 mita와 nita계의 雙形이 지역적인 차이를 두고 쓰였다고 보아야 할 것이 다. 일본어에서 黃泉을 뜻하는 yomi, yomo의 語源을 살펴보기로 한다. yomi는 yomo에서 변한 것으로 보고 있다.[54] yomo는 yo와 mo로 나뉜 다. 일본어 頭音 ya, yo, yu는 한국어 na, no, nu와 대응된다.

나리(百合)   yuri(百合)[日]

눋다(焦)   yaki(燒)[日]

나조(夕)   yoru(夜)[日]

널(板)   yaka(床)

나리(川)   yu(湯)

na(吾)   yo(一人稱)

누리(世)   yo(世)

눋>눈(雪)   yuki(雪)

이러한 대응은 yomo의 古形은 nomo라는 것을 보여준다. '黃泉'을 yomo로 읽는다는 것은 'no'가 黃이라는 뜻을 지니고 mo가 泉(水)이라 는 뜻이다는 것을 알 수 있다. '노랗다, 누렇다'의 어근은 '놀, 눌'인데

---

54) 전게서, 『岩波古語辭典』, 岩波書店, 1974, 1355쪽.

명사다. 黃色을 뜻하는 대상은 무엇일까. 千字文에 '天地玄黃'을 보면 '地'가 黃에 해당된다. 땅(田)의 빛(光)은 누르다(黃)이라는 뜻을 지니고 있다. 土色은 黃色이라는 것을 알 수 있다.

    siroi(土)[蒙]
    sira(黃)[蒙]

몽골어 黃을 뜻하는 sira가 땅(土)이란 뜻을 지니는 siroi와 同源語임을 알 수 있다.

    히(陽)>히다(白)
    블(火)>붉다(赤)
    플(草)>프르다(靑)
    놀/눌(土)>노랗다/누렇다(黃)
    걸(火/媒)>걸엄>거엄>검다(黑)

희다, 붉다, 푸르다, 검다와 같이 '노랗다'도 자연의 흙을 '노랗다'로 인식했다. yomo의 mo는 샘(泉)에 해당된다. 믈(水)의 고형은 '믇'이다.

눈물(涙)	namida(涙)[日]
믇>믈(水)	mizï(水)[日]
	moreru(洩)[日]
나리(川)	
누리(雹)	nada(灘, 洋)[日]
눈(雪)	nami(波)[日]
	nagareru(流)[日]

nai는 nari(川)의 r音 脫落形이다. ninai(龍川<水>)라는 뜻일 것이다. 琉球語의 語中에서 n>r化 현상이 빈번하다.

    panasi(離)[西表島上原]
    parahi(離)[西表島古見]
    bunun(斧)[西表島古見]

buru(斧)[西表島土原]

nuru(布)[奄美德之島上晴]

nuro(布)[奄美島津]

taramu(賴mu)[石垣島宮良]

tarumun(賴mun)[沖繩奧武 波照間]

taniru, tariru, tariro(바다 저 편의 理想鄕)[omoro]

irana가 irara(鎌)로 발음되는 지역이 강세를 이루고 있다. 어근 mit, mor 등이 한국어 '믇, 믈'과 同源語임을 알 수 있다. '믇(水)' '몯(地)' 등의 어원이 물(水)이란 뜻을 지니고 있다. yomo는 '黃水'다. '泉'도 물이 나오는 것이기 때문에 黃水나 黃泉이나 의미상으로는 그리 차이가 있다고는 보이지 않는다. 일본어 yomo(黃泉)를 보면 고대한국어에서도 黃泉의 固有語가 '놀믈' 또는 '노믈'이었을 가능성을 시사한다. 黃泉은 중국어와 동원어다. 중국에서는 저승을 黃泉 外에 泉外, 泉路, 泉壤, 泉世, 九泉, 窮泉, 下泉 등으로 부르고 있다. 우리말에서는 저승 또는 黃泉이라고 하는데, 黃泉은 중국어에서 비롯된다. 우리나라 巫歌에 의하면 저승으로 갈 때 배를 타고 가는 내용의 가사가 나오고 굿의 마무리에 초청했던 영혼이 다시 돌아갈 때는 배를 태워 보내는 절차가 있다.

新羅 30대 文武王의 陵은 海中에 있다. 부처는 연꽃에 앉아 있다. 연꽃은 물에서 핀다. 물위에 앉아 있는 것이나 다름없다. 이집트 피라미드의 尖塔에서 바로 直下의 땅을 파보면 배가 있다. 저승에 가는 배다. 이집트의 국립박물관에는 저승에 가는 배가 있다. 배 안에 관이 있고 주위에 가족들이 앉아 있다. 기독교의 저승도 물과 관련된다. "요단강 건너가 만나리" 즉 요단강 건너에 저승이 있다고 하는 것이다.

風水上으로 우리의 墓地인 名堂도 子宮形이다. 무덤 뒤 양 날개를 흔히 左靑龍 右白虎라고 하는데 그것은 곧 양 샅(股)의 상형이다. 사후세계에 갈 때는 배를 타고 간다는 사고는 子宮 안 胎胞 속의 羊水로 돌아간다는 것이 된다. 琉球의 墓가 子宮形이라고 하는 것도 nirai kanai가 어디를 뜻하느냐 하는 것을 밝혀주는 데 중요한 열쇠다. '죽었다'를 '돌아가셨다'라고 하는 표현은 '태어난 곳으로 돌아간다.' 즉 귀소본능의 적확한 표현이다.

nirai kanai도 앞서와 같은 맥락에서 母胎回歸로 이해할 충분한 당위성이 있다. nirai의 ni는 黃이라는 뜻으로 국어 '놀/눌'과 比較된다. rai는 nai의 변화로 여겨진다. 후렴구라고 볼 수 있는 kanai는 무슨 의미를 지녔을까. kanai를 풀기 위해서는 girai kanai에 대해 살펴보기로 한다. girai도 gi와 rai로 가를 수 있는데 rai는 nirai와 같이 nai와 같은 맥락에서 보고 kanai의 nai와도 같은 말이다. 'gi'는 일본에서 '黃'이라는 뜻을 지닌 말이다.

kogane(黃金, 金)[日]

한국어 곳고리(鶯)[杜初20:27]의 '곳'이 黃이란 뜻이다. 곳고리의 '고리'는 왜가리, 딱따구리, 병마구리, 말똥가리의 '고리, 구리'와 같이 새라는 뜻을 지니는 말이다. 곳고리는 '黃鳥'라는 뜻이다.

고라몰(土黃馬)[飜老下9]
고라몰(黃馬)[譯下28]
kɔɔgoro(黃馬)[滿]

어근 '골', gor이 黃이라는 뜻이다. '골', gor의 어원적인 의미는 흙이란 뜻이다. 노르스름하다, 노르므레하다라는 뜻으로 노르끼리하다, 노로꼬롭하다의 '끼리, 꼬롭'의 어근 '낄(길), 꼴(골)'이 '黃'이란 뜻이다. nirai와 girai는 '黃'이란 뜻을 지니는 異音同義語다. kanai의 ka도 '黃'이란 뜻을 지니는 말이다. nirai는 ninai가 변한 것이다. ninai는 黃泉, 黃川, 黃水라는 뜻을 지니는 말이라 하겠고 nirai, kanai, girai도 모두 黃泉이라는 뜻을 지닌 말이다.

黃泉思想은 중국, 한국, 일본 공통이며, 한자인 黃泉을 같이 쓴다. 일본의 yomo(黃泉)는 고대한국의 고유어였을 것을 추정하게 되는데, '놀믈' 또는 '노믈'이 黃泉의 고대한국어였다고 생각해 볼 수 있다. nai가 琉球語에서

'川'이라는 뜻으로 쓰인 자료가 나타난다. 琉球語 研究家로 알려진 中本正智는 nai가 琉球에서 川이란 뜻으로 쓰인 예를 다음과 같이 들고 있다.

　　hinai(瀧)[西表]
　　hinai(比川)[与那國]
　　sonai(祖納)[与那國, 西表西方]

　nai는 모두 川이라는 뜻인데 古代韓國語 nai와 同源語[55]로 보고 있다. 中本正智는 나리(川)에 대해서는 언급을 안했지만 nai를 古代語로 인식하고 있다.

　　나리>나이>내(川)

　따라서 nir(n)ai kanai의 nai가 琉球語에서 '川'이라는 뜻을 지녔다고 보는 나의 견해에 고무적이다. nirai kanai, girai kanai가 과연 琉球의 死後世界 곧 母胎廻歸 現象의 表現인가?

　　to:ro(洞窟墓)[奄美]
　　tu:ru(平地上의 石積墓)[奄美, 瀬戸內町, 油井]

　韓國語 돌(石)과 同源語다. 洞窟은 돌로 되어 있다.

　　tera(石棺)[喜界島]

　tera의 어근 ter은 돌(石)과 同源語이다.

　　muya(洞窟)[喜界島]
　　무덤(墓)
　　뫼(墓)
　　묻다(埋)
　　모로(山)

　語根 '묻, 몰, 몰'의 어원적인 의미는 흙이다. muya는 mura에서 변했다. 어근 mur의 고형은 mut으로서 한국어와 同源語다. 琉球의 英祖王

---

55) 中本正智, 『日本列島言語史の研究』, 大修館書店, 1990, 123쪽.

(1299)이 死亡했을 때 琉球 최초의 僧侶에 의해 當時의 首都인 浦添城의 西北에 있는 高台의 洞窟에 安置되었다. 이를 浦添의 yo:dore라고 하는데 琉球語로 幽閉寂寞한 곳을 일컬음이다. 伊波普猷는 ʻ浦添考ʼ라는 論文을 발표했는데, 거기서 yo:dore는 墓의 異名[56]이라 했고 yo:dore는 yo와 dore로 나뉜다고 했다. yo는 yomi(黃泉)의 yo(黃)라는 뜻이고 dore는 黃水라는 뜻이다.

돋＞돌(梁, 渠)	taki(瀧)(日)
	tatsï(龍)[日]
	tumor(海)[琉]
	tukiya(海)[omoro]

yo:dore는 ʻ黃泉ʼ이란 뜻이다. 琉球 全 列島에 걸쳐서 棺을 hune(舟)라고 하며 지역에 따라 norihune(乘舟)라고도 한다. 棺은 死者가 타고 가는 배라고 하는 뜻을 지니고 있다. 天皇의 棺을 hune(舟)라 한다. hune(舟)의 古語는 bune로 소급되며 語根 bun은 배의 祖語 ʻ받ʼ과 同源語다.

받 → 배	hune(舟)[日]
걷 → 게	kani(蟹)[日]
	katuri(蟹)[滿]
읻 → 이리	inu(犬)[日]
	it(犬)[터키]

한국어 末音 t가 일본에서 n과 대응된다. 이러한 현상은 한국어 눈(雪)의 祖語形이 ʻ눋ʼ인 것과 같다. 折口信夫는 淨土인 nirai kanai는 ʻ死者의 섬ʼ으로 거기가 來訪信仰의 原點[57]이라고 보고 있다.

与論島에서는 棺을 만들 때 우선 床에 소금과 술, 曲尺 등을 올려놓고 "美しい舟を作ります(아름다운 배를 만듭니다.)"라고 한 다음 作業을 시작한

---

56) 酒井卯作, 『琉球列島の死靈祭の構造』, 第一書房, 1987, 489쪽.
57) 折口信夫, 『古代生活の硏究』, 全集, 1925, 2-29쪽.

다. 獨之島에서는 '舟祝', 舟matsïri(舟祭)라고 한다. 志摩半島에서는 棺을 norihune(乘舟), 常陸의 海辺에서는 葬儀를 행하는 사람을 hunaudo (舟人)라고 하는 것으로 보아 葬儀의 행사를 hune matsuri(舟祭)라고 하겠다. 巫堂들이 굿을 할 때 마지막에 死者의 영혼을 배에 태워 보내는데 배를 타고 어디로 가느냐고 묻는다면 용궁이라고 잘라 말한다. 龍宮은 水上, 水中이 아니고 水底에 있다. 중국어에서 黃泉, 泉路, 泉壤, 泉世, 下泉 등으로 부르는 것으로 보아도 龍宮은 水底임을 시사하고 있다. 저승에 다녀왔다는 무녀들에 의하면 배를 타거나 물을 건너거나 강변으로 가거나 해서 강을 건너면 굴이나 큰 집 대문이 나온다고 한다. 굴과 문을 열고 들어가면 저승세계라는 것이다. 어떤 무녀는 비행기를 타고 가다가 물위를 밧줄로 내려 물 속 용궁에 갔었다고 한다. 또 어떤 무녀는 바다를 가르고 양 옆의 물벽을 한길을 따라 용궁에 갔다는 사례도 있다. 黃泉, 黃水라 하는 용어는 羊水의 色이 黃水이기 때문에 黃泉이라고 했을 것이다. 모태회귀현상으로 '물'로 돌아간다는 것이 된다. 물로 갈 때 교통수단으로 등장한 것이 배다. 배가 물 속으로 들어갈 수 없기 때문에 물을 건넌다라고 하는 사고가 생기게 된다. 羊水는 생리적으로 子宮 속 胎胞에 있기 때문에 용궁은 水上, 海上이 아니며 龍宮이나 저승은 水底, 海底다. 日本의 浦島太郎의 說話에 나오는 海都는 龍宮에 해당되며 海都는 海上, 海中이 아니라 海底가 될 것이다. 江, 泉, 海, 川 등은 지리적인 環境의 反映이다. 우리나라나 日本이나 死者는 北枕인데 琉球에서도 北枕이다. 伊波普猷은 琉球의 原鄉은 北에[58] 있다고 했다.

首里城을 中心으로 한 方向感覺으로는 北方은 上, 南方은 下라고 하는 것으로 보아도 南에 대한 北의 우월감을 엿볼 수 있다. 宮古島에서 만난 yuda인 根間忠彦의 말을 들어본다. 배는 木船인데 원형 지붕으로 덮여 있는 배였다. 배를 타고 한참을 가니 자그만 동굴이 나온다. 배에

---

58) 酒井卯作, 『琉球列島の死靈祭祀の構造』, 第一書房, 1987, 274쪽.

서 내려 동굴을 통과하니 거기는 밝은 빛이 사방을 밝히는 아름다운 곳이었다. 거기는 바다 속이었다.

사람이 죽으면 北斗七星에 가서 재판을 받는다. 거기서 死者가 生前에 좋은 일을 했으면 北斗七星에서 새 생명을 받고 거기서 살게 되고 그렇지 않으면 배를 타고 다시 남쪽으로 내려 보낸다. 저승 가는 길은 남쪽에 들어가는 문이 있고 북쪽으로 가면 거기 저승이 있다고 한다.

根間忠彦의 말을 종합해 보면 nirai kanai는 북쪽에 있는 海底라는 것이다. 北斗七星에 가서 재판을 받는다는 것은 北斗七星이 생명의 근원이라는 것을 보여주며 북쪽이 聖域이라는 것을 시사하고 있다. 이는 歸巢本能의 表現이며 海底니 배 등은 母胎回歸現象의 표현이다. 根間忠彦의 저승관은 모태회귀와 귀소본능이 혼합된 것이다. 생명을 점지해 준다는 우리나라의 七星思想을 琉球의 巫界에서 발견할 수 있다는 것은 北方文化의 영향이 흐르고 있다는 것을 단적으로 보여준다. 高重義好가 大島郡三島村의 例를 들어 竹島에서는 死者의 머리는 北方, 얼굴은 西方을 향하고 있다고 했다. 大里村에서도 死者는 北向이라고 한다. 大島瀬戸內地方에서도 北枕이고, 登山修에 의하면 집의 方向, 門의 방향도 피한다고 하며 佛壇도 北向은 꺼린다고 한다. 이는 北을 死와 관련된 데서 빚어지는 현상일 것이다. 与論島에서는 死者는 우선 南枕으로 하고 納棺時, 埋葬時 北枕으로 한다고 한다.[59]

이러한 一聯의 事實들은 바다 저쪽(海의 彼方)의 방향이 북쪽이라는 것을 示唆하는 것이며 북방의 黃泉思想과 맥을 같이 한다고 보인다.

宮古에서 만난 yuda(巫男, 51세)인 根間忠彦은 nirai kanai는 海底라고 잘라 말한다. 본인의 꿈에 직사각형의 배를 타고 저승을 간다고 했다. 여기서 하나 특기할 것은 根間忠彦이 저승에 갈 때 탄 배가 직사각형의 배에 원형지붕을 덮은 배였다는 것은 瓢塚인 前方後圓墳의 모양이

---

59) 酒井卯作,『琉球列島の死靈祭祀の構造』, 第一書房, 274쪽.

배를 상형한 것이 아닌가 한다.

한국의 무덤 뒤 左靑龍, 右白虎는 兩삳으로 모태회귀현상을 상징하고 있지만 무덤의 모양은 알(卵) 모양이다. 신라의 시조, 가락국의 시조, 고구려 시조들의 卵生說話는 태양숭배사상의 표현인 것이다. 前方後圓墳의 前方은 배를 타고 간다는 상형이고 後圓墳에 머문다는 의미를 지니지 않을까 하는 생각도 해봄직하다.

omoro에 의하면 teta(太陽)가 구멍(穴)에서 나온 것으로 묘사되어 있다. '穴' 자는 ⌒(움집 면) 아래에 八 자를 받쳐 놓은 글자다. 八 字는 파헤친다는 뜻이다. 땅을 파헤쳐서 만든 굴 또는 움 또는 구멍을 뜻한다. 穴居, 墓穴 등으로 쓰인다. 따라서 穴을 땅에서 본다면 teta의 출생지(穴)는 土穴이 된다. teta(太陽)뿐 아니라 mahaeana(眞南風穴) mokotsiana(眞東風穴)가 보여주듯 바람도 穴에서 나온다. 濟州島에 三姓穴이 있는데 이 三穴에서 성이 각각 다른 세 사람이 태어났다는 說話가 있다. 이는 地母思想에서 비롯된 說話다. omoro에서 太陽이 穴에서 나왔다는 思考는 母胎回歸現象의 표현이라 하겠으며 地母思想의 표현이기도 하다. 사람이 穴(子宮)에서 태어나며 太陽도 바람도 母性的인 穴에서 태어난다. 따라서 태양을 탄생시키는 穴은 母性이고 그것은 곧 子宮이다.

羊水는 白水가 아니라 黃水며 黃泉이 된다. 母胎回歸現象은 아시아 공통적인 死後世界다. 따라서 nirai kanai는 ninai kanai가 변한 것이고 girai kanai도 異音同義語로서 黃泉의 의미를 지닌다는 결론에 이른다.

8-4. 与那國 方言의 極甚한 音韻變化

与那國 方言이 琉球語에서 가장 音韻變化가 심하다는 것은 定評이나 있다. 그런데 어째서 与那國 方言이 音韻變化가 甚하냐 하는데 對해서는 아직 일본학계에서 言及된 것이 없다. 우선 与那國과 약 100㎞ 남짓 떨어져 있는 石垣島 方言과의 差異에 두드러진 점만을 살펴보기로 한다.[60]

母音音素로 보면 与那國은 i, a, u의 3個, 石垣島에서는 i, e, ï, a, u, o의 6個다. 石垣島의 e는 与那國에서는 i고 o는 u로 변하고 있다. 子音 音素는 与那國에서는 17個이다. h' k' k g ŋ t' t d c' s z r n p' b m N 石垣島에서 h' k' k g t d c s z r n p m의 14個이다. 与那國의 子音音 素가 17個로서 3個가 石垣島보다 많은데 k', t', c', p'의 喉頭化 現象이 없는데 비하여 与那國에는 喉頭化 현상이 뚜렷한데, 이는 음이 强하게 나는 强音化 現象이다. 石垣島 方言과 比較할 때 두드러진 것은 石垣島 에서 母音音素가 6개인데 与那國에는 3개밖에 없는데, 이는 日本 全 列 島에 걸쳐서 가장 적은 수다. 与那國에서는 語頭音이 脫落되는 어휘가 많다는 것과 語頭音 ya, yo, yu일 때에는 子音 d가 添加된다는 事實은 語頭變化로서는 엄청난 變化다. 왜 与那國 方言은 다른 섬과는 물론 이 웃 石垣島와의 거리가 110㎞가 조금 넘는 거리인데도 變化가 심한 원인 은 어디 있을까. 우선 決論부터 말한다면 地理的 環境에서 오는 것이라 하겠는데 '바람'이 세기 때문이다. 与那國 方言 中 特히 注目되는 것은 語頭音이 省略되고 제二音節語가 硬音化하면서 長音化하지만 三音節 語였을 경우는 長音化하지 않는다.

  sita(舌)   → t'ai(舌)
  hito(人)   → t'uː(人)
  kutsi(口)   → t'iː(口)
  kusïri(藥) → ts'uri(藥)
  tsïki(月)   → t'iː(月)

語頭의 si, su, ui, tsi, tsu, ki, ku의 狹母音音節은 脫落한다. 語頭音 yo, yu는 子音 d가 添加된다.

  ya(家)   → duː(家)
  yoru(夜)   → duru(夜)

---

60) 中本正智, 『琉球方言音韻의 研究』, 法政大學出版局, 1976.

yuki(雪)　　→ duti(雪)

語頭音이 wa, wo일 경우는 子音 b가 添加된다.

wata(棉)　　　→ bata(棉)

wakai(若い)　　→ bagan(若い)

wono(斧)　　　→ bunu(斧)

wodori(踊り)　　→ budui(踊り)

八重山 石垣島에서도 budurun(踊), bui(甥, 姪)와 같이 wa, wo 頭音에 b가 있다. 이렇게 与那國 方言이 옆에 있는 石垣島 方言보다 音韻變化가 심한 것은 与那國가 石垣島보다 바람이 잦고 더 세기 때문이다. 石垣島에서 与那國 섬의 특징이 무엇이냐고 물으면 서슴지 않고 '바람의 섬'이라고 하는 말을 들을 수 있을 정도다. 필자는 濟州島方言이 陸地語에 비해 音韻變化가 심하다는 것을 지적하면서 그것은 絶海孤島라는 地域的 환경과 氣象關係에 기인하는 것으로 바람이 잦고 세기 때문이라는 새로운 견해를 편 바 있다. 그러면 与那國와 石垣島의 氣象關係를 比較해 본다. 아래 資料는 2003년 8월 22일 与那國 氣象台에서 필자가 직접 얻은 자료다.

与那國 섬은 石垣島보다 바람이 세다

与那國 섬과 石垣島의 월별 평균풍속

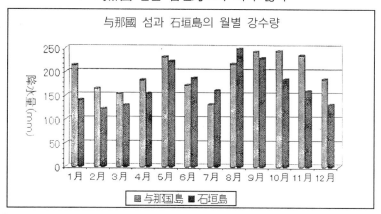

与那國 섬은 石垣島보다 비가 많다

与那國 섬과 石垣島의 월별 강수량

与那国島　石垣島

与那國島의 氣候略表

要素＼月	1	2	3	4	5	6	7	8	9	10	11	12	年	統計期間
月平均氣溫 ℃	18.2	18.4	20.3	22.8	25.1	27.4	28.6	28.2	27.1	25.2	22.5	19.7	23.6	1971~2000
日最高氣溫の月平均値℃	20.3	20.5	22.6	25.2	27.5	29.7	31.2	30.9	29.6	27.5	24.6	21.7	26.0	〃
日最低氣溫の月平均値℃	16.2	16.4.	18.2	20.8	23.1	25.5	26.4	25.9	24.9	23.3	20.6	17.8	21.6	〃
日最高氣溫の月平均値℃その起年日	27.5 1979 9	27.4 1973 27	28.7 1999 26	30.0 1966 27	31.6 2000 30	32.9 2000 30	34.2 1989 13	34.4 1998 18	33.5 1963 2	31.4 2000 11	29.5 1972 15	27.8 1994 12	34.4 1998 8.18	1956~2000
日最低氣溫の月平均値℃その起年日	7.7 1967 16	8.4 1987 28	9.0 1987 1	12.1 1972 1	15.0 1971 8	17.6 1982 5	21.9 1976 5	21.7 1974 27	18.2 1966 29	16.2 1968 27	11.4 1992 22	9.1 1967 29	7.7 1967 1.16	〃
月平均溫度 %	74	76	78	80	82	83	81	81	79	76	74	72	78	1971~2000
月間降水量の平均値mm	213.4	164.5	153.7	181.6	230.0	171.7	129.9	215.7	242.3	243.3	234.2	183.2	2363.5	〃
日降水量の最大値mmその起年日	167.0 1979 28	143.5 1971 12	282.0 1990 24	221.5 1981 29	228.6 1961 27	231.5 1976 10	230.0 1990 9	286.5 1976 12	263.5 1978 5	257.5 1998 18	493.1 1967 19	210.5 1998 19	493.1 1967 11.18	1956~2000
1時間降水量の最大値mmその起年日	61.7 1958 13	64.0 1985 15	98.8 1966 26	109.5 1988 6	96.0 1984 14	64.6 1960 17	52.0 1993 21	97.0 1983 25	76.0 1976 16	76.5 1957 4	66.5 1995 6	78.0 2000 18	109.5 1988 4.6	1956~2000

月平均風速㎧	7.8	7.7	6.7	6.0	5.5	5.7	5.2	5.1	5.9	7.1	7.7	7.9	6.5	1981~2000
最多風向(16方位)	NNE	NNE	NNE	S	S	S	S	S	NNE	NNE	NNE	NNE	NNE	〃

石垣島의 氣候略表

要素 ＼ 月	1	2	3	4	5	6	7	8	9	10	11	12	年	統計期間
月平均氣溫 ℃	18.3	18.6	20.6	23.2	25.5	27.9	29.3	28.9	27.7	25.6	22.8	19.8	24.0	1971~2000
日最高氣溫の月平均值℃	20.9	21.1	23.2	25.8	28.1	30.3	31.8	31.5	30.5	28.4	25.4	22.4	26.6	〃
日最低氣溫の月平均值℃	16.1	16.4.	18.3	21.0	23.5	26.0	27.3	26.8	25.5	23.5	20.6	17.7	21.9	〃
日最高氣溫の月平均值℃ その起年日	27.8 1897 6	29.1 1898 16	29.4 1912 28	32.9 1900 15	33.7 1900 28	34.0 1949 3	35.3 1956 1 21	35.0 1981 22	35.4 1899 15	33.2 1899 26	30.9 1898 15	29.0 1899 18	35.4 1899 9.15	1897~2000
日最低氣溫の月平均值℃ その起年日	6.0 1918 8	5.9 1918 19	7.2 1918 17	10.0 1943 9	11.2 1917 7	16.5 1926 4	20.0 1924 15	17.2 1903 13	17.4 1921 27	14.0 1927 30	7.1 1922 26	6.6 1919 30	5.9 1918 2.19	〃
月平均溫度 %	73	75	77	79	81	82	78	79	77	75	74	71	77	1971~2000
月間降水量の平均值mm	139.7	122.5	128.7	153.9	221.4	185.7	160.2	248.5	227.7	183.2	158.7	130.9	2061.0	〃
日降水量の最大値mm その起年日	136.2 1913 21	157.8 1924 9	165.9 1934 12	294.5 1984 18	194.4 1942 12	291.6 1956 14	378.9 1935 22	246.0 1976 9	349.5 1900 14	245.3 1911 2	266.6 1944 1	244.1 1949 13	378.9 1935 7.22	1897~2000
1時間降水量の最大値mm その起年日	60.5 1958 15	60.5 1985 17	88.7 1966 30	80.0 1988 18	122.0 1984 19	84.7 1960 21	96.3 1993 14	92.5 1983 6	73.5 1976 13	72.2 1957 2	111.8 1995 1	98.0 2000 12	122.0 1988 5.19	〃
月平均風速㎧	4.9	4.8	4.5	4.4	4.2	4.8	4.9	4.9	4.5	4.7	5.1	4.9	4.7	1975~2000
最多風向(16方位)	NNE	NNE	NNE	S	S	SSW	SSW	SSW	NNE	NNE	NNE	NNE	NNE	1971~2000

与那國島는 1년을 통해서 볼 때, 石垣島보다 月別 平均風速이 강하게 나타난다. 沖繩縣에서 가장 바람이 센 곳이다. 바람이 海上이나 陸上에

서 불 때에는 海面과 뭍(陸)의 表面摩擦을 받아 약해진다. 특히, 바람이 육상에서 불 때는 海上에서 불 때보다 큰 마찰력을 받기 때문에, 陸上의 바람 강도는 海上의 바람 강도보다 약하다. 또 바람은 높은 산 등의 영향도 강하게 받는다. 与那國島는 石垣島에 비해 작은 섬이다. 与那國島의 바람이 강한 것은 石垣島보다 与那國 쪽이 바람이 육상에서 받는 마찰력이 적고, 또 台灣山脈의 영향으로 바람이 세진다고 생각된다.

与那國島의 降水量이 옆에 있는 石垣島보다 양이 많은 것으로 나타난다. 위 자료를 통해 보건대 与那國은 年平均 風速이 6.5m/s에 比하여 石垣島는 4.7m/s로서 与那國가 風速이 훨씬 強함을 볼 수 있다. 降水量도 与那國은 年平均 2363.5㎜이고 石垣島는 2061.0㎜이다. 与那國이 風速이나 降水量이 石垣島보다는 훨씬 강하고 많다는 것을 알 수 있다. 与那國이 石垣島와 比較해서 風速이 빠른 것은 与那國은 石垣島보다 섬이 적기 때문에 바람이 陸上에서 받는 마찰력이 적고 또 가까이에 있는 台灣山脈이 3000m가 넘는데 바람이 山脈에 부딪치면 그 바람이 与那國에 영향을 주기 때문에 風速이 빠르다고 한다.

필자는 濟州方言이 陸地語에 比해 音韻變化가 현저히 甚하다는 直接的 原因으로 強意化, 勞力節約의 理由를 들었다. 그러나 이러한 現象은 陸地語에도 적용된다고 했다. 유독이 濟州方言이 陸地語보다 음운변화를 強力하게 밀고 나간 것은 濟州島가 지니는 絶海孤島라는 地理的 條件에 의한 氣象現象으로서 바람이 잦고 세차게 분다는 데서 生業과 地理的 條件과 관련되어 보다 簡便하고 보다 聽覺映像을 강조하려는 欲求에 의한 것이다. 그러므로 濟州語가 陸地語에 比해 변화가 현저하다는 것은 氣象條件인 '바람'때문이다.[61]

濟州方言이 陸地語와 현저하게 다르게 나타나는 것을 들면 다음과 같다. 母音에서 陸地語에는 ㆍ, ㆎ母音이 사라졌는데 이 母音은 濟州島

---

61) 徐廷範, 「音韻變化와 ㆍ表記語」, 『音韻의 國語史的 硏究』, 집문당, 1982, 212쪽.

에서 형성된 母音으로서 지금도 상존하고 있는 음이다. 陸地語에 비해 母音이 變化가 아주 심하다. 与那國 方言은 母音音素가 3개로 축소되었는데 비해 濟州方言은 陸地語에 비해 두 개 母音이 더 많은 것이 特異하다. 子音에 있어서는 語頭音이 脫落하는 예는 없지만 ㄱ의 軟口蓋音化 현상이 뚜렷하다. 이러한 變化는 陸地語에서는 찾아 볼 수 없는 현상이다. '있다가 오너라'가 '싯당왕', '이 놈의 아들 놈'이 '미아돌놈'으로 變하는 例는 与那國 方言과 같이 語頭音에 子音이 添加되는 현상이라고 하겠지만 그것과는 다르다.

濟州語에서는 '있다'가 '이시다'형이다. '이시다가 오너라'가 되는데 '이시'가 바뀌면서 '싯'이 되었다. '이놈의 아돌놈'의 '이놈'도 '이놈'의 '놈'의 '노'가 줄면서 '이미'가 되는데 이것도 바뀌어 '미이'가 '미'로 되었다. 둘 다 語頭音 '이'는 脫落이 되지 않았다. 軟口蓋音化 現象의 一部만을 들어본다.

ㅂ>ㄱ
짚(藁) → 찍
불다(吹) → 굴다
눕다(臥) → 눅다

ㅂ, ㅍ>ㅋ
박 → 쿡(瓢)
품 → 쿰(품삯)

ㄷ>ㄱ, ㄲ
다물다 → 가물다
무디다 → 무끼다

ㅌ>ㅋ
튀다 → 퀴다
틀(機) → 클

ㅊ>ㄲ
침(唾) → 꿈

이렇게 口蓋音化 現象이 濟州方言에서 일어나는 것은 母音의 영향이다. 母音은 聲帶에서 가까운 調音位置로 다른 子音을 끌어들이기 때문에 일어나는 현상으로 勞力節約現象의 하나이다. 聲帶와 가장 가까운 子音은 ㅎ이고 다음으로는 ㄱ이다. ㄱ音은 ㅎ으로 변한다.

굵다>흙다
거뜬하다>허끈하다
골고로>골호로

와 같이 ㄱ音은 聲帶와 가장 가까운 ㅎ으로 끌어들인다. ㅎ音은 아예 脫落시킨다.

아홉 → 아옵
아흔 → 아은
비행기 → 비엥기
홍합 → 홍압

이렇게 軟口蓋音化 현상이 일어나는 것은 바람이 세기 때문에 큰 소리로 또 간편하게 발음하려고 하는데서 일어나는 것이다.[62] 이 밖에도 軟口蓋音化 現象이 더 있으며 有氣音化, 硬音化 現象, 口蓋音化, ㅅ>ㅈ, ㄹ:ㄴ, ㄷ>ㄹ, 子音脫落, 子音添加, 母音에 있어서는 前舌母音化, 中舌母音化, 二重母音化, 音節伸長 및 省略 등 陸地語에 比해 엄청난 變化를 일으키고 있다.[63]

与那國方言하고 比較해 보면 濟州方言의 音韻變化가 더 심하다고 할 수 있다. 그러나 与那國 方言에서 語頭音이 脫落하고 語頭音에 t, p 등이 添加된다고 하는 사실도 音韻變化로서는 類例를 찾아 볼 수 없는 變化임은 틀림없다. 이렇게 濟州島方言과 琉球語에서 与那國 方言이 현저한 音韻變化를 일으킨다는 것은 共通되며 그것은 바람이 잦고 바람의

---

62) 필자, 『音韻의 國語史的 研究』, 유씨엘, 2005, 248-249쪽.
63) 필자, 『音韻의 國語史的 研究』, 유씨엘, 2005, 187-212쪽.

세기 때문이라는 공통적인 決論을 얻을 수 있다.

8-5. 맺음

1) 古代韓國語, 先史時代語 등이 琉球語에 反映되어 있다는 것을 확인할 수 있었다. 이는 日本語의 祖語가 韓國語이듯, 原琉球語 形成에도 한국의 고대어가 엄청난 영향을 주었을 것이다.

2) 古代韓國語가 琉球에 흘러들어간 시기는 先史時代까지 소급할 수 있을 것이고 어느 특정한 시기만 내려간 것이 아니라 通時的인 성격을 띠었다.

3) 琉球 地域이 日本 九州의 南部 鹿兒島에서 대만과 인접하고 있는 与那國에 이르기까지 60여 개가 넘는 섬으로 되어 있다. 주로 潮流에 의한 漂流人이 갔기 때문에 고대한국어의 分布가 地域的인 差異가 심하게 생긴다. 낫(鎌)이라는 뜻을 지니는 kana系는 沖繩 北部에서 奄美 全域에 分布되어 있다. kana(鎌)는 日本語가 南下한 것이고 kama도 고대한국어 kal(刀)에서 kama로 된 말이다. 沖繩 北部地域에서는 irana, irara(鎌)系는 극히 적고 irana, irara系는 沖繩 中南部를 中心으로 分布되어 있으며, 北部 伊是名島, 伊平屋島에까지 뻗치고 있다. 南部 琉球에서는 宮古에 分布되고 八重山에서는 与那國에만 irana系가 있다. 이는 irana系가 고대에 한국에서 沖繩 쪽에 漂流한 사람이 있을 것이고 宮古나 与那國에도 다른 漂流人이 한국에서 내려갔을 것이라 여겨진다. irana系는 일본을 거치지 않고 직접 고대한국어가 내려간 것이다. gaki(鎌)는 八重山에만 集中되어 分布되어 있는데 이는 고대한국어 kal(刀)이 八重山에서 gaki(鎌)로 변했다고 여겨진다. 奄美地方에는 鹿兒島에서 南下한 kama가 分布되어 있고, 沖繩 中南部에서의 irana系는 고대한국어에서 직접 유입되었으며, 대만과 접하고 있는 与那國의 irana는 떨어져 있는 八重山 도서에 集中되어 있고, gaki(鎌)는 갈(刀)이 내려가

서 변한 말이다.

　이러한 一聯의 事實들로 琉球語 形成이 어떻게 이루어졌을까 하는
것을 잘 알 수 있다. 古代에는 '낫'이 무기의 하나다. kamandi(鎌の手)가
바로 무술 용구이라는 뜻이다.

4) omoro에 나오는 teta(太陽)의 어근은 'tet'인데 고대한국어 '돋'이 태
양이라는 뜻을 지니므로 이 말과 同源語다.

5) 神病, 神疾, 巫病이 琉球語에서 kamida:ri(神病)다. kami는 神이란 뜻
이고 da:ri는 dari가 原形이다. dari의 語根은 dar이다. 이는 한국어 神
탈에서 '탈'의 고형 '달'과 同源語다. '배탈 났다' 할 때 '탈'은 病이란 뜻
이다. 琉球語에서 神病일 때만 쓰는 da:ri가 한국어와 同源語라는 것은
琉球의 noro, yuda 등 巫俗的으로도 고대 한국 巫俗의 영향을 받았다는
것을 말한다.

6) 琉球의 來世觀인 nirai kanai, girai kanai가 고대한국어로서 黃泉의
의미를 지닌다는 것은 한국의 母胎廻歸現象과 一致하고 있으며 北方文
化의 영향을 받고 있음을 보인다.

7) 고대한국어 '붇(鼻)'이 일본에 가서는 hana로 변하고 与那國에 가서
는 buru(鼻)로 변했다. 与那國語 hana buru(鼻)의 hana는 日本에서 내려
온 것이고 buru는 日本語 hana가 내려오기 전 与那國에서 쓰던 말이다.
異音同義語가 合成語로 될 때는 新勢力語가 앞에 오고 舊勢力語는 뒤
에 오는 것이 通例다. 与那國에서 irana(鎌)가 있는데 irana는 ira(刀)와
na(刃, 刀)의 合成語다. 한국어에서는 ir>ik으로 변하여 이기다(勝)의 어
근에 '익'이 化石語로 남아있는데 与那國에 ira가 있다는 것은 先史時代
에 한국에서 내려왔을 것이라는 개연성이 보인다. 몽고어에서는 ildo
(刀), il(刀)이 현대어로 쓰이고 있다. 일본어에서는 고대한국어 '익(刀)-'
일 때 건너가 kusa(軍, 武), ikutatsi(生大刀)의 iku가 되었다. 이 'iku'는
刀이라는 뜻이지 '生'이라는 뜻이 아니다. ikusa는 iku(刀)와 sa(矢)의 合
成語이고 ikutatsi는 iku(刀)와 tatsi(刀)의 合成語다. 고대한국어나 일본

어에 il이 ik으로 나타나는 것으로 보아 琉球에 내려간 시기는 일본의 祖語가 형성되기 전이다.

8) 八重山諸島에 있는 波照間島에서는 misikurumin(耳)이 있다. mi와 si와 kuru와 min의 네 단어가 합친 合成語다. 고대한국어 '멀(目)'이 일본에서는 mi(耳)가 되고 波照間에 와서는 mi 또는 misi로 변했을 가능성이 있다. misi를 합성어로 보면 si도 '귀(耳)'라는 뜻이다. 한국현대어에서 '귀샴, 귓사대기'란 말이 있는데, '샴, 사'가 고대어에서 '귀(耳)'라는 뜻을 지닌 말이다. 滿洲語에 syan(耳)이 있다. kuru(耳)는 고대한국어가 굳>굴+이>구이>귀로 변화했는데 '굴'일 때 내려왔을 것이다. 터키어에 kulak(耳)이 있는데 어근 kul과 일치한다. misikurumin의 min은 mimi가 변한 것으로 琉球語 形成의 一斷面을 보여준다.

9) suru a kai(匙)[石垣宮良], kai(匙)[黑島]. '숟갈'의 '숟'이 suru로 反映되고 kai가 숟가락(匙)이라는 뜻을 지니는 말이라는 것은 고대어에서는 '숟' 이전에는 '갈'이 숟가락(匙)이라는 뜻을 지닌 말이었다는 것을 확인하게 된다. kai는 kari의 변화이다. 이렇듯 琉球語에서 한국고대의 消失語를 여럿 찾아낼 수 있었다.

10) 筆者는 与那國 方言이 琉球語 중에서 가장 特異하고 音韻變化가 가장 심하다는 원인이 무엇일까에 對한 關心을 집중했다. 20일간 琉球語의 탐사에서 제일 먼저 与那國을 택했다. 琉球語 中 모음이 a, u, i 3개고 語頭音이 脫落해서 二音節語가 一音節語로 된다.

　　　kumo(雲)>mu

　kutsuua(草)>tsua와 같이 된다. 頭音 ya, yu는 d음이 들어간다.

　　　yama(山)>dama(山)
　　　yuka(床)>duka

　頭音 wa일 때는 b이 날아 들어온다.

　　　wakira(彿)>bankira(彿)

이러한 變化는 世界的인 音韻史에서 찾아볼 수 없는 特異한 현상이다. 이는 与那國에 琉球 어느 지역보다 바람이 세기 때문에 일어나는 音韻變化라는 것을 확인했다는 데 보람을 느낀 부분이다.

이는 濟州道方言이 陸地語보다 음운변화가 심하다는 것은 제주도에는 바람이 잦고 바람이 강하기 때문에 일어나는 현상이라고 본 필자의 견해와 일치한다.

참고문헌

久米島鳥島, 『琉球の方言』, 法政大學沖繩文化研究所, 1980.
宮良信詳, 『南琉球八重山石垣方言の文法』, くろしお出版, 1995.
吉成直樹, 『琉球民俗の底流』, 古今書院, 2003.
吉成直樹・福寛美, 『琉球王國と倭寇』, 森話社, 2006.
多和田眞一郎, 『『琉球・呂宋漂海錄』の研究』, 武藏野書院, 1994.
多和田眞一郎, 『外國資料を中心とする沖繩語の音聲・音韻に關する歷史的研究』, 武藏野書院, 1997.
渡邊欣雄・植松明石, 『與那國の文化』, 與那國研究會, 1977.
名嘉眞三成, 『琉球方言の古層』, 第一書房, 1992.
名嘉眞三成, 『琉球方言の意味論』, ルック, 2000.
福寬美, 『沖繩と本土の信仰に見られる他界觀の重層性』, DTP出版, 2003.
比嘉實, 尙家本 『おもろさうし』, 法政大學沖繩文化研究所, 1993.
比嘉政夫, 『沖繩の門中と村落祭祀』, 三一書房, 1983.
山田實, 『奄美與論方言の體言の語法』, 第一書房, 1981.
外間守善, 『沖繩古語大辭典』, 角川書店, 1995.
琉球王國評定所文書編輯委員會, 『琉球王國評定書文書』, 南西印刷, 1988.
酒井卯作, 『琉球列島における死靈祭祀の構造』, 第一書房, 1987.
酒井卯作, 『琉球列島民俗語彙集』, 第一書房, 2002.
西岡敏・仲原穰, 『沖繩語の入門』, 白水社, 2000.
中本正智, 『琉球方言音韻の研究』, 法政大學出版局, 1976.
中本正智, 『圖說 琉球語辭典』, 金鷄社, 1981.
中本正智, 『琉球語彙史の研究』, 三一書房, 1983.
中本正智, 『日本列島言語史の研究』, 大修館書店, 1990.
中松竹雄, 『沖繩語槪說』, 沖繩言語文化研究所, 2000.

中松竹雄,『美しい沖繩語(1, 2, 3, 4)』, 沖繩言語文化硏究所, 2001, 2002, 2003.

仲原善忠・外間守善,『おもろさうし辭典・總索引』, 角川書店, 1967.

沖繩國際大學高橋ゼミナール,『沖繩方言硏究』第7號 與那國方言調査報告II, 1985.

平山輝男・中本正智,『琉球與那國方言の研究』, 東京堂, 1964.

〈미발표 유고〉

9. 國語의 祖語再構와 滿洲語

9-1. 여는 말

『訓蒙字會』에 '뒤 븍(北)[中4]'과 '앏 남(南)[下34]'이 보이는 바와 같이 우리 民族은 北方民族이 南下하였음을 알 수 있다. 더구나 滿洲語는 古朝鮮, 高句麗, 扶余 등을 고려한다면 歷史的으로나 地理的으로도 국어와 가장 가까운 關係에 있다고 생각할 수 있다. 퉁구스語에 屬하는 滿洲語의 祖語가 國語와는 어떠한 關係에 있는가를 살펴보려고 한다.

9-2. 身體語

9-2-1. ucyu(頭)

ucyu의 語根은 uc로서 祖語形은 ut이다. ㅈ音은 ㄷ에서 변한 子音임으로 ㅈ音은 ㄷ으로 再構[1]한다.

> ütügüs(頭)[蒙]
> adet(頭)[터키]
> odo(頭)[오로크]

語根 üt, at, od은 국어 ut-u(頭)와 同源語라 하겠고 滿洲語 ucyu(頭)와도 同源語다. 日本語 adama의 ada는 國語 utu와 同源語가 되며 우두머리가 日本語에서는 adama(頭)가 되었다. 蒙古語 ütügüs는 ütü와 güs의 合成語로서 異音同義語다.

---

1) 筆者, 『우리말의 뿌리』, 韓國語祖語再構와 語源研究, 1989, 高麗苑刊, 24-45쪽.

9-2-2. kamtun(古冠)

국어 감투와 同源語다. 감투는 '감'과 '투'의 合成語다. '감'은 갇>갈>갈-암>가암>감²⁾의 변화로서 原意는 머리(頭)라고 하겠다. 국어 대가리의 '가리'의 語根 '갇(갈)'과 同源語다. 국어 갇(笠)이나 갈(髮), 곳갈(冠) 등이 根源的으로는 머리(頭)라는 뜻을 지니는 말에서 轉義된 것이다. 곳갈의 '곳'도 '갇(頭)'에서 冠이라는 뜻을 지니는 말로 변했다고 여겨진다. 日本語 kammuri(冠)의 kam은 kat의 末音 t가 muri의 m 위에서 同化作用으로 kam이 되었다고 하겠는데 모두 머리(頭)라는 뜻에서 轉義되었다. 日本語 kami(髮)는 국어 kal(髮)에 am接尾辭가 붙은 karam>kaam>kam-i의 형성이다. 蒙古語 tologai(頭)가 있는데 tol과 gai의 合成語로 kari>kai의 변화이다. 日本語 kasira(頭)의 語根 kas(kat)은 국어의 '갇(頭)'과 同源語다. 감투의 '투'는 '두'에서 有氣音化한 것이고 祖語形은 '둗'이다. 蒙古語 tologai의 tol은 머리(頭)라는 뜻으로서 祖語形은 tot이고 gai는 gari의 r音의 脫落이라고 볼 개연성이 있다. 어린이에게 머리를 좌우로 흔들라고 할 때 '도리도리'하는데 語根 '돌'이 바로 머리(頭)라는 뜻³⁾이다. 대가리의 '대'는 '다이'가 준 말이고 原形은 '달'이다. 닫>달-이>다이>대의 변화이고 祖語形은 '닫'이다. 감투는 合成語이다.

> tologai(頭)[蒙]
> daraga(頭目)[蒙]
> tarahi(腦)[蒙]
> tarihi(腦)[蒙]
> baş(頭)[터키]
> beyin(腦)[터키]

머리(頭)의 語根은 tol, dar이고 腦의 語根은 tar이다. 腦는 根源的으

---

2) 앞의 책, 124-127쪽.
3) 앞의 책, 434쪽.

로는 머리(頭)라는 뜻에서 轉義되었다고 볼 수 있다. 國語 골(腦)도 根源
的으로는 머리(頭)라는 뜻에서 腦라는 뜻으로 轉義되었다.

9-2-3. mahala(冠)

> mahatun(古人使用의 冠)[滿]
> malagai(冠)[蒙]

語根 maha는 mara에서 변한 것이다. mar>mar-a>maa>maha의 변
화이다. 母音衝突을 기피하기 위해 h가 介入되었다. 語源的 語根 mar은
國語 마리(頭)와 同源語다. 蒙古語 malagai의 語根 mal은 국어 머리와
同源語며 gai는 gari의 r音의 탈락으로 보면 異音同義語의 合成語다. 帽
子, 갓(冠)이란 뜻을 지니는 말(語)의 根源的 語源은 머리(頭)라는 意味에
서 轉義[4]되었다.

9-2-4. yasa(眼)

> yasï(眼)[女]
> yasesyambi(보다)[滿]

yasa는 nasa>nyasa>yasa의 변화로서 祖語形은 nat이다. 이는 蒙古
語 nidön(眼)의 語根 nit과 同源語며 눈(眼)의 祖語形 '눋'과도 同源語다.
頭音 ㅑ, ㅕ, ㅛ, ㅠ는 頭音에 ㄴ이 있었던 音으로 單母音이 上昇二重母
音으로 변하면서 ㄴ音은 脱落한다.

> nicumbi(눈을 감다)[滿]

語根 nic은 nit으로 소급되며 눈(眼)이란 뜻이다.

> nidön(眼)[蒙]

---

4) 앞의 책, 161-162쪽.

蒙古語 語根 nit과 一致한다. 이는 蒙古語 祖語形 nit과 국어의 祖語形 nut과 同源語다.

　　syambi(보다)[滿]

syambi(見)의 語根은 sya라 하겠고 原形은 sal>syal>sya>의 변화이다.

　　sabie, sā(見)[女眞]

語根 sa는 sal이 原形이라고 하겠다. 국어 "눈살을 찌푸리다"의 눈살의 '살'이 눈(眼)이란 뜻을 지니는 名詞다. '살펴보다, 살피다'의 '살'이 바로 눈(眼)이란 뜻이다. 눈살의 '살'과 눈과 눈 사이의 살(肌)로 보는 견해가 있으나 이것은 잘못된 것이고 '살'은 본디 눈이란 뜻을 지닌 말이다. "길이 설다"할 때 '설'은 名詞로서 "눈에 익숙하지 않은 길"이란 뜻으로 '설다'의 '설'이 눈(眼)이다. 낯설다의 '설'도 눈에 익숙하지 않은 것을 뜻한다. 눈살미의 '살'이 바로 눈살의 '살'이 살갗(肌)이라는 뜻이 아니고 눈이란 뜻임을 알려 준다. 눈살미의 '미'는 눈(眼)이란 뜻이다. "눈이 멀다"의 '멀'이 바로 눈(眼)이란 뜻으로 '말똥말똥, 멀뚱멀뚱'의 '말, 멀'이 눈(眼)이란 뜻이며 日本語 ma, me(眼), mayu(眉)와 同源語다. '눈살미'는 눈이란 뜻을 지닌 말이 세 개나 합쳐진 것이다. 본디는 '살미'의 合成語였는데 다시 '눈'이 添加되었다.

　　sik(眼)[aynu]

aynu語 sik은 sit>sil>silk>sik의 변화이다. 咸境道 慈城 厚昌地方 山蔘採取人의 隱語에 '살피개(眼)'가 있는데 '살'이 눈(眼)이란 뜻이다.

　　soromu(盲)[蒙]

蒙古語 soromu의 語根 sor은 눈(眼)이 本義라고 하겠다. 국어에 '살(삺)'이 눈(眼)이란 뜻을 지닌 名詞[5]인데 消失되었지만 그 化石語는 생생히 살아 있다. 따라서 滿洲語 syambi의 sya는 原形이 sal이고 祖語形은

---

5) 앞의 책, 168쪽.

sat이 된다.

>   köz(眼)[터키]
>   kör(盲)[터키]
>   koz(眼)[위구르]
>   kör(盲)[위구르]

터키, 위구르語에서 눈(眼)이란 뜻에서 盲이란 뜻으로 轉義되었음[6]을 알 수 있으며, 터키語에서 körmek이 보다(見)라는 動詞다. 動詞 語幹 kör의 祖語形은 kot으로서 터키語 눈(眼) köz의 祖語形이 된다. 이렇게 盲이란 單語는 눈(眼)이란 뜻을 지닌 말에서 비롯한 말이다.

>   thuwambi(보다)[滿]
>   thurgara(視)[女]
>   thurgə burəsïki(觀)[女]

滿洲語 thuwa는 thura의 r音의 脫落으로 이루어진 것임을 女眞語와 比較하면 드러난다. 滿洲語에서 -mbi는 名詞를 動詞로 轉成시키는 구실을 한다. 語根 thur은 tur로 소급되며 祖語形은 tut이라 하겠고 눈(眼)이라는 뜻을 지닌 名詞다. 국어에서 눈에 나는 종기를 '다래끼'라고 하는데, 語根은 '달'로서 原義는 눈(眼)이다. 그렇게 보면 '달(닫)'은 女眞語, 滿洲語에서 눈(眼)이란 뜻을 지녔다. 國語의 '달(닫)'이 눈(眼)이란 뜻을 지녔던 消失語를 하나 찾아내었다. '짜려보다'의 '짜려'의 語根은 '잘'로서 '닫'이 祖語形이 된다. '닫'이 국어에서 눈(眼)이란 뜻을 지녔던 化石語이다. '노려보다'의 語根 '놀'은 '녿'이 祖語形인데 눈의 祖語形 '눋'과 同源語다. 국어 '보다'의 語根 '보'는 '볼'로서 눈을 '부라리다, 부릅뜨다'의 語根 '불'과 同源語다. 따라서 국어에 '볼(볻)'이 눈(眼)이란 뜻을 지녔다.[7]

---

6) 앞의 책, 399쪽.
7) 앞의 책, 174-176쪽.

togo(눈멀다)[滿]

todaŋ ga(盲)[滿]

語根 tot이 눈(眼)이란 뜻을 지녔던 名詞임이 분명하다.

9−2−5. morohon(眼珠圓大)

mo(짜려보다)[滿]

語根 mor이 눈(眼)이란 뜻이다. 국어 '눈멀다'의 語根 '멀(眼)'과 同源
語다. '말뚱말뚱, 멀뚱멀뚱'의 '말, 멀'이 눈(眼)이란 뜻이다.

ma, me(眼)[日]

mayu(眉)[日]

日本語는 mal의 末音이 脫落하여 ma가 되었다. 滿洲語에서도 눈(眼)
이란 뜻을 지닌 mor이 있었다는 것을 알 수 있다.

9−2−6. palba(눈이 멀다)

pali(盲)[오로치]

pali(盲)[에벤키]

pal이 語根으로서 눈(眼)이란 뜻을 지닌다. 國語 '부라리다, 부릅뜨다'
의 語根 '불'이 눈(眼) 名詞와 同源語다. 보다(見)의 語根 '보'는 原形이
'볼'로서 原義는 눈(眼)[8]이다. 雪嶽山 山蔘採取人의 隱語에 '부루치(眼)'
가 있다.

9−2−7. syan(耳)

saxa(耳)[女]

syanihəsyən(耳輪)[滿]

8) 앞의 책, 174−176쪽.

語根 syan은 san의 單母音으로 소급되며 sat이 祖語形이다. 語根末音 t>n化 현상[9]이다. '귓사대기'의 '사', '귓샴'의 '샴' 등은 滿洲語 syan(耳)과 同源語다. '사'는 산>살>사로서 末音이 脫落한 것이다. '샴'은 산>살>살+암>사람>사아>삼>샴의 변화를 했을 것이다. 滿洲語에 '살(耳)'이 있었음을 보여 주며 合成語에서 그 化石語를 발견할 수 있다.

sura(聰明)[滿]

susïlrïəŋga(聰明人)[滿]

語根 sur, sus이 되겠는데, 國語 '슬기'의 語根 '슬'과 同源語일 수 있다. '귀가 트인 사람'이라고 하는 말은 총명하고 슬기로운 사람을 뜻하는데, 그렇게 본다면 '슬'이 귀와 관련된다고 여겨진다.

tuthu(귀머거리)[滿]

語根 tut이 귀(耳)의 原義를 지닌다. 國語 귀머거리의 '머거리'의 語根이 '먹'인데 귀(耳)라는 뜻이라고 하겠으며, 祖語形은 '먼'이다. 日本語 mimi(耳)는 國語 '먼'과 同源語다. '귀먹다'의 '먹'은 먼>멁>먹의 변화이다.[10] '먹'이 古語에서 귀(耳)라는 뜻을 지닌 名詞였음을 알 수 있다. 國語 '듣다(聽)'의 語根 '듣'이 古代語에서 귀(耳)라는 뜻임을 알 수 있다.

tonic(들어라)[滿]

toncimbi(듣다)[滿]

toncimbi는 tocimbi에 n이 介入된 것이다. 語根은 tot이 되겠는데 귀(耳)라는 뜻을 지닌 名詞다. 國語에서 더디다>더지다>던지다에서 ㅈ 위에 ㄴ이 介入된다.

國語 듣다(聽)의 '듣'이 國語에서 귀(耳)라는 名詞였음을 알 수 있다. 滿洲語에서 귀(耳)라는 뜻을 지니는 tut, tot은 國語 '듣'과 同源語다.

---

9) 앞의 책, 46-48쪽.

10) 앞의 책, 48-51쪽.

dinelemek(귀기울이다)[터키]

語根 din은 tit이 祖語다. 터키語에서도 tit이 귀(耳)라는 뜻을 지닌 말
이었다.

9-2-8. kalbi(귀가 날카롭다)

kalbingga(聰智)[滿]

語根 kal은 名詞로서 귀(耳)라는 뜻이다.

kulak(耳)[터키]

귀(耳)는 굴>굴+이>구리>구이>귀의 변화이다.

9-2-9. kisun(言)

kisure(말하라)[滿]

kisurən(語)[滿]

kisurəmbi(말하다)[滿]

küni(생각하라)[滿]

künin(意, 意志, 意向)[滿]

künimbi(생각하다)[滿]

künijan(想)[滿]

kumun(音樂)[滿]

語根 kis, kün이 되는데 kit, kut으로 再構된다. 國語 잠꼬대의 '곤'이
말(語)이란 뜻이다. 高句麗語에서는 '곤(古次)'이 입(口)이란 뜻이다.

kashumbi(맹세하다)[滿]

語根 kas이 말(語)이란 뜻이다. 語, 音, 聲, 歌, 思, 想 등의 語義를 지
니는 말은 입(口)이란 뜻을 지니는 名詞에서 전의되었다.

9-2-10. aŋga(口)

amga(口)[女]

amthan(味)[滿]

ama, samasar(口)[蒙]

azi(味)[日]

ağiz(口)[터키]

滿洲語나 女眞語, 蒙古語에서 입(口)이란 말의 語根이 am임을 알 수 있다. 國語에서 아가리, 아궁이 등의 語根은 '악'이다. 터키語 ağiz의 語根 ag(ak)과 一致하고 있다. 그러나 아가리(口)는 '악'과 '아리'의 合成語일 수도 있다. 주둥아리의 '아리' 등이 입(口)이란 뜻을 지닌다. 항아리의 '아리'가 바로 입(口)이란 뜻을 지니는 名詞다. 알>앍>악의 변화이다. 日本語 ago도 國語 '악'과 同源語일 수 있다. 日本語 azi(味)의 語根 at은 입(口)이란 뜻을 지니며 國語 아리(口)의 祖語形 '앋'과 一致하고 있다. 맛(味)은 입(口)에서 느낀다. 國語 맛(味)의 祖語는 '맏'인데 근원적으로 입(口)이란 뜻을 지닌다. 묻다(問), 묻그리, 무당(巫) 등의 語根 '묻'은 말(語)이란 뜻이다. 말(語)의 祖語는 '묻'이었던 것이다. 물다(咬)의 '물'은 '묻'이 祖語形으로서 입(口)이란 뜻을 지닌다. 묻는 것은 입(口)으로 하는 행위다. 滿洲語, 女眞語, 蒙古語 등에서 am은 at>ar>ar-am>aram>aam>am[11]의 변화이다. 따라서 am의 祖語는 at이다. 國語 '앋(口)'과 同源語다. 滿洲語 aŋga는 amga가 逆行同化로 된 것이다.

alambi(아뢰다)[滿]

alausi(敎, 指導)[우데헤]

alu-(說明, 敎)[오로크]

語根 al이 말(語)이란 뜻을 지니고 있음이 확실하다.

---

11) 앞의 책, 51-52쪽.

uran(響)[滿]

urebumbi(復習하다)[滿]

urgum(기쁨)[滿]

urkin(大聲)[滿]

ucule(노래하라)[滿]

uculembi(노래하다)[滿]

ucun(歌, 詩歌)[滿]

ədun(風)[滿]

arambi(아뢰다)[滿]

ulgun(기쁨)[滿]

ulgunjyəmbi(기뻐하다)[滿]

uchun(歌)[滿]

ilkəbun(詩)[滿]

arambi(글짓다)[滿]

alga(計策)[滿]

achuhan(참소)[滿]

　語根 ur, uc, ul, ar, ac 등을 얻을 수 있는데 모두 音, 聲, 語이라는 뜻이다. 國語 '웃다, 울다'의 語根 '울, 웃'의 祖語形은 '욷'이고 '울에(雷)'의 語根은 '울(욷)'이다. 이는 모두 音聲이라는 뜻이다. 日本語 ot-o(音) ut-a(歌)의 語根 ot, ut은 國語 '욷'과 一致하고 있다.[12]

sembi(말하다)[滿]
sere(…라고 한다)[滿]
serebun(깨닫다)[滿]
sambi(알다)[滿]
sarasu(知識)[滿]
sarasambi(즐거움, 놀이)[滿]

---

12) 筆者, 『日本語の源流をさかのぼる』, 日本 德間書店刊, 1989, 56-58쪽.

saman(巫)[滿]

samayambi(굿하다, 점치다)[滿]

samtambi(굿하다)[滿]

səlgyən(令)[滿]

səlgyəmbi(發令하다)[滿]

syu(文)[滿]

語根이 sam, səl, syu 등인데 原形은 sal, səl, sul 등이라고 하겠다. 이는 國語 '소리(音, 響, 語), 숣다(白), 사뢰다(告)'의 語根 '솔, 술, 살' 등과 同源語다. saman(巫)의 語根 sam은 sal>sal-am>saram>saam>sam-an[13]의 변화이다.

saimbi(咬, 물다)[滿]

saiha(물었다)[滿]

sai는 sari가 줄어든 말로서 原形은 '살'이다. 國語 입시울의 '시울'과 同源語일 것이다. '시울'은 실울>시울의 변화로 語根 '실'이 입(口)이란 뜻[14]을 지녔다. 國語 '소리(聲), 사뢰다(말하다)'의 語根 '솔, 살' 등이 입(口)이란 뜻에서 轉義된 것이다.

simimbi(빨다)[滿]

sim이 語根이 되겠는데, 祖語形은 sit에서 변한 말이다. 國語 '삼키다'의 '삼'의 祖語形 '삳'이 입(口)이란 뜻을 지닌 말일 것이다.

holo(거짓)[滿]

hendu(말하라)[滿]

hulabumbi(읽히다)[滿]

hendumbi(말하다)[滿]

hərə(벙어리)[滿]

---

13) 筆者, 『우리말의 뿌리』, 318-319쪽, 425쪽.

14) 앞의 책, 409-480쪽.

hile(舌)[滿]

helehö(이야기하다)[滿]

hulanambi(부르러 간다)[滿]

하리(讒訴)[國]

國語 혀(舌)의 祖語形은 '핟(할)'이다. 핥다의 語根은 '할'로서 혀(舌)라
는 뜻이다. '하리(참소)'의 語根 '할'은 혀(舌)가 原義다. 滿洲語 語根 hol,
hul, hər, hel 등은 모두 國語 '할(舌)'과 同源語다. 말의 根源的인 語源은
發聲器官인 입과 혀다.

9-2-11. pithe(書物, 本, 文書)

foyodon(占)[滿]

podogon(꾀)[滿]

語根 pit, pot을 얻을 수 있다. 國語의 '글발'의 '발'과 同源語다. 國語
'부르다(唱, 呼)'의 '불'이 音, 聲, 語라는 뜻을 지니고 있다. 占이라는 뜻
foyodon의 語幹은 foyo로서 poro로 再構된다면 語根이 por(pot)이 된
다. 國語 묻그리(占)는 '묻(語)', '그리(語)'15)라는 뜻을 지니는 名詞가 合
成되었다.

forobumbi(기도하다, 巫가 祝詞를 부르다)[滿]

fonjimbi(묻다)[滿]

fonjin(質問)[滿]

firumbi(기도하다, 呪文을 외다)[滿]

滿洲語 頭音 f는 p>f의 과정을 거치므로 por, pir 등이 語根이 된다.
國語 부르다(唱, 呼)의 語根 '불'과 同源語다. 滿洲語 fonjimbi의 語根
fonjin는 foji에 n이 介入되었다. 따라서 祖語形은 pot이 된다. 國語에
부리(嘴, 口)가 있다.

---

15) 앞의 책, 404-405쪽.

9-2-12. mudan(音, 聲, 響)

>mujirən(心, 精神)[滿]
>
>mujimbi(嗚咽하다)[滿]
>
>medege(消息)[滿]
>
>medesi(傳信者)[滿]

語根 mut은 國語 묻다(問), 묻그리(占), 무당(巫)의 語根 '묻'과 一致한다. 말의 祖語가 '묻'임을 알 수 있다. 國語 물다(咬)의 語根 '물'은 '묻'의 末音 ㄷ이 ㄹ로 변했다. '묻'이 根源的으로 입(口)이란 뜻[16]을 지닌다.

>marambi(拒, 否)[滿]
>
>maraku(頑固, 說得難)[滿]
>
>maratu(不同意, 不承諾)[滿]

語根 mar을 얻을 수 있는데 이는 名詞로서 말(語)이란 뜻을 지니는 말이다.

>mudan(音, 聲, 響)[滿]

語根 mut은 國語 '말'의 祖語 '묻'과 一致하고 있다.[17] 滿洲語 mar-(拒否)과 國語 '말다(止, 拒)'의 語根과 同源語다. 語根 '맏'은 國語의 '말(語)'과 同源語다. 拒否의 표시는 '말'에서 비롯된다고 인식했을 것이다.

9-2-13. tacin(學問, 가르침)

>tasan(거짓)[滿]
>
>cilgan(語, 聲)[滿]
>
>tolgin(夢)[滿]
>
>tohu(묻다(問))[日]
>
>toku(說明하다)[日]

---

16) 앞의 책, 426쪽.
17) 앞의 책, 318-320쪽.

til(舌, 話)[터키]

國語 '넋두리'의 '넋'과 '두리'는 말(語)이란 뜻으로서, 語源的으로는 말(語)이란 뜻을 지니는 異音同義語다. 뜻(志), 들에다(떠들썩하다)의 語根 '들'이 모두 말(語)이란 뜻이다. 日本語 tohu(問)는 toru>tou>tohu>tou의 변화이다. 따라서 tou의 祖語形은 tot(tor)이다. 滿洲語 tacin, tasan, tolgin, til의 語根 tac(tat), tas(tat), tol(tot), til(tit)은 모두 말(語)이란 뜻이다. 國語 주둥이(口)의 語根 '줃'은 '둗'이 祖語다. '둗'이 입(口)이란 뜻을 지니고 있음을 알 수 있다. ㅈ은 ㄷ에서 변한 子音이다.

9-2-14. nirugan(畫)

nirambi(그리다)[滿]

nyərəmbi(생각하다)[滿]

語根은 nir이다. 國語 그리다의 語根 '글'은 語源的으로는 말(語)이란 뜻을 지닌다. '곧(語), 굿(巫義), 가르치다, 가라사대, 글(文)' 등의 語根은 모두 말(語)이란 뜻이다. 그림도 하나의 意味를 표현하는 記號다. 문자가 생기기 전에는 그림으로 의사소통을 했다. 滿洲語 nir은 國語 니르다(謂), 노래(歌)의 語根 '닐, 놀'과 同源語다.

9-2-15. nycyan(拳)

nala(手)[나나이]

語根 nuc은 nut으로 再構되며 손(手)이란 뜻을 지닌다. 國語 누루다(壓), 나르다(運搬)의 '눌, 날'의 語根의 原義는 손(手)이다. '누르다, 나르다'의 행위는 손에 의해 이루어진다. 日本語 naderu(만지다)의 語根 nat, yubi(指)의 語根 nut 등도 모두 손이 原義다. 滿洲語에서는 손이란 뜻을 지니는 말로서 nˇt이 있었음을 알 수 있다.

9-2-16. kala(手)

kal(手)[滿]

kol(手)[위구르]

語根은 kal로서 kat이 祖語形이다. 國語 가지다(持)의 語根은 '갇(갖)'
으로서 名詞가 되는데 손(手)이란 뜻이다. 國語 손가락의 '갈', 골무의
'골'이 손(手)이란 뜻을 지니는 化石語라 하겠고, 숟갈(匙)은 鐵手라는 合
成名詞로서 '갈'이 손이란 뜻[18]을 지니고 있다. 숟갈의 '갈'이 나무(木)라
는 뜻을 지닐 수도 있다.

kurumbi(뜯다, 摘)[滿]

語根 kur은 손(手)이란 原義를 지닌다. 뜯는 것은 손의 행위다.

simhun(指)[滿]

語根 sim은 國語의 손과 比較된다. 國語 '가락(指)'의 語根 '갈'이 본디
는 손이란 뜻을 지니고 日本語 yubi(指)도 본디는 손이란 뜻이라고 하는
데서 그렇게 여겨지는 것이다.

9-2-17. tanta(두드려라)

tumbi(두드리다)[滿]

tantambi(치다)[滿]

tanta의 語根 tan의 末音 n은 介入音으로 본다면 tata가 되며 語根은
tat이다. 國語 빈대떡의 ㄴ도 介入音이고 반되(螢)의 ㄴ도 介入音이다.
語根 tat은 손(手)이 原義다. 國語 뜯다(摘)의 語根 '듣'도 손(手)이란 뜻을
지니며 國語 두드리다(打)의 語根 '둗'과 同源語다. 日本語 손(手) ta, te
와 同源語[19]다.

---

18) 앞의 책, 25-26쪽.

19) 筆者, 日本語の源流をさかのぼる, 64-66쪽.

9-2-18. arambi(만들다)

語根 ar은 名詞다. 만드는 것은 손에 의해 이루어지는 것이기 때문에 ar은 손(手)이란 뜻이다. 國語 만들다의 '만'도 末音 ㄴ은 介入音으로서 '맏'이 祖語形인데 손이란 뜻이다. 蒙古語에서 손의 尊待語로서 mudol 이 있는데 語根 mut이 손이란 뜻이다. 滿洲語 ar의 祖語形은 at이다.

    el(手)[터키]

터키語에 el(手)이 있다. 國語 안다(抱)의 '안'의 祖語形은 '앋'으로서 손(手)이란 뜻이 있다. 안는 것은 손의 행위다.

9-2-19. simhun(指)

    syombi(긁다)[滿]
    səfərəmbi(쥐다)[滿]

syombi의 語根은 syo인데 so로 소급되며, sol, sot으로 소급된다. 긁 다의 語根 '긁'은 '글'이 原形인데 손(手)이란 뜻을 지닌다. 긁는 行爲는 손으로 하는 行爲다. 아울러 國語 손(手)의 祖語形은 '솓'이라 하겠는데, 滿洲語 sot과 一致하고 있다. 漢語 '手'도 同源語다.

9-2-20. mayan(肘)

mayan은 maran>maan>mayan의 변화서 語根이 mar(mat)이다.

    mudol(手)[滿]

語根 mut이 되겠는데 日本語 motsï(持)의 語根 mot과 同源語로서 손 (手)이란 뜻이다. 터키語에서는 kol(手)과 kol(腕)의 語辭가 同音語다. 國 語 '만지다, 만들다'는 '마지다, 마들다'가 原形이고 ㄴ은 ㅈ, ㄷ 위에 介 入된 것이다. 따라서 mat이 語根으로서 손(手)이란 뜻이다.

9-2-21. merən(肩)

　　mur(肩)[부리야트]

國語 메다의 語根은 '메'로서 '머이'가 준 것이다. 語根은 '멀(먿)'이다. 國語에 어깨라는 뜻으로 '멀(먿)'이 있었음을 알 수 있다.

　　mürü, mürün(肩)[蒙]

蒙古語 語根 mur과도 同系의 語根을 지닌다. 어깨의 古語에 '멀(먿)'이 있었음을 보이고 있다.

9-2-22. sabu(靴)

國語 신은 '실'에서 변한 것이고 蒙古語에 silbi(脚)가 있다. 語根 sil, sit이 祖語形이다. 國語 셔다의 語根은 '셔'인데 '설(섣)'이 祖語形이라 하겠는데, 다리(脚)라는 뜻이다. '쉰다리(脚)'는 '쉰'과 '다리'의 合成名詞다. '쉰'의 語根이 역시 다리(脚)라는 뜻을 지니고 있음을 보이고 있다. '스인'이 줄여서 '쉰'이 되는데 '스'의 原形은 '슬'이다. '슬'은 다리(脚)라는 뜻이다. 國語 신(靴)은 '신(脚)'에서 변한 말이 된다. "살살 걸어간다."의 '살살'의 擬態語 '살'은 다리(脚)라는 뜻이다. 日本語 saru(去)의 語根 sar은 國語의 '살(脚)'과 同源語라 하겠고, 國語 '사라지다'의 語根 '살'과도 同源語다. saru(去)나 '사라지다'의 行爲는 다리(脚)에 의한 행동이다. 日本語 tatsï(立)의 語根 tat은 國語 '다리(脚)'의 祖語形의 '닫'과 一致하고 있다. 國語 '샅(脚)'도 根源的으로는 다리(脚)라는 뜻이다. 씨름 할 때 쓰는 '샅바'의 '샅'이 다리(脚)라는 뜻이다. 옛날에 罪人의 다리를 얽어 묶던 바를 '샅바'라고도 했다. 日本語 下內衣를 sarumada라고 하는데 mada가 허벅지(股)라는 뜻이고 역시 saru는 다리(脚)라는 뜻이다. 소의 무릎 뒤쪽에 붙은 고기를 '사태고기'라고 하는데 語根은 '샅'이고 다리(脚)라는 意味를 지닌다. 사태고기는 '다리고기'이다.

9-2-23. tərə(顔)

> tere(容貌)[滿]
>
> tsïra(面)[日]

닮다(似)의 語根 '닮'의 原形은 '달'로서 名詞다. 닮은 것의 對象은 얼굴이었다. 다르다(異)의 語根 '달'도 역시 얼굴이 原義다. 따라서 國語에서 '달'이 얼굴이란 뜻이었지만 지금은 消失되고 '닮다'와 '다르다'의 語根 '달'에 그 化石이 남았다. 日本語 niru(似)의 語根 nir은 國語 '낯'과 同源語다. 國語 '탈'은 '달'이 有氣音化한 것이다. '탈'은 얼굴 또는 용모라는 뜻을 지닐 개연성이 있다. '배탈 났다' 할 때 '탈'을 假面이 原義라고 보는 見解가 있으나 그렇지 않다고 본다. 蒙古語에서 getesü, hebeli, hotgoth, ürü 등이 배(腹)라는 뜻을 지니고 있다. 그러나 腹痛이란 뜻으로는 tothor ebothö(腹痛)가 있다. ebethö가 '아프다'라는 뜻을 지니고, tothor가 배라는 뜻이다. 語根 tot이 배라는 뜻이다. 배탈은 '배(腹)'와 '탈(腹)'의 合成語로서 '탈'은 蒙古語 tot과 同源語다. '배탈'의 '탈'이 배(腹)의 合成語였으나, '탈'이 나중에 '病'이란 뜻으로 轉義되었다고 여겨진다. '탈났다' 할 때 '탈'은 '病'이란 뜻이지만, 옛날 病의 大部分은 腹痛이 아니었나 한다. '곳블(感氣)'이 본디는 '고(鼻)'와 '블(鼻)'의 異音同義語였으나 感氣라는 뜻으로 轉義되었다. 이러한 현상은 '배탈'도 '탈'이 '배'라는 뜻을 지닌 말이 '病'이란 뜻으로 전의되었다. '앓다'는 '알흐다'의 준말이라 하겠는데 '알'이 語根으로서 名詞다. '애를 쓰다, 애를 끊나니'의 '애'는 배(腹)라는 뜻이다. '애'는 '아이'가 준 말로서 '알'이 語根으로서 배(腹)라는 뜻이다. 脫腸을 '미주알'이라고 하는데 '알'이 腸이라는 뜻이다.

> ologai(腸)[蒙]
>
> ürice(腸)[蒙]
>
> ürü(腸)[蒙]

語根 ur이 腸이란 뜻을 지니는데 國語 '알(腸)'과 同源語다. '앓다'의 '알'이 腸이란 뜻을 지니며 고대인의 아픔(痛)은 보통 배앓이였다.

9-2-24. sun(乳酏酪)

süt(乳)[터키]

sün(乳)[蒙]

su(乳)[蒙]

sut(乳)[위구르]

su(水)[터키]

sulmak(물주다)[터키]

sulu(물기가 있다)[터키]

滿洲語 sun(乳)의 祖語形은 sut이다. 위구르語에 sut(乳)이 보인다. 젖(乳)의 語根은 물(水)이란 뜻에서 轉意된 것이다. 처음엔 물(水)이라는 뜻을 지닌 말이다가 나중에는 그 말이 젖(乳)이라는 뜻을 지니게 되었다. 터키語 sulmak, sulu의 語根은 sul인데 su(水)는 末音 l音의 脫落이라는 것을 보여 주며 터키語 su(水)의 祖語形은 sut이다. 본디는 sut이 물(水)이란 뜻을 지니다가 젖(乳)이란 뜻으로 轉義된 것이다. 國語 '설거지'의 '설', '물이 설설 끓는다'의 副詞 '설'도 '물(水)'이란 뜻이다. '씻다(洗)'의 語根 '씻'은 名詞로서 祖語形은 '싣'이라 하겠고 물(水)이란 뜻이다. 國語의 서리(霜)의 語根 '설'도 물(水)이 原義다.

syəri(泉)[滿]

滿洲語 syəri(泉)의 語根은 syər로서 祖語形은 sət이라 하겠고 國語 '설(泉)'과 同源語다. 國語 '젖'은 '덛'이 祖語形이라 하겠으며 原意는 물(水)이다. 國語 '돌(渠)'이 있고 現代語에서는 '도랑' 또는 '또랑'이 있는데 語根은 '돌'로서 물(水)이 原意다.

9-2-25. nyaman(心臟)

nyaman의 語根은 nyam인데 nam이 原形이다. 이는 國語의 념통(心臟)의 語根 '념'과 同源語다.

9-2-26. silhi(膽)

語根 sil은 國語 '쓸개'의 '쓸'과 同源語다. 國語 쓰다(苦)의 語根 '쓰'는 '스'로 소급되며, '슬(슴)'이 祖語形이 된다. '슬개'의 '슬'이 '쓰다(苦)'의 祖語다. 한편, '苦'字를 보면 '艹' 즉 풀과 관련되고 있다. 國語의 '쑥(艾)'의 原形은 '술'이다.

suiha(艾)[滿]

語根 sui는 suri의 r音 脫落으로 이루어진 말이다. 그렇게 보면 '스다(苦)'의 祖語를 '쑥(艾)'으로도 볼 수 있다. 즉, 草類가 '쓰다(苦)'의 原語일 수도 있다.

9-2-27. kalbin(下腹, 脇肋)

kalbin에서 n을 떼면 kalbi로서 國語 '갈비'와 一致하고 있다. 國語 '구리(腔)[20]'는 허리 아래 잘록한 部分을 뜻하는데 語根은 '굴'이다. 現代語에서 '허구리'라고 하는데 '허구리'는 '허리구리'가 준 말이 아닌가 한다.

9-2-28. coco(陰莖)

좆의 語根 coc은 國語 좆과 一致하고 있다.

toto(子宮)[滿]

語根은 tot이다. 이는 coc의 祖語形 tot과 一致한다. 陰莖은 tot이 口蓋音化가 되었을 뿐이다.

---

20) 같은 책, 89쪽.

9-2-29. pəthə(腿)

> polbo(종아리)[滿]
> puhi(腿)[滿]
> fehumbi(밟다)[滿]

語根 pət, pol(pot)은 國語 '발(足)'과 同源語라 하겠으며 fehumbi의 頭音 f는 p>f의 변화로 된 것이다.

> holhon giraŋgi(小腿骨)[滿]
> hin giraggi(腿樑)[滿]

滿洲語 holhon giraŋgi에서 giraŋgi는 뼈(骨)라는 뜻이고 holhon이 小腿라는 뜻이다. polpo(종아리)가 holho로 변했다고 보겠다.

9-2-30. tara(腰)

語根은 tar이 되겠다. 이는 아마도 國語의 '다리(脚)'와 同源語가 아닌가 한다. 國語에서는 '허리(腰)'가 되는데 語根은 '헐, 헏'이 된다. 國語에서 '허튀(腿)'가 있는데 '허리(腰)'와 同源語가 아닌가 한다. 허튀는 허리와 그냥 연결되어 있다. 國語에서 '허튀'는 일반적으로 종아리다. 國語 '다리(脚)'의 '달'이 滿洲語에서는 허리(腰)라는 뜻을 지니듯 國語 '허리(腰)'는 다리(脚)라는 뜻도 지닌다. 허리의 語根 '헐, 헏'은 허튀의 語根 '헏'과 一致하고 있다. 處容歌의 '脚烏伊'를 '허튀'로 解讀하고 있는데 이는 그 다리(脚)의 음을 따라 '가라리(가다리)'로 읽어야 한다고 본다. '烏'는 '鳥'의 誤刻으로 보인다.

9-2-31. yabumbi(步行)

國語에 '녜다, 니다(行)'가 있다. yabumbi의 語根은 ya는 na로 再構되며 nal이 原形이 된다. 日本語 yuku(行)는 nuku로 再構되며 nut이 祖語形이다. 消失語 nˇt이 발, 다리(足, 脚)라는 뜻임을 알 수 있다.

9−2−32. kulhu(靴)

kutsï(靴)[滿]

kutul(靴)[滿]

語根 kul, kut의 原義는 다리(脚) 또는 발(足)이다. '신'이 쓰이기 전 國語에서는 '굳'이 신(靴)이란 뜻으로 쓰였다. 이 '굳'은 根源的으로는 '걷다(步)'의 '걷', '가랭이'의 '갈(갇)'과 同源語로서 다리(脚)라는 뜻이라 하겠고, 漢語 脚도 同源語다.

kənəmbi(가다)[滿]

語根 kən은 kət로 소급되며 國語 '걷다(步)'의 '걷', '가다(行)'의 語根 '가'는 '갇'이 祖語形이다.

9−2−33. ne(汗)

國語 '씀(汗)'은 '듬'으로 소급되고 둗>둘−옴>ᄃ롬>ᄃ옴>둠의 변화이다. 祖語形 '닫(듣)'은 물(水)이란 뜻이다. 國語 '돌(渠, 溝)'과 同源語다. 滿洲語 ne는 nəi가 준 말이고 nər이 語根으로, 國語 '나리(川)'의 語根 nal과 同源語다.

9−2−34. fyərən(버즘[癬])

fyərən의 語根은 fyər인데 原形은 pət일 것이다. 國語 '버즘'의 語根 '벋'과 同源語라 하겠으며, '벋(肌)'이란 뜻이다. 日本語 hada(肌)의 祖語形 pat과 國語 '벋(肌)'은 同源語[21]다.

---

21) 筆者, 『日本語の源流をさかのぼる』, 84쪽.

9-3. 天體語

9-3-1. šuu(太陽, 日)

siu(n)(太陽)[나나이]

su(n)(太陽)[우데헤]

səu(n)(太陽)[오로치]

siwun(太陽)[네기달]

올치語 səu(n)는 səru>səu의 변화를 보이고 있다. səru의 語根도 sər임을 보이고 있다. 國語 '햇살'의 '살'이 바로 太陽의 異音同義語로서 səru의 語根 sər과 同源語라 하겠다. 國語 '새(東)'는 살>살이>사이>새로서 '살'이 太陽이란 原義를 지닌다. 나나이語 siu는 siru>siu의 변화로 r音의 脫落을 보인다.

šanjan(白)[滿]

sara-(白髮化)[滿]

sarxuma(白雉)[滿]

語根 san, sar을 얻을 수 있는데 祖語는 sat이 된다. '희다(白)'의 意味는 희(太陽)>희다(白)와 같이 太陽이란 뜻을 지니는 名詞가 形容詞로 轉成된다. 日本語 siro(白)의 語根이 sir이 되는데, sir은 根源的으로 太陽이 原義며 國語 '살(太陽)'과 同源語다. 日本語 sarasï(曝, 晒)의 語根 sar이 太陽이란 뜻을 지닌다.

šark(東)[터키]

šark(東)의 語根 sar이 國語 '새(東)'의 原形 '살'과 同源語다. '한 설, 두 설'의 '설'은 해(歲)라는 뜻이고 '설(元旦)'이란 뜻인데 根源的으로 太陽이 原義다. 漢語 '歲, 曙, 暑, 西' 등은 太陽이 原義이다. 15세기어 '새배(曉)'는 '새'와 '배'의 合成語다. '새'는 '사이'가 준 말이고 '사'의 原形은 '살'이고 太陽이 原義다. '배'는 '바이'가 준 말로서 '바'의 原形은 '발'

로서 이도 太陽이란 原義가 있는데, '볕(陽)'의 祖語 '벋'과 同源語다. 日本語 sora(空, 天)의 語根 sor은 太陽이란 뜻이다.

9-3-2. təlgi(東)

doğü(東)[터키]
dorona(東)[蒙]

語根 dor을 얻을 수 있는데 tot이 祖語形으로서 tot은 太陽이 原義라고 하겠다. 東은 太陽이 돋는 곳이다. '해돋이'의 '돋'이 太陽이란 뜻이다. 漢字 '東'과 同源語다. 滿洲語 təlgi의 語根 təl이 바로 太陽이 原義다.

higasi(東)[日]
nisi(西)[日]
minami(南)[日]
kita(北)[日]

日本語 higasi(東)는 hi와 gasi의 合成名詞다. hi(日)는 國語 '벋(볕)'과 同源이며 gasi의 語根은 kas으로 kat이 祖語形이다. 國語 '개다(晴)'의 語根 '개'는 '갇'이 祖語形으로서 太陽이 原義다. '빛갈'의 '갈'이 바로 太陽이 原義다. 日本語 hikari(光)는 國語 '빛갈'과 同源語다. higasi(東)는 太陽이란 뜻을 지니는 異音同義語의 合成名詞다. 蒙古語에서 gere(光)가 있는데 原義는 太陽이다. 빛갈의 '갈'과 同源語이며 原義는 太陽이다. 日本 『古事記』 序文에 나오는 '日下~玖沙詞'의 玖沙는 kusa로서 '日'에서 해당된다. 語根 kus은 kut이 祖語形으로서 日이란 뜻이다.

galaka(天晴了)[滿]
galaoho(晴了)[滿]

語根 gal은 하늘(天) 또는 太陽이란 뜻을 지닌 名詞일 것이다. 國語 '개다'(晴)의 語根 '개'는 名詞로서 '개'는 '가이'가 준 말이고 '가이'의 '이'는 接尾辭다. '이' 接尾辭가 붙는다는 것은 '가'가 閉音節語임을 보여

준다. 갈>갈-이>가이>개의 변화이다. '갈'이 太陽이란 뜻을 지닌 名詞였음을 보여 준다. 빛갈의 '갈'이 역시 原義는 太陽이다. 횟귀(旭)의 '귀'는 '볕귀'와 같이 '귀'는 太陽이 原義이며, '귀'는 '구이'가 준 말이고 原形은 '굴'로서 太陽이 原義다.

9-3-3. walgi(西)

baragun(西)[滿]

botə(西)[滿]

日本語 nisi(西)는 太陽이 原義다. nisi의 語根은 nis으로 nit이 祖語形으로서 國語 '날(日)'의 祖語形 '낟'에서 비롯한 말이다. 西쪽은 太陽이 지는 쪽이고 東쪽은 해가 돋는 쪽이라는 것은 두말할 것도 없다. 漢字西는 국어 태양이란 뜻으로 햇살의 '살'과 동원어다. 滿洲語 walgi(西)의 語根 wal은 pal>fal>wal로 변했다. '발(밝)'은 國語 '번(볕)'과 同源語다. 日本語 kita(北)의 語根은 kit으로서 太陽의 原義 '갈(간)'과 同源語일 수 있다. 『訓蒙字會』에 '앒南, 뒤北'이 나온다. '앒'은 '알'이 原形이고 '앋'이 祖語形으로서 太陽이 原義다. 日本語 ama(天)의 祖語形 at은 太陽이 原義이며, 滿洲語 apkha(天)와도 同源語다. 滿洲語 anya(年)의 語根은 an으로서 '앋'이 祖語形으로서 太陽이 原義다. ərəanya(今年)의 ərə가 '今'에 해당되는데 國語 '올해'의 '올'과 同源語이며 '올'은 太陽이 原義다.

uldən(曙光)[滿]

əldən(光)[滿]

語根 ul은 太陽이 原義다. '하늘(天)'은 '한'과 '올'의 合成名詞로서 太陽이란 原義를 지닌 異音同義語다. '뒤'는 『朝鮮館譯語』에 '推迫'이 보이는데 '두비'로서 두위>뒤의 변화로 볼 수 있다. 한편 '뒤'를 '두이'의 준말로 보고 '둘'의 原形을 再構할 수 있다. 그렇게 보면 '돋(太陽)'과 同源語로 볼 수도 있다. 둗>둘>둘-움>두움>둠의 변화와 둗>둘>둘-이>

두이>뒤의 雙形의 변화로 볼 수 있다. 그렇게 보면 '뒤'도 根源的으로는 太陽이 原義일 것이다. 漢語 '後'는 國語 '한(할, 太陽)'과 同源語일 수 있다. 그렇게 보면 옛날 國語의 方位語인 '시, 새(東)'는 原形 '살'에서 변한 말이고, 南은 '알(알)'이고 北은 '둗'이라고 하겠다. 西風을 하늬바람이라고 하는데 西가 '하늬'다. 語根은 '한'인데 '한'은 太陽이 原義다. '히(陽)'는 '히이'가 줄어든 말이고 祖語形은 '핟(홀)'이다. 핟>한의 변화이다. 한편 '하늬'는 하늘>하늘-이>하느이>하늬의 변화를 생각할 수 있다. 語根 '한'은 太陽이 原義다.

> amalgi(北)[滿]
> umara(北)[滿]
> aru(北)[滿]

語根 am은 at>ar-am>aram>aam>ama의 변화를 생각할 수 있다. 漢語 南은 國語 '날(낟)'과 同源語일 수 있다. 南쪽은 앞(前)이 된다. 日本語 minami(南)는 higasi(東)와 같이 合成名詞로 보아야 하지 않을까 한다. mi는 國語 '마'와 比較되며 nami는 '날(日)'에서 비롯한 말이 아닌가 한다. 日本語 mae(前)는 mare에서의 변화이고 原形은 mar이다. mar의 原義는 太陽이라 생각된다. 國語 '날(生)'이 日本語에서 nama(生)로 變化되었다고 볼 수 있다. 漢語 '北'도 根源的으로는 太陽이란 原義를 지니는 '벋(太陽)'과 同源語일 것이다. 國語 '하늘(天)'은 '한'과 '올'의 合成名詞인데, '한'이나 '올'이나 모두 原意는 太陽이다. 日本語에서 sora(天, 空)가 있는데, 國語 '햇살'의 '살'과 同源語로서 太陽이 原義다.

> arilho(晴)[蒙]
> üde, edör(晝)[蒙]

語根 ar, ud은 太陽이 原義다. 滿洲語의 하늘(apkha)의 語根 ap은 al-ap>arap>aap>ap의 형성이고, 日本語 ama(天)는 al-am>aram>aam>am-a>ama이다.

9-3-4. apkha(天)

하늘(天)은 太陽이란 뜻을 지니고 있는 것이 常例다. 國語 '하늘(天)'의 語根 '한'은 본디 해의 祖語 '핟'과 同源語다. 日本語 ama(天)는 at>al>ar-am>aram>aam>am-a의 形成으로서 at은 太陽이 原義다. apkha는 ap과 kha의 合成名詞다. ap은 at>ar-ap>arap>aap-ap의 변화이다. 國語의 '어제, 오늘, 아침' 등의 語根 '엊, 온, 앛' 등과 同源語다. 時間에 관한 語彙群은 그 語源이 太陽에서 비롯하고 있다.

　　　oktargoi, teŋgeri(天)[蒙]

蒙古語에 하늘은 teŋgeri와 oktargoi가 있다. teŋgeri는 teŋ과 geri의 合成名詞고 oktargoi는 oktar과 goi의 合成語다. 後行語는 geri와 goi인데 goi는 gori의 r이 脫落하여 gooi>goi가 된 것이다. 蒙古語에서 geri는 빛(光)이란 뜻을 지니지만 原義는 太陽이라고 하겠다. 國語 '빛갈'의 '갈'이 바로 原義가 太陽이다. '겨를(暇), 끼(時)'의 語根 '걸(결), 그' 등이 太陽이란 뜻에서 轉義되었다. apkha의 kha의 原形은 kal에서 末音 l音이 떨어지고 有氣音化 되었다. 그러니까 滿洲語 apkha는 太陽이란 原義를 지니는 말이 合成되었다. oktargoi는 ok와 tar과 goi의 셋으로 나눌 수 있다. ok은 ot>ol>olk>ok의 변화이다. ok의 祖語 ot은 太陽이 原義다. tar도 太陽이 原義다. 國語 '해돋이'의 '돋'은 太陽이 原義다. 日本 琉球語에서 teta가 太陽이다. 日本語 teru(照)의 語根 ter은 太陽이 原意다. 漢語 天, 照 등이 바로 太陽(tat)이라는 原義를 지니는 말과 同源語다. 『訓蒙字會』에 '앏南'이 있는데 原形은 '알'이다. ㅂ은 나중에 添加된 子音이고 語根末音이 脫落되고 '앞'이 되었다. 이는 滿洲語 apkha의 ap과 一致하고 있다. '앞(안)'의 原義는 太陽이며 南이란 뜻으로 轉義되고 다시 앞(前)이라는 뜻으로 변했다. 하늘은 太陽이란 原意에서 轉義되었다. 漢字語 '天, 照, 晝'는 國語 '돋(太陽)'과 同源語다.

cyurəlgi(南)[滿]

cenup(南)[터키]

語根은 cyur이 되겠는데 tul(tut)이 祖語形이다. tut은 두말할 것도 없이 太陽이 原義다.

güneş(太陽)[터키]

güney(南)[터키]

터키語에서 太陽이란 어휘가 南으로 轉義되었음을 알 수 있다. 터키語에서 kuzey(北)가 보이는 것은 매우 示唆的인 意味가 있다.

aru(北)[蒙]

ülge(南)[蒙]

ürüne(西)[蒙]

udayana, udaya(東)[蒙]

語根 ar, ur, ut, ul을 얻을 수 있는데 祖語形은 at, ut으로서 同源語다. 이렇게 蒙古語에서는 方位語가 太陽이란 原義에서 分化되었음을 보이고 있다.

kuzey(北)[터키]

güney(南)[터키]

garap(西)[터키]

터키語에서 語根 kuz, gün, gar을 얻을 수 있는데 祖語形은 kut, gut, gat이 되겠다. 터키語 太陽이란 뜻 gün의 祖語形을 gut으로 본다면 터키語 역시 方位語는 太陽이란 뜻에서 分化된 것이다. 따라서 方位語의 根源的 語源은 太陽이란 原義를 지니고 있는 말이다. 漢語 東, 西, 南, 北이나 日本語 hagasi(東) nisi(西) minami(南) kita(北) 등도 太陽이란 原義에서 변한 것이다.

ərin(時)[滿]

ərintari(時時)[滿]

ərin의 語根은 ər로서 ət이 祖語形이다. 國語 '아침(朝)'의 祖語形 '앋(太陽)'과 同源語다. 時間에 관한 名詞의 起源은 太陽에서 비롯된다. 日本語 ama(天)는 al에 am 接尾辭가 붙은 aram>aam>am-a의 변화이다. 日本語에서 asa(朝) asu(明日)의 語根 as(at)은 太陽이 原義다. ərintari의 tari는 國語 '때(時)'의 祖語 '달(달)'과 同源語로서 太陽이 原義다.

> əldə(早, 이르다)[滿]

國語 '얼른'과 '얼'이 공통되며 平安道에서는 '얼던(얼른)'이라고 한다.

> anya(年)[滿]

語根 an은 at으로 再構된다. at은 太陽이 原義다.

9-3-5. juwari(夏)

> tobori(夜)[滿]
> to(日)[아이누]
> tokap(晝)[아이누]
> teta(太陽)[日, 首里]
> tlə(天)[길랴크]
> tolf(夏)[길랴크]
> cup(太陽)[아이누]

길랴크語 tolf의 語根 tol은 太陽이 原義다. 國語 '녀름'은 '너름'으로 소급되며 祖語形은 nət인데 太陽이 原義다. 國語 '쬐다'의 語根 '쬐'는 '조이'가 준 말이고 祖語形은 '돋'이다. 滿洲語 juwari의 語根 ju는 tu로 再構된다. 日本語 teru(照)의 語根 ter이 太陽이란 原義를 지니며 國語 '해가 돋다'의 語根 '돋'은 太陽이 原義다. 漢語 '東, 照'는 '돋'과 同源語다. 滿洲語에도 古代에는 tut이 太陽이란 原義를 지니는 말이었다는 것이다.

9-3-6. kalka(天晴了)

kalgaho(晴了)[滿]

kereke(天明了)[滿]

kalka의 語根은 kal로 이는 名詞로서 國語 '날이 개다'의 語根 '개'와 同源語다. 根源的으로는 太陽이란 原義를 지닌다. '개'는 '가이'가 준 말로 갈>갈이>가이>개의 변화이다. 하늘(天)을 代表하는 것은 太陽으로서 하늘(天)의 原義는 太陽에 있다. 日本語 hare(晴)는 pare로 再構되며 語根은 par(pat)인데 國語 '볕(陽)'과 同源語로서 太陽이 原義다.

9-3-7. parun(過年)

語根 par은 pat이 祖語形으로서 '볕(陽)'의 祖語形 '벋'과 同源語다.

fosombi(日出)[滿]

foson(日光)[滿]

forgon(時, 季節)[滿]

語根 fos을 pot로 再構하면 太陽을 뜻하는 國語 '볕'과 比較된다.

foson(日光)[滿]

fosokno(日照)[滿]

fosoha(日光反射)[滿]

語根 fos은 pot으로 再構된다. pot은 名詞로서 해(日)라는 뜻이다. '눈이 부시다'의 語根 '붓(붇)'과 同源語로서 國語 '볕(벋)'은 太陽이 原義이다.

9-3-8. nyəŋnyəri(看)

nəŋnə(春)[오로크]

niəŋniə(春)[나나이]

nəlki(春)[네기달]

nəki(春)[우데헤]

滿洲語 nyəŋnyəri(春)는 nyəŋ과 nəri의 合成語다. nyəŋ은 nəŋ으로 소급되며 우데헤語 nək-i가 原形이다. nək-i는 네기달語 nəlki의 nəl이 原形이다. nəl과 nəl의 合成語가 되겠는데 國語 '날(日)', 蒙古語 nara(n)(太陽)과 同源語다. nəknəri에서 nəŋnəri로 되었는데, 鼻音이 同化作用을 일으켰다. 國語 녀름(夏)의 語根 '널'은 '날(日)'과 蒙古語 nara(n)와 同源語다. 國語 봄(春)은 日本語 haru(春)의 祖語形(par, pat)과 同源語로서 봄의 祖語形 '봏(봏)'은 太陽이 原義다.

9-3-9. nənəhə(昔)

語根은 nən이고 nət이 祖語形이다. 國語 '녜'는 '녀이'가 줄었고 原形은 '넏(널)'이 되겠다. '넏(널)'은 太陽이란 原義를 지닌 '날(日)'이라 여겨진다. 그것은 時間에 관한 語彙는 그 起源이 太陽에 있기 때문이다. 옛날(昔日)은 語源的으로 봐서는 太陽이 原義다.

9-3-10. yamji(晚)

日本語 yami(闇)와 比較되며 日本語 yoru(夜)와도 比較된다. 日本語 yoru나 yami는 國語 '나조(夕)'의 語根 '낟(낮)'에서 비롯한 말이다. 따라서 滿洲語 yamji(晚)는 國語 nat(nal)과 比較되며 蒙古語 nat(nar 太陽)과도 同源語다. 日本語 yami(闇)는 nami로 소급되며 祖語形은 nat인데 太陽이 原義다.

9-3-11. pya(月)

pya는 pa로 再構되며 原形은 pal로서 pat이 祖語形이 된다. 國語 十五日을 보름이라고 하는데, 語根은 '봏'로서 滿洲語 pal(月)과 同源語다. 보름의 原義는 十五日이 아니라 '달'이 原義라 하겠고, 15日에 滿月이 되니까 달에서 十五日로 轉義되었다. 八月 또는 '가위'의 옛말 '가배'도 根源的으로는 '달'이라는 뜻을 지닌 수 있다.

byadari(每月)[滿]

byadari의 dari의 語根은 tal로서 國語 달(月)과 同源語다. 異音同義語의 合成名詞다.

9-3-12. usiha(星)

odon(星)[蒙]

蒙古語 odon(星)의 中世語는 hodon이고 다시 podon으로 再構된다. 그렇게 되면 odon의 祖語形은 pot이다. 國語 '별'의 祖語形은 '벋'이다. 日本語 hosi(星)의 祖語形은 pot이다. usiha는 husiha, fusiha, pusiha로 소급되며 祖語形은 put으로서 國語 '벋(星)'과 同源語다.

9-3-13. bono(雹)

語根 pon은 pot으로 再構되며 原義는 물(水)이다. 우박은 물에서 이루어지는 것이다.

boron(雨)[蒙]

boron의 語根 bor은 滿洲語 우박(雹)의 祖語 bot과 同源語다. 國語 비(雨)와 붓다(注)의 語根 '붓', '그릇을 부시다'의 語根 '붓'이 모두 물(水)이란 뜻을 지니는 同源語다.

birgan(小川, 溝)[滿]
bira(河)[滿]
bulhumbi(물 솟다)[滿]
bilten(湖, 沼)[滿]
bisaku(出水하다)[滿]
bisambi(물이 넘치다)[滿]
bisan(雨水가 많은 해)[滿]

語根 bis은 bit으로 再構되며 물(水)이란 뜻을 지니는 同源語라고 하겠으며 國語 비(雨)와 同源語다.

9-3-14. nimaŋgi(雪)

　　namu(海洋)[滿]

國語 내(川)의 原形 '날'과 同源語다. 아이누語에 nai(川)가 있어 비교된다.

　　nyoron(虹)[滿]

　　nei(汗)[滿]

語根 nor을 얻을 수 있다. 國語 '나리(川)'의 語根 '날'과 同源語다. 國語 무지개(虹)의 語根 '묻'은 물(水)이란 뜻을 지니며 물의 祖語다.

9-3-15. thugi(雲)

　　thalman(霧)[滿]

語根 thug의 原形은 tul일 것이다. 구름(雲)의 原義는 물(水)과 관련된다고 본다면 國語 '돌(梁)'과 同源語다. 日本語 taki(瀧)와 tatsï(龍)와 同源語다. thalman의 語根 thal은 tal로 소급된다.

9-3-16. buran(大風雪)

　　boral(雪片)[나나이]

　　būrgu(大風雪)[에벤키]

　　burrana(雪降)[古蒙文]

　　burga-(雪降)[부리야트]

語根 bur이 눈(雪)이란 뜻이다. 國語 눈보라의 '보라'의 語根 '볼'과 同源語라고 하겠고, 國語 '비(雨)'와도 同源語다.

9-4. 맺는말

身體語와 天體語의 祖語를 再構해 보면 國語와 滿洲語의 일치점을 다수 발견할 수 있는데, 이는 國語가 北方系임을 밝혀주는 것이다. 日本語와의 比較에서는 그 體系가 鮮明하게 比較되는데 滿洲語는 日本語보다 體系의 鮮明性이 희박하다. 日本은 섬이기 때문에 國語가 건너가서 變化는 했지만 語彙와 音韻面에서는 比較的 保守性을 지니고 있음에 비하여 滿洲語는 그렇지 못하다. 그것은 滿洲語는 地理的으로 大陸에 屬해 있기 때문에 오랜 時日에 걸쳐 이웃 言語와의 交流가 심하기 때문이다. 그러나 國語는 퉁구스語圈에 屬하는 滿洲語와는 古代에 있어서는 同系였음이 分明하다.

<‖말』 제14집, 연세대학교, 1989.>

10. 몽골語의 祖語再構와 語源

10-1. 여는 말

필자가 定立한 國語의 祖語와 消失語 再構方法을 기초로 하여 몽골어의 身體語, 土地類語, 刀類語, 天體語, 方位語, 季節語, 時間語, 色彩語를 再構하고 語源을 究明해 보려 한다. 이는 국어 어원연구의 方法을 좀 더 심도 있게 하기 위한 作業이기도 하다.

10-2. 身體語

10-2-1. tologai(頭)

> tologai(頭)[蒙]
> terigün(頭)[蒙]
> tariki(頭腦)[蒙]

語根 tol, ter, tar만으로 머리(頭)라는 뜻이다. 아이들을 어를 때 머리를 좌우로 돌리며 '도리도리'하는데 '도리'의 어근 '돌'이 머리(頭)이다. 족두리의 '두리'도 머리(頭)라는 뜻이다. tologai는 tol과 gai의 合成語다. terigün도 ter과 gün, tariki는 tar과 ki의 合成語다. gai는 gari의 r 脫落으로 보면 국어 '대가리'의 '가리'에 해당된다. '가리'도 고대에서는 머리(頭)라는 뜻을 지녔다.

> xozigar (禿頭)[蒙]
> xalzan(禿)[蒙]

xozigar의 xozi는 xalzan(禿)이라는 뜻이고 gar이 머리(頭)라는 뜻이다. '가리'의 語根은 '갈(간)'이다.

kasira(頭)[日]

kasi의 어근은 kas(kat)으로 국어 '가리'의 祖語形 '갇'과 一致하고 있다.

딕고리(머리통)[月釋2:55]

'딕'와 '고리'의 合成語다. '딕'는 '돈>돌>돌-이>드이>딕'의 변화이다. '골치'는 머리(頭)라는 뜻도 되지만 腦라는 뜻도 된다. '골'은 語源的인 의미가 머리(頭)이고 '딕'의 祖語形 '돈'도 머리(頭)라는 뜻이다. '대머리', '대가리'의 '대'가 머리(頭)라는 뜻이다.

tsumuri(頭)[日]

국어 '대머리'가 일본어에서 tsumuri로 反映되는데, 日本語에서 tsumuri는 '대머리'라는 뜻을 지니지 않고 그냥 머리(頭)라는 뜻이다. 대머리(禿頭)는 '민머리, 민대머리, 고딕머리(癩頭)' 등의 말이 있다. '고딕머리'의 '고딕'는 '고다리'에서 변했는데 제주방언에서 '고다리'는 문둥병이란 뜻이다. 몽골어 gai, gün, ki도 語源으로는 국어 '골'과 同源語다.

malagai(帽子)[蒙]
malaga(帽子)[蒙]
malagal(冠)[蒙]

malagai는 mal과 gai의 合成語다. mal도 국어 '머리(頭)'의 옛말 '마리'의 語根 '말'과 一致한다. gai는 gari의 r音 脫落일 것이다. mal이 몽골어의 고어에서 머리(頭)라는 뜻을 지닌 말이었음을 알 수 있다.

갇(笠)[解例用字]
갇(帽子)[朴初上29]
갓(涼帽子)[同文上55]

'갇'의 語源的인 의미는 머리(頭)였음을 알 수 있다.

baş(頭)[터키]
başlık(帽子)[터키]

터키어를 보면 '모자'라는 말이 머리(頭)라는 뜻을 지닌 말에서 轉成된 것을 볼 수 있다. 국어 '머리로 받다'에서 '받다'의 어근 '받'은 명사로서 머리(頭)라는 뜻을 지니는데 터키어 baş와 同源語가 되며 일본어 hatsi(頭)와 同源語다. hatsi는 patsi로 소급되며 pat이 祖語形으로서 국어 '받'과 一致하고 있다. 낮은 말에 속하는 '대갈빠리, 대갈빼기'의 '빠리, 빼기'는 '받(頭)'에 어원을 두는 말이다.

> tologaito(頭在)[蒙]
>
> malagaito(頭在)[蒙]

tol과 mal이 同意語임을 보이는데 몽골어에도 tol과 mal이 머리(頭)라는 뜻이 있었음을 알 수 있다.

> gedeihö(頭揚)[蒙]

語根 ged는 국어 '골(곧)'과 同源語임을 알 수 있다.

> salagadaho(頭振)[蒙]

語根 sal이 몽골어에서 머리(頭)라는 뜻을 지닌 말이었음을 알 수 있다. 알타이제어에서 동사나 형용사는 거의 명사에서 轉成되고 있다. 국어에서는 '살래살래 머리를 젓는다'라고 할 때 '살래'의 '살'이 머리(頭)라는 뜻을 지녔음을 보이는 化石語다. '머리를 숙이다' 할 때 '숙이다'의 語根 '숙'이 명사인데 '술>숡>숙'의 변화이다. '술'이 머리(頭)라는 뜻을 지닌 化石語다. 몽골어에서 머리(頭)라는 뜻을 지닌 말에 'sal'이 있었음을 알 수 있다. '頂수리'에서 '수리'의 어원적인 의미는 머리(頭)였을 것이다.

> ĕonoiho(頭出)[蒙]
>
> ĕükdöiho(頭下)[蒙]

語根 ĕon, ĕük이 머리(頭)의 化石語임을 알 수 있다.

> uju(頭)[滿]

우두(頭)[三譯4:18]

atama(頭)[日]

uju는 utu로 소급할 수 있으며 '우두'와 일치한다. atama의 ata는 국어 '우두'와 비교되며 ma는 국어 '마리(頭)'와 비교된다. 몽골어에서 머리(頭)라는 뜻을 지니는 말을 다음과 같이 抽出해 내었다.

몽골어	한국어
tol, tar, ter	도리, 족두리, 대골, 대가리
ged, gai, ga	가리, 갈, 골
mal	마리, 머리
sal	살래살래, 숙이다
ĕon, ĕük	우두, uju[滿], ata(頭)[日]

10-2-2. nigur(顔)

nigur(顔)[蒙]

nuur(顔)[蒙]

neden(顔)[다구르]

nor(顔)[바오안]

netf(顔)[니브흐]

語根 nur, nir, ned, nor 등을 抽出할 수 있다. nigur의 'g'는 介入된 것이다.

눛(顔)[龍40]

'눛'의 祖形은 '눋'으로 몽골어와 同源語일 것이다.

nori(似)[日]

niri(似)[日]

語根 nor, nir은 국어 '눋(顔)'과 同源語다. '닮다'라고 하는 것은 古代人에게 '얼굴'이 主對象이었을 것이다. '탈(假面)'의 古形은 '달'이었을 것이고 얼굴이란 뜻이다. '다르다(異)'의 語根 '달'이 얼굴이란 뜻이고 '달다>닮다(似)'의 어원도 얼굴이란 뜻을 지니는 '달'이었을 것이다.

  dütüsei(닮았다)[蒙]

어근 dür이 '달'과 同源語일 것이다.

  tsura(面, 頰)[日]

tsura는 顔面을 뜻하는 말이다. tsura에 對해 日本古語辭典에 '옛날에는 볼에서 턱에 걸쳐 얼굴(顔)의 側面을 말한다'고 하였는데 결국 얼굴(顔)이다.

  tərə(顔)[滿]

  derəl(顔)[에벤키]

만주어에서 tərə가 얼굴(顔)이란 뜻이라고 하는 것도 탈의 古形 '달'이 얼굴이란 말임을 보인다.

  yüz(顔)[터키]

nuz, nut으로 재구되는데 국어 '눛'과 동원어가 되며 몽골어 nigur의 'g'가 介入된 것을 알 수 있다.

몽골어	한국어
nigur	눛
dür	탈(달), 다르다, 닮다

10-2-3. gar(手)

  gar(手)[蒙]

  gara(手)[滿]

  kol(手)[터키]

어근 gar, kol은 gat이 祖語形일 것이다. 국어 '가지다(持)'의 語根 '갇'은 명사로서 몽골어, 만주어, 터키어의 祖語形 gat과 同源語로서 손이란

뜻을 지닌 化石語다. '가락지, 골무, 고르다, 가리키다'의 語根 '갈, 골'이
손이란 뜻이다. 아이들을 어를 때 하는 '곤지곤지'는 '고지고지'로서 어
근이 '곤'인데 손이란 뜻이다. '끌다(引)'의 어근 '끌'은 '글(글)'로 소급되
며 '손'이란 뜻이다. 끄는 것은 손으로 하는 행위다.

> gačimbi(가져오다)[滿]
> gači(가져오라, 달라)[滿]
> gatsu(받아라)[滿]
> gamambi(가져가다)[滿]

만주어에서 gat(手)의 祖語形이 動詞로 변한 것은 국어와 맥을 같이
한다. 몽골어에 garataho(握)가 있다. 語根 gar이 손이란 뜻이다.

> xurtenhö(受)[蒙]
> xoisilaho(押)[蒙]
> xadaltonükhö(賣)[蒙]
> xudaltonabho(買)[蒙]
> xurugu(撫)[蒙]
> xudasamai(賣)[女眞]

語頭音을 g로 소급하면 gar(t)과 同源語다.

> gaibit(取, 受)[女眞]
> gobigulho(나르다)[蒙]
>
> mutol(手)[蒙]
> motsu(持)[日]

몽골어의 語根 mut은 일본어의 語根 mot와 同源語임을 알 수 있다.
만지다, 밀다, 만들다'는 모두 손동작이다. '만지다'는 '마지다'에 'ㄴ'이
介入된 것으로 '마지다'의 어근은 '맏'으로서 mut, mot과 同源語다. 일
본어 mot은 몽골어가 직접 건너간 것이 아니라 고대한국어에서 '맏'이
손이란 뜻을 지니고 있을 때 건너갔다. mat, mot이 손이란 뜻을 지니는

말은 몽골과 한국과 일본에서만 그 化石語를 발견할 수 있다. 한자어 '舞'는 上體인 손의 동작이고 '踊'은 下體인 발의 동작이다. 그러한 면에서 본다면 '舞'는 알타이어 손이란 뜻을 지니는 말에서 비롯했을 것이다. 舞, 撫, 拇가 mut, mat, mot과 同源語일 것이다. 국어에서 골모(頂鍼)[漢309d]의 '모'가 mot과 同源語고 '골'은 손이란 뜻을 지니는 gar과 同源語다.

> nočoho(눌리다, 잡히다, 밀리다)[蒙]
> nigiho(밀어내다)[蒙]
> naliho(打)[蒙]
> nisiho(打)[蒙]
> nisičiho(押)[蒙]
> niselho(던져버리다)[蒙]

語根 noč, nal, nis, nig는 손이란 뜻이다.

> naala(手)[에벤키]
> nara(手)[나나이]

語根 nar(nat)이 손이란 뜻이다. 국어 '나르다(運), 누르다(壓, 押), 넣다(入)'의 語根 '날, 눌, 넏(넣)'은 손이란 뜻이다. 나르고 누르는 것은 손으로 하는 행위다.

> naderu(만지다)[日]
> nigiru(쥐다)[日]
> naguru(때리다)[日]

語根 nad이 손이란 뜻이다.

> tülhigülhü(눌리다)[蒙]
> tulugagulho(눌리다)[蒙]
> daro1hilaho(누르다)[蒙]
> daroho(밀어부치다)[蒙]

tulgaho(눌러버리다)[蒙]

delet(쳐라(打)[蒙]

tuloktaho(눌리다)[蒙]

darolhi1aho(누르다)[蒙]

어근 dar, dal, tul 등이 손이란 뜻을 지니는 말이다.

ta, te(手)[日]

tataku(두드리다)[日]

toru(取)[日]

tsukamu(쥐다)[日]

tsumu(摘)[日]

日本語 ta, te의 祖語形은 tat이다. 국어 '두드리다, 더디다(投), 쥐다, 잡다, 따다(摘), 뜯다(摘)'의 祖語形은 '닫, 듣'이다. 日本語 tat(手)은 국어에서 '닫'일 때 일본에 건너갔고 그 후 우리나라에는 북쪽에서 새로운 언어 세력이 밀려와서 '닫(手)'은 동사에만 그 化石語를 남기고 있다. 몽골어에서도 'tat(手)'형이 있었음을 動詞에서 그 化石語를 알 수 있다. 터키어에 tutumak(攔)이 있다. 터키어에 tut이 손이란 뜻을 지니고 있었다는 것이 된다.

alhiho(打)[蒙]

ergühö(推)[蒙]

eltehö(造)[蒙]

olho(徨)[蒙]

olziho(잡히다)[蒙]

orhiktaho(投)[蒙]

edelehö(受)[蒙]

몽골어 語根 er, el, ol, ed이 손이란 뜻을 지니는데 터키어에 el(手)이 있다.

aribumbi(獻)[滿]

utambi(買)[滿]

語根 ar, ut이 손이란 뜻을 지니는 化石語다.

uru(賣)[日]

utsu(打)[日]

osu(押)[日]

ude(腕)[日]

語根 ur, ut, os 등이 손이란 뜻을 지니는 化石語다.

aliba(授)[女眞]

alibuwi(賜)[女眞]

aiwandumei(得)[女眞]

語根 al이 손이란 뜻을 지니는 명사의 化石語다.

el(手)[터키]

atmak(投)[터키]

itmek(押)[터키]

işaretetmek[터키]

語根 el, at, it, is 등이 터키어 el(手)의 祖語形 'et'과 同源語다.

얻다(得)[國]

앋>안다(抱)[國]

어루(만지다)[國]

語根 '얻, 안, 얼'은 손이란 뜻을 지니는 化石語다.

bariho(持)[蒙]

barimta1aho(持)[蒙]

boshoho(나르다)[蒙]

bolgaho(作)[蒙]

barin(쥠, 攎)[蒙]

barilaho(쥐다)[蒙]

bariho(捕, 攫, 捏, 押)[蒙]

bari(잡아라)[蒙]

bugulak(腕)[蒙]

語根 bar, bos, bol 등이 명사로서 손이란 뜻이다.

baxati(得)[女眞]

받다(受)[國]

바치다(獻)[國]

뻗다(伸)[國]

팔다(賣)[國]

어근 '받, 벋'은 '볼(臂)'과 同源語다. '볼'이 처음에는 손이란 뜻도 함께 지니고 있다가 의미가 축소되었다.

sasageru(捧)[日]

sasu(가리키다)[日]

日本語 語根 'sas(sat)'은 손이란 뜻이다. 손(手)의 祖語形 '솓'에서 '손'으로 변하였다. 한자어 '手'와 同源語일 것이다.

sabaho(打)[蒙]

sihaktahu(눌리다)[蒙]

sihača(押出)[蒙]

simothö(受)[蒙]

몽골어 語根 sa, si도 손이란 뜻을 지닌 化石語다. 몽골어에 손이란 뜻을 지니는 말은 다음과 같은 것들이 있다.

몽골어	한국어
gar	가지다(持), 골무, 곤지곤지, 가리키다(指)
mot	밀다(推), 만지다
nat, nit	누르다(壓), 나르다(遷)

tat	뜯다(摘), 두드리다
at	안다(抱)
bat	받다(受), 바치다(獻)

10-2-4. nidö(眼)

> nidö(眼)[蒙]
>
> nïd(眼)[蒙]
>
> nidölehö(보다)[蒙]
>
> nilmosun(淚)[蒙]
>
> nilbusun(淚)[蒙]
>
> nudün(眼)[蒙]
>
> nədün(眼)[tongxiang]
>
> nədəŋ(眼)[baoan]
>
> nudə(眼)[土族]
>
> sigaho(狙)[蒙]
>
> yasa(眼)[滿]
>
> yasï(眼)[女眞]

몽골어 語根 nid, nil, nəd, nud 등이 눈(眼)이란 뜻이다. 만주어 yasa
는 nasa로 소급하면 어근은 nas(d)이 되는데, 몽골어 nid과 同源語다.
국어 눈(眼)의 祖語形은 '눋'이다. '노리다'의 어근 '놀'이 눈이란 뜻을 지
니는 명사다. 엿다(窺)[楞5:72]. '엿'은 '넏'으로 소급되는데 '넏'이 눈이
란 뜻이다.

> niramu(睨)[日]
>
> nerau(狙)[日]

語根 nir, ner은 국어 '눋'이 건너갔음을 알 수 있다. namita(淚)의 na
가 국어 '눈(眼)'에 어원을 두는 말이다. mita는 국어 '믇(水)'에서 변한
말이다. 몽골어 nilmosun의 nil은 nit의 末音 t>l化한 것이다. mosun(水)

의 mos(t)도 국어 '믇(水)'과 동원어다. izamak(淚)[蒙]의 iza는 nid이 변한 것이고 mak도 mod(水)에서 변한 말이다.

> galčečegei(瞳)[蒙]
>
> giloŋgorlaho(노려보다)[蒙]
>
> xümüsge(眉)[蒙]
>
> xaraho(見)[蒙]
>
> xara nidon(瞳)[蒙]
>
> xora(遠)[蒙]
>
> göz(眼)[터키]
>
> görmek(見)[터키]
>
> kaş(眉)[터키]
>
> kirpik(睫)[터키]
>
> gözyaşi(淚)[터키]

터키어에 göz(眼), gör가 名詞로 뚜렷이 나타난다. 몽골어에서 gal, gil 등의 化石語만 보인다. xara의 頭音이 ga로 소급되면 'gar(d)'이 소생된다. 국어에서는 '눈갈'의 '갈'이 눈(眼)이란 뜻을 지녔다는 흔적을 알 수 있다. 눈을 감다에서 '감다'의 語根이 名詞고 갇>갈>갈-암>가-암>감의 변화이다. '감다'라고 하는 동사는 '갇'에서 변화를 거쳐서 생긴 말일 것이다. 일본어에 "mewokyorokyorosuru(눈동자가 왔다갔다하다)"의 kyoro는 koro에서 변한 것이고 kor이 눈이란 뜻을 지닌 말일 것이다.

> melmelgaho(눈물이 나오다)[蒙]
>
> melme1ziho(눈물을 머금다)[蒙]
>
> melmel(眼의 존대어)[蒙]
>
> ma, me(眼)[日]
>
> mayu(眉)[日]
>
> matsuge(睫)[日]

일본어 mayu는 maru>mayu의 변화다. 語根 mar(mat)이 눈이란 뜻이

다. '멀다'의 어근 '멀'은 名詞로서 눈이란 뜻이다. 멀고 가까운 것은 눈에 의해 구별된다. 눈멀다에서 '멀다'의 '멀'이 눈이란 뜻이다.

설믜(눈썰미)[樂軌, 處容]

'설'과 '믜'의 합성어인데 '설'이나 '믜'나 모두 눈이란 뜻을 지닌 옛말이다. '믜'는 '므이'가 준 말이고 '믇>믈>믈-이>므이>믜'의 변화로서 '믇(믈)'의 祖語形을 찾아낼 수 있다. 눈이 '말똥말똥', '멀뚱멀뚱' 할 때의 부사어라 할 수 있는 '말, 멀'은 눈이란 뜻이다. 일본어에서는 'mazimazito mitsumeru(말끄러미 응시하다)'의 mazi의 語根 maz(d)은 눈이란 뜻을 지니고 있음이 분명하다. 따라서 몽골어에서도 mat(r)이 눈이란 뜻을 지니고 있었다는 것을 짐작할 수 있다.

sohor(盲人)[蒙]
soromu(盲人)[蒙]

語根 sor이 눈(眼)이란 뜻임을 알 수 있다. '설믜(눈썰미)'의 '설'이 국어에서 눈이란 뜻을 지니는 化石語다. '살피다'의 '살'이 명사로서 눈이란 뜻을 지니고 있음이 드러난다. '눈살을 찌푸리다'의 '눈살'의 '살'이 눈이란 뜻을 지닌 舊勢力語다.

duguniho(眩暈, 눈이 어지럽다)[蒙]
čečegei(眼球)[蒙]
tuwambi(看)[滿]
turgaxai(看, 視)[女眞]

語根 du, če, tur 등이 눈이란 뜻을 지니는 化石語일 것이다.

드라치(眼丹)[同文下7]

드라치'의 어근 '둘'이 눈이란 뜻이다.

üzeho(看)[蒙]
aklaga(遠)[蒙]

uzak(遠)[터키]

　語根 ur, üz 등이 눈이란 뜻을 지닌 名詞였음을 알 수 있다. 특히 üzeho(看)의 어근 üz는 ut으로 소급되는데 눈이란 뜻이다. '아득하다, 눈에 어른거린다, 눈이 아물아물하다'에서 '아득, 어른, 아물'의 어근 '앋, 얼(언)'이 눈이란 뜻을 지닌 化石語다.

　balai(盲人)[蒙]

몽골어에서 bal이 눈이란 뜻이다.

　보다(看), 부라리다, 부릅뜨다
　눈부텨(瞳)[譯上32'

　'보다(看)'의 어근 '보'는 명사로서 祖語形은 '볻'일 것이다. '부라리다, 부릅뜨다'의 어근 '붇'이 명사로서 눈이란 뜻이다. '눈부텨'에서 '부텨'의 어근 '붇'이 눈이란 뜻일 것이다. 몽골어에 bal이 눈이란 뜻을 지닌 말이었을 것이다.

몽골어	한국어
nid(nud)	눈, 노려보다
gar	눈갈, 눈을 감다
mal	설믜, 말뚱말뚱, 멀뚱멀뚱, 멀다(遠), 멀다(宎)
sor	살피다
tur	다라치
ud(üze)	아득하다, 어른거리다, 아물아물하다
bal	보다, 부라리다, 부릅뜨다

10-2-5. čiki (耳)

　čiki(耳)[蒙]
　delbi(耳朶)[蒙]

　몽골어 delbe(耳朶), dülei(聾者)가 있는 것을 보면 čiki의 či는 d의 ㅁ

蓋音化 현상으로 보인다. 그렇게 되면 '듣다(聽)'의 語根 '듣'과 同源語일 것이다. delbe의 del은 tet으로 소급되는데 tet과 '듣'과 同源語다. 몽골어 xulugu(耳糞)의 xul의 古形을 gul로 소급할 경우는 국어의 '굴(耳)'과 比較된다.

dülei(聾者)[蒙]

語根 dül이 귀라는 뜻일 것이다. 琉球의 波照間方言에 misikurumin (耳)이 있다. misi와 kuru와 min으로 가를 수 있다. 琉球語에서 min(耳)이 보이는데 이는 日本語 mimi의 준말인 것이다. misi는 mis이 語根이고 祖語形은 mit이다. 국어의 '귀머거리(聾者)'는 '먹'과 '어리'의 합성어이다. '먹'은 '먿>멀>멁>먹'의 變化이다. 일본어 mimi는 mi(耳)가 겹친 것이고 mi의 祖語形은 mit이 될 것이고 국어 '먿'과 同源語이다. misikuru의 kuru는 국어 '귀'의 祖語形 '굳'과 同源語다. 터키어에 kulak(耳)의 語根 kul(kut)과 同源語다. 몽골어 čiki도 či와 ki의 合成語로 볼 수 있다. 일본어 kiku(聽)의 語根 ki는 국어 '귀'와 同源語다. či는 국어 '듣다(聽)'의 語根 '듣'과 同源語가 되고 ki는 국어 귀의 祖語形 '굳'과 同源語다. 터키어 dinlemek(듣다)의 어근 din도 名詞로서 귀(耳)라는 뜻을 지닌 옛말일 것이다. 현대 터키어에서는 kulak(耳)이다. 터키어에서 dinlemek, kulakvermek이 '듣다'라는 뜻이다. dinlemek의 din은 국어의 '듣', kulakvermek의 어근 kul도 국어 '귀'의 祖語形과 同源語다.

mintura(聾者)[琉球]

tura의 語根 tur은 tut이 祖語形일 것이고 국어 '듣다'의 '듣'과 同源語일 것이다. 그러나 tura가 사람(人)일 수도 있다. 일본어 hitori(一人), hutari(二人)의 tori, tari가 사람(人)인데, 이 말은 국어 '키다리, 껑다리, 꾀도리'의 '다리, 도리'가 사람(人)이므로 同源語다.

xurugu(耳糞)[蒙]
xolhi(耳糞)[蒙]

garaha(耳環)[蒙]

　頭音 xur, xol을 gur, gol로 재구하면 어근은 gur, gol, gar 등이다. garaha의 語根 gar이 국어 '귀'의 祖語形 '굳'과 同源語임을 알 수 있다. 국어 귓샴, 귓사대기를 '귀+샴, 귀+사대기'로 나눈다. '샴, 사'의 祖語形 은 '삳'으로서 귀(耳)라는 뜻이다.

segügür(耳)[蒙]

sehügür(耳)[蒙]

sonor(耳)[蒙]

subə(耳孔)[蒙]

syan(耳)[滿]

seen(耳)[오로촌, 에벤키]

saxa(耳)[女眞]

　몽골어 son, sub 등도 귀(耳)라는 뜻을 지닌 만주어 syan과 국어 '삳 (耳)'은 同源語이다. syan은 saran>sayan>syan의 변화이다.

unzilga(耳飾)[蒙]

uhočor(耳搔)[蒙]

odalik(귀가 멀다)[蒙]

egemök(耳環)[蒙]

　몽골어에서 頭音이 母音으로 된 귀(耳)라는 뜻을 지닌 흔적이 있다. 그 대표적인 것으로 odalik(귀가 멀다)의 어근 od이 귀(耳)라는 뜻이다.

몽골어	한국어
ter(čiki)	듣다(聽)
gar	귀
son(d)	귓샴, 귓사대기
od	

10-2-6. xabar(鼻)

xabar(鼻)[蒙]

xamar(鼻)[蒙]

xabar, xamar가 併用되다가 현대어에서는 xamar로 되었다. xabar
는 xa와 bar의 合成語다. baru의 語根은 bar로서 고대 한국어 '불'과 同
源語다. 곳블(鼻淵)[譯上61]은 현대어에서 감기라는 뜻인데 '곳블'은 '고'
와 '블'의 合成語다. 곳블의 '곳'도 코의 옛말 '골'과 同源語다. '블'의 어
원적인 의미는 '코'다. '블'이 '골'보다는 古語다. '블'이 舊勢力語고 '골'
이 新勢力語다.

burun(鼻)[터키]

burun의 語根 bur은 국어 '블'과 同源語고 xabar의 bar과도 同源語다.

hana(鼻)[日]

hana의 古形은 bana가 되고 bana의 語根은 ban이고 祖形은 bat이다.
日本語 hana의 祖語形은 bat으로서 국어 '븓'과 同源語다.

hana buru(鼻)[琉球, 与那國]

hana buru의 buru는 국어 '븓'이 건너간 것이고, 일본어 hana는 국어
'븓'이 건너가서 pana>hana로 변했다. xabar의 xa는 ka에서 변했다고
보면 ka는 국어 '골'과 동원어다. '코를 풀다'의 '풀다'의 語根 '풀'은 '블'
로 소급되며 名詞로서 코라는 뜻을 지녔음이 확실하다.

koku(냄새)[터]

kokmak(맡다)[터]

냄새라고 하는 뜻에서 '맡다'의 動詞로 轉成되었음을 알 수 있다. '냄
새 맡다'에서 '맡다'의 '맡'이 코라는 뜻을 지닌 명사였음을 알 수 있다.
'맡'이 국어에서 코라는 뜻을 지녔었다. 그렇게 본다면 xamar의 mar가
bar가 변한 것이라기보다 mara가 또 하나의 몽골어였을 수 있다. 터키

어계인 Kirghiz어에 murun(鼻)이 있다. kaku(맡다)[日]의 ka가 코라는 뜻을 지니는 '골'과 同源語다. 따라서 몽골 고대어에 mar(鼻)가 있었다.

nisu(콧물)[蒙]

콧물일 경우는 몽골어에서 nisu인데 어근은 nis(nit)이다. 몽골어 고어에서 nit이 코(鼻)라는 뜻을 지닌 名詞였음을 알 수 있다. 내(臭)는 '나이'가 준 말이고 낟>날>날-이>나이>내의 變化다. 몽골어 nit(鼻)과 국어 내(臭)의 祖形 '날'과 동원어이며 일본어 nihohi와 동원어다. 몽골어 nisu는 niusu의 u가 脫落된 것이다. niusu는 ni(鼻)와 usu(水)의 합성어다.

몽골어	한국어
bar(鼻)	곳불, 풀다
burun(鼻)[터]	
xa(ga)	걸, 고, 코
	kaku(맡다)[日]
nit	내, 냄새
mor	맡(맡다)

10-2-7. ama(口)

ama(口)[蒙]

amasar(口)[蒙]

xogol, hogolai(口)[蒙]

aŋga(口)[蒙]

古次(口)[高句麗]

몽골어 ama의 祖語形은 at일 것이다. at>ar-am>aram>aam>am>am-a. 국어 '악아리, 항(缸)아리'의 '아리'는 입(口)이다.

아귀(焚口)[譯上18]

아귀세다(口硬)[同文下37]

아궁이(嘴)[朴新1:18]

語根은 '악'인데 입(口)이란 뜻이다. 아가리(口), 항(缸)아리의 '아리'는 입(口)이란 뜻이다. '악'은 '아리'의 語根으로 '알>앍>악'의 형성이고 '악 아리'는 입(口)이란 뜻을 지니는 말이 겹친 合成語다. '억세다'라는 말은 '아귀세다'에서 변한 말이다. 알다(知), 아뢰다(秦語)의 '알'은 言語라는 말로 語源的 意味는 입(口)이다. 울다(泣, 鳴)와 웃다(笑)의 語根 '울(욷), 웃(욷)'도 모두 알다의 '알(앋)'과 同源語다. 울다, 웃다는 입(口)으로 하 는 行爲다. 일본어 oto(音), uta(歌)의 語根 ot, ut도 국어 '앋(口)'과 동원 어다. 몽골어 orogol(脣), urgui(脣)의 어근 or, ur이 입(口)이란 뜻을 지 닐 것이다. 몽골어 xogol의 gol은 got이 祖語形이고 고구려어에 '곧(古 次)'과 同源語가 되며 일본어 kutsi(口)와 비교된다. xogol의 xo도 ko로 소급하면 '곧(口)'과 同源語다. 국어 잠꼬(고)대의 '고대'가 말(語)이란 뜻 인데 어근은 '곧'으로서 語源的인 의미는 입(口)이다. 일본어 koto(口), kataru(曰)의 語根 kot, kat이 국어 곧(語)과 同源語다. 국어 가르치다 (敎), 가라사대(曰)의 語根 '갈'이 있다. 일본어 koe(聲)는 국어 '고래고래 소리 지르다'의 '고래'가 말(語)이란 뜻으로 kore의 r音이 脫落하여 koe 가 된 것이다. amasar의 sar도 몽골 古語에서 말(語)이란 뜻을 지닐 것 이다. 국어 사뢰다(秦語)의 語根 '살', 소리(聲, 音, 語)의 語根 '솔'이 몽골 어 sar(口)과 맥을 같이한다. 일본어 siru(知)의 語根 sir과 동원어다. silusun(唾)[蒙]의 sil이 입(口)을 뜻한다. 만주어 aŋga(口)는 몽골어 am 과 ga가 합친 amga가 aŋga로 변했다고 여겨진다. 국어 감기(感氣)가 '강 기'로 변하듯 amga의 m이 g 위에서 ŋ로 同化된 것이다. aŋga의 ga는 국어 '곧'과 同源語다. '구역구역 먹는다'에서 '구역'은 '굴억'으로 소급 되며 語根 '굴(굳)'이 입이다. 일본어 kuhi(食)와도 비교된다. 일본어 amai(甘)의 語根 am은 몽골어 am-a(口)와 비교된다. azi(味)[日]의 語根 은 at에서 변했다. 味覺은 입(口)에서 느낀다.

tatlı(甘)[터키]

tat(味)[터키]

dudak(脣)[터키]

語根 tat, dut은 입(口)과 관련된 語彙들이다.

dago(音, 歌)[蒙]

dolobordoho(脣荒)[蒙]

dil(言)[터키]

tütük(歌)[터키]

duyonak(解)[터키]

들에다(喧)[杜初7:16]

語根 'dil, tür, duy, 들' 등이 말(語)과 관련된 語彙라는 것을 알 수
있다. 국어 달다(甘)의 '달'도 語源的인 意味는 입(口)이다. 한자 '甘'자는
혀로 무엇을 대어본다를 뜻하는 상형문자다.[國語語源辭典, p.168. 달다]

amtayixan(甘)[蒙]

amtatai(달기)[蒙]

몽골어에서도 형용사 '달다'는 ama(口)에서 轉成된 것을 볼 수 있다.

nulmusu(口涎)[蒙]

nulmumui(침뱉다)[蒙]

nulmusu의 musu는 물(水)이란 뜻이고 nul이 입(口)이란 뜻이다.
nulmunui의 mu가 물(水)이란 뜻이고 nul이 입(口)이란 뜻을 지닌 말이다.
nul이 몽골어에서 입(口)이란 뜻을 지닌 말일 것이다. 침은 입에서 나오는
물(口水)이 된다. 노래(歌), 니르다(謂)의 어근 '놀, 닐'이 입(口)이란 뜻에서
변했을 것이다. 몽골어 kele는 혀(舌) 또는 아뢰다라는 뜻을 지니는데
입 안에 있는 혀(舌)가 언어의 주체로 등장하기도 한다. 언어는 어떤 면에
서 입속에서는 혀의 작용이다. nulbusu, nulmusu가 침(唾)인데 nul
(口)busu(水), nul(口), musu(水)라는 뜻으로 된다. 몽골어에서 mul이 입

(口)이란 뜻을 지닌 말의 化石語가 될 것이다. 몽골어 markasar(嘴)의
어근 mar이 입(口)이란 뜻이다.

몽골어	한국어
at(ama)	아리(口)
got	곧(口)
nur	노래, 니르다
sar	소리, 사뢰다
tar	들에다
mul(mar)	묻(口)

10-2-8. gedes(腹)

gedes(腹)[蒙]

kebeli(腹)[蒙]

gedesü(腹)[蒙]

hüilsü, küi(臍)[蒙]

gudəgə(腹)[오로촌]

gudəg(腹)[에벤키]

guzege(腹)[蒙]

ged, gud은 腹이라는 뜻이다.

karın(腹)[터키]

語根 kar은 몽골어, 퉁구스어계인 gud과 同源語다. 몽골어 xotogoto
(腹)의 xo를 go로 재구하면 gotogoto다. 같은 말이 겹쳤다.

구레(腔)[字會上28]

녑구리(脇)[字會上25]

뱃구레(腹腔)

語根 '굴'의 語源的인 의미는 배(腹)였을 것이다.

kebeli(腹)[蒙]

　kebeli는 ke와 be의 合成語로 ke도 배(腹)라는 의미를 지닌 gud과 同源語다. bel은 국어 배의 祖語形 '받(발)'과 同源語다. 일본어 hara(腹)의 古形은 bara다. 국어에서 '발'일 때 일본으로 건너간 말이다. kebeli는 異音同義語의 合成語일 것이다.

ürü(腹)[蒙]
urumbi(배고프다)[滿]
olom(腹帶)[蒙]
uoruklaho(孕)[蒙]
애(腸)[杜初11:4]

　'애'는 '앋>알>알-이>아이>애'의 변화이며 ürü의 語根 ur은 국어 '알'과 同源語일 것이다.

dotor ebethö(腹痛)[蒙]
delürehö (배가 팽창하다)[蒙]

　ebethö가 아픔(痛)이란 뜻이니까 dotor가 배(腹)라는 뜻이다.

sübegen(腹)[蒙]
빗술(배알, 內臟)[月釋23:87]

　'빗술'은 '비술'이 原形일 것이다. '술'을 肉으로 해석하지만 '술'이 고어에서 배라는 뜻을 지닌 化石語일 수 있다. 비술(腹肉)이 아니라 비술(腹腹)로서 異音同義語의 표기가 아닐까? 몽골어 sübegen(腹)의 su와 비교됨직하다. 순대는 '수대'에 ㄴ이 介入한 것으로 '숟'이 어근이고 腸이란 뜻이다.

몽골어	한국어
got, gat	녑구레, 뱃구레
bei	배
ur	애

dot

sü   배술, 순대(수대)

10-2-9. ülmei(脚)

ülmei(脚)[蒙]

očiho(行)[蒙]

odoho(行)[蒙]

orogotaho(走)[蒙]

urildaho(走)[蒙]

aziraho(來)[蒙]

üsürhö(走)[蒙]

egehö(歸)[蒙]

ergiltehö(歸)[蒙]

erhihö(回)[蒙]

očiho(去)[蒙]

ulirən(走)[에벤키]

ətəkən(跳)[오로촌]

əmərgi(回)[오로촌]

əmə(來)[오로촌]

oč, od, or, üs, er, ul, ət 등은 다리의 행위를 나타내는 말이기 때문에
다리 부분의 뜻을 지니는 말이다.

아리(다리)[靑p.110]

'종아리'라고 하는 말의 '아리'가 '다리'라는 뜻을 지닌 말이다. 이 '알
(脚)'이 일본에 건너가서 aruku(步)라는 동사가 되었다. '알'의 祖語形은
'앝'인데 이 '앝'이 일본에 가서 asi(足)가 되었다. 몽골어에도 ülmei(脚)
가 있다. 어근 'ül(脚)'이 국어 '알(脚)'과 同源語임을 알 수 있다.

ayak(足)[터키]

uyluk(股)[터키]

ayak의 古形은 arak으로 여기서 r音이 脫落하면서 ayak으로 변했다. 터키어에도 'ar'이 다리(脚)라는 뜻을 지녔음을 알 수 있다.

algan(腿)[오로촌]

어근 'al'도 국어 '알'과 同源語이고 몽골어 ülmei(脚)의 ul과 터키어 ayak(足)의 語源的 語根 'ar'과 동원어다.

ayağakalmak(立)[터키]

ayakdurmak(立)[터키]

oturmak(坐)[터키]

tergelehö(走)[蒙]

togoriho(回)[蒙]

tabahai(脚)[蒙]

deülihö(跳)[蒙]

čumčihö(走)[蒙]

təmbi(坐)[滿]

čimbi(來)[滿]

zorčiho(步)[蒙]

digun(來)[女眞]

dixərigi(歸)[女眞]

dönmak(歸, 回)[터키]

dikilmek(立)[터키]

語根 ter, to, de, ču, či, zor, dö 등을 가려낼 수 있다.

돋다(走)[杜初25:51]

다리(脚)[月曲162]

돋다(走) 동사의 어근 '돋'은 명사다. 다리(脚)의 語根 '달(닫)' 名詞에서 轉成된 動詞 '닫다'가 생겼다. tatsu(立)[日]의 語根 tat은 '다리'의 語

根 '달(닫)'에서 轉成되었다. 뛰다(跳)의 語幹 '뛰'는 '뒤'로 소급되며 '뒤'는 '두이'가 준 말이다. '이'는 선행어의 말음이 子音일 때 붙는다. '둗>둘>둘-이>두이>뒤'의 변화이다. '둗'은 '돌', 다리의 '닫'과 同源語다.

> güihö(走)[蒙]
> xabirho(走)[蒙]
> xariho(歸)[蒙]
> gənəmbi(去)[滿]
> gitmek(行)[터키]
> gesmek(去)[터키]
> koşmak(走)[터키]
> kalkmak(立)[터키]

xa는 ga로 소급된다. 語根 gu, gar, gə, git, ges, kos 등이 다리(脚)라는 의미를 지닌다.

> kul(脚)[蒙]
> goto(脚)[蒙]

몽골어에서 다리(脚)라는 뜻을 지니는 말의 어근 kul(kut), got이 동사로 轉成되었음을 알 수 있다. 걷다(步)의 어근 '걸'이 명사로서 다리(脚)라는 의미를 지닌다. 가롤(脚)[處容]의 語根 '갈(갇)'과 동원어다.

> silbi(脚)[蒙]
> suksaha(大腿)[滿]
> saguho(坐)[蒙]
> sıçramak(跳)[터키]

몽골어에 sil이 다리(脚)라는 뜻을 지니는 어근이다.

> saru(去)[日]

국어 '사라지다'의 語根 '살'과 일본어 saru(去)의 어근 sar은 동원어로서 다리(脚)라는 의미를 지닌다. 우리말 古語에 '살'이 다리(脚)라는 뜻을 지닌 어휘가 있었다는 것을 보인다.

> 셔다(立)[龍28]
> 샅(股)
> 사타구니(股)

'셔다'는 '서다'이고 語根 '서'의 祖語形은 '섿'일 것이다. '샅'의 祖語形은 '삳'이다.

> sarumata(猿股)[日]

짧은 속내의를 sarumata라고 하는데 mata는 샅(股)이란 뜻으로 국어 무릎의 어근 '묻(문)'과 비교된다. saru는 원숭이인데 그것은 語源을 몰라서 그렇게 표기한 것이고 saru의 語根 sar(sat)은 샅(股)이란 뜻이다. 샅의 고형 '삳'은 말음 'ㄷ>ㄹ'化한 것이다. 씨름할 때 쓰는 '샅바'의 '샅'인 것이다. '삳'이 다리(脚)라는 뜻을 지녔던 옛말인 것이다.

> bučaho(歸)[蒙]
> bultalhilaho(去)[蒙]
> bosho(立)[蒙]
> bilbo(종아리)[滿]
> bətə(腿)[滿]
> budixə(脚)[女眞]
> but(股)[터키]
> bacak(足)[터키]
> bədurəmbi(歸)[滿]

語根 buc, bos, bol, bət, but, bac, bəd 등이 다리(脚)라는 의미를 지니고 있다. '받(발)'이 일본에 건너가서 hasiru(走)가 되었는데 basiru가 原形이다. 語根 bas은 bat으로 재구되며 bat의 t가 s로 변하면서 basiru가 되었다. 빠르다(速)의 語根은 '빨'이고 '발'이 原形이다. 옛날에 빠른 것의 대상은 발(脚)일 것이다. 일본어 hayai(速)는 harai<parai로서 語根

par은 다리(脚)라는 뜻을 지닌 국어 '발'과 동원어가 되며 '빠르다'가 hayai로 변했다.

> müče(股)[蒙]
> mačoho(走)[蒙]
> marimbi(回)[滿]
> mitabuwi(退)[女眞]
> mata(股)[日]
> 무릎(膝)[救簡1:59]

語根 müc, mit, mal, mat, mar, mur(mut) 등이 다리(脚)라는 意味로 쓰였음을 알 수 있다.

> nənərən(去)[에벤키]
> nənurən(回)[에벤키]
> yabuho(行)[蒙]
> yuku(行)[터키]

語頭音 yu, ya는 nu, na로 재구된다. nə, nu, na가 어근이다.

> 니다(行)[釋6:29]
> 녀다(行)[釋11:34]

語根 '니, 녀'는 '닏, 녇'이 祖語形이다. 다리(脚)라는 뜻으로서 頭音 n이 오는 語彙가 있었음을 알 수 있다.

몽골어	한국어
ot, ət, ur	아리
ter, ta, de	다리, 뛰다
kul, god	걷다, 가롤
sil	샅
bul, bos	발
müc, mit	무릎
ya(na)	니다, 녀다

10−2−10. beyə(身, 人)

beyə(身)[蒙]

bəjə(身)[에벤키]

bəjə(人)[에벤키]

bəjə(人)[오로촌]

bəjə(身)[오로촌]

bəjə(身)[女眞]

bəjə(身)[滿]

bi(私)[蒙]

bülü(家族)[蒙]

벗(友)[國]

beyə는 berə에서 r音 脫落이다. 몸(身)이란 뜻을 지니지만 어원적인 의미는 사람이었다. '악바리, 군바리, 쪽바리, 혹부리, 꽃비리' 등에서 '바리, 부리, 비리'는 사람(人)이란 뜻이다. 語根은 '발, 불, 빌'이고 古形은 '받, 붇, 빋'이다.

홍졍바지(商人)[釋6:15]
노릇바치(才人, 倡優)[老下44, 48]
바치 공(工)[石千40]
玉바치(玉匠)[小諺6:114]

'바지, 바치'의 語根도 '받'이다. 匠人, 工人, 才人, 倡優라는 뜻을 지니지만 語源的인 意味는 '사람(人)'이다. 日本語 hito(人)는 pito로 재구되는데 어근 pit이 국어 '받, 바리, 부리, 비리'와 同源語이다. 扶余도 본다는 '부러>부어>부여'로 변했는데 어근 '불'은 '사람(人)'이란 뜻이다. 渤悔의 '渤'도 어원적 의미는 '사람'이다.

hara(姓)[滿]
haraŋga(姓氏)[滿]

滿洲語에서 har이 사람이란 뜻을 지녔음을 알 수 있다. 니브흐족도 사람을 부를 때 'hala'라고 부른다. '渤海'라는 나라이름을 보아서도 중국과는 거리가 먼 이름이다. 고대에는 사람이란 뜻을 지니는 말이 부족을 대표하고 國家名까지 되었다. 人稱複數接尾辭 '-희'는 사람이란 어원적인 의미가 있다.

> 사회(婿)[釋6:16]
> 아히(兒)[月曲70]
> 안해(妻)[小諺6:116]

'희, 해'가 사람이란 뜻이다. 몽골에서 英雄, 勇士라는 뜻으로 bagator이 있다. bagator을 ba와 ga와 tor의 合成語로 볼 수 있다. ga를 介入音으로 보면 bator이 된다. 語根이 bat이 되고 or이 접미사가 되며 bat은 사람(人)이란 뜻이다. 그러나 bator을 나눌 수도 있다. ba(人)와 tor(人)의 合成語로 볼 수 있다. bi가 一人稱이듯 ba는 사람(人)이란 뜻을 지니며 tor도 사람이란 뜻이다. 국어 '키다리, 꺽다리, 꾀도리'할 때 '다리, 도리'가 사람이란 뜻이다. 일본어 hitori(一人), hutari(二人)의 tori, tari가 사람이란 뜻을 지니는 국어와 일치하고 있다. 따라서 ba와 tor도 사람이란 뜻을 지니는 말이 겹쳐서 勇士, 英雄이라는 뜻이 되었다.

> kün, kümün(人)[蒙]
> xani(朋友)[蒙]

kün은 국어 일꾼, 짐꾼의 '꾼'과 비교되며 사람(人)이란 뜻이다. kümün의 küm은 日本語 kimi(君, 公)와 비교된다. 한편 kün은 麻立干의 '干'과도 비교되며 成吉思汗의 '汗'과도 비교된다. 몽골어에서 xani의 文語는 xagan이다. xan과 gan의 合成語라 여겨진다. gan이 原形이고 xa는 gan의 變化形일 것이다.

> kişi(人)[터키]
> kadın(女)[터키]

kiz(少女)[터키]

터키어 語根 kis, kad, kiz 등이 사람이란 뜻이다.

guchyu(友)[滿]
kara(族)[日]
kura(人)[日]
watakusi(私)[日]

語根 kar, kus 등이 사람(人)이란 뜻이다.

겨레(族)[國]
갓(女, 妻)[國]
멍텅구리(人)[國]

語根 '걸>결, 갓, 굴' 등의 어원적인 의미는 사람이다. 高句麗의 原名은 句離(구리)인데 사람이란 뜻이다. mongor, dagur, uigur의 gor, gur도 사람이란 뜻이다. 바이칼 호 남쪽에 사는 사람들이 자기들을 'gori'라고 하는데 이도 사람이란 뜻이다. mongor의 mon, manču의 man은 동원어가 되는데 몽골어에서 man은 一人稱複數를 뜻한다. manču의 ču도 사람이라는 뜻이다. 국어에서 심마니, 똘마니의 '마니'의 어근은 '만'으로서 사람이란 본뜻이 있다. 할머니, 어머니, 아주머니 등의 '머니'의 어근은 '먼'으로서 '만'과 同源語다. mongor은 사람이란 뜻을 지닌 말이 겹쳤다. 중국에서 발행한 蒙古語族語言詞典에 보면 몽골의 어원은 moŋgo(民), moŋxə(永恒) 등 사람, 山水名 등의 견해가 있다고 했다. 몽골어에서 man은 一人稱複數를 뜻하는 '우리'라는 뜻이다. 몽골식으로 해석한다면 mongor은 '우리사람'이다.

ulus(人)[蒙]
olos(人)[蒙]
ere(男)[蒙]
eme(女)[蒙]

urug(親族)[蒙]

ači(孫子)[蒙]

uran(匠人)[蒙]

omok(族)[蒙]

arkadaş(友)[터키]

aile(家族)[터키]

語根 ol, er, ur, ac 등의 어원적인 의미는 '사람'이다.

우리(吾等)

어른(成人)

아롬(私)[杜初7:36]

엇(母)[思母曲]

어싀(父母)[月釋2:12]

아ᄌ미(嫂)[字會上31]

아ᄌ비(舅父)[譯上57]

語根 '울, 얼, 알, 엇(얻), 엄(엇), 앚(앋)'의 語源的인 意味는 '사람'이다.

are(吾)[日]

ore(汝, 己, 二人稱, 一人稱)[日]

wa(吾, 我)[日]

ware(我)[日]

語根 ar, or, war 등의 語源的인 意味도 사람이다.

udehe

ulchi

orotsyon

오랑캐(兀良哈)

퉁구스권의 종족 이름인데 語根 ud, ul, or 등의 語源的인 意味도 사람이다.

saton(親族, 親戚)[蒙]

salbiya(血統)[蒙]

saton(朋友)[蒙]

salgan(妻)[滿]

saton(愛人)[蒙]

사돈(姻戚)[國]

語根 sat, sal이 사람이란 뜻을 지니는데 '사람'의 어근 '살(삳)'과 동원어다. saton이 愛人이란 뜻을 지니는 것으로 보아 사랑이란 사람과 사람과의 관계라는 것을 알 수 있으며 사랑의 어원적인 의미는 사람과의 관계라는 것을 알 수 있다.

čadak(親戚, 家族)[蒙]

türül salbiya(親戚)[蒙]

uruk tarik(親族)[蒙]

türgün(親族)[蒙]

türül(家族)[蒙]

語根 tar, ur, tur 등이 사람이란 뜻이다. 돌(人稱複數接尾語), 키다리, 꺽다리의 '다리'가 사람이다. hitori(一人), hutari(二人)[日]의 tori, tari가 사람이다.

nühür(朋友)[蒙]

nyalma(人)[滿]

nyalma의 nyal은 nal로 소급된다. nalma가 되는데 nal은 국어 '나, 너, 누'와 '님(主)'의 祖語形 '낟'과 동원어다.

na(一人稱)[日]

nare(二人稱)[日]

nusi(主)[日]

몽골어	한국어
bad	벗, 바지(치), 바리, 부리, 비리
gor	구리, 겨레, 꾼
ol, ar	어른, 아롬(吾), 엇(親), 앗
sat	사돈, 사람, 사회
tar, tür	들(等), 다리, 도리
nü(nür)	나, 너, 누, 닏(尼叱今)

身體語에 대하여 몽골어적인 시각에서 알타이어권의 어휘와 比較해 보았는데 같은 어휘가 나타나거나 아니면 轉義되고 변화되는 과정을 엿볼 수 있었다. 祖語로 볼 때는 한국어가 알타이語族에 속한다는 것이 확실하다.

<『語源研究』 7, 2006>

10-3. 土地類語

蒙古語와 韓國語의 祖語再構를 살핌으로써 韓國語 形成에 있어서 蒙古語와의 同系性 여부를 밝히는 作業의 하나다. 本稿에서는 地理語에 속하는 土地와 關聯된 語辭를 比較한다.[1] 蒙古語 身體語의 祖語와 韓國語에 대해서는 이미 言及한 바 있다.[2]

10-3-1. tala(曠野)

tala(曠野)[蒙]

---

1) 本稿에서의 資料는 다음 文獻에 의한다.
　ㄱ) 蒙語老乞大, 捷解蒙語, 蒙語類解.
　ㄴ) 道布編 著 蒙古語簡志(北京民族出版社, 1983).
　ㄷ) 蒙古語族語言詞典(青海人民出版社, 1990).
　ㄹ) 蒙古語大辭典(日本 陸軍省 編, 1944).
2) 筆者, 「蒙古語와 國語의 祖語」, 『語文論叢』 6, 慶熙大 國語國文學科, 1990, 12쪽.

talmai(曠野)[蒙]

dalaŋ(堤)[蒙, 和精]

čültala(荒野)[蒙]

disri(國)[蒙]

tatagal(畔)[蒙]

tariyalaŋ, tariya(田地)[蒙]

tala(野原)[위구르]

delen(畦)[蒙]

dotor(里)[부리야트]

語根 tal이 '들, 땅(野·地)'이라는 뜻이다. tariya(田地)의 語根인 tar의 祖語形은 tat이다. čül tala(荒野)는 čül(荒野)과 tala(曠野)의 合成語다. čül(荒野)도 起源的으로는 tul에서 변한 말이다. tal mai, tala mai는 tala(曠野)와 mai의 合成名詞라 하겠는데 mai도 地類라는 뜻을 지니고 있는 말이다. 지벽(조약돌)의 '지'는 '즈이'가 준 말로서 '즈'는 '들'로 소급된다. '자갈'의 '자'도 '닫'으로 소급된다. 국어의 ㅈ흡은 ㄷ흡에서 변했다.[3] 지벽의 '벽'은 '벅'으로 소급되고 '벋(벌)'[4]이 祖語形이며 국어 벌(原, 土)과 同義語다. 국어 땅(地)은 '따'로 소급되고 다시 平흡인 '다'로 소급되며 '달, 닫'으로 소급된다. 음달, 양달의 '달'이 '地'라는 뜻이다. 음달, 양달은 '陰地, 陽地'라는 뜻이다. '달'의 末흡 'ㄹ'은 'ㄷ'에서 변한 흡이기 때문에 '달'은 '닫'이 祖語形이다. '닫>달>다>따>땅(地)'의 변화이다.[5]

달(地), 달(山), 돌(石), 들(野), 딜(土)과 같이 母音變異에 따라 語彙가 分化되고 있음을 알 수 있다. '달, 돌, 들, 딜'은 '닫, 돋, 듣, 딛'이 原形이다.

---

3) 筆者, 『우리말의 뿌리』, 高麗苑, 1989, 42-44쪽.

4) 筆者, 앞의 책, ㄱ) 48-50쪽, ㄴ) 30-35쪽.

5) 筆者, 앞의 책, 42-45쪽.

달(地)   tsutsi(土)[日]

日本語 'タ、チ、ツ、テ、ト'를 보면, 'チ、ツ'는 t音에서 口蓋音으로 변한 것을 알 수 있다. 따라서 日本語 'ツチ'(tsutsi, 土)는 t音이 原音이라는 것을 알 수 있다. 韓國語 '달'일 때 日本에 건너가서 'ツチ'(tsutsi, 土)가 되었다. '두더쥐'는 '두더'와 '쥐'의 合成語라 하겠는데 '두더'의 語根은 '둗'으로서 '땅(地)'이라는 뜻이다. 생쥐, 골목쥐, 굴뚝쥐, 살강쥐, 아궁쥐 등 앞에 오는 先行語는 쥐의 서식처다. 두더쥐는 주로 땅 속에서 살고 있다는 것은 두말할 것도 없다. '둗'이 '땅(地)'이란 뜻을 지니고 있다. 디새(瓦)의 語根은 '딧'이고 '딛'이 原形이다. 국어 末音에서 ㄷ>ㅅ化 현상은 익히 다 아는 바이다. 디새는 흙이 그 材料라는 것은 두말할 것도 없다. '달(地), 돌(石), 들(野), 딜(土)'의 原形이 '닫, 돋, 듣, 딛'이라는 것을 짐작할 수 있다. 달(山)은 日本語에서는 take(嶺)로 나타난다. tal>talk>tak-e>take의 변화이다. 日本語 ta(田)는 국어 '달'의 末語 脫落形이다. 돌(石)의 祖語가 '돋'이라고 하는 것은 앞서 말한 바 있다.

> take(岳, 嶽)[日]
> takai(高)[日]
> to(砥)[日]
> ta(田)[日]
> doro(泥)[日]
> tani(谷)[日]
> tokoro(處)[日]
> tama(珠)[日]

日本語 take(岳, 嶽)는 高句麗語 tal(山)과 同源語다. tani(谷)는 高句麗語 旦(谷)과 同源語가 되는데 祖語는 '닫'이다. '닫'의 末音 'ㄷ'이 'ㄴ'[6]으로 바뀌었다. 현재도 慶尚道 方言에서는 '못(몯)하다'가 '몬하다'로 ㄷ 末

---

6) 앞의 책, 45-48쪽.

音이 ㄴ으로 바뀐다. tokoro(處)에서 to도 곳(處)이란 意味를 지니며 koro도 곳(處)이란 뜻을 지니는 合成名詞라 본다.

koro(處)의 語根은 kor이고 祖語形 kot인데 국어 '곧'과 同源語다.

10-3-2. guru（大石）

kudal(山梁)[蒙, 土族語]

kötöl(山梁)[蒙, 阿拉善語]

kösör(野地)[蒙, 阿拉善語]

kere(野地)[蒙, 達, 幹爾語]

ködö(野原)[蒙, 阿拉善語]

köndoε(洞穴)[土族語]

ker(山背)[蒙, 都蘭]

gadu(鎌刀)[土族語]

gada(岩石)[土族語]

kurun（國）[滿]

guru(大石)의 語根은 gur이고 語根 kud, köt, ker, gad 등이 野, 地, 石, 山 등의 뜻을 지니는 語彙들로서 同源語다.

골(谷,洞,邑,川)

고랑(畝)

곧(處)

길(路)

갓(辺)

語根 '골, 길'은 土地類語에 屬하는 어휘다. 滿洲語 kurun(國)의 語根은 kur로서 原意는 '땅(地)'이다. '자갈'의 '갈'은 돌(石)이란 뜻이다. 日本語 isikoro(石鬼)를 뜻하는데 isi(石)와 koro(石)의 合成名詞다. 듣글(塵)은 '듣'과 '글'의 合成名詞인데 '듣'과 '글'은 모두 '흙(土)'이 原意다. '글'이 국어에서 '흙(土)'이란 原意를 지닌 名詞다. 漢字 '塵' 字를 보면 '土'

字가 들어 있다. 古代人들도 '塵'을 '土'의 현상으로 認識했음을 알 수 있다.

toz (塵)[터키]

čiri (塵)[日]

日本語 チリ(čiri, 塵)의 原形은 tiri라 하겠고 語根 tir은 국어 '듣(塵)'과 同源語다. 터키어 toz(塵)는 국어 '듣(塵, 土)'과 同源語다. 국어 먼지(塵)는 '머지'에 ㄴ이 介入된 것이다. 국어에서 語中에 ㅈ, ㄷ 위에 ㄴ이 介入되는 현상을 볼 수 있다. 더디다>더지다>던지다, 까치>깐치, 고치다>곤치다 등에서 ㅈ(ㅊ) 위에 ㄴ이 介入되는 현상이다. 비대떡>빈대떡, 바디>반디, 버데기>번데기와 같이 ㄷ 위에서도 ㄴ이 개입된다. 따라서 '먼지'에서 '먼'의 末音 ㄴ은 介入音이 된다. '머지'의 語根은 '먿(멎)'이다. '먿'은 흙이란 뜻을 지니는 古代語에 屬한다. 묻다(埋), 무덤(墓)의 어근 '묻'이 '흙'이란 의미를 지니는 말이다. 國語의 動詞, 形容詞는 名詞에서 轉成된 것으로 動詞, 形容詞의 語根은 名詞[7]다. 漢字語 '埋, 墓'도 '묻(土)'과 同源語[8]일 수 있다. 따라서 '듣글'의 '글'의 原意도 '흙'이라고 하겠다. 국어의 글(土)과 蒙古語 guru(大石)와 野, 地, 石, 山이란 의미를 지닌 語根 kut, köt, ker, gad 등과 同源語라고 하겠다.

10-3-3. bulaho (묻다)

bulaho의 語根은 bul이 되며 but이 祖語形이다. 국어 묻다(埋)의 語根 '묻'은 名詞로서 '흙(土)'이 原意다. 뭍(陸)이 바로 '흙(土)'이란 뜻을 지니고 있음을 알 수 있다.

balgasun(町)[蒙]

balgat(町)[蒙]

---

7) 앞의 책, 23-30쪽.

8) 앞의 책, 479-484쪽.

basar(町)[蒙]

biluu(숫돌)[蒙]

biluudən(갈다)[蒙]

語根은 bal, bas, bil이 되는데 祖語形은 bat, bit이다.

bulo(部落)[東彡語]

baktsan(島)[鄂托語]

bais(地形)[부리야트]

baigai(自然界)[부리야트]

bəlu(磨石)[保安語]

buliude(磨)[保安語]

paloŋ(岩石)[保安語]

語根 bul, bəl, pal 등이 抽出되는데 原意는 역시 土地類의 語義를 지닌다.

밭(田)

벌(原)

비레(厓)

벼랑(厓)

바위(岩)

ᄇᆞ롬(壁)[釋譜9:24]

'벼랑'의 語根은 '별'로서 '벌'로 소급된다. 語根 '받, 벌(벋), 빌(빋)' 등이 흙, 땅(土, 地)이라는 뜻을 지닌 名詞다. 봉오리(峰)는 보오리로 소급되며 보오리의 '오리'는 山이란 意味를 지닌다. 제주 방언에 오름(丘)이 있고 滿洲語 alin(山)이 있다. 오르다(登)의 語根 '올'은 山이란 意味를 지닌다. '보'의 祖語는 '볼'이고 볼>볼오리>보오리>봉오리의 변화이다. '볼'이 土地類의 語彙群에 屬한다. 바르다(塗)의 語根 '발'도 名詞로서 흙(土)이란 뜻이다. 漢字 '塗' 자를 보면 '土' 자가 들어 있다. 古代人이 바르는 것은 흙이었을 것이다. 日本語 nuru(塗)의 語根 nur은 흙(土)이란

뜻이다. 국어 나라(國), 논(畓), 日本語 no(野) 등이 바로 土地類라는 뜻을
지니는 어휘들이다.

> nagaho(塗)[蒙]
>
> sirdehü(塗)[蒙]
>
> sürcihü(塗)[蒙]
>
> bilagaho(塗)[蒙]
>
> milagaho(塗)[蒙]
>
> čaldaho(塗)[蒙]
>
> dololga(塗)[蒙]

蒙古語에서 바르다(塗)라는 뜻을 지닌 動詞의 語根은 na, sür, bil, mil,
čal, dol이다. na는 국어 나라(國)의 語根 '날'과 同源語라 여겨진다. sül,
sil은 蒙古語 siroi(土)와 비교된다. mil은 국어의 묻(陸, 土)과 관련된다.

> 묻(陸, 地)
>
> 묻엄(墓)
>
> 몯>몰>몰이>모이>뫼(山)
>
> 몯>못-애(砂)
>
> 몯>몰-애(砂)
>
> 맏>맏앙(庭)
>
> 매(野)

蒙古語 mil은 국어 '묻, 몯'(土地類語)과 同源語일 蓋然性이 있다. čal
은 tal로 소급되며 dologa(塗)의 語根 dol은 국어의 달(土, 山)과 同源語
다. bil도 국어 밭(田), 벌(原)과 同源語다. 바독(碁)의 語根 '받'도 土地語
에 屬한다.

10-3-4. aral(島)

> ərəg(峰崖)[蒙, 부리야트]
>
> ulanurə(山背)[蒙, 土族語]

atər(野地)[東ㄠ語]

ater(野地)[蒙, 達爾罕]

ula nurun(山梁)[東ㄠ語]

orgil(山峰)[부리야트]

oroŋ(地方, 位置)[蒙, 부리야트]

ula(山)[東ㄠ語]

ulus(國)[達幹爾語]

語根 ər, ul, at, or 등이 土地語類에 屬한다. aral(島)의 語根 al도 亦是 同源語다. 국어 섬(島)은 섣>설>설엄>서엄>섬의 변화이다. 日本語에서 sima(島)다.

mosir(島, 國, 世界, 曠野)[아이누]

mosir이 島, 國, 世界, 曠野라는 뜻이다.[9] 국어 ᄆᆞᄉᆞᆯ(村)의 語根 'ᄆᆞᆺ (ᄆᆞᆮ), ᄆᆞᆮ(土, 陸)'과 同源語가 되며 日本語 mura(村)의 語根은 mur이고 祖 語形은 mut이다. 섬(島)도 土地와 관련 있다는 것은 두말할 것도 없다. 국어 오르다(登)의 '올'이 山이다. 제주도 方言에서 오름(丘)이 있고 봉오 리의 '오리'가 山이란 뜻을 지니고 있다. 언덕의 '언'이 '堤'라는 뜻이다. 15세기에는 '언'만으로 '堤'라는 뜻을 지녔다. '언'의 祖語는 '얻'이다. '덕'은 實詞로서 '논둑'의 '둑', 뚝방의 '뚝' 등의 '둑, 뚝'과 同源語인데 根源的으로는 '덛>덜>덝>덕'의 변화로서 土地類의 語義를 지닌다. 독 (甕)도 '돌>돍>독'의 변화이다. 湖南方言에서 독(石)이 있는데 돌>돍>독 의 변화이다.

10-3-5. nirogu(峰)

niragun(峰)[蒙]

na(地)[滿]

---

9) 앞의 책, 380쪽.

niragun의 語根은 nir이다. 국어 나라(國)의 語根 '날'이 '땅(地)'이란 本意를 지닌다. 日本語 niha(庭)의 祖語는 nit으로 nira>nia>niha의 변화이다. nira>nia>niha는 r音의 脫落으로 nia가 되었는데 母音이 겹치기 때문에 h音이 介入되었다. 日本語 no(野)는 nor의 末音 脫落이고 국어 논(畓)의 祖語形은 '녿'인데 末音 'ㄷ'이 'ㄴ'으로 변했을 뿐이다. 高句麗의 地名에 壤이라는 뜻으로 '內, 奴, 腦' 등이 있는데 土地類라는 뜻을 지니고 있음이 分明하다. 日本語에서 nai가 地震이란 뜻을 지녔는데 nari>nai의 변화이며, nar이 原形으로서 역시 땅이란 뜻이다. aynu語에서 nup(野原), nuburi(山)가 있고 ya(陸), yoi(路)가 있다. ya(陸)는 nya로 소급되고 na까지 소급10)되나 祖語形은 nat이다. yoi(路)는 nyoi로 소급되며 noi, nori까지 올라가며 語根은 nor이 된다. 따라서 aynu어에서 nor이 土地類라는 말(語)을 뜻하고 있는데, 국어 날(國, 地)과 同源語가 되며 蒙古語 niragun(峰)의 nir과도 同源語다. aynu族이 아시아에서 三万年 前에 日本으로 건너갔다고 본다면 aynu語와 比較되는 어휘는 三万年 前의 語彙다. 따라서 고구려어에 보이는 壤의 의미로 '內, 奴, 腦'와 나라(國)는 三万年 前 국어의 遺産이다. '높다'의 語根은 '높'이고 '놉'은 名詞로서 무슨 뜻을 지니는 말일까. '놉'이 무슨 뜻을 지니고 있는가를 알기 위해서는 古代人들이 높은 대상을 무엇으로 인식했을까를 생각해 봐야 할 것이다. 고대인들이 땅을 파고 그 위를 덮고 살았다는 암사리 유적지에서 흔적을 볼 수 있다. 그 시대에 높은 대상을 생각해 본다면 나무, 산, 하늘(木, 山, 天) 등을 생각할 수 있다. 日本語 takai(高)의 語根은 tak이다. 日本語에서 take(岳, 嶽)가 있는데 語根은 tak이다. 日本語를 보면 山을 높은 대상으로 인식했음을 알 수 있다.

　　degeksi(높게)[蒙]
　　ugede(높게)[蒙]

---

10) 앞의 책, 56-82쪽.

degeredö(높게)[蒙]

urgüü(높게)[蒙]

öndör(高)[蒙]

del(山背)[蒙 和靜]

ula nurun(山梁)[東]

təroŋ(山峰)[保安]

uːl(山)[蒙]

ulaː(山)[土族]

蒙古語에서도 높다(高)라는 뜻을 지니는 말은 山이란 뜻을 지니는 名詞에서 轉成된 것임을 알 수 있다.

noboru(登)[日]

日本語에서 '산에 오르다'는 'yamani noboru'다. noboru(登)의 語根은 nob이다. nop(b)이 山이란 뜻이다. 국어에서 '산에 오르다'의 '오르다'의 어근 '올'도 산이란 뜻을 지닌 명사라는 것은 앞서 지적한 바 있다. 제주도의 오름(丘), 산봉오리의 '오리'가 '山'이란 뜻을 지닌 名詞라는 것은 앞서 언급한 바 있다. 그렇게 보면 日本語 noboru(登)의 nop은 국어 山이란 의미를 지니는 말이 日本에 건너가서 動詞로 남아 있다. 사실 日本語 yama(山)의 祖語는 국어 '놉'인 것이다. 日本語 yama(山)는 nyama(山)로 소급되며 nama로 다시 소급된다.

국어	일본어
톱(瓜)	tsïme(瓜)
거붑(龜)	kame(龜)
납(鉛)	namari(鉛)

국어 ㅂ이 日本語에서 m으로 변하는 현상이 있다. 따라서 yama(山)의 원형 nama의 語根은 nam이며 국어로 보면 nop이 된다. 따라서 日本語 yama(山)는 국어 '놉'이 그 語源이다.[11] '놉다'<內訓2上52>의 '놉'은

北方語와는 關聯이 없는가?

nufu(高地, 高所)[滿]

nirəgu(峰)[蒙]

na(地)[滿]

nuburi(山)[aynu]

nat>nar>na>nya>ya(陸)[aynu]

núp(野)[aynu]

滿洲語 nufu(高地)는 nupu에서 변한 것이므로 語根은 nup인데 高地라는 뜻을 지니고 있다. aynu語에서 núp(野)과 nuburi(山)의 語根은 nup으로 '野, 山'의 兩義를 지니고 있음이 분명하다. 따라서 국어 '놉'은 北方語와 日本語와 比較해 봐도 山이란 뜻을 지니고 있음이 분명하다. aynu사람은 아시아에서 三万 年 前에 日本으로 南下한 것으로 보고 있다. aynu語와 國語와 比較해서 동원어라고 하면 그것은 지금으로부터 약 三万 年 前의 語彙다.

sabar(泥)[蒙, 부리야트]

soroŋ(峰)[東部裕固]

səwag(堤)[東部裕固]

sora(部落)[保安]

subak(掘)[蒙]

sandecihö(파헤치다)[蒙]

siroi, siroga(塵)[蒙]

saragoltala(曠野)[蒙]

sula gajahr(曠野)[蒙]

siltegen(國)[蒙]

語根 sir, sar, sor, sul 등이 土地類의 語意를 지니고 있는 어휘들이

---

11) 筆者, 「日本語の源流をさかのぼる」, 日本 德間書店, 1989, 213-215쪽.

다. 蒙古語에서 siro는 黃이란 뜻을 지니는 形容詞다. '天地玄黃'의 地=
黃과 같이 黃色을 나타내는 形容詞의 語根은 흙(土)에 해당한다. 국어
노랗다, 누렇다의 語根 '놀, 눌'도 土地類의 어휘다. 시루는 흙으로 만들
어 불에 구운 것이다. 스래(畦)는 '재 너머 스래 긴 밧츨 언제 갈려 ᄒᆞ느
니'에 있다. 語根 '술'은 土地가 原意다. 한편 '스래'는 '묘지기나 마름이
지어먹는 논밭'을 뜻하기도 한다. 따라서 국어에 頭音 ㅅ으로 하는 土地
類의 어휘가 있었다는 것이 確實하다. 국어 실(谷)이 있다는 것은 ㅅ을
頭音으로 하는 土地類語의 어휘가 있었다는 것을 확증한다고 보겠다.

> sirsép(土, 地)[aynu]
> siru(甑)[國]
> sil(谷)[國]
> sare(田, 畦)[國]
> sato(里)[日]

語根 sir, sar은 同源語다. 국어가 aynu어와 同源語라는 것은 sil,
sare 등은 지금으로부터 三万 年 前의 어휘라고 하겠다.

10-4. 刀類語

10-4-1. 돗귀(斧)

15世紀 表記로 돗귀(斧)가 있다. '돗'과 '귀'의 合成名詞다. '귀'는 '구
이'가 줄어든 말이고 '이' 접미사가 붙은 경우는 위에 오는 末音이 閉音
節語일 경우에만 붙는다. 따라서 '구'의 末音이 母音이 아니라 子音이라
는 것을 알 수 있다. 나무를 깎는 연장의 하나로서 '갓괴, 자귀'가 있다.
'돗귀'의 '귀'와 더불어 刀物로서 갈(刀)과 同類語다. 가르다(割)의 語根
'갈'이 칼(刀)이란 뜻을 지니는 名詞다. 끌, 글게의 '글'도 同源語임을 알
수 있다. 따라서 '귀'는 굴>굴이>구이>귀의 변화이다. '돗'은 '돋'으로
소급된다. '돋'의 語源은 '돌(石)'이라 여겨진다. 古代의 '刀'의 자료는 돌

(石)이었다. 돈은 돌(石)이란 原意에서 刀類의 意味를 지니는 名詞로 변화했다. 국어 칼로 '다지다'의 語根은 '닺'이지만 '닫'이 祖語形이다. '닫'이 刀類라는 뜻을 지니고 있음이 분명하다. 다지는 것은 刀類에 의한 행위이다. 일본어 タチ(tatsi, 大刀)가 있다. 語根 tat이 국어 '닫'과 同源語다. 日本語 ツルキ(tsurugi, 劍)의 ツル(tsuru)는 turu로 소급되며 語根이 tur이다. tsurugi의 gi는 국어 갈(刀)과 同源語다. '돈귀'의 '돈'이 刀類라는 意味를 지니고 있다. 자르다(切)의 語根 '잘'은 '달'로 소급되며 '닫'이 祖語形이다. ㅈ音은 ㄷ音에서 변한 子音이므로 ㅈ音은 ㄷ音으로 再構된다. 한자 '刀, 切, 斷' 등도 國語 '돈, 닫'과 同源語일 수 있다. 蒙古語 tal (野, 地)의 語根 tal과 국어 달(地), 돌(石), 들(野), 딜(土)과 同源語다. '돈(斧), 닫(刀)' 등의 語辭는 石器時代에 생긴 말이다.

10-4-2. gader(鎌刀)

土族語에서 gader이고 부리야트語에서는 xadur가 되는데 xadur는 gadur에서의 變化다. 東語에서 gada(巖石), gadu(鎌刀)로서 語根이 gad로 一致하고 있다는 것은 刃物의 材料가 土地에서 생겨난다고 하는 데서 비롯하는 것이다. 국어에서는 갈(刀)이나 祖語는 '간'이다. 갈, 끌, 글게, 자귀, 갓귀의 '귀'는 구리>구이>귀의 변화이다. 가르다(剖, 割), 갓다 (削) 등의 語根도 '갈(간)'에서 비롯한 말이 된다. 끌도 갈(刀)에서 母音變異로 分化한 말이다. 同源語로 구리(銅)가 있고 거울(鏡)을 들 수 있다. 거울은 靑銅期 시대에 생겨났으므로 거울은 靑銅期에서 생겨난 말이라는 것을 짐작할 수 있다. 거울은 '걸울'로 소급되며 語根이 '걸'이다. 그러므로 '갈'이라는 말이 생겨난 것은 靑銅期에 생겨났을 것이다. 가새 (ᄀ새)의 어근은 갓이고 '간'이 祖語形으로서 '간(刀)'과 일치하고 있다. 갈(刀)이나 가새(鋏)가 모두 切斷機具로 쓰인다는 것이 共通된다는 것으로 보아 同源語일 수 있다.

götäg(小刀)[蒙]

kotk(刀)[퉁구스]

kɔtɔ(刀)[오로촌]

kïlič(刀)[터키]

kïskač(鋏)[터키]

kaits(鋏)[다구르]

語根 göt, kot, kɔt, kïl, kïs 등을 들 수 있는데 모두 刀類, 刀類에 해당되는 어휘들이다.

katana(刀)[日]

kiri(錐)[日]

日本語 katana(刀)는 kata와 na의 合成名詞로서 kata는 국어 '갇(刀)'에 해당되고 na는 국어 '눌(刀)'과 同源語다. kiri(錐)의 語根 kir도 국어 갈(刀)에서 비롯한 말이 된다. 국어에서 송곳(錐)이지만 15세기 文獻에는 '솔옷[南明上8]'으로 나온다. '솔곳'에서 ㄹ하에 ㄱ이 탈락된 것이라 여겨진다. '송곳'의 '곳'은 '곳' 자체만으로 古代語에서 錐라는 뜻을 지녔다. 송곳의 '곳'도 根源的으로는 '갇(갈)'과 同源語다. '솔곳'의 '솔'도 古代語에서는 錐라는 뜻을 지니고 있었다.

karu(刈)[日]

kiru(切)[日]

korosu(殺)[日]

語根 kor, kir, kor 등이 갈(刀)에서 비롯한 말이라 여겨진다. 국어의 '갇(刀)'이 katana(刀)일 때에는 ㄷ末音이 그대로 유지되고 있지만 karu, kiru, korosu 할 때에는 母音變異와 ㄷ末音이 ㄹ로 변했음을 알 수 있다. 古代人들이 殺人方法으로는 刀劍類를 使用했을 것이다.

kïlïç(刀)[터키]

kazanmak(勝)[터키]

kïlïç(刀)의 語根은 kïl이고 祖語形은 kït이 된다. 터키語 kazanmak(勝)의 語根 kaz와 동원어라 여겨진다. 古代人들의 勝利는 刀劍類에 의한 싸움에서 얻어지는 것이다.

katsu(勝)[日]

katsu(勝)의 語根은 kat이 되는데 국어 갈(刀)의 祖語 kat과 一致하고 있다. 그러니까 katsu(勝)라고 하는 말을 놓고 볼 때에는 日本의 原住民인 aynu族을 征服한 오늘의 日本은 그 祖上이 갈(갇)이란 말을 가지고 있었던 민족이라는 것을 짐작할 수 있다. 日本의 動詞, 形容詞는 名詞에서 轉成된 것을 앞서 언급한 바 있다. 比較言語學에서 基礎語彙에 속하는 身體語가 動詞, 形容詞로 轉成되는 예를 들어 보겠다. 국어 닫다(走)의 語根 '닫'은 다리(脚)의 語根 '달'의 祖語形 '닫'과 일치하고 있다. 걷다(步)의 어근 '걷'은 다리(脚)라는 뜻인 가랑이, 가당이의 語根인 '갇(갈)'과 일치하고 있다. 가다(去)의 '가'는 '갇'에서 비롯한 말이다. 오다(來)의 語根 '오'는 '올'이 原形이다. '종아리'의 '아리'의 '알'과 同源語다. '오다, 가다'의 行爲는 발에 의해 이루어진다. 밟다는 발(足)에서 轉成되었다는 것은 두말할 것도 없다. 빠르다(速)의 語根 '발(빨)'은 발(足)에서 비롯한 말이다. 古代에 빠르다의 行爲는 발(足)에 의한 동작이며 말을 타고 갈 때도 발에 의한 행위다. 서다(立)의 語根 '서'도 '설'이 原形이다. 국어 샅(股)이 있고 蒙古語 silbi(脚)가 있다. 古語에서 '섣'이 다리(脚)라는 뜻을 지니고 있었음을 알 수 있다.

aruku(步)[日]
ayumu(步)[日]
tatsu(立)[日]
saru(去)[日]
kuru(來)[日]
yuku(行)[日]
hasiru(步)[日]

hayai(速)[日]

osoi(遲)[日]

noroi(遲)[日]

humu(踏)[日]

aruku(步)의 語根은 ar로서 국어 종아리의 '아리'와 같이 다리(脚)라는 뜻이다. 따라서 aruku(步)의 語根 ar은 국어 '알'과 일치하고 있다. 日本語 asi(足)의 語根 as은 at이 祖語形이다. 국어 아리의 '앋'과 일치하고 있다. osoi(遲)의 語根 os은 as의 母音變異形이다. ayumu는 arumu의 r 탈락인 aumu가 ayumu로 변했다. 터키어에서 ayak(脚)은 arak이 原形이고 語根ar이 국어 '알'과 일치하고 있다. tatsu(立)의 語根 tat은 국어 다리(脚)의 語根 '달'의 祖語形이 된다. 'saru(去)'의 語根 sar은 국어 샅(股), '섣'(脚)과 同源語다. 일본어 sarumada는 saru와 mada의 合成語인데 saru는 국어의 샅(股)과 同源語다. mada도 日本語에서는 샅(股)이란 뜻을 지니고 있다. 이는 국어의 무릎(膝)의 語根 mul(mut)과 同源語라 여겨진다. kuru(來)의 語根 kur은 국어의 '갇'(脚)과 同源語다. yuku(行)는 nuku>nyuku>yuku의 변화이다. 국어 니다(行), 녀다(行)와 同類의 어휘다. hasiru(走)는 pasiru로 재구되며 語根은 pas이고 祖語形은 pat이다. 頭音에서 日本語 h는 脣音 p가 F의 과정을 거쳐서 발달한 것이라 보는 견해가 지배적이다. 따라서 일본어 두음의 h음은 p음으로 재구된다. hasiru(走)의 祖語形 pat은 국어 발(足)의 祖語形 pat과 일치하고 있다. humu(踏)는 pumu로 재구되며 국어 '발'과 同源語다.

이렇게 신체어 중 하체의 동사, 형용사만 해도 그 語根인 명사는 거의 한국어에서 비롯된 것으로 볼 수 있다. 國語 이기다(勝)의 15세기 表記는 '이긔다'이다. 이긔다의 語根은 '익'이 된다. 이 '익'은 '읻>일>읽>익'의 변화이고 '일(읻)'이 祖語形이다. 古代語에서는 '이긔'가 칼이라는 뜻을 지니고 있었던 어휘였다. 국어에서 '칼로 잘 이긴다'라고 하는 말이 있다. 여기서 '이기다'는 칼, 도끼 등을 사용해서 고기 등을 잘게 또

는 연하게 만드는 것을 뜻한다. '이기다'의 動詞로 볼 때 '익'이 칼이라
는 뜻을 지니고 있었던 옛말이었음을 알 수 있다.

> ilhaho(勝)[蒙]
> alhaho(殺)[蒙]
> oltürmak(殺)[蒙]
> oldümek(殺)[蒙]

語根 il, ol이 刀類라는 뜻일 것이다. 몽골어에서도 刀類의 名詞가 勝,
殺의 動詞로 轉成된 것을 볼 수 있다.

> ildo(刀)[蒙]
> il (刀)[蒙]
> uldə(劍)[蒙]

il, ul이 刀類라는 뜻을 지니고 있으며 蒙古語 ilhaho(勝)의 語根 il과
일치하고 있다. 이렇게 蒙古語, 國語, 日本語 등에서 勝의 어원이 刀類
에 있음이 공통되고 있다. 日本語에서 ikusa(戰)가 있는데 일본어에서는
ikusa의 iku를 '사는(生)'이라는 뜻으로 풀이하고 있다. 필자는 ikusa의
iku는 국어 '이긔다(勝)'의 語根 '익'이라 여겨지는데 '칼(刀)'이란 의미를
지닌다. ikusa의 sa는 국어 '살(矢)'과 同源語다. 옛날 전투란 칼과 화살
의 싸움이었다고 볼 때 ikusa는 '칼(刀), 화살(矢)'이란 뜻을 지니는 복합
명사로 고대인의 전투의 성격을 그대로 반영한 名詞다.

10-4-3. badcan(劍)

蒙古語系 東鄕語에서 badcan(劍)이 보인다. 語根 bad이 칼이란 뜻을
지니고 있음을 추정할 수 있다. 버히다(剖)는 '버리다>버이다>버히다>
버이다>베다'의 변화이다. 버리다의 語根 '벌(벋)'이 刀類라는 뜻이다.

> ha(刃)[日]
> hasami(鋏)[日]

ha(刀)는 pa로 소급되며 祖語形은 pat으로서 국어 '벋'(刀)과 同源語다. 일본어 hasami(鋏)는 pasami(鋏)로 소급되며 語根은 pas으로 pat과 일치한다. pat은 두말할 것도 없이 刀類라는 뜻을 지니는 名詞다.

10-4-4. salam(劍)

salam의 語根은 sal이다. 국어 썰다(切)의 語根 '썰'은 平音 '설'로 소급된다. '썰다'는 刀類에 의해 이루어지는 것이기 때문에 '설'이 칼이란 뜻을 지니고 있는 말이 된다. '서슬이 시퍼렇게 섰다'라는 말의 '서슬'이 칼날이란 뜻이다. 語根은 '섯'이고 '섣'이 祖語形이다. '쇠'는 '소이'가 줄어든 말이고 '소'의 조어는 '솓'이다. '솓>솔>솔이>소이>쇠'의 변화이다. 솥(釜)이 바로 쇠의 祖語가 '솓'임을 알 수 있다.

　　　　sahi(鉏)[日]

sahi는 sari>sai>sahi의 변화로서 語根 sar은 국어 설(刀)과 同源語가 되며 솓(鉏)과도 同源語다. 漢語 '殺'도 刀類語와 同源일 것이다. 蒙古語에 söx(斧)가 있다.

10-4-5. 맺음말

土地類語에 있어서 韓, 蒙語의 祖語關係를 살펴보았다. 相當한 수의 一致點을 발견할 수 있었다. 이는 古代 祖語 時代의 關係를 보이는 것으로 同系였을 可能性을 示唆하는 것이다.

10-5. 天 體 語

몽골語의 해(太陽), 달(月), 별(星) 등의 天體語와 太陽이란 뜻을 基語로 한 語彙의 分化와 轉義關係를 살피면서 國語의 祖語와 消失語를 再構하려고 한다.

10-5-1. 해(太陽)

> nar, nara, naran(太陽)[蒙]
>
> nasu(年)[蒙]

nara, naran의 語根은 nar이고 祖語形은 nat이다. 국어 '날(日), 날마다, 나날이, 오늘날' 등과 같이 '날'은 '해(日)'라는 뜻이다. 국어에서 "날이 들었다, 날이 밝았다."의 '날'은 太陽이란 뜻이다. 국어 나이(年)는 날>날-이>나이의 변화로서 語根은 '날'이다. '날'은 두말할 것도 없이 '날(日)'이 그 語源이 된다. 時間을 나타내는 어휘의 語源은 太陽이 그 基語가 된다. 몽골語 nasu(年)의 語根은 nas으로서 祖語形은 nat인데 '날(日)'과 同源語다. 국어 여름(夏)은 녀름, 너름으로 소급되며 語根은 '널'인데 '넏'이 祖語形이다. 이는 몽골語 nar(太陽)과 同源語다. 日本語 natsu(夏)의 語根 nat은 국어에서 '넏(夏)'일 때 일본에 건너가 natsu(夏)가 되었다고 하겠으니 이는 국어가 日本에 건너간 시기는 先史時代로 소급됨을 보이는 것이다. tatar語에서는 nur(光)이 있고 quasnur(陽光)이 있다. quasnur은 合成名詞로서 nur이 太陽이란 原義에서 빛(光)이란 意味로 축소되었다.

10-5-2. 太陽語에서 語彙分化와 轉義

(1) 낮(晝)

> uder(晝)[蒙]
>
> udər(晝)[蒙·陳巴爾虎]
>
> udur(晝)[達幹爾]
>
> udu(晝)[東鄕]
>
> udər(晝)[保安]

語根은 ud인데 原意는 太陽이다.

> 낟>날(日)
>
> 낟>낮(晝)

국어 날(日)과 낮(晝)은 同源語다. 日本語 hi(日)와 hiru(晝)도 同源語다. 따라서 몽골語 ut(晝)은 太陽이 原義이다.

ürün, ürlüge(朝)[蒙]

아침(朝)이란 뜻을 지닌 말의 語根 ur은 ut으로 소급되는데 原義는 太陽이다. 그러한 면에서 보면 아침(朝)을 뜻하는 말의 祖語 ut과 낮(晝)을 뜻하는 말의 語根 ut은 一致한다.

(2) 앞(前)

몽골語에서는 '南, 前'의 意味를 지니는 말이 같다. 그것은 국어에서도 『訓蒙字會』에 보이는 앒남(南)[中2], 앒전(前)[下15]을 보아도 '南, 前'은 同源語다. 국어에서 앒남(南)에서 '앒'의 原形은 '알'이고 'ㅂ'은 나중에 들어갔다. 국어 '앒(南)'의 原形 '알'은 太陽이란 原義를 지닌다. 慶尙道 方言에서 '아래'가 '前'이라는 뜻을 지니는데 語根은 '알'이고 '앋'이 祖語形이다. 몽골語에서 urd, ümün의 雙形이 보이는데 '南, 前'의 兩義를 지니고 있다. 따라서 '알, ur'은 太陽이란 原義를 지니는 어휘다.

아침(朝)[國]
오늘(今日)[國]
어제(昨日)[國]
아재(來日)[國]

語根은 '앛, 온, 엊, 앚' 등인데 이것도 太陽이 原義이다. 『鷄林類事』에는 明日의 表記로 '轄載'가 있고 日本琉球地方에서 ača가 來日이라는 뜻을 지니는 말로 살아 있다. 日本語 asa(朝), asu(來日)의 語根은 as인데 at이 祖語形이다. 保安語에서 mɛltəčan, 東乡語에서 məilə가 '南, 前'의 意味를 지닌다. 국어의 마파람(南風)의 '마'는 '맏'이 祖語形이라 하겠고 日本語 mahe(前)는 mare>mae>mahe의 변화인데, 語根 mar은 太陽이 原義다. 국어 모레(來明日)의 語根 mol은 太陽이 原義다. '해질 무렵'에

서 '무렵'이 時間을 나타내는 말인데 語根 '물(문)'은 해가 原義다.

(3) 하늘(天)

ama(天)[日]

日本語에서 ama(天)인데 祖語形은 at으로서 ar>ar-am>aam>am-a>
ama(天)의 변화이다.

國語	日本語
날(生)	nama(生)
갈(髮)	kami(髮)
돌(石)	tama(珠)

이러한 韓日語의 對應은 ama(天)가 at>ar의 과정을 거쳐서 이루어진
말임을 알 수 있다. 하늘의 語源은 太陽이다. 이러한 一聯의 事實들로
몽골語에서도 ur, ut(at) 등은 太陽이 原義이며, 이들은 몽골어의 祖語에
는 있었다고 보며 국어 아침(朝), 어제(昨日) 등에서 그 化石語를 발견할
수 있다. 사올(三日), 나올(四日)의 '올'이 해(日)라는 뜻을 지니는데 原義
가 太陽이다. 하늘(天)도 '한'과 '올'의 合成語다. 15세기에는 히(陽)로 표
기되는데 '히이'가 줄어든 말로서 ᄒ의 祖語形은 '홀'이다. '히'로 표기되
는 語彙의 祖語形은 '홀'이다. 하늘(天)에서 '한'의 前形은 '할'이다. 하늘
(天)의 祖語形 '할'과 同源語다. '한올'의 '올'도 사올(三日), 나올(四日)의
'올'과 同源語로서 太陽이 原義다. '하늘'은 同音異議語의 合成名詞다.

asman(天空)[保安]

aswman(天空)[東乡]

語根 as도 본디는 太陽이 原義다. 하늘을 뜻하는 말은 그것이 곧 太
陽을 뜻한다고 보겠다. tatar語에서 atsəp(日春)이 있는데 語根은 at으로
서 太陽이 原義다.

təngər(天)[蒙]

oktargoi(天)[蒙]

asman(天)[保安]

몽골語에서 gerel(光)이 있는데, 국어의 '빛갈'의 '갈'은 몽골語 gerel (光)과 同源語다.

gök(天)[터키]

gün, günes(太陽)[터키]

gün의 祖語는 gut으로 再構된다. gok(天)은 gol이 原形이라 하겠고 got이 祖語形이다.

터키語에서도 太陽과 天이 同源語임을 알 수 있다.

kánto(天)[아이누]

kegn, kenkeg(太陽)[길랴크]

kly(天)[길랴크]

語根 kán, ken은 kat, ket이 祖語形이 된다. 길약語 kly(天)는 ky 사이 에 있던 母音이 脫落했을 것이라 推定된다. 국어 '날이 개다'의 '개다'의 語幹은 '개'인데 '가이'가 줄어든 말이다. '가이'의 '이'는 接尾辭다. 母音 接尾辭가 붙는 말의 앞에는 폐음절어가 온다. 갇>갈>갈-이>가이>개의 변화이다. 빛갈의 '갈'과 '개다'의 '개'의 祖語形 '갈(갇)'은 一致한다. 국 어에서 時間을 나타내는 쁴(時)도 '글, 귿'으로 소급되며 太陽이 原義이 며 同源語다. 日本語에서 時間을 나타내는 말에서 koro(頃)가 있다. koro(頃)의 語根 kor의 原義는 太陽이다. 무지개(虹)의 '무지'는 물(水)의 祖語 '묻'이라 하겠고 '개'는 갈>갈-이>가이>개의 변화형이다. 무지개 는 '水光, 水陽'이 原義다. 해질 무렵을 '해거름(黃昏)'이라고 하는데 '거 름'의 語根 '걸'은 太陽이 原意다. 해거름은 日本語에서 higure(日暮)라 고 하는데 kure의 kur은 原意가 太陽이다. 日本語에서 tasogare(黃昏) 도 있는데 taso와 gare의 合成名詞다. taso의 語根은 tas이고 祖語形은

tat인데 太陽이 原義이며, 국어의 해돋이의 '돋'이 太陽이란 뜻을 지니는 말과 同源語다. gare의 語根은 gar로서 역시 太陽이 原義다. gar은 日本語 higakureru(日暮)에서 kureru(暮)의 語根 kur과 同源語이며 국어 해거름의 語根 '걸'도 同源語다. 번개도 '번'과 '개'의 合成名詞다. '번'의 祖語는 '벋'으로 볕(陽)의 祖語形 '벋'과 一致하고 '개'도 '갈(光)'이 原義다. 갈>갈이>가이>개의 변화이다.

  qujaz(太陽)[타타르]

  kyn(日, 天)[타타르]

  kük(天空)[타타르]

  tatar語에서 qujas는 太陽이란 뜻인데 quras가 原形이다. 그렇게 본다면 語根은 qur(qut)이다. 蒙古語 təŋgər(天)의 gər은 太陽이 原義다. 글피(明三日)의 '글'도 根源的으로는 太陽이 原義다. 아울러 그르메(影)의 '그르'도 原義는 太陽이다. təŋgər의 təŋ도 根源的으로는 太陽이 原義다. 즉 təŋ과 gər은 모두 太陽이 原義다.

  čun(夏)[蒙]

  čun은 čut으로 소급되며 다시 tut으로 소급된다. 알타이諸語에서 共通되는 것 가운데 하나는 口蓋音 ㅈ, ㅊ類는 ㄷ音에서 변한 음이라고 하는 事實이다.

  dorona(東)[蒙]

  語根 dor은 dot으로 再構되는데 原意는 太陽이다. 국어 시(東)는 '스이'가 준 말인데 '술'이 原形이다. 국어 햇살의 '살'은 태양이란 뜻을 지니고 있는 말이다. 따라서 蒙古語에서 ㄷ을 頭音으로 하는 太陽을 뜻하는 말이 있었다는 것을 보여준다.

  čyuwari(夏)[滿]

  cúp(太陽)[aynu]

ᅙ音의 古代音은 t[12]로 재구된다. 국어 쬐다(曝)의 語幹은 '쬐'인데 '조이'가 줄어든 말로서 '돌(돈)'이 祖語形이다.

　　해돋이(日出)[國]

'돋다'의 語根 '돋'이 太陽이란 뜻을 지니고 있음이 分明하다. '첫돌, 두 돌, 열 돌'의 '돌'은 時間을 나타내는 말로서 祖語形은 '돋'이다. 日本語 tosi(年)는 국어 돌이 '돋'일 때 日本에 건너가서 tosi(年)로 변한 것이다. '저근 덛(덧), 어느 덛(덧)'의 '덛'도 時間을 나타내는 말로서 '돋(太陽)'에서 分化한 말이다. 때(時)도 原語는 '대'로서 '다이'가 줄어든 말이다. 닫>달>달-이>다이>대의 변화이다. 따라서 15世紀 表記에 보이는 ᄢᅢ(時)의 ᄡ의 語頭子音群은 通時的으로 변화한 音이라고 보는 견해는 하등 實證性이 없는 主張이다.

　　terasu(照)[日]
　　teta(太陽)[日, 琉球]

日本語 terasu(照す)는 tetasu가 原形이 될 것이고 teta가 語幹으로서 名詞다. 비추는 것의 主體는 太陽이기 때문에 teta는 太陽이란 意味를 지닌다. 琉球地方에서 teta가 太陽이란 意味로 現在도 살아있는 말인데 국어의 '돋다'의 '돋'과 同源語다. 漢字語 天, 照도 太陽이란 原義를 지니는 말 '돋'과 同源語다.

10-5-3. 별(星)

　　odon(星)[蒙]
　　usiha(星)[滿]
　　osixa(星)[女眞]
　　učaxta(星)[나나이]
　　ɔɔsɪtta(星)[에벤키]

---

12) 서정범, 『우리말의 뿌리』, 高麗苑, 1989, 42-46쪽.

yultuz(星)[위구르]

yuldəz(星)[타타르]

yuldəs(星)[西, 裕固]

yıldız(星)[터키]

nociw(星)[아이누]

xodun(星)[東乡]

xod(星)[다구르]

hotoq(星)[蒙, 保安]

foodə(星)[蒙, 士族]

hodon(星)[東, 裕固]

몽골 現代語에서는 od(星)이나 『元朝秘史』에는 hodon이다. 東部, 裕固語에서도 hodon(星), 保安語에서 hotoŋ(星)이 보인다. h가 p에서 변했다고 보면 pot으로 再構된다. 그렇게 보면 국어의 별(볃, 星)과 同源語다. 몽골語에서 on(牛)이 『元朝秘史』에서는 hon이 된다. pon, pot으로 재구되며 이는 국어 별(볃, 星)과 比較된다. 滿洲語 usiha(星)의 ha는 接尾辭고 us(星)이 語根이며 ut으로 소급되는데 hut, put으로 소급된다. 위구르어 yultuz(星)의 yul은 nut로 소급된다. 아이누語 nociw(星)의 語根 noc(not)과 比較가 됨 직하다. 터키語系에서는 主로 頭音이 yul(yut)이다.

10-5-4. 달(月)

sara(月)[蒙]

sara(月)[東乡]

sarool(月)[다구르]

sarə(月)[保安]

sara(月)[士族]

sara(月)[東, 裕固]

bia(月)[滿]

biatal(每月)[滿]

bia(月)[시버]

bia(月)[나나이]

beegă(月)[에벤키]

bia(月)[女眞]

ay(月)[터키]

ai(月)[西, 裕固]

ai(月)[카자흐]

ai(月)[위구르]

ai(月)[타타르]

몽골語系에서는 sara(月)이고 퉁구스語系에서는 bia이며 터키語系에서는 ay다. 蒙古語 sara와 국어와는 比較될만한 어휘가 아직 發見되지 않는다. 퉁구스語系 bia는 국어 보름(滿月日)과 比較된다. 보름이 본디는 달(月)이란 뜻을 지녔는데 달(月)이란 어휘가 勢力을 얻자 滿月이란 뜻으로만 남아있다. 보름(滿月)의 語根은 두말할 것도 없이 '볼'이다. pia는 pa로 소급되면 par(pat)이 祖語形이다. 嘉俳(秋夕)의 '배'는 滿洲語, 女眞語와 비교된다. 가배의 '가'도 역시 달(月)이란 뜻을 지닌 옛말이었다. 異音同義語다. 에벤키語 beega의 자리를 바꾸면 gabee다. 滿洲語에서 pyatal(每月)의 tal(月)이 국어와 비교된다. 日本語 tsuki(月)는 국어의 달(月)이 그 語源이다. 국어의 별(星)의 原形은 '벋(星)'이다. 滑調와 語彙分化的인 機能에서 單母音이 上昇二重母音으로 변했다. 따라서 pia는 pa로 소급되며 pal(pat)로 소급된다.

國語	日本語
sul(酒)	sake(酒)
kul(蠣)	kaki(蠣)
kal(柿, 濟州方言)	kaki(柿)
tal(月)	tuki(月)

터키語系 ay는 aru>auu>ay의 變化이다. 길랴크語에서 달(月)이 log,

lon인데 tog, ton으로 재구한다면 祖語形은 tot이다. 그렇게 보면 국어 '달(탈)'과 比較된다. tanka(女)>ranka(女)의 例를 보면 頭音 t가 r音으로 변한 것을 알 수 있다.

> wat(鐵)+taf(家)>wat-rat(鐵家)[길랴크]
>
> ytk(父)+taf(家)>ytk-raf(父家)[길랴크]
>
> ja(彼)+taf(家)>jaraf(彼家)[길랴크]

와 같이 t音이 r音化하는 것은 국어의 현상과 공통된다.

10-6. 方位語

10-6-1. 南

> emüne(前, 南)[蒙]
>
> ülüge(南側)[蒙]
>
> ulgei(南向의)[蒙]
>
> nan(南)[東乡]
>
> cyurəlgi(南, 前)[滿]
>
> ʤulxi(南)[시버]
>
> ʤulxu(前)[시버]
>
> ʤyləxi(南)[나나이]
>
> ʤylədzqə(前)[나나이]
>
> ʤulidə(南)[에벤키]
>
> ʤulidəə(前)[에벤키]
>
> yorə(上, 南)[蒙, 西部裕固]
>
> fanti(南)[女眞]
>
> ʤɛnup(南)[위구르]
>
> ʤɛnup(南)[타타르]
>
> güney(南)[터키]
>
> cenup(南)[터키]

yanub(南)[우즈베크]

minami(南)[日]

語根의 頭音이 母音으로 나는 것부터 살펴보자. 몽골語에서 語根 ul
이 抽出되고 祖語는 ut이다. 南이란 뜻을 지니는 말은 太陽이란 뜻을
지니는 말에서 轉義[13]되었다. '앎 남'(南)의 語根 '알'이 太陽이란 原義에
서 南이란 뜻으로 되었다는 것은 앞서 언급했지만 알(太陽 → 南)은 다시
前이란 뜻도 지니게 된다. 부리야트語에 urd(南, 前)가 있다. 語根 ur은
太陽이 原意다. 15世紀 文獻에 나타나는 '앎(前)'이 바로 그 예라 하겠으
며 滿洲語 에벤키, 나나이語 등에서 앞(前)이란 뜻으로 轉義되고 있음을
볼 수 있다. 이는 北方民族이 太陽을 따라 南下한 것을 보이는 동시에
南은 곧 '앞(前)'이 된다. 터키語에서 güneş(太陽)와 güney(南)는 同源語
라는 것을 쉽게 알 수 있다. 퉁구스語系에서는 ʤul이 語根이 되는데 tut
이 祖語形이다. 아이누語에서 cup이 太陽이란 뜻이다. 국어 '돋'과 同源
語다. 몽골語系에 屬하는 西部 裕固語에서는 yoro(上, 南)인데 우즈베크
語에서도 yanup(南)이 있다. yoro는 nyoro로 소급되며 noro가 原形이
고 nor(not)이 祖語形이다. 이는 몽골語 nar(太陽)과 同源語다. 日本語
minami(南)는 mi와 nami의 合成名詞다. 日本語 minami(南)는 南의 意味
를 지니는 말의 合成名詞다. 國語의 마파람의 '마'가 南이란 뜻이다. '말
(맏)'이 祖語形이다. 모레(再昨日)의 語根 '몰'은 太陽이 原義다. 日本語
mahe(前)는 mare가 原形이고 mar이 語根이다. 앞(前)과 南이란 뜻을 지
니는 말이 同源語라고 볼 때 日本語 mar이 南이란 뜻을 지니는 동시에
太陽이란 뜻을 지닌 말이라고 하겠다. mar → mi로 變化했다. 日本語
mikoto(命, 尊)의 mi는 尊稱接頭辭로 쓰이는데 語源은 우리말의 말(語)
이다. 즉 日本語에서는 m頭音을 지니는 말은 i母音으로 變하는 경우가
강하다. 東乡語에서 məiliə(南, 前), 保安語에서 məltəčaŋ(南, 前)이 있다.

---

13) 앞의 책, 491-492쪽.

語根 məi, mɛl이 되는데 太陽이 原義다. 日本語 mi-nami의 nami는 국어 nal(日)에 어원이 있다.

국어		日本語
nal(生)	→	nama(生)
tol(石)	→	tama(石)
kal(髮)	→	kami(髮)
nal(日)	→	nami(南)
kal(語)	→	kami(神)

nal>naram>naam>nam-i>nami(南)의 變化다. 女眞語에서 fanti(南)인데 panti에서 변한 것이다. 그렇게 보면 pan이 語根이 되고 pat이 祖語形이다. 국어 '볕(陽)과 同源語다.

fanti(南)
fumə(東)
ʤul-si(東)
furilə(西)
amu-lu(後)

위 女眞語에서 方位語는 頭音 f에서 비롯되는 것이 특징이다. 漢字語 南도 nar(日)과 同源語다.

10-6-2. 東

ʤeün(東)[蒙]
dorona(東)[蒙]
udaya(東)[蒙]
udayana(東)[蒙]
ʤul-si(東)[女]
fumə(東)[女]
dəlgi(東)[滿]

dʒooggidə(東)[에벤키]

undun(東)[西部, 裕固]

vɛrxi(東)[시버]

əiki(東)[나나이]

narqarwəi(東)[다구르]

sɛrəg(東)[타타르]

kyntsəğəs(東)[타타르]

sɛrg(東)[위구르]

doğu(東)[터키]

šark(東)[터키]

səğəs(東)[카자흐]

kynxsəğəs(東)[카자흐]

higasi(東)[日]

새(東)[國]

蒙古語에서 東이란 意味를 나타내는 말에서 頭音을 보면 크게 두 가지 형이 있다. dʒeun과 dorona와 udaya形이 바로 그 例다. dʒ音은 根源的으로도 t에서 변한 子音이다. dorono(東)의 語根 dor은 dot이 祖語形이라고 하면 국어 太陽이란 意味를 지닌 '돋(tot)'과 同源語다. 국어에서는 '새(싀, 東)'가 보이는데 '사이'가 줄어든 말이고 삳>살>살-이>사이>새의 변화이다. '살'은 原義가 太陽으로서 現代語 햇살의 '살'은 바로 太陽이 原義다. 설(元旦), 설(살, 歲)도 太陽이 原義며 漢字語 歲도 同源語다. 따라서 蒙古語 dorono(東)의 祖語形 dot은 국어의 '돋(太陽)'과 同源語다. 日本에서는 hikasi가 himukasi(日向し)가 줄었다는 說이 있으나 그렇지 않다고 본다. hi는 두말할 것도 없이 太陽이란 意味다. gasi의 語根은 gas이고 祖語形은 kat이다. 太陽이란 原義를 지니는 kat>kas>kasi의 변화로서 hikasi>higasi의 변화이다. 그러니까 higasi(東)는 太陽이란 原義를 지니는 말이 겹친 말로서 異音同義語의 合成名詞다. k가 頭音으로 되는 東이란 意味를 지니는 말을 뽑아보면,

kyntsəğə(東)[타타르]

kynxsəğəs(東)[카자흐]

가 있다. kyn이 여기서는 先行語로서 하늘(天)과 太陽이 原義이다. udaya (東)의 語根은 ut으로서 原義는 太陽이다. 母音 頭音을 지니는 말로서,

undun(東)[西部, 裕固]

əiki(東)[나나이]

등이 있다.

10-6-3. 西

barugun(西)[蒙]

ürüne(西)[蒙]

ülüge(南側)[蒙]

ülgei(南側의)[蒙]

alilho(晴)[蒙]

ürüne(西)의 語根 ül과 南側이란 뜻을 지니는 ülüge의 語根 ür이 共通 되고 있음을 볼 수 있으며 ül의 本義는 太陽이다. alilno(晴)의 語根 al은 太陽이 本義다. 따라서 西라는 뜻을 지니는 말도 太陽 原義에서 轉義되 었음을 볼 수 있다.

kyn tsəgəʃ(東)[타타르]

kyn batəʃ(東)[타타르]

kyn yaq(南)[타타르]

tyn yaq(北)[타타르]

타타르語에서 方位를 나타내는 말의 先行語에 kyn과 tyn이 오고 있 는데 kyn은 타타르語에서 해(日)와 하늘(天)이란 뜻을 지니는 말이다. 따 라서 古代人들의 方位 槪念의 發想은 太陽이 그 中心이었다. 따라서 方 位語는 太陽이 原義다. kyn은 kun에서 변한 것이고 kut이 祖語形이다.

quyas(太陽)[타타르]

kyn(日, 天)[타타르]

quyarnurə(陽光)[타타르]

quyas는 본디 quras에서 변한 것으로 語根은 qur이고 祖語形은 qut 이다. kun(kyn)은 kut에서 변한 것이다. 터키語 güneş(太陽), gün(날, 太陽)과 同源語다. 타타르, 위구르, 카자흐語에서 kyn이고 sara語에서 gün, 西部 裕固語에서 kun이다. 西部 裕固語에서 kundus(晝)의 語根 kun은 太陽이란 뜻이다. 길랴크語에서 ken은 太陽이란 뜻을 지닌 말이다. 따라서 方位語는 太陽과 關聯된다고 하겠다. 古代人들에게 있어서 太陽은 絶對至尊의 存在며 太陽을 中心으로 方位語가 定해졌다고 본다. 몽골語에서 西라는 뜻을 지니는 語根 ür(üt)은 太陽이 原義다.

nisi(西)[日]

日本語 nisi(西)의 語根 nis은 nit으로 소급되며, 국어 날(日)의 祖語 '낟(太陽)'과 同源語다. 국어에서 西風을 하늬바람 또는 갈바람이라고 한다. '하늬'는 '하느이'가 줄어든 것이고 하늘이>하느이>하늬로 변화한 것이다. 하늘은 다시 '한'과 '을'로 가를 수 있는데 『鷄林類事』에는 漢捺 (하날)로 표기되었다. '한'과 '알'은 모두 太陽이란 뜻을 지니는 異音同義 語의 合成名詞라고 하겠다. 갈바람의 '갈'도 太陽이란 뜻을 지니는 '개 다(晴)'의 원형 '갈'과 一致한다. 蒙古語 barugun(西)은 baru와 gun의 合 成語다. bar의 祖語形 bat은 국어 볕(陽)과 同源語다. baragun(西)은 bara와 gun의 合成名詞다. bara의 語根 bar(bat)은 볕(陽)과 同源語며 gun도 역시 太陽이 原義다. 터키語의 gün(太陽)과 一致한다.

10-6-4. 北

hoina(北)[蒙]

umara(北)[蒙]

aru(北, 後)[蒙]

uliti(北)[女眞]

amərxi(北)[시버]

ameeda(北)[에벤키]

ameelaa(後)[에벤키]

tertsitk(北)[카자흐]

sootystik(北)[카자흐]

蒙古語에 aru(北)의 語根은 ar로 at이 祖語形이다.

əldən(光)[滿]

atsəg(晴)[타타르]

otor(晝)[蒙]

aswman(天)[東乡]

어근 əl, at, ot, as 등은 太陽이 原義다. 아울러 北은 뒤(後)의 意味도 있다. 『訓蒙字會』에 '뒤 北'이 나온다. '뒤'는 北의 意味와 뒤(後)의 意味를 함께 지닌다. 따라서 '뒤'도 太陽이란 原意가 있다. '뒤'는 '두이'가 줄어든 말이고 '두이'는 다시 '두리'가 되고 語根은 '둘(둗)'이다. 국어 해돋이의 '돋'과 同源語다.

kita(北)[日]

日本語 kita(北)의 語根 kit도 太陽이 原義인 말이다. higure(日暮)의 gure(暮)의 語根 gul(gut)은 太陽이란 原義가 있다. 漢字 暮字에도 太陽을 뜻하는 日字가 들어 있다. 알타이諸語에서 方位語 東, 西, 南, 北이란 뜻을 지니는 말은 太陽을 中心으로 해서 생겨난 말로서 그 原義는 太陽이다. 아울러 南이란 뜻에는 앞(前)이란 뜻이 있고 北이란 意味에는 뒤(後)라는 意味가 있다. 이는 北方民族이 太陽을 向하여 앞으로 南進했다는 것을 말하는 것이다. 그러나 西部 裕固語에서는 art가 西, 뒤(後)라는 뜻을 지니는 곳도 있다.

10-7. 季節語

10-7-1. 봄(春)

      xabul(春)[蒙]

    xabul(春)은 xa와 bul의 合成語다. xabul의 xa의 原形이 xal이다. xal과 bul은 모두 原義는 太陽이다. xabul은 같은 뜻을 지닌 말의 합성명사다.

      봄(春)[國]

      haru(春)[日]

    日語 haru는 paru가 原形이고 par이 語根이며 pat이 祖語形이다. pat 이 太陽이란 原義를 지닌다고 하겠는데 국어의 볕(陽)과 同源語다. 국어 '봄'은 볼>볼-옴>보롬>보옴>봄의 변화이다. 감(柿)의 祖語는 '갈(갇)'이 다. 濟州語에 '갈옷, 갈중이'는 감물을 들인 옷이다. '갈'이 감이란 뜻이 다. 고욤은 '고옴'으로 소급되며 고롬<골<곧으로 소급된다. 乾柿를 곶 감(串柿)으로 풀이하고 있는데 '곶'은 '곧'으로서 '고옴'의 祖語形 '곧(柿)' 이다. 따라서 봄의 祖語形이 '볼'이고 日本語 haru(春)의 祖語形 pat과 同源語다. 몽골語 xabul의 xal도 太陽이 原意다. x音은 k音에서 변했다 고 보면 kal이 되는데 몽골語에서 kal이 太陽이란 뜻을 지닌 말이었다.

      niŋnəri(春)[시버]

      niŋnəri(春)[나나이]

      nyəŋnyəri(春)[滿]

      nəlxi(春)[에벤키]

      nəlki(春)[오로촌]

      yaz(春)[西部, 裕固]

      koktem(春)[카자흐]

    yaz(春)는 nyaz로 소급되며 naz로 되며 nat이 祖語形이다. 국어 날 (日)은 蒙古語 nar(太陽)과 同源語이며 nəlki(春)의 語根 nəl(nət)과도 同 源語다. niŋnyəri도 niŋ과 nyəri의 合成語다. nyəri는 nəri로 소급되며

nəlki(春)의 nəl과 同源語다. 카자흐語만이 köktem(春)인데 kök의 祖語形이 kot으로 보면 국어 '갇(갈, 太陽)'과 同源語다. 터키語에서는 yaz(夏)가 있는데 nat이 祖語形으로 太陽이 原義다. nat>nad>nyaz>yaz의 변화이다.

10-7-2. 여름(夏)

ʤun(夏)[蒙]

zun(夏)[蒙·和靜]

naʤir(夏)[다구르]

yar(夏)[蒙·士族]

qaluntsa(夏)[蒙·東乡]

몽골語系에서 여름(夏)을 뜻하는 말로서 네 가지 類型이 있다. ① ʤun, zun ② naʤir ③ yar ④ qaluntsa. ʤun, zun은 dun으로 소급되며 tut이 祖語形이다. 국어 '돋(太陽)'과 同源語다. 오로촌語에서 dilatsa(太陽)가 있다. 語根 dil은 dit로 소급된다. yar(夏)은 nyar, nar, nat으로 소급되며 날(日)과 同源語다. quluntsa(夏)의 語根 qul은 qut으로 소급되며 kut이 祖語形이다. 모두 太陽이 原意다. 국어 여름의 15세기 표기로는 '녀름'이고 '너름'이 原形이며 '널'이 語根이고 날(日, 太陽)과 同源語다. 여름이야말로 語源에서 보면 太陽의 季節이다. 몽골 士族語에서 yar(夏)은 nar이 原形이다. 다구르語 naʤir(夏)의 語根은 nat이다. 東乡語에서 quluntsa(夏)의 語根 qul도 역시 太陽이 原義다.

10-7-3. 秋

namar(秋)[蒙]

namər(秋)[다구르]

borori(秋)[滿]

bolo(秋)[에벤키]

bolorj(秋)[시버]

bɔlɔ(秋)[오로첸]

boroəri(秋)[女眞]

kyz(秋)[타타르]

kyz(秋)[위구르]

güz(秋)[터키]

kyz(秋)[카자흐]

퉁구스語系에서는 bol, 터키語系에서는 gyz가 있고 터키語에서는 güz(秋) 외에 son bahar(秋)이 있는데 son(最後)과 bahal(春)의 合成語다. 가을을 마지막 봄이라고 본 것은 가을도 역시 太陽이 原義라고 하겠다. 국어의 가슬(秋)의 語根은 '갓(갇)'인데 터키語系와 比較된다. 몽골語와 다구르語만이 namur系다. 根源的으로는 太陽이 原意다. 몽골語 nar(太陽), nasu(年)와 namur(秋)이 同源語일 수 있다. 퉁구스語系 bor의 祖語形 bot은 국어의 볕(陽)과 同源語라고 하겠다.

10-7-4. 冬

ebul(冬)[蒙]

übül(冬)[蒙]

ügül(冬)[蒙]

ugul(冬)[다구르]

tyri(冬)[시버]

turin(冬)[나나이]

tug(冬)[에벤키]

tuwə(冬)[오로첸]

tuwəri(冬)[滿]

gəs(冬)[西, 裕固]

qəs(冬)[타타르]

qis(冬)[위구르]

kış(冬)[터키]

qəs(冬)[카자흐]

퉁구스語系에서는 주로 tur, 터키語系에서는 kəs(kəs)이다. 몽골語에서는 u母音을 頭音으로 하는 übül, ügül이 있다. 길랴크語에서는 honyx(春), tol(夏), tils(秋), tul(冬)이 있는데 honyx(春)을 제하고서는 t頭音을 지녔다. 길랴크語에서 to(日)가 있는데 原形은 tor(日)이라 하겠고 국어 돈(太陽)과 同源語일 것이다. 母音 變化에 의해 어휘가 分化했다고 보겠는데 太陽이 原意다. 길랴크語에서 보면 여름(夏), 가을(秋), 겨울(冬)의 어휘들이 同源語일 것이다. 터키語에서 güz(秋)와 kış(冬)도 同源語일 것이다. 국어 가슬(秋), 겨슬(冬)도 터키語와 비슷한 현상을 알 수 있다. 이렇게 볼 때 국어의 봄, 여름, 가을, 겨울도 根源的으로는 태양이 原意다.

	春	夏	秋	冬
만주어	nyŋnyəri	ʤwari	borori	thuwəri
몽골어	habal	ʤun	namul	ebul
터키어	bahar	yaz	güz	kış
국어	bom	nyrim	kasil	kyəsil
일본어	haru	natsu	aki	huyu

以上의 比較表에 의하면 국어의 季節語는 터키語系와 무척 가깝다. (터키語의 bahar(春)은 페르시아語의 借用語임.)

터키語 yaz(夏)는 nyaz<nat까지 소급된다. 국어 녀름<너름<널<넏까지 소급되면 터키語 nat(日)과 同源語다. 가슬(秋)과 겨슬은 터키語와 同源語일 것이다.

paykar(春)[아이누]

sák(夏)[아이누]

cúk(秋)[아이누]

mata(冬)[아이누]

paykar은 pay와 kar의 合成語라고 보면 pay는 par로 소급되며 pat 이 祖語이며 국어의 볕(陽)과 比較된다. kar은 太陽이 原義다. sak은 salk<sal<sat으로 소급되며 국어의 햇살의 '살(太陽)'과 比較된다. 아이 누語에서 cúk(秋)에 비해 cúp(太陽)이 있다. p末晉이 k로 변했다. 국어에 서도 브섭>부억으로 변한다. 아이누語 mata(冬)의 語根 mat은 太陽이 原義다. 국어의 마파람(南風)의 '마(만)'와 比較된다.

10-8. 時 間 語

10-8-1. 해(年)

      bʒəl(年)[카자흐]
      ʤil(年)[타타르]
      ʤil(年)[蒙]
      nasul(年)[蒙]
      on(年號)[蒙]
      ania(年)[女眞]
      ania(年)[滿]
      an(年)[에벤키]
      sene(年)[터키]
      sə(歲)[시버]
      sa(歲)[나나이]
      nasu(歲)[蒙]
      yıl(年)[터키]
      yaş(歲)[터키]
      yɛʃ(歲)[타타르]
      yas(歲)[위구르]

몽골語에서 ʤil(年)이 있는데 ʤun(夏)과 同源語다. ʤun(夏)은 ʤut으 로 소급되며 ʤil(年)과 同源語다. 現 몽골語에서는 nar(太陽)이지만 古代

語에서는 ʤut(太陽)가 있었을 것이고 祖語形은 tut으로 太陽이란 뜻을 지니는 말이었을 것이다. nasu(歲)의 語根은 nas이고 nat이 祖語形이다. nat(太陽)의 末音 t가 r化하면 nar(太陽)이 된다. 年이나 歲라는 뜻을 지니는 말은 모두 太陽이 原義다. 이는 古代人들은 時間觀念의 對象을 太陽으로 했다는 것을 알 수 있게 한다. 漢字 年은 '날(날, 日)'과 同源語다. 漢字 歲는 국어의 '설(歲)'과 同源語라 하겠으며 太陽이 原義다. 터키語系에서 yaş(歲)는 nyas<nas(nat)으로 소급되며 이는 蒙古語 nal(太陽)과 국어 '날(日)'과도 同源語다. 퉁구스語系 ania(年)의 語根은 an(at)이고 原義는 太陽이다.

10-8-2. 오늘(今日)

15세기 표기로는 오늘(今日)[龍歌26章]이다. '온'과 '올'의 合成名詞다.

> ənu udar, ən edər(今日)[蒙]
> on, oŋ(年)[蒙]
> oi(周年)[蒙]
> oroi(晚)[蒙]
> udu, üdər, üdər(晝)[蒙]

몽골語에서 ən edər은 ən(今)과 edər(日, 晝)의 合成名詞다. ən의 祖語는 ət인데 根源的으로는 太陽이 原義다. oi(周年)는 ori에서 r音의 脫落이라 하겠고 oroi(晚)의 語根은 or이고 祖語는 ot임이 分明하고 原意 太陽에서 轉義되었다. 오늘(今日)의 語根 '온'은 蒙古語 ən과 比較되며 祖語는 ot이고 역시 原義는 太陽이다.

> bügün(今日)[터키]

bügün(今日)의 bü는 代名詞로서 時間, 距離라는 뜻을 지니고 있다. gun은 해(日)라는 뜻이다. güneş, gün이 太陽이란 뜻이다.

> güncel(日常)[터키]

günlük(日用)[터키]

güneş(日光)[터키]

süni(夜)[蒙]

sonə(夜)[蒙, 士族]

sonə(夜)[保安]

suni(夜)[다구르]

tobori(夜)[滿]

dolö(夜)[女眞]

dolbu(夜)[나나이]

tyn(夜)[타타르]

tyn(夜)[카자흐]

tyn(夜)[위구르]

gece(夜)[터키]

qeʤe(夜)[西, 裕固]

yoru(夜)[日]

yu(夕)[日]

日本語에서 밤(夜)은 yoru(夜)다. nyoru<noru로서 nor이 語根이 된다. yu(夕)도 nyu<nu로 소급되며 nur까지 소급된다. nor, nur은 국어 날(日, 陽)과 同源語다. 국어 해질녘, 아침녘 할 때 '녘'이 바로 시간을 나타내는 말인데 날(日)에 그 語源이 있다. 녁<넉<넒<널로 소급된다. 국어 나조(夕)의 語根은 '낮'이고 '낟'이 祖語形인데 '낟'이 태양이란 뜻이다. 국어 밤(夜)도 받>발>발암>바암>밤의 變化로서 '받'은 '볕'과 同源語다. 밤(夜)이란 해가 뜨고 지는 관계로 이루어지는 것이니 태양이란 뜻을 지니는 말이 밤의 어원이 될 것이다.

gün(太陽)[터키]

güneş(太陽)[터키]

gün의 祖語形은 güt으로서 gece(夜)와 同源語라 여겨진다. 몽골語

süni(夜)의 語根은 sün이고 süt이 祖語形이다. 滿洲語에서 syun(太陽)이 있는데 몽골語 suni(夜)와 同源語다. 국어의 햇살의 '살'은 바로 太陽이 原意이다. nanai語에서 dolbu(夜)의 語根 dol(dot)은 국어의 '돋(太陽)'과 同源語다.

10−8−3. 때(時)

chak(時)[蒙]
hasa(時)[蒙]
ərin(時)[蒙, 다구르]

국어 '해가 돋다'의 '돋다'의 語根 '돋'은 太陽이란 뜻이다. 日本語 terasu(照)의 原形은 tetasu가 되고 teta가 名詞로서 太陽이 原義다. 琉球語에 teta가 太陽이란 뜻으로 現在도 쓰이고 있다. 돋(太陽)>돌(周年, 年)의 변화로 轉意되었다. 日本語에 tot>tos-i(年)가 있다. 日本語 toki (時)는 국어 tol(年, 周年)에 k가 添加되어 tol>tolk>tok-i(時)다. 국어 때 (時)는 '다이'가 줄어든 말로서 달이>다이>대의 변화로서 祖語形은 '달' 이다. '어느 덛, 저근 덛'에서 '덛'이 바로 時間이란 뜻이며 동시에 太陽 이 原意다. '올 적, 갈 적'의 '적'도 時間이란 뜻을 지니고 있는데 蒙古語 chak과 同源語다.

ərin(時)[滿]
ərintari(時時)[滿]
ərin(時間)[다구르]

ərintari(時時)는 ərin과 tari의 合成名詞로서 異音同義語다. 그렇게 보 면 滿洲語에서도 tari가 때(時)라는 뜻이며 語根 tar(tae)은 太陽이 原意 다. 다구르語에서 ərin(時)은 滿洲語와 一致하고 있다. xasa(時)는 xas이 語根이고 xat이 祖語形이라고 보면 kat이 祖語形으로서 太陽이 原義다. 이렇게 時間을 나타내는 말은 太陽이란 뜻을 지닌 말이 그 基礎語다.

이는 古代人이 時間을 太陽에서 빌리고, 해가 뜨고 지면 어둡다고 하는
데서 그러한 時間 觀念語의 基礎語가 되었다.

> aralık(時)[터키]
>
> çağ(時)[터키]
>
> arasıra(時時)[터키]

터키語 aralık(時)의 語根 ar을 얻을 수 있는데 이도 태양이 原義다.
çağ(時)는 국어 '적(時)'과 형태가 비슷하다.

10-9. 色彩語

10-9-1. 희다(白)

> chagan(白)[蒙]
>
> xuntai(白)[蒙]

蒙古語에서 희다(白)라는 形容詞가 두 가지 形이 있다. 국어 '희다(白)'
는 '히(陽)'에서 轉成되었다.

> ak(白)[터키]
>
> beyaz(白)[터키]

터키語에서 '희다'라는 形容詞가 두 가지라는 것을 알 수 있다.
ak<alk<al<at까지 소급되는데 at는 太陽이란 뜻이다. 日本語 siro(白)의
語根은 sir이고 太陽이 原意다.

> sarasu(曝)[日]

語根 sar이 太陽이란 名詞이며 국어 햇살의 '살'이 해라는 古語다. 滿
洲語에서 太陽은 syun이고 sut이 祖語形이다. 몽골語에서 dʒagan(白)
의 어근 dʒag는 太陽이란 原義에서 轉意된 것이다. 나나이語에서
dʒwun(太陽)이 보인다.

d3ɛnup(南)[위구르]

d3egün(東)[蒙]

dorona(東)[蒙]

d3as(夏)[카자흐]

tol(夏)[길랴크]

등의 語辭를 보면 d3agun(白)이 太陽이 原意라는 것을 알 수 있다.

10-10. 맺음말

天體語中 太陽이란 뜻을 지닌 말은 時間을 나타내는 말과 하늘(天)과 東, 西, 南, 北의 方位語와 春, 夏, 秋, 冬 季節語의 語源이 되고 있는데, 이는 古代人들의 生活에서 太陽이 絕對的인 影響을 주고 있음을 反映한 것이다. 國語에는 太陽語로서 갇(갈), 낟(날), 돋(돌), 맏(말), 벋(볕), 삳(살), 앋(알), 핟(해)의 8個語가 있다. 이는 國語에 적어도 8個 以上 語族의 말이 섞여 있다는 뜻이다.

<『語文論叢』 第七輯, 慶熙大 大學院 國文科, 1991.>

10-11. 인칭어

蒙古語의 人稱語와 韓國語의 人稱語를 比較하여 兩國의 人稱語에서 同源語 關係를 밝히고 아울러 消失된 人稱語를 再構한다.

10-11-1. Xün, Kün(人)

xümün(人)[蒙]

kyn(人)[蒙, 阿拉共]

kun(人)[蒙, 土族]

kun(人)[東鄕]

kuŋ(人)[保安]

kürgen(女婿)[女眞]

xü(子息)[蒙]

蒙古語 頭音에 나타나는 x音은 k에서 變한 것이 主宗을 이룬다. xün
은 kün에서 變한 것이다. 18世紀 刊으로 보이는 『蒙語類解』에는 kün,
kümün으로 表記되어 있다.

gadər(鎌)[土族]

gadu(鎌)[東乡]

xadar, xadagur(鎌)[蒙]

kama(鎌)[日]

낫(鎌)이란 뜻을 지닌 語彙를 보아도 x音은 k音에서 變한 것을 알 수
있다.

xar(黑)[蒙]

qara(黑)[東乡]

kara(黑)[튀르크]

kuro(黑)[日]

karasu(鳥)[日]

몽골어 xar(黑)은 東乡語에서 qara, 터키語에서 kara, 日木語에서
kuro, kara와 比較 되는데 蒙古語에서는 頭音이 x音임을 알 수 있다.
이렇듯 蒙古語에서 頭音 x가 k와 대응되고 있음을 알 수 있다. 국어 '검
다(黑)'의 '검'이 名詞인데 걷>걸>걸-엄>거엄>검의 變化이다. '검다'의
語源的 祖語는 '걷(火)'이며 蒙古語 gal(火)과 比較된다.[14] 土族語에서는
gal(火)이고 保安語에서는 xal(火)로 나타난다. 蒙古語 xün의 古語 kün
은 국어의 일꾼, 창꾼, 짐꾼의 '꾼(군)'과 비교된다. kun(人)의 祖語形은

---

14) 徐廷範, 「韓·日祖語에서 본 兩國關係」, 『韓國의 社會와 歷史』, 一志社, 1991, 727-
729쪽.

kut이다. 국어 멍텅구리, 장난꾸러기의 '구리, 꾸러기' 등이 사람이란 뜻을 지니는데 語根은 '굴'이고 祖語形은 '굳'이다. 이로써 蒙古語 kün은 祖語形이 kut인데 국어 '굳(人)'과 同源語라는 것을 알 수 있다. 국어의 겨레(族)와 日木語의 kara(族)는 同源語로서 '사람'이 原義다. 아울러 '갓(妻·女)'도 同源語가 되며 '올케'의 '케'의 原形 '게'는 걷>걸>걸-이>거이>게의 변화로서 '사람'이 原義다. 蒙古語에서 gergei(妻)가 있다. 國名 mongol, dagul, ujgul의 gol, gul도 사람이란 뜻을 지니는 말로서 국어의 '굴(人)'과 同源語[15]가 된다. 지금은 '사할린'이라고 하는 gilyak의 gil도 '사람'이란 뜻이다.

> solgo(高麗人)[蒙]
> soloŋgos(高麗人)[蒙]

solgo, soloŋgos의 go, gos는 '사람'이란 뜻을 지니는데 go는 gol의 末音脫落이다. gos는 got의 t가 s化한 것인데 got이 原形으로서 '사람'이란 뜻이다.

> mongol
> dagul
> ujgul
> soloŋgos
> solgo

gol, gul, gos, go는 모두 '사람'이란 뜻을 지니는 同源語다. solgo, soloŋgos의 語根 sol은 사람(人)의 語根 '살'과도 同源語라 하겠다. solgo나 soloŋgos는 사람이란 뜻을 지니는 異音同義語의 合成名詞다. gilyak語를 nivx語라고도 하는데 이 말도 '사람'이 原義다. 『鷄林類事』의 '鷄林'이 中國에서는 古代 韓國을 가리키는 말이었다. 高句麗의 句麗, 高麗도 語根을 보면 '굴, 골'이다. 퉁구스語에 屬하는 əwənkʰi(鄂溫克)의 kʰi도

---

15) 徐廷範, 「蒙古와 滿洲 國名의 語源」, 『너스레別曲』, 汎潮社, 1991, 322-328쪽.

'사람'이 原義다. 突厥族의 '厥', 터키의 '키'도 '사람'이 原義다.

     watakusi(一人稱)[日]

  日本語 watakusi(私)는 wata와 kusi의 合成名詞로 異音同義語다. kusi 의 語根은 kus으로서 kut이 祖語形인데 '사람'이란 뜻을 지니는 구리(人) 의 祖語形 '굳'과 一致한다. 아이누語에서 kuru가 '사람'이다. wata는 ata 가 변한 것인데 日本語에서 頭音에 오는 wa, wo는 a, o에서 변한 것으로 一種의 滑音調現象이다. 日本語는 閉音節語에서 開音節語化했기 때문에 單語構成에서 母音이 많아진다. 一種의 母音의 異化作用이라 하겠다. ata는 a音이 둘이기 때문에 wata로 中和한 것이다.

     ata(私) → wata
     ata(海) → wata
     oto-ko(男) → woto-ko
     oto-me(女) → woto-me
     ono(斧) → wo-no

  이렇게 單母音이 二重母音化되었다가 現代語에서는 다시 原音으로 되돌아가 單母音이 되었다. 국어에서도 a單母音이 wa의 重母音으로 변 하는 경우가 있다. 한새>황새, 한쇼>황소. '활(弓)'은 '할'에서 변했다고 보인다. 이도 하나의 滑音調現象이라 하겠다.

10-11-2. olos(人)

     arat(國民, 住民)[蒙]
     olos(人)[蒙]
     ɔrčn(人)[蒙]
     arta(人民)[蒙]
     uruk(親族)[蒙]
     uruk saton(親族)[蒙]

orok eligen(親族)[蒙]

utari(人人)[아이누]

aile(家族)[터키]

ər(男性)[蒙]

ədʒi(主人)[蒙]

ata(父, 先祖)[터키]

axa(兄)[蒙]

語根은 ol, ər, ar, ur, or, ut, ədʒ, at 등인데 語源的 語義는 '사람'이다. 국어 '아들, 엇(母), 아ᄉ(弟), 아ᄌ비, 어른' 등의 語根 '앋, 엇(얻), 앗(앋), 앚(앋), 얻(얻)' 등16)이 同源語다. 滿州語에서 -urse가 '者, 人'인데 單獨으로는 쓰이지 않고 後行語로 쓰인다.

bayan-urse(富者)[滿]

tacire-urse(學者)[滿]

兄이라는 뜻인 axa는 ara>aa<axa의 변화이다. 祖語는 ar(at)이다.

10-11-3. saton(愛人, 親族, 親戚)

sülbege(親族)[蒙]

salbiya(親族)[蒙]

uruc saton(親戚)[蒙]

uri saton(親戚)[蒙]

saton(親戚)[蒙]

saton(사랑스럽다)[蒙]

sanagal, sanal(愛)[蒙]

sadun(親家)[滿]

sadusa(親戚들)[滿]

---

16) 徐廷範, 『우리말의 뿌리』, 高麗苑, 1989, 54-56쪽.

사돈(姻戚)[國]

사룸(人)[國]

蒙古語에서 sül, sal, san 등은 '사람'이 原義다. 滿洲語에서도 語根
sat이 있으며 국어에서도 語根 '삳, 살(삳)'이 있어 蒙, 滿, 韓에서 共通되
는 同源語다. 더구나 蒙古語에 saton이 愛人과 親戚이란 뜻을 같이 지
니고 있다는 것은 사랑(愛)의 語源이 사람(人)과 同源語라는 特記할만한
사실이다. 蒙古語 sanal(愛)의 語根 san은 sat이 祖語形이므로 사랑(愛)
과 사람(人)이 同源語라는 것을 보인다. 이는 국어에서 사랑(愛)의 '살'과
사람(人)의 語根 '살'이 同源語라고 하는 것을 짐작하게 한다. 滿洲語의
人稱代名詞를 살펴본다.

	二人稱單數	二人稱複數
主格	si	suwe
所有格	sini	suweni
與格	sinde	suwede
對格	sinbe	suwebe
奪格	sinci	suweci

二人稱單數에서의 語根은 si, sin이고 二人稱複數에서는 suwe가 된
다. suwe는 sure의 r이 脫落하며 母音이 이어나기 때문에 w로 中和했
다고 보겠다. 語根 sur은 국어 사람(人)의 語根 '살'과 同源語다. 이렇게
보면 국어에서 사람(人)의 語根 '살(삳)'은 滿洲語, 蒙古語 等과 강력한
同源語의 勢力을 보이고 있다고 하겠다. 그러나 터키語에서도 第二人稱
에는 sen形이 나타나는데 複數에서는 siz로 나타난다.

第一人稱 單數 ben　　第一人稱 複數 biz

第二人稱 單數 sen　　第二人稱 複數 siz

그런데 蒙古語에서는 人稱代名詞에는 s頭音으로 하는 어휘가 없다.
이렇게 터키語에서는 人稱代名詞에 sen, siz가 있는 것을 보면 s를 頭音으

로 하는 '사람'이란 뜻을 지녔던 말이 古代터키어에서는 있었던 것 같다.

> solon(滿洲族의 一部族)[滿]
> soloŋgos(高麗人)[蒙]
> solgo(高麗人)[蒙]
> solho(高麗人)[滿]
> sogol(高麗人)[女眞]

語根 sol, so가 있는데 so는 sol의 l音 脫落形이라 하겠다. 新羅의 古名 '斯羅, 斯蘆'의 語根은 '살'인데 이는 사람(人)의 語根과 同源語며 外國에서 부른 sol도 사람의 어근 '살(人)'과 同源語라 하겠다. 日本의 原住民인 아이누族은 3萬年 前에 아시아에서 건너갔다는 것이 通說로 되어 있다. 이 아이누人이 日本人을 samo라고 하며 한편 sisam이라고도 한다. samo도 '사람'이란 뜻이다. aynu라고 하는 말도 '사람·사내(人·男)'라는 뜻이다. samo(日本人)는 사람의 ㄹ이 떨어져서 samo가 되었다.[17] 국어 '구름'이 日本語에서 '구모', '씨름'이 '스모'와 같이 語中에 ㄹ이 떨어지는 것을 볼 수 있다. saram(人)에서 ra가 떨어지면 samo가 된다.

> sama(樣)[日]

日本語에서 tonosama(殿樣), oosama(王樣)와 같이 sama는 氏名, 官名 밑에 붙어서 敬意를 表하는 後行語다. sama의 語根은 sam인데 日本에서는 sam이 saŋ으로도 쓰인다. nisaŋ(兄樣), hagiwarasaŋ(萩原樣)의 saŋ은 sam이 변한 것이다. 이렇게 sama, saŋ이 人稱으로 쓰인다는 것은 根源的 語源이 '사람'이었던 말임을 짐작하게 한다. 日本語 sama(樣)는 當時 日本語에서 samo(人)와 同源語로서 接尾辭 o와 a의 差異뿐이고 語根 sam은 一致하고 있다. 日本語에서 人名의 後行語로 '사람'이란 뜻을 지닌 말이 있다.

---

17) 徐廷範, 『日本語の源流をさかのぼる』, 日本 東京 : 德間書店, 1989.

-maro

日本의『萬葉集』作家의 한 사람인 kakinohitomaro(柿人磨呂)의 hito
(人)도 '사람'이고 -maro(磨呂)도 '사람'이다. maro의 語根은 mar인데
mat이 祖語形으로서 사람이란 原義가 있는 말이다. 국어 '마니(人)'가 있
는데 심마니(山蔘採取人), 똘마니, 어머니, 할머니 등의 '마니, 머니'의 語
根 '만, 먼'의 祖語形은 '맏, 먿'이다. maro의 祖語形 mat은 국어 '마니(人)'
의 祖語形 '맏'과 一致한다. 滿洲語 nyalma의 ma는 '사람'이 原義다. 蒙古
語 一人稱複數代名詞에 manöös의 語根 man이 '사람'이라는 것은 앞서
지적된 바와 같다. '마노라(上典)'의 語根 '만'도 '맏'이 祖語形이다.

-tari

huziharanokamatari(藤原鎌足)의 tari(足)가 原義는 '사람(人)'이다. tari
에 '足' 자를 쓴 것은 국어 다리(脚·足)에 의한 것인데 tari의 原義가 '사람'
이라는 뜻을 상실한 데서 '足' 자를 썼다고 하겠다. 日本語에도 hitori(一
人), hutari(二人)의 tori, tari가 '사람'이다. 국어에서 '키다리'에서 '다리'가
'사람'이다. '꾀돌이'의 '돌'이 바로 국어에서 '사람'이란 뜻을 지닌 말이
人稱接尾語로 쓰이고 있음을 보이고 있다.

-hito

天皇의 이름인 hirohito(裕仁), akihito(明仁)의 hito는 '사람(人)'이 原
義다. 이러한 一聯의 事實들은 人稱이나 官名의 後行語로 쓰이는
-sama가 '사람'이란 뜻을 지니고 있음을 짐작하게 하고 samo(倭人)와
同源語라는 것을 보이는 것이라 하겠다.

10-11-4. uruk tarik(親族)

uruk tarik(親族)[蒙]
türgün(母側親族)[蒙]
türül salbiya(親戚)[蒙]

türül(家族)[蒙]

čadik(家族)[蒙]

degüü, deü(弟)[蒙]

語根은 tar, tur 등인데 국어 '다리(人), 돌(人)'과 同源語가 된다. '쏠 (女息)'의 原形 '돌'도 根源的으로는 '사람'이 原義이다.

10-11-5. taniltala(友人)

nüxugüri(友人)[蒙]

蒙古語 第二人稱單數의 主格形은 tsii이며 第三人稱複數는 təd[18]이다. taniltala(友人)는 tanil과 tala의 合成名詞다. tanil의 語根은 tal으로서 tat 이 祖語形이다. tala가 '사람'이 原義라는 것은 分明한 事實이다. tanil은 蒙古語에서 '知人'이라는 뜻이나 '友人'과 동의어라 하겠다. tala의 語根 은 tal(tat)로서 '사람'이 原義다. 국어 '키다리(長身人)'의 '다리'가 '사람'이 라는 것은 앞에서 지적된 바 있고, '꾀돌이'의 '돌'도 '사람'이다. '저 또래, 이 또래'의 '또래'의 語根 '돌'도 '사람'이다. 人稱複數接尾辭 '둘'이 본디 는 '사람'이란 뜻을 지니고 있었던 말이다. 일본어 hitori(一人), hutari(二 人)의 tori, tart가 '사람'이란 뜻을 지니고 있다. 蒙古語에서도 tal(tat)이 '사람'이란 뜻을 지니고 있었던 말이 古代에는 있었다고 본다. nüxügüri (友人)의 güri가 '사람'이란 뜻을 지니고 있으며, mongol의 gol이 蒙古語 에서 '사람'이란 뜻을 지니고 있음을 强力히 사사하는 例라 하겠다. 蒙古 語 二人稱複數代名詞에 ta, tanar이 있고 三人稱單數에는 tere가 있고 三人稱複數代名詞에는 tede, tedener이 있다. −čut는 人稱複數를 나타 내는데 mongol(蒙古人), mongol čut(蒙古人等)같이 쓰이며, čut의 祖形은 tut이다.

---

18) 道布編, 『蒙古語簡志』, 北京 : 民族出版, 1983, 75~76쪽.

10-11-6. nüxür(友)

naiji(友)[蒙]

nüxügüri(友)[蒙]

nüxür xani(友)[蒙]

xani(友)[蒙]

naqatsi(外家의 親族)[蒙]

蒙古語에서 母音사이에 q, g, x 등이 介入되는데 이는 母音衝突忌避現象으로 介入되었다. nüxür(友)는 nüür의 ü母音 사이에 x가 介入되었다. nüür는 본디 nurür에서 r音의 脫落이 아닌가 한다. 母音이 연달아 날 때에 兩母音 사이에 子音이 끼어 있다가 脫落하는 경우라 하겠다. 日本語에서도 kara(河)>kaa>kaha(河)로 母音 사이에 h가 介入하고 있다. 국어에서도 사을(三日), 나을(四日)이 사흘, 나흘과 같이 'ㅎ'이 두 모음 사이에 끼어들고 있다. nüxür(友)의 語根은 nur로서 '사람'이 原義라고 하겠다. 국어의 '나, 너, 누'는 '날, 널, 눌'의 末音脫落形이다. 日本語에서 第二人稱에 nare가 있다. 오로크語에서 nari(人)가 있다. 滿洲語에서 nyalma(人)의 nyal은 nal이 原形으로서 '사람'이다. 蒙古語 一人稱單數의 隨格에 nad-가 實辭이고 格語尾로서 -tɛɛ가 붙는다. nad가 一人稱單數가 되는데 蒙古語에서 nad가 '사람'이란 뜻을 古代에는 지녔던 말이라고 하겠다. 蒙古語에서 人稱單數賓格에는 nam-이 나타나고 主格에는 bil이 實辭로 나타난다. 뿐더러 蒙古語에서 사람을 나타내는 名詞가 複數를 나타낼 때에는 nar, ner이 붙는다.

šabi(弟子, 學生)	šabi-nar(弟子等, 學生等)
bakši(先生)	bakši-nar(先生等)
exe(母)	exener(母等)

10-11-7. batar(勇士, 英雄)

salbiya(親族)[蒙]

sulbege(親族)[蒙]

bülü(家族)[蒙]

bere(子婦)[蒙]

bəyə(人)[에벤키]

beye(身)[滿]

    salbiya는 sal와 biya의 合成名詞로서 異音同義語다. biya는 bira가 原形이고 bir이 語根이며 bit이 祖語形인데 原義는 '사람'이다. 에벤키語 bəyə(人)는 bərə가 原形이고 bəə>bəyə의 변화이다. bər(bət)이 '사람'이란 뜻이다. 이는 batar(勇士)의 語根 bat과도 同源語가 된다. bürü(家族)의 語根 bür(büt)과도 同源語가 된다.

    惡 바리(惡人)

    軍 바리(軍人)

    學 비리(學生)

    꽃 비리(思春期의 少年少女·慶尙道方言)

    쪽 바리(日本人)

    '바리, 비리'가 '사람'이라는 뜻을 지니고 있는 국어다. 濟州語에서 '비바리(處女), 냉바리(未亡人)'의 '바리'가 '사람'이다. '바리, 비리'의 語根은 '발, 빌'로서 '받, 빋'이 祖語形인데 日本語 hito(人)는 pito에서 변한 것인데, 語根 pit(人)은 국어 pit(人)과 一致하고 있다. '홍정바지(商人), 노롯바치(俳優)'의 '바지, 바치'의 語根 '밫(받)'은 '사람'이란 뜻이다. 日本 埼玉縣의 方言 yokubari(欲bari), yatubara(奴者), tonobara(殿者)의 bari, bara가 '사람'이란 뜻을 지닌 국어와 同源語라고 하겠다. 日本에서는 yokubari(欲bari)의 bari를 '張'이라는 뜻으로 풀이하고 있으나 '張'이 아니고 '사람'이란 뜻인데 그 뜻을 喪失하게 됨에 따라 '張'이라는 뜻으로 잘못 풀이하게 된 것이라 하겠다. 滿洲語에서는 一人稱單數가 主格일 때에는 bi가 되고 複數일 때에는 be가 된다. 蒙古語에 一人稱單數일 때 主格形에 bi가 나타난다. 이러한 것을 보면 蒙古語나 滿洲語에 b를

頭音으로 하는 人稱語가 있었음을 알 수 있다. 국어의 '떡보, 바보, 곰보, 흥보' 등의 '보'가 '볼(人)'의 末音脫落形임을 알 수 있다. '가난뱅이, 비렁뱅이'의 '뱅이'는 '배'에 'ㅇ이'가 붙었고 '배'는 '바이'가 줄어든 말이다. 받>발>발-이>바이>배로 변화하여 '배'에 ㅇ이 붙고 다시 '이'接尾辭가 붙었다. 漢字語 '輩'도 '배'로서 '사람'의 原義가 있는 '받'에서 변화한 말이다. '夫·婦'도 同源語일 수 있다. 蒙古의 首都 ulan batar은 '붉은 勇士'라는 말이다. ulan은 '붉다'이다.

> ulgan, ulan(赤)[蒙]
> fulgyan(赤)[滿]
> al(赤)[터키]
> aka(赤)[日]
> ateş(火)[터키]
> 울긋불긋(赤)[國]

ulan(赤)의 語根은 ul로서 국어 '울긋불긋'의 語根 '울'과 일치한다. 국어 '붉다(赤)'의 語源的 語根은 '불(火)'로서 '붉-'의 ㄱ은 添加音이다. 터키語 a1(赤)의 祖語形은 at인데 '불(火)'이란 뜻을 지닌 ateş(火)의 語根 at과 一致한다. 터키語에서도 al(赤)은 at(火)에서 轉成된 것이다. 일본어 aka(赤)는 국어 '울(赤)'이 日本에 건너가서 arka>ak-a(赤)로 바뀌었다. 日本語 atui(熱)의 語根 at은 aka(赤)의 祖語形이 at임을 보이고 있다. 滿洲語 fulgyan(赤)은 蒙古語 ulgan과 매우 類似한 形態를 보이나 語源的 語根은 다르다고 하겠다. 滿洲語 頭音에서 F音은 P音에서 변한 것이라고 볼 때 pulayan으로 재구된다. 그러면 국어 '붉은'과 對應된다고 하겠다. 그러므로 蒙古의 首都 ulanbatar(붉은 勇士)은 국어와 비교가 그대로 되며 batar의 原義는 '사람'이었는데 후대에 '勇士, 英雄'이라는 뜻으로 轉義되었다고 하겠다.

10-11-8. manöös(一人稱複數代名詞)

語根 man은 '사람'이 原義다. 滿洲語에서 nyalma(人)가 있는데 nyal 과 ma의 合成名詞로서 異音同義語다. nyal은 nal이 原形이고 국어 '나, 너, 누'와 同源語로서 '나, 너, 누'는 '날, 널, 눌'에서 變化했다. 국어에 '마니(人)'가 있다. '심마니(山蔘採取人), 똘마니(隱語, 部下者), 어머니, 아 주머니, 할머니' 등의 '마니, 머니' 등은 '사람'이 原義다. 몸(身)의 祖語 形은 '몯'인데 '사람'이 原義다. 알타이諸語의 共同的인 現象 中의 하나 가 代名詞는 본디 '사람'이란 原義를 지닌 말이었다고 하는 事實이다. 다음 滿洲語의 人稱代名詞를 살펴보겠다.

	一人稱單數	一人稱複數	一人稱複數(同年輩)
主格	bi	be	muse

滿洲語에서 人稱代名詞 muse가 있는 것을 볼 수 있다. 祖語形은 mut 이다. nyalma의 ma가 mat>mal>ma의 변화이다. manču(滿洲), mongol 의 man, mon이 根源的으로는 '사람'이 原義이다. mongol은 '사람'이란 뜻을 지닌 異音同義語의 合成名詞라는 것을 앞서 지적한 바 있다.

10-12. 맺음말

蒙古語에서 '사람'이라는 뜻을 지니고 있었던 말을 찾아내면 다음과 같다.

蒙古語	韓國語
xun, kun(人)	*군>군>꾼·구리·꾸러기(人), 겨레(族), 갓(女·妻)
*got>gol(人)	
*öt>olos(人)	*안(人), 어른(成人), 우리(吾等), 아롬(私)
*sat>saton(愛人, 親戚)	*삳>살>사람(人), 사회(婿)

*tat>tarik(親族)	*닫>달>키다리, 또래, 꾀돌이 둘(複數接尾辭)
türül(家族)	
*nut>nuxur(友人)	*낟>날>나(날, 널, 눌)
nagatsi(外戚)	
*bat>batar(勇士)	*붇>불>부리, 바리 *받>바지
*mat>man(人)	*맏>만>마니(人), 머니, 마노라, 며느리
mongol	

以上 7個의 어휘에서 蒙古語와 韓國語가 比較되는 것을 볼 수 있으며 人稱關係語와 代名詞와 複數接尾辭 등이 본디는 '사람'이란 뜻을 지녔던 말에서 轉義되었다고 하겠다.

<航『李圭昌博士停年紀念 國語國文學論文集』, 集文堂, 1992.〉

11. 길랴크語와 韓國語의 關係

11-1. 여는 말

길랴크(Gilyak)어는 시베리아의 東部 아무르江 河口와 사할린에 거주하는 사람들이 사용하는 언어로서 抱合語에 속한다. 길랴크어를 니브흐(nivx)어 또는 니그븐(niɣvn, niɣyvn, niɣyvvyn)어라고도 하는데 이 말은 둘 다 사람이 原義다. ni는 '나(我), 사람(人)'이란 뜻이고 vx, vn은 마을(村)이란 뜻이니 '우리 마을'이란 뜻이다. 그러나 일반적으로는 사람이란 뜻으로 쓰인다.

Gilyak도 Gil과 yak로 가를 수 있다. Gil은 두말 할 것도 없이 '사람'이란 뜻일 것이다. 우리말 겨레(族), 멍텅구리, 장난꾸러기, 끼리끼리 등에 보이는 語根 '결(결, 겯), 굴(굳), 낄(길, 긷)' 등이 모두 '사람'이란 뜻이다. 일본어에는 kara(族)가 있다. 특히 아이누어에서 kur, kuru가 사람이란 뜻이다. 퉁구스 계통인 골디와 올차人들은 길랴크를 Gilemi, Gillemi라고 한다. 중국 明代의 吉烈迷, 古里迷, 乞烈迷, 乞烈密, 乞里迷 등이 이에 해당될 것이고, 吉烈, 乞里 등이 Gil에 해당될 것이다. 迷, 密(mi)도 原義는 사람이란 뜻일 것이다. Gilyak의 yak도 사람이란 原義를 지닌다. yak가 rak에서 변한 말이라면 다음 말과 비교된다.

    tanka(女)
    ranka(女)
    sanka(女)

길랴크어에서 tanka의 頭音 t가 r, s로 변하는 것을 볼 수 있다. ranys(妹)가 있다.

yrgan(生命)

urgun(生命)

길랴크어의 音韻變化는 종잡을 수 없을 정도로 심하다는 것을 생각
하면 다른 고아시아어와 비교가 될 것이다. 길랴크어에 겨레(族)라는 뜻
으로 xark이 있다. 따라서 gilxark가 gilyak로 변했을 수도 있다. 滿洲語
에 hala(姓, 一族)가 있는데 길랴크어 xark(族)과 비교된다. 한편 yak를
터키계인 야쿠트족의 어근 yak과 비교해 볼 수도 있다. 레나 강의 동쪽
에 거주하는 에벤족은 야쿠트를 nyakut라고 한다. 어근 nak이 nyak,
yak으로 변했다고 보겠는데, 어근 nak은 길랴크어 ni, nir와 비교된다.
길랴크족은 시베리아의 아무르 강 하구 주변에 거주하는 사람들과 동부
사할린에 사는 두 갈래가 있다. 1954년 소련의 통계에 의하면 길랴크족
의 총 인구는 3690명이고 약 60%는 시베리아에 살고 약 40%는 사할린
에 거주하는 것으로 나와 있다.

필자는 1997년 7월에 아무르 강 河口에 있는 길랴크족을 만나서 그
들에게서 資料蒐集을 한 바 있다. 아무르 강 河口 여기저기 흩어져 있어
길랴크족은 만나기 어려웠다. 河口에 살던 길랴크족을 당국에서 강제
이주시킨 곳도 있었다. 니콜라엡스크라는 작은 어촌 도시에서 길랴크족
의 女敎師를 만날 수 있었다. Winkh라는 여교사인데 우리나라로 치면
초등학교 교사였다. 길랴크족의 어린이들을 따로 모아 별도로 길랴크의
민족어를 가르치고 있었다. 이는 정상적인 수업 이외에 길랴크족만 별
도로 가르친다고 했으며 길랴크어로 된 교과서도 있었다. 이 교육에 당
국에서 소수민족의 문화보존 차원에서 경비를 보조하고 있었으며, 그
경비로 길랴크어를 배우는 교과서를 만들었다고 한다. 거기서 길랴크어
교과서를 볼 수 있었다. 일주일에 한두 번씩 길랴크족의 어린들을 모아
서 가르치고 있는데, 어린이들은 흥미를 느끼지 못할 뿐더러 성의도 없
다고 한다. 그것은 러시아어로 충분히 학교교육을 받을 수 있고 일상어
도 러시아어로 통용되기 때문에 굳이 길랴크어를 배울 필요가 없지 않

느냐 하는 생각이 지배적이라 부모들도 굳이 자녀들에게 길랴크어를 배우게 할 성의가 없다는 것이다. 그 교사의 말에 의하면 전에는 아무르 강 河口에 2000여 명이 살고 있었다고 하는데, 그 당시는 河口 주변에 약 400명이 흩어져 살고 있다고 했다.

아무르 강 하구에서 만난 길랴크족은 할머니와 아들이었는데, 강제로 이주당해 그곳에 와서 중풍에 걸렸다고 당국을 원망하고 있었다. 젊은이는 길랴크어를 아는 사람이 없고 老人들은 서로 길랴크어를 쓴다고 한다. 이 상태로 가면 곧 길랴크어를 아는 노인층이 사망하고 나면 길랴크어를 아는 사람은 거의 없어질 거라고 비관하고 있었다. 그 교사는 길랴크어라 하지 않고 니브흐(nivx)라고 했다. 러시아에서는 nivx이고 사할린에서는 nivun이라고 한다. 이 둘은 모두 '사람'이란 뜻이다. 고대에는 사람이라는 뜻을 지닌 말이 그 민족의 이름이 되고 나중에는 國家名까지 이르게 된다.

본고에서는 길랴크어와 한국어의 祖語 關係를 살펴보는 것이 주제다.

11-2. 天體語

11-2-1. 하늘(kly)

　　kly(天, 日氣)
　　ken(태양)
　　karagara(희다)
　　karalnd(밝아지다)

kly는 kVly에서 모음(V)이 脫落했을 것이다.

　　keř(語)
　　keraind(말하다)
　　klaind(말하다)

klaind는 keraind의 제1음절의 모음이 탈락하면서 kl이 된 것을 알수 있다. 따라서 kly는 kVly에서 모음이 탈락했음을 엿볼 수 있다. kly의 어원적 의미는 '태양'이라 하겠는데, ken(태양)의 첫음절에 모음이 있음을 볼 수 있다. '희다'라는 뜻을 지니는 karagara의 語根 kar의 어원적 의미는 '해'라고 볼 수 있다. kly(天)는 kVl에서 모음이 탈락한 것이라고 본다. '개다(晴)'의 어근 '개'는 '가이'가 준 말이고 갇>갈>갈이>가이>개의 변화로서 '갇(갈)'이 해라는 뜻을 지닌 말이었음을 알 수 있다. 터키어에서 gün, güneş가 太陽이란 뜻을 지니며, gök는 하늘이란 뜻이다.

11-2-2. 여름(tol)

tolf(夏), tolluf(夏), tolvan(夏), tolftav(夏家), tolvaiga, tolwaiga(여름이되다). tol이 어근이다. 국어 돌(年), 때(時)의 祖語 '돈, 닫'과 同源語인데, 어원적 의미는 '해'다. 어느덧(덧)의 '덧'은 때(時)라는 뜻인데, 어원적 의미는 해(太陽)다. 일본어에 tosi(年), toki(時)가 있다.

11-2-3. 날, 낮(mugf)

mugf의 語根은 mu다.

> 母魯(後日)[類事]
> 모리(後日)[譯上3]

語根 '몰'의 語源的 意味는 해(太陽)라고 하겠다. 일본어 asa(朝), asu(後日)의 語根 as(at)인데 어원적 의미는 해라고 하겠다. 국어 사올(三日)의 '올(알)'이 해라는 뜻이다.

11-2-4. 오늘(nauf)

> natty(去年)

nauf의 語根은 na이고 naru의 r音 脫落으로 nau가 되었다. natty(去

年)의 語根 nat과 同源語다. nat는 국어 날(日, 陽)과 蒙古語 nar(陽)과 同源語다. 국어 오늘(今日)은 '올'과 '눌(日)'의 合成語다. 올해(今年)의 '올'도 근원적으로는 해라는 뜻이다. 사올(三日), 나올(四日)의 '올'과 '올'은 同源語다.

11-2-5. 아침(tatn)

tatn의 語根은 tat이다. tat는 국어 돌(週年)의 語根 '돈'과 同源語다. 일본어 tosi(年)는 '돈'의 末音 ㄷ이 ㅅ으로 변하고 i접미사가 붙은 것이고, toki(時)는 국어 '돌'의 對應語다. 국어 때(時)의 고어는 '대'이고 닫>달>달+이>다이>대의 변화이며, '닫'은 '돈'과 同源語로서 어원적 의미는 태양이다. 일본 琉球語에서 ttittu, ttetta가 태양이란 뜻을 지니는데, tit, tet가 고형이 될 것이다.

> dilatsa(太陽)[오로촌]
> čiwun(太陽)[나나이]

오로촌, 나나이語에서 dil이 태양을 뜻하는 말의 語根이다. 니브흐어에서 tol(夏)은 tot으로 再構된다. 국어 여름(夏)의 어근 '열'은 '널<널'로 소급되며, '널'은 날(日, 太陽)과 同源語다. 일본어 natsu(夏)의 語根 nat는 국어 '날(날)'과 동원어다. 터키어에서 yaz(夏)는 nyad, nat로 소급되며 어근 nat은 국어 '날(날)'과 동원어로서 몽골어 nar(太陽)과도 同源語다. 니브흐어에서 tot이 태양이란 뜻을 지니고 있었던 말임을 알 수 있다. 따라서 tatn(朝)의 어근 tat은 태양이 어원적 의미다.

11-2-6. 밤(usk)

usk(夜)의 어근은 us(ut)이다. 국어 나조(夕)의 어근 '낮(낟)'은 날(太陽)과 同源語이며, 일본어 yoru(夜)는 nyoru<noru로 소급되며, 어근 nor(not)은 국어 나조(夕)의 古形 '낟'과 同源語다. us(ut)의 어원적 의미

는 '해'가 될 것이다. 해의 운행에 의해 밤낮이 생기기 때문이다. 아침의 어근 '앚(알, 앋)'은 해가 原義다. 일본어 asa(朝), asu(明日)의 어근 as(at)과도 同源語다. 사올(三日), 나올(四日)에서 '올'의 어원적 의미는 '해'다. 어둡다의 어근 '얻'도 '해'가 어원이다. 일본어 kurai(暗)의 어근 kur도 '해'가 原義이다.

11-2-7. 밤(paryf, pazyf)

parif와 pazyf의 어근이 par, paz가 되는데, paz는 pad<pat로 소급된다. pat>par의 변화이다. 밤은 받>발>발-암>바암>밤의 변화라 하겠는데, '발'과 同源語다. '발'은 국어 '볕(陽)'과 同源語로서 볕은 볃<벋으로 소급되며 해가 原義다.

11-2-8. 구름(lax)

lax의 고형은 tax다. 길랴크어에서는 頭音 t가 r音化하는 현상이 있다. tanka(女)>ranka(女). 語根 ta는 국어 도랑(渠)의 '돌'과 同源語가 되며 어원적 의미는 물(水)이다. 구름의 어근 '굴'은 걸(渠)과 同源語다.

11-2-9. 달(log, lon, 月)

tanka(女)가 ranka로 변했다. 頭音에서도 t>r현상을 볼 수 있다. ken(日)이 合成語 중에서는 keg로 발음된다. log, lon은 tog, tan으로 再構된다. 滿洲語에서는 다달이가 byatari이다. bya가 滿洲語로 달(月)이다. tari도 달이라는 말인데, 국어 달(月)과 同源語다.

11-2-10. 비오다(ku:nd)

語根 ku는 kur에서의 r音 脫落이다. 국어 비(雨)의 語源的 意味는 물(水)이다. 바다(海)의 語根 '받'은 물(水)이 原義다. 국어 '물'은 '붓다(注)'

의 '붓(붇)'이 물이란 뜻이다. 琉球語 bui(雨)가 있는데, buri의 r음 탈락
으로 된 형이며, bur(but)이 古形이다. 滿洲語에 bira(河)가 있다. 따라서
길랴크어 ku:nd의 어근 ku(kur)는 물이란 原義를 지닌다.

> ᄀᆞ롬(江, 河, 湖)[龍20]
> ᄀᆞ롤(江)[杜初15:21]
> 걸(渠)[杜初7:17]
> 거렁(渠)[慶尙方言]

語根 'ᄀᆞᆯ, 걸'이 물(水)이란 뜻을 지니며 냇갈의 '갈'도 물(水)이란 뜻이다.

> gool(川)[蒙]
> golo(河身)[滿]
> göl(湖)[터키]

語根 gol이 물(水)이란 뜻이다.

11-2-11. 희다(karagara, konund)

> ken, keg(太陽)

konund(白)의 어근 kon은 keg(太陽)의 名詞임을 알 수 있다. '희다(白)'
는 '히(太陽)'에서 전성되었다. karagara(白)의 어근 kar도 太陽이 어원적
의미다. 빛깔의 '깔(<갈)', 해거름의 '거름'의 語根 '걸'은 동원어로서 해가
어원적 의미다. 上古時代의 국어에 '갈(陽)'이 있었음을 알 수 있다. 길랴크
어에서 太陽이란 原義를 나타내는 어휘가 국어의 갈(陽)과 同源語였다는
것은 고대에 국어와 길랴크어가 同源語였음을 보이는 강력한 증거다.

11-3. 人稱語

11-3-1. 아버지(atk)

atk는 아버지, 할아버지, 노인을 뜻하는 단어로 어근은 at이다.

otoko(男)[日]
otome(女)[日]
otona(成人)[日]

語根 ot의 어원적 의미는 사람이다. 우리, 어른, 아롬(私)의 어근 '울(운), 얼(언)'과 同源語다.

11-3-2. 누이(ask)

adʒmtsi(男)

어근 as는 at로 재구된다.

엇(母)[時用. 思母曲]
어루신(어르신)[朴初上58]
아숨(親戚)[釋譜6:16]
아ᅀᆞ(弟)[解例用字]
아ᅀᆞ미(嫂)[字會上31]

語根 '엇, 얼, 앗' 등은 同源語로서 사람이란 뜻을 지녔다. ask(妹)의 語根 as과 同源語일 것이다. adʒmtsi(男)의 語根 adʒ(at)와도 同源語일 것이다.

11-3-3. 누구(nat)

nare(제1인칭)[日]
na(제1인칭)[日]

어근은 nar(nat)이다. 국어 '나, 너, 누, 내' 등이 사람이란 뜻을 지닌 명사다. '나'의 祖語는 '낟'으로서 낟>날>나의 변화이다. 平安方言에 있는 '내래(내가), 네래(네가)'의 '래'를 주격으로 보고 있으나 근원적으로는 '날, 널'의 末音 흔적이다.

11-3-4. 사람을 부를 때(hala, hara)

> hara(姓)[滿]
>
> harangga(姓氏)[滿]
>
> hun<hin(同姓, 同族)[滿]

har의 어원적 의미가 사람이란 뜻이다.

> 항것(主人, 上典)[續三, 忠5]

'항것'은 '한것'이 변한 것이다. '한'이 사람이란 뜻이다. 三韓時代의 韓도 사람이란 어원적 의미를 지닌다. 고대에는 사람이란 뜻을 지니는 말이 그 부족을 대표하는 말로 되고 나중에는 국가명까지 되는 경우도 있다. 일본어에서 사람을 부를 때 oi라고 한다. oi는 ori가 변한 말이다.

> are(吾)[日]
>
> ore(汝)[日]

語根 ar, or과 同源語로서 사람이란 뜻이다. 일본어에서 oi는 조카라는 뜻이다. 길랴크어 hal은 hat으로 소급된다. hat>han.

11-3-5. 훌륭하다(ura)

語根 ur은 일본어 erai(偉)의 어근 er과 비교된다. 국어 어른의 어근 '얼'과 同源語일 것이다. 成人이 되었을 경우 훌륭하다고 여겼을 것이다.

11-3-6. 형제(karlun)

karlun의 語根은 kar이다. 국어 겨레의 어근 '결(걸)'과 同源語일 것이다. 일본어에서는 kara(族)가 있다. 멍텅구리, 장난꾸러기, 끼리끼리의 語根 '굴, 길' 등이 사람이란 뜻이다.

11-3-7. 자기(pi)

악바리(惡人), 혹부리(瘤人)의 '바리, 부리'가 사람이란 뜻이다. 일본어

hito(人)는 pito로 소급되며, 語根이 pit이다. 길랴크인을 nivx라고 하는
데 ni(人), v(人)일 개연성이 있다. 길랴크어에서는 nivx의 v를 vu(里, 村)
로 보고 있다.

11-4. 身體語

11-4-1. 얼굴(pots)

　　nétf(顔)

pots은 국어 볼(頰), néts(顔)은 '낯'과 비교된다.

　　nán(顔)[아이누]

아이누어 nán(顔)과 국어 '낯'과 길랴크어 nétf(顔)과 비교된다.

11-4-2. 귀(耳, mla)

　　mund(聞)
　　meska(耳輪)

mund(聞)의 語根은 mu로서 mur의 末音脫落이다. mu 명사에 nd가
붙어서 동사로 전성된다. mund의 mu(mur)는 명사로서 '귀'라는 뜻이다.
mla(耳)는 mula의 u音 脫落으로 mla가 되었다. mund(聞)의 語根 mu는
mul의 末音脫落일 것이다. meska(耳輪)의 mes이 귀(耳)라는 뜻을 지닌
명사였다.

　　먹뎡이(聾者)[月釋13:18]
　　먹먹ᄒ다(먹먹하다)[漢淸6:41]

'먹뎡이'는 '먹'과 '뎡이'로 나뉘는데, '먹'은 귀(耳)라는 뜻이고 '뎡이'
는 사람이라는 뜻이다. '먹'은 멀>멀>멁>먹의 변화를 거친 말이다. 귀먹
다의 '먹다'의 '먹'이 귀(耳)라는 뜻을 지닌 명사였다. 고대어에 '멀'이 귀
라는 뜻을 지닌 명사였다는 것을 말한다. 일본어에 mimi(耳)가 있다는

것은 국어의 고대어에 mʻt이 귀라는 뜻을 지닌 명사가 있었다는 것을 말한다.

11-4-3. 귀고리(tut)

tut이 古代에는 귀라는 뜻을 지닌 말이었을 것이다. 듣다(聽)의 語根이 '듣'인데 명사로서 '귀'라는 뜻이다. tut과 일치하고 있음을 알 수 있다. 국어의 고대어에 tut이 '귀'라는 뜻을 지니는 말이 있었다는 것을 말하며, 듣다(聽)의 語根 '듣'이 '귀'라는 뜻을 지니는 化石語다.

11-4-4. 눈(ńigax)

kalyśtnd(눈뜨다)

ńigax(目)의 어근 ńi는 국어 '눈'과 비교된다. 몽골어에서 눈이 nidon인데, 語根은 nit으로서 국어 '눈'의 古形 '눋'과 동원어다. kalyśtnd(눈뜨다)의 어근 kal이 '눈'이라는 뜻을 지녔던 명사다. '눈갈'의 '갈'에 해당된다.

göz(目)[터키]

görmek(見)[터키]

語根 göz, gör이 눈이란 뜻을 지니는데, '갈'과 同源語다.

11-4-5. 소리(au, tsiu)

aumund(聞)

aumund(聞)의 語根 au가 소리라는 뜻을 지닌 명사다. 길랴크어에서 mund, mond(聞)가 있는데, 語根 mu, mo는 귀라는 뜻이다. mla(귀)의 古形 mula의 mul과 同源語다. 길랴크어에서 듣다(聞)라는 뜻을 지닌 동사는 음성적인 인식으로는 aumund가 있고, 청각적인 동사로는 mund가 있다. 듣다(聽)의 어원을 하나는 귀, 하나는 소리로 두 가지 면에서 인식했다고 보겠다. au는 aru로서 語根 ar이 되는데, 국어 알다(知)의 어근

'알'과 同源語일 것이다. tsiu는 tiru로 再構되며, '두리'의 어근 '둘'과 同源語일 것이다.

11-4-6. 걸음(solgond)

 sand(行)

語根은 sol, sa인데 다리라는 뜻이다. '샅(股)'과 同源語일 것이다.

 saru(去)[日]

일본어 saru(去)의 語根 sar은 '샅(股)'과 동원어다. 어근 sar(sat)은 다리가 原義다.

11-4-7. 보다(nuśund)

語根은 nus(nut)이다. 국어 눈(眼)의 고형은 '눋'이다.

 nidon(目)[蒙]
 yasa(目)[滿]

만주어 yasa는 nyasa<nasa로 소급되는데, 語根은 nas(nat)이다. 일본어 miru(見)의 語根 mi는 me, ma(目)와 同源語다. 국어 보다(見)의 어근 '보'는 명사로서 눈이란 뜻이다. 눈을 부라리다, 부릅뜨다의 어근 '불'은 명사로서 '눈'이란 뜻을 지니는 말의 化石語다.

11-4-8. 혀(hilf)

 핧다(핥다)[釋譜11:15]
 혀(舌)[解例合字]

語根 '할'과 비교된다.

11-4-9. 꽁무니(pośpont)

pośpont(尻)의 어근은 pos(pot)이다. 볼기(尻)[倭上17]의 어근 '볼(본)' 과 同源語일 것이다.

11-4-10. 가락지(kuivan)

kuivan의 어근은 ku로서 kur의 末音脫落일 것이다.

> gara(手)[滿]
> gar(手)[蒙]
> gol(手)[터키]

gar, gol의 古形은 gat, got일 것이다. 국어 가락지(指環), 가리키다 (指), 골무, 가르다, 고르다의 語根 '갈, 골' 등이 손이란 뜻을 지니는 명 사다.

11-4-11. 손(tamk, tamyk)

tamk의 語根은 ta이다. 日本語에 ta, te(手)가 있다. 어근 '들, 닫'이 손이란 뜻을 지니고 있다.

11-4-12. 뿔(murki)

murki의 어근은 mur이다. 뿔은 頭部에 있는 것이기 때문에 어원적 의미는 머리이다. 머리의 어근 '멀'과 同源語일 것이다. 국어 뿔(角)[月曲 162]의 고형은 '블'이다. 머리로 받다에서 '받다'의 어근 '받'이 명사로서 머리라는 뜻이다. baş(頭)[터키].

11-4-13. 배고프다(kund)

kund의 語根 ku는 배(腹)라는 어원적 의미가 있다.

곯다(未滿)[救方上31]

배곯다의 '곯'의 古形은 '골'일 것이고 어원적 의미는 배(腹)일 것이다.

곯ᄇ다>골ᄑ다(고프다)[南明上10]

고프다의 '고'가 배라는 뜻이다. 옆구리, 뱃구레의 '구리, 구레'가 배라는 뜻이다. 갈비는 '갈'과 '비'의 合成語인데, '갈'은 배라는 뜻을 지니고, '비'는 뼈(骨)라는 뜻이다.

karın(腹)[터키]

語根 kar과 同源語다.

11-4-14. 던지다(pasnd)

pasnd(投)의 語根은 pas(pat)이다. 던지는 주체는 신체에서 손이나 팔이다. 따라서 어원적 의미는 손이나 팔이다. 풀(臂)과 同源語일 수 있다. 더디다>더지다>던지다(投)의 어근 '던'은 손이란 뜻이다. 뜯다(摘), 따다(摘)의 어근 '뜯, 다(닫)' 등과 동원어다. 일본어 손이란 뜻을 지니는 ta, te와 동원어다.

11-4-15. 달리다(kloind)

kloind의 어근은 kl이라 하겠는데, kol에서 모음 o가 탈락된 것이다. 걷다(步)의 어근 '걷'은 다리가 原義다. 가랑이의 어근 '갈'이 있다. 돋다(走)의 어근 '돋'은 다리의 어근 '달(닫)'과 同源語다.

11-4-16. 자다(pośnd)

어근 pośnd의 어근 pos(pot)이다. 자는 것은 눈을 감는 행위이기 때문에 자다(寐)의 어원적 의미는 눈이다. 보다, 부릅뜨다, 부라리다의 어근 '보(볻), 불(붇)' 등의 어원적 의미는 눈이다.

11-4-17. 보다(tyrnd)

tyrnd(見)의 어근 tyr은 tur에서 변한 것이다. tur(tut)이 눈(目)이란 뜻을 지니는 명사다. tyind(꿈꾸다)에서 tyi가 어근인데, tari에서 변한 것일 것이다. tur이 어근으로서 tyrnd(見)의 어근 tyr(tur)과 同源語다. tyrifmund (꿈꾸다)의 어근 tyr은 tur이 고형이다. 꿈의 어원적 의미는 눈이다.

ᄃ라치(눈 다래끼)[同文下7]

어근 '둘'이 눈이란 뜻이다.

11-5. 自然語

11-5-1. 강(ə, i)

於乙(泉)[高句麗]

oso(水)[蒙]

얼다(凍), 於乙, oso의 어근은 '얼, os(ot)'으로서 물(水)이란 뜻이다.

arau(洗)[日]

ase(汗)[日]

어근 ar, as가 물(水)이란 뜻이다. 퉁구스어에 amur(黑龍江)가 있는데 a와 mur의 합성어라 본다. mur는 국어 물(水)과 同源語다. a는 ar에서 末音脫落形이다. 漢江의 고어에 '아리수'가 있는데, '아리'와 '수'의 合成語이다. '수'도 어원적 의미는 물(水)이다. 소(潭), 서리(霜)의 어근 '소 (솓), 설(섣)'이 물이란 뜻이다.

su(水)[터키]

sulamak(물주다)[터키]

amadʒɪ(湖)[에벤키]

muu(水)[에벤키]

məddin(河灣)[에벤키]

mədəri(바다)[나나이]

어근 madʒ(mat), mu(mur), məd이 물(水)이란 뜻이다. amadʒɪ의 a가
물(水)이란 뜻을 지닌 말이다. 松花江은 usuri라고 하는데 u(水)와 suri
(水)의 합성어다. 일본어 i(井)가 있고 ido(井)는 i(水)와 do(水)의 合成語
다. do는 돌(渠)과 同源語다. ə(河)는 əl이 古形이라고 본다.

11-5-2. 바다(tol)

돌(梁)[杜初7:5]
돌(渠)[柳物五 水]
tatsu(龍)[日]

국어 '돌'과 tol(海, 川)이 비교된다. 일본어 tatsu(龍)의 어근 tat의 어
원적 의미는 물(水)이다.

la(黑龍江)
laś(波)
lax(雲)

頭音 l은 t에서 변했을 것이다. ta, tas, tax다. 祖語形은 tat이다. 물,
바다 등이란 뜻을 지닌 tol과 同源語일 것이다.

11-5-3. 산(pal)

바당(場)[月釋1:15], 벌(原)[靑丘永言], 바독(碁)[內訓1:28], 부람(壁)[字
會中5], 부르다(塗)[釋6:38]. 어근 '받, 벌, 불' 등의 原義는 土地類다.

pa(地方)[滿]
pöhon(土)[滿]
bigan(野)[滿]

어근 pa, po, pi 등이 土地類라는 어원적 의미다. 高句麗語에서 達은
山을 뜻하지만 응달, 양달에서는 땅(地)을 뜻한다. 달(山, 地), 돌(石), 들

(野), 딜>질(土).

11-5-4. 구멍(kuty)

kuty의 語根은 kut이 된다.

    굴 굴(窟)[類合下56]
    굴 동(洞)[漢27c]
    골(邑, 州)[恩重16]
    골히이셔(在州)[飜小10:7]
    골(谷, 洞)[龍6:43]
    골 곡(谷)[字會上3]

'골, 굴'은 同源語로서 '굳, 곧'이 古形일 것이고, 어원적 의미는 土地類다. '골(處), 고장(시골)'의 어근 '곧, 곳(곧)' 등도 同源語다. 滿洲語 kurun(國)의 語根 kur도 同源語다. 현대어 구덩이의 어근 '굳'과 형태상으로도 일치한다.

11-5-5. 世界(karn)

karn의 어근은 kar이다. kuty(穴)의 어근 kut와 同源語이다. '곧(處), 길(路)'과도 同源語이다. 아이누어에서 mosir은 世界, 섬(島), 陸地라는 의미다.

11-5-6. 뭍(heś)

    훍(土)[解例合字解]

훍의 古形 '홀(흘)'과 비교된다.

11-5-7. 마을(xotton)

xotton은 kotton이 古形이다.

kend(運)

xend(運)

kend와 xend가 함께 사용되고 있는데, k>x의 변화를 알 수 있다. xotton(町)의 어근 kot은 국어 골(谷, 洞), 굴(窟), 고장(鄕里)의 어근 '골, 굴, 곳(곧)'과 동원어다.

11-5-8. 뭍(mif)

anx(陸), 묻다(埋), 무덤(墓), 마당(庭), 모로(山)[龍4:21]의 어근 '묻, 맏, 몰' 등과 같이 同源語이다.

mosir(島, 세계)[아이누]

어근 mos(mot)과 비교된다.

11-5-9. 물(tsax)

tsax(水)의 어근은 tsa인데 ta가 古形이고 tat>tar>ta의 변화이다. tsangas(水汲)는 tsax+ngand>tsangas다. tar은 국어 돌(渠)과 同源語다.

11-5-10. 뜨다(pornd)

어근 por은 명사로서 어원적 의미는 물(水)이다. 뜨는 것은 물위에 뜨기 때문에 por을 '물'로 볼 수 있다. 바다(海), 비(雨) 등의 어근은 '받'이다. 만주어 bira(川)의 語根 bir이 있는데, 어원적 의미는 '물'이다.

pusre(浮)[아이누]

pe(川)[아이누]

語根 pus(put)과 비교된다. 길랴크어 pent(汲)의 어근 pe(川)의 어원적 의미는 물이다.

11-6. 草木

11-6-1. 껍질(mut)

    mut(皮)

    musir(竿)

    mux(船體의 胴横木)

mut에서 musir, mux로 변한 것이다. 국어 말(橛)과 同源語로서 몽골어 modon(木)과 만주어 moo(木)는 同源語다. 일본어 makura(枕)의 語根은 mak인데 국어 막대기의 '막'과 同源語로서 나무라는 어원적 의미가 있다.

    maku-ra(枕)[日]

    kudi-a(鯨)[日]

    hasi-ra(柱)[日]

    saku-ra(櫻)[日]

11-6-2. 나무(tsaxr)

    tsgyś(草)

語根은 tsa가 되며 tat으로 再構된다. tsarward(나무를 자르다)의 語根 tsar은 tar이 古形이다. 대(竹)는 닫>달>달-이>다이>대의 변화로 보면 tat(tar)이 보인다. 다리(橋)의 語根 '달'의 어원적 의미는 나무다.

11-6-3. 기둥(kař)

그루(株), 구슈(槽)[類合上27], 고(杵), 가지(枝) 등의 어근 '글, 굿(굳), 고(곧)' 등의 어원적 의미는 나무다. 일본어 ki(木), ko(樹) 등과도 同源語다.

11-6-4. 널(kalmyś)

국어 널(板, 棺)의 어원적 의미는 나무다. 나모(木)의 어근 '남'의 祖語

形은 '낟'이다. 낟>날>날+암>나암>남의 변화이다.

> 노(繩)[救簡6:30]
>
> naha(繩)[日]
>
> nae(苗)[日]

nae는 nare에서 변화한 것이라 본다.

> 피리-hue(笛)[日]
>
> 고래-koe(聲)[日]
>
> nare-nae(苗)[日]

古代人들은 草木이란 어휘가 分類되기 전에는 同義語로 사용했다. 국어 'ㄴ물(蔬荣)'의 語根은 '늠'이다. 현대어의 남새의 '남'과 同源語다. kalmyś(板)의 語根 kal의 어원적 의미도 草木이다. '그루(株), 가지(枝), 고(杵)' 등의 語根 '글, 갖(갇), 고(곧)' 등이 나무라는 뜻이다. 일본어 ki, ko(木) 등이 국어와 동원어다. 길랴크어 kand(杖)의 어근 ka는 kat이 祖語形일 것이다.

11-6-5. 소나무(sarnt)

sarnt(松)의 어근은 sar이다. 국어 솔(松)과 비교다.

11-6-6. 밧줄(potty)

potty(繩)는 어근은 pot이다.

> 바(大繩)[老下32]

'바'의 古形은 '받'이다. '바'는 草木類로 만든 것이다. 국어 '풀'의 古語 '블'과 동원어다. 부루(苣)[字會上14]의 語根 '불'의 어원적 의미는 풀(草類)이다.

11-6-7. 빗자루(puttsis)

puttsis의 語根은 put이다. hooki(箒). hooki는 porokion에 소급되며 어근이 por(pot)이다.

> 뷔 슈(箒)[字會18]

'뷔'는 '부이'가 준 말이고 붇>불>불-이>부리>부이>뷔의 변화이다.

11-6-8. 藥(oxto, oxt)

> ot(草)[터키]
> oktho(藥)[滿]
> olho(草)[滿]
> olhoda(蔘)[滿]

藥이란 뜻을 지닌 말이 풀이란 原義를 지녔다. oxto는 滿洲語 oktho 와 비교된다.

11-7. 動物

11-7-1. 쥐(tar)

쥐(鼠)는 '주이'가 준 말로서 ㅈ음은 ㄷ음에서 변한 자음이기 때문에 ㄷ으로 소급된다. 둗>둘>듈>쥴>쥴-이>주리>주이>쥐의 변화이다. 고 솜돗(蝟鼠)의 '돗'이 쥐(鼠)라는 뜻이다.

> 고솜도틔(蝟鼠)[救方下66]
> 고솜도치(刺鼠)[漢427b]
> 고솜돋(蝟)[字會上19]
> 고솜돗(蝟)[物譜毛蟲]

'돝, 돗, 돛'이 쥐(鼠)라는 뜻을 지니며, 쥐의 祖語임을 알 수 있다.

드라미(다람쥐)[字會上19]

드라미의 어근은 '돌(돌)'로서 쥐(鼠)가 原義다. 길랴크어 tar은 국어 '둗, 돌, 돈'과 同源語일 것이다. 고솜돝의 '돝'은 돼지(豚)일 수도 있다. 蝟皮俗云苦蔘猪[鄕藥救急]. '돝'이 猪와 對가 되고 있다. 고슴도치의 생긴 모습이 돼지 같다고 해서 '돝'이 되었는지는 모른다. 일본어에서는 harinezumi(蝟)라 하는데, hari는 바늘(針)이란 뜻이고 nezumi는 쥐(鼠)이므로 針鼠이다.

11-7-2. 말(marn, mar)

몰(馬)[龍31]
morin(馬)[滿]
morin(馬)[蒙]

몰, mol과 同源語임이 확실하다.

11-7-3. 개(kanyn)

語根은 kan이고 古形은 kat이다. 국어 '개(犬)'는 '가이'가 준 말인데, 平安方言에 '가이'가 있다. 갇>갈>갈-이>가리>가이>개의 변화이다.

11-7-4. 범(klund)

語根 kl은 kˇl에서 母音脫落으로 이루어진 말이다. 아마도 kul이 古形이 될 것이다. 아이들이 앞니가 빠졌을 때 놀리는 말로 '앞니 빠진 갈가지'라는 말이 있다. '앞니 빠진 호랑이, 앞니 빠진 호가지, 앞니 빠진 갈강쇠'라고도 한다. '갈가지'가 호랑이라는 뜻을 지니고 있다. '갈가지'는 '갈'과 '가지'의 合成語인데, '갈'이 호랑이라는 뜻이며, '가지'도 호랑이라는 뜻이다. '가지'의 語根은 '갖(갇)'이 되며, '갈'과 同源語임을 알 수 있다. 滿洲語에서 호랑이라는 뜻으로 thasha가 있고, gugu는 길짐승이

라는 뜻을 지니지만 호랑이라는 뜻도 지니고 있다. gul은 '갈'과 同源語
일 수 있다.

11-8. 宗敎

11-8-1. 무당(sam)

saman(巫)[滿]

saman의 語根과 비교된다. 심방(巫)[楞8:117]은 '심'과 '방'의 合成語
인데, '심'은 sam과 비교된다.

11-8-2. 神(kurn)

kas'k(鬼神)

kurn(神)의 어근은 kur(kut)이다.

귀쩟(鬼神)[釋11:34]
鬼ㅅ것(鬼神)[月釋2:71]

귓것의 '귀'는 鬼이고 '것'은 고유어이다. '것'은 '걷'으로 소급된다.
kurn의 어근 kur(kut)은 '걷'과 同源語이다.

11-9. 기타

11-9-1. 煙氣(taulan)

tugur(火)

taulan의 語根은 ta라 하겠고 taru의 r음 탈락이다. 語根은 tal이다.

thuwa(火)[滿]
tambi(火着)[滿]
thoron(횃불)[滿]

thoron(햇불)을 보면 語根은 thor이고 古形은 'tol(tot)'이다. thuwa(火)는 thura>thuwa의 변화로서 thur(tut)이 古形이다. 니(煙)[月釋9:7]는 '느이'가 준 말로서 늗>눌>눌-이>ᄂᆞ리>ᄂᆞ이>니의 변화이다. 눋다(焦)의 어근 '눋'은 불(火)이 原義다. 눈는 것은 火力에 의한 것이기 때문이다. norosi(烽火)[日]의 語根 nor(not)이 불(火)이란 原義를 지니고 있음이 분명하다. 煙氣라는 뜻을 지닌 말의 語源的 意味는 불(火)이다. 일본어 kemuri(煙)는 ke와 muri의 合成語다. ke와 muri가 불(火)이란 뜻이다. moyasu(燃)[日]는 morasu가 변한 것으로 어근은 mor인데 kemuri의 muri에 해당한다. 일본어 kuro(黑)의 語根은 kur인데 어원적 의미는 불(火)이다. 고대인들이 '검다'라고 생각한 것은 불을 때게 되면 연기가 나고 거기에 그을음이 생기는데 이것이 검은 것이다. 黑자도 그런 의미를 담은 글자다. 따라서 ke는 kuro(黑)의 어근 kur과 同源語다. 국어에 '불을 때다'가 있다. '때'의 古形은 '대'이고 닫>달>달+이>다리>다이>대의 변화로서 '닫(달)'이 국어에서 불(火)이란 뜻을 지닌 명사였다. 따라서 니브흐어의 taulan(煙)의 語根 tat은 국어 '닫(火)'과 同源語다.

11-9-2. 불꽃(hilirn)

> 홰(炬火)[解例合字]
> 혀다(點火)[釋9:30]

'홰'는 '화이'가 준 말이고 '화'는 다시 '할(핟)'로 소급된다. 한새>황새, 한쇼>황소. 핟>할>할-이>화이>홰의 변화이다. 혀다의 語根 '혀'는 헏>헐>허>혀의 변화이다. '활활 탄다' 할 때의 '활'은 할>활의 변화이며 '할'은 불(火)이란 뜻이다.

11-9-3. 들다(turgunt)

語根 tur은 국어 들다(入)의 語根 '들'과 비교된다. 국어 들다의 '들'은 명사로서 '門'이란 뜻이다. '들다'는 문으로 들어가는 것이다. 돌쩌귀의

'돌'이 門이란 뜻이다. 닫다(閉)의 어근 '닫'이 명사로서 門이란 뜻이다. 일본어 to(門)와 tojiru(閉じる)의 語根 toj(tot)은 국어 '돌(돈)'과 同源語일 것이다.

11-9-4. 넷(nukr)

국어 넷(四)은 '너잇'이 줄어진 말로서 넏>널>녀의 변화이다. nukr(四) 의 어근 nu는 nur이었을 것이다.

11-9-5. 바늘(nuux)

nuux는 nurux에서 r음이 탈락한 형이다. nur이 古形이다.

바늘(針)[龍52]
눌(刃)[楞8:107]

바늘은 '바'와 '눌'의 合成語로서 '눌(刃)'과 같은 말이다. nur은 '눌'과 同源語다. 바늘의 '바'도 날(刃)이란 뜻이다. 일본어에 ha(刃)가 있는데, par(pat)에서 변한 말이다. 바늘의 '바'와 일본어 hari(針)는 同源語다.

11-9-6. 집(tav, taf)

국어 집(家)의 고형은 '딥'이다. tav과 형태상으로 母音變異만 보인다. 고대인들의 집은 주로 草木으로 짓는 것이기 때문에 어원적 의미는 초 목일 것이다. tʃaxr, tʃar(木). 祖語形 tat이 될 것이고 국어 대(竹, 竿), 다리(橋)의 語根 '달(닫)'과 同源語다. 뒤(茅)[解例用字]는 '두이'가 준 말 이고 둗>둘>둘-이>두이>뒤의 변화로서 '둗'이 풀(草)이란 뜻이다. 떼 (筏)의 古形은 '데'로서 덛>덜>덜-이>더이>데>떼의 변화로서 '덛'이 나 무(木)란 뜻을 지녔다. 다리(橋)의 語根 '달(닫)'은 나무란 뜻이다.

11-9-7. 옷(ok, ox)

옷(衣)의 古形은 '옫'이다. 平安方言에서 '오티(옫)'가 있다.

　　osuhi(上着. 웃도리의 일종)[日]

일본어 osuhi의 어근 os(ot)은 국어 옷과 同源語일 것이다.

11-9-8. 빨강(paḡla, paḡlan)

　　fulgyan(赤)[滿]

fulgyan의 頭音 f는 p로 재구하면 pulgyan이 된다. 붉다의 어근 '붉'과 비교된다.

11-9-9. 많다(malxond)

語根 mal은 名詞이고 mat이 古形이다.

　　만ᄒ다(多) : 煩惱이 만ᄒ고[釋6:35]

만ᄒ다>많다로 되었다. 어근은 '만'이라고 하겠으며, '맏'이 古形일 것이다. malxond(多)의 語根 mal(mat)은 국어 '만(맏)'과 비교된다.

11-9-10. 말하다(purnd, keraind)

　　ker(話)

　　tulingguǐ(話)

purnd의 語根 pur은 국어 거짓부리의 '부리'와 같이 말이란 뜻이다. 말발, 글발의 '발', 부르다(呼, 歌)의 어근과 '불'이 말(語)이란 뜻이다. keraind의 어근 ker은 국어 '가르치다, 가라사대'의 어근 '갈'과 同源語일 것이다. tulingguǐ(話)의 어근은 tul(tut)이다. 넋두리의 '두리'가 말이란 뜻을 지니는 말과 비교된다. ker이 명사로서 nd가 붙어서 동사로 전성되었다. keraind의 ai는 매개모음이다.

11-9-11. 언어(tuf)

tuinggŭr(話)

ulgun(話)

tun(歌)

語根이 tul(tut)임을 알 수 있다. 넋두리의 '두리'가 말(語)이란 뜻인 바 tul(tut)과 同源語다. 들에다, 떠들다의 語根 '들, 떠(덛)'과도 同源語다.

11-9-12. 노래(tunt, lunt)

tunt, lunt가 노래라는 뜻을 지니는데, 頭音 t가 l화했다. tunt의 語根 tu 또는 tun으로 볼 수 있으나 tu라고 보아야 할 것이다. tu는 tur의 末音 脫落일 것이다. 넋두리의 '두리'가 말(語)이란 뜻이다. '들에다, 떠들다' 의 語根 '들'이 말, 소리(語, 音, 聲)라는 뜻이다. tunt의 어근 tu(tur)와 국 어 '둘, 들'은 비교된다.

11-10. 맺는말

길랴크語는 抱合語이고 국어는 膠着語이기 때문에 同系라고 보는 見解에 문제가 있는 것은 사실이다. 하지만 길랴크어와 국어의 祖語를 再構한 바와 같이 상당수의 어휘가 비교되는 것을 볼 수 있다. 이는 국어의 祖語 時代에는 길랴크어도 같았으리라는 추정을 하게 된다.

12. 터키語의 身體語類를 통한 國語 祖語再構

12-1. 여는 말

터키(turkish)語는 터키(turkic)諸語에 屬하는 한 方言이다. 터키諸語 中에서 가장 서쪽에 자리 잡고 있다. 터키諸語는 급격한 民族의 移動과 거기에 따르는 言語의 分割, 合流, 相互 影響의 結果 各 方言의 系統的 關係를 說明한다는 것은 그리 쉬운 일은 아니다. 터키語(文語)의 變化에 관해 보통 다음과 같은 3時代를 나누고 있다.

1) 아나톨리아·터키語(13~15세기)
2) 오스만·터키語(15~20세기)
3) 現代터키語

아나톨리아(anatolia)에 侵入한 터키族이 그때까지 文語로 쓰고 있었던 페르시아語를 대신하여 아랍文字를 使用해서 터키語로 作品을 남긴 것은 13세기부터다. 최초는 이슬람敎의 神秘主義의 영향을 받은 韻文作品이 많은데 14세기에 이르러 非宗敎的 作品이 나타나기 시작한다. 이러한 관계로 터키語에는 아랍어, 페르시아語 등이 들어오게 되었다. 게다가 地理的인 관계로 희랍어, 슬라브語 등도 터키語에 끼어들게 된다.

터키語 硏究에서는 이런 外來語와 區別하는 作業에 特別한 關心을 기울여야 된다. 本稿에서는 터키語의 身體語類를 통해서 國語의 祖語를 再構하는 데 목적이 있다.[1]

---

1) 本稿에서 使用된 資料는 다음 文獻에 따른 것이다.
ㄱ) 옥스포드大學에서 나온 "ENGLISH TURKISH DICTIONARY", "TURKISH ENGLISH DICTIONARY".
ㄴ) 日本 大學書林에서 나온 竹內和夫著 『トルコ語辭典』.
ㄷ) 北京民族出版社刊, 中國少數民族語言簡志叢書.

12-2. 身體語

12-2-1. köz(眼)

köz(眼)[위구르]

köz(眼)[카자흐]

köz(眼)[타타르]

görmek(見)[터키]

bakmak(見)[터키]

seyretmek(見)[터키]

터키語系에서 눈은 köz(眼)인데 祖語形은 kot이다. 국어 '눈갈(眼球)'
은 合成名詞로서 異音同義語다. '갈(眼)'은 눈이란 뜻을 지니는 말이다.
이는 터키語系 kot(眼)과 同源語다. '보다(見)'의 터키語 görmek(見)의
語根은 gör이고 mek은 語尾다. göt>gör로서 터키語에서도 t>r化 현상
을 볼 수 있는 동시에 터키語의 末音 z音이 t音에 소급된다는 것을 알
수 있다. 추바시諸語에서는 最大 特徵이 語末音이 -l, -r인 데 비하여
터키語를 포함한 터키諸語에서는 -š, -z로 나타나는 것이다.

터키語	新위구르語	카자흐語	야구트語	추바시語
kız	qız	qız	kıs	xᶬr

추바시語 xᶬr을 보면 頭音이 x인 것은 k에서 변한 것이라는 것을 알
수 있다. 그것은 추바시語가 다른 말보다 변화가 앞서 있다는 것을 보이
는 것이다. 따라서 -r音도 변화가 앞서 있을 가능성이 있다. -š, -z의
祖語는 t音에서 변한 것이고 추바시語는 -š, -z에서 변한 것이 아니라
-s, -z의 祖語形 t音에서 변한 것이다. 터키語 yaz(夏)의 祖語形은 nat이
되며 蒙古語 nar(太陽), 韓國語 '날(太陽, 日)'의 祖語形인 '낟'과 同源語
다. 따라서 추바시語는 다른 터키諸語보다 변화가 앞서 있다. 국어 눈을
'감다'의 '감'이 名詞로서 古語에서는 눈(眼)이란 뜻이다. 감(眼)의 祖語
는 '갇'으로서 갇>갈-암>가암>감의 변화이다. 漢字語 '見·監' 등과 비

교된다. 터키語 bakmak(見)가 있다. 語根은 bak으로서 名詞가 되며 눈(眼)이란 뜻이다. bak은 bat>bal>balk>bak의 과정을 밟은 것이다.

국어 '보다(見)'의 語根 '보'는 名詞로서 눈(眼)이란 뜻이다. 눈을 '부라리다, 부릅뜨다'의 語根은 '불(붇)'이다. 名詞로서 눈이란 뜻이다. 動詞, 形容詞는 古代에는 名詞에서 轉成된 것이다. '눈부텨(瞳)'의 '부텨'의 語根은 '붇'으로서 눈(眼)이란 뜻이다. '보다'의 '보'는 본>볼>보의 변화임을 보여준다. seyeremek(見)의 語幹은 seyere다. 국어 '살피다, 눈썰(설)미' 등의 '살, 설' 등이 古語에서 눈(眼)이란 뜻을 지니고 있었음을 보여준다. 漢字語 視와 比較된다. '눈설미'는 눈(眼)이란 뜻을 지니는 '눈, 설'과 눈이란 뜻을 지닌 '미'의 합성이다. '눈멀다, 말똥말똥, 멀뚱멀뚱, 멀쑥하다'의 '멀, 말'이 눈이란 뜻을 지니고 있었던 말이다. 일본어 ma, me(眼) 등과 同源語다. 이 말은 漢字語 '目'과 比較된다. 이렇게 보면 터키語에서도 눈(眼)이란 뜻을 지니고 있던 말이 göz 外에 古語에는 bat, sət 등의 어휘가 있었을 것이다.

> yaş(淚)[터키]
> gözyaş(淚)[터키]

yaş가 形容詞일 때에는 '물기가 있다. 축축하다'이란 뜻이다.

> yaş meyve(물기가 있는 果物)
> yaş samaşır(축축한 下衣)

따라서 yaş(淚)의 語源을 물(水)로 볼 수 있다. gözyaş(淚)는 眼(göz)+yaş(水)＝눈물(淚)의 造語法으로서 국어의 눈(眼)+물(水)＝눈물의 조어법과 일치하고 있다. 滿州語에서 yasamuke(淚)는 yasa(眼)+muke(水)＝yasamuke(淚)의 조어법이다. yasa는 nyasa, nasa로 소급되며 語根은 nas으로서 nat이 祖語다. 몽골어 nidon(眼)과 국어 눈(眼)과 同源語다. 現代 蒙古語에서는 nut이다.

nilmosun(淚)[蒙]

nilbusun(淚)[蒙]

nil은 nit(眼)의 末音 變化이고 mosun과 busun은 물(水)이란 뜻이다. mosun의 語根은 mos(mot)으로서 국어 물(水)의 祖語 '묻'과 同源語며 busun(水)의 語根 bus(but)은 국어 '붇(水)'과 同源語다.

붓다(注)

부시다(洗)

쓰리다(雨降)[月印上69]

語根 '붓, 블' 등은 물(水)이 原意다. 터키語 yaş(淚)는 물(水)이 語源이며, 국어의 날(川, 水)과 同源語다.

yatmak(寢)[터키]

yatak(寢床)[터키]

語根 yat을 얻을 수 있는데 nat이 原形으로서 눈(眼)이란 뜻이다.

12-2-2. baş(頭)

bas(頭)[위구르]

bas(頭)[카자흐]

baş(頭)[타타르]

başlık(帽子, 指導者)[터키]

akıl(頭, 智性, 記憶. 心, 知慧)[터키-아랍]

kafa(頭, 頭腦, 頭蓋)[터키-아랍]

akıl, kafa는 아랍語系고 bas가 터키語의 固有語다. bas의 祖語는 bat 이다.

받다(머리로)[國]

박치기[國]

hatsi(頭)[日]

국어 머리로 '받다'의 語幹 '받'은 名詞다. 박치기의 '박'이 머리라는 뜻인데 '받치기'가 박치기로 변했다고 여겨진다. '받'의 末音 ㄷ이 같은 調音位置인 前舌子音인 ㅊ이 오기 때문에 異化作用으로 後舌子音으로 바뀌었다. 古代語에서 '받'이 머리(頭)라는 뜻을 지니고 있었다. 日本語 hatsi(頭)는 patsi로 재구되며 pat(頭)이 祖語形이다.

12-2-3. kulak(耳)

kulak(耳)[위구르]
qulaq(耳)[카자흐]
qulak(耳)[타타르]

터키語 kulak은 語根이 kul이고 kut이 祖語形이다. 국어 '귀'는 '구이'가 준 말로서 '이'는 接尾辭로서 閉音節語에 붙는다. 굳>굴>굴-이>구이>귀의 변화이다. 터키語 kulak과 同源語임을 알 수 있다.

kiku(聽)[日]
kisar(耳)[아이누]

日本語 kiku(聽)의 語根 kik은 名詞로서 kit>kil>kilk>kik-u의 변화이다. 국어 '굴(耳)'일 때 일본에 건너간 말이다.

술(酒) → sake(酒)[日]
굴(蠣) → kaki(蠣)[日]
달(山) → take(嶽)[日]

韓國語의 ㄹ末音語가 日本語에서 k와 對應되고 있다.

dinlemek(듣다, 聞)
duymak(들리다)

語根이 din, duy로서 祖語形은 dit, dut이다. 국어 듣다(聽)의 '듣'과 同源語다. 국어에서 '듣'이 귀라는 뜻을 지닌 말이었음을 짐작할 수가 있다.

12-2-4. burun(鼻)

> burun(鼻)[위구르]
>
> tanaw, burun(鼻)[타타르]
>
> xamər(鼻)[다구르]
>
> murən(鼻)[카자흐]
>
> tanaw(鼻孔)[카자흐]

터키語系에서 코(鼻)에 대한 名詞는 burun, tanaw, murən, xamər의 네 가지가 있다. 국어와 比較되는 것은 burun이다. burun의 語根은 bur 로서 but이 祖語다. 국어 코를 '풀다'의 語根도 '풀'로서 '불'로 소급되며 코(鼻)라는 뜻을 지니는 名詞다. 感氣를 同有語로 '곳불'이라고 하는데 '불'이 바로 코의 옛말이다. '곳블'은 코(鼻)라는 뜻을 지닌 말의 異音同 義語의 合成名詞다. 다구르語의 xamər(鼻)의 頭音 xa는 ka에서 변한 것 으로 보면 kamər로 소급된다. ka와 mər의 合成名詞로서 ka는 국어의 '골(鼻)'과 同源語다. '코를 골다'의 '골'이 코의 古形이다.

> koku(香, 臭)

語根 kok은 kot, kol, kolk, kok-u의 변화이다. kok의 祖語形 kot은 국어 코의 祖語形 '곧'과 同源語다.

> kaku(臭)[日]

kaku의 語根 kak은 kat>kal>kalk>kak-u의 변화이다. 국어 냄새를 '맡다'의 語根은 '맏'이 되는데 코(鼻)라는 뜻을 지니는 말이었다. 카자흐 語 murən(鼻)의 語根 mur(mut)과 同源語일 수 있다.

12-2-5. kol (手, 腕)

> qol(手)[카자흐]
>
> qol(手)[타타르]
>
> kol(手)[위구르]

qari(手)[다구르]

터키語系에서 kol, qol, qar 등의 語根이 抽出되는데 同源語다. 祖語形은 kot, qat 등이다.

갇, 갇이다>가지다(持)

'가지다'의 祖語形 '갇'이 名詞다. '갇'이 古代에 손이란 뜻을 지녔던 말임을 생각해 볼 수 있다. 갖는 것은 손의 행위다. 따라서 가지다(持)의 語根 '갇'은 손(手)이란 뜻을 지닌 名詞다. 손가락(指)은 '손'과 '가락'의 합성명사다. '가락'도 고대에는 손이란 뜻을 지녔던 말이다. '가락'의 語根 '갈(갇)'이 손이란 뜻을 지니고 있었다. 바느질할 때 끼는 골무의 '골'도 손이란 뜻이다. 어린이를 어를 때 '곤지곤지' 하며 손가락으로 맞은 쪽 손의 바닥을 찍으며 하는 말이 있다. '곤지'에서 '곤'의 末音 ㄴ은 介入音이다. 더디다>더지다>던지다와 같이 語中에서 ㅈ과 ㄷ 위에 ㄴ이 介入되는 현상이 국어에 있다. '고지'가 원형이고 '곧'이 祖語形으로서 손이란 뜻을 지닌 옛말임이 분명하다. 아이누語에서 kar(摘)이 있는데 이는 아이누語에서도 古代에는 kar이 손(手)이란 뜻을 지닌 名詞임을 推定할 수 있다.

gara(手)[滿]
qar(手)[蒙]

語根 gar, qar을 얻을 수 있는데 祖語形은 kat이다. 이렇게 보면 터키語系에서의 kol(kot)은 蒙古語, 滿洲語, 韓國語, 아이누語와도 연결된다.

kucaklamak(抱)

語根 kuc(kut)도 역시 손이란 뜻을 지닌 말과 同源語다.

12-2-6. əl(手)

alaqan(手掌)[타타르]
almak(取, 受)[터키]

alaqan(手掌)[카자흐]

ude(腕)[日]

안다(抱)[國]

터키語系에서 손이란 뜻을 지닌 말로서 kol系와 əl系의 兩形이 있음을 알 수 있다. 語根은 əl, al인데 日本語 ut과 比較된다. 국어 '안다(抱)'의 語幹 '안'의 祖語形은 '앋'이다. 안는 것은 손과 팔의 행위라는 것은 두말할 것도 없다. 국어의 '앋(手, 腕)'은 터키語系 əl(ət)과 同源語다. 국어 '어루만지다'의 '어루'의 語根 '얼'은 손(手)이 原意이다. '얼싸안다'의 '얼'도 손이란 뜻일 것이다. 터키語 almak(取, 受)의 어근 al이 손(手)이란 뜻을 지닌 말로 조어형은 at이다.

almak(取買, 受, 奪)[터키]

tutumak(挿, 取)[터키]

語根 al은 손이란 뜻을 지니는 말이다. el, kol이 터키語에서 손이란 뜻을 지니는데 el과 al은 同源語다. 국어 '안다(抱)'의 語根 '안(앋)'과 同源語며 '어루만지다'의 '어루'의 語根 '얼'과 同源語다. tutumark(挿, 取)의 語根 tut도 손이란 뜻이다. 국어 '뜯다(摘), 따다(摘)'의 語根 '듣, 다(닫)'도 본디는 손이란 뜻을 지닌 말로서 日本語 손 ta(te)와 同源語다.

basmak(押)[터키]

bilčaho(押)[蒙]

語根 bas, bil이 되겠는데 bat, bit으로 소급되며 손이 原意이다. '받다(受)'의 語根 '받'이 손이란 뜻을 지닌 말이다. 받고 주는 것은 손의 작용이다. 한 뺨, 두 뺨 할 때 '뺨'이 '받'으로 소급되면 '받(手)'과 同源語다. 팔(腕)의 옛말은 '발'이라 하겠는데 손이란 뜻을 지녔던 말이다. 고대에는 팔과 손의 意味가 分化되어 있지 않았을 것이라 여겨진다. 蒙古語에서 barim(受取)이 있는데 語根이 bar이다. 국어 '누르다(押)'의 語根 '눌(눋)'도 손이란 뜻이다. 日本語 naderu(撫)의 語根 nat이 손이란 뜻이다.

일본어 nigiru(握)의 語根 nig은 nit(nil)이 祖語形이라 역시 손이란 뜻을 지닌 말이다. 국어 '밀다(推)'의 '밀'도 根源的으로는 손이란 뜻이다.

> motsu(持)[日]
>
> mudol(手)[蒙]

語根 mot, mud이 손이란 뜻이다. 국어 '만지다'는 '마지다'에 ㄴ이 介入된 것이고 '맞(맏)'이 語根으로서 손이란 뜻을 지닌 말이다. 日本語 osu(押)의 語根 os(ot)은 손이란 뜻을 지닌 옛말이다. 일본어 ude(腕), utsu(打)의 語根 ut이 손이란 뜻이다. 국어 '안다(抱)'의 語根 '안(앋)'이 손이며 '어루만지다'의 '어루'의 語根 '얼'이 손이다. '얼싸 안다' 할 때 '얼'이 손이다.

12-2-7. yüz(顔)

nut이 祖語形으로서 국어 '낯'과 同源語다. 日本語 niru(似)의 語根 nir(nit)은 역시 얼굴(顔)이란 뜻이다.

> beniz(顔色)[터키]
>
> benzemek(닮다)[터키]

語根 ben은 bet에서의 變化다. 국어 '볼(頰)'과 同源語다. '뺨'은 '밤'으로서 '받'이 祖語이다. 日本語 hoho(頰)는 poro가 horo>hoo>hoho의 변화이며, 祖語 pot은 국어 '볼'과 同源語다. 古代에 '닮는다'는 말의 起源은 얼굴(顔)이었을 것이다. 국어 '닮다'의 語根 '닮'은 '달'이 原形인데 국어에 '탈(假面)'이 있으나 근원적으로는 顔面이란 뜻을 지닌 말일 것이다.

12-2-8. sırt (背, 肩)

> arka(背, 後)[터키]
>
> art(後, 背)[터키]

sırt(背)의 語根 sır(sıt)은 국어 곱사의 '사'와 比較되며 日本語 se(背)와도 比較된다. 복사뼈의 '사'는 등(背)이란 뜻이다. art, arka의 語根 ar(at)은 국어의 '엇게(肩)'의 '엇'과 比較되며 日本語 ato(後)와도 比較된다.

omuz(肩)[터키]

əjəq(肩)[카자흐]

ıjın(肩)[카자흐]

omuz(肩)의 語根은 om으로서 祖語形은 ot이다. əjəq(肩)의 語根 əj은 ət이 祖語形이다. 국어 '엇게(肩)'는 '엇'과 '게'의 合成名詞다. '게'는 '거이'가 준 말로서 '걷'의 祖語形인데 日本語 kata(肩)와 同源語다. '엇'은 터키語系 ət, ot과 同源語일 것이다.

əjəq(肩)[카자흐]

əjəq의 語根은 əj으로서 ət이 祖語形이다. 어깨의 15세기 表記는 '엇게[月印上25]'인데 '엇게'는 異音同義語의 合成名詞다. '게'는 '거이'가 준 말이고 걷>걸-이>거이>게의 變化이다. 日本語의 kata(肩)의 語根 kat과 同源語다. 터키語 omuz(肩)는 o와 muz의 合成名詞다. muz는 mut으로 소급되며 蒙古語 mürü(肩)의 語根 mür(müt)과 同源語이며 國語 '메다'의 語根 '메(먿>멀-이>머이>메의 변화)와도 同源語이다. omuz의 o는 ot>or>o의 변화이다. 카자흐語 ejəq의 ət과 同源語가 되며 국어 '엇게'의 '엇'과도 同源語다.

12-2-9. ağız(口)

awəz(口)[타타르]

am(口)[다구르]

cğiz(口)[위구르]

awəz(口)[카자흐]

ama(口)[蒙]

터키語系에서 입(口)이란 뜻으로 ağız, awəz의 雙形이 있음을 알 수 있다. 국어의 아가리(口)의 語根 '악'과 ağız(口)가 比較된다. 악아리(口)는 입(口)이란 뜻을 지닌 말의 異音同義語다. '악'은 알>앍>악의 변화로서 '아리'가 原形이다. 아가리, 주둥아리의 '아리'가 입(口)이란 뜻이다. 알다(知)의 語根 '알'이 말(語)이란 뜻이지만 語源은 입(口)이다. 말(語)이란 뜻을 지닌 말의 語源은 입(口)이다. 말(語)의 發聲器官이 입이라는 것은 두말할 것도 없다.

> ama(口)[蒙]
> amai(甘)[日]
> azi(味)[日]

ama(口)의 語根은 am이지만 at>ar>aram>aam>am의 변화로서 at이 祖語形이다. azi(味)의 語根 az은 at으로 소급되며 語源은 입(口)이다. 맛(味)을 느끼는 것은 입(口)에서 비롯된다. 국어 맛(味)도 '맏'이 祖語形으로서 입(口)이 原意다. '물다(咬), 묻다(聞), 묻그리(占)'의 語根 '묻'이 입(口)이란 뜻이다. '먹다(食)'의 語根 '먹'은 名詞로서 입(口)이란 뜻이다. 먿>멀>멁>먹의 변화이다. '먿'이 입(口)이란 뜻이다. '마시다(飮)'의 어근 '맛'은 '맏'으로 소급되며 역시 입(口)이란 뜻이다. 마시는 행위는 입으로 한다.

> tat(味)[터키]
> yemek(食)[터키]
> tatlı(甘)[터키]
> buruk, kekre(澁)[터키]
> acı, kekre(苦)[터키]

tat(味)과 tatlı(甘)의 語根은 tat이 共通된다. tat이 터키語에서 입(口)이란 뜻이다.

> di1(語)[터키]

söz(語)[터키]

dil(舌)[터키]

말(語)이란 뜻을 지닌 말의 語源은 입(口)이 主流를 이루고 있는데 때
로는 혀(舌)가 말(語)이란 뜻을 지닌 말의 語源이 되는 경우도 있다. 국어
'핥다(舐)'의 語根 '할'은 혀(舌)다. 즉 혀(舌)의 祖語形이다. '하리'가 참소
라는 뜻을 지니는 말이다. 語根 '할'이 말(語)이란 뜻이며 혀(舌)란 뜻이
다. 그러나 혀(舌)도 나중에 입에서 뜻이 分化된 것이므로 혀(舌)는 입
속(口中)의 一部에 지나지 않는다. 따라서 '할'은 더 올라가면 입(口)이란
뜻일 수 있다. söz(語)의 祖語形은 sot이다. 국어 소리(聲, 音, 語)를 뜻하
는 말과 同源語로서 語源은 역시 입(口)이란 뜻이다.

aci(甘)의 語根은 ac으로서 祖語形은 at이다. 역시 단맛을 느끼는 것
도 입(口)이다. buruk(澁)의 語根 bur은 조어형이 but으로서 역시 입(口)
이란 뜻이다. 국어 부리(嘴)와 거짓부리의 '부리'는 말(語)이란 뜻이다.
따라서 터키語 buruk(澁)의 語根 bur은 名詞로서 입(口)이란 뜻이다.

konuşmak(말하다)[터키]

söylemek(말하다)[터키]

söz(말, 話)[터키]

sözlü(口頭의)[터키]

demek(말하다)[터키]

dil(舌, 言)[터키]

yalan(嘘)[터키]

şarkı(歌)[터키]

türkü(歌)[터키]

ses(音)[터키]

konuşmak(말하다)의 語根 kon은 kot으로서 국어의 '곧(言)'과 同源語
이다. söz(말), sar(歌), ses(音)의 語根들은 국어소리(音, 歌, 言)의 語根
'솔(손)'과 同源語다. demek(말하다)의 de, türkü(歌)의 tür(音), dil(舌, 言)

등은 국어 '들에다'의 '들'과 同源語다. yalan(噓)은 nalan으로 소급되며 nal(nat)은 국어 노래(歌)의 '놀'과 同源語다.

> dudak(脣)[터키]
>
> türkü(歌)[터키]
>
> dil(舌, 言)[터키]

　dudak(脣)의 語根 dud은 根源的으로 입(口)이란 뜻이다. 국어 입시울은 '입'과 '시울'의 合成名詞인데, 시울은 '실울'의 ㄹ탈락이고 '실'이 原形이다. '실'은 根源的으로 입(口)이란 뜻이다. 소리(音, 聲, 歌, 言)의 語根 '솔'은 본디는 입(口)이란 뜻이다. 솗다(白)의 語根 '술'이 입, 말(口, 言)이란 뜻이다. 日本語 kutsi biru(脣)의 biru는 국어의 '불(口)'과 同源語다.

12-2-10. karın(腹, 子宮)

> göbek(臍)[터키]
>
> karin, kosak(腹)[위구르]
>
> qursaq, qaron(腹)[타타르]
>
> qursaq, qargn(腹)[카자흐]

　터키語에서 배(腹)라는 뜻을 지닌 말로서 語根은 kar, qur, qar 등이다.

> 녑(爲脅)[解例合字]
>
> 녑구레 협(脅)[字會上25]

　녑구레는 '녑'과 '구레'의 合成名詞다. '구레'가 현재는 '구리'로서 '옆구리'다. '구리, 구레'의 語根은 '굴'로서 배(腹)가 意味이다. '옆구리'는 '옆의 배'라는 뜻이다. 배가 나온 사람의 배를 '뱃구레'라고도 한다. '구레'가 역시 배라는 뜻이다. '갈비'는 '갈'과 '비'의 合成名詞다. 갈비는 배쪽에 있는 뼈다. '갈비'의 '갈'은 배의 옛말임을 알 수 있다. 뼈(骨)는 '뼈'로 소급되며 '벋'이 祖語形이다. 日本語 hone(骨)는 pone로 소급되며 pon이 語根이고 pot이 祖語形이다. 국어 뼈의 祖語形 pət과 同源語다.

qətəs(腹)[蒙]

xuis(臍)[蒙]

xotogoto(腹)[蒙]

keeli(腹)[元朝秘史]

gudi(腹)[퉁구스]

kalbin(뱃구레)[滿]

蒙古語, 퉁구스語 등이 국어 '구레'의 語根 '굴'과 同源語다. 蒙古語 頭音 x는 거의 k音에서의 變化音이다. 이렇게 보면 터키 kar(腹)은 蒙古語, 퉁구스語, 滿州語, 韓國語 등과 同源語다. 蒙古語 xotogoto(腹)는 koto로서 同義語가 合成되었다. 국어에서 '빗복, 빗곱' 兩形이 보이는데 이는 合成名詞로 語源的으로는 同義語다. 복은 본>볼>볽>복의 변화로 서 '볼'은 배(腹)의 祖語形 '받'과 同源語다. 뱃곱의 '곱'은 곤>골>곪>곱 의 변화이다. '곱'의 조어 '곤'은 '간(腹)'과 同源語다.

12-2-11. saç(髮, 毛)

sakal(수염)[터키]

saxal(수염)[蒙古]

語根은 sat이다. 국어 삽살개의 '삽살'의 '살'이 '털(毛)'이란 뜻이다. '삽살'의 '삽'도 起源的으로는 '살(毛)'의 祖語形 '삳'일 개연성이 있다. 삳살>삽살로 변할 가능성이 없는 것은 아니다. 그렇게 보면 같은 말이 거듭되었다. 따라서 국어에 '살'이 고대어에서 털(髮, 毛)이란 뜻을 지닌 말이었다. 국어 눈썹의 '썹(섭)'이 설>섭>섭의 변화로서 털(髮, 毛)이란 뜻을 지닌 말이다.

kıl(毛)[터키]

국어 '갈(髮)'과 比較되며 日本語 ke(毛)와도 同源語다. 구레나룻의 '구레'의 語尾 '굴'과 同源語다. 거웃(毛)도 '걸웃'에서 변한 것으로 '걸'

은 털(髮, 毛)이란 뜻이다.

tüy(毛)[터키]

국어 털과 比較된다.

darora(髭)[蒙]

語根 dar은 국어 털의 옛말 '덜'과 同源語다.

dərun(髮)[滿]

語根 dər도 국어 '털'과 同源語다.

12-2-12. ayak(足)

bacak(足)[터키]
ajaq(足)[타타르]
ajaq(足)[위구르]
alkud(步)[다구르]
ajaq(足)[카자흐]
oturmak(坐)[터키]
koşmak(走)[터키]

터키語 ayak은 arak의 r音 脫落으로 인해 aak이 ayak이 되었다. 터키 方言에서 adaq(足), ura(足)가 있다. arak의 語根 ar로서 at가 祖語形이다. oturmak(走)의 語根은 ot로서 역시 다리, 발(脚, 足)이란 뜻이다. 이는 국어 '종아리'의 '아리'에 해당되는 것으로서 祖語形 '앋'이며 터키 語系와 同源語다.

aruku(步)[日]
asi(足)[日]

ar, as의 祖語는 at로서 국어 '아리'의 祖語 '앋'과 同源語다. 日本語 osoi(遲)의 語根 os(ot)은 asi(足)의 語根 as과 同源語다. 한편 bacak(足)

의 語根 bac은 bat이 祖語形이다. 국어 발(足)의 祖語形 '받'과 同源語다. koşmak(走)의 語根 kos은 kot이 祖語形이다. 국어 걷다(步), 가랑이(脚)의 語根 '걷, 갈(갇)'과 同源語이다.

yürümek(步)[터키]
yayan(步)[터키]

yayan은 '걷다'란 뜻이다. 語中 ya는 ra의 r音 脫落으로 母音이 겹치게 될 때 모음충돌기피현상으로 上昇二重母音이 생기게 된다. yaran>yaan>yayan으로 변한다. 頭音의 上昇二重母音은 n頭音을 가지는 것이 알타이語 共通的인 현상이다. naran이 原形이고 nar(nat)이 語根이 되며 名詞로서 다리·발(脚·足)이란 뜻이다. 국어 니다(行), 녜다(行)의 語根은 '니, 녜'다. '녜'는 녀<너<널<넏으로 소급되며 '넏'은 국어에서 발이란 뜻이었다. 국어 '느리다'의 어근 '늘'이 名詞로서 발이란 뜻이다. 옛날에 '빠르다, 느리다'는 발의 作用이다. '빠르다'의 語根은 '발(足)'로 볼 수 있다. 일본어에서 noroi는 '느리다'라는 뜻으로 語根이 nor이다.

koşmak(走)[터키]
güihö(走)[蒙]
goto(脚)[蒙]

語根 kos은 名詞로서 다리, 발(脚, 足)이란 뜻을 지닌 말이다. 국어 가랭이(脚)의 語根 '갈', 걷다(步)의 語根 '걷'과 터키, 蒙古語, 국어 등에서 同源語가 나타난다. 蒙古語 goto(脚)의 語根 got이 있고 güihö(走)의 祖語形 gür(güt)이 同源語임을 알 수 있다. güihö(走)의 語根 güi는 güri에서 변한 것이고 gür(güt)이 祖語形으로서 다리(脚)라는 뜻을 지니는 goto(脚)와 同源語임을 짐작할 수 있다.

12-2-13. kisi(人, 人物)

kısı(人)[카자흐]

xun(人)[蒙]

kun(人)[蒙, 保安]

터키語系에서 語根 kis(kit)과 蒙古語 xun(人)은 kut이 祖語이다. 따라서 터키語와 蒙古語가 同源語다. 국어에서 일꾼의 '꾼'이 군<굳으로 소급되면 同源語다. 멍텅구리, 심술꾸러기의 '구리'의 語根 '굴', '꾸러기'의 語根 '굴'도 同源語가 되며 '꾸러기'의 '기'도 사람(人)이란 뜻을 지니는 語彙群과 同源語며, '갓(女, 妻)'도 根源的으로는 同源語다.

12-2-14. kızılık(處女)

kız(小女)[터키]

kadın(女, 女性)[터키]

qəz(處女)[카자흐]

qəz(處女)[타타르]

xatən(人, 妻)[타타르]

konuk(客)[터키]

語根 kız, kad은 女子라는 뜻을 지닌 국어 갓(女, 妻)과 比較된다. kadın(女, 女性)의 語根 kad과 국어 '갓(갇)'은 一致한다.

12-2-15. ata (父, 祖先, 父祖)

아들(子), 아스(弟), 앗 / 엇(母) 등의 祖語가 '앋'이다. ata의 語根 at과 同源語다.

12-3. 맺음말

터키語를 통해서 다음과 같은 祖語와 消失語를 再構할 수 있다.

터키語	國語
1) köz(眼)	갇(眼)-눈갈, 눈감다, 가물가물
2) baş(頭)	받(頭)-머리로 받다, 박치기
3) kulak(耳)	굳(耳)-굳>굴>굴-이>구이>귀
4) dinlemek(聞)	듣(耳)-듣다(聽)
5) burun(鼻)	붇(鼻)-곳블, 코를 풀다
6) murən(鼻)[카자흐]	맏(鼻)-냄새를 맡다
7) kol(手, 腕), kučaklamak(抱)	갇(手)-가지다, 골무, 꾸다(借)
8) əl(手), almak(取, 受)	앋(手)-안다(抱), 어루만지다
9) tutumuk(捕, 取)	닫(手)-뜬다(摘), 두드리다
10) basmak(押)	받(肘)-받다(受), 바치다(獻)
11) yüz(顔)	낟(顔)-낯
12) sırt(背, 肩)	삳(背)-곱사, 복사뼈
13) art(背, 後)	얻(肩)-엇게
14) ağız(口)	앋(口)-악아리, 주둥아리
15) dil(語, 舌), türkü(歌)	듣(口, 語)-들에다, 떠들다
16) karin(腹, 子宮)	갇(腹)-옆구리, 갈비, 뱃구레
17) saç(髮, 毛)	삳(髮, 毛)-새치, 눈썹, 삽살개
18) ayak(足)	앋(足)-종아리
19) yürümek(步)	눋(足, 脚)-니다, 녜다, 느리다
20) kisi(人, 人物), kiz(處女)	갇(人)-멍텅구리, 갓(女, 妻)
21) ata(祖上)	앋(人)-아들(子), 엇(母), 벙어리

〈『國語國文學研究의 새로운 摸索』, 集文堂, 1993.〉

13. 幼兒 敎育語의 語源

젖먹이 어린이를 어를 때 '도리도리, 잠잠, 곤지곤지, 부라부라, 꼬두꼬두' 등의 말을 하며 어린이에게 몸동작을 시킨다. 이러한 '도리도리, 잠잠, 곤지곤지' 등의 語源은 무엇일까.

13-1. 도리도리

어린애를 어를 때 목을 좌우로 돌리면서 '도리도리'라고 한다. '도리'의 語根은 '돌'이고 '이'는 接尾辭다. 머리를 좌우로 왔다 갔다 하면서 '도리도리'라고 하니까 '돌'은 머리(頭)라는 뜻이다.

> tologai(頭)[蒙]
> daraga(頭目)[蒙]
> ütügüs(頭)[蒙]

蒙古語에는 머리(頭)라는 뜻으로 tol, dar과 같이 頭音 t가 오는 것과 ü-tügus와 같이 頭音에 ü가 오는 어휘가 있다. ütügüs의 語根 ütü는 國語의 '우두(頭)'와 對應되며 滿州語 uju(頭)와 同系다. tologai(頭)의 語根은 tol이다. daraga의 語根 dar도 tol과 同源語다. 국어 '대머리, 대가리'의 '대'가 머리(頭)라는 뜻을 지닌 合成名詞로서 '대'는 닫>달>달-이>다이>대의 변화이다. 漢字 '頭'도 蒙古語, 國語와 祖語는 同系였다.

女人들이 쓰는 '족두리'의 '두리'가 冠이라는 뜻을 지니지만, 根源的으로는 머리(頭)라는 뜻이다. 국어 '갇(笠)'은 대가리의 '가리'의 祖語形 '갇'과 一致한다. 대가리의 '가리'는 머리(頭)라는 뜻이다. 곳갈(冠)의 '곳'과 '갈'은 모두 머리(頭)라는 뜻에서 帽子라는 뜻으로 되었다. 蒙古語

tolgai(頭), ütügüs(頭)의 gai, güs도 국어의 '가리'와 同源語라 여겨진다. 日本語 kammuri(冠)는 kat과 muri의 合成名詞인데 kat는 日本語 kasira(頭)의 祖語 kas와 같다. 물론 국어의 갇(頭, 笠)과도 同系다.

이러한 一聯의 事實들은 족두리의 '두리'가 머리(頭)라는 뜻에서 帽子라는 뜻으로 轉義되었다고 볼 수 있다. 漢字 帽는 국어 마리(頭)와 祖語가 같다.

     malaga(帽子)[蒙]

語根 mal이 國語 마리(頭)와 語根이 같다. '도리도리'는 어린이에게 머리의 옛말 '돌'을 가르치면서 목운동을 시킬 때 하는 말이다.

13-2. 잠잠

주먹의 語根은 '줌'이고 여기에 '억' 接尾辭가 붙었다. '줌'은 주먹이란 뜻이다. 아울러 주먹은 손의 一部分이다. '뜯다(摘), 따다(摘)'의 祖語는 '듣, 닫'이다. 이 말은 日本語 ta(手), te(手)와 比較된다. '잡다, 주다, 쥐다' 등은 모두 손으로 하는 動作이다. ㅈ音은 ㄷ에서 二次的으로 변한 子音이기 때문에 '답다, 두다, 뒤다'로 소급할 수 있다. '물건을 달다'의 語根 '달'도 역시 손이란 뜻이다. '줌줌'이나 '잠잠'은 母音差異일 뿐 意味는 別差異가 없다. 손을 뜻하는 말에서 轉義되었다.

     nucyak(拳)[滿]
     nüderek(拳)[滿]
     yumruk(拳)[터키]
     muxt(拳)[위구르]

터키어에서 주먹(拳)이란 뜻으로 쓰인 말 중에 頭音 y를 n으로 소급한 것이 numruk이다. 滿·蒙·터키어語에서 語根은 nuc, nud이나 祖語形은 nut이다. nut이 주먹(拳)의 祖語形이지만 根源的으로는 손(手)이란 뜻이다.

> nigiru(握)[日]
>
> naderu(撫)[日]

共通語根은 nat이 될 것이고 이 nat은 손을 뜻하는 名詞였을 것이다. 국어 물건을 '나르다'의 語根 '날'도 손이란 뜻이다. 나르는 동작은 손에 의해 이루어진다. '누르다(壓)'도 역시 손의 동작이다. 語根 '눌'의 祖語形은 '눋'이 되는데 역시 손이란 뜻이다. 이러한 일련의 事實들은 알타이諸語 中에 nat, nut이 손이란 뜻인 名詞가 있었다는 것을 알 수 있다. 위구르語 muxt(拳)는 蒙古語 mudol(手)과 同源語다.

> gar(手)[蒙]
>
> garataho(쥐다)[蒙]

蒙古語 garataho의 語根 gar은 손(手)이란 뜻이다. '잠잠'은 '주먹'이란 말을 가르치면서 손가락 운동을 시킬 때 하는 말이다.

13-3. 곤지곤지

'곤지'에서 '곤'의 末音 ㄴ은 ㅈ子音 위에서 소리(音)의 滑調를 위해 들어간 介入音이다. 더디다>더지다>던지다와 같이 '던'의 末音은 ㅈ 위에 ㄴ이 介入된 경우다. 고치다>곤치다, 까치>깐치와 같이 ㄴ이 ㅊ 위에서도 들어간다. 뿐더러 介入音 ㄴ은 ㄷ 위에서도 들어간다. '만들다'는 '마들다', 반디는 '바디'에 各各 ㄴ이 들어간 것이다. 빈대떡은 '비대떡'이 본말이고 語根 '빈'은 콩비지의 '빚(빈)'과 一致한다. '빈'은 豆類를 뜻하는 말이다. '곤지'는 '고지'가 원말이고 '고지'의 語根은 '곶'이고 '곧'이 祖語形이다. '곧'은 무슨 뜻을 지니는 말일까. '곤지곤지'는 손 動作이다. 따라서 '곧'은 손을 뜻하는 말이다.

kara(手)[滿]

kar(手)[蒙]

kol(手)[위구르]

滿, 蒙, 위구르語에서 kal, kol이 손이란 뜻인데 祖語形은 kat, kot이
다. '가지다(持)'의 語根은 '갖(갇)'인데 갖는 것은 손 행위다. 따라서 '갇'
은 손이란 뜻이다. 손가락에서 가락의 語根 '갈'이, 곧 손을 뜻하는 말이
다. '갇(갈)'이 손이란 뜻인데 손을 뜻하는 말의 세력에 밀려 가락은 손의
一部分을 뜻하게 되었다. 골무의 '골'도 손을 뜻하는 말이었다. '곤지곤
지'는 손, 손이란 뜻이며 손이란 뜻을 지니는 '고지고지'하는 말을 가르
치면서 손 운동을 시켰다.

13-4. 부라부라

아기의 양손을 잡고 아기의 양 발을 번갈아 띄게 할 때 '부라부라'
한다. 지방에 따라 '풀무풀무'라고 하는 곳도 있고 '불미불미, 불매불매'하
는 곳도 있다. '부라'의 語根은 '불'로서 '부라부라'는 발 운동이니까 '발'을
뜻한다. 발이 빠른 사람을 '발발이'라고 하는데 발은 足이란 뜻을 지니는
말이고 빨빨거리고 다닌다고 할 때 '빨빨'의 '발'도 역시 足이다. '빠르다'
의 語根 '빨'은 발로서 足이란 뜻이다. 古代에 빠른 것은 발 동작 以外에
別로 없었다. 日本語에 부라부라 아루꾸(burabura aruku)라고 하는 말의
aruku는 '걷다'라는 뜻이고 burabura는 副詞다. 日本語 burabura의 語根
bur은 국어의 발(足)과 同源語라 여겨지며 국어 부라부라와도 同源語다.
'부라부라'는 '발'이라고 하는 말을 가르치면서 발 운동을 시켰다.

13-5. 꼬두꼬두

한 손에 아기의 두 발을 올려놓고 잡았던 아기를 놓아 아기를 서게

하며 '꼬두꼬두'한다. '꼬두'의 語根은 '곧(꼳)'인데 이 '곧'은 다리(脚)라는 뜻이다. '걷다(步)'의 語根 '걷'이 '곧'과 同源語고 '가랑이'의 語根 '갈' 과도 同源語다.

　　goto(脚)[蒙]

語根 got이 다리(脚)라는 뜻이다. '꼬두꼬두'는 다리(脚)를 뜻하는 '곧' 을 가르치고 서도록 다리의 힘을 키우게 할 때 하는 말이다.

13-6. 길오라비 훨훨

아기의 양팔을 새가 날 듯 말하면서 내는 소리다. '길오라비'는 기러 기일 것이다. 기러기라고 하는 말을 가르치면서 양팔의 운동을 시키는 것이다. 이러한 말을 가르치면서 운동을 시킨 것은 언제부터였을까? '돌 (頭), 곧(手)'이 쓰인 것은 先史時代로 소급할 수 있다. 新羅나 高句麗語 에서 '돌(頭), 곧(手)'이 쓰이지 않았다는 것은 '돌(頭), 곧(手)'이 쓰였던 시대를 先史時代라고 하겠다. 이렇게 말을 가르치면서 신체발육을 위한 운동을 시켰다는 것은 教育史的인 面이나 體育史 그리고 國語教育 面에 서 매우 意味있는 出發 基點이 된다.

<『우리말연구』 1, 경희우리말연구회>

14. 比較言語學的인 면에서 본 葬法의 背景研究

14-1. 北枕과 歸巢

인간에게 母胎回歸現象과 歸巢本能이 있다고 하는 것은 다 아는 사실이다. 異國에서 他界한 동포들이 조상의 유골을 안고 모국으로 돌아오는 것을 보면 歸巢本能의 생생함을 느낄 수가 있다. 오늘날 葬法에선 머리를 북쪽에 두는 北枕이 상례로 되어 있다. 死者의 영혼을 위해 북쪽을 향해 '복(復), 복, 복' 세 번을 외친다. 전통적인 결혼식 때 신랑이 北向四拜하거나 再拜하고 奠雁禮 때 기러기에게 신랑이 절을 한다. 기러기는 북쪽에서 날아왔다가 다시 북쪽으로 돌아간다. 墓地를 北邙山이라고도 한다. 이렇게 婚禮와 葬禮가 北과 관련되는 이유는 무엇일까? 『訓蒙字會』에는 '뒤 븍(北)'과 '앎 남(南)'이 있다. 북쪽이 뒤가 되고 앞이 남이 된다. 이는 北方民族이 남하하면 南이 앞이 되고 北이 뒤가 된다고 볼 수 있지 않을까? 따라서 北枕이나 北向敬拜는 일종의 歸巢本能의 표현이라고 여겨진다. 比較言語學的인 면에서 우리 민족이 남하한 것을 밝혀 北枕의 배경을 살펴보려고 한다.

14-2. 人稱語

14-2-1. 앋(人)

    olos(人)[蒙]
    utar(人)[아이누]
    utar(家族)[아이누]
    ata(父)[터키]

acapo(父)[아이누]

aźm(男)[길랴크]

otoko(男)[日]

otome(女)[日]

otouto(弟)[日]

otona(成人)[日]

語根은 ot, ut, at이다. 日本語의 경우 oto가 사람(人)이란 뜻인데 語根은 ot이다. 日本語 oya(親)는 ora>oya의 변화로서 語根은 or이고 ot으로 再構된다. 국어에서 人稱은 基本語는 '앋'이다.

앋…아들

앗…아즈비, 아즈미

앗/엇…아스(弟), 엇(母)

안…안해(妻)

알/얼…아롬(私), 우리, 어른(成人)

퉁구스族에 속하는 오로치(orochi), 오로크(orok), 우데헤(udehe), 올차(olcha)의 語根 or, ud, ol 등도 人稱의 祖語形과 同系의 語彙라 여겨진다. 아이누도 본디는 사람(人)이란 뜻이며 그 種族名이다. 아이누의 語根은 ay로서 arnu에서의 변화이다. 따라서 語根은 ar(at)이다. 이렇게 아이누語가 蒙古語, 터키語, 길랴크語, 韓國語, 日本語 등과 맥을 같이 한다고 하는 것은 매우 중요하다.

14-2-2. 샅(人)

sadon(親戚, 愛人)[蒙]

sadun(親戚)[滿]

sadusa(親戚들)[滿]

sargan(妻)[滿]

solho(高麗人)[滿]

solon(滿洲族의 一族)[滿]

語根은 sad, sar, sol 등이다. 共通祖語는 sat(人)이다. solho, solon 등의 語根 sol은 sot으로 再構되며 사람(人)의 祖語形 sat에서의 변화이다. 新羅의 고칭 '斯羅, 斯盧' 등의 語根 '살'은 곧 사람(人)을 뜻하는 동시에 種族名을 뜻한다고 보겠다. 국어 '사위(婿), 사돈, 손(丁)' 등의 祖語形은 '삳'이다. 국어 '사돈'의 語根 '삳'은 사람(人)이 語源이다. 아이누語에서 아이누人 외의 日本人을 sisam이라고 하는데 이 말의 語根은 sis이고 sit으로 再構된다. 국어 '사람(人)'의 語根 '살(삳)'과 比較된다. 아이누語에서 日本人을 samo라고도 한다. samo는 saram(人)에서 r의 탈락이다. 그렇게 보면 아이누人이 처음 본 異邦人은 sat系, 즉 韓國系임을 시사한다. 日本 琉球語에서 satu가 愛人이란 뜻이다. 이는 국어 사돈과 同源語다.

14-2-3. 낟(人)

국어의 第1人稱 '나', 第2人稱 '너', 不定稱 '누'는 서로 語源을 같이하는 말로서 母音交替에 의해 語彙가 분화되었다.

na(第1人稱)[日]
nare(第2人稱)[日]

日本語의 na(第1人稱)는 국어의 '나'와 그대로 比較되지만 국어의 너(第2人稱)는 日本語에서는 nare이다. '나'는 '낟'에서 末音 脫落으로 이루어진 말이다. 日本語 nare(汝)가 바로 語根 nar과 같이 末音 r을 유지하고 있다. 퉁구스語에 속하는 오로크語에서 naru는 사람(人)이란 의미를 지니는데 語根이 nar이다.

niyalma(人)[滿]

niyalma의 語根은 niyal인데 niral에서의 변화이다. nanai語의 nai가 사람(人)이란 뜻인데 nari에서의 r音 탈락으로 된 말이다. 길랴크語에서

第1人稱은 ni인데 nal과 同源語다. 국어 '우리네, 당신네, 가시내' 등의 '네, 내' 등은 '날(人)'에서 비롯한 말이다. '님(主), 놈(者), 넘(他人)'도 낟>날(人)에 語源을 두는 말이다. '님(主)'의 祖語는 '닏'이다. nanai族의 nai가 사람인데 nari>nai로서 nar(nat)이 祖語形이다. 야쿠트를 에벤族은 nyaku 또는 nyako라고 한다. 에벤키와 에벤族이 사는 레나 江을 左右로 북쪽에 사는 原住民에 yukaghir가 있다. yukaghir는 yakut와 同源語에서 비롯된 말이다. yukaghir는 nukaghir로 소급되며 nuka와 ghir의 合成語인데 ghir는 사람이란 뜻이며 nuka도 어원적으로는 사람이라는 뜻이다. nuka의 語根 nu는 nut>nur>nu의 變化이다.

14-2-4. 굳(人)

kümün(人)[蒙]
xün(人)[蒙]
kişi(人)[터키]
kixi(人)[위구르]
kur(人)[아이누]

語根은 hün, kis, kur 등이 되겠는데 xün은 kun으로 소급되고 kut으로 再構된다. 따라서 kut, kit 등의 祖語가 再構된다.

hala(族)[滿]
kayas(親戚)[터키]
kara(族)[日]

kayas(親戚)은 karas에서의 변화이며 語根은 kar(kat)이다. 이는 국어 '겨레(族)'의 語根 '결(걸·걷)'과 비교된다. '갓(女, 妻)'이 국어에 보이며 '장난꾸러기'에서 '꾸러기'의 語根은 '굴'이다. 이 '굴'이 사람(人)이라는 뜻이다. '일꾼, 장꾼' 등의 '군'은 蒙古語 xün과 비교된다. 古代人들은 사람이라는 뜻을 지닌 말이 그대로 種族名을 대표하였는데 '句麗, 高麗' 등의 語根 '굴, 골' 등이 사람(人)이란 뜻이다. 멍텅구리의 '구리'가 사람

(人)이라는 뜻이다. gilyak의 gil도 근원적으로는 사람(人)이라는 뜻을 지
닌 말이다. 駕羅, 駕洛의 어근 '갈'도 사람(人)이라는 뜻을 지닌 말이다.
아이누語에서 kur(人)은 단독적으로 쓰이지 않고 tusukur(巫)과 같이 合
成語를 형성할 때 쓰이는데 여기서의 kur도 사람(人)이란 뜻을 지닌 말
이다. 日本語의 kara(族)는 본디는 사람(人)이란 뜻이다.

> karən(腹)[터키]
> karin(腹)[위구르]

語根 kar을 얻을 수 있는데 日本語 kara(族)의 語根 kar과 同源語라
여겨진다. 族은 腹이 그 母胎다. 레나 江 北部에 사는 yukaghir의 ghir
가 사람이라는 뜻이다. 국어 '끼리끼리'의 어근 '길'이 사람이란 뜻을 지
닌 말이다.

14-2-5. 붇(人)

> pibü(第1人稱)[滿]
> pi(第1人稱)[滿]
> pen(第1人稱)[터키]
> watakusi(第1人稱)[日]

pen은 pet으로 再構된다. pit>pir>pi의 변화이다. pit, püt은 사람(人)
이란 뜻을 지닌 말에서 비롯한 말이다. 日本語 hito(人)는 pito로 再構되
며 語根은 pit이다. watakusi는 wata와 kusi로 나누는데 kusi의 語根
kus(kut)은 사람이라는 뜻이다. 국어에서 '부리'는 祖上, 祖上의 靈魂, 뿌
리(根)라는 의미를 지니며 種子란 뜻도 지닌다. kusi도 역시 사람(人)이란
뜻인데 語根 kus은 kut으로 再構된다. 日本語 kara(族)와 語源이 같다.

> puri(家族)[올차]
> ur(子息)[퉁구스]
> ure(種子)[오로도스]

등에서 보이는 바와 같이 pur이 사람, 종자(人, 種)라는 뜻이다. 국어에서 '불'은 種子, 睾丸, 뿌리(根)라는 의미를 지니며 '볻'은 女陰의 의미를 지닌다. 그러나 buriyat族의 bur, 渤海의 '渤', 扶余의 '불' 등이 모두 사람(人)이란 뜻을 지녔던 말이다.

14-2-6. 맏(女, 母)

man(第1人稱)[위구르]

mat(妻)[아이누]

mama(祖母)[滿]

man은 mat으로 再構된다. 아이누語의 mat과 比較된다. 漢字語 民, 妹, 母도 알타이諸語에서 비롯한 말이다. 국어 '며느리(婦)'의 語根은 '면'이고 '먼, 멀' 등으로 再構하면 mat과 比較된다. 慶尙道에서는 '메나리'라고도 하므로 '며+느리'로도 볼 수 있다. '할미(祖母)'의 '미'는 母라는 뜻이다. 사투리 '할매'의 '매'도 母라는 뜻이다. '할마니, 할머니'에서 '마니, 머니'의 '만, 먼'은 역시 母라는 뜻이다. '할아버지'는 '할'과 '아버지'의 복합어이다. 만약 '한어머니'라면 '하러머니'가 되어야 하는데 그렇지 않은 것을 보면 '만, 먼'은 母이라는 뜻이다. 平安道에서 '큰어머니'를 '클마니'라고 한다. 지체가 높은 부인을 '마님'이라 하고 나이가 든 부인을 '마나님'이라고 한다. '마님'일 때에는 '마'는 母라는 뜻이며, '엄'과 '마(마니)'도 있다. '마니'의 어근은 '만'이고 '맏'으로 소급된다. '며느리'의 語根 '면'은 '먼, 멀'으로 소급된다. '마니'는 祖語 맏>만>만-이>마니의 변화이다. 마나님은 '만아님'으로 '만'과 '님'의 중간에 母音'아'가 調音素로 개입되었다. 따라서 '마니'의 祖語 '만'은 아이누語 mat(妻)과 比較된다.

matkarku(姪)[아이누]

metke(伯母)[아이누]

matak(妹)[아이누]

matnepo(小女)[아이누]

mat이 女라는 뜻을 지니고 있다. 漢字語 母, 妹, 民과 연결된다.

14-3. 무덤語

14-3-1. 무덤(墓)

'묻다(埋)'의 語根은 '묻'이다. 무덤은 이 '묻'에 接尾辭 '엄'이 붙은 말이다. '뭍(묻)'은 陸이라는 뜻을 지니고 있다.

mutsu(陸奧)[日]

mutsu의 語根은 mut인데 국어의 '묻'과 일치한다.

mitsi(路)[日]

mitsi의 語根은 mit인데 mut(陸)과 同系의 말(語)이다. 국어에 '몰개(砂), 모새(砂)'가 있는데 語根은 '몰, 못'이 되지만 祖語形은 모두 '몯'이다. '몯'의 末音이 ㄷ>ㄹ화한 것이 '몰애'이고 末音 ㄷ>ㅅ화한 것은 '못애'다. 국어의 '뫼(山)'는 『龍飛御天歌』에서 '모로'로 나오는데 語根은 '몰'이고 '몯'으로 소급된다.

mudun(山路)[滿]

mulu(山頂)[滿]

語根은 mud, mul이고 共通 祖語形은 mut이다. mut이 山이라는 뜻이다. 滿洲語에서 arin도 山이지만 mut도 山이란 말인데 이 말은 국어 '뫼(山)'의 祖語形 '몯'과 비교된다. '묻(陸), 몯(砂), 몯(山, 山頂)'은 같은 계열의 어휘다. 따라서 '무덤'의 '묻'은 땅(地)을 뜻하는 말로 땅속으로 들어간다는 뜻을 지니고 있다. 漢字語 墓, 埋도 국어의 '묻'과 비교되는 말로서 死者가 땅에 묻힌다는 의미로 사용했음을 알 수 있다.

mif(陸, 島)[길랴크]

mif의 語根은 mi라 하겠는데 이는 mut(陸, 地)과 비교된다.

　　mintar(庭, 土門)[아이누]

국어 '마당(庭)'의 語根 '맏'은 '묻'과 語源이 같다.

14-3-2. 밭(田)

　　hegür(墳墓, 屍體)[蒙]
　　hüsü(墳墓)[蒙]
　　pumba(墳墓, 墓碑)[蒙]
　　pumihan(墓, 碑)[蒙]

hüsür은 蒙古語에서 床, 土間, 地盤이란 뜻이며 pumi는 土地, 地方, 國, 場所라는 뜻이고 pumige는 地神이라는 뜻이다. 蒙古語에서도 墳墓는 땅에 묻는다는 것을 알 수 있다. 국어의 '밭(田), 벌(原), 바독(碁), 벼로(崖)' 등에서 祖語形 pat은 땅, 흙, 바위, 돌(地, 土, 巖, 石)이라는 뜻이다. 漢字語 墳, 碑와도 연결된다.

14-3-3. haka(墓)[日]

haka는 paka에서의 변화이다. 日本의 八重山, 宮古 方言에 paka(墓)가 있다. 국어의 '밭(田)벌(原), 바독(碁), 벼로(崖)' 등이 흙, 땅, 돌(土, 地, 石)이라는 뜻이고 日本語 hata(畑)는 pata로서 pat이 語根이다. haka는 pat>pal>hal>halk—a>haka의 변화이다.

14-3-4. tsuka(塚)[日]

　　tukala(土)[퉁구스]
　　tuka(砂)[에벤키]
　　tuala(土)[오로치]

toala(粘土)[나나이]

tula(土)[오로치]

등은 모두 흙, 땅(土, 地) 뜻인데 국어 땅(地)의 祖語形 '닫'과 비교된다. tsuka의 祖語形은 tut>tul>tulk-a>tsuka의 변화이며 祖語形 tut은 땅(地)이란 뜻이다.

tsutsi(土)[日]

tsutsi(土)는 국어의 '닫(地)'과 비교된다.

14-3-5. tusir(墓)[아이누]

toytusir(墓)[아이누]

toyka, toykaske(墓)[아이누]

아이누語에서 toy는 밭(土, 田)이란 뜻인데 toy는 tot으로 再構된다. 아이누語에서 toyka는 '밭을 갈다'라는 뜻이다. 이는 국어 땅(地)의 祖語形 '닫'과 비교된다. tusir의 語根은 tus이고 tut으로 再構되는데 국어의 '닫(地)'과 비교된다. 日本語 tsutsi(土)는 국어의 '닫(地)'에 語源을 두는 말이다. 日本語 doro(泥)의 語根은 dor인데 dot으로 再構된다. 국어의 '딜(泥)'과 비교된다. 아이누語에서 泥는 teinitoi, toy 등이 있다. 따라서 아이누語 tusir은 땅(地)이 語源인 말로서 역시 땅에 묻는다는 뜻을 지닌 말이다.

14-3-6. 墓, 墳

墓나 墳字를 보면 모두 '土'字가 들어 있다. 이런 사고는 무덤은 土葬이라는 것을 말한다. 漢字語의 祖語는 알타이 祖語와 관련된다고 본다. 墓나 墳도 알타이 諸語에 속하는 語彙다. 국어 '무덤'의 '묻'과 비교된다. '묻'은 陸, 地라는 뜻이다. '마당(庭)'의 語根 '맏'과 비교된다. 국어에서 '묻~'이라는 뜻을 지니는데 漢字語에서도 埋가 역시 '묻다'라는 뜻이다.

墳도 무덤인데 '土'字가 들어 있다. 국어의 '밭(地, 田, 土), 번(벌, 原)', 日本語 hara(原)의 語源에서 비롯한 말이다. 墳은 蒙古語에서 墓라는 뜻을 지니는 hüsü, pumihan 등의 祖語形 put과 비교된다.

14-3-7. dolmen(支石墓)

dolmen(支石墓)은 국어의 '돌' 또는 '돌멩이'와 語源을 같이한다고 여겨진다. 국어 '돌멩이'의 '멩이'는 그냥 接尾辭라기보다는 實辭에서 그 본래의 기능을 상실한 語彙다. 아이들 놀이에 돌멩이로 하는 '망치기, 망까기'가 있다. 그것은 국어 '묻(陸, 地)'과 비교된다. '무덤(墳墓)'의 '묻', '마당(庭)'의 '맏'은 漢字語 墓, 埋와 관련이 되는 mˇt에서 변화한 것이다. 멑>멀>머>멍>멍이>멩이의 변화이다. taş(石)[터키], čul(石)[추바시], žolo(石)[오로치], taši(石)[위구르], čilagun(石)[蒙]과 같은 語彙들과 비교된다. 국어에서는 닫>달>다>짜>땅(地), 돋>돌(石), 들(野), 딜(土)의 분화를 볼 수 있으며 漢字語 土, 地, 垈, 處와 비교된다.

    toy(土)[아이누]
    roy(砥石)[아이누]

toy는 tor에서 변화한 것이며, roy의 頭音 r은 t音에서 변화한 것이다. '도치, 돗귀(斧)'도 '돌'의 祖語 '돋'에서 파생된 語彙다. 石器時代에는 칼날(刃物)의 소재는 돌이다. 따라서 日本語 tsurugi(劍)의 tsuru는 돌(石)이 그 語源이며, 漢字語 刀는 바로 돌(石)이 그 語源이다. 甕棺의 甕에 해당되는 '독'은 돌>돍>독의 변화이다. 漢字語 鐵, 錢도 근원적으로는 '돈(돌)'에서 변화한 것이다. 鐵이나, 錢은 모두 돌에서 나온 것이다. '돈(錢)'의 祖語는 '돋'인데 末音이 ㄷ>ㄴ으로 되어 '돈'이 되었다. 옛날의 '돈'은 寶石이다. 따라서 국어의 '돈'과 漢字語 錢은 語源이 같다. '맷돌'을 平安道에서는 '망'이라고 하는데 '망'은 맏>말>마>망의 변화이며 돌(石)이 原義다. 따라서 '돌멩이'는 異音同義語의 合成語다.

14-4. 天體語

14-4-1. 하늘

'하늘(龍歌4章)'은 '하'와 '늘'의 合成語다. 하늘의 '하'는 핟>핱>하로 서 해라는 뜻을 지니는 말이다. 하늘(天)은 '하'와 '늘'의 異音同義語다. 국어의 '날(日)'과 '낮(晝)'은 同源語인데 蒙古語 nara(太陽)의 語根 nar(nat)과 同源語다. 국어 '히(太陽)'가 '히다(白)'로 되었다. 이로써 태양 을 白色으로 인식했음을 알 수 있다.

> syun(太陽)[滿]
> šanyan(白色)[滿]

šanyan의 語根 šan은 태양이란 말 syun과 同源語이다.

> güneş(太陽)[터키]
> gök(天)[터키]
> gen(太陽)[길랴크]

güneş(太陽)의 語根은 gun이고 祖語形은 gut이다. gök은 got>gol> golk>gök의 변화이다.

> kly(天)[길랴크]
> ken, keg(太陽)[길랴크]

ken(太陽)을 보면 kly(天)는 kel에서 e탈락으로 이루어진 말이라 여겨 진다. kel은 ket으로 소급되며 태양이라는 뜻이다. 길랴크語에서 第一 音節語의 母音이 탈락하는 것은 특이한 현상이라고 지적할 수 있다. '날 이 개다'에서 '개다'의 語根 '개'는 '가이'가 준 말이고 祖語는 '갇'으로서 태양이란 뜻을 지닌 말이다.

> kanto(天)[아이누]

아이누어 하늘(天)을 뜻하는 kanto는 合成語라 하겠는데 kan은 태양 이고 to도 기원적으로는 태양이란 뜻을 지닌 말이다.

to(日)[아이누]

nis, niskotor(天)[아이누]

아이누語에서도 태양이 原義인 말이 하늘이란 의미도 지녔다. nis이 하늘이란 의미를 지니는데 이는 蒙古語의 nat(nara, 太陽)과 비교되는 語彙다.

to(日)[아이누]

tokap, tokan(畫)[아이누]

tiida(太陽)[日, 首里]

tly, tlə(天)[길랴크]

tolf(夏)[길랴크]

cup(太陽)[아이누]

길랴크語 tolf(夏)의 語根은 tol로서 原義는 태양이란 말이다. '녀름(夏)'의 語根은 '널(널, 넏)'으로서 蒙古語 태양 nara(nar, nat)와 비교되며 일본어 natsu(夏)도 국어 nat(太陽)에서 간 것이다. 따라서 길랴크語 tly, tlə도 t'l形에서 母音의 탈락으로 된 말이라는 것을 알 수 있다. 아이누語 to(日)는 아이누語 태양이라는 말 cup을 tup으로 再構시키는 뒷받침이 된다.

juwari(夏)[滿]

頭音 ju는 tu로 再構된다. 국어 '죄다(曙)'의 語根 '죄'는 '죄'로 소급되며 다시 '조이'로 분석된다. '이'는 接尾辭이고 '조'는 '도'로 소급되며 '돌'로 再構된다. 接尾辭 '이'가 붙었다는 것은 앞 音節의 末音이 子音이라는 것을 알 수 있다. '돌'이 국어에서도 태양이란 뜻이었음을 알 수 있다. 이것을 뒷받침하는 것으로 日本語 teru(照る)를 들 수 있는데 語根은 ter이고 태양이 原義다. '해가 돈다'에서 '돈다'의 語根 '돈'이 바로 태양이 原義다. 漢字語 天, 照는 바로 태양에서 분화한 말이다.

tegrl, teŋgeri(天, 神)[蒙古文語]

teŋere, teŋger(天)[부리야트]

tengeri(天)[칼묵]

tenger(天)[칼카]

tenger(天)[오르도스]

tängeri(天)[蒙]

tänri(天)[古 터키]

tanrı(神)[現 터키]

təngri[위구르]

tangri(神)[우즈베크]

tengeri는 ten과 geri의 合成語다. ten은 漢字語 天과 비교되며 기원적으로는 태양 tˇt에서의 변화이고 geri도 근원적으로는 태양이라는 뜻이다. geri는 蒙古語에서 빛(光)이라는 뜻이다. geri(光)는 태양이라는 原義에서 전의되었다. 터키語에서 güneş이 태양인데 gun이 語根이고 gut으로 再構된다. tengeri는 본디 tengeri에서 末音 n이 g의 同化作用으로 ŋ音으로 바뀌었다. tengeri(天, 神)는 태양의 빛, 즉 태양이란 본뜻을 지닌 異音同義語의 合成語다. '하늘'이 국어에서 태양이란 말에서 전의되었고, 하늘(天), 天神을 의미하는 tengeri도 태양이 原義이다. 神字는 '示'변에 '申' 자가 어우러진 字인데 '申' 자는 번갯불의 象形文字이다. 한자를 만든 사람들도 '神'을 빛(光)으로 보았다. 漢字語 天, 東도 태양이란 뜻을 지니는 tˇt에서의 변화이다.

14-5. 方位語

14-5-1. 뒤(北, 後)

『訓蒙字會』에는 '뒤 북(北)'으로 나오는데 '뒤'를 北이란 뜻으로 썼다.

amargi(北)[滿]

ady, ari(北)[길랴크]

aru(北, 後)[蒙]

umara(北)[蒙]

utara(北)[蒙]

語根은 ar, ut, ad 등이다. 蒙古語에서 aru가 北과 後라는 두 가지 뜻으로 쓰이는 것은 국어의 北이 '뒤'라는 뜻으로 쓴 것과 공통된다.

usiro(後)[日]

日本語 usiro의 語根은 us이고 ut으로 再構되며 蒙古語 utra(北)와 관련된다. 한편 北方民族이 남하하면 북쪽은 당연히 뒤가 된다. 국어의 '알'이 前이란 뜻이며 앞(前)은 알>앒>앞>앞의 변화이다. 新羅 始祖의 妃 閼英夫人이 탄생 시 입술이 닭의 부리와 같아 月城 北川에 가서 목욕시키니 그 부리가 빠지므로 그 '내(北川)'를 '撥川'이라고 했다는 기록은 매우 시사적인 면이 있다. 漢字 北 자는 원래 등지다는 뜻과 뒤(後)라는 뜻이 있는데 국어에서 北이 뒤(後)라는 뜻이 있으므로 의미가 공통된다. 北川과 撥川을 비교할 때에는 北＝撥, 즉 撥의 新羅語가 北이라는 뜻을 지니고 있을 가능성을 시사해 준다.

pora(北風, 突風, 風雪)[터키]

터키語의 pora와 국어 '눈보라'의 '보라'가 비교된다.

kuzey(北)[터키]

kuzey의 語根은 kut으로 再構된다. 日本語 huyu(冬)는 put>pur>puru의 변화인데 北風, 風雪이라는 뜻에서 전의된 것이다. 日本語에서 hi는 얼음(冰)이라는 뜻이다. 漢字語 冰과도 연결된다. 日本語 kita(北)는 터키語와 비교된다.

purga(大風雪)[에벤키]

purku(粉雪)[라무트]

pora(雪片)[나나이]

puran(大風雪)[滿]

purugana(雪降)[蒙]

puruga(雪降)[부리야트]

kuzey(北)[터키]

geri(後)[터키]

터키語에서도 kuzey(北)와 geri(後)는 同源語다.

amargi(北)[滿]

amala(後)[滿]

hoina(北)[蒙]

hoina(後)[蒙]

이렇게 국어는 물론 터키語, 滿洲語, 蒙古語 등에서 北과 後가 同源語라는 것은 매우 흥미로운 비교가 되며 漢字語 北, 後가 同源語라는 것도 더욱 주목할 만하다.

julergi(南)[滿]

julergi(前)[滿]

emüne(南)[蒙]

emüne(前)[蒙]

滿洲語와 蒙古語에서 南과 前이 同源語라는 것을 알 수 있다. julergi 의 語根은 jul이고 tul, tut으로 소급된다. 아이누語에서 태양이란 뜻을 지니는 cup과 비교된다. 蒙古語 emüne(南)는 蒙古語에서 해(日)인 edör 과 비교된다. 蒙古語에서 태양인 nara가 있고 egelte가 있다.

edör(日)[蒙]

emüne(南)[蒙]

egelte(太陽)[蒙]

語根은 em, eg이고 et으로 再構된다.

앒 남(南)[字會下34]

‘아래(前), 앎(前, 南)’의 語根은 ‘알’로서 南과 前이라는 뜻이다. ‘알’이
南이라는 뜻이라면 ‘알’은 태양이란 뜻이라고 생각할 수 있다.

abtap(太陽)[위구르]

abka(天)[滿]

amaka(天, 神)[에벤키]

ama(天)[日]

oktargoi(天)[蒙]

egelte(太陽)[蒙]

əlden(光)[滿]

하늘(天)은 태양이란 말에서 분화한 말이다. 국어 ‘하늘’의 語根은
‘한’이고 ‘핟’이 祖語形이다. 국어에서는 태양과 하늘(天)은 同源語다. 따
라서 국어의 ‘앎(前), 알(前)’의 ‘알’은 태양이란 本義에서 南, 앞(前)이란
뜻으로 분화했다.

따라서 ‘하눌(天)’은 ‘한’과 ‘올’의 異音同義語의 合成語다. 우리나라
始祖神話에서 始祖가 알에서 나왔다는 것은 태양에서 나왔다는 것과 연
결된다. 즉 日子다. 祖語時代에는 ‘앋’이 태양과 알의 兩義를 지니다가
의미가 분화되었을 것이다. 祖語時代人은 태양이나 알이 모두 생명의
창조주라고 여겼을 것이다. 그러나 하눌(天)은 ‘하’와 ‘눌’의 異音同義語
의 合成일 수도 있다. 漢字語 天은 매우 시사적이다.

terasu(照る)[日]

語根 ter은 태양이란 뜻이다. 국어 ‘쬐다’의 ‘쬐’는 ‘쪼이’가 줄어든 말
이며 祖語形 ‘돋’을 再構하면 ‘돋’은 태양이란 뜻이다.

tiita(太陽)[日, 琉球]

琉球語에서 tiita가 태양이라 하는 것은 알타이 諸語에 t를 頭音으로
하는 말로서 태양을 뜻했다는 말이 있었음을 알 수 있다. 古代人들의
앞(前)이란 개념은 태양이었을 것이다. 따라서 국어의 ‘알’이 태양이란

뜻에서 南, 前이라는 뜻으로 변화했다.

> gitmek(行)[터키]
> göndermek(送)[터키]
> kənəmbi(行)[滿]
> kond(行)[길랴크]
> gusind(送)[길랴크]
> kuzey(北)[터키]
> kita(北)[日]
> kakr(北)[길랴크]
> geri(後)[터키]

터키語에서 geri(後)와 kuzey(北)는 同源語다. 北과 뒤(後)가 同義라는 게 흥미로운 일이다.

> 뒤 븍(北)[字會中4]

『訓蒙字會』에 보면 北이 '북쪽'이라는 뜻도 있고 뒤(後)라는 뜻도 있다. '뒷간(廁)'의 '뒤'는 北에 해당된다. 대개 변소는 가옥구조상으로 볼 때 북쪽에 두는 게 상례다.

> 뒷십쏠(北泉洞)[龍2:32]

'뒤'가 北이란 뜻임이 분명하다. 漢字 背를 봐도 '北' 밑에 '月(肉)' 字가 합해져서 된 자다. 北자가 등이라는 글자인데 북쪽이란 글자로 쓰여 肉자를 더해 등이라는 글자를 다시 만들었다. 北과 背가 同源語임을 알 수 있다.

> pora(北風)[터키]

국어 '보라'는 風雪의 의미를 지닌다. pora의 語根은 por(pot)이다. 국어의 '보라'에도 北이란 의미가 담겨 있다.

> hoina(北, 後)[蒙]

hoina의 語根 hoi는 hori, pori가 될 것이다. 蒙古語에서 北, 後라는 뜻을 지니는 pot과 漢字 北, 背와 비교된다.

　　　kar(雪)[터키]

터키語에서 kar(雪)이 보이는데 pora가 北風, 風雪의 의미를 지니는 것을 생각한다면 kar은 터키語에서 北이란 뜻을 지닌 kuzey와 비교된다. 日本語 kaze(風)도 터키語 kuzuy(北)와 비교된다. 北方民族이 남하하면서 남쪽은 앞이고 북쪽은 뒤가 되었다.

14-6. 婚禮와 葬法

婚禮 중 大禮 때 新郞이 北向再拜한다.[1] 東萊 지방에서는 혼례 때 안마당에서 상 위에 촛불 두 개, 냉수 세 그릇을 놓고 婚主가 函을 받는다. 그리하여 北向四拜 후[2]에 안방으로 들어간다. 大禮에 앞서 奠雁禮가 행해지는데 이때 木雁이 사용되는 것은 매우 시사적이다. 하필이면 겨울에만 북쪽에서 왔다가 이른 봄 북쪽으로 되돌아가는 기러기를 쓰는 이유는 무엇일까? 이렇게 大雁이 사용된다는 것은[3] 북쪽에서 왔다가 북쪽으로 돌아간다는데 그 큰 의미가 있다. 우리나라에서 금슬이 좋기로는 원앙새인데 이 원앙새를 쓰지 않고 기러기를 쓴다는 것은 기러기가 정분 관계와는 다른 의미가 있지 않나 한다. 婚禮도 일종의 告天儀式이니까 혼인에 대한 소식을 기러기를 통해 북쪽에 있는 고향에 전한다고 볼 수 있지 않을까?

---

1) 『韓國民俗大觀』, 高大民族文化硏究所, 1980, 601쪽.

2) 上揭書, 599쪽.

3) 上揭書, 木雁을 사용하는 것은 기러기가 羽(鳥類), 毛(獸), 鱗(魚類) 중 有信을 天性으로 지키는 새이므로 이것을 본받기 위함이라고도 하며, 겨울철에는 南으로 여름철에는 北으로 철을 따라다니는 隨陽鳥이고 한번 교미한 쌍은 꼭 같이 살며 다른 놈과 교미하지 않아 깨끗한 貞節을 상징하기 때문이라고도 한다.

鳥類學者 尹武夫 교수에 의하면 기러기와 원앙새가 정분이 좋고 절개가 있는 새라고 하지만 사실은 그렇지 않다는 것이다. 기러기는 한번 짝을 지으면 다른 새와는 절개를 지킨다고 하는데 그렇지 않고, 원앙새도 정조 관념이 없다는 것이다.

지방에 따라 약간씩의 차이는 있지만 喪禮 中 招魂 儀式의 하나로 復 또는 皐復이 있는데, 死者와 평시에 가까이 지내던 사람이 死者가 입던 옷 곧 홑두루마기나 적삼의 옷깃을 잡고 오른손으로는 옷의 허리 부분을 잡고 마당에 나가서 北向하여 '복, 복, 복' 세 번 부르는 절차를 말한다. 복을 부르는 옷(復衣)을 시신에 덮고 남녀가 운다. 京畿 지방에서는 殞命하면 곧 招魂을 한다. 招魂을 할 때에는 동리에서 연로한 사람을 불러다가 대문 밖에서 北向하여 '某貫某氏殞命'하며 死者의 옷자락을 흔든다. 또는 死者의 속적삼을 바른손에 들고 死者밥 앞에서 '복, 복, 복 某貫某氏 속적삼 가져가시오' 하고 세 번 부른 다음 지붕 꼭대기에 올려놓기도 한다. 死者밥은 밥 3그릇, 무나물 3그릇, 동전 3닢, 짚신 3 켤레와 死者의 신을 키에 담아서 절구통을 엎어 놓은 위에 올려놓고 곡을 한다.[4]

招魂 時 北向을 하는 이유가 무엇일까 하는 문제를 생각해 볼 수 있다. 그리고 死者가 입던 옷을 들고 '복, 복, 복'한다는 것은 흐트러진 死者의 혼을 불러서 그 옷을 입히는 것이라 하겠다.[5] 그리고 死者의 밥 세 그릇 그리고 동전 세 닢, 짚신 세 켤레 등은 사자가 이제부터 어디를 가는데 그곳을 가기 위해 사용될 것이라 하겠다. 魂이 먼 곳을 가지 않는다고 생각했다면 짚신을 세 켤레씩 준비하지 않을 것이다. 그것은 魂이 북쪽으로 먼 길을 가는 것이라고 여겼다고 볼 수 있다.

墓制 中 古新羅는 東枕인데 天馬塚에서 그 전형을 볼 수 있다. 高句

---

4) 上揭書, 620-622쪽.

5) 고복시의 옷은 시신 위에 덮어 두었다가 대렴 후에는 영좌 밑에 두고 후일에 혼백상과 같이 묘소에 묻는다. (한글 해석 혼상제절요 장례편)

麗와 百濟는 기본적으로 北枕[6] 경향을 띠고 있다. 그러나 百濟 武寧王陵은 南枕이며 百濟 甕棺들에서는 北枕과 西枕이 보인다. 靈巖里 內洞 7號墳에서 古式이 西枕이고 新式이 모두 北枕이어서 西枕에서 北枕[7]으로의 변화가 보인다. 이렇게 볼 때 百濟에서는 南枕, 西枕, 北枕 등이 보인다고 하겠다. 여기서 대비가 되는 것으로 新羅는 전통적으로 東枕이고 百濟는 西枕이라고 하는 사실을 지적할 수 있다. 新羅의 경우는 해와 같이 死者가 동쪽에서 다시 부활해서 떠오르기를 바라는 新羅人들의 소망의 表現이 아닌가 한다. 東枕은 전통적으로 太陽崇拜思想에 그 기점을 둔다고 하겠다. 한편 西枕은 佛敎의 西方淨土思想의 영향일 가능성도 배제할 수 없다. 百濟가 西枕에서 北枕으로 변한 것은 高句麗 北枕의 영향일 것이다. 高麗時代에 들어와서는 西枕과 北枕의 경향으로 흐르고 있는데 西枕은 앞서 지적한 바와 같이 佛敎的인 영향일 것이라 하겠으며 北枕은 儒敎的인 영향일 가능성이 크다. 中國에서는 전통적으로 北枕이다. 朝鮮時代에 들어와서는 北枕으로 통일이 되는데 이는 儒敎가 國敎라는 것이 작용했다고 여겨진다. 그렇다고 볼 때 東枕은 太陽崇拜思想과 관련되고 西枕은 佛敎의 西方淨土思想과 관련되며 北枕은 儒敎思想과 관련된다고 할 수 있다. 그러나 한편 北枕은 우리가 北方에서 내려온 民族이기 때문에 歸巢本能에서 빚어진 현상이 아닐까 한다.

14-7. 北斗七星

1. 身體語, 人稱語, 무덤語, 天體語, 方位語 등을 통해서 볼 때 韓國民族은 北方에서 남하한 민족이라는 것을 알 수 있다.
2. 人稱語 '앋(人), 삳(人), 낟(人), 굳(人), 붇(人), 맏(女, 母)' 등의 말들이 北方 알타이諸語와 同系의 말임을 알 수 있으며, 倭의 15세기어 '예'는

---

6) 金元龍, 『韓國考古學槪說』, 一志社, 1986, 259쪽.
7) 上揭書, 196쪽.

'얼(偟理)'이 어리>어이>에의 변화로서 안/얼(人)계와 同系라 하겠다.

3. 무덤語의 무덤(墓), 받(地), haka(墓)[日], tsuka(塚)[日], tusir(墓)[아이누], 塤, 墓 dolmen(支石墓) 등의 말에서 무덤은 땅, 흙(地, 土)이라는 原意를 지닌 말이며 이렇게 땅, 흙(地, 土)이 무덤(墓)이라는 뜻이라고 하는 것은 地母思想과도 관련된다고 여겨진다.

4. 天體語도 알타이諸語의 공통적인 현상이 太陽─神─天과 연결된다고 하는 사실이다. 이는 太陽崇拜思想에 그 기본이 있다고 하겠다.

5. 方位語의 특징은 北이 뒤라는 뜻을 함께 지니며 앞(前)이라는 뜻이 태양이라는 뜻과 同系라는 것이 北方에서 남하한 민족이라는 것을 실증적으로 보이는 것이라 하겠다.

6. 咸境道에 유배된 重臣들이 死藥을 받았을 때도 북쪽을 향해 절을 하고 약을 마시는 것은 죽어서 돌아갈 고향과 조상님께 인사를 드리는 것이라 하겠다.

7. 특히 漢語가 알타이諸語와 연결된다고 하는 것은 매우 중요한 의미를 지닌다고 하겠다. 알타이 共通祖語는 單音節語로 漢語에서는 單音節語를 그대로 유지하고 있다고 하겠다. 그러니까 漢語에서는 알타이諸語의 單音節語 時代에 남하하여 그 孤立語的인 문법을 形成시켰다고 볼 수 있다. 漢語가 알타이諸語의 祖語와 공통된다는 것은 漢族도 北方民族이 남하하였다는 이야기가 되며 漢族들의 전통적인 北枕이 바로 北方에서 남하한 것을 시사하는 것이라 하겠다.

8. 蘇塗의 새들이 北向하고 있는 것도 새가 북쪽에 있는 조상들에게 소식을 전하려는 의도를 지니고 있었을 것이라는 것을 생각할 수 있다. 이는 祖上崇拜思想과 歸巢本能에서 나온 표현의 극치라 하겠다.

9. 婚禮의 儀式에서 북쪽을 향해서 절을 하거나 북쪽에서 내려온 기러기에게 절을 하는 奠雁禮, 또는 葬法에서 招魂 時 북쪽을 향해 '復, 復, 復'하는 것이나 北枕은 모두 歸巢本能의 표현이라 하겠다. 漢字語 北, 復, 福은 同系의 語源이라 하겠다. 북쪽에서 내려오는 사람들에게 있어

往은 남하하는 것이고 復은 北으로 돌아가는 것이라고 여겨진다. 復은 招魂, 復魂이라고도 한다. 흐트러진 魂을 불러서 復魂, 즉 북쪽으로 돌아가게 한다고 하겠다. 福이란 죽어서 祖上이 있는 곳으로 돌아가는 것이 아닐까 한다. 日本 琉球 地方에 niraikanai라고 하는 말이 있다. niraikanai는 죽어서 돌아갈 곳, 조상의 영혼들이 있는 곳, 살기 좋은 낙원이라는 뜻을 지니며 死者들의 이상향을 뜻하고 있다. 歸巢本能으로 볼 때 죽어서 조상들의 나라로 돌아가는 것이 福이라고 할 수 있지 않을까? 日本도 北枕인데 이는 韓國의 영향이라 하겠다. 죽어서 北邙山(墓)에 간다고 하는 것도 中國的인 사고이기는 하나 죽어서는 北(고향)으로 돌아간다는 이야기가 된다.

巫俗에서 七星神(北斗七星)은 생명을 점지해 주는 神이며 사람의 壽를 관장하는 神으로 여기고 있다. 北斗七星이 생명과 壽에 관한 것을 관장하고 있는 神이라는 것은 북쪽에 생명의 탄생에 관한 것을 주관하는 神이 살고 있다는 이야기가 될 것이다. 棺에 까는 널 七星板이라고도 한다. 이로 미루어 볼 때 결국 사람은 北斗七星에 의해 태어나고 北斗七星이 생명을 거둬 간다고 하겠다. 결국 母胎回歸 現象과 歸巢本能이 된다. 따라서 우리가 죽어서 돌아가는 곳이 우리말의 뿌리가 된다고 하겠으며, 어쩌면 기러기가 돌아가는 곳, 北斗七星의 바로 아래 그곳이 우리말의 뿌리와 민족의 뿌리가 되는 곳일지도 모른다.

* 筆者의 祖語 再構와 消失語 再構에 관한 論文은 다음과 같다.
 1. 「原始國語 再構를 위한 韓·日 兩國의 共通祖語硏究」(『慶熙語文學』 6輯, 1983)
 2. 「國語의 祖語硏究」(『語文硏究』 43, 1984)
 3. 「國語의 語源硏究」(『朴炳采回甲記念論文集』, 1985)
 4. 「數詞의 祖語硏究」(慶熙大大學院 『語文論叢』 1輯, 1985)

5. 「祖語再構를 위한 二次母音 形成研究」(『國語學新研究』, 1986)

6. 「消失語再構論」(慶熙大大學院 『語文論叢』 2輯, 1986)

7. 「國語의 祖語와 아이누語」(『慶熙語文學』 8輯, 1987)

8. 「國語의 祖語와 中國語 祖語와의 比較研究」(慶熙大大學院 『語文論叢』 3輯, 1987)

9. 「比較言語學的인 면에서 본 葬法의 背景研究」(『慶熙大論文集』, 1987)

10. 「祖語와 消失語 再構論」(『국어국문학』 100號, 1988)

11. 「消失語再構와 複合名詞」(慶熙大大學院 『語文論叢』 4輯, 1988)

12. 『日本語の源流をさかのぼる─ウラル・アルタイ諸語の海へ─』(東京: 德間書店 刊, 1989)

13. 蒙古語와 國語의 祖語(1)(慶熙大大學院 『語文論叢』 6輯, 1990)

14. 몽골(mongol)語의 天體語 研究(慶熙大大學院 『語文論叢』 7輯, 1991)

15. 『韓國語で讀み解く古書記』(東京: 大和書店 刊, 1992)

16. 손의 뜻을 지니는 單語族의 語源研究(慶熙大大學院 『語文論叢』 8輯, 1993)

17. 『韓國에서 건너간 日本의 神과 言語』(서울: 한나라, 1994)

18. 『語源別曲』(서울: 한나라刊, 1996)

19. 『日本語の源流と韓國語』(日本, 三一書房, 1996)

20. 原琉球語의 祖語와 韓國語(慶熙大大學院 『語文論叢』 9輯, 1996)

21. 國語 語源研究 方法論(韓國語源學會, 『語源研究』 1, 1998)

22. 가마우지 외 몇몇 동물어와 어원(韓國語源學會, 『語源研究』 2, 1999)

23. 日本語 語源研究의 問題點(1)(韓國語源學會, 『語源研究』 3, 2000)

24. 『國語語源辭典』(서울: 보고사, 2000)

25. 原琉球語와 古代國語와의 關係(韓國語源學會, 『語源研究』 4, 2001)

26. 原琉球語의 祖語와 韓國語(韓國語源學會, 『語源研究』 6, 2004)

27. 몽골語의 祖語와 消失語 再構(韓國語源學會, 『語源研究』 7, 2006)

엮고 나서

　선생님께서 가신 지 벌써 10년이라니 무심한 것은 세월이요, 야속한 것은 인심이다.

　선생님께서 살아계실 때 『우리말의 뿌리』와 『국어어원사전』은 평생 학문의 결정체라고 하시면서 꼭 개정 증보판을 내 줄 것을 말씀하셨다. 둘 다 생전에 내려고 속도를 냈지만 다른 사정도 있고 또 워낙 시간이 많이 걸리는 작업이라 둘 다 선생님 생전에 내지 못했다. 다행히 『국어어원사전』은 지난해에 『새국어어원사전』으로 서정범기념사업회 회장 김중섭 교수와 선생님 아드님 서호석 교수를 비롯한 여러분의 도움으로 내게 되었다. 그러나 이 작업은 이미 선생님 생전에 끝나고 교정 중에 돌아가셨기 때문에 가능했다.

　머릿속에는 온통 『우리말의 뿌리』가 맴돌고 있었지만 섣불리 작업을 시작할 수 없었다. 물론 이것도 첫 고려원판이 나오고 여러 번 수정판이 나온 뒤 마지막 판인 유씨엘판이 오탈자가 너무나 많아 얼굴을 들 수 없는 처지라 책은 늘 가지고 다니면서 교정을 보기 시작하여 지난해에 무사히 마쳤다. 어휘부터 문장까지 내가 볼 수 있는 한 다 보았다. 그러나 컴퓨터 작업이 되지 않아서 고민하던 중 제자로 들어온 游宙 학생이 지난 연말부터 올 연초까지 단 몇 달 만에 번개처럼 컴퓨터로 쳐 주어 10주기를 맞추어 출간하기로 결심했다.

　游宙 학생의 컴퓨터 작업은 거의 오탈자가 없으나 기존 선생님의 문장과 오탈자, 내용 등을 바로잡는 데 시간이 자꾸 흘러 초조했다. 특히 선생님은 알타이제어를 많이 인용하여 논문도 쓰셨는데 어떤 낱말은 아무리 찾아도 출처를 찾을 수 없어 고민하던 중 모스크바 대학에서 박사 학위를 받은 후배 김철홍 선생에게 문의하여 해결하기도 했다. 선생님

께서 유고로 남기신 「古代 琉球語의 形成」을 비롯해 기존 학술지 등에 발표하신 논문 「韓·蒙 兩國 人稱語의 比較硏究」, 「몽골語의 祖語와 消失語再構」, 「蒙古語와 韓國語의 祖語再構, 몽골語의 天體語 硏究」, 「幼兒敎育語의 語源」, 「길약語와 韓國語와의 關係」, 「國語의 祖語再構와 滿洲語」, 「祖語再構와 滿洲語」, 「튀르크語와 身體語類와 國語의 祖語와 消失語再構」 등을 일부는 편집하고 일부는 그대로 실었다. 특히 어휘, 문장, 어원 등 많은 부분을 선생님께서 획기적으로 교정을 보라고 하셨기 때문에 그렇게 하여 혹 잘못이 있지 않나 두렵기도 하다. 늘 시간에 쫓기듯 일을 하다 보니 그르치기 일쑤다. 이제 이것이 마지막 판인데 실수가 나오면 안 되는데 말이다.

선생님은 이 시대에 꼭 계셔야 할 언어학자요, 수필가요, 무속연구자이다. 특히 민족의 뿌리를 찾기 위해 일본, 중국, 몽골, 러시아 등 우리말과 관련이 있는 언어가 있는 곳은 몸소 수없이 다니며 말 그대로 필드워크의 모범을 보였다. 또한 국내는 물론이고 외국의 무당까지 수도 없이 찾아가 한 사람 한 사람 인터뷰한 것을 녹음하고 사진을 찍고 꿈 이야기와 무당이 된 내력 등은 받아쓰기도 했다. 정말 큰 실수를 한 것은 선생님 교수회관 연구실을 폐쇄하며 그 많은 녹음 파일과 자료를 선생님께서 버리라고 해서 그냥 쓰레기통에 넣은 사실이다. 그 생생한 자료를 어디서 다시 구할 수 있을까? 물론 선생님은 수필가이므로 이를 『무속열전』을 비롯한 수필로 풀어놓기는 했지만.

선생님과 내가 사제지간이 된 것은 참 인연치고는 웃기는 인연이다. 내가 막 군에서 나와 대학원 석사과정 시험 과정 중 마지막 면접을 볼 때 일어났다. 박 군은 대학원에 왜 왔느냐는 질문에 소설 쓰려고 왔다고 대답했다. 난 그때 대학부터 황순원 선생님 지도하에 소설을 쓴다고 깝죽거리고 다녔으니 그렇게 말할 수밖에 없었다. 그때 서정범 선생님은 대학은 소설 쓰는 데가 아니고 학문하는 데라고 하셨다. 황 선생님은 그냥 빙그레 웃었다. 아차 이러다가는 면접에 떨어질 것 같아 나도 모르게 '제가 일본어를 좀 하는데 학문적으로 韓日語 比較研究를 하겠습니다.'라고 하니 서 교수님은 뛸 듯이 좋아하고 바로 나를 잡고 당신도 막 한일어 비교연구 시작했다면서 같이하자고 하여 語學의 語 자도 모르던 내가 그만 문학을 버리고(?) 어학으로 발을 내딛었다. 혹자가 국문과에서 창작을 하다 안 되면 평론으로, 그도 안 되면 고전문학으로, 그도 싫으면 어학으로 간다고 농담 아닌 농담을 하는 것을 들은 적이 있는데 내가 그 꼴이 된 셈인가.

선생님 저서에 내 개인적인 글을 쓴 것은 선생님의 열정을 내가 만분의 일이라도 닮고 싶고 또 실천하고 내 제자에게 이를 그대로 하려고 하는 것일 뿐이다.

마지막 교정을 빠짐없이 봐준 김선희 선생을 잊지 않는다. 바쁜 와중에 급한 부탁을 들어주고 책이 나오도록 배려해 준 보고사 김홍국 사장님과 출판 편집을 맡아준 박현정 편집장과 편집인 이경민 씨에게 고맙게 생각한다.

2019년 4월 28일
潭山 朴在陽 삼가 씀.

▌지은이 **서정범**

1926년 충북 음성에서 출생. 2009년 경기도 분당에서 별세.
경희대 국어국문학과 동 대학원 졸업. 문학박사.
경희대 국어국문학과 교수, 경희대 문리과대학 학장, 경희대 명예교수 역임.
한국어원학회 회장, 한국문인협회 부이사장, 한국수필가협회 부회장, 한국어문연구회 연구이사,
국어국문학회 이사, 경희알타이어연구소 소장 역임.
제18회 한국문학상(1981년), 제9회 펜문학상(1993년), 제10회 수필문학상(2000), 제8회 동숭
학술상(2004) 등을 받음.

◇ 주요저서 및 작품

■ 언어학

韓國 特殊語 硏究(1959), 現實音의 國語史的 硏究(1974),
音韻의 國語史的 硏究(1982), 우리말의 뿌리(1989).

■ 수필

놓친 열차가 아름답다(1974), 겨울 무지개(1977), 巫女의 사랑 이야기(1979),
그 生命의 고향(1981), 사랑과 죽음의 마술사(1982), 영계의 사랑과 그 빛(1985),
품봐 품봐(1985), 무녀별곡1-6(1992-96), 서로 사랑하고 정을 나누는 평범한 사람의 이야
기(1999), 물사발에 앉은 나비(2000).

■ 은어 속어 별곡 시리즈

학원별곡(1985), 어원별곡(1986), 수수께끼별곡(1987), 이바구별곡(1988),
가라사대별곡(1989), 허허별곡(1990), 너스레별곡(1991), 우스개별곡(1992), 익살별곡(1993),
너덜별곡(1994), 철렁별곡(1995), 억억별곡(1996), 빼빼별곡(1997), 거덜별곡(1998).

■ 일본어 저서

韓國のシャーマニズム(同朋舍, 1980, 巫女의 사랑이야기 번역),
日本語の原流をさかのぼる(德間書店, 1989), 韓國語で讀み解く古事記(大和書房, 1992),
日本語の源流と韓國語(三一書房, 1996).

▌엮은이 박재양

1953년 경북 영천 출생. 경희대 국문과 졸업. 경희대 대학원 석, 박사(국어학 전공). 경희대 국문과와 대학원에서 음운론, 국어사, 어원학, 비교언어학 등을 강의하고, 경희대 국제교육원에서 한국어를 가르쳤다. 현재는 주로 어원, 언어와 문화, 불교어 등을 공부하며 외래어 어원 및 유래사전, 국어어원사전, 고어사전, 불교어사전, 한일어비교사전 등을 편찬 중이다. 저서로는 『國語의 母音體系 硏究』(보고사)가 있고, 번역서로 『언어의 이해』(시인사), 『漢字의 역사』(공역, 한민사), 『禪家龜鑑』(공역, 예문서원), 『大乘起信論 이야기』(미출판), 『샤머니즘의 세계』(보고사) 등이 있다.

서정범기념사업회총서 2

우리말의 뿌리

2019년 7월 24일 초판 1쇄 펴냄

지은이 서정범
엮은이 박재양
발행인 김흥국
발행처 보고사

책임편집 이경민
표지디자인 손정자

등록 1990년 12월 13일 제6-0429호
주소 경기도 파주시 회동길 337-15 보고사 2층
전화 031-955-9797(대표)
　　　02-922-5120~1(편집), 02-922-2246(영업)
팩스 02-922-6990
메일 kanapub3@naver.com / bogosabooks@naver.com
http://www.bogosabooks.co.kr

ISBN 979-11-5516-915-5　93710
ⓒ 서정범, 2019

정가 40,000원